JN447068

중도장애 학생의 이해와 교육

Teaching Students with Moderate and Severe Disabilities

Diane M. Browder, Fred Spooner, Ginevra R. Courtade 지음

김유리, 서민경, 이정은, 강선영, 이종민, 최아름, 황미정 옮김

교육과학사

TEACHING STUDENTS WITH MODERATE AND SEVERE DISABILITIES, SECOND EDITION

Copyright © 2020 The Guilford Press
A Division of Guilford Publications, Inc.
All rights reserved.

Korean translation copyright © 2024 by KYOYOOKKWAHAKSA
Korean translation rights arranged with The Guilford Press
through EYA Co., Ltd

이 책의 한국어판 저작권은 EYA Co., Ltd를 통해
The Guilford Press와 독점 계약한
도서출판 교육과학사가 소유한다.
저작권법에 의하여 한국 내에서 보호를 받는 저작물이므로
무단 전재 및 복제를 금한다.

| 역자 서문 |

특수교사라면 누구나 한번쯤 교육현장에서 중도장애 학생을 만나지만 그들에게 의미 있는 교육 내용을 선정하고 그 내용을 효과적으로 전달하는 일이 그리 쉽지만은 않습니다. 중도장애 학생의 교육에 관심을 두고, 그들에게 '무엇을 어떻게 가르쳐야 하는가?'를 고민하고 연구해 온 역자들은 이 책에서 다루는 상세한 내용을 통해 많은 것을 배울 수 있었기에 교육현장에서 고군분투하는 특수교사와 관련 전문가들에게도 이 책이 유용할 것이라는 믿음으로 번역을 시작하였습니다.

이 책은 다음의 두 가지 두드러진 특징이 있습니다. 첫째, 중도장애 학생의 독특한 요구와 특성이 고려된 교육의 실제를 명확하게 제시합니다. 중도장애 학생을 교육하는 교사가 지녀야 할 태도와 관점, 교육과정의 성취기준과 연계하여 개별화교육계획을 수립하는 과정, 개별화교육계획에 포함된 교육목표를 효과적으로 성취하도록 도와주는 증거기반실제에 대한 상세한 설명을 통해 중도장애 학생을 올바로 교육하는 데 필요한 핵심 정보를 제공해줍니다. 둘째, 중도장애 학생을 교과수업에 보다 적극적으로 참여시킬 수 있도록 국어, 수학, 사회, 과학교과에서의 교육 방법을 모색하고 다양한 사례를 제시합니다. 중도장애 학생 대상 교과교육 관련 서적이 부족한 국내 상황에서 문해, 작문기술, 연산기술, 탐구기술 등을 아우르며 중도장애 학생을 위한 교과교육의 방향을 제시하고 그들을 보다 충실하게 교육할 수 있는 지식을 제공한다는 점은 이 책의 큰 장점이라 할 수 있습니다.

이 책은 크게 세 부분으로 구성되어 있습니다. 첫 번째 부분(1장~6장)에서는 중도장애 학생의 교육에 대한 기본 원칙, 교육과정의 성취기준을 토대로 개별화교육계획을 수립하는 방법, 효과적인 교수전략 및 평가에 대한 상세한 설명을 제공합니다. 두 번째 부분(7장~13장)에서는 중도장애 학생을 국어, 수학, 사회, 과학 교육 활동에 의미 있게 참여시키는 데 유용한 정보를 다양한 예시와 함께 제시합니다. 세 번째 부분(14장~17장)은 중도장애 학생의 특성상 더 관심을 갖고 지원해야 할 영역인 도전행동, 건강, 신체 감각, 기능적 생활 기술, 성인기 전환에 대해 다룹니다.

특수교사와 관련 전문가는 중도장애 학생의 삶의 질을 향상시키기 위해 끊임없이 고민하고 노력해야 하는 책무성이 있습니다. 모쪼록 이 책이 그 책임을 다하는 데 마중물이 되어 중도장애 학생의 학교생활과 삶에 긍정적인 영향을 미칠 수 있기를 기대합니다.

2024년 5월

역자 일동

| 저자 서문 |

훌륭한 교사가 있는 교실을 방문할 때면 학생들이 배움의 즐거움을 온몸으로 흡수하려는 듯 교재에 기대어 있는 모습을 보는 것이 저에게는 큰 즐거움입니다. 과학 실험을 하는 동안 Mia는 바람(선풍기) 모형이 땅(모래통)을 어떻게 변화시키는지 보고 싶어 테이블 위로 기어오를 뻔했습니다. 실험이 끝날 무렵, Mia는 땅의 모형이 어떻게 변했는지 알아낼 수 있었습니다. 그녀는 열심히 바람의 그림을 가리키며 "땅이 바뀌었다."라는 문장을 완성했습니다. Mia는 중도 지적장애와 뇌성마비를 지니고 있으며 그림과 발성을 이용하여 의사소통합니다. 20년 전만 해도 아마 Mia는 과학을 배울 기회가 없었을 것입니다. 현재 Mia는 단어를 해독하고 읽기 이해력을 키우며 덧셈과 뺄셈을 보여주기 위해 세트를 만드는 법을 배우고 있습니다. Mia는 21세기의 훌륭한 선생님들을 만나고 있습니다.

*Teaching Students with Moderate and Severe Disabilities*의 개정판은 중등도 및 중도장애 학생을 가르치는 훌륭한 교사가 되고자 하는 사람들을 위해 집필되었습니다. 오늘날 학교 현장 교사들의 요구에 부응하는 책을 개발하기 위해 이 개정판의 저자로 Ginevra R. Courtade 박사가 참여하였습니다. 또한 각 장에 고유한 전문 지식을 제공할 수 있는 기고자를 모집했습니다. 새로운 집필진 덕분에 다문화적 관점에서 가족과의 협력에 관한 장(2장)을 포함하여 다문화에 대한 초점을 더욱 강화할 수 있었습니다. 또한 책 전체에 걸쳐 지적장애 및 기타 발달장애뿐만 아니라 자폐성장애 학생을 대상으로 한 적용 사례도 더 많이 수록할 수 있었습니다.

이 책의 첫 여섯 장에서는 중등도 및 중도장애 학생을 가르치는 데 필요한 방법에 대해 심도 있게 다룹니다. 가족과의 협력 외에도 의사소통 역량을 키우는 것도 그러한 도구 중 하나입니다. 학생들은 자신이 알고 있는 것을 보여주고 학교생활 내내 지속적으로 의사소통 능력을 키울 수 있는 수단이 필요합니다. 또 다른 도구는 계획을 위한 평가입니다. 지난 10년 동안 중등도 및 중도장애 학생을 위한 성취기준 기반 개별화교육에 대해 많은 관심이 있었으며, 저희 연구팀은 계속해서 명확한 예를 제공하고 있습니다. 이를 위하여 진보 점검에 대한 내용을 별도의 장(5장)으로 분리하였습니다. 또한 교사에게 필요한 가장 중요한 도구 중 하나는 학생의 진도를 평가하고 향상시킬 수 있는 수단입니다. 따라서 진보를 촉진하는 데 사용할 수 있는 증거기반실제는 6장에서 다룹니다.

지난 10년 동안 중등도 및 중도장애 학생을 위한 학업 중재에 관한 자료가 크게 증가했습니다. 이번 개정판의 7장~13장에서는 최근 연구와 현장에서 얻은 실용적인 지침을 다양한 방식으로 제공합니다. 문해력과 관련된 두 장과 수학에 관련된 두 장을 추가하여 내용을 확장했습니다. 연구와 교사들의 직접적인 경험을 통해 이러한 핵심 학업 영역에 대한 두 가지 접근 방식이 학생들에게 필요하다는 사실을 발견했습니다. 첫 번째 접근 방식은 학년별 내용 전반에 걸쳐 일반화할 수 있는 기초적인 기술을 구축하는 것입니다. 중등도 및 중도장애 학생은 보통 중학교 때까지 문해력과 수리력을 키워야 하는 경우가 많습니다(예: 읽기 시작하기, 문제해결하기). 이러한 접근 방식(과거에는 '교정'학업이라고도 불렸던)만을 사용하는 경우, 학생은 자신의 연령에 맞는 학년별 기술을 배울 기회를 놓치게 됩니다. 학생들은 접근 가능한 자료, 체계적 교수, 습득한 기초 기술을 일반화하는 학습을 통해 국어와 수학 성취기준에 기반한 더 높은 수준의 기술을 배울 수 있습니다.

학문적 범위를 확장하는 또 다른 방법은 작문 기술 교수에 관한 새로운 장(9장)을 추가하는 것이었습니다. 이 분야는 10년 전만 해도 존재하지 않았던 새로운 정보가 연구를 통해 밝혀지며 구축되었습니다. 또한 사회과는(13장) 정보 텍스트의 이해와 문화적 다양성에 중점을 두어 재구성했습니다. 과학과는(12장) 탐구기반 교육을 지속적으로 구축하는 동시에 공학적 실제를 통합했습니다.

14~17장에서는 중등도 및 중도장애 학생이 학교생활을 하는 데 필요한 추가 기술과 지원에 대해 다룹니다. 여기에는 사회성 기술, 건강 관리 요구 사항, 개인 및 일상생활 기술, 성인기 삶으로의 전환이 포함됩니다. 이 책 전체가 행동 분석에 기

초를 두고 있지만, 사회성 기술에 관한 14장, 진보 점검에 관한 5장, 증거기반실제에 관한 6장에서는 긍정적 행동지원 및 자극 전략과 같은 행동 분석 원칙(예: 자극 통제, 정적 강화)의 구체적인 적용 방법을 제시합니다. 17장 성인기 삶을 위한 계획과 교수에서는 전환 및 지역사회 계획에 대한 최신 정보를 제공합니다. 각 장의 핵심 내용을 구성하는 풍부한 정보를 제공해 주신 기고자들과 전문지식을 아낌없이 제공해 주신 분들께 깊은 감사를 드립니다. 또한 여기에 설명된 다양한 사례의 토대를 마련해준 교사들과 연구팀에게도 감사의 말씀을 전합니다. 마지막으로, 개정판의 출간을 독려해 주신 The Guilford 출판사와 특히 Rochelle Serwator에게 감사드립니다.

| 차례 |

제2부 학업 교과

제1부

교육적 기초

제1장

중도장애 학생 교육

Irene Meier

Jane은 12세 학생으로 교사 Denise Bloom의 6학년 학급의 구성원이다. Jane은 뇌성마비를 가지고 있고 학교 환경 곳곳을 최대한의 지원을 받아 이동한다. 그녀는 피질시각장애(Cortical Visual Impairment, CVI)와 지적장애를 진단받았으며 구어를 사용한 의사소통은 하지 못한다. Jane은 입으로 음식을 삼킬 수 없게 하는 다양한 의료적 장애를 가지고 있어 튜브 섭식을 한다. Jane은 매우 사교적이다. 그녀는 미소로 의사소통하고 이야기를 나누고 싶을 때는 사람이나 사물을 쳐다보며 소통한다. 그녀는 원하는 것에 대해 의사소통하기 위해 그림을 인식하는 것을 배우고 있으며 읽기 및 다른 수업 동안 그림과 수어를 사용하여 그녀가 알고 있는 것을 보여주도록 배우고 있다. Jane은 한 가지 활동에서 다음 활동으로 전이할 때 도움을 받고자 검정판을 배경으로 한 사물 일과표를 사용한다. 활동이 종료되면 Jane은 사물 일과표에서 사물을 떼어 '마침(finished)' 상자에 그것을 넣어야 한다는 것을 안다. 모든 직원이 동일하게 일관된 그림과 수어를 사용할 수 있도록 교직원과 개인 치료사는 정기적으로 소통한다. Bloom 씨는 Jane이 학교에서 성취한 것을 매일 어머니에게 보여주기 위해 가정으로 보내는 알림장을 활용한다. 보조교사 Stack은 Jane이 일상 활동 사진을 선택하여 그 알림장을 준비하는 것을 배우도록 도와준다. Jane은 보조공학과 보조교사 지원을 포함한 추가적인 지원 및 서비스를 활용하여 다양한 6학년 수업에 참여한다. Bloom 씨는 개별지원, 학습센터, 책과의 경험, 체험활동을 활용하기 때문에 Jane이 특수학급과 일반학급의 수업에 참여하는 것은 일상적이다. Bloom 씨는 Jane을 위한 계획 수립 시 협력팀과 긴밀하게 일하고, 많은 협력-학습팀 회의는 Jane의 교수요구를 지원하고자 매주 열린다. 일반교사 Wilkerson, 보조공학전문가 Clayton, 시각장애 학생 순회교사 Forrest는 교재를 수정하고, 체계적 교수를 제공하며 그녀의 교육환경 접근에 필요한 보조공학의 사용을 지원하기 위하여 협력한다. 많은 관련 서비스 전문가는 Jane과 함께 일하도록 배치되어 그녀의 적절한 기술과 공학적 지원을 보장하고 일반 교육과정 접근과 진보를 지원한다. Jane의 복합적인 의료적 요구로 인해 학교 건강 지원가는 매일 그녀를 점검한다. Jane의 언어치료사는 그녀의 의사소통 기술 일반화를 위해 일반교사 및 특수교사와 협력한다. 작업치료사와 물리치료사는 그 팀과 긴밀하게 협조하며 Jane의 독립적 일상생활 기술과 학교 환경 전반에 걸쳐 안전한 보행을 돕고자 개별 서비스를 제공한다. Jane의 부모는 자녀의 교육에 적극적으로 관여하며 자녀의 장애에 대해 잘 알고 있다. 학교팀은 알림장과 대면 회의, 학교팀 회의를 통해 부모와 협력한다. 또한 부모는 Jane의 개별화교육 프로그램 목표가 실행되고 교육환경에 접근하고 진보를 보일 수 있도록 일관된 팀접근을 보장하고자 Jane의 개인 치료사 및 시력 전문 상담가와 협력한다. 따라서 Jane은 그녀의 장애 정도와 상관없이 미국 「장애인교육개선법」(Individuals with Disabilities Education Improvement Act, IDEA, 2004)에 의해 요구되는 무상의 적절한 공교육을 받는다.

특수교육 분야는 모든 장애 아동을 위한 무상의 적절한 공교육(Free Appropriate Public Education, FAPE)을 보장하는 첫 번째 법(P.L. 94-142)을 40년 전에 제정하여 교육의 다른 분야에 비해 그 역사가 길지 않다. 비록 장애 학생을 위한 서비스가 1970년대 중반 전에 학교와 지역사회에서 나타났지만 중등도 및 중도장애 학생은 자주 이러한 선택지에서 제외되었다. 중도장애 학생을 주단위 책무성 평가(accountability measure)에 포함시킨 것뿐 아니라 중도장애 학생 분야에 대한 연구가 증가한 덕분에 지난 40년 동안 중도장애 학생을 위한 교육 프로그램 개발에 더 많은 관심이 집중되었다. 이 장은 중도장애 학생이 누구이며, 법은 그 학생이 무엇을 받아야 한다고 요구하고 있는지 알아보고, 전문가가 제안하는 견고한 교육 프로그램의 토대가 지닌 특성이 무엇인지에 대한 정보를 제공한다.

1. 중등도 및 중도장애 학생은 누구인가?

1) 용어문제

한 집단의 하위집단을 서술할 때 발생하는 문제는 그러한 서술이 개인의 독특한 특성과 학생이 속한 많은 다른 하위집단의 독특한 특성을 간과한다는 것이다. 이 장의 도입부에 있는 Jane에 대한 묘사에서 독자는 그녀의 학교 일과에 대한 간략한 견해를 갖게 된다. 장애명(예: 지적장애, 뇌성마비, 피질시각장애)과 Jane의 장애에 대한 몇 가지 특성 또한 제공된다(예: 지원을 받아 이동, 의료적 문제, 비구어 의사소통). 독자는 그녀의 특성(예: 다른 사람이나 사물을 쳐다보아 그들을 대화에 끌어들임)을 어렴풋이 알지만 이러한 서술어 각각은 Jane의 모습의 단지 일부이다. 예를 들어, 이 글은 많은 다른 관점으로부터 작성될 수 있다. 만약 Jane이 혼자서 글을 적을 수만 있다면, 그녀는 독자가 그녀의 관심(예: 대중음악, 수영, 애완동물) 혹은 가족이나 친구에 대해 알기를 원할지도 모른다. 그녀의 보건교사는 Jane의 구체적 의료 진단과 건강관리 돌봄에 대해 작성할 수도 있다. Jane의 언니는 그들이 함께 공유하는 TV 프로그램이나 게임, 그녀가 Jane을 얼마나 자랑스러워하는지에 대해 여러분이 알기를 원할 것이다. 아버지는 Jane이 자신에게 어떻게 삶을 더 깊은 감사함으로 바라보도록 가르쳐주었는지를 서술할지 모른다. 어머니는 Jane의 치료사와 교사를 교육하고 그녀의 딸이 충분한 가능성을 성취하도록 돕고자 피질시각장애에 대해 얼마나 많이 배워야만 했는지를 여러분이 알기 원할 수 있다. 장애명은 Jane에 대한 사실이 아닌 선입견을 상기시킬 수 있기 때문에 Jane을 알아가기 위해서는 그녀의 장애명보다 더 많은 것을 배워야 한다.

반대로 Jane의 장애명이 사용되는 것이 적절한 몇 가지 상황이 있다. 첫째, 주와 연방 규정 때문에 많은 교육청은 Jane이 필요로 하는 특수교육 및 관련 서비스를 받을 수 있도록 공식적인 분류체계를 필요로 한다. 둘째, Jane의 교사와 부모는 그녀의 요구와 관련된 정보를 찾기 위해 장애명을 사용해야 한다(예: 피질시각장애 및 지적장애에 대한 정보). 셋째, Jane의 가족은 지역 혹은 주립 성인 건강 및 장애 서비스에 접근하고자 장애명을 사용할 필요가 있을 수 있다(예: 의료보험 제도(Medicaid waiver), 직업재활, 지원고용).

때때로 장애명이 필요할 경우 그것을 윤리적으로 사용하기 위해서는 몇 가지 지침을 따라야만 한다. 첫째, 교사는 "사람 우선(person-first)" 용어라 불리는 것을 사용해야 한다. 이러한 용어는 장애 단독으로 언급되는 것을 피하고(예: 장애, 자폐, 다운증후군) 장애의 이러한 특성을 공유하는 이들의 개별성을 강조한다(예: 장애를 가진 사람). 특정 아동을 언급하면서 사람 우선 관점을 강조하는 최선의 방법은 장애(장애가 있는 아동)보다는 아동의 이름(Jane)을 사용하는 것이다. 두 번째 지침은 장애가 어떻게 언급되기를 원하는지에 대한 개인과 가족의 선택을 존중하는 것이다. 일부 사람은 '중도(severe)'라는 용어가 충분한 정보를 제공하지 못하거나 비관적이라고 인식할 수 있으며 혹은 '지적(intellectual)'이라는 용어가 혼동스럽다고 깨달을지 모른다. 그들은 발달장애 혹은 간단하게 장애라는 용어를 선호할 수도 있다. 세 번째 지침은 장애에 대한 가장 최근의 용어를 사용하는 것이다. 장애 명칭은 낙인이 될 수 있기 때문에 장애 집단을 위한 용어는 시간이 지나면서 진전되고 있으며, 지금은 경멸적으로 여겨지는 일부 용어(지체, 멍청이)가 한때는 전문적 분류로 여겨졌다.

전문가 협회와 법률 또한 핸디캡 및 정신지체와 같은 용어를 피하기 위해 용어를 변경하였다. 미국 정신지체 협회(American Association on Mental Retardation)는 '미국 지적장애 및 발달장애협회'(American Association on Intellectual and Developmental Disabilities, AAIDD)가 되었다. 이 미국 협회는 1876년도에는 '멍청한 정신박약인을 위한 시설의료 담당자 협회'(Association of Medical Officers of American Institutions for Idiotic and Feeble Minded Persons)로 불렸고, 1906년에는 '정신박약 연구를 위한 협회'(Association for the study of the Feeble Minded)로 불렸다(Collins, 2007). 미국의 옹호기관인 '중도장애인협회'(The Association for Persons with Severe Handicaps, TASH)는 1974년에 미국 '중등도/최중도 장애인의 교육 협회'(American Association for the Education of the Severely/Profoundly Handicapped, AAESPH)로 시작되었다.

2) 현재 용어

이 교재 전반에 걸쳐 중등도 및 중도장애는 개인들의 포괄적 집단을 언급하고자 사용되었다. Westling, Fox, Carter(2015)에 따르면, "중도장애인은 일반적 학습능력, 개인 및 사회성 기술, 그리고/혹은 감각 및 신체 발달에 약점을 가진다"(p. 3). 독립생활 기술은 종종 영향을 받고 중도장애인은 비장애인의 지원에 의존한다. 중등도 및 중도장애 학생은 지적장애, 감각장애, 지체장애, 중복장애, 자폐성장애를 가지고 있을 수 있다(Westling et al., 2015). 미국 전체에서 지적장애 용어는 정신지체 용어를 대체한다.* 지적장애 용어는 장애 학생 교육을 위해 주 및 연방 규정에서 계속 사용되고 있고(IDEA, 2004) 학생의 심리평가에서 교사가 보게 되는 유형일 수도 있다. 정신장애 진단 및 통계 편람의 이전 버전에 따르면(4판, text revision [DSM-IV-TR]; American Psychiatric Association, APA, 2000), IQ 범위는 중등도(35-50), 중도(20-35), 최중도(20-25 미만)를 포함한다. 이러한 지적 기능의 3가지 범주 모두는 중도장애를 가진 것으로 언급되는 학생을 포함한다. 정신장애 진단 및 통계 편람 5판(DSM-5; APA, 2013)에서는 IQ점수 범위에 대해 강조하지 않는다. 현재 평가의 초점은 다음 3가지 영역이다: (1) 개념적(학업기술, 추론, 지식, 기억), (2) 사회적(공감, 사회적 판단, 대인관계 기술), (3) 실제적(자기관리 기술). 예를 들어, 지적장애인은 다운증후군(Down syndrome), 엔젤만증후군(Angelman syndrome), 약체X증후군(Fragile X syndrome)과 같은 눈에 띄는 증후군을 가질 수도 있고 아닐 수도 있다. 지적장애는 지적 기능 수준, 적응 기술, 동반 장애를 토대로 학생이 요구하는 지원의 수준에 따라 심각성의 정도가 다양할 수 있다.

DSM-IV-TR에 따르면, 진단은 자폐성장애, 아스퍼거증후군, 전반적 발달장애, 달리 분류되지 않는 전반적 발달장애(PDD-NOS)를 포함한다. DSM-5(APA, 2013)에서는 이러한 개별적 장애를 하나의 진단명, 자폐 범주성 장애로 통합한다. DSM-5(APA, 2013)에 따르면, 자폐 범주성 장애인은 의사소통과 사회적 상호작용에 어려움을 지니고 반복적인 행동과 제한된 관심을 보인다. 이러한 특성은 학교, 직장, 삶의 다른 영역에서 기능하는 능력을 방해한다. 자폐 범주성 장애는 보

* 지적장애는 지적 기능성과 개념적, 사회적, 실제적 적응기술로 표현되는 적응행동 양쪽에서 나타나는 심한 제한성으로 특징된다. 이 장애는 한 개인이 만 22세에 도달하기 전으로 조작적으로 정의되는 발달기간 동안에 시작된다(AAIDD, 2022).

통 생후 첫 2년 이내에 나타나는 증상이기 때문에 발달장애로 분류된다. 자폐 범주성 장애인에 대한 가장 최근의 자료에 따르면 출현율은 일반집단 내에서 1:59의 비율이다(Baio et al., 2018). 비록 자폐 범주성 장애가 영재부터 지적장애까지 다양한 범위의 지적 능력을 보여주지만 여기서의 초점은 중등도 및 중도 지적장애를 가진 자폐 범주성 장애 학생에게 있다. 발달장애 또한 지적장애 학생, 자폐 범주성 장애 학생, 중복장애 학생을 지칭하는 포괄적 용어이다. 〈표 1.1〉은 중등도 및 중도장애 학생을 위한 용어와 용어 사용 관련 권고사항에 대한 요약을 제공한다.

〈표 1.1〉 중도장애 학생을 묘사하기 위해 사용된 추천 용어

용어(…을 가진 학생)	관련 집단	용어가 사용되는 경우
심각한 인지 장애	대안성취기준을 토대로 대안평가에 참여하는 학생; 이 학생의 전부는 아니지만 상당수는 중등도에서 중도 발달장애를 가지고 있음	대안성취기준을 토대로 대안평가를 치르는 학생을 의미함; 때로는 중도장애 학생을 의미하는 일반적 용어로서 사용됨
발달장애	지적장애, 자폐성장애, 지적장애를 포함한 중복장애 학생을 의미하는 포괄적 용어	경도장애부터 중도장애까지의 자폐성장애 학생, 지적장애 학생, 중복장애 학생을 일반적으로 언급할 때 사용됨
중도장애	중등도와 중도 발달장애 학생을 의미하는 포괄적 용어	중등도 및 중도 발달장애의 약칭
지적장애	지적 기능과 적응행동에 제한을 가진 학생; 18세 이전에 발현	오래된 용어인 정신지체를 대신함; 경도, 중등도, 중도로써 수준을 구체화하기도 함(중도는 이전의 중도/최중도를 대체한 용어)
자폐성장애	사회적 상호작용에 심각한 어려움, 구어 및 비구어 의사소통의 지연, 특이한 행동 양상을 지닌 학생을 포함; 일반적으로 3세 이전에 나타남	이러한 장애군의 어느 하나라도 가지고 있는 학생을 의미함; 가끔 자폐(autism)라는 용어가 일반적으로 사용되기도 함
지체장애	이동과 운동 기능에 영향을 미치는 장애를 지닌 학생(예: 뇌성마비, 근이양증)	지체장애를 의미하는 광범위한 용어가 필요할 경우 사용함; 가능한 경우 더 정확한 용어를 사용함(예: 뇌성마비의 유형)
감각장애	시각, 청각, 시청각 모두에 영향을 미치는 장애를 지닌 학생(예: 전농, 청각장애, 전맹, 시각장애, 시청각장애)	청각장애 학생과 시각장애 학생 모두를 의미하는 광범위한 용어; 가능한 경우 더 정확한 용어를 사용함(예: 청각장애의 유형)

2. 양질의 교육 프로그램 특성

중도장애 학생을 위한 서비스를 계획할 때 교사는 적절한 중등이후 성과로 이어지도록 충분한 교육 기회를 제공하고 독립적 기능을 향상시키는 서비스를 계획하기를 원한다. 1970년대 후반 문헌에서는 궁극적 기능성의 준거(criterion of ultimate functioning)라는 용어를 도입했는데, 이는 '사회적으로, 직업적으로, 가정적으로 통합된 성인 지역사회 환경에서 가능한 생산적이고 독립적으로 기능하기 위해 각 사람이 지녀야 할 요소들의 군집으로 이는 변화무쌍하고 확장될 수 있으며 국지적이고 개별화됨'을 의미한다(Brown, Nietupski, & Hamre-Nietupski, 1976, p.8). 교사는 쇼핑하는 동안 물건 구매하기와 같은 기술과 활동 혹은 옷 입기 학습이 성인 기능의 준거와 연관되어 있으므로 그들을 '기능적'이라고 언급하기 시작했다. 효과적인 중재에 대한 선행연구가 1980년대에 나타나기 시작하면서 Donnellan(1984)은 학생이 성인이 되었을 때의 독립적인 기능성에 최소한의 위험을 미치는 실제를 선택하는 최소위험가정의 기준(criterion of the least dangerous assumption)의 적용을 제안하였다. 예를 들어, 학생이 기술을 일반화할 것이라고 가정하는 것보다 실제 지역사회 환경에서 화폐 기술을 연습할 기회를 제공해야 그 환경에서 그 기술을 사용할 수 있을 것이라고 가정하는 것이 덜 위험할 수 있다. Donnellan과 Neel(1986)은 궁극적 기능성의 준거와 최소위험가정이 분리된 개념일지라도 이 둘을 합한 것이 프로그램 결정 평가 시 사용될 수 있다고 제안했다.

1987년 Meyer, Eichinger, Park-Lee는 학령기 중도장애 학생을 위한 교육 서비스의 질적 지표에 대한 사회적 타당도 연구를 간단히 실행했다. 설문지 응답자는 다음과 같은 4개 분야의 전문가 집단을 포함하였다: (1) 행동치료, (2) 농맹 학생을 위한 서비스, (3) 지적장애 영역의 연구자, (4) TASH에 의해 확인된 중도장애 전문가. 또한 주(state) 특수교육 관리자와 장애 학생의 부모 같은 관계자가 표본에 포함되었다. 응답자는 중도장애 학생을 위한 서비스 제공 시 최선의 실제로 5가지 준거를 판별하였다: (1) 통합, (2) 개별화된 전문적 실제와 가정-학교 교수 전략, (3) 직원 연수, (4) 자료 기반 교수, (5) 궁극적 기능성의 준거. 1980년대 후반이 설문조사 이후로 이 분야의 많은 전문가는 이 개념들에 기반을 두고 최선의 실제를 서술하였다(Browder, & Spooner, 2006, 2011; Brown, McDonnell, & Snell, 2016; Spooner, Knight, Browder & Smith, 2012; Westling et al., 2015).

질적 지표가 발전한 한 가지 방법은 교사가 학생이 학습할 것에 대해 새로운 기대를 갖는 것이었다. Browder 외(2003; Browder et al., 2004)는 중도장애 학생을 위한 교육과정 기대의 발전을 서술했다. [그림 1.1]에서 보여주는 것처럼 중도장애 학생을 위한 첫 번째 공립 프로그램은 1970년대에 구성되었고 교사는 교육이 학

1970년대

발달에 중점
- '정신연령'을 토대로 한 교수
- 유아 교육과정 조정
- 제한점: 학생의 연령이 높아지면 연령에 적절하지 않고 기능적이지 않음

1980년대

기능에 중점: 궁극적 기능성의 준거 적용
- 생활연령을 토대로 교수-'연령에 적절한' 기술
- 지역사회 환경에서, 지역사회 환경을 위해서 기술 교수
- 제한점: 학생이 종종 비장애 또래와 함께 지내지 못함

1990년대

통합과 자기결정에 중점
- 일반교육 환경에서 교수
- 선택, 목표설정 교수
- 제한점: 일반적으로 일반 교육과정 내용을 학습하지 않음

2000년

학업교과에 대한 증가된 중점
- 대안평가 출현
- 학업교과에 대한 증가된 중점
- 제한점: 가끔 기능적 기술을 포기; 학업교과가 항상 일반 교육과정과 연계되지 않음; 통합에 대한 초점 부족

현재

일반 교육과정 접근의 증가
- 확장된 학업 내용 성취기준으로 교수
- 일반 교육과정에 더 많은 접근
- 의미있는 접근을 위한 자기결정
- 법률이 학생에게 '의미 있는 진보'를 하도록 요구
- 제한점: 대부분의 학생을 위해 통합이 실현되도록 여전히 노력 중

[그림 1.1] 중도장애 학생을 위한 기대의 변천

생의 '정신연령'을 토대로 계획될 수 있다는 생각으로 유아 혹은 영아 교육과정을 조정했다. 이러한 접근의 제한점은 기술이 연령에 적절하지 않거나 실제 생활 환경에서 기능하는 데 유용(기능적)하지 않다는 것이다. 이 발달적 모델은 1980년대에 궁극적 기능성의 준거 개념이 등장하면서 받아들여지지 않았다. 이 준거를 적용하여 교사는 지역사회 환경 내 및 지역사회 환경을 위한 기능적 일상생활 기술을 교수하고자 계획을 수립하였다. 비록 의미있는 교수를 제공하는 데 커다란 향상이 있었지만 기능적 접근은 지역사회 환경과 아파트처럼 꾸며놓은 특수학급에서 학생을 가르치고자 같은 연령 또래들로부터 종종 분리시켰다. 사회적 통합과 자기결정은 1990년대에 기능적 교육과정과 통합되었다. 교사는 전형적인 또래와 학습하도록 하는 것처럼 학생이 그 학교의 완전한 구성원이 될 수 있는 방법을 계획하였다. 교사는 또한 학생의 선택, 목표 설정, 자기주도적 학습을 촉진하였다. 유감스럽게도 교사는 중등도 및 중도장애 학생이 그들의 또래와 유사한 내용을 학습할 수 있다는 것을 아직 인식하지 못하였다. 학생은 종종 별도의 기능적 과제를 하면서 통합환경에서 시간을 보내거나 1980년대처럼 특수학급 환경에 남아 있었다. 통합, 자기결정, 학업 및 기능적 기술 교수 모두는 계속해서 양질의 프로그램의 구성 요소가 되었다. 새천년이 시작되는 즈음 학생이 읽기와 수학의 대안평가에 참여해야 한다는 요구사항은 학업 교수에 새로운 관심을 급증시켰다. 비록 학생이 이러한 기술의 학습으로부터 새로운 이득을 얻을지라도 그 내용은 종종 일반교육을 받는 또래가 학습하는 것과 여전히 거리가 멀고 특수학급 환경에서 교수되었다. 새로운 학업 기술을 교수한다는 흥분으로 학생의 기능적 기술 요구의 중요성은 때때로 간과되었다. 미국 「장애인교육개선법」(2004)은 중등도 및 중도장애 학생을 포함하여 모든 장애 학생의 일반 교육과정 접근과 진보를 촉진하였다. 현재 상당수의 학생은 일반 교육과정과 연계된, 종종 주에서 정의한 확장된 성취기준으로 학업교수를 받는다. 또한 최선의 실제는 성인기 삶으로의 전환을 위한 일부 기능적 기술 교수와 통합하고 자기결정을 도모하고 학생이 진보하고 있음을 확인하는 것이다. 새로운 시대의 난제는 통합이 여전히 많은 학생들에게 실현되고 있지 않다는 것이다.

1) 통합교육의 실제

Alper(2003)에 따르면, 완전통합은 '중등도 및 중도장애 학생을 그들이 살고 있는 주거지 학교의 일반학급에 있는 동일한 생활연령의 비장애 또래와 나란히 교육시키는 것'으로 정의된다(p. 15). 완전통합(full inclusion)은 학교에서 일어나는 교육활동, 여가활동, 사회활동에 사회적 및 물리적으로 통합되는 것을 포함한다. 완전통합과 다르게 통합(inclusion)은 '특수교육대상 학생을 일반교육 환경에 배치'하는 것을 의미한다(Sailor & Roger, 2005, p. 503). 일부 학생은 그들의 학교 일과 중 일부 시간 동안만 통합될 수도 있다. 학생이 일반교육 환경에서 얼마나 시간을 보내는가는 4장에서 서술된 것처럼 개별화교육계획팀의 배치 결정에 따른다. 중등도 및 중도장애 학생의 매우 낮은 비율만이 통합학교 프로그램에 있다는 것이 현실이다(Smith, 2007). 이러한 격차는 자원 할당, 전문성 개발, 행정적 지원, 통합 계획을 위한 기술적 지원을 포함한 다양한 요인들로 인한 것일 수 있다. Sailor와 McCart(2014)에 따르면, 진정한 통합 학교는 관리자, 직원, 가족, 지역사회를 포함한 모두에 의해 공유되는 공동의 비전이 필요하다. Jane이 학교 일과 전반에 걸쳐 성공적으로 통합되기 위해서는 통합된 학교 환경 구성을 위한 다량의 계획수립, 가족과의 협력, 공동의 비전이 요구된다. 통합은 학생이 일반교육 환경에 현존하는 것을 계획하는 것(시간제 통합) 이상이다. 통합은 중등도 및 중도장애 학생이 교실과 학교에서 사회 구성원이 되도록 도모하는 것(사회적 통합) 이상이다. 학생들의 교육적 요구를 만족시키기 위해 그들은 교육과정으로부터 배울 수 있어야 하고, 그들의 독특한 교육적 요구를 충족시킬 수 있는 기회를 가져야만 한다. 때때로 더 심한 장애를 가진 학생을 위한 수정된 교육과정의 우선순위와 빠르게 진행되는 일반교육 내 학업의 우선순위가 교수적 통합의 '부조화'를 만들어 낼 수 있다. 세심한 팀 계획은 일반교육 환경에서 중등도 및 중도장애 학생의 개별적 요구를 충족시키는 방법을 결정하기 위해 필요하다.

모든 학생의 소속감을 도모하기 원하는 학교는 모든 학생이 통합되었을 때 성과가 무엇일지에 대한 개요를 서술하면서 시작해야만 한다. 초기 연구를 토대로 Giangreco, Dymond, Shogren(2016)은 통합교육의 특성을 다음과 같이 정리한다. 첫째, 만약 학생이 장애가 없고 지원이 유용하며 모든 학생이 일반교육 프로그램에서 환영받는 경우 다니게 될 학교에 다닌다. 둘째, 장애 학생의 비율이 지역사회에서(장애인이) 차지하는 비율과 유사한 학급에서 장애 학생은 연령에 적절한 또래와 함께 교육받는다. 셋째, 일반학급 및 통합된 지역사회환경에서 교육 경험이 이루어진다. 넷째, 학생은 학업영역-기능적 및 사회적 영역-개인적 영역의 학습 균형을 맞추기 위해 개별적으로 고안된 교육 서비스를 받는다.

Morningstar 외(2016)는 중도장애 학생이 더 통합된 환경(일반교육)에 배치되면 학업성취, 사회적 참여, 행동이 향상된다고 제안한다. 교사는 학생이 연령에 적절한 교육과정 내용을 더 많이 배우게 됨에 따라 더 높은 기대를 가지게 된다. 마지막으로 학생이 일생에 걸쳐 통합된 활동에 더 많이 참여할 수 있는 기회가 증진될 수 있다. 중등도 및 중도장애 학생에게 통합프로그램을 제공함에 있어 문제 중 하나는 강도 높은 교수와 개인적 지원에 대한 학생 요구를 충족시키는 방법을 찾아내는 것이다. Ryndak와 Ward(2003)는 협동학습 전략, 소집단교수, 또래교수와 함께 또래 짝짓기 및 학업 도우미(study buddy)를 제안한다. Carter와 Brock(2016)은 통합환경에서 학생을 지원하는 실행 가능한 전략으로써 또래지원의 사용을 제안한다. 예를 들어, Carter, Cushing, Clark, Kennedy(2005)는 3명의 중도장애 중학생과 6명의 비장애 학생과 함께 연구를 실행하였다. 또래는 교재를 수정하는 법, 개별화교육계획 목표에 따른 교수를 제공하는 법, 행동계획을 실행하는 법, 피드백을 제공하는 법, 학급에서 장애 학생과 또래 사이의 의사소통을 촉진하는 법을 포함한 전략을 배웠다. 연구결과는 한명의 또래보다 두 명의 또래가 있을 때 장애 학생의 사회적 상호작용이 증가되었지만 이것은 학급의 다른 학생들과의 상호작용에는 영향을 미치지 않았음을 보여주었다. 또한 또래지원은 일반 교육과정과 연계된 장애 학생의 활동을 촉진하였다. 프로그램 질적 지표 점검표는 [그림 1.2]에서 확인할 수 있다.

질적 지표	강점	약점	목표
통합교육 실제의 도모			
가정-학교 협력			
협력팀			
긍정적 행동지원			
증거기반교수			
일반 교육과정 접근			
기능적 일상생활 기술 교수			
학업 기술 교수			
자기결정 도모			

[그림 1.2] 중도장애 학생을 위한 프로그램 질적 지표 점검표

출처: *Teaching Students with Moderate and Severe Disabilities, Second Edition*, by Diane M. Browder, Fred Spooner, Ginevra R. Courtade, and Contributors. Copyright © 2020 The Guilford Press. Permission to photocopy this material is granted to purchasers of this book for personal use or use with clients or students (see copyright page for details). Purchasers can download enlarged versions of this material (see the box at the end of the table of contents).

2) 가정과 학교의 협력

Jane과 같은 학생이 학교 프로그램에서 성공하기 위해서는 가족과의 견고한 협력 관계가 있어야만 한다. Jane은 무발화이기 때문에 가족이 자녀의 교육에 계속해서 관여하기 위해서는 학교와 가정 간의 빈번한 의사소통이 요구된다. Chen과 Miles(2004)는 “교사는 학생을 가르치기 위한 교수 기술뿐 아니라 가족과 효과적으로 일할 수 있는 역량도 가지고 있어야만 한다”고 지적한다(p. 31). 비록 오늘날 학교가 학생에 중점을 두고는 있지만 가족에게 더 많이 중점을 둘 필요가 있으며 중도장애 학생을 교수할 때는 가족 중심 접근을 활용할 필요가 있다(Childre, 2004). 가족과 교사의 협력적 실제는 가족 중심 접근을 사용할 때 더 긍정적인 경향이 있다. Powell, Batsche, Ferro, Fox, Dunlap(1997)에 따르면, 가족 중심 접근을 수립하기 위한 주요 원칙은 (1) 신뢰 형성하기, (2) 개방적 의사소통 유지하기, (3) 가족과 학생에게 권한을 부여하고 역량 강화하기, (4) 협력적 문제해결 접근 사용하기이다. Jane의 경우 이러한 의사소통은 전화통화, 대면 회의, 이메일, 알림장, 보완대체의사소통을 통한 메시지, 온라인 메신저를 통해 이루어질 수 있다.

신뢰 형성 및 개방된 의사소통을 위한 한 가지 방법은 가족의 문화적 관점을 이해하고 존중하기 위해 노력하는 것이다. 가족과의 견고한 관계를 형성하는 한 가지 방법은 다문화(Culturally and Linguistically Diverse, CLD) 관점에 대한 더 많은 이해를 가지는 것이다. Lim과 Browder(2001)에서 서술된 것처럼 Hall(1976)은 의사소통 패턴이 다를 수 있음을 설명하고자 “상위문맥(high-context)”과 “하위문맥(low-context)”문화의 개념을 사용한다. 상위문맥에서 구성원은 위계적이고 상황적 단서의 수립을 통한 뚜렷한 상호작용 패턴을 공유하며 위협적이지 않은 반응을 선호하고 개인적 스타일과 관계에 더 많은 가치를 두게 된다. 상위문맥 문화가 뚜렷한 역할과 형식을 더 많이 강조할지라도 구성원은 의사소통과 관계의 개인적 접근을 중히 여기며 회의를 “준비”하고 서로를 알아 가는 데 더 오랜 시간을 필요로 하기도 한다. 상위문맥 문화에서는 사적인 공개가 이루어지기 전에 관계는 시간과 믿음을 필요로 한다는 신념을 가지고 있다. 이러한 문화적 견해를 공유하지 않는 전문가는 상위문맥 문화의 부모를 회피적이고, 수동적이며, “돌려 말한다”고 판단할 수도 있다. 반대로 하위문맥 문화는 메시지와 감정의 직접적인 표현을 강조하고 촉진한다. 유럽계 미국인 문화는 일반적으로 하위문맥 문화이다. 생각하는 것을 말하는 자유는 개인의 권리로 여겨진다. 신뢰와 개인적 라포가 형성되기 전의 상호작용 과정에 더 많은 의미를 두는 상위문맥 문화와 다르게 하위문맥 문화는 편의, 목표, "일의 완수"를 통한 바람직한 성과 성취에 중점을 두는 상호작용을 중히 여긴다(Hanson, Lynch, & Wayman, 1990). 상위문맥 문화의 구성원은 그러한 상호작용을 냉담하고 비인간적이라고 해석한다. Hall(1976)의 도식은 문화가 의사소통에 어떻게 영향을 미치는지 이해하는 수많은 옵션 중 하나이다.

문화는 의사소통 방식에 영향을 미칠 뿐 아니라 가족이 자녀의 장애를 어떻게 바라보고 대하는지에도 영향을 미칠 수 있다(Gartner, Lipsky, & Turnbull, 1991). Mary(1990)는 히스패닉계의 미국인 어머니가 자기희생적 태도와 배우자의 장애 거부를 다른 민족 집단보다 더 많이 보고함을 확인했다. Marion(1980)은 멕시칸계 미국인과 아프리카계 미국인 부모는 자녀의 장애에 대한 충격과 슬픔에 반대되는 보호와 수용의 감정을 더 많이 보고하고 있음을 확인하였다. Chan(1986)은 일부 아시안 가족은 장애를 수치의 근원으로 여기고 있음을 지적하였다. Harry(1992)와 Fowler(1998)는 대부분의 미국 원주민 언어에는 장애를 나타내는 어휘가 없으며 장애인을 더 통합하는 경향이 있음을 언급하였다. 물론 민족의 개별 구성원마다 개인적 관점은 다를 수도 있다. 예를 들어, 몇몇은 장애를 수치의 근원으로 여기지만 다른 사람은 장애권리에 대한 강력한 옹호자일 수도 있다. 가족과 신뢰를 형성하고 그들의 개인적 견해를 이해하는 한 가지 방법은 그들이 자녀의 장애를 어떻게 이해하게 되었는지에 관한 이야기를 공유하도록 그들을 초대하는 것이다. 또한 전문가들은 가족이 자녀에 대한 가장 방대한 역사와 지식을 가지고 있음을 기억할 필요가 있다. 주의깊은 경청을 통해 전문가는 무엇이 학생을 동기 유발시키고, 어떠한 기술이 개발될 필요가 있으며, 학생의 문화적 상황에서 작용되지 않거나 적절하지 않은 것은 무엇인지에 대한 통찰력을 얻을 수 있다. 2장에서 가족 협력과 문화적 관점을 다룰 것이다.

3) 협력팀 구성

중도장애 학생이 학교에서 성공을 경험하기 위해서는 전문가들 간의 어느 정도의 협력이 요구된다. 협력팀에서 구성원이 (1) 모든 학생이 혜택을 받을 수 있는 그들의 전문성, (2) 모든 학생의 학습을 도모하는 교육 활동을 개발하는 책임감, (3) 교수내용 영역 전반에 걸친 교수 제공, (4) 내용 영역, 활동, 환경 전반에 걸쳐 학생의 지식습득을 위한 책무성을 공유하는 것은 중요하다(Ryndak & Pullen, 2003). 구성원이 학생의 요구에 중점을 두고 개인보다 팀으로써 목표를 성취하기 위해 함께 일한다는 점에서 협력팀은 초학문적팀과는 다르게 기능한다(Thousand & Villa, 2000). 협력팀에서 전문가는 학교, 가정, 지역사회를 포함한 여러 환경에서 학생의 요구를 만족시키기 위해 자유롭게 생각을 나눈다. 협력팀은 '자연스럽다'고 여겨지는 장소에서 서비스를 계획한다. 예를 들어, 협력 서비스는 고립된 곳에서 기술을 교수하기보다 목표 기술이 자연스럽게 발생할 수 있는 장소(예: 학생이 식당에서 식사하는 동안 작업치료사는 학생을 교수함)에서 전달된다. Jane이 일반 교육과정에 접근하고 성공적으로 통합되기 위해서는 학년 수준 및 특화된 몇몇 협력팀이 함께 계획해야만 한다.

중도장애 학생을 위한 협력팀의 이점 중 하나는 학생이 교수 일과 동안 연습을 더 많이 시도하고, 그것은 기술의 더 빠른 습득과 일반화로 이어질 수 있다는 것이다. 두 번째 이점은 협력팀은 교수적 전략과 실제 상황으로의 적용과 관련한 정보를 부모에게 제공한다는 점이다. 세 번째 이점은 협력팀은 문제를 해결하고 서로에게, 학급 교사에게, 가족과 학생에게 기술적 및 정신적 지원을 제공한다는 점이다(Armbruster & Howe, 1985; Ferguson, Meyer, Jeanchild, Juniper, & Zingo, 1992). 여러 학문 분야에 걸친 교수와 융통성 있는 일정을 포함한 협력팀의 활용은 이러한 학생들에게 최선의 실제로 자주 제안된다(Brown et al., 2016; Ryndak, 1996; Westling et al., 2015).

4) 증거기반 교수의 실제

중등도 및 중도장애 학생은 6장에 기술되어 있는 다양한 교수방법을 통해서 새로운 기술을 습득하게 된다. 연구에서 밝혀진 가장 효과적인 방법 중 하나는 체계적 교수의 사용이다. 체계적 교수는 '개별반응(discrete) 혹은 반응연쇄(response chain)(예: 과제분석)일 수 있는 구체적이고 측정 가능한 반응에 중점을 둔 교수로 응용행동분석 원칙과 연구를 토대로 촉진과 피드백으로 정의된 방법의 사용을 통해 이루어지는 것'으로 정의된다(Browder, 2001, p. 95). 체계적 교수의 한 가지 측면은 새로운 반응의 습득을 도모하고자 정의된 촉진과 소거 스케줄을 사용한다는 것이다. 예를 들어, 최소촉진체계는 교사가 제시하는 가장 덜 개입적인 촉진에서부터 가장 개입적인 촉진까지의 위계를 언급한다. 만약 무반응 혹은 오반응이 있다면 그때 촉진은 학생이 정반응을 할 때까지 최소한 개입적인 것에서부터 최대한 개입적인 것까지 제공된다(Ault, Wolery, Doyle, & Gast, 1989). Doyle, Wolery, Ault, Gast(1988)는 최소촉진체계가 다양한 영역의 과제와 다양한 연령대 및 진단을 받은 학생들을 교수하는 데 성공적임을 확인하였다. Demchak(1990)의 문헌연구는 최소촉진체계, 점진적 안내, 시간지연뿐 아니라 최대-최소촉진을 포함한 촉진 소거를 위한 4가지 방법을 확인하였다. 이 체계 각각은 6장에서 자세하게 설명한다.

5) 긍정적 행동지원 전략

긍정적 행동지원(Positive Behavior Support, PBS)은 중도 지적장애 학생을 포함한 장애 학생의 도전행동을 관리하는데 효과적 실제로 사용되고 있다(Cooper, Heron, & Heward, 2007). 일반적으로 긍정적 행동지원은 부적절한 행동을 감소시키고 적절한 행동을 증가시키기 위한 교육적 전략을 사용한다(O'Neill & Jameson, 2016). 긍정적 행동지원 전략은 중도 지적장애 학생(Brown et al., 2016)과 자폐성장애 학생(Horner, Carr, Strain, Todd, & Reed, 2002)을 포함하여 발달장애 학생에게 효과적인 것으로 입증되고 있다(Carr, Horner et al., 1999). Snell(2005)은 긍정적 행동지원이 성공적으로 적용되고 있음에도 불구하고 여전히 중도장애 학생에게는 연구와 실제 사이의 간극이 있음을 보고하고 있다.

Carr 외(1999)는 긍정적 행동지원과 관련된 선행연구 107편에 대한 종합적 검토를 실행하였다. 1985년부터 1996년 사이에 실행된 연구에서 222명의 연구 참여자가 확인되었으며, 그중 지적장애가 가장 큰 비율을 차지하였다. 연구는 다음과 같은 변인에 중점을 두었다: (1) 인구학적 배경, (2) 평가, (3) 중재, (4) 성과. 종합적 검토 결과, 이 분야에서는 여러 해에 걸쳐 환경적 결함을 개선하는 데 중점을 두는 평가와 중재 영역이 주로 성장을 이루었다. 긍정적 행동지원 전략은 심각한 행동 문제를 가진 사람들에게 사용될 수 있으며 사례의 1/2에서 2/3까지의 행동문제를 감소하는 데 효과적이다. 중재가 기능적 평가에 근거를 둘 때 성공의 비율은 거의 2배로 증가되는 것으로 나타난다. 14장은 긍정적 행동지원에 대한 더 많은 정보를 제공한다.

6) 자기결정

중도장애 학생이 이러한 기술을 학습할 수 있는 기회가 항상 있지 않음에도 불구하고 장애 학생을 위한 자기결정 중요성은 문헌연구에서 입증되고 있다(Algozzine, Browder, Karvonen, Test, & Wood, 2001; Martin, Van Dycke, Greene et al., 2006; Wehmeyer & Schwartz, 1998; Wood, Fowler, Uphold & Test, 2005). 자기결정은 '사람이 목적 지향적이고 자기 통제적이며 자율적인 행동을 할 수 있도록 하는 기술, 지식, 믿음의 종합'으로써 정의된다(Field, Martin, Miller, Ward, & Wehmeyer, 1998, p.2). 이러한 기술은 (1) 선택, (2) 의사결정, (3) 목표설정과 성취, (4) 문제해결, (5) 자기인식, (6) 자기결정, (7) 개별화교육계획 과정에 참여를 포함한다(Agran, Blanchard, Wehmeyer, & Hughes, 2001; Allen, Smith, Test, Flowers, & Wood, 2001; Van Reusen & Bos, 1990). Wehmeyer(2005)는 중도장애 학생을 위한 자기결정의 정의를 '자기결정적 행동은 자신의 삶의 주요 원인 주체자(casual agent)로서 행동하고 자신의 삶의 질을 유지하고 향상시킬 수 있게 하는 의지적인 행동'으로 제안한다(p. 117).

장애의 심각성에 상관없이 모든 개인은 자신의 삶에 영향을 미치는 의사결정에 대해 가능한 많은 선택을 할 수 있는 능동적 참여자가 되어야만 한다(Brown, Belz, Corsi, & Wenig, 1993). Wehmeyer와 Schwartz(1998)에 따르면, 자기결정적인 사람은 삶의 질에 있어 더 나은 성과를 보인다. 선행연구는 다양한 연령대의, 다양한 장애를 가진 학생이 자기결정 기술과 자기옹호 기술을 배울 수 있다고 보여준다(Algozzine et al., 2001; Wood et al., 2005). 자기결정은 일반 교육과정에 학생의 접근을 도모하는 증거기반실제로 고려되고 학업, 사회성, 중등이후교육 영역에서 학생의 긍정적 성과와 관계가 있다(Fowler, Konrad, Walker, Test, & Wood, 2007; Wehmeyer & Palmer, 2003).

7) 일반 교육과정 접근

일반 교육과정 내용을 학습하는 학생을 위한 교수 계획은 국어, 수학, 과학, 사회와 같은 학업영역에 더 중점을 둘 필요가 있다. 일반 교육과정 접근이라는 매우 중요한 주제는 Spooner, Dymond, Kennedy(2006)에 의해 학술지 「Research and Practice for Persons with Severe Disabilities」 특별호에서 다루어졌다. 이 특별호에서 Spooner, Dymond, Smith, Kennedy(2006)는 그 시점에서 일반 교육과정 접근에 대해 우리가 알고 있던 것과 알아야 할 것을 서술하였다. 그들은 여러 접근법(또래지원, 자기결정, 보편적 학습설계[UDL], 내용기준 교수 및 평가)과 함께 이점과 함정(예: 약속, 다양한 정의, 접근법의 발전, 졸업 후 성과에 미치는 영향)을 상세하게 기술하였다. Browder, Wakeman, Spooner, Ahlgrim-Delzell, Algozzine(2006)이 지적하였던 것처럼 단순히 학생이 학업교과를 배울 수 있기 때문에 학업교과를 교수한다는 것은 주된 근본적 이유가 되지 않는다. 대신에 이러한 교육 기회가 성인기 삶을 위한 역량을 증가시킨다는 것을 인식하는 것이 중요하다. 장애 학생은 우리가 믿었던 것보다 더 많은 것을 배우고 수행할 수 있다. 학습이 증진되면서 학생은 더 많은 기회도 갖게 된다. 예를 들어, 약간의 읽기 능력은 직업 선택지를 증가시킨다. 또한 학업 내용 교수는 교육 평등을 도모한다. 비장애 학생은 읽기와 같은 기술을 학습하기 전에 잠자리 정리 기술을 숙달할 필요가 없다. 이와 유사하게 중도장애 학생에게 학업교과 내용을 학습하기 전에 모든 일상생활 기술을 학습해야 한다는 이중 잣대를 고수해서는 안된다. 일반 교육과정 내용에 포함된 기술을 교수하는 것은 학생에게 정보를 얻고 능력을 보여줄 수 있는 더 많은 수단을 제공함으로써 자기결정의 기회를 증가시킬 수 있다.

학업 내용 교수 시 연령에 적절한 학업 내용과 연계하여 교수를 제공하는 것처럼 학생의 연령과 학년에 맞는 내용 기준을 교수하는 데 중점을 두어야 한다(Browder, Spooner, Wakeman, Trela, & Baker, 2006). 비록 학생의 기본 기술에 부족함이 많더라도 그들이 가지고 있는 기술을 적용하여 그들은 학년에 적절한 내용에 접근할 수 있고 문해력과 수리력(numeracy)을 계속 발달시킬 수 있을 것이다. 일례로 아직 글을 읽지 못하는 학생은 지문의 요약본을 낭독하면서 6학년 수준의 소설을 경험할 수 있다. 그 학생은 그림 식별 기술을 사용하여 지문에 대한 이해 정도를 보여줄 수도 있다(Browder, Trela, & Jimenez, 2007). 또래지원 활용이 학생의 학업교과 접근을 도모할 수도 있다(Jimenez, Browder, Spooner, & DiBiase, 2012).

유감스럽게도 중등도 및 중도장애 학생은 때때로 학업교과를 배울 교육적 기회가 부족하다. Koppenhaver와 Yoder(1993)은 중등도 및 중도장애 학생이 학교에서 문해활동에 참여할 충분한 기회가 없음을 보고하였다. 이에 대한 이유는 중등도 및 중도장애 학생의 읽기 학습에 대한 낮은 기대감과 이러한 학생들이 접근 가능한 읽기 교재 제작의 어려움을 들 수 있다. 중등도 및 중도장애 학생을 위한 수학교수 관련 연구의 상당수는 학생이 돈관리와 같은 몇몇 기능적 기술을 배울 수 있을 것이라는 낮은 기대감을 반영하고 있다. 특별히 과학, 사회과목에서 학년수준의 내용을 교수하기 위한 모형은 요즘 들어 생겨나고 있다. 이 책은 주요 내용교과 각각에 대한 장을 포함한다-국어(7, 8, 9장), 수학(10, 11장), 과학(12장), 사회(13장).

8) 기능적 생활 기술

문헌에서는 공식적으로 '기능적 기술'이라고 언급되는 일상생활 기술은 가정, 지역사회, 직장에서 매일 살아가는 데 사용되는 기술이다. Westling 외(2015)는 기능적 기술 교수는 매일 이루어져야 하고 기능적 목표는 학생의 개별화교육계획에 포함되어야 함을 제언한다. 기능적 기술은 학생이 가능한 독립적이 되도록 하는 '궁극적 기능성의 준거'를 도모한다. Brown 외(1976)는 기능적 교육과정 계획을 위해 지역사회 기술, 가사 기술, 직업 기술, 여가 기술을 포함하는 4가지 영역을 서술한다. 학생이 나이가 들어감에 따라 가정과 지역사회 내에서의 자립을 증진시키는 것에 초점을 맞추게 되고, 이에 따라 가사 기술과 지역사회 기술의 중요성이 확대된다(Bambara, Koger, Burns, & Singley, 2016). 기능적 기술 교수를 위한 몇몇 제안된 실제는 다음과 같다: (1) 통합 기술(integrated skills)을 교수하면서 목표는 자립 혹은 자기결정의 증가에 초점을 맞추어야만 한다. (2) 기술은 기능적 맥락 내에서 가정, 학교, 혹은 지역사회 환경(자연스러운 환경)에서 교수되어야만 한다. (3) 기술의 초기 습득뿐 아니라 유지 및 일반화에 중점을 두고 기술을 교수해야만 한다. (4) 학생의 수행에 대한 자료는 계속 수집되어야 하며, 자료의 결과를 토대로 교수에 대한 의사결정이 이루어져야 한다(Westling et al., 2015).

일상생활 기술 교수는 학생의 성인기 삶으로의 전환을 준비시키는 한 가지 방법이다. 또한 중도장애 학생을 위한 양질의 프로그램은 전환계획의 다른 영역을 포함한다. 비록 중도장애 학생의 미취업률이 매우 높고(Newman, Wagner, Cameto, & Knokey, 2009; Wehman, Kregel, & Seyfarth, 1985) 전환의 실제를 통해 최중도장애 학생의 성공적인 성인기 성과를 제안하는 실증적 증거는 제한적임에도 불구하고 중도장애 학생은 그들이 지역사회 직장에서 일할 수 있음을 보여준다(Wagner, Marder et al., 2003; Wagner, Cadwallader, & Marder, 2003; Wehman, Hill, Wood, & Parent, 1987; White & Weiner, 2004). 양질의 전환계획은 더 나이든 학생을 위한 지역사회 기반 경험과 같은 직업 기술 교수를 포함한다. Wehman, Moon, Everson, Wood, Barcus(1988)는 전환계획은 고용과 함께 중등이후교육, 주거계획, 재정수입 요구, 여가 요구, 의학적 요구, 대중교통, 옹호/법적요구, 개인/가정/돈 관리, 개인상담 요구(예: 성교육)를 고려해야 한다고 제안한다. 이러한 영역 전반에 걸친 계획은 4장에서 서술되는 개별화교육계획을 위해 필요한 기술을 고려하는 것뿐 아니라 실제 일상생활 영역에서 기술을 적용할 수 있도록 배우는 기회를 만드는 것(16장)도 포함한다.

3. 중도장애 학생 교육을 위한 법적 요구사항

장애 학생을 위한 양질의 프로그램을 특징짓는 것에 대한 옹호가와 전문가의 의견은 현 연방법과 정책을 형성하는 것을 지원하였다. 장애 학생에 대한 미국 연방법은 1975년 미국 「전장애아교육법(All Handicapped Children Act)」 제정 이후로 모든 장애 학생에게 무상의 적절한 공교육을 보장했다. 2004년 미국 「장애인교육개선법」(2004)은 이러한 권리를 계속 보장한다. 특수교육 서비스는 개별화교육계획 개발을 통해 윤곽을 나타낸다. 이 연방법의 초기 버전처럼 미국 「장애인교육개선법」(2004) 은 부모를 위한 절차적 보호장치(procedual safeguards)를 제공한다. 만약 자녀의 진단, 평가, 배치와 관련된 결정에서 교육청이 법적 절차를 따르지 않았다고 믿고 교육청 결정에 동의하지 않는다면 분쟁 해결 과정 중 부모는 행정상의 공청회(administrative hearing)를 위한 청원을 제기할 수 있는 청구권을 가진다(Yell, 2006).

교육청은 다양한 이유로 장애 학생 부모와 소송을 한다(Yell & Drasgow, 2000). 주로 자녀가 무상의 적절한 공교육을 거절당했다고 부모가 믿는 경우 발생하는 경향이 있다(Drasgow, Yell, & Robinson, 2001). 이러한 분쟁의 다수는 학생을 위한 양질의 프로그램을 개발함으로써 해결된다. 미국 「장애인교육개선법」(2004)에 따르면 무상의 적절한 공교육은 다음과 같이 정의된다.

> 특수교육 및 관련 서비스는 (A) 공적비용으로 제공되고 공공관리 하에 무상으로 제공된다; (B) 주립 교육기관의 규준을 만족시킨다; (C) 적절한 유치원, 초등학교, 혹은 중등학교 교육을 포함한다; (D) 개별화교육 프로그램에 따라서 제공된다.

무상의 적절한 공교육의 기준은 Rowley 판례에서 처음 정의되었다(Board of Education of the Hendrick Hudson Central School District v. Rowley, 1982). 이 기준은 중등도 및 중도장애 학생과 관련된 판례, 특수교육 및 관련 서비스의 제공과 관련된 판례에서 반복적으로 검토되었다. 2017년, 미국 대법원은 장애 학생에게 특수교육 서비스를 제공할 때 교육구는 단순히 학생이 매년 최소한의 혹은 변변찮은 진보를 할 것이라고 확신해서는 안되고 대신 학생의 상황에서 의미 있는 진보를 만들어 낼 것이라고 확신해야 한다고 규정했다(Endrew F. v. Douglas Country School District RE-1, 2017; Prince, Yell, & Katsiannis, 2017). 이러한 규정은 Jane과 같은 중등도 및 중도장애 학생에게 의미 있는 진보가 어떻게 개별화되고, 정의되고, 측정되는지에 대한 폭넓은 시사점을 가진다.

분쟁의 두 번째 주요 영역은 최소제한환경(Least Restrictive Environment, LRE)에 아동을 배치하는 것에 관해 부모가 교육청에 동의하지 않을 때 발생할 수도 있다(DeMitchell & Kerns, 1997; Thomas & Rapport, 1998; Tell & Drasgow, 1999). 미국 「장애인교육법에」에 따르면, 최소제한환경은 "공립 혹은 사립기관과 다른 돌봄 기관에 있는 아동을 포함하여 장애 아동이 최대한 적절한 범위에서 비장애 아동과 함께 교육 받는 것"으로 정의된다. 이 법은 또한 "아동의 장애 특성과 심각성으로 인해 일반학급에서 교육을 받으면서 추가적인 보조와 서비스가 제공되어도 만족할 만큼 성취될 수 없을 경우"를 제외하고 학생을 일반교육환경에서 배제되어서는 안 된다는 것을 반영한다.

Yell(1995)에 따르면 통합과 관련된 5가지 구성 요소는 연방규정에 기반을 두고 있다: (1) 학생의 개별적 요구에 따라 최소제한환경이 결정된다. (2) 교육청은 분리된 배치를 제안하기 전에 통합된 환경에 학생을 배치할 의무가 없다. (3) 각 교육청은 학생에게 유용한 대안적 배치의 연속체를 만들어야만 한다. (4) 학생이 분리 배치될 경우 학생의 개별적 요구를 충족시키기 위해 최대한 적절한 범위에서 통합되어야 한다. (5) 비장애 학생에게 영향을 미칠 수 있는 잠재적인 방해 요소를 고려해야만 한다. 법원은 중도장애 학생이 관여된 최소제한환경의 판례를 결정할 때 이러한 요소들의 상당수를 고려해야만 한다. 일례로, Oberti v. Board of Education of the Borough of Clementon Shool District(1993), 미국의 세 번째 순회항소법원은 교육청이 추가적인 지원과 서비스에 대한 고려 없이 분리 배치에 관한 의사결정에 이르렀다는 이유로 다운증후군 아동의 통합을 명령했다. 법원은 추가적인 지원과 서비스가 제공된다면 학생이 일반교육 배치에서 성공하도록 지원할 수 있다고 결론지었다. 이 판례에서 법원은 의사결정 시 3가지 요인을 고려했다. 첫째, 교육청이 일반학급에 아동을 포함시키고자 타당한 노력을 했는지 여부를 고려했다. 둘째, 분리된 학급에서 제공되는 교육과 비교했을 때, 적절한 추가 지원과 서비스가 제공되는 일반학급에 배치된 아동에게 유용한 교육적 이점이 무엇인지 조사했다. 셋째, 학생이 통합될 경우 학급에 있는 다른 학생들의 교육에 미칠 수 있는 부정적 영향에 대해 검토했다. 또한 법원은 통합을 지지하며 의미 있는 요인으로 학생의 어린 나이(8세)를 고려했다.

Sacramento City Unified School District Board of Education v. Rachel H.(1994) 판례에서 법원은 Oberti 판례와 유사한 요인들을 고려하지만 일반학급에 학생을 통합시키는 비용도 고려했다. 이 판례에서 교육청은 일반학급에 학생을 배치하는 것이 교육청에 재정적 부담을 준다는 것을 입증할 수 없었다. 문헌에 따르면, 최소제한환경과 무상의 적절한 공교육의 법적 사항(legal tenants)을 따르는 것이 분쟁을 예방하기 위해 교육청이 수행해야 하는 전부가 아닐 수 있다. 특수교육과 특수교육 법 분야의 연구자들은 교육청이 타당한 혹은 증거기반실제를 따라야 한다고 제안한다(Agran & Hughes, 2014; Etscheidt, 2003; Westling et al., 2015; Yell &

Drasgow, 2000). 6장은 중도장애 학생을 위한 증거기반실제의 정보를 제공한다.

관련 서비스 영역에서도 소송이 일어날 수 있다(Bartlett, 2000). 미국「장애인교육개선법」(2004)에 따르면 관련 서비스라는 용어는 "교통, 발달적, 교정적 및 다른 지원적 서비스…학생이 특수교육으로부터 이득을 얻도록 지원하는 데 필요한 것"을 의미한다. 법령에 제시된 관련 서비스의 몇 가지 예시는 언어병리, 청각, 통역 서비스, 심리 서비스, 작업 및 물리치료, 치료적 여가 서비스, 사회복지, 보건, 상담, 방향정위와 이동, 평가 목적을 위해 계획된 의료 서비스이다. 관련 서비스 목록은 완전하지 않다. Irving Independent School District v. Tatro(1984) 판례에서 미국 대법원은 이분척추를 가진 아동을 위한 깨끗하고 간헐적인 도뇨관 삽입이 관련 서비스로 고려되며 연방법에서 배제된 의료 서비스에 해당하지 않는다고 규정하였다. 이 획기적인 판례에서 미국 대법원은 아동이 학교에 출석하고 교육적 혜택을 받기 위해 일과 동안 건강 돌봄 관련 서비스를 필요로 한다면 교육청은 이 서비스를 제공해야만 함을 명확하게 정의하는 규정을 수립하였다. 이 서비스는 의사가 아닌 사람에 의해 수행될 수 있어야만 하고, 따라서 의료 서비스라기 보다는 미국「장애인교육개선법」(2004)에 포함된 관련 서비스로 고려되어졌다(Norlin, 2007).

미국「모든학생성공법」(Every Student Succeeds Acts, ESSA, 2015)은 미국「아동낙오방지법」(No Child Left Behind, NCLB, 2002)을 대체하였다. 비록 두 법률이 다르지만 가장 심한 인지장애를 가진 학생을 포함한 장애 학생의 일반교육 접근과 주(state)의 평가를 보장한다는 점에서 미국「모든학생성공법」의 몇 가지 주요 원칙은「아동낙오방지법」의 특성과 유사하다. 미국「모든학생성공법」은 가장 심한 인지장애 학생을 위해 도전적인 학업기준과 연간 대안 학업성취기준을 개발할 것을 주에 요구한다. 또한 대안평가는 이러한 기준을 토대로 개발되어야만 한다. 가능하다면 평가는 보편적 학습설계 원칙을 사용하여 개발되어야만 하며 조정(accommodations)이 제공되어야만 한다. 컴퓨터 조정(adaptive) 평가도 가능하다. 교육청은 장애 학생을 포함한 소집단별로 평가결과를 구분해야만 한다. 주는 중간 진보 측정과 함께 장기목표를 수립해야만 한다. 주는 기준을 기반으로 한 대안 졸업장을 정의할 수 있다. 또한 학교를 개선하기 위한 지원과 교수와 학습을 위한 향상된 조건도 이 연방 법률에 포함된다.

장애 학생을 위한 계획을 수립하는 교사는 법률에 관한 3가지 중요한 점과 소송에 대한 가능성을 기억할 필요가 있다. 첫째, 소송을 피할 수 있는 최선의 방법은 부모, 학생, 전문 인력을 포함한 협력팀 계획의 사례처럼 양질의 증거기반 프로그램을 제공하는 것이다. 교육목표는 적격한 개별화교육계획팀에 의해 결정된 최소제한환경에서 학생에게 교육적 혜택을 제공하도록 합리적으로 설정되어야 한다. 둘째, 부모와 분쟁이 발생했을 때 최상의 시작점은 필요한 모든 구성원이 참석한 가운데 잘 실행된 개별화교육계획 회의를 통해 의견 차이를 해결하는 것이다. 이 슈가 해결되지 않더라도 학교 체계에는 여전히 공청회 전에 실행할 분쟁 해결안이 있다. 미국 「장애인교육개선법」에는 해결, 조정(mediation), 행정상의 공청회와 같이 3가지 유형의 분쟁 해결이 있다. 해결과 조정은 모두 공청회 전에 부모와 교육청 간의 의견 차이를 해결하고자 계획된 법률적 과정이다. Hazelkorn, Packard, Douvanis(2008)에 따르면 설문조사에 답변한 교육청의 76%가 행정상의 공청회보다 조정이 그 이슈에 대해 더 나은 논의를 이끈다고 믿고 있었다. 셋째, 교사와 부모 모두 팀 협력을 통해 교육으로부터의 이득을 얻을 수 있다. 학생의 교육에 모두가 헌신하고 있다는 신뢰가 형성되고 참여자가 분쟁 해결에 대한 특정 기술을 가지고 있다면 의사소통의 어려움은 피할 수 있을 것이다. 만약 의견 차이가 해결되지 않는다면, 양쪽 관계자는 해결을 위해 제 3자의 도움을 수용해야 할 수도 있다.

4. 요약

비록 특수교육이 어느 수준에서는 약 200년 동안 이어져왔지만 공교육 서비스를 위한 첫 번째 법률이 제정된 것은 겨우 약 40년 전이다. 1975년 전 중등도 및 중도장애 학생은 공교육 프로그램으로부터 완전히 배제되었다. 새로운 연방법이 장애 명칭을 사용하자 많은 사람은 인간은 개별적이고 독특하다는 점에서 명칭을 양날의 검처럼 여겼다. 그 새로운 연방법으로 많은 주가 따라야 하는 최소한의 재정 지원 및 규정이 생겨났다. 그 이후의 미국 「아동낙오방지법」과 미국 「장애인교육개선법」으로 적절한 서비스를 제공해야하는 교육청 책무의 증가, 일반교육 기준에 맞춰 조정된 중등도 및 중도장애 학생을 위한 교수로의 접근이 생겨났다. 뒤이은 판례법과 증거기반실제 및 질적 지표에 대한 연구의 증가로 중등도 및 중도장애 학생을 위한 더 질적인 교육과 더 나은 졸업 후 성과에 이르렀다.

모든 중등도 및 중도장애인은 성인으로서 가능한 독립적으로 기능할 수 있도록 양질의 교육 서비스를 필요로 한다. 최소제한환경에서 무상의 적절한 공교육을 받은 Jane에게 이 장에서 논의된 교육 프로그램의 질적 지표는 학교 교직원 전부를 통해 실행될 필요가 있다. 교직원은 Jane의 가족뿐 아니라 다양한 교수 전문가 및 관련 서비스 전문가와 협력할 필요가 있다. 교육청 행정가는 통합된 학교 환경 조성을 위한 전문성 개발을 요구할 것이다. Jane은 가장 최근의 원칙인 보편적 학습설계로의 접근을 받아야 하고, 그녀가 의사소통하고 일반 교육과정에 접근하는 것을 돕도록 적절한 보조공학이 제공되어야 한다. 그녀의 구체적 프로그램은 개별화될 필요가 있으며 교육적 혜택이 주어지도록 합리적으로 결정될 필요가 있고 의미 있는 진보가 면밀하게 점검될 필요가 있다. Jane과 중등도 및 중도장애 학생의 자립과 삶의 질을 향상시킬 수 있는 최고의 증거기반실제를 식별하기 위한 연구는 계속될 필요가 있다.

마무리 활동

1. 여러분의 소속 교육청 웹사이트에서 장애 학생을 분류하는데 사용하는 용어를 찾아보세요. 그들 중 중등도 및 중도장애 학생에게 적용되는 장애의 유형은 무엇인가요? 여러분의 주에서 가장 최근 용어를 어느 정도까지 반영하고 있나요?

2. 소셜 미디어를 포함하는 대중매체에서 장애인을 어떻게 묘사하고 있는지 조사하세요. 대중매체에서 가장 최근 용어를 어느 정도까지 반영하고 있나요? 여러분은 장애인에 대한 대중매체의 묘사에 어떤 영향을 미칠 수 있나요?

3. 중등도 및 중도장애 학생의 부모님과 그들의 자녀에 대해 면담하세요. 그들의 어려움과 기쁨은 무엇인가요? 부모님은 자녀의 장애를 어떻게 알게 되었나요? 다른 사람이 알기를 원하는 자녀의 가장 중요한 자질과 능력은 무엇인가요? 만

약 가능하다면 여러분과 다른 문화의 가족을 선택하세요.

4. 중등도 및 중도장애 학생의 통합 목적에 대해 학교 관리자와 면담하세요. 학교 관리자가 그 학교의 성공적 통합에 영향을 미친 요인이라고 믿는 것은 무엇인가요? 중등도 및 중도장애 학생을 일반 교육과정에 통합시키면서 직면할 수 있는 장벽은 무엇인가요?

제 2 장

다문화 관점:
문화, 가족 관계, 교수

Chris Rivera

Ricky는 전형적인 자폐성장애 특성(예: 사교성 부족, 표현 언어에 어려움, 전환에 어려움)을 함께 동반한 중도 지적장애 학생이다. Ricky는 주민의 대략 30%가 빈곤층에 속하는 노스캐롤라이나 주의 시골 지역에 거주하고 있다. Ricky가 태어나기 이전에 그의 부모는 미국에서 새 삶을 꾸리기 위해 멕시코에서 이주해왔다. 세 아이를 두고 있으며, Ricky는 막내이다. Ricky의 부모는 주로 스페인어를 사용한다. 영어를 조금 알긴 하나 영어로 대화를 길게 유지하는 것은 어려워한다. Ricky의 아버지는 자주 이동이 필요한 농업 관련 종사자로 직업 상 자주 집을 비운다. 이로 인해 Ricky의 어머니는 일상적인 책임을 떠안고 있다. 이제 6살이 된 Ricky는 최근 공립학교에 입학했다. Ricky의 어머니는 때때로 Ricky의 발달이 걱정되었기에 여러 자폐성장애 관련 평가도구를 실시하는 데 동의하였다. Ricky는 특수학급에 배치되어 수업을 받았다. Ricky는 몇 개의 단어만 말할 수 있어 주로 무발화로 간주되었다. 표현언어의 어려움에도 불구하고 수용언어는 상대적으로 괜찮았다. 실제로 영어를 조금 이해할 수 있었고 어머니가 스페인어로 말할 경우에는 대답도 할 수 있었다.

Ricky의 부모는 언제나 그를 사랑하고 지지해주었다. 가족들 간에 서로 의지하는 끈끈한 유대감이 있었다. Ricky의 형제자매들은 Ricky를 키우는 데 있어 중요한 역할을 수행하였다. 장녀는 14살로 Ricky가 학교에서 가져오는 알림장이나 과제들에 대해 어머니에게 스페인어로 해석해주었다. Ricky의 부모는 가능한 한 Ricky의 교육에 최대한 참여하려 노력하였으며 중요한 회의에 참석하고자 하였다. 하지만 가족에게는 차량이 한 대밖에 없었기에 개별화교육계획 회의 등에 참석하기에는 어려움이 있었는데, 이는 Ricky의 아버지가 출근하는 데 주로 쓰였기 때문이다. Ricky의 어머니가 어떠한 이유에서든 학교로 가기 위해서는 친한 친구들에게 도움을 받아야 했다. 막상 회의 중에 Ricky의 어머니는 극심한 불안을 경험하고 종종 동떨어진 기분을 느끼며 혼란스러웠다. 그녀는 Ricky의 교육과 관련해 가장 궁금했던 질문들이 있었지만 교사나 교직원들에게 존중을 표하기 위해 질문에 대한 답을 얻지 못한 채 회의장을 떠났다.

이 장은 다문화 학생의 삶에 영향을 미치는 다양한 맥락(context)을 중점으로, 특수교사가 다문화 학생과 가족들의 지원요구를 충족시키기 위해 어떻게 일해야 하는지를 다룬다. 이 장은 다문화 관점의 가치, 가족과의 관계를 형성하는 것의 중요성, 다문화 가정의 중등도 및 중도장애 학생과 일하는 데 있어 문화감응(culturally responsive) 모델체계 개발 등의 주제들을 포함한다.

1. 다문화 관점 수용하기

1) 문화를 자세히 살펴보기

21세기 대다수의 특수교사는 자신과 다른 문화에서 온 학생들을 만나게 될 것이다. 오늘날의 교실에서 다양한 학생들을 가르쳐야 하는 교사들이 다문화적 관점을 확립하기 위해서는 먼저 "문화"란 무엇이며 사람들이 문화에 어떻게 영향을 받는지 이해하는 것이 중요하다. 모든 사람은 각자의 삶, 살고 있는 지역, 경험에 의해 형성되는 특성을 가지고 있다. 종교적 신념, 재정적 수단, 심지어 세대에 따른 견해의 차이까지도 세계관, 개인의 사고 및 행동 방식에 영향을 미친다. 미국에서만 400개 이상의 언어가 사용된다(예: 스페인어, 몽족, 아랍어, 나바호어)(U.S. Government Accountability Office, 2009). 미국에서는 8,400만 명이 넘는 사람들이 이민자이며, 이는 미국 전체 인구의 27%를 차지한다(Zong & Batalova, 2017). 미국은 많은 국가와 마찬가지로 국민들의 인구학적 배경이 점점 더 다양해지고 있다. 따라서 다른 사람들과 관계를 맺을 때 문화적으로 유능한(culturally competent) 능력은 끊임없이 진화하는 교육 체계에서 필요한 속성이다.

문화와 사람들 간에 존재하는 차이에 대해 논할 때, 문화가 단순히 인종 또는 민족과 동의어가 아니라는 것을 깨닫는 것은 중요하다. 인종은 유전적 유사성(예: 피부색 또는 머리카락색)에서 공유되는 생물학적 특성을 뜻한다. 민족성은 여러 집단 간에 공유된 족보 또는 규범을 뜻한다. 마지막으로 문화는 한 집단의 사람들이 따르거나 기대하는 공유된 규범, 가치, 신념, 행동을 뜻한다(Browder & Lim, 2001). 대부분의 사람들은 일상생활에 영향을 미치는 다양한 민족적 배경 또는 하위문화를 가지고 있다. 한 사람의 문화적 연관성은 인종/민족뿐만 아니라 형제자매 또는 장애 유무와 같은 다른 하위문화와도 연결된다. 예를 들어, 특수교사만이 가지고 있는 고유의 경험이 존재한다. 중등도 및 중도장애 학생과 함께 일한 특수교사를 대상으로 '달리는 아이(Runner)'라는 단어를 언급하면 번개처럼 교실에서 뛰쳐나가는 학생에 대해 자주 이야기할 것이다. 개별화교육계획(Individual Education Plan, IEP)을 언급하면 많은 문서 작업과 야근에 대해 이야기할 것이다. 이러한 이야기들은 개인이 자신의 문화집단과 동일시하는 많은 방법 중 하나이다.

문화란 상호작용 연결망이며, 한 개인을 바라볼 때에는 개인이 상위문화(예: 인종 집단, 미국 문화) 및 하위문화(예: 경제적 지위, 종교적 신념, 음악적 취향)에 의해 영향을 받는다는 것을 이해하는 것이 중요하다. 예를 들어, 2대에 걸쳐 미국 남부 시골에서 살았던 멕시코 혈통 가족의 자녀는 최근에 도시 지역으로 이주한 가족의 자녀와는 크게 다를 수 있다. 이러한 다문화적 요소가 어떻게 상호작용하는지 인식하고 문화적으로 유능한 방식으로 학생의 요구에 응답하는 것은 모든 교사에게 중요한 과제이다.

2) 문화적 역량을 위한 노력

문화적 역량이란 특수교사에게 필요한 도구로서 자신의 문화적 정체성에 대해 인식하고 자신과는 다른 문화적 배경에 대해 배우고 이를 실제 교수를 개선하는 데 사용하는 능력이다. 인종/민족, 사회경제적 배경, 성별, 종교, 성적 취향, 가족 구조가 학생의 수행에 어떤 영향을 미치는 지 인식하는 것은 쉬운 일은 아니다. Banks와 Banks(2010)는 이러한 영역들을 학생의 행동에 영향을 미치는 사회적 범주로 설명하였다. 이러한 행동에는 학습 특성, 성공, 자존감, 내적 · 외적 행동, 개인 또는 집단 지향의 가치가 포함될 수 있으나 이에 국한되지는 않는다. 여러 소수 민족 가정의 현실을 이해하는 것도 중요하다. 연구자들은 소수 민족, 장애 학생, 사회경제적 지위가 낮은 학생일수록 고등학교를 졸업할 가능성이 낮고, 특수교육을 받을 가능성이 높으며, 자격을 갖춘 교사 및 학업 프로그램에 접근할 가능성이 낮다는 것을 보여주었다(Artiles & Trent, 1994; Banks & Banks, 2010, Skiba et al., 2008).

교사는 다양한 집단의 사람들과 상호작용하는 방식에 있어 무의식적으로 다름(differences)에 영향을 받을 수 있다. Iruka, Winn, Kingsley, Orthodoxou(2011)는 교사가 저소득층 가족보다 고소득층 가족과 더 나은 관계를 형성한다는 것을 밝혀냈다. 이 연구에서 교사들은 저소득층 배경의 아동들이 더욱 많은 문제행동을 보이고 사회적으로 덜 유능한 것으로 평가했다. 이러한 문화적 역동성을 인식하고 자신의 편견을 이해하는 것은 모든 아동들이 특수교육 교실에서 배울 수 있는 평등한 기회를 받도록 하는 데 도움이 될 수 있다. 문화적 역량을 위해 노력한다는 것은 자신의 문화적 관점을 확인하고 자신의 문화적 가정이 다른 관점을 가진 가정의 아이들을 가르치는 데 방해가 되지 않도록 하는 것을 의미한다. 또한, 이는 여러 사람들의 다름을 인정하고 이러한 다름을 통해 궁극적으로 문화감응 방식으로 교육을 제공하는, 즉 학생과 제시되는 교수내용 간 관련성 있는 연결을 만들기 위해 노력한다는 것이다. 이러한 관련성 있는 연결은 지식의 축적(funds of knowledge)으로 확인할 수 있다. González, Moll, Amanti(2005)가 여러 본문에서 설명했듯이, 지식의 축적에서는 교수를 풍부하게 하기 위한 자원으로서의 문화적 차이를 다룬다. 즉 문화적 차이가 교육을 풍부하게 하는 데 결점이 아니라는 것이다. 예를 들어, Ricky의 교사가 Ricky가 농업과 관련된 경험이 있다는 것을 알았다면, 과거 경험을 반영하고 추가적인 학습을 지원할 수 있도록 식물 재배와 같은 과학수업을 설계할 수 있을 것이다.

Banks와 Banks(2010)는 사회 정의를 강화하고 소수 민족 학생들이 수년간 직면한 차별 문제를 해결하기 위한 방법으로 다문화 교육에 대한 지속적인 지원요구를 제안하였다. 이들은 다문화 교육을 "남녀 학생, 장애 학생, 다양한 인종, 민족, 언어, 문화적 배경의 학생들이 학교에서 학업 성취의 동등한 기회를 보장받을 수 있도록 교육 기관의 구조를 바꾸는 것을 주요 목표로 하는 사상, 교육 개혁 운동, 과정"으로 정의하였다(2010, p.1). 이는 문화적 차이를 고려하고 이를 학생 수행을 향상시키는 데 수단으로 사용함으로써 학생들의 교육을 향상시키는 것을 목표로 하는 여러 교수실제를 포함하는 개념이다. 본질적으로, 다문화 교육은 문화적으로 유능하고 감응적인 것을 목표로 하는 개혁이다.

3) 다름보다는 닮음

학생 및 가족들이 교실 역동성에 영향을 미치는 다양한 문화적 경험을 가져오나, 학생을 보는 가장 중요한 방법은 한 개인이자 동료로 보는 것이다. 최적 이론(Optimal theory; Speight, Myers, Cox, & Highlen, 1991)에 따르면 개인은 다음과 같은 방식으로 설명된다([그림 2.1] 참조).

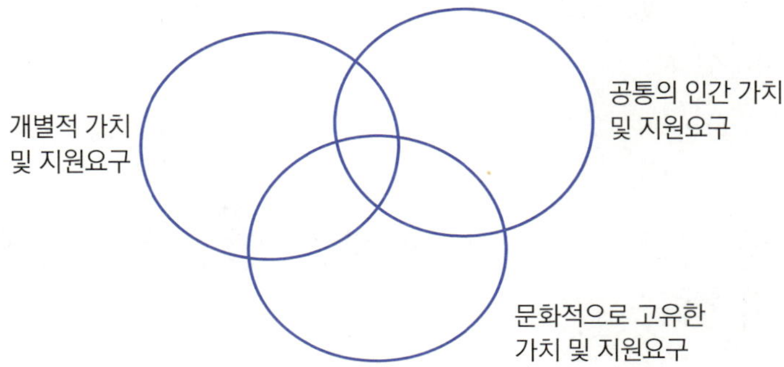

[그림 2.1] 최적 이론: 각 개인을 설명하는데 사용되는 공통 구성 요소

출처: Browder(2001, p. 120). Copyright © 2001 The Guilford Press. Reprinted by permission.

① 모든 이는 다른 이들과 다름(개별적 가치 및 지원요구)

② 모든 이는 특정 문화집단의 이들과 같음(문화적으로 고유한 가치 및 지원요구)

③ 모든 이는 다른 모든 이들과 같음(공통의 인간 가치 및 지원요구; Browder & Lim, 2001)

문화 간 및 문화 내 차이점과 유사점을 인식해야 하나 거의 모든 이들이 인간 존엄성에 대한 존중과 같은 가치를 공유한다는 점을 기억하는 것도 중요하다. 예를 들면, 모든 이들은 특정 가족/보호자의 보호 안에 있다. 학생들은 위탁 부모, 성소수자 부모, 입양 부모, 전통적 부모 또는 편부모, 친구 또는 부모 역할을 하는 친척이 있을 수 있다(Turnbull, Turnbull, Erwin, Soodak, & Shogren, 2015). 가족 단위의 유형은 다양하나 유형 내에서도 개인의 경험은 다를 수 있다(예: 형제자매를 돌보는 데에 대한 기대가 다름). 이러한 여러 관점에서 공통적인 것은 인간은 가족 구성이나 재정상태에 상관없이 소속되고 양육 받고자 하는 강한 욕구가 있다는 것이다. 다문화 가족(예: 지배적인 문화와 문화 및 언어적으로 다르고 기본 언어가 영어가 아닌 집단, Rivera, Jimenez, et al., 2016)간 또는 다문화 가족 내에 존재하는 차이에 대해 강조하는 것이 쉬울 수 있지만 최적 이론은 교사로 하여금 이러한 가족의 고유성에 초점을 맞출 뿐만 아니라 모든 사람 간의 공유된 연결을 강조하는 등 다문화 가족을 다른 시선으로 바라볼 수 있도록 돕는다. 학생과 가족을 동등한 파트너로 여기고, 그들의 요구를 들어주며, 판단을 자제하고, 유연하고 다양한 상황에 대처할 수 있도록 준비하는 것은 필수적이다(Browder & Lim, 2001; Turnbull et al., 2015). 다음 섹션은 중등도 및 중도장애 학생의 다문화 가족과의 관계를 형성하기 위한 전략들을 제시하였다.

2. 다문화 가족과 긍정적 관계를 맺기 위한 요소: 실제적 접근

"개인의 가정, 편견, 고정 관념에 대해 인식하는 것은 긍정적으로 상호작용하고 다른 이로부터 배우기 위한 첫 단계이다"(Martins, 2008, p.203). 문화는 개인의 개별적 구성에 기여하는 여러 흥미로운 역동성을 도입한다. 자신과 배경이 다른 가족과 함께 일하는 것은 고유한 어려움이 있을 수 있다. 다양한 가족과 의미 있는 관계를 맺기 위한 5가지 핵심요소로 (1) 자기인식, (2) 신뢰, (3) 의사소통 및 의미 있는 참여, (4) 재치, (5) 옹호/사회정의가 있다.

1) 자기인식

다른 문화에 대해 이해하는 것은 보기보다 어려운 일이다. 실제로 Montgomery (2001)는 교사들이 자신들과는 다른 문화적 정체성과 관계를 맺는데 어려움을 자주 겪고 이는 곧 학생이 교실에서 성공할 가능성을 제한한다고 하였다. 교사가 학생과 관계를 맺기 어려울 경우, 일반교육에 접근성을 높이고 기술의 습득, 유지, 일반화에 영향을 줄 수 있는 의미 있는 교수적 기회를 놓칠 수 있다. 학생 및 가족과의 관계를 평가하는 것은 다양한 문화를 이해하는 데 중요하다. 자신의 개인적 편견과 가정에 대해 이해하는 것은 피상적인 관계를 넘어 다른 이들의 다양성을 포용하는 생산적인 방법이다. 다양성에 대한 개인적 관점을 알아보는 간단한 방법은 〈표 2.1〉의 자기보고 검사를 실시하는 것이다.

〈표 2.1〉 다양성에 대한 관점: 자기보고 검사

1. 나는 다양성에 대해 어떻게 바라보며 이는 내게 어떠한 의미인가?
2. 학생들의 문화적 배경은 어떠한가?
3. 나는 나와는 다른 다양한 배경(예: 민족, 언어, 인종, 사회경제적 배경)에서 온 학생들을 어떻게 바라보는가?
4. 나는 다른 집단의 학생들을 왜 이런 방식으로 바라보며, 이러한 생각에 기여하는 것은 무엇인가(예: 소셜 미디어, 과거 경험, 음악, 뉴스)?
5. 나의 관점이 내가 학생을 대하는 방식에 영향을 미치는가? 만약 그렇다면 어떻게 미치는가?
6. 나는 학생들과 그들의 문화적 배경에 대해 잘 알기 위해서 무엇을 할 수 있는가?
7. 나는 학생들과 어떤 공통점을 공유하며, 관계를 발전시키기 위해 이를 어떻게 사용할 수 있는가?
8. 효과적인 교수를 위해 공동의 경험 및 학생 개인의 경험을 반영하는가?
9. 다문화 접근방식을 통해 학생들과 가까워지기 위해서 무엇이 더 필요한가(예: 자료, 정보)?
10. 학생의 지원요구를 다루기 위해 다른 전문가, 교사, 학생, 가족과 어떻게 협력하는가? 관련인들을 효과적으로 참여시키기 위해서는 무엇을 할 수 있는가?

교사 Klein이 바라보는 다양성: 교사 관점

저는 유치부-5학년의 중등도 및 중도장애 학생을 가르치는 초등학교 특수교사입니다. 저는 영어만 쓰는 30대 중반의 백인여성입니다. 제 학생들은 다양한 교육적, 의사소통적, 문화적, 행동적, 사회적 요구 수준을 지닌 10명의 학생들로 구성되어 있습니다. 이 중 4명의 가정에서는 스페인어를 사용합니다. 학생들의 문화적 및 언어적 다름은 이미 요구 사항이 많은 교실에 또 다른 요구를 추가합니다.

저는 무엇보다 포용과 소통을 구현하는 분위기와 문화를 만들기 위해 노력합니다. 예를 들어, 학생의 가족이 휴대폰, 이메일, 학교 전화, 학교 기반 의사소통 앱을 통해 제게 직접 연락할 수 있도록 합니다. 이는 다양한 언어 배경을 가진 가족과 일할 때 더욱 중요합니다. 학습하고 있는 학생들의 비디오와 사진을 보내기도 하고, 모든 가족들과 명확하게 소통하기 위해 번역 앱을 활용하기도 합니다. 이는 비록 우리 모두에게 더 많은 노력과 시간을 필요로 하지만 학생의 성공에 있어 무엇보다 의사소통과 단결력(cohesion)이 중요하기에 이처럼 추가적으로 소요되는 시간은 추후 개선을 위한 투자로 생각합니다.

학급 내에서 언어적, 문화적 다름으로 인해 어려움이 생길 수 있습니다. 이는 영어가 제2외국어인 학생들뿐만 아니라 언어/의사소통/발화에 지연이 있는 학생들이 있는 제 학급에서도 눈에 띄게 나타납니다. 학생의 성공을 위해 의사소통(즉, 말하기/언어) 지연과 관련하여 학급 및 가정에서 일관성을 유지하는 것은 매우 중요합니다. 우리는 종종 특별한 도움이 필요한 학생들의 언어 격차를 좁히기 위해 학급과 가정 간의 일반화에 의존합니다. 가정에서는 영어 이외의 모국어를 주로 사용하고 중등도 및 중도장애 학급에서는 영어만 가르친다면, 새로운 단어/기술의 일반화는 전적으로 학생이 스스로 숙달하도록 남겨집니다.

이러한 질문에 정직하게 응답하는 것은 다양한 문화적 배경을 가진 사람들과 일하기 전에 다양성에 대한 개인적 관점에 대해 평가할 수 있는 훌륭한 방법이다. 수업 또는 회의 중에 일이 특정한 방향으로 흘러가지 않을 경우 가족이나 학생을 비난하기 쉽다. 대부분의 교사들은 어느 시점이 되면 자신의 교수법에 대한 성찰을 하게 된다. 이러한 성찰은 자신이 사용한 교수법과 그 교수법을 더욱 효과적이고 효율적으로 바꿀 수 있는 방법에 대한 더욱 깊은 이해를 도모한다(Ferraro, 2000). 마찬가지로, 교사가 시간을 내어 다양성에 대한 개인적인 관점을 평가하고 학생과 가족에게 더 잘 대응할 수 있는 방법을 성찰하는 데 도움이 된다.

2) 신뢰

지난 몇 년간 학교의 역할과 책임은 변화했지만 한 가지는 변함이 없었다. 바로 학생의 가족과의 협력 및 관계에 대한 필요성이다. Vosler-Hunter(1989)는 "성공적인 관계는 공동의 목표를 공유할 뿐만 아니라 파트너들이 공동의 책임과 권리를 공유하고 서로를 동등하게 여기며 과정에 공동으로 기여할 수 있는 관계이다(p.15)"라고 말하였다. 말은 쉽지만 많은 요인들이 건강한 관계에 기여한다. 큰 문제가 관계를 종종 무너뜨릴 수 있지만 사소한 문제로 인해서도 관계가 흐트러질 수 있다. 문제(예: 가족이 자녀의 지원요구가 충족되지 않는다고 느끼는 경우)가 여러 상황의 영향을 받을 수 있다는 점을 고려할 때 관계와 신뢰를 쌓는 것은 어려울 수 있다. 교육목표에 대한 반대 견해, 가족이 과거에 경험한 문제, 가족이 장애가 있는 자녀를 얼마나 잘 다루는지, 장애의 특성 등은 신뢰를 쌓는 데 방해가 될 수 있다. 장애 아동 가족과의 관계 구축을 위한 Vosler-Hunter의 주요 신조 중 하나는 상대방의 기술과 지식에 대해 상호 존중하는 것이다(관계 구축의 추가적인 요소에 대해서는 〈표 2.2〉 참조). 사람과의 관계를 구축하는 데 있어 기반이 되는 것은 신뢰이다. 신뢰는 신뢰롭게 행동하고, 자신과 다른 이를 믿고, 건전한 판단을 하고, 기밀을 유지하는 것을 포함한다(Turnbull et al., 2015). 여러 학생 및 가족들이 매우 사적인 이야기를 공유하기 때문에, 그들의 사생활을 존중하기 위해 '기밀(privacy)'이라는 용어가 강조된다. 관계 구축에 들인 노력이 물거품이 되지 않기 위해 교사는 가족에 대한 신뢰와 확신을 저버리지 않도록 주의해야 한다.

〈표 2.2〉 가족들과 관계를 형성하고 유지할 때 중요한 다섯 가지 요소

1. 기술과 지식에 대한 상호존중
2. 정직하고 명확한 의사소통
3. 개방적이고 쌍방향적인 정보공유
4. 상호 합의된 목표
5. 공유된 계획 및 의사결정

주. Based on Vosler-Hunter(1989).

❀ Johnson 부인이 말하는 신뢰: 부모 관점

저는 혼혈인 두 딸의 엄마입니다. 제 막내딸 Jasmine은 자폐성장애가 있습니다. 저는 아내와 결혼한 지는 3년이 되었지만 동거한지는 10년차입니다. 우리는 여러분이 만나본 가족들 중 가장 다양성이 넘치는 가족입니다. Jasmine은 중학교 특수학급에 배치되어 있습니다. 저희 집과 학교는 약간 "위험한(rough)" 동네에 위치해 있습니다. 저에게는 신뢰가 중요합니다. 만약 Jasmine이 선생님들에게 왜 두 명의 엄마가 있는지, 피부색은 왜 다른지에 대해 질문합니다면 선생님들이 잘 대답할 수 있으리라 믿습니다. Jasmine이 스스로를 다르다고 느끼지 않도록 말이죠(우린 이전에 어려움을 겪은 적이 있습니다). 또한 Jasmine의 선생님이 그녀를 안전하게 지켜줄 것이라고 신뢰할 수 있다는 것이 제게는 중요합니다. Jasmine은 다른 이들을 잘 믿고 누구에게나 친절히 대합니다. 그녀가 안전하게 지내고 주변에 이용당하지 않도록 가르치기 위해 함께 팀으로 열심히 일해야 합니다. 저는 교장 선생님도 매우 신뢰합니다. Jasmine은 7학년 때 세 번이나 교사가 바뀌었습니다. 그만두지 않고 계속 근무할 선생님을 구하기 위해 교장 선생님이 노력한 결과, 마침내 해냈습니다. 교장 선생님은 우리가 Jasmine을 이 학교에 보내는 이유이기도 합니다.

3) 의사소통 및 의미 있는 참여

신뢰와 의사소통은 밀접하게 얽혀 있으며, 하나가 없이는 다른 것도 얻기 어렵다. Adams와 Christenson(2000)은 신뢰를 높이는 예측요인으로 가정과 학교의 의사소통, 의사소통의 유형과 질(quality)이 있음을 확인하였다. 신뢰는 관계의 기초이며 이를 위해서는 쌍방향 의사소통이 필요하다. 교사는 종종 본질적으로 평등하지 않은 상호작용과 관계에 의존한다. 가정통신문 보내기, 학부모 총회 개최하기, 학부모가 특정 단체의 일원이 되도록 장려하기, 행사에 대한 최신 소식 자주 전하기 등은 모두 상호작용을 도모하는 긍정적인 방법이지만 여전히 가족들이 능동적으로 민주적인 목소리를 내고 교육과정에 의미 있게 참여하도록 하는 주요 목표는 간과되어 왔다(Miretzky, 2004). 부모-교사 간 강한 유대감을 갖는 것은 부모의 참여를 도모할 뿐만 아니라 학생 성취에도 긍정적인 영향을 미칠 수 있다(Knopf & Swick, 2007). 이는 다문화 가정으로 종종 고립감을 느끼는 가족에게 매우 중요하며, 특히 자녀의 요구사항에 맞춘 계획을 수립할 때 중요하다(Jung,

2011). Kim과 Morningstar(2005)는 일반적으로 다문화 가정에 대한 우려는 (1) 전문가 태도, (2) 다양성 문제, (3) 상황적 장애물, (4) 관료적 장애물을 포함한다고 하였다. 또한 다양한 가치(예: 팀 vs '나' 접근 방식)는 학생 교육에 가장 적합한 것이 무엇인지에 대한 상충되는 신념을 유발할 수 있다. 모든 부모-교사 관계가 완벽하지는 않지만 가족 중심의 접근 방식을 사용하고 부모에게 적극적인 목소리(즉, 포용적인 의견)를 제공하면 협력 노력을 구축하고 유지하는 데 도움이 될 수 있다.

Knopf와 Swick(2007)은 여러 학년에 걸쳐 학부모와의 의사소통을 개선하고 지속적인 신뢰를 구축하는 데 있어 다음과 같이 제언하였다.

① 학급의 모든 가족과 적극적인 관계 맺기 관계를 시작하는 것은 중요하며 이는 가족에게 관심이 있음을 보여준다. 특정 가족과만 주로 대화하고 다른 가족을 무시하는 것을 조심해야 한다. 가족과 자주 진심으로 교류하는 것은 전문적인 관계를 발전시키려는 의지를 나타낸다.

② 초기에 긍정적인 관계 맺기 초보 교사는 처음으로 가족을 만나는 개별화교육계획 회의에서 가족의 자녀가 보이는 부정적인 행동에 대한 논의부터 시작할지 모른다. 그러나 전화나 이메일을 통해 자녀가 특정 과제를 얼마나 잘 수행했는지, 하루를 얼마나 잘 보냈는지에 대해 알려주는 것과 같은 초기의 긍정적인 연락은 중요하다. 이러한 상호작용은 미래에 가족과 협력할 수 있는 기회를 도모할 수 있는 긍정적인 분위기를 조성한다.

③ 다양한 수단으로 의사소통하기 끊임없이 변화하는 테크놀로지 사회에서 가족과 여러 방법을 통해 의사소통할 수 있다. 부모와 보호자가 선호하는 의사소통 방식을 조사해 결정한다. 어떤 이들은 문자, 전화, 이메일, 소셜 미디어(예: Facebook, WhatsApp, Instagram)를 통해 소통하길 기대할 수도 있고, 또는 전형적으로 직접 대면하여 대화하길 원할 수도 있다. 교사는 의사소통 선택을 유연하게 하고 책임감을 가져야 한다. 기밀 정보에 관한 논의는 항상 대면 회의를 통해 진행해야한다. 또한 의사소통의 빈도보다 질적 측면이 중요하다. 합리적이고 유의미한, 유익한 정보를 제공해야 한다.

④ 사소한 것을 강조하기 자녀의 작은 성취를 가족과 함께 나눈다. 학생의 작품을 보여주거나 학부모를 교실에 초대하여 학생들이 자신의 작품을 발표하게 하는 것은 학부모 사이에 자부심을 심어주고 학생들의 다양성을 기념하는 방법이다.

⑤ 가족의 요구사항을 파악하고, 이러한 요구사항을 충족하는지 여부를 소통하기 가족 중심 접근 모델(family-centered approach)에서 교사는 가족을 도와 자녀의 요구를 충족할 수 있도록 하는 도구이다. 가족의 요구, 관점, 바람 및 염원은 학생의 학업 및 기능적 요구 사항을 충족하는 목표를 개발하는 원동력이 된다. 이러한 요구사항이 무엇인지 알아보려면 가족에게 적극적으로 도움을 구하고 가족이 자유롭게 말할 수 있도록 격려한다. 언어적으로 다양한 배경에서 온 가족이라면 번역된 자료와 논의할 때 도와줄 번역가를 찾는다. 노력하는 것은 중요하며 가족은 그 노력을 알아차릴 것이다. 가족의 요구와 걱정을 인식하고 이러한 요구가 시간이 지남에 따라 어떻게 충족되고 있는지 논의하는 것은 중요하다. 학년이 올라가며 가족이나 자녀의 요구사항이 바뀔 수 있다. 이에 학생의 요구를 재평가해야 하며, 가족과 만나 그들에게 일어날 수 있는 일을 업데이트하고 새로운 우려사항에 대해 논의해야 한다. 그동안 어떤 진전이 있었는지 가족과 공유하고 학생이 앞으로 나아가게 될 새로운 목표를 제안한다.

⑥ 가족에게 경청하고 응답하기 경청은 귀중한 도구이며, 존중하고 의미 있는 방식으로 어떤 이의 요구에 응답하는 것도 마찬가지로 중요하다. 많은 가족, 특히 다문화 가정은 특수교육 영역에 존재하는 많은 법률 및 전문 용어를 듣고 배울 때 막막할지 모른다(Turnbull et al., 2015). 중등도 및 중도장애가 있는 자녀와 함께 일하는 전문가가 인종 및 언어적으로 다르다고 상상해 보자. 그런 다음 그들로부터 내 자녀에게 모든 것이 잘못되었다는 말을 듣는다고 상상해 보자. 불안과 무력감이 빠르게 형성될 수 있다. 문화적 차이와는 관계없이 가족들은 보편적으로 이러한 감정을 느낀다(Lake & Billingsley, 2000). 그러나 다문화 가족은 특수교육 과정에서 더 많은 어려움을 겪을 수 있다(Harry, 2008). 따라서 가족의 의견에 귀 기울이고, 우려사항을 명확히 하고(가족의 특정 우려사항을 이해하고 있음을 보여줌), 팀접근 방식을 통해 이러한 우려사항을 해결하는 것이 필수적이다.

⑦ 도움 요청하기 문화적으로 반응하기 위해 교사는 학생의 문화에 대해 배워야 한다. 학생과 그 가족보다 더 좋은 자원은 없다. 단순히 관심에 대해 묻는 질문 역시 매우 유용할 수 있다. 이렇게 부모에게 질문하는 것은 교육과정에 포함된다. Spooner, Rivera, Browder, Baker, Salas(2009)는 보조인력에게 중등도의 지적장애가 있는 다문화 학생의 가족과 협력하여 아동에게 초기 문해 기술(emergent literacy skills)을 가르치는 데 사용할 수 있는 문화적으로 관련된 문헌을 선정하도록 요청했다. 이러한 문헌을 명시적 교수와 함께 사용하면 학생이 목표로 하는 기술을 습득할 수 있다. 아동과 가족이 중시하는 가치에 대한 관심을 보여줌으로써 교사는 유대를 강화할 수 있다. 많은 교사들이 교실에 학부모를 모으는 데 어려움을 겪을 수 있지만(Miretzky, 2004), 학부모가 직접 교실에 와서 의미 있는 활동을 돕도록 함으로써 적극적인 구성원이 되도록 격려하는 것은 중요하다.

⑧ 가족들이 소중한 존재임을 상기시키기 학부모와 보호자는 학생들이 처음 만나는 교사이다. 부모로서 그들의 역할을 인정하고 자녀가 최대로 잠재력을 달성하도록 돕는 것은 가족에 대한 헌신을 보여주며 관계와 의사소통을 강화할 수 있다.

❀ Morales 부인이 말하는 의사소통과 참여: 부모 관점

저는 두 아이의 엄마입니다. 저는 과테말라 출신이고 제 모국어는 스페인어이지만 영어도 약간 할 수 있습니다. 제 6살 아들 Alex는 자폐성장애가 있습니다. Alex의 담임교사 Klein은 제게 문자를 보냅니다. 저는 정보를 바로 얻을 수 있기에 문자로 소통하는 것을 좋아합니다. Alex가 다녔던 이전 학교에서는 그의 선생님을 만날 수 없었습니다. 그녀는 Alex의 알림장(agenda)을 통해 저와 소통했습니다. 반면 현재 학교에서는 학교에서 일어나는 일에 대한 최신 정보를 이메일로 보냅니다. 학교가 지연되거나 휴교할 때는 학교 시스템 상으로 문자를 보냅니다. 학교에서 정보를 얻는 데 있어 제게 가장 최선의 방법은 문자와 이메일입니다. 학교에서 무슨 일이 진행되고 있는지 계속 알 수 있는 것 같습니다.

담임교사 Klein은 또한 Alex가 학교에서 어떻게 생활하는지 비디오를 녹화해 보내줍니다. Alex는 말을 하지 않기 때문에 학교에서 무슨 일이 일어나고 있는지 물어봐도 알 수 없습니다. 비디오를 통해 그가 학교에서 무엇을 하고 있는지, 그가 발전하는 모습을 지켜볼 수 있습니다!

4) 재치

다양한 배경을 가진 가족과 협력할 때 판단을 자제하고 고정 관념을 피하고 융통성을 유지하고 다양한 상황에 대처할 수 있도록 열린 마음으로 준비하는 것이 중요하다. 향상된 의사소통 및 관계 구축에 기여하는 또 다른 요소는 재치(tactfulness)이다. 개인이 무엇을 어떻게 말하는지는 우리 주변 사람들에게 많은 영향을 미칠 수 있다. 목소리 톤, 몸짓 언어, 말하는 속도, 심지어 침묵까지도 의사소통 의도를 향상시키거나 손상시킬 수 있는 다양한 신호를 내보낼 수 있다(Zhang & Bennett, 2003). Shu-Minutoli(1995)에 따르면, 교사들이 인지해야 하는 두 가지 의사소통 스타일로 저맥락(low-context) 의사소통과 고맥락(high-context) 의사소통이 있다. 저맥락 의사소통은 요점을 직설적으로 말하고 말한 내용을 강조하는 의사소통을 의미한다. 고맥락 의사소통은 의사소통적 교환(예: 표정, 몸의 위치)의 상호작용에 존재하는 지각과 미묘함에 의존한다. 고맥락 의사소통에서는 말하는 바가 반드시 의미하는 바와 같지는 않다. Zhang과 Bennett(2003)은 일부 다문화 가족이 교사에 대한 존중을 표하기 위해 교사와의 회의 중에 의견을 제공하지 않을 수 있다고 하였다. 교사는 반대로 가족의 관심이 부족하다 생각하고, 좌절감을 느낄 수 있다. 그러나 가족이 교사를 존중하여 이런 식으로 행동할 수 있기 때문에 진실이 반영되지 않았을 수 있다(Blanche, 1996). 〈표 2.3〉에서는 사려깊고 민감하며 가족의 요구를 존중하는 방식으로 다문화 가정과 대화하기 위한 제안을 제시한다(Browder & Lim, 2001; Gonzalez, Pagan, Wendell, & Love, 2011; Zhang & Bennett, 2003).

5) 옹호/사회정의

어느 가족에게나 장애가 있는 아이가 있다는 사실을 처음 알게 되었을 때, 그 가족은 낯선 세계로 들어선다. 자녀의 다름을 받아들이고, 해야 할 일과 하지 말아야 할 것을 포함한 법률로 가득 찬 매우 복잡한 특수교육 과정을 탐색하는 어려움은 부담스러울 수 있다. 준비가 되었는지 여부와 상관없이 가족은 새로운 옹호자 역할을 맡게 된다. 일부 가족은 자녀가 성공적인 학교생활을 영위하기 위해 필요한

〈표 2.3〉 다문화 가정과 대화하기 위한 민감한 기술

1. 명확하고 침착하게 말하고 관용구 사용을 피하기
2. 말할 때 시각 자료를 보조적으로 사용하기
3. 새로운 정보를 제시할 때, 이미 알고 있는 맥락 내에서 말하기
4. 의학적, 교육적 용어 등의 전문용어 사용을 지양하기
5. 다문화 가정에게 말할 때 이중언어를 구사하는 이들을 포함하고 환영하기; 가능한 모국어 자료를 사용하려 노력하기
6. 서면 정보의 양을 제한하기
7. 가족이 의견을 제시하고, 문화적 배경과 관련된 유사점/차이점을 공유할 수 있도록 개방형 질문을 통해 응답할 기회 제공하기
8. 불필요한 문구는 피하고 모든 가족과 맥락이 고유함을 기억하기:
   - "어떤 기분이신지 알아요." 전문가들은 이런 특정 맥락을 경험하는 가족이 어떤 기분인지 모름
   - "힘내세요/진정하세요. 그렇게 상황이 나쁘지 않아요." 이러한 반응은 한 사람의 걱정과 우려를 사소하게 만듦
   - "걱정하지 마세요." 자녀에 대한 부모의 걱정을 기대하고 격려해야 함
   - "그건 안 될 것 같아요." 문제해결은 팀으로서 함께 새로운 옵션에 대해 찾는 것도 포함함
   - "제가 맞고 어머님이 틀리셨어요." 전문가는 방어적인 태도를 취하거나 가족 구성원의 관점과 다르다고 논쟁하지 않도록 주의해야 함(Browder & Lim, 2001, p. 124)

서비스를 받을 수 있도록 싸우고, 다른 가족은 어디서부터 시작해야 하는지 또는 이 과정을 얼마나 통제할 수 있는지 잘 모른다. 자녀의 배치와 진단은 큰 관심사이다. Ryndak, Downing, Morrison, Williams(1996)는 중등도 및 중도장애 학생의 부모가 자녀가 서비스를 받는 방법과 장소에 대해 실망하여 좌절감을 느낀다는 것을 발견했다. 비록 학생에게 최소제한환경에 근거한 서비스의 연속체가 제공되지만 여전히 대부분의 중등도 및 중도장애 학생들은 특수학급 환경에서 교육을 받는다(Kleinert et al., 2015). 부모는 종종 자녀를 위해 통합교육 환경을 강력하게 옹호해야 하며, 이는 교사와의 긴장을 유발할 수 있다. 다문화 가정의 경우 문화적 차이나 오해로 인한 배제와 고립의 역사도 있다(Harry, 2008). 적대적 관계나 가족이 소외감을 느끼는 관계를 피하기 위해 특수교사는 가족이 원하는 것을 주의 깊게 들어야 한다. 때때로 특수교사 또는 관리자는 옹호를 통해 가족을 도울 수 있다

(예: 특수 장비 조달 지원, 특수교육 프로그램 요구 사항을 옹호하기 위해 학교 이사회 회의에 함께 참석). 아동의 요구를 최선으로 충족시키는 데 있어 의견 불일치가 발생하면 특수교사는 가족의 입장을 이해하고 동의하지 않는 이유를 정중하게 공유해야 한다.

교사로서 가장 중요한 것은 가족이 교육과정에서 매우 중요한 파트너임을 입증하는 것이다. 일부 가족은 모든 개별화교육계획 회의에 참석할 시간이 없고, 새로운 의사소통 장치를 작동하는 방법을 배울 시간이 없고, 또는 매일 밤 자녀에게 책을 읽어줄 시간이 없다. 교사들이 이를 자녀 교육에 진심으로 무관심한 것으로 오해하지 않는 것은 중요하다. 많은 보호자들이 동시에 여러 직업을 갖고 있거나, 다른 교육 환경(예: 초등학교, 중학교, 고등학교)에 있는 자녀가 있거나, 운동을 하는 자녀가 있거나, 교통수단 및 재정적 자원이 제한적이거나, 꼭 참석해야 하는 기타 일상적인 책임이 있을 수 있다. 존중과 옹호는 매우 중요하며 이러한 행동이 없으면 교사는 가족의 권한을 빼앗을 수 있다. 연구자들은 교육 전문가가 다문화 가족이 다르다는 이유로 그들을 낙인찍고, 차별하고, 부정적인 판단을 하는 것에 대해 우려를 표명하였다(McHatton & Correa, 2005; Zionts, Zionts, Harrison, & Bellinger, 2003). 우리는 다문화 가족을 포함하여 모든 중등도 및 중도장애 학생의 성공을 보장하기 위해 존중, 옹호, 의사소통 및 신뢰를 통해 유대감을 지속적으로 구축해야 한다.

3. 중등도 및 중도장애 학생의 문화적 및 교육적 요구 평가하기

문화적 차이점과 유사점을 이해하고, 의사소통과 협력을 개선하기 위해 가족과 협력하고, 가족 중심 접근 방식을 사용하는 것은 모두 다문화 가정 중등도 및 중도장애 학생의 교육을 개선하는 데 필수적이다. 학생과 교사 모두를 지원할 수 있는 문화적 감응 기술과 결합된 교수 전략의 교차점(intersection)과 역학(dynamic)을 이해하는 것도 중요하다. 다문화 가정의 중등도 및 중도장애 학생은 다른 이들과 달리 고유한 요구 사항을 지닌다. 특수교육을 받는 다른 학생들과 마찬가지로 이 집단은 중등이후 과정의 학업 성취도 문제에 직면해 있으며 학업에 어려움을 겪으며 언어 장벽 문제에 직면해 있다. 이러한 어려움은 장애 특성과 일반 교육과정, 적절한 자료, 학부모와 교사 간 의미 있는 협력에 대한 열악한 접근으로 인해 확장될 수 있다(Mueller, Milian, & Lopez, 2009; Mueller, Singer, & Carranza, 2006; Spooner et al., 2009). 더욱 문제인 것은 교사들이 이 집단과 함께 일할 때 표현하는 좌절감이다. Mueller 외(2006)는 다문화 가정의 중등도 및 중도장애 학생을 가르치는 특수교사를 대상으로 설문조사를 실시했다. 연구팀은 특수교사들이 종종 적절한 자료(예: 교육과정, 번역된 항목)와 연수가 부족하고 주로 단일 언어를 구사하며 자녀의 교육 언어에 대한 결정에 가족을 포함하지 않는다는 것을 발견했다. 실제로 다문화 가정의 중등도 및 중도장애 학생을 위한 가장 최선의 교육방법에 대한 규제 지침은 거의 존재하지 않는다(Park, Magee, Martinez, Willner, & Paul, 2016). 문화적 차이, 장애 또는 사회경제적 배경과는 상관없이 학생들은 적절한 교육 기회를 받을 자격이 있다. 이러한 교육 기회는 학업 성취도를 향상시킬 뿐만 아니라 삶의 질을 향상시키는 방식으로 영향을 줄 수 있다. Rivera 외(2016)는 문헌연구를 통해 장애가 없는 다문화 학생을 위한 현재 모델 및 교육실제(예: 영어로 특별히 설계된 학업 교수[SDAIE]; Cline & Necochea, 2003; Sobul, 1995)와 장애가 있는 다문화 학생을 위한 현재 모델 및 교육실제(예: 중요한 어휘 사전 교육, 언어 시범 및 학문적 언어 사용 기회, 시각 및 그래픽 구성 도구 사용, 체계적이고 명시적인 교육, 모국어의 전략적 사용, PLUSS; Sanford, Brown, & Turner, 2012)를 확인했다. 하지만 검토된 모델은 중등도 및 중도장애 학생의 요구 사항을 거의 다루지 않는다. 이러한 기존 문헌의 제한점을 보완하고자 Rivera 외(2016)는 특수교사를 위한 다문화 가정의 중등도 및 중도장애 학생 교수의 실용적인 체계를 개발했다. 다음 섹션에서는 저자들이 개발한 체계의 8가지 구성 요소에 대해 설명한다([그림 2.2] 참조). Rivera 외는 체계 내의 각 구성 요소가 다른 구성 요소보다 더 중요하지 않고 동일한 가치를 가진다고 강조하였다.

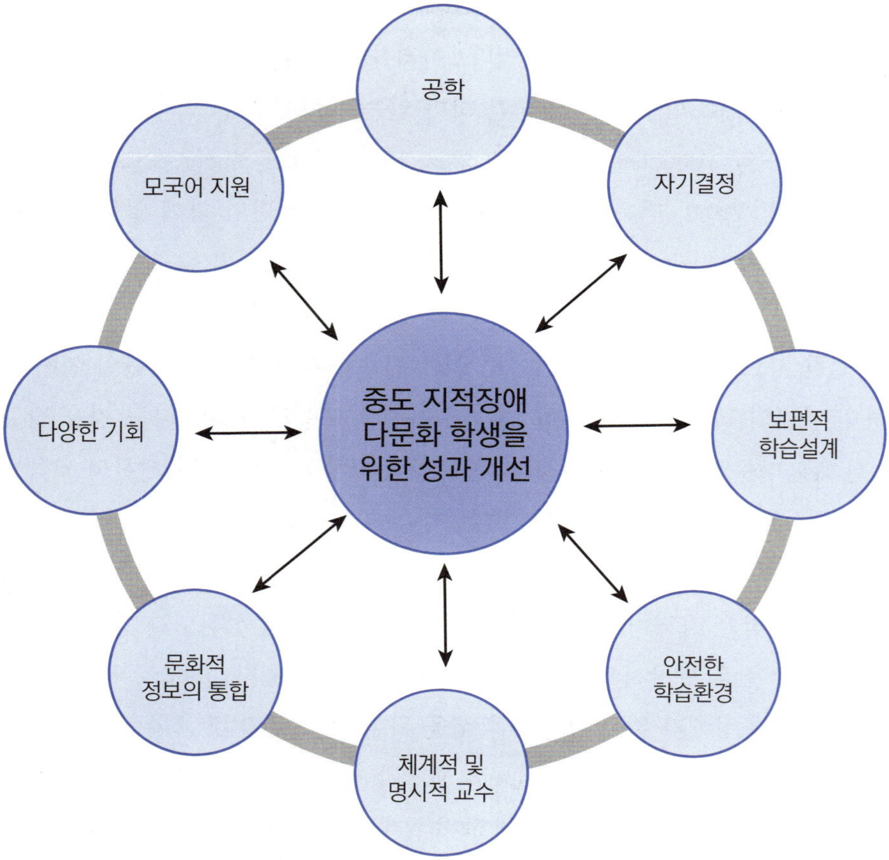

[그림 2.2] 중등도 및 중도장애 다문화 학생을 위한 결과 개선 프레임워크(Framework)

4. 다문화 가족 중등도 및 중도장애 학생을 위한 문화적 감응체계

1) 보편적 학습설계

보편적 학습설계(Universal Design for Learning, UDL)는 모든 학생이 학습에 접근할 수 있도록 하고 다문화 가족을 포함하여 중등도 및 중도장애 학생에게 혜택을 줄 수 있다. 보편적 학습설계의 세 가지 원칙은 (1) 표상(representation), (2) 표현(expression), (3) 참여(engagement)에 있어서의 다양한 방법이다(응용 특수 기술 센터 [CAST], 2011). 표상은 학생들에게 수업을 제시하는 과정이다. 교육을 증진하고 가르치는 내용에 대한 맥락을 제공하기 위해서는 다양한 표상의 수단이 필요하다. 예를 들어, 과학수업에서 꽃의 부분에 대해 가르친다면 사진, 비디오를 활용하거나 실제 꽃을 가져와 꽃을 다양하게 제시할 수 있다. 이러한 다양한 표상은 특정 학생에게 더 많은 맥락을 제공할 수 있다. 다양한 수단을 통해 자료와 콘텐츠를 제시할 준비를 하면 학생들이 여러 접근 지점(access point)을 이용할 수 있다. 두 번째 구성 요소인 표현은 학생들이 수업의 특정 부분에 어떻게 반응할지에 대해 고려하는 것이다. 과학수업을 예로 들어 수업의 목표가 꽃의 특정 부분을 식별하는 것이라면 교사는 학생들의 다양한 반응 방식과 강점을 고려하고 이러한 반응 방식을 활용하는 방법을 제공해야한다. 사례 연구의 학생 Ricky처럼 학생이 주로 무발화로 간주된다면 “꽃의 줄기를 찾아보세요.”라고 물었을 때 꽃의 일부를 손으로 가리키며 대답할 수 있다. 마찬가지로, 만약 학생이 구두로 말한다면, 교사는 꽃의 한 부분(줄기)을 가리키고 학생에게 “이것은 무엇일까요?”라는 질문에 대답하게 할 수 있다. 참여는 보편적 학습설계의 세 번째 구성 요소이다. 교사는 학생들이 수업에 계속 몰입할 수 있는 방법을 식별하여 학생들의 참여를 유도한다. 문화적으로 관련된 자료, 강화물 사용 및 게임은 모두 학생들이 수업에 관심을 갖도록 하는 방법이다. 이야기 함께 읽기 중재(shared story intervention)를 사용하는 동안, Spooner 외(2009)는 읽어야 할 이야기에 학생들을 참여시키는 방법으로 예상 세트(예: 이야기책을 나타내는 휴대용 물건)를 사용했다. 문화 및 상황에 맞는 자료를 활용하는 것은 학생들의 참여를 유도하는 또 다른 방법이다. 문화 및 상황 자료는 학생의 문화를 대표할 뿐만 아니라 학생들의 관심을 불러일으키고 지역사회, 맥락(예: 지역 상점 사진, 지역 행사에 대한 토론)을 대표하는 항목을 포함할 수 있다. Lopes-Murphy(2012)는 수업계획을 위한 수단으로서 보편적 학습설계를 제시하며, 수업 전에 학생들의 요구 사항을 평가하고, 학생들이 수업에 접근할 수 있도록 학생의 강점을 활용하는 방법을 고안하며 UDL이 다문화 가정 학생들에게 지니는 중요성에 주목했다.

2) 안전한 학습 환경

Pennington, Courtade, Ault, Delano(2016)는 안전한 환경이란 (1) 존엄성을 장려하고, (2) 학생들이 스스로를 옹호할 수 있도록 하며, (3) 모든 학생이 동일한 프로그램에 참여할 수 있도록 하는 통합적 환경이라고 제안하였다. 또한 안전한 환경은 학생들의 다양성을 존중하고 반영하며(예: 가족사진, 학생의 모국어로 물건 이름표 붙이기), 학생들이 조롱 없이 자유롭게 위험을 감수할 수 있는 영역을 제공하고, 자신감을 불어넣고, 학생의 강점을 기반으로 한다(Cline & Necochea, 2003). 또한 교사는 자기옹호와 결단력을 촉진하는 방법으로 개인 중심 계획(Person-Centered Planning, PCP, Miner & Bates, 1997)을 사용하여 학생들이 자신의 욕구와 목표를 공개적으로 표현할 수 있도록 지도할 수 있다.

3) 체계적 및 명시적 교수

Cartledge와 Kourea(2008)에 따르면, 다양한 학생과 함께할 때 누구에게나 적용되는 모델은 없다. 교수는 개별 학생의 요구를 충족시키기 위해 다면적이어야 한다. 중등도 및 중도장애 학생은 기술을 습득, 유지 및 일반화하는 데 부가적인 어려움을 겪을 수 있다. 교사는 매우 효과적이고 개별화된 교육을 설계하기 위해 연구로부터 효과가 입증된 전략을 사용할 수 있다. 가장 주목할만한 점은 중등도 및 중도장애 학생에게 명시적 교수가 성공적이었다는 것이다(Collins, 2012; Spooner, Knight, Browder, & Smith, 2012). 증거기반 전략인 체계적 교수(systematic instruction)는 수업을 명확하게 가르치는 한 가지 방법이다(Browder, Wood, Thompson, & Ribuffo, 2014). 응용행동분석의 원칙에 따라 수업 순서는 선행사건, 촉진, 예상 행동(반응) 및 결과(강화)를 포함한다. 이 교육 순서에는 촉진 전략(예: 최대-최소촉진체계, 최소-최대촉진체계, 시간지연), 피드백 및 사용된 강화물의 용암(fading; 점진적으로 줄여나가기)이 포함되지만 이에 국한되지는 않는다. 여러 연구에 따르면 다문화 가정 중등도 및 중도장애 학생에게 체계적 교수가 효과적인 것으로 나타났다(Rivera, Jabeen, & Mason, 2016; Rivera, Mason, Moser, & Ahlgrim-Delzell, 2014; Rivera, Spooner, Wood, & Hicks, 2013; Rivera, Wood, & Spooner, 2012;

Rohena, Jitendra, & Browder, 2002; Spooner et al., 2009). 다문화 가정의 중등도 및 중도장애 학생에게 체계적 교수가 특히 효과적인 이유가 몇 가지 있다. 순차적 교수는 학생들이 언어발달 시에 학습내용에 접근하는데 필요한 지원을 제공할 수 있다(Lopes-Murphy, 2012). 체계적 교수를 대표하는 명확한 지시는 예측 가능하고 오류를 줄이며 인지 부하도 줄일 수 있다. 구체적인 피드백과 칭찬을 자주 사용하면 다문화 가정 학생이 조기에 성공을 경험하고 학습 경험과의 연결을 경험하는 데 도움이 될 수 있다. 더욱이 촉진을 전략적으로 사용하면 학생들이 수업 중에 적절한 양의 지원을 받을 수 있다. 이는 촉진이 점차적으로 줄어들고 시간이 지남에 따라 학생들이 더 독립적일 수 있기 때문이다. 마지막으로, 체계적 교수는 문화적 감응 기술을 쉽게 결합할 수 있다(예: Rivera, Jabeen, & Mason, 2016; Rivera et al., 2014; Rohena et al., 2002).

체계적 교수 외에도 Rivera, Jimenez 외(2016)는 다중 사례 교수(multiple-exemplar training)의 사용을 제안한다(Cooper et al., 2007). 이 과정에서 교사는 학생이 개념에 대한 이해를 넓힐 수 있도록 체계적인 방식으로 선택한 자극의 여러 예시를 제시한다. 예를 들어, 우리가 Ricky에게 교실에서 다른 사람들에게 인사하는 방법을 가르친다면 우리는 표준 인사말로 여기는 것을 가르쳐야 할 것이다(예: 인사를 한 다음 악수하는 것). 그런 다음 학교 내에서 적절한 다양한 인사방법에 대해 가르칠 것이다. 또한 다양한 예시와 비예시를 사용하여 이 개념을 확장할 수도 있다(Engelmann & Carnine, 1991). 즉, 올바른 인사와 올바르지 않은 인사를 가르칠 수 있다. 특히 학생들이 학교에서 습득한 기술은 학교 밖에서 기능하는 데도 필요하기 때문에 기술의 유지 및 일반화를 목표로 하는 교육이 필요하다. 교육을 계획할 때 특수교사는 학생들의 다양한 요구를 충족시키는 데 사용할 수 있는 증거기반 전략을 사용해야 한다. 6장에서는 체계적 교수의 여러 측면과 이론적인 기초를 논의하고 이러한 교육 순서를 적용하는 방법에 대한 자세한 정보를 제공한다.

4) 문화적 맥락 정보 통합하기

학생들의 배경은 수업을 풍부하게 하는 데 사용될 수 있다. Rivera 외(2014)는 다문화 가정의 중도 지적장애 학생에게 영어와 스페인어 어휘를 가르치기 위해 함께 읽는 디지털 이야기책(digital shared stories)을 만들었다. 이 책에는 학생이 흥미있어 하는 요소들이 담겨있다. 결과적으로 이러한 항목이 포함되어 있기 때문에 수업을 가르친 보조교사는 학생이 얼마나 참여했는지 확인할 수 있다. 수업 내용에서 학생의 선호도를 사용하면 중등도 및 중도장애 학생의 참여도를 높일 수 있지만 교사는 자신과 다른 문화권에서 온 학생들의 선호도를 이해하기 위해 더 많은 탐색을 해야 할 수 있다. 상황에 맞는 수업자료를 만들기 위해 교사는 학교 선호도를 반영하는 것부터 시작하여 이후 가족에 대한 추가 질문으로 확장할 수 있다.

1. 성찰: "학교에서 학생이 관심을 갖고 있는 것과 학생의 습관은 무엇인가?" 학생이 어떤 과목에 흥미가 있는가? 질문을 받았을 때 학생이 가장 잘 대답하는 방법은 무엇인가? 학생의 친구는 누구인가? 학생이 흥미를 느끼는 활동은 무엇인가? 학생이 학교에서 즐거워하는 것은 무엇인가?
2. 가족에게 묻기: "가정에서 학생이 관심을 갖고 있는 것과 학생의 습관은 무엇인가?" 학생은 가정에서 무엇을 하는 것을 좋아하는가? 학생은 어떤 게임을 좋아하는가? 학생이 좋아하는 특정 음식이 있는가? 학생은 또래 및 가족과 어떻게 상호작용하는가? 집에 있는 동안 학생을 기분 좋게 하는 것은 무엇인가?
3. 가족에게 묻기/동네 방문하기: "지역사회 내에서 학생이 관심을 갖고 있는 것과 학생의 습관은 무엇인가?" 학생이 방문할 가능성이 높은 장소는 어디인가? 학생이 쇼핑할 가능성이 높은 곳은 어디인가? 학생은 지역사회에서 무엇을 접하는가?

Ricky의 교사는 Ricky가 체육 교과 자유 시간에 축구공 쪽으로 향하는 경향이 있는 것을 알아차렸다. 그녀는 Ricky의 어머니에게 문자로 연락하여(가족이 가장 쉽게 소통할 수 있는 방법) 축구에 대한 Ricky의 관심에 대해 물었다. Ricky의 어머니는 동네 이웃들이 축구를 자주 하며 Ricky가 축구 게임에 참여하길 좋아한다고 하였다. Ricky의 교사는 이 정보를 사용하여 축구 내용을 포함하는 수학 단어 문제를 설계하였다. 또한 Ricky와 함께 문해력 시간에 사용할 축구에 관한 책을 찾았다.

많은 경우 교사들은 학생이 속한 문화적 또는 민족적 연결에만 초점을 맞추고 학생 경험과 관심의 맥락에서 해당 정보를 사용하는 것의 중요성에 대해서는 등한시한다. 모든 사람은 모두 다 다르다는 것을 기억해야 한다. 문화적으로 학생 간에 유사점이 있을 수 있지만 각 학생의 삶의 경험은 저마다 고유하다. 이러한 경험과 관심은 학생들이 알고 있는 것과 익숙하지 않은 것 사이를 연결한다(Haneda & Wells, 2012).

5) 모국어 지원

중등도 및 중도장애 학생들과 함께 일할 때, 전반적으로 수용언어에 어려움이 있을 수 있다는 점을 감안하면 학생들이 영어 수업을 얼마나 잘 이해하고 있는지를 결정하는 것이 항상 쉬운 것은 아니다. 중등도 및 중도장애 학생은 구어가 제한적이거나 하나 이상의 언어로 몇 단어 정도 의사소통할 수 있다. 학생들이 가장 잘 배우는 방법과 그들이 아는 것을 표현하는 방법을 결정하는 것이 중요하다.

연구자들은 새로운 콘텐츠에 접근하고 학습할 때 학생의 모국어가 중요하다는 것을 보여주었다(Cline & Necochea, 2003; Rivera et al., 2014). 언어적으로 다양한 학생들이 모국어로 정보를 배울 때, 그 지식을 제2언어로 설명하는 법을 배우려면 그들이 알고 있는 것을 표현하기 위해 영어 어휘만 알면 된다(Cummins, 1996). Freeman과 Freeman(2000)은 교사가 다문화 가정 학생들을 위한 영어 수업을 준비하기 위해서는 먼저 모국어로 새로운 개념을 소개해야 한다고 제안한다. 이러한 이중 언어 교육 방법을 통해 지식을 전달할 수 있지만 미국의 많은 특수교사가 직면한 문제는 그들이 이중 언어를 사용하지 못한다는 것이다(Mueller et al., 2006). 하지만 이것은 특수교사가 수업 중에 학생의 모국어를 통합하려고 시도해서는 안 된다는 의미가 아니다. 오히려 이는 이러한 통합을 가장 잘 수행하는 방법에 대해 부모와 협력할 수 있는 기회를 제공한다. 모국어의 통합 및 사용은 교실에서 두 가지 언어로 물건에 이름표 붙이는 것과 같은 간단한 전략을 통해 수행할 수 있다. 이것은 다문화 가정 학생을 도울 뿐만 아니라 교실에서 다른 사람들을 위한 학습 기회로도 작용한다. 학생의 모국어로 수업을 진행해 보는 것도 유익하다. Rivera 외(2014)는 간단한 스페인어 및 영어 이야기책을 읽는 동안 다문화 가정 중등도 지적장애 학생에게 영어와 스페인어 이야기 어휘를 가르쳤다. 그 결과 학생의 스페인어 어휘가 늘었고 영어 어휘도 향상되기 시작했다는 것을 발견했다. 학생은 이야기와 언어를 연결하기 시작했다(예: 스페인어로 된 단어를 읽고 영어로 번역하기).

모국어의 통합이 쉬운 일이 아니지만 우리는 특수교사가 학생들을 대신하여 옹호하고 교실에서 적절한 지원을 제공하도록 권장한다. 교사를 지원하기 위해 유사한 문화적, 언어적 배경을 가진 보조교사를 활용하여 수업 설계 및 계획을 지원할 수 있다(Rivera et al., 2014; Spooner et al., 2009). 또 다른 자원으로 학교 또는 지역의 제2외국어 강사와 협력할 수 있다. 특히 연구자는 모국어로 대화할 수 있는 또래가 있는 경우 학생들이 모국어로 토론에 참여할 수 있도록 하여 학생들이 현재 자료에 대해 얼만큼 이해하고 있는지 표현할 수 있도록 할 것을 제안하였다(Klingner, Boardman, Eppolito, & Schonewise, 2012).

6) 다양한 기회 제공

Sutherland와 Wehby(2001)에 따르면, 응답 기회가 증가하면 과제에 대한 학생의 참여가 증가하고 부적절한 교실 행동이 낮아질 수 있다고 한다. 또한, 학업적 요구에 반응할 수 있는 더 많은 기회를 제공하는 것은 지속적인 연습을 제공하며, 이는 학생들이 학습이 정체되는 경우에 필요하고(Browder et al., 2014) 관찰 학습을 사용할 수 있게 한다(동료를 관찰함으로써 간접적 기술을 습득하는 과정). 다문화 가정 중등도 및 중도장애 학생의 경우 명확하고 명시적인 지시에 응답할 수 있는 여러 기회를 갖는 것은 학생이 제2외국어로 영어를 학습하고 기대치를 이해하는 데 도움이 될 수 있다. 교사는 시각 자료, 멀티미디어, 기술, 언어 등을 신중하게 계획하고 최대한 활용해야 한다. 중등도 및 중도장애 학생이 있는 특수학급에는 다중 언어 요구 사항이 있는 학생이 포함될 가능성이 높다. 학생들 중에는 무발화이거나 발화를 하거나 제한된 영어 능력, 의사소통판 활용, 구체적 물건 사용, 수화에 의존하여 의사소통을 하는 경우가 있다. 물론 계획이 필요하지만 각 학생은 교실 활동 중에 참여할 기회와 응답할 수 있는 여러 기회를 가져야 한다.

7) 공학

공학의 사용은 특수교육 교실에서 필수 요소가 되었다. 공학은 다양한 형태로 제공되며 일반적으로 장애 학생이 달성하기 어려운 목표를 달성하는 데 도움이 될 수 있는 방법을 제공한다. 태블릿 및 기타 모바일 기기의 사용은 중등도 및 중도장애 학생들이 수업과 상호작용하는 방식에 혁명을 일으켰다. 선행 문헌 연구에서 Kagohara 외(2013)는 모바일 기기의 사용이 유용하다는 것을 발견했는데 이는 모바일 기기 사용이 (1) 매우 흥미롭고, (2) 운동장애 학생에게 터치 스크린 기능을 제공하고, (3) 휴대 가능하고, (4) 사용에 대한 낙인이 적고, (5) 즉각적인 인터넷 접근을 제공할 수 있기 때문이다. Rivera(2013)는 또한 수업을 만드는 데 사용되는 응용 프로그램(예: PowerPoint, Word, Google 문서)이 저장 및 이동이 쉽고 나중에 다른 학생들과 함께 사용할 수 있도록 쉽게 수정할 수 있기 때문에 유용하다고 하였다. Hudson, Rivera, Grady(2018)가 중등도 및 중도장애 학생 대상 수학 기술 교수법을 문헌연구를 통해 탐구한 결과, 과거의 학생들에 비해 중도장애 학생 대상의 교수법에 공학이 더욱 쉽게 사용되는 것으로 나타났다. 다시 말해, 학생들은 수학 기술을 배우기 위해 통신 기기, 응용 프로그램, 컴퓨터를 사용할 가능성이 더 높다. Hudson 등(2018)은 중등도 및 중도장애 학생에게 많은 용도를 가질 수 있는 앵커 수업(anchored instruction, Cognition and Technology Group at Vanderbilt, 1990)의 사용을 검토했다. 이 전략은 학생들에게 앵커(anchor) 또는 상황별 비디오를 제공하여 학생들이 문제를 해결하는 데 사용한다. 학생들은 제시된 문제를 해결하는 데 도움이 될 수 있는 단서를 식별하기 위해 필요한 만큼 비디오를 다시 시청한다. 학생들이 결론에 도달하면 문제해결 방법을 설명하는 다른 비디오를 시청한다. Mechling과 Langone(2000)은 중도장애 학생 대상으로 통신기기와 함께 사용할 다양한 그림을 가르치는 데 비디오 앵커의 성공적인 사용을 보여주었다. 마찬가지로 학생의 문화와 지역사회를 대표하는 비디오 앵커를 사용하여 학업 및 일상생활 기술을 가르칠 수 있다.

애플리케이션의 지속적인 사용과 특히 모바일 기기의 휴대성은 모바일 기기를 효율적이고 실용적인 도구로 만든다. 그러한 도구는 교사와 다문화 가족 간의 격차를 해소하는 데 도움이 될 수 있다. Google 번역과 같은 음성 소프트웨어는 특수교사가 다양한 언어로 자료를 번역하고 해석하는 데 도움이 될 수 있다(방언이 다를 수 있으므로 어조와 정확성에 대해 번역을 검토하는 사람이 있는 것이 가장 좋다). 그럼에도 불구하고 이러한 소프트웨어는 좋은 시작이며 교사가 빠른 번역을 필요로 할 때 도움이 될 수 있다. Cooke, Mackiewicz, Wood, Helf(2009)는 모바일 또는 휴대용 기기가 다문화 학생과 그 가족을 위해 사용될 수 있는 방법을 예시로 제공했다. Cook 외(2009)는 연구에서 말하는 사진 앨범을 사용하여 다문화 학생들에게 영어 단어를 가르쳤다. 이 학생들의 어머니들은 비록 영어가 그들의 모국어가 아니었음에도 불구하고 자녀들을 위한 1차 중재자이자 가정교사로 역할을 수행하였다. 각 어머니는 연구원에게 장치 사용 방법 및 자녀에게 목표 어휘를 가르치는 방법을 배웠다. 장치에는 목표로 하는 사진과 스페인어와 영어로 된 단어를 녹음했다. 어머니는 이런 장치를 이용해 중재 매뉴얼을 따라 목표 영어 단어를 가르치는 역할을 수행하였다. 그 결과 어머니와 자녀 모두 어휘 습득에 증진을 보였다. 이러한 간단한 도구를 통해 교사는 모국어 지원을 통합하고 자녀 교육에 가족을 의미 있게 포함할 수 있었다. 다문화 학생 집단을 위한 교육을 보완하기 위해 공학과 공학의 다양한 측면을 사용하는 것이 매우 필요하다.

8) 자기결정

자기결정이라는 것은 독립 및 성인이 되기 위한 단계이다. 이는 개인이 자신의 삶에서 인과적 행위자가 되어 책임을 지고 스스로 결정을 내리는 과정이다. 중등도 및 중도장애 학생의 경우, 스스로 결정을 내리고 독립하는 것이 어려울 수 있다. 그러나 특수교육 연구는 중도장애 학생도 실제로 독립할 수 있음을 보여주었다(Wehmeyer, Palmer, Agran, Mithaug, & Martin, 2000; Wehmeyer et al., 2012). Wehmeyer 외(2000)는 중등도 및 중도장애 학생들이 문제를 체계적으로 식별하고 문제를 극복하기 위해 가능한 해결방법, 장애물 및 결과를 결정하도록 가르침으로써 스스로 결정하도록 돕는 모델을 개발했다. 자기결정 능력을 배우면 학업 성과, 더 중요하게는 전환 결과 및 중등이후 기회를 개선한다(Shogren, Wehmeyer, Palmer, Rifenbark, & Little, 2015). 미국의 지배적인 문화 아래 자기결정이 평가되어 왔기에, 다문화 가족에게는 그 가치가 완전히 명확하지는 않다. 일부 문화권에는 개인보다는 집단의 정체성이 더 강하다. 이것은 개인의 선호와 가족의 목표를 합치거나 혼자 사는 것보다 대가족을 더 중요시하는 것으로 표현될 수 있다. 자기결정과 다문화 가족 및 장애 학생 간의 관계를 조사하는 문헌 연구에서 Wehmeyer 외(2012)는 네 가지 주요 주제를 발견하였다.

1. 자기결정이 의미하는 바는 문화에 따라 다름
2. 자기결정을 향상시키기 위해 고안된 중재는 비록 이것이 주류 문화 신념에 반대되더라도 먼저 가족 및 학생 신념과 일치해야 함
3. 계획하기 기술을 가르칠 때 가족 구성원과 학생의 의견을 반영해야 함
4. 다문화 가족은 모든 가족과 마찬가지로 자기결정 능력을 가르치는 것의 이점과 가치에 대해 교육을 받아야 함

자신의 인생 경로를 결정하는 것은 의심할 여지없이 자신의 최대 잠재력을 향해 나아가는 중요한 단계이다. 그러나 중등도 및 중도장애 학생과 함께 일할 때 아동의 삶에서 장기적으로 돌보는 역할을 할 가능성이 있는 가족 구성원의 역할을 존중하도록 주의를 기울여야 한다. 융통성 있고, 다른 해석에 개방적이며, 자기를 인식하는 것은 성공적인 협업을 촉진할 수 있는 필수 전략이다. 17장에서는 중등도 및 중도장애 학생이 성인으로 성공적으로 전환하는 데 있어 자기결정의 가치와 그 역할에 대해 더 논의한다.

5. 요약

이 장에서는 문화가 어떻게 정의되고 학생들의 일상생활을 형성하는 데 있어 문화가 미치는 많은 영향에 대해 이해하는 것의 중요성을 논의하였다. 문화적으로 유능하고 다문화 관점을 형성한다는 것은 사람들을 특정 기준으로 분류하는 것이 아니다. 먼저 한 개인의 문화적 정체성을 인지하고 한 개인의 관점이 다른 이와 항상 일치하지는 않을 수 있다는 점을 이해하는 것이다. 또한 삶에 대한 다양한 해석들에 대해 개방적이고 유연한 것이다. 문화적으로 유능하다는 것은 다른 문

화적 영향을 이해하는 것을 배우고 이러한 영향이 교수적 실제를 안내하는 데 사용될 수 있는 방법을 결정하는 과정을 포함한다. 문화적으로 관련 있는 교수와 학생 지식의 적용(예: 한 개인이 지역사회에서 배운 기술 및 경험)은 문화적 교육의 주요 요소이다. 이는 인종, 민족, 성별, 사회경제적 배경에 관계없이 모든 사람을 위한 사회 정의를 보장하고 교육방식을 개혁하려는 운동이다. 다문화 가정의 중등도 및 중도장애 학생의 교육을 개선하기 위해서는 가족과 협력하고 계획에 중점을 두는 것이 중요하다. 가족 중심의 접근 방식이 필요한데, 이는 즉 가족이 민주적 목소리를 가진 동등한 파트너로서 자녀의 숨겨진 잠재력을 발산할 수 있도록 역할을 수행하는 접근 방식이다. 이러한 파트너십을 개발하기 위해 교사는 다문화 가정 학생과 가족 모두에게 권한을 부여하는 효과적이고 효율적인 방식으로 의사소통하고 신뢰를 구축하는 방법을 배워야 한다. 마지막으로, 교사는 다문화 가정 중등도 및 중도장애 학생을 성공적으로 가르치기 위해 효과적인 교수법이 필요하다. 보편적 학습설계 원칙의 사용을 적절히 계획하고, 최신 공학을 사용하며, 문화적 유물이나 모국어를 삽입하고, 학생들에게 응답할 기회를 제공하고, 학생들이 배우고 표현할 자유가 있는 안전한 환경을 보장하고, 증거기반 전략을 활용하고, 전환 성과를 향상시킬 기술을 교수하는 것은 학교 성과뿐만 아니라 삶의 질을 향상에도 중요하다. 다문화 가정 여부에 관계없이 모든 가족은 자녀 교육에 기여할 수 있는 기회와 존중을 받을 자격이 있다. 마찬가지로 배경에 상관없이 Ricky와 같은 학생들은 의미 있고 삶의 성과를 개선하는 교육을 받아야 할 것이다.

마무리 활동

1. 짝을 지어 〈표 2.1〉의 다양성 자기보고 검사를 실시해보고, 그 결과를 비교 및 대조해보세요.

2. Google 번역과 같은 번역 서비스 또는 애플리케이션을 사용하여 여러분의 학급 또는 학교에서 많이 사용되는 '새 학년 환영인사' 가정통신문을 국문이 아닌 다른 언어로 번역해보세요. 통역가와 함께 문서에 오류가 있는지 검토하며 향후

보다 나은 번역을 하기 위한 방법에 대해 논의하세요. 신뢰와 의사소통을 강화하기 위해 이 활동에 다문화 가족들을 초청해 의견을 나눌 수도 있습니다.

3. 소외계층 집단에 특별한 관심을 기울이는 지역사회 포럼을 개발해보세요. 전단지와 이메일을 보내거나 및 전화하는 등 이벤트에 사람들을 초대하세요. 이벤트 계획 시 부모/후견인이 돕도록 하세요. 부모/후견인이 토론할 주제를 미리 준비한 후, 부모/후견인이 직접 토론할 수 있는 시간을 마련하세요. 이벤트가 성공적으로 개최되기 위해 고려해야 할 요소로는 다과, 교통수단, 그리고 돌봄 서비스가 있습니다.

4. 학생들의 주변 동네를 둘러보세요. 무엇이 있는지, 환경조건, 지역사회 마트/상권에 대한 접근성을 기록해보고, 이 정보를 사용해서 학생들과 어떻게 더 잘 상호작용할 수 있는지 방법을 생각해보세요.

5. 디지털 뉴스레터를 사용하세요. 모바일 기기의 출현으로 더 많은 학생들이 인터넷에 접근할 수 있습니다. 통역가의 도움을 받아 YouTube와 같은 무료 웹 도구를 사용하여 가족들과 공유할 수 있는 디지털 채널을 만들어 보세요. YouTube와 같은 도구를 사용하면 다양한 언어로 자막을 삽입, 제공할 수 있습니다(www.youtube.com/watch?v=2i8cqC6thdM).

제3장

의사소통 역량 강화

Pamela J. Mims

Steven은 경직성 뇌성마비, 시청각장애, 중도 지적장애를 가진 13세 남학생이다. 담임교사는 학년 수준의 학업 내용에 Steven을 어떻게 통합해야 하는지 잘 모르며, Steven이 말을 하지 않고 듣거나 볼 수 없기 때문에 Steven이 원하는 것과 필요로 하는 것을 파악하는 방법조차 확신하지 못한다. Steven은 최근 들어 매우 화를 내기도 하고 종종 자해행동을 하여 의사소통하곤 한다. 담임교사는 Steven이 의사소통하려는 것을 파악하기 위해 다양한 선택권을 제시한다. 하지만 Steven을 위한 공식적인 의사소통 체계가 없어 담임교사는 Steven이 원하는 것과 필요로 하는 것을 파악하는데 지치고 이를 힘겨워하고 있으며, 이는 Steven을 더 혼란스럽게 하고 자해행동을 하게 만든다. 그러자 담임교사는 사물 선택판을 제공하기로 결정하였다. 선택판에 있는 사물들은 Steven의 가장 일반적인 기본 요구를 대표한다. 숟가락은 "먹다" 또는 "배고프다", 컵은 "마시다" 또는 "목마르다"를 나타낸다. 성인용 속옷(brief)은 화장실 사용 욕구를 나타낸다. 베개 커버는 휠체어에서 일어나 자켓(척추 측만증을 위해 입음)을 벗고 큰 베개에서 휴식을 취하는 것을 나타낸다. 교사는 Steven이 벨크로로 부착된 물체를 찾기 위해 왼쪽에서 오른쪽으로 선택판을 훑어본

다음, Steven의 기본적인 필요를 가장 잘 나타내는 것을 떼어 내도록 가르치고 있다. Steven의 부적절한 자해행동은 거의 즉각적으로 감소하고 있다. Steven에게 그동안 없었던 것은 적절한 방식으로 그의 기본적 요구를 의사소통하는 것이다. 그 다음으로 Steven은 학급 활동 내에서 "자신이 아는 것을 보여주는" 것을 배워야 할 뿐만 아니라 더 높은 단계의 요구와 필요를 전달하는 방법을 배워야 한다.

본 장에서는 학생의 의사소통 능력을 파악하고, 의사소통 체계를 계획하며, 학생이 일반 교육과정뿐만 아니라 기능적이고 사회적인 상황에서 의사소통 하는 법을 가장 잘 배울 수 있는 방법을 생각해 보도록 정보를 제공한다.

1. 의사소통 개요

중등도 및 중도장애 학생에게 의사소통 기술을 가르치는 것은 모든 다른 내용의 학습뿐만 아니라 전반적인 삶의 질에 영향을 주기 때문에 가장 중요한 우선 순위 중 하나여야만 한다. 효과적인 의사소통 방법을 갖고 있지 않은 중도장애 학생은 일상생활에서 수동적일 수 있다. 즉, 중도장애 학생의 의사소통 시도가 다른 사람에게 영향을 주지 못한다면 그 시도는 중단될 수 있다. 또한 학생의 의사소통 시도를 다른 사람이 인식하지 못하거나 효과적이지 않으면 자신을 표현하는 수단의 한계로 인해 문제행동이 생겨날 수 있다.

의사소통의 3가지 주요 구성 요소는 형식(form), 내용(content), 기능(function)이다. 의사소통의 형식이 구어인 경우, 교사는 문장 구조, 문법 및 억양과 같은 기술을 포함한 구문에 중점을 두게 된다. 의사소통 형식이 말이 아닌, 보완적 또는 대체적인 체계인 경우, 교사는 학생이 이 방법을 효과적으로 사용하도록 가르친다. 의사소통의 내용은 어휘와 토론의 주제가 포함된다. 학생이 어떤 형식으로 의사소통을 하든(구어 또는 보완적), 어휘는 확장될 필요가 있다. 의사소통의 기능은 의사소통 시도의 목적이다. 의도성은 친구와 인사하는 것과 같이 사회적이거나 필요한 사물을 얻는 것처럼 기능적이다. 최근의 의사소통 중재의 최선의 실제는 학생이 요청하고, 사회적 일과를 시작하고, 관심을 얻고, 여러 상호작용 기술을 사용하도록 가르치는 등 의사소통의 기능적 사용을 강조한다. 이러한 기능을 향상시키기 위해 의사소통의 형식과 내용이 선정된다.

형식, 기능, 내용을 이해하는 것 외에도 교사는 의사소통의 의도성을 알아야 할 필요가 있다. 의도성은 초기 의사소통 기술이며, 아동이 환경 내에서 사람들과 상호작용할 때 발달한다. 발달 초기에 개인이 아무런 의도를 표현하지 않았을 때 조차도 양육자가 의미 있다고 해석하는 행동에 그 개인이 참여하는데, 이것은 전의도적(preintentional) 또는 비의도적(nonintentional) 행동으로 알려져 있다(Meadan, Halle, & Kelly, 2012). 예를 들어, 학생이 짜증을 내거나 울 때, 양육자가 "배고파요"로 해석하고 음식을 주면, 그 학생은 짜증을 부리거나 우는 방식으로 음식을 얻는다는 것을 배울 수 있다. 이것이 초보적 의사소통 형태가 된다. 초보적 의사소통 형태는 조건화될 만큼 자주 발생하는 행동이다. 어떤 경우에는 학생이 원하지 않는 물건 또는 상호작용을 피하거나 압도될 때 눈을 감을 수 있다. 양육자가 이러한 행동을 의사소통으로 반응(즉, 강화)하면, 아동은 의도를 갖고 행동하는 방법을 배운다. 의사소통의 출현을 정의하는 전형적 방식으로, Bates(1979)는 의도가 형성되는 단계를 언어발달의 언향적(perlocutionary) 단계라고 하였다. 시간이 지나면서 학생은 더 의도적으로 의사소통하는 방법을 배운다. 두 번째 의사소통 단계는 관습적(conventional)단계인데 더 요구하기 위해 손을 뻗고, 과제를 그만하고자 고개를 젓거나, 자신을 옮겨달라고 몸통을 앞쪽으로 기울여 앉은 행동을 내포한다. Bates는 이 의사소통 발달 단계를 언표내적(illocutionary) 단계로 구분했다. 세 번째 단계는 참조적(referential) 의사소통 단계이다. 학생은 말이나 다른 여러 유형의 상징을 사용하여 의사소통할 수 있다. 예를 들어, 학생은 음식 사진을 보여주거나 수어나 손짓 표현으로 "먹다"를 표현하거나, 말을 하여 음식을 요청할 수 있다. 참조적 의사소통은 의도적이고 상징적이며 언표적(locutionary) 단계이다(Bates, 1979). 일부 중등도 및 중도장애 학생은 상징적 의사소통을 사용하지 않을 수 있지만 비상징적으로 표현할 수 있는 풍성한 의도적 의사소통 목록을 갖고 있을 수 있다. 부모와 교사의 의사소통 노력에 대한 해석과 사회적 반응은 이러한 의도성을 형성한다. 비상징적인 의사소통은 때때로 해석하기 어려울 수 있기 때문에 보호자의 주의 깊은 관찰 없이는 학생의 표현이 간과될 수 있다. 의사소통 진단의 중요한 부분은 학생이 사용할 수 있는 의사소통 신호를 모두 고려하는 것이다

(Downing, Hanreddy, & Peckham-Hardin, 2015).

처음에는 관찰 가능한 자발적인 반응이 거의 없었던 Tommy의 실제 사례를 예로 들 수 있다. 그는 경직성 사지마비, 시각장애, 호흡기 질환을 갖고 있으며 병원에서 지냈던 의학적으로 취약한 아동이었다. 교사 Martin은 Tommy가 배울 수 있는 것을 파악하지 못했기 때문에 이전의 개별화교육 프로그램에서 아무런 진전이 없었다고 했다. Martin씨는 Tommy의 계획을 세우기 위해 이틀간 관찰하고 Tommy가 반응한 모든 것을 기록했다. 교사는 의료진과 Tommy 반응의 어떤 것이 비자발적 경련이고 어떤 것이 자발적인지에 관해 이야기했다. Martin씨는 Tommy가 자발적으로 혀를 차는 것을 발견했다. Tommy는 의사소통을 할 목적으로 혀를 누르지는 않았다. 알고보니 Tommy는 학습된 무기력을 발전시켰던 것이었고, 돌봄을 받거나 주양육자가 그에게 말할 때 수동적이었다. 교사는 Tommy가 혀를 차는 것이 마치 의도적인 것처럼 반응하기로 했다. 교사가 Tommy에게 음식을 먹일 때, 애플소스(뱉었음)보다 요거트(삼켰음)를 선호하는 것을 발견했다. 교사는 "요거트 더 먹을래?"라고 묻고 혀를 차는 것을 시범 보였다. Tommy가 혀를 찼을 때 교사는 요거트를 주었다. 여러번 연습을 한 후에 Tommy는 교사의 시범 없이 혀를 찼다. 이 다음에 교사는 Tommy에게 애플소스를 원하는지 물었고, 그렇다면 혀를 차지 말라고 했다. Tommy가 혀를 차면 애플소스를 바로 먹이고, "아니지, Tommy는 애플소스를 싫어하지. 그러면 혀를 차지 말아야지"라고 말했다. 교사는 Tommy의 반응이 없으면, "요거트 먹을래?"라고 다시 물으며 혀를 차면 요거트를 먹였다. 여러번 시도한 후에 Tommy는 "네"라는 반응을 명확한 의도와 함께 혀를 차는 것으로 표현했다(Browder & Martin, 1986). 이렇듯, 한 가지 반응에 집중하여 많은 시도를 하는 것만이 의도성을 형성하는 것은 아니다. 교사나 부모는 밖으로 나가기 전에 아동이 휠체어에서 일으켜 달라는 의도로 눈을 맞추거나 소리(예: "어")만을 내도록 기다릴 수 있다. 동일한 행동에 대해 일관되게 반응하면 아동은 의도성을 갖고 행동할 것이다. 예를 들어, 아동은 밖으로 나가자는 의미로 "어" 소리를 의도적으로 낼 것이다.

형식, 기능, 내용, 의도를 이해하는 것뿐만 아니라 의사소통은 표현적이고 수용적이라는 것을 이해하는 것이 중요하다(Downing et al., 2015). 표현적 의사소통은 누군가에게 사진을 보여주거나, 원하는 물건을 향해 움직이거나, 오늘의 일정을 묻는 것과 같이 의사소통 행동을 생성하는 것이다. 수용적 의사소통이란 다른 사람의 의사소통을 이해하는 것이고, 조용히 듣는 것과 같이 관찰할 수 없는 행동 또는 사물을 선택하고 질문에 대답하는 것과 같이 관찰할 수 있는 행동을 이해하는 것이다. 중등도 및 중도장애 학생은 표현적 의사소통과 수용적 의사소통 기술 고르게 발달시키지 못하는 경우가 많다. 예를 들어, 비상징 의사소통을 사용하는 학생은 짧게 말한 구문을 이해할 수 있고, 따라서 들은 것 대부분을 이해할 수 있다. 다른 학생, 자폐성장애 학생은 말할 수는 있지만, 들은 내용을 이해하기 위해서는 사진이나 몸짓상징과 같이 구어와 짝을 이루는 구체적인 상징이 필요하다. 교사는 의사소통 기술 향상을 위한 계획 수립 시, 학생의 표현적 의사소통 기술에 기초

〈표 3.1〉 의사소통 지도 시 사용하는 기본 용어

용어	구어의 측면에서 적용	보완대체의사소통 측면에서 적용
의도성		
• 초보적 (언향적)	• 의도가 있다고 해석되는 전구어 행동	• 의도적 의사소통에 참여하도록 다른 사람이 반응하게 될 행동
• 관습적 (언표내적)	• 다른 사람에게 영향을 주기 위해 사용하는 말 이전의 행동 (예: 손 뻗기)	• 비상징 의사소통이라고 인식되는 것; 의사소통의 주요 방식일 수 있음
• 참조적 (언표적)	• 다른 사람과 의사소통하기 위한 의도적인 말 사용	• 보완대체의사소통 사용(그림, 단어, 수어와 같은 상징 사용): (자료를 사용하여) 도구적 또는 비도구적(예: 몸짓상징, 표시)일 수 있음
의사소통의 구성 요소		
• 형식	• 구문론-문장 구조, 문법	• 사용한 체계의 유형(예: 비상징, 수어, 사진첩, 전자판)
• 내용	• 의미론-어휘와 뜻	• 어휘(상징)
• 기능	• 화용론-언어의 사회적 사용	• 화용론-기능적/의사소통 체계의 사회적 사용
의사소통 유형		
• 표현적	• 말로 정보를 알리거나 질문	• 보완대체의사소통(예: 그림, 몸짓상징)으로 정보를 알리거나 질문
• 수용적	• 구절을 듣고 이해	• 구체적 상징을 이해

하여 학생의 수용적 의사소통 기술을 가정하지 않도록 주의해야 하며, 그 반대의 경우도 마찬가지이다. 앞의 〈표 3.1〉에는 학생이 의사소통하는 것을 설명할 때 사용되는 기본 용어에 대한 요약을 제시한다.

이해 점검하기

몇 분간 학급 학생의 상징 단계를 파악하며, 상징 단계에 대한 자신의 이해도를 확인해 보세요. 개별 학생의 역량을 과소평가하지 않도록 주의하세요. 모든 학생이 상징의 다양한 범주에 접근할 수 있어야 함을 기억하시기 바랍니다. 어린 아이 2명이 함께 장난감 트럭을 가지고 놀고 있습니다. Juan은 Troy가 가져온 장난감 트럭을 보고 있다가 트럭을 잡았습니다. Troy가 울자 Juan은 갑자기 걱정스러운 표정을 지으며 Troy에게 새 트럭을 건넵니다. Troy는 울음을 그치고 새 트럭을 가지고 놀기 시작합니다. 아동들의 의사소통 형태는 무엇인가요? 그 기능은 무엇인가요? 내용을 알 수 있나요? 누가 표현적 의사소통을 사용하였나요? 누구의 의사소통이 수용적인가요? Juan의 의사소통 의도는 무엇이라고 생각하나요? Troy는 그 의사소통을 무슨 의도로 해석하고 있나요?

2. 의사소통 체계

1) 학생의 상징 단계 이해하기

학생의 의사소통에서 의도성이 증가되면, 학생은 의사소통 상징 사용에서 진전을 보인다. 아동은 전형적으로 전상징(presymbolic)에서 구체적 상징 단계로, 이후에는 추상적 의사소통으로 진보한다(Rowland & Schweigert, 1990). 중요한 것은 상징 사용 숙달의 어떤 단계에 있는 학생이라도 일상에서 문맥 내 상징의 의미를 배우고자 추상적 상징을 포함한 상징들에 접근하고, 이해를 보여주기 위해 상징을 사용하기 시작하는 것이다. 예를 들어, 교사가 날마다 다음 활동을 가리키기 위해 동일한 사진과 단어를 사용한다면, 학생은 그 뜻을 파악하기 시작한다.

〈표 3.2〉와 같이 교사가 학생의 의사소통을 인식하지 못할 경우, 학생의 반응에

의미를 부여하여 보다 의도적인 의사소통을 하도록 할 수 있다. 학생이 이해하지 못한다고 해도, 학생이 수업에 주의를 기울이며 참여하고 있음을 보여주는 반응을 파악하는 것이 목표이기 때문에, 일반 교육과정 접근 계획에서 이러한 가장 초기 단계를 "인식" 또는 전상징 단계라고 부른다(Kleinert, Kleinert, & Kearns, 2016). 학생이 이 단계에서 발전하면서, 그들의 의사소통은 보다 명확한 의도를 갖게 된다. 학생이 의도를 가진 채로 계속해서 비상징 의사소통에 의존하면, "상징 사용을 시작"하는 단계에 진입한다. 학생이 아직 상징을 사용하지 않는다고 해도 상징을 도입한다는 것을 강조하기 위해 상징 사용 시작이라고 명명한다. 학생이 비상징 의사소통에 의존할 때 상징은 두 가지 이유로 교수된다. 첫째, 상징과 학생의 비상징 반응을 짝지어서 상징적 의사소통이 형성될 수 있다. 둘째, 상징을 사용하지 않는다면, 학생의 상징을 학습하는 능력에 대해 알 수 없다. 즉, 학생에게 상징을 도입하지 않는다면, 학생은 자신이 상징을 이해했는지 보여줄 수 없다.

두 번째 단계에서는 학생이 구체적인 방식으로 상징 사용을 시작한다. 전형적으로 상징은 "바로 여기-바로 지금" 적용할 수 있어야 한다. 즉, 간식시간이 시작되면, 학생은 마실 것을 요청하기 위해 교사에게 컵 그림을 건네줄 수 있다. 또는 본문을 읽은 뒤에 기본적으로 이해한 것을 묻는 질문에 학생은 교사에게 사물이나 그림을 건네어 대답할 수 있다. 의사소통하기 위해 사용하는 그림이나 사물은 통상적으로 사물 그대로의 표상이거나 사물 자체(예: 코트를 입기 위해 코트 그림을, 책을 읽기 위해 책 그림을 선택하는 것)이어야만 한다. 이 단계의 가장 높은 수준에 이르면, 학생은 그림과 사물에 상징개념(예: 놀이하기 위해 공을 요청함)을 더해서 사용하고, 모형을 이해하기 시작한다. 비상징 학생에게 상징을 사용하는 것처럼, 추상적 상징은 구체적 단계에서 학생이 사용하는 구체적 상징과 짝을 이루어야 한다. 매일의 교수활동에서 높은 수준의 상징을 소개한다면, 학생은 이러한 상징을 이해하고 사용하기 시작할 것이다. 학생이 상징 사용을 발전시켜 나가기 때문에 이 단계를 상징 사용의 진전이라고 부른다.

가장 높은 단계의 학생은 추상적 상징을 사용하고 이해한다. 학생은 지문(예: 일견단어), 기호(예: +, %), 추상적 그림(예: 증발을 표현한 그림 상징), 추상적 사물(예: 세포 모형)을 이해한다. 명백하게도 이 단계에서의 상징 사용은 학업교수 계획과 사회적 상호작용의 증진에 대한 대부분의 선택을 제공한다. 하지만, 놀랍게도 교사는 추상적 상징을 사용하는 학생에게 가장 기본적인 인식/초기 상징 단계의 교수를 계획해 왔다(Karvonen, Wakeman, Browder, Rogers, & Flowers, 2011). 그 이유는 최근에 들어서야 중도장애 학생을 위한 학년 수준의 교과 내용을 적용하는 모델이 등장했기 때문이다.

〈표 3.2〉는 Louis Sachar의 소설 구덩이(Holes)로 진행한 중학교 수업에 각 상징 단계의 학생이 어떻게 반응하는지에 대한 예시를 제공한다. 학생이 지금 할 수 있는 것은 현재의 상징 수준을 반영한다. 모든 학생은 그들의 능력이 과소평가되지 않도록 추상적 상징이 포함된 교육을 받는다. 반대로 교사는 학생이 현재 수준을 사용하여 응답할 수 있는 방법을 고안하고, 약간 높은 의사소통 수준을 사용하도록 촉진한다.

교수 계획을 위해 의사소통의 상징적 수준을 적용할 때 기억할 주의사항이 있다. 첫째, 상징적 수준이 고정적이지 않다는 것이다. 수업이 진행되면서, 학생은 상징을 사용하고 이해하는 데 진전을 보여야 한다. 바라건대 학년 초에 전상징 단계에 있던 학생은 한 해를 지나면서 상징뿐만 아니라 상징 사용을 가능하게 하는 보조공학을 이용할 수 있어야 한다. 학생들의 상징 이해를 촉진하는 것이 중요하지만, Kearns 외(2011)와 Towles-Reeves 외(2012)의 두 편의 종단연구는 학년 전반에 걸쳐 학생의 의사소통 능력 향상이 느리다는 것을 보고하였다. 이러한 결과는 교사가 학생의 상징 이해 수준을 향상시키기 위해 적극적으로 노력하지 않고 있음을 보여준다. 두 번째 주의사항은 상징 단계가 늘 인지 수준을 반영하지 않는다는 것이다. 학생은 상징 사용을 배웠을 수도, 복합적 신체나 감각의 어려움으로 인해 상징 사용이 어려울 수도 있지만 제시된 내용의 많은 부분을 이해할 수 있다. 학생에게 상징을 배우고 사용할 수 있는 기회를 제공하지 않는 것보다, 학생이 어느 정도 이해할 수 있다고 가정하는 오류가 더 나을 수 있다. 영화 나의 왼발(Heller & Sheridan, 1989)에는 뇌성마비로 전신이 마비된 한 청년이 자신이 이해하는 정도를 보여주기 위해 왼발로 떨어진 분필 조각을 사용하여 바닥에 글을 쓰는 인상적인 장면이 나온다. 학생은 교수가 시작될 때부터 상징이 필요하며, 자신이 아는 것을 나타내기 위해 의사소통 수단이 바닥에 떨어지기만을 기다릴 수는 없다. 셋째, 학생의 보완대체의사소통(Augmentative and Alternative Communication, AAC) 체계 사용을 촉진하여 상징을 확장할 수 있도록 해야 한다. 이 내용은 다음 부분에서 이어진다.

〈표 3.2〉 영어수업 시간에 학생의 의사소통의 상징 단계를 사용한 예시-구덩이(Holes). Louis Sachar 저

상징 단계	수업에서 사용한 상징(추상적 상징이 모든 단계에서 어느 정도 사용됨)	자료 제시의 조정 방법	학생이 현재 사용하는 상징(또는 비상징 반응)	상위 상징 사용 촉진을 위한 교수목표
인식 형성: 언향적 (의도성은 명확하지 않음)	'구덩이' 수정본을 읽으며(축약된 본문, 어휘와 주요 문구를 표상하기 위한 그림 상징으로) 구체적인 어휘 강화와 참여를 격려하고자 특정 사물을 사용함	제시한 각각의 사물을 강조하고자 조명판을 사용할 수 있음	학생은 비상징 반응을 사용하는데, 이는 의도적 의사소통일 수도 있고, 아닐 수도 있음(예: 응시, 얼굴 표정, 몸의 긴장/이완, 소리를 냄)	의사소통 시도의 형태와 상징을 짝짓고, 가능한 모든 의사소통 시도를 강화함(예: "Stanley가 구덩이 팔 때 사용한 삽을 쳐다보는구나!" 혹은 "웃었네! 그래, 이렇게 말할 때 정말 재밌지!")
상징 사용을 시작: 전상징 (주로 비상징 반응)	각색된 지문; 핵심 어휘를 표상하는 사물; 일부 지문을 소개함(예: 학생에게 제목이나 줄거리를 만지도록 함); 학생에게 그림을 보여줌	간단한 이해 질문(예: 문자그대로 기억하기-"Stanley가 가족에게 무엇을 썼지?"; 학생이 대답할 수 있도록 편지와 다른 선택지를 같이 보여줌)	학생의 비상징 반응은 명확한 의도가 있음-어떤 줄거리에서 웃기, 이야기를 더 듣기 위해 페이지를 넘기기, 사물을 쳐다보기, 재미있는 부분을 다시 들으려고 교사를 쳐다보기	위에서 나타난 비상징적 의사소통을 인정해 주지만, 이해질문에 대답하기 위해 사물을 사용하는지도 살펴야 함
상징 사용의 진전: 구체적 상징	각색된 지문; 흥미/어휘를 위해 사물 사용; 지문에 주의를 기울임-지문 가리키기	이해하는 질문을 할 때, 맞거나 맞지 않은 선택지(3-4개 정도)를 포함하여 사물/그림 배열을 제시함; 모든 사물과 그림은 단어를 표기함	학생은 많은 사물의 목록을 갖고 있고, 일관성있게 사용함; 학생은 "바로 여기-바로 지금"과 같은 개념의 사진이나 그림 상징으로 전이하기 시작함	구체적 그림뿐만 아니라 추상적 상징/사물(예: 달을 악몽을 나타내는 상징으로)을 사용하는 것도 격려해야 함
상징 사용의 도약: 추상적 상징	각색된 지문과 조정된 지문 사용(6장 참고); 학생은 지문 전체 혹은 앞부분(예: 반복되는 줄거리)을 읽는데 참여함; 학생은 질문에 대답하기 위해 단어를 사용하고 일부 답을 작성함	지원이 더 필요하다면, 단어로 응답하게 하고, 학생을 위해 단어를 표기해 둠	학생은 표현적인 형태를 사용하여 개방형이나 선다형 질문에 대답함(예: "왜 Stanley는 Zero가 읽는 것을 도와주었을까?", "Zero를 무서워했기 때문에", "Zero가 구덩이를 파는 것으로 보답하길 바래서", "캠프를 싫어해서", "구덩이 파는 것을 좋아하니까")	학생이 페이지에서는 찾을 수 없지만 배경지식을 활용해야 하는 추상적 이해질문을 이해하도록 형성해가기

이해 점검하기

몇 분간 학급 학생의 상징 단계를 파악하며, 상징 단계에 대한 자신의 이해도를 확인해 보세요. 개별 학생의 역량을 과소평가하지 않도록 주의하세요. 모든 학생이 상징의 다양한 범주에 접근할 수 있어야 함을 기억하기 바랍니다.

2) 비상징적 의사소통

중도장애 학생을 가르치는 많은 교사는 적어도 비상징적 의사소통에 의존하는 몇몇 학생을 만나게 된다. 〈표 3.2〉에 나와 있듯이 목표는 상징을 소개하고 의사소통을 형성하는 것이다. 즉, 의사소통의 새로운 형태(상징 사용)를 촉진한다. 동시에, 교사는 학생의 현재 비상징 반응과 대두되는 상징 반응을 강화하며 의사소통의 기능을 계속해서 확장해 나갈 수 있도록 격려해야 한다.

비상징적 의사소통의 형태는 응시(시선), 몸짓, 얼굴 표정이나 Tommy처럼 혀를 차는 소리와 같이 대부분 관찰 가능한 자발적인 반응을 포함한다. 중도장애 학생은 독특한 특성을 갖고 있기 때문에 학생이 의사소통하기 위해 사용하는 비상징 반응을 확인하기가 어렵다. 첫째, 교사는 오랜 기간 학생의 특성(비상징 반응)을 해석해 온 부모님과 형제자매처럼 학생과 가장 가까운 사람을 면담할 수 있다. 그 다음에는 이러한 시도가 발생하는 상황도 파악해야 한다. 예를 들어, Darius의 어머니는 Darius가 배가 부르다는 것을 알릴 때 종종 허리를 굽힌다고 보고하였다. 이 기능은 의사소통이 비상징적일 때 유추하게 된다. 예를 들어, Darius의 비상징적 의사소통 양식이 등을 굽히는 것이고, 식사시간에 이 행동을 했다면 이로써 알 수 있는 행동의 기능은 식사를 마쳤다는 것을 알리는것이다. Brady 외(2012)는 의사소통 복합성 척도(Communication Complexity Scale, CCS)라는 증거기반의 의사소통 도구를 개발했다. 이 척도는 개인의 의사소통 수준에 대한 정확한 모습을 탐색하는 데 도움이 된다. Sigafoos 외(2000)는 잠재적 의사소통 행위 목록(Inventory of Potential Communication Acts)이라는 도구를 개발했으며, 이것은 의사소통에 관한 정보를 제공하는 데 유용한 개인의 공통 양식에 초점을 둔다. 마지막으로 생태학적 목록은 학생이 현재 활동에 어떻게 반응하는지 파악하고 이러한 활동에 참여와 의사소통을 촉진하는 계획을 세우는데 사용된다(Beukelman & Mirenda, 2013; Downing et al., 2015)

학생이 의사소통하는 방법에 대해 더 배울 수 있는 또 다른 선택은 직접 관찰하는 것이다. 이것은 자연스러운 상황에서 일과를 수행하는 동안 학생의 응답에 관한 정보를 기록하는 것으로 이루어진다. 이 정보를 구조화하기 위해 평가자는 개별 의사소통 기능에 관한 정보를 기록하기 원할 수도 있다. 여러 전문가는 의사소통 발화의 화용론적 기능을 서술한다(Dyer & Luce, 1996; Kaiser, 1993; McLean & Snyder-McLean, 1988; Reichle & Sigafoos, 1994). 특정 기능은 자료에 따라 다르지만, 대부분은 도구적(예: 요청)이고 사회적인 행동을 포함한다. [그림 3.1]에는 다양한 상황에서 모든 학생의 응답을 도표화할 수 있는 직접관찰 양식이 포함되어 있다. 평가자는 이 정보를 일관되게 기록함으로써, (의사소통)양식과 일치하는 일관된 기능을 찾을 수 있다. 예를 들어, 오전 수학 시간에 교사가 계속해서 Samuel이 수학 교구를 응시하는 것을 지속적으로 기록한다면, 수학시간(내용)에 수학 교구를 응시하는 것(의사소통 양식)은 교구를 이용하기 위한 요청(기능)으로 볼 수 있다.

마지막 방법은 학생의 현재 의사소통 양식과 기능의 목록을 결정할 때 구조화된 평가(structured probes)를 하는 것이다. 구조화된 평가는 의사소통을 촉진하고자 사용된 활동을 통해서 학생의 모든 의사소통 반응을 단기간 동안 표집하는 것이다(Brady et al., 2012). 이러한 활동은 의사소통을 가르치는 데에도 사용된다. Kaiser(1993)가 제공하는 몇 가지 권장 사항은 다음과 같다: (1) 흥미로운 자료 소개, (2) 학생의 손이 닿지 않는 곳에 가장 원하는 자료를 배치하여 학생이 요청하는지 확인, (3) 간식을 부족하게 제공하거나 아예 "잊어서" 학생이 항의하거나 요청하는지 확인, (4) 선택권 제공, (5) 도움이 필요한 상황 만들기, (6) 엉뚱한 상황을 만들어서 학생이 언급하거나 질문하는지 확인.

모든 자발적 응답이 파악되면, 의도성 또는 목적 있는 의사소통을 촉진하는 것이 중요하다. 교사는 학생이 의사소통을 원한다는 것과 학생의 의사소통 향상을 통해 미래의 긍정적 상호작용이 일어날 것을 항상 생각하고 있어야 한다(Siegel & Wetherby, 2009).

학생: ________ 장소: ________ 상황: ________ 관찰자: ________ 날짜: ________	근육긴장	근육이완	표정변화	조용함	발화시작	물건을 향해 손을 뻗음	물건을 밀어냄	물건을 응시함	물러나거나 외면함	화를 냄	공격적으로 행동함	자해행동 함	자기자극 시작	자기자극 멈춤	기타 행동
도구적 기능															
도움 요구하기															
음식/사물 요구하기															
관심 요구하기															
행동 요구하기															
활동 종료 요구하기															
항의하기															
사회적 기능															
사회적 관심 얻기															
차례 주고받기															
인사하기															
대화 시작하기															
대화 명료화 하기															
일과 요구하기															
인정하기															
감각 기능															
감각															

[그림 3.1] 비상징 형태 및 기능 직접관찰 양식. Siegel과 Wetherby(2006)의 틀에 근거함

출처: *Teaching Students with Moderate and Severe Disabilities, Second Edition*, by Diane M. Browder, Fred Spooner, Ginevra R. Courtade, and Contributors. Copyright © 2020 The Guilford Press. Permission to photocopy this material is granted to purchasers of this book for personal use or use with clients or students (see copyright page for details). Purchasers can download enlarged versions of this material (see the box at the end of the table of contents).

의도적 의사소통의 증가를 촉진하기 위해 교사는 실제 상황에서 매일의 일과 내(Siegel & Wetherby, 2006)에 학생이 반응적인 의사소통 상대와 의사소통(Mancil, Conroy, & Haydon, 2009)을 해야 하는 기회의 횟수를 늘린다. 교사는 학급에서 자연스럽게 발생하는 의사소통 기회를 고려하고, 이러한 순간을 학생의 의사소통 시도를 함양하는 데 도움을 주는 기회로 활용해야 한다(Downing, 2001).

한 가지 규칙은 하루 동안 학생과 하는 모든 상호작용에 대해 몇몇 의사소통 목표를 갖는 것이다. 교사는 학생이 등교하면 학생이 보이는 움직임이나 소리에 인사로 응답한다(예: 학생이 입술을 뗀 후에 학생을 안아주는 것). 교사는 학생을 화장실로 데려가기 전에 요구하는 반응을 촉진한다(예: "교체해주세요"를 의미하기 위해 위를 올려다보거나 엉덩이를 두드리는 것). 교사는 관심을 추구하는 어떤 소리나 움직임(투덜거리는 소리 또는 움직임 증가)에 "무엇이 필요한지 봅시다"라고 말하며 반응할 수 있다. 또한, 교사는 의사소통의 신호(예: 항의/고통)가 될 수 있는 학생의 현재 행동의 변화를 인지해야 한다(예: 편안한 상태에서 긴장하고 경직된 상태로 바뀜). 때때로, 교사는 학생이 의도적인 응답을 하도록 기다려야 하고 일과 내에서 학생을 기대하는 눈빛으로 바라봐야 한다(예: 마치 학생을 의자에서 들어올리는 것처럼 손을 흔들고, 그 후에 학생이 쳐다보기까지 기다리기).

의사소통을 촉진하는 기회를 구성하는 활동 계획 시 개인의 선호도를 신중하게 평가하고 고려해야 한다(Brady et al., 2016). 선호도 평가는 의사소통 촉진에 도움이 되는 강화물을 파악하는 데 도움이 되는 최고의 방법이다. 선호도 평가는 공식적이거나 비공식적일 수 있으며 일반적으로 시도기반 또는 관찰기반의 평가로 교사가 선호위계를 생성하는 방법을 제공한다(Chazin & Ledford, 2016). 우수한 선호도 평가자료는 http://vkc.mc.vanderbilt.edu/ebip/preference assessments에서 찾을 수 있다.

교사는 학생이 상징 사용으로 전환하는 것을 촉진하기 위해 반응을 그림 또는 상징과 짝을 짓는다(Siegel & Wetherby, 2006). 예를 들어, 교사는 "John, 다 먹었다는 말이니?"라고 말하며 "완료"를 나타내는 그림 상징을 보여준다. John이 그림을 볼 때, 교사는 "John, 다 먹었다고 알려주는구나."라고 말한다. 또한, 교사는 의사소통적 상황을 나타내기 위해 동일한 상징을 반복적으로 사용하여 상징 사용 기술 습득과 유창성을 증진할 수 있다. 교사는 John이 "마쳤다"는 행동을 보일 때마다 지속적으로 "완료"의 그림 상징을 사용한다. 시간이 지나면, John은 "배부르다"는 의미와 그림 상징을 연결하고, 그것을 보다 더 신뢰롭게 사용할 것이다.

의도적 의사소통을 거의 또는 전혀 사용하지 않는 학생을 의사소통에 참여시키고 증진시키는 다른 방법은 문해력수업을 통해 이루어진다. Browder, Lee, Mims(2011)는 중도 중복장애 학생이 문해력수업에 참여하고 이해를 높이기 위해 학년 수준의 지문을 수정하고 개별 응답 방식(예: 사물)을 제공하는 연구를 수행했다. 이 연구는 지문에 반전 요소, 학생 이름, 특정 물건을 포함하고 이야기 수업에 참여할 수 있도록 줄거리를 반복했던 Browder, Mims, Spooner, Ahlgrim-Delzell, Lee(2008)의 연구와 유사한 절차를 따랐다. 개별화된 계획이 결정적이었는데, 여기에는 학생이 반응할 때까지 더 오래 기다린 것, 보완대체의사소통 기기의 배치 변경, 학생이 사물과 지문에 관심 갖도록 조명판 사용, 명확한 촉진체계가 포함되었다. 학생의 의사소통 시도는 이러한 수정과 변화를 제공함으로써 공유된 이야기 전반에 걸쳐 보였다.

3) 보완대체의사소통 체계

학생이 의도적인 비상징적 의사소통을 발전시키고, 교사가 이러한 반응에 짝지어준 상징에 관심을 보이기 시작하면 상징적 의사소통 체계를 도입하는 것이 중요하다. 모든 학생은 의사소통할 수 있는 수단이 있어야 한다. 만약 학생이 비음성인(nonvocal) 경우 이 체계는 구어(speech)에 대한 대안이 될 수 있다. 학생이 말을 하기 시작했다면, 이 체계는 학생의 구어 발달을 보완하고 다른 사람을 이해하거나 다른 사람에게 이해받는 것을 증가시킨다.

보완대체의사소통 체계는 도구적 및 비도구적의 두 가지 주요 유형으로 나뉜다(Mirenda, 2015; Sigafoos & Iacono, 1993). 도구적 체계는 어떤 형태로든 물리적 장비가 필요하고 로우테크(low tech)(전자 부품이나 배터리가 없는 것, 예: 그림 의사소통책)이거나 하이테크(high-tech)(전자 부품으로 구성되거나 배터리로 작동되는 것, 예: 음성출력장치)일 수 있다. 비도구적 체계는 어떤 유형의 사물이 요구되지 않는 체계 혹은 사람의 몸(예: 몸짓상징, 몸짓, 얼굴 표정)으로 표현할 수 있는 체계를 포함한다. 많은 사람은 도구적 및 비도구적 체계 두 가지를 사용하여 다양하게 의사소통을 한다(Mirenda, 2015). 예를 들어, 학생이 "배고파"라고 말하는 음성출력장치를 활성화하며 "먹다"라는 표식(sign)도 사용할 수 있다. 중도장애인에게 적합한 보완대체의사소통 체계를 파악하기 위해서는 보완대체의사소통 진단 평가를 수행해야 한다. 도구적 및 비도구적 의사소통 체계는 장단점이 있다(Sigafoos & Iacono, 1993). 첫째, 도구적 하이테크(high-tech) 체계는 사용자의 의사소통 시도를 쉽게 이해하게 해주나, 이러한 기기 대부분은 비싸거나 휴대하기 번거롭다. 반면, 도구적 로우테크(low-tech) 체계는 훨씬 저렴하지만, 일반 대중은 학생이 전달하고자 하는 의사소통 시도를 이해하지 못할 수 있다. 비슷하게 비도구적 의사소통 체계는 비용이 들지 않지만, (대중은) 사용자의 의도를 정확하게 파악하지 못할 수 있다. 학생의 필요와 가장 적합한 체계를 찾는 동시에, 각각의 체계에 대한 장단점을 비교하는 것은 계획을 담당하는 팀의 몫이다. [그림 3.2]는 Jordan이 사용할 가능성이 있는 체계 평가를 제시한다.

보완대체의사소통으로의 접근성은 매우 중요하다. Towles-Reeves 외(2012)가 수행한 종단연구는 전상징 또는 상징을 사용하기 시작한 학생의 보완대체의사소통 접근성을 조사했는데, 대략 40% 정도로 보고되었다. 하지만 단순히 보완대체의사소통 체계를 제공한다고 해서 의사소통 기술이 향상되는 것은 아니다. 학생이 자신의 보완대체의사소통 체계를 사용할 수 있도록 체계적 교수가 요구된다.

(1) 휴대용 기기

의사소통을 위한 애플리케이션의 품질이나 비용 선택에 압도될 수 있지만, 휴대용 기기와 애플리케이션은 보완대체의사소통을 사용하는 비용을 많이 낮추었다. Ault와 Bausch(2012)는 교사가 애플리케이션을 평가할 수 있는 체계를 만들었다. 이 체계는 학생의 고유한 필요에 근거하여 선택의 폭을 좁힐 수 있을 것이다.

(2) 보완대체의사소통 사용 교수

중도장애 학생에게 보완대체의사소통 사용을 가르치는 데 선행사건 및 후속결과 전략 적용이 성공적인 것으로 보고되었다(Snell, Chen, & Hoover, 2006). 한 가지 선행사건 전략은 보완대체의사소통 체계를 사용하여 반응을 촉진하는 것이다. 예를 들어, 의사소통 상대는 구어 촉진, 몸짓촉진, 시범촉진, 신체촉진을 통해 학생

학생 이름: Jordan　　　　평가자: Monica LaRouche

체계	학생이 현재 사용하는가?	사용한다면, 어떤 상징을 사용하는가?	학생의 현재 운동, 학업, 기타 기술과 얼마나 잘 일치하는가?	학생의 사회적 상황에 얼마나 적합한가?
상징				
비상징	Jordan은 소리와 손의 움직임을 사용	울거나 사물을 던져서 "아니오"를 표현함; 원하는 사물을 잡아 당김; 좋아하면 웃음		Jordan은 더 많은 연령에 적합한 기술이 필요함
몸짓상징	가리키지 않거나 몸짓 사용하지 않음		가리키도록 촉진할 때 저항함	
수어	사용하지 않음		대근육으로 쉽게 만들 수 있는 수어가 유익함	학교 친구는 이해하지 못할 수 있음
사물	요구하기 위해 사물을 잡아 당기는 것 외에는 사용하지 않음		사물을 잡기도 하고 놓을 수도 있음	또래와 교사는 사물 사용을 이해할 수 있음; 사물을 휴대하는 것은 실현 가능하지 않음
그림	그림을 사용하지 않음		잡고 놓을 수 있음; 그림교환 vs 그림판 사용하는 것을 고려함	또래와 교사는 그림을 이해할 수 있음; 사물보다 휴대하기 편함
단어	아직 읽지 못함		어려움-나중에 단어 교육 제공함	이해할 수 있고 교과 수업 시 더 적합함
제시				
한 번에 상징 한 개씩			PECS로 한 번에 한 개씩 사용이 적절함	다른 사람이 이해하기는 쉬우나 대화를 제한하게 됨
그림 의사소통판	판은 있음-현재 사용하지 않음	현재 사용하는 판에 "먹다", "화장실,", "안녕", "휴식" 있음	판을 사용하도록 동기 부여 필요함	그림을 이해함에 따라 판 사용함
사진첩 또는 공책	사용하지 않음		다음 단계	대화 증진; 다양한 선택 제공함

[그림 3.2] 팀차원의 보완대체의사소통 선택 평가 예시

이 몸짓상징이나 그림으로 외출 요청을 하도록 격려할 수 있다. 때때로 의사소통 상대 및 자료와의 근접성이 보완대체의사소통 사용을 증진시킬 수 있다.

의사소통 상대, 자료, 의사소통 체계는 학생의 손이 닿을 곳에 배치한다. 학생이 다양한 자극(예: 단서, 사람, 상황)에 대해 보완대체의사소통을 사용하도록 체계적 교수를 받는다면 일반화를 시작할 수 있다. 학생은 보완대체의사소통을 사용할 동기가 필요하다. 예를 들어, 의사소통 상대는 교대로 말하기를 활용하고, 학생에게 주도권를 허락하고, 학생과 통제권을 공유한다. 학생이 좋아하는 물건을 가지고 활동을 하면서 학생의 참여 동기를 유발하는 풍성한 환경을 조성할 수 있다. 학생의 상징 사용 여부과 관계없이 교사가 동일한 반응을 보인다면, 학생에게 동기를 부여할 수 없다. 지속적이고, 자연스럽고, 일상적 활동에서 삽입교수를 제공하는 것은 학생의 보완대체의사소통 사용을 촉진시킬 수 있다. 비상징 의사소통에서 서술되었던 일과 활동처럼 교사는 하루 동안 각 활동에 특정 상징을 목표로 할 수 있다. 예를 들어, 학생이 '안녕'하며 인사하기, 먹기, 외출하기, 컴퓨터 하기 등에 해당하는 그림 상징을 보여줄 수 있다. 또 다른 전략은 반응할 수 있는 기회를 만들기 위해 환경을 조작하는 것인데, 예를 들어 원하는 사물을 볼 수는 있지만 손이 닿지 않는 곳에 두는 것이다. 또래나 형제자매도 학생이 반응하도록 촉진할 수 있다(Snell et al., 2006).

선행사건 전략에 더하여 결과중심 전략도 중도장애 학생에게 보완대체의사소통을 사용하도록 가르치는 데 효과적이다(Snell et al., 2006). 교사는 의사소통 반응에 특정 강화물을 사용할 수 있다(학생이 "먹다"를 의사소통할 때 음식, "놀이"를 의사소통할 때 장난감, "쉴래요"를 의사소통할 때는 휴식 제공). 이것을 특정 강화물(reinforcer specificity)라고 한다. 보완대체의사소통 방법에 따라 좋아하는 활동이나 자료가 생기는 것으로 학생의 응답을 형성할 수 있다. 교사는 비처벌적 오류 수정을 사용할 수 있는데 예를 들어, 교사는 밖으로 나가자고 요청할 때 사용되는 그림을 학생에게 보여준다. 교사는 학생이 바람직하게 보완대체의사소통을 사용하는 것과 유사한 모든 모습을 강화해야 한다. 예를 들어, 학생이 그림을 만지기만 하고 교사에게 보여주지 않거나 건네지 않더라도 교사는 이를 첫 발걸음으로 여기고 칭찬한다.

(3) 그림교환의사소통 체계

그림교환의사소통 체계(Picture Exchange Communication System, PECS; Frost & Bondy, 2002)는 보완대체의사소통 체계로서 음성 레퍼토리(vocal repertoire)가 없는 자폐성장애인과 중도장애인에게 자주 사용된다. 그림교환의사소통 체계는 여러 단계의 의사소통 교수로 구성되어 있다. 처음에는 학생이 물품의 사진을 의사소통 상대와 교환함으로써 물품을 요구하거나 요청하도록 배운다. 이를 위해 상대(예: 교사, 부모 또는 또래)는 학생이 받고자 요청한 물품의 그림을 즉시 수용한다. 교환 과정은 점진적으로 일반적인 의사소통과 유사한 모습을 형성해가는 방식으로 교수된다(예: 그림 만지기, 그림 들어 올리기, 교사에게 그림 가져가기). 교사는 학생이 정확한 반응을 할 수 있기까지 촉진 전략을 사용한다(6장 참조). 이 과정은 학생이 한 개의 그림 교환을 능숙하게 할 때까지 지속된다. 예를 들어, Sally는 처음으로 그림 상징을 사용한 의사소통을 배운다. 교사는 신체촉진을 사용하여 Sally가 가장 좋아하는 음악을 요구/요청하는 것부터 시작한다. 교사는 Sally가 그림을 건네고 음악을 몇 분간 들을 수 있도록 안내한다. 이러한 시도를 몇 번씩 반복한다. 다음 날에 교사는 시범을 보여주고, Sally가 반응하지 않으면 교사에게 그림을 보여주도록 안내한다. 이후에는 구어 촉진을 사용하고("'음악 그림' 보여줘"), 필요하다면 시범보이기나 신체적 도움을 제공한다. 최대에서 최소로 개입하는 촉진 위계는 자연스러운 신호로 서서히 없어진다. 교사는 몇 초간 짧게 음악을 들려주고, 이후에 Sally가 그림 상징을 가져와 교사에게 보여줄 때까지 기다린다. 이전에 Sally는 화를 내거나 손을 깨무는 방식으로 음악 듣는 것을 요청했었다. 이제 교사는 Sally가 화를 내려고 할 때 Sally의 손에 음악그림 상징을 두어 깨무는 것을 막고, 교사에게 다시 그림 상징을 주도록 신체적으로 안내한다. 시간이 지남에 따라 교사는 그림 목록을 사용하여 더 멀리 있는 물품을 요청하고 다른 사람과 다양한 상황에서 물품을 요청하도록 가르친다. 오랜 시간에 걸쳐 학생은 여러 그림들 사이에서 선택하는 것을 배우게 된다. [그림 3.3]은 그림교환의사소통 체계 교수 순서를 제공한다.

(4) 단순 음성출력 기기

단순 음성출력 기기란 하나 또는 몇 개의 버튼을 누르면 사전에 프로그래밍된

교수하는 그림 → PECS 교수 순서 ↓	그림 1	그림 2	그림 3	그림 4	그림 5	그림 6	그림 7	그림 8	그림 9	그림 10	그림 11	그림 12	그림 13	그림 14	그림 15	중재 지속하기
형성하기와 촉진하기 절차를 통해 첫 물품을 요구함																
학생은 그림교환을 능숙하게 함																
학생은 새로운 상황/사람에 대해 그림 사용을 일반화함																
자발적으로 그림을 사용함																
멀리 위치한 물품에 해당하는 그림을 사용함																
보이지 않거나 다른 상황에서 물품에 해당하는 그림을 사용함																

[그림 3.3] PECS 교수 순서 목록(첫번째 그림으로 위에서 아래로 진행한 이후에 왼쪽에서 오른쪽으로 진행함)

출처: *Teaching Students with Moderate and Severe Disabilities*(제2판) Diane M. Browder, Fred Spooner, Ginevra R. Courtade et al., Copyright © 2020 The Guilford Press.

음성 출력이나 메세지를 생성한다(예: BIGmac by Able Net; Go Talk; Cheap Talk). 이러한 기기는 선택하기, 질문에 답하기, 활동에 참여하기를 포함하는 다양한 활동과 사회적 활동에 학생이 참여할 수 있게 한다. 학생이 전하려는 메시지에 의미를 추가하는 것을 지원하기 위해 여러 유형의 상징을 추가하는 것이 중요하다. 예를 들어, 두 개의 사전 프로그래밍된 BIGmac 기기는 Louis Sachar의 소설 Holes의 등장인물인 Stanley Yelnats를 좋아하는지 또는 좋아하지 않는지를 묻는 질문에 학생의 의견을 나타내도록 제공해야 한다. 하나의 BIGmac 기기에는 '좋아요'에 해당하는 그림 상징이 있어야 하고, 또 다른 BIGmac 기기에는 '좋지 않아요'에 해당하는 그림상징이 있어야 한다. 이것은 학생에게 자신의 의견을 음성화하는 기회를 제공한다. 명칭이 적힌 그림 상징을 붙인 BIGmac 기기는 학생이 응답하는 데 추가적 의미를 제공한다.

위에서 언급했듯이 이러한 단순 음성출력 기기는 이해 질문에 대답하는 데에도 사용된다. 예를 들어, 소설 Island of the Blue Dolphins의 수정된 내용의 장을 읽은 후, 학생에게 사전에 프로그래밍된 Cheap Talk4 기기를 제시하여 순서대로 질문한다(예: "이 장에서 첫 번째 일어난 일은, 두 번째, 세 번째, 그리고 마지막은?"). 학생은 사전에 각각의 대답을 나타내는 명칭이 적힌 그림 상징으로 응답선택을 활성화하여 대답할 수 있다.

또한, 학생은 이러한 기기를 사용하여 활동에 참여할 수 있다. 함께 읽기(shared story)시간(이야기 기반 수업)에 학생은 "읽기"위해 BIGmac 기기를 활성화하거나 목표로 한 반복된 줄거리를 예측할 수 있다. 예를 들어, Judith Viorst의 Alexander and the Terrible, Horrible, No Good, Very Bad Day의 반복된 줄거리 마지막 부분은 BIGmac 기기로 사전 프로그래밍될 수 있다. 교사는 "Alexander가 끔찍하고, 무섭고, 좋지 않고, 아주…"라고 말한 후에 기다린다. 이때 학생은 기기를 활성화하여 "나쁜 날"이라고 반복되는 줄거리의 마지막 부분을 채울 수 있다. 이러한 사용은 학생이 이야기 수업에 적극적으로 참여할 수 있게 한다.

마지막으로, 학생은 사회적 활동에 참여하기 위해 기기를 사용할 수 있다. 예를 들어, 소형 Go Talk 기기로 학생이 학교 복도를 걸으며 사용할 수 있는 인삿말을 사전에 프로그래밍할 수 있다. 이 방법은 학생이 보다 전형적인 사회적 대화에 참여할 수 있게 한다.

(5) 다중 상징 음성출력 기기

단순 음성출력 기기에 더하여, 더 복잡한 기기인 다중 상징 음성출력 기기(multiple symbol voice output devices)(예: Macaw, Dynovox)는 학생들로 하여금 소수의 메시지를 넘어, 더 많은 메시지를 사용하도록 한다. 이러한 기기는 일반적으로는 다양한 단어를 말로 표현하기 위해 상징을 조합할 수 있거나 어휘를 많이 알고 있는 학생을 대상으로 사용된다. 이러한 체계는 학생이 알고 있는 상징을 확장할 수 있게 하고, 추상적 상징을 알고 있는 학생에게 좋다.

(6) 수어

미국 수어(American Sign Language, ASL)와 같은 몸짓상징(manual sign)의 사용은 의사소통체계가 필요한 학생에게 또 다른 선택이 될 수 있다. 수어(ASL)의 한 가지 장점은 학생이 항상 사용할 수 있다는 것이다. 예를 들어, 학생이 수영 수업을 즐겁게 참여 하다가 "나는 쉴래" 또는 "Kevin은 어디에 있어?"라고 표현하고 싶을 수 있다. 이러한 상황에는 그림이나 음성출력 기기를 사용할 수 없다. 지시대상이 몸짓상징과 짝을 이루면, 학생은 교사의 의사소통에 더 잘 반응할 수 있다. 몸짓상징 사용의 단점은 대부분의 사람이 이 상징체계를 이해하지 못한다는 것이다. 교사, 또래, 가족 구성원, 고용주, 학생의 주변인은 학생의 상징에 대한 정보를 얻거나 이를 통역해 주는 사람을 필요로 한다.

4) 구어 사용 촉진

학생의 효과적인 의사소통을 증진하는 한 가지 방법은 상징 체계의 조합을 사용하는 것이다. 학생은 간단한 사회적 대화를 상징으로 표현하고, 일상의 요구에 대해서는 사진으로, 교과 수업에서는 음성출력 기기로 확장된 어휘를 사용할 수 있다. 학생이 보유한 구어(speech)가 무엇이든 상관없이 구어를 사용하도록 권장하는 것이 중요하다. 구어는 가장 널리 이해되는 의사소통 방식이며, 가장 쉽게 사용할 수 있다. 교사는 언어치료사와 상담하여 학생의 말의 내용(어휘)과 기능을 이해하도록 목표를 정할 수 있다. 치료사는 말의 형식(발음 목표)을 증진시키기 위한 목표를 추천할 수 있다. 학생은 학습한 구어를 사용하기 위해 체계적 교수를 필요로 할 수 있다. 다음은 학생의 의사소통 능력을 증진하는 기술이고, 이는 구어와 보완대체의사소통 체계 모두에 적용 가능하다.

(1) 자연적 의사소통 기법

자연적 의사소통 기법(환경중심 교수전략이라고도 함)은 학생이 의사소통하려는 의도를 보이고 교사는 학생에게 의미 있는 형식과 결과를 제공함으로써 하루에 걸쳐 자연스럽게 발생하는 사건에서 체계적으로 교수되는 의사소통 기회이다(Hancock & Kaiser, 2002). 이러한 교수 방식의 예시는 비상징 의사소통 부분에서 소개하였다. 이러한 자연적 의사소통 기법은 특히 학생의 현재 구어 사용을 증진하는 데 효과적이다.

자연적 의사소통 기법에는 몇 가지 다른 형태가 있다. 첫째, 시범(modeling)이란 교사가 시범을 보이고 학생이 교사를 모방하도록 하는 자연스러운 교수 유형이다. 예를 들어, 학생이 책을 보면, 교사는 "책"이라고 말한다. 이는 학생이 책이라는 단어를 반복하도록 격려하게 된다. 자연적 의사소통 기법의 다른 방식은 교사가 이미 학생이 보유하고 있는 의사소통 목록을 확장하는 우발교수(incidental teaching)이다. 예를 들어, 학생은 "책"이라고 말하고 교사는 "맞아. Outsiders라는 책이야. Outsiders라고 말할 수 있니?"라고 말한다.

자연적 의사소통 기법의 세 번째 유형은 요구-반응(mand-model)이고, 이는 학생이 현재 알고 있는 단어를 사용하며 유창성을 증진하는 가장 일반적인 방법이다(Webber & Scheuermann, 2009). 만약, 학생이 원하는 것(예: 책)을 교사는 알고 있지만 학생이 그것을 요청하지 않는다면, 교사는 "원하는 것을 말해봐"(요구)라고 할 수 있다. 여기에는 적절하게 기다리는 시간이 뒤따른다. 만약 학생이 여전히 응답하지 않는다면, 교사는 "원하는 것을 말해봐"라고 말하고 원하는 물품(요구-모델; "책이라고 말해 봐")을 보여준다.

마지막 자연적 교수 전략은 자연적 시간지연이다. 이 전략은 교사가 학생이 응답하도록 활동 중에 잠시 기다리는 시간을 삽입하는 것이다. 학생이 정해진 시간 내에 응답하지 않으면 교사는 기대했던 행동을 시범 보인다. 예를 들어, 교사는 학생에게 큰 소리로 책을 읽다가 갑자기 멈추고, 4초간 시간지연을 제공한다. 만약 학생이 시간 내에 응답하지 않으면, 교사는 "나한테 '계속 읽어주세요'라고 말해"라고 말한다. 시간지연을 적용하는 대부분의 경우에 교사는 시간지연 없이 학생을 즉각적으로 촉진하는 방식으로 교수를 시작한다. 시간이 지나면서 촉진 전에 지연 시간을 늘려간다. 언어 교수에서 교사가 학생의 응답을 기대하며 기다리는 동안 시간지연 시도는 긴 멈춤(예: 20초)이 될 수 있다.

3. 의사소통 내용과 기능 증진하기

1) 의사소통 내용

학생이 사용하는 의사소통의 형태가 무엇이든지 간에, 구문과 어휘를 모두 포함하는 내용을 형성하는 것이 중요하다. 일반적으로 아동은 구체적인 용어로 시작해서 점점 추상적인 용어로 발전하여 어휘를 습득한다. 처음에는 아동이 단순하게 "새"를 가리킨다. 시간이 지나면, 아동은 새가 무엇을 하는지(지저귄다, 먹는다) 파악한다. 아동이 새와 다른 동물을 구분하는 것을 배우면서 "새"라는 개념은 발전한다. 보다 높은 단계의 이해는 조류의 특정 유형이나 특이한 습관을 포함한다(예: 철새의 이동 양식).

학생의 어휘를 확장시키는 4가지의 전략이 있다. 첫 번째는 학생의 현재와 미래의 환경에서 필요한 단어를 식별하는 것이다. 예를 들어, 식당에서 식사를 하거나, 친구와 비디오 게임을 하거나, 학교의 스포츠 행사에 참석할 때 어떤 단어가 필요한가? 학생은 인사를 하고, 구매하고, 칭찬을 하고("좋은 영화예요!"), 활동을 마치기("피곤해") 위해 단어나 상징을 배울 수 있다. 이런 어휘는 관련 활동의 맥락에서 가장 잘 가르칠 수 있다. 두 번째 전략은 일반 교육과정 내용과 관련된 어휘를 가르치는 것이다. 학생은 전달되는 지식을 의사소통할 수 있는 단어를 학습할 필요가 있다. 여기에는 정부, 투표, 화학 반응 및 방정식과 같은 단어가 포함된다. 마찬가지로, 일부 학생은 이러한 어휘에 해당하는 그림 상징이 필요하다. 세 번째 방법은 상업용 프로그램을 사용하여 언어 능력을 확장하는 것이다. 이런 프로그램에는 Early Literacy Skills Builder(Browder, Gibbs, Ahlgrim-Delzell, Courtade, & Lee, 2007, 2017), Early Reading Skills Builder(Browder, Ahlgrim-Delzell, & Wood, 2015), Reading Mastery(Engelmann & Bruner, 1995; SRA Reading Mastery Classic, 2003)가 있다. 네 번째 방법은 〈표 3.3〉에 나타난 것처럼 아직 개발되지 않은 실용적 기능에 관한 어휘를 가르치는 것이다. 예를 들어, 학생은 싫어하는 활동을 거부하거나 사회적 상호작용을 시작하는 단어 또는 상징을 배우지 못했을 수 있다.

시간이 지남에 따라 더 복잡한 구문을 사용하고 이해할 수 있는 학생의 능력은 확장된다. 초반에는 의사소통하기 위해 단순한 명사와 동사(예: 먹다, 도와주세요, 장난감, 밖)를 사용한다. 이후에는 목적어-행동(예: 점심을 먹어요; 밖으로 나가요)과 같은 확장된 선택을 할 수 있다. 학생은 단어나 상징으로 질문하는 방법(예: "이것은 무엇인가요?")도 배워야 하고, 수용적인 의사소통 기술을 확장해야 한다. 우선 학생은 응답하기 위해 간단한 구문형식이 필요하다(예: "여기에 앉아요", "음식을 먹으세요"). 시간이 지나면서, 더 복잡한 형태(예: "여기에 포크를 놓으세요")나 여러 단계의 지시에 응답할 수 있다. 교사가 때때로 하는 실수는 "학생은 질문하거나, wh-질문에 반응한다"와 같은 일반적인 목표를 설정하는 것이다. 물론 모든 사람에게 너무 복잡한 질문이 있다. 더 나은 것은 소설을 크게 낭독한 후에 "주인공"이 누구인지 대답하거나 "다음에 어떤 일이 벌어졌나요?"라는 질문에 대답하는 것과 같이 목표하는 질문을 특정 어휘와 연결하는 것이다.

〈표 3.3〉 각자 다른 의사소통 체계를 사용하는 학생이 같은 기능을 성취하는 방법

실용적 기능	비상징	AAC-그림 사용	음성
도구적 기능			
도움 요구하기	교사에게 열어달라며 음식이 담긴 용기를 건네기; 울기	"도움" 그림 상징을 사용하기	"도와주세요" 또는 "도와줘"
음식/사물 요구하기	원하는 음식이나 놀잇감을 향해 손을 뻗기	다양한 선택지에서 선호하는 음식이나 사물을 가리키기	"프레츨 먹어도 되나요?" 또는 "프레츨"로 간단하게 말함
관심 요구하기	교사의 어깨를 두드리기; 손을 들기	도움을 요청하기 위해 그림 카드를 들거나 손을 들기	"Jacoby 선생님"이라고 교사의 이름을 부르기 또는 손을 들기
행동 요구하기	밖에 나가는 것을 요청하기 위해 문 가까이로 이동하기	다양한 선택 중에서 볼링게임을 요청하기 위해 볼링장을 가리키기	"가게에 가고 싶어요" 또는 "가게"라고 말하기
항의하기	교사가 매우 작은 코트를 입히려 할 때 손을 당기기	"아니오"상징을 가리키기; 고개를 저어서 "아니오"를 나타내기	"코트 안돼요" 또는 이유를 제시하기; "코트 안돼요! 작아요"
활동종료 요구하기	자리를 이탈하기	"휴식" 상징을 가리키거나 "휴식" 손짓을 하기	"휴식이 필요해요" 또는 "휴식"

사회적 기능			
사회적 관심 얻기-"자랑하기"	눈을 치켜뜨고, 내숭을 떨고, 입술을 부는 행동을 하기	재미있는 사진을 보여주기; 교사인척하는 판토마임을 하기	농담하기: "내가 선생님이야"
차례 주고받기	또래에게 물건을 건네기	놀이할 때 차례를 주고받기; 다른 사람의 차례를 가리키기(사진을 사용할 필요는 없음)	"너 먼저" 그리고 "내 차례"라고 말하기 또는 간단하게 게임을 하며 순서를 교환하기
인사하기	미소 지으며 인사하기	손을 흔들며 웃기; 음성출력기기로 "안녕"이라고 말하기; 인사하려는 대상의 사진을 선택하기	"안녕", "잘 지내요?"라고 말하기
대화 시작하기	상대방과 같이 얘기하고자 하는 물건을 건네거나 물건에 흥미 보이기	자신이 관심있어하는 것에 대해 상대방이 말하도록 해당 그림을 가리키기	"저 축구팀은 어때?" 라며 대화를 시작할 수 있는 소재를 사용하기; 얘기할 수 있는 주제와 연관된 그림을 추가하기
대화 분명히 하기	다른 사람이 반응하지 않는 경우 지속하기(예: 사물을 계속 건네려고 하거나 원하는 사물에 손을 뻗기)	그림 선택을 반복하거나 "잘 모르겠어"라고 할 경우 다른 그림을 시도하기	더 정확하게 언급하며 반복하거나 "잘 모르겠어"라고 할 경우 다른 방식으로 말하기
인정하기	누가 말을 걸 때 고개를 끄덕이거나, 웃거나, 다른 반응을 보이기	"멋있어!" 또는 "정말 재밌다" 또는 "응, 나는 그게 좋아"에 해당하는 그림을 사용하여 반응하기	"나는 그게 좋아" 또는 "저 사람 멋있어"와 같이 관용구를 사용하여 말하는 사람에게 반응하기
자료, 상황, 활동의 변화 협상하기	있던 곳을 떠나 선호하는 쪽을 향하고 교사/부모를 쳐다보며 허락을 구하기	고개를 젓거나 "아니오" 상징을 흔들고 원하는 사진을 보여주기	"수학 그만. 밖에 나갈래요"
사회적 일과 요구하기	까꿍놀이와 같은 친숙한 놀이를 할 대상을 찾으려고 하기	친숙한 사회적 일과를 시작하기 위해 그림을 사용하기; 예를 들어, 강아지 그림으로 또래가 강아지처럼 짖거나 헐떡거리는 흉내를 내도록 만들기	"똑똑-누구세요?" 놀이나 친구 2명이 함께 춤을 추는 등 사회적 일과를 시작하기

균형 맞추기

의사소통 교수에서 가장 중요한 목표는 학생이 사회적 맥락에서 자신의 의사소통 기술을 사용하는 것이다. 그렇기 때문에 의사소통 기능은 형태나 내용보다 훨씬 더 중요하다. 반대로, 학생이 상징, 어휘, 의사소통 체계를 충분히 갖추지 못한 경우에는 의사소통 기능을 성취하는 능력이 제한될 수 있다. 의사소통의 세 가지 측면 모두에 대한 고려가 필요하다. 학생은 적절한 의사소통 체계를 갖고 있는가? 그렇지 않다면 의사소통의 형태를 개선하기 위해 무엇이 필요한가? 어떤 어휘를 가르쳐야 할까? 구문을 어떻게 확장할 수 있을까? 그리고 이렇게 확장된 사항을 어떻게 하면 자연스러운 상황에서 기능적으로 사용하도록 가르칠 수 있을까?

2) 의사소통 기능

이 장의 도입에서 언급했듯이 화용론은 중요한 의사소통의 기능이다. 〈표 3.3〉은 의사소통 기능의 몇 가지 예시를 보여준다. 표에서 나타난 것처럼 비상징적이든, 보완대체의사소통 체계를 사용하든, 구어를 사용하든 모든 학생은 다양한 의사소통 기능을 실현할 수 있다. 교육진단 시 때때로 학생이 의사소통 기능을 위해 사용하는 형식이 연령이나 사회적으로 적절하지 않다는 것을 확인하게 된다. 14장 〈사회성 기술 향상과 긍정적 행동지원〉에서 설명하듯이 학생은 다른 대안이 없어서 동일한 기능을 성취하기 위해 다른 사람들이 문제행동이라고 일컫는 것을 선택할 수 있다. 학생이 부적절한 행동을 취할 때는 의사소통 기능을 달성하는 다른 방법을 고려해야 한다. 예를 들어, 협상 기술이 부족한 학생은 교실에서 여기저기 뛰어다니는 행동을 하여 활동을 변경할 수 있다. 교사는 학생이 보다 적합한 의사소통 양식을 배우도록 촉진하기 위해 앞부분에서 설명한 자연스러운 교수 방법을 사용할 수 있다. 만약 학생이 활동에서 도망치려하면, 교사는 "원하는 것을 그림을 사용해서 알려줘"라고 할 수 있다. 그다음에는 "너는 지금 활동을 변경할 수 있고, 그 활동을 1분동안 할 수 있어" 또는 "수업을 마치고 활동을 변경할 수 있고, 그 활동을 5분 동안 할 수 있어(시계그림을 보여줌)"라는 선택권을 주어 협상하도록 가르칠 수 있다. 학생이 바로 (활동으로) 가는 것을 선택하면 교사는 선호하는 활동을 간단하게 제시하여 학생의 선택을 존중해주고 새로운 활동을 하도록 다시 지시한다. 교사는 "괜찮지?"라고 묻고 학생이 "네"라고 말하는지 확인한다. 또한, 부적절한 행동의 기능을 파악하기 위한 증거기반실제로 기능적 의사소통 훈련(Functional Communication Traing, FCT)을 고려해야 하며, 이를 해결하기 위해 의사소통 중재를 적용한다(Brady et al., 2016).

이러한 화용적 기능 외에도 Reichle와 Sigafoos(1994)는 학생이 어떻게 사회적 상호작용을 시작하고 유지하며 종료하는지 고려할 것을 추천한다. 예를 들어, 학생이 놀이터에서 교사의 손을 그네로 끌거나, 그네를 향해 걸어가며 사회적 상호작용을 시작할 수 있다. 학생은 그네 속도가 느려지면 "더"라고 말하거나 그네 타는 동작을 취하며 상호작용을 유지할 수 있다. 그네를 그만 타고 싶을 때 학생은 항의하듯 소리를 내거나 "그만"이라고 말할 수 있다. Jordan은 교사가 자신의 모자를 쓰는 것(사회적 일과)을 좋아했다. 다음 날도 Jordan은 이 놀이를 기억했고, 교사에게 모자를 가져가 사회적 상호작용을 시작했다. 교사가 재미있는 방식으로 모자를 써보다가 Jordan에게 건넸지만, Jordan은 다시 교사에게 건넸다(상호작용을 유지함). Jordan이 상호작용을 끝낼지 보기 위해 교사는 모자 놀이를 지속했고, Jordan은 흥분하여 원을 그리며 뛰었다. 교사는 Jordan에게 방금 했던 놀이를 종료하는 방법을 가르치고자 "완료"라고 손짓을 하면서 촉진했고, 모자를 선반 위에 두고 다음 활동일정을 확인했다.

4. 요약

이 장에서는 의사소통을 설명하는 용어, 즉, 형식, 내용, 기능, 의도성 수준 및 수용/표현 의사소통에 대해 소개하였다. 상징을 적용하는 인식-비상징-구체적 상징-추상적 상징의 4단계는 일반 교육과정의 교수 계획을 수립하는데 매우 중요하다. 각 단계에서 교사는 추상적 상징을 소개하지만, 학생이 현재 수준에서 보이는 반응을 형성해간다. 예를 들어, 주로 미소를 짓거나 손을 뻗어서 반응하는 학생은 요청하기 위해 그림 사용을 시작하도록 촉진한다. 학생이 의도를 갖고 비상징 의사소통을 사용하면 보완대체의사소통을 사용할 준비를 하게 된다. 본 장에서는 보완대체의사소통 교수 전략의 구체적 예시로 그림교환의사소통 체계, 음성출력기기, 몸짓 언어를 제시하였다. 학생이 사용하는 구어가 무엇이든지 사용하도록 격려받아야 한다. 자연적 교수 전략은 보완대체의사소통과 구어를 사용하는 학생 모두에게 사용될 수 있다. 가장 중요한 것은 어떤 방식으로든 학생의 의사소통 기능을 증진하는 것이다.

Goetz와 Hunt(1994)는 의사소통 계획에 중요한 세 가지 핵심사항을 언급했다. 첫째, 모든 사람은 의사소통한다. 이 장에서는 사람이 어떻게 비상징적으로 의사소통하는지 설명했다. 둘째, 모든 의사소통은 다중적이다. 이 장에서는 비상징, 보완대체의사소통, 구어에 대해 설명했고, 많은 학생은 이들의 조합을 사용할 것이다. 실제로, 모든 사람은 말을 할 때 비구어 신호를 사용하고, 때로는 사물이나 그림과 같은 구체적 참조물을 사용한다. 마찬가지로 중도장애 학생은 의사소통 기능을 실현하기 위해 응답 양식을 조합하여 사용할 수 있는 기회가 필요하다. 셋째, 모든 의사소통은 상대가 필요하다. 의사소통은 사회적 기술이다.

마무리 활동

1. 최근 들어 한 학생은 자신이 휴식할 준비가 되었다는 의미로 울음을 터뜨립니다. 보다 적절하고 보편적으로 이해되는 의사소통 형태를 촉진하기 위해 비상징적 단계에 있는 학생, 그림 상징을 사용하고 있는 학생, 음성/구어 능력을 가진 학생에게 무엇을 할지 설명하세요.

2. 무발화(nonverbal)인 학생을 관찰하세요. 30분 활동 내에서 의사소통 시도의 형태와 기능을 파악해보세요.

3. 어떤 학생이 의사소통하기 위해 특정 사물을 사용합니다(예: 컵은 마시는 것을 뜻하고, 숟가락은 먹는 것을 뜻합니다). 사물에서 그림 상징으로 자극 통제를 어떻게 전이할지에 대해 설명하세요. 이렇게 하는 것이 왜 중요한지 설명하세요.

4. 의사소통을 촉진시키기 위해 만들 수 있는 교수상황 각본(시나리오를)을 설명하세요.

5. 여러분이 사는 지역에서 의사소통 기기를 빌려주는 웹사이트를 검색해보세요.

6. 현재 보완대체의사소통을 사용하고 있는 학생을 관찰하세요. 교사가 보완대체의사소통을 사용하는 데 있어 고려할 점과 보완대체의사소통을 일관적이고 의도적으로 사용하도록 촉진하기 위해 각 고려사항을 어떻게 해결할지 작성하세요. 또는 교사가 보완대체의사소통을 부적절하게 사용하는 영상 한 편을 시청하세요(예: 교사는 반복되는 이야기 줄거리를 말할 시간이 되면 학생 앞에 BIGmac 음성출력기기를 놓고, 학생이 기기를 활성화하기 위해 누르면 기기를 치움).

7. 이야기 기반의 수업 동안 눈 응시(eye gaze)를 사용하는 학생이 자신의 이해력을 어떻게 의사소통할 수 있을지를 설명하세요.

제 4 장

성취기준 기반 개별화교육 프로그램 평가

Bree Jimenez

교사 Ooi는 Wilson 중학교에 근무 중인 특수교사이다. 다음 해에 통합학급 내 여러 중등도 및 중도장애 학생을 삽입교수와 소집단 교수를 통해 지원할 예정이다. 개별화교육계획 회의 일정을 정할 때, 그는 10명 학생이 성취해야 할 것에 대해 부담을 느꼈다. 그는 학생들의 학업, 사회성, 관련 서비스와 일상생활 기술의 강점과 요구를 고려하는 것이 얼마나 중요한지 알고 있다. Ooi 씨는 각 학생 학년 수준에 따라 주(state)단위 성취기준을 다루고 여러 일반교사와 협력해야 한다. 학생들은 또한 봄 학기에 주에서 실시하는 대안평가에 참여하기 위해 준비해야 한다. 그는 우선순위에 있는 내용을 잘 숙달해나가는지 확인하기 위해 적절한 진보점검 방법을 찾길 원한다. Ooi씨의 멘토는 첫 번째 학생의 계획을 개발하는 데 더 많은 시간을 쓰고, 이때 배운 전략을 사용하여 나머지 학생들의 계획을 완성시키는 것을 제안하였다. 이 장에서는 Ooi씨가 개별화교육계획 수립을 위한 작업 과정 중 사용할 수 있는 정보를 제공한다. 이어서 다음 장에서는 평가 자료가 어떻게 수집되는지, 지속적인 학생 진보 점검을 통해 평가 자료가 어떻게 교수 프로그램을 개발하는 데 사용되는지에 대해 설명한다.

미국「장애인교육개선법」(Individuals with Disabilities Education Improvement Act, IDEA, 2004)에 따라 특수교육 서비스를 받는 모든 학생에게는 개별화교육계획이 있어야 한다. 개별화교육계획은 특수교육 서비스를 제공하기 위한 계획서이다. 따라서 특정 법적 요구 사항을 충족해야 하는 구체적인 문서이자 일상적인 교육에 지속적으로 참조할 수 있는 문서이다. 개별화교육계획은 지역 교육기관 담당자, 한 명 이상의 특수교사, 한 명 이상의 일반교사(학생이 일반교육 환경에 참여 중이거나 참여할 예정인 경우), 평가 결과를 해석할 수 있는 사람, 부모 또는 기관의 요청에 따른 관련 서비스 제공자(예: 작업치료사, 물리치료사, 언어병리학자), 부모 또는 보호자, 학생(적절한 경우에는 언제든지, IDEA, 2004)으로 구성된 다학문적 팀에 의해 개발된다. 또한 미국「장애인교육개선법」은 전환계획 참여를 위해 16세 이상의 학생은 반드시 회의에 초대할 것을 요구하지만, 학생주도 개별화교육계획은 학생의 자기결정을 향상시키고 학령기 및 중등교육 이후의 긍정적인 성과를 도모하는 것으로 입증된 증거기반실제이므로 모든 학생이 교육계획 회의에 참여하도록 초대되어야 한다(Martin, VanDycke, Christensen, et al., 2006). 많은 주(state)에서 개별화전환교육계획에 학생 참여를 적극적으로 촉진하기 위해 연방 연령 요건인 16세라는 기준을 하향 조정해가고 있다(예: 미네소타, 14세 또는 9학년; 노스캐롤라이나, 14세; 사우스캐롤라이나, 13세). 이 장에서는 중등도 및 중도장애 학생이 개별화교육계획 수립에 참여하도록 가르치는 방법에 대한 정보를 제공한다. 주로 특수교사가 개별화교육계획 과정을 이끌겠지만 학생의 목표 설정 및 리더십 기술이 발전함에 따라 학생이 회의 전체 또는 일부를 이끌 수 있다. 효과적인 개별화교육계획을 수립하기 위해 교사는 다음을 숙지해야 한다: (1) 개별화교육계획에 대한 연방 및 주 규정 관련 지식, (2) 일반 교육과정 조정 및 대안평가에 대한 이해, (3) 성취기준 기반 개별화교육계획 수립 지침, (4) 개별화교육계획 수립 절차. 개별화교육계획 수립 절차 관련 요소는 다음 내용에서 설명한다. 개별화교육계획이 수립되고 나면 5장에 설명된 대로 지속적으로 진보를 점검하기 위한 전략이 필요하다.

1. 개별화교육계획 수립을 위해 연방정부 및 주 규정 따르기

개별화교육계획은 학생의 특수교육 및 관련 서비스에 대한 서면 약속이다. 법적 문서로서 개별화교육계획은 연방법의 요구 사항을 다루어야 한다. 또한 대부분의 주에서는 개별화교육계획에 포함할 특정 형식과 내용을 요구한다. 때때로 지역 학교 시스템은 개별화교육계획 및 서면 문서 개발에 대한 추가 지침을 제공한다. 주 또는 학교 체계가 익숙하지 않은 특수교사와 초임 특수교사는 이러한 지침을 충족시키기 위해 전문성 개발을 추구해야 한다. 이 장에서는 최신 법률인 미국 「장애인교육개선법」에서 명시하는 개별화교육계획에 대한 규정을 제공한다. 최신 정보는 '미국 특수아동협회'(www.cec.sped.org)에서 찾을 수 있다. 대부분의 주립 교육 기관 웹사이트에는 개별화교육계획에 대한 지침을 포함하는 특수교육 서비스 영역이 있다.

일반적으로 개별화교육계획은 협력을 거쳐 수립되어야 한다. 연방 규정 절차에 따라 개별화교육계획팀은 학생의 장애와 관련된 모든 영역에서 실시한 평가 정보를 근거로 하여 개별화교육계획서를 작성한다.

개별화교육계획이란 34 CFR 300.320~300.324에 따라 회의에서 개발, 검토 및 수정되며 아래 내용을 포함해야 하는 개별 장애 학생에 대한 서면 자료를 말한다.

1) 다음을 포함하는 학생의 학업 성취도와 기능적 수행에 대한 현행수준
   - 학생의 장애가 일반 교육과정 내에서의 참여와 진보에 미치는 영향
   - 미취학 아동의 경우 장애가 아동의 적절한 활동 참여에 미치는 영향
   - 대안적 성취기준에 맞춰 대안평가를 받는 장애 학생의 경우 평가 준거 또는 단기 목표에 대한 설명

2) 학업 및 기능적 목표를 포함한 측정 가능한 연간 목표
   - 장애로 인한 필요를 충족시켜 학생이 일반 교육과정에 참여하고 진보를 보일 수 있도록 하고

- 장애로 인한 다른 교육적 필요를 충족시킴

3) 연간 목표 달성을 위한 학생의 진보를 측정하는 방법과 주기적인 진보 점검 결과가 언제 제공되는지에 대한 설명. 진행 상황은 최소한 비장애 학생의 부모에게 자녀의 진보 상황을 알릴 때만큼 자주 보고해야 한다.

4) 실행 가능한 범위 내에서 상호 검토된 연구를 기반으로 한 특수교육과 관련 서비스 및 추가 지원과 서비스에 대한 설명과 해당 학생에게 제공될 프로그램 수정 또는 지원에 대한 교직원용 설명
   - 연간 목표 달성을 향한 적절한 진보를 보이기 위함
   - 일반 교육과정에 참여하고 일반 교육과정 내에서 진보를 보이고, 교과 외 및 비학업적 활동에 참여하기 위함
   - 장애 학생 및 비장애 학생과 함께 교육을 받고 참여하기 위함

5) 학생이 비장애 학생과 정규 수업에 참여하지 않는 경우가 생긴다면 참여하지 않는 범위에 대한 설명

6) 주 및 학군 전체 평가에서 학생의 학업 성취도와 기능적 수행을 측정하는 데 필요한 개별화되고 적절한 편의에 대한 설명
   - 학생이 대안평가를 받을 것이라고 개별화교육계획팀에서 결정하는 경우 학생이 정규 평가에 참여할 수 없는 이유와 특정 대안평가가 학생에게 적합한 이유에 대한 설명

7) 예상되는 서비스 시작 및 수정 날짜, 예상 서비스 빈도, 장소, 기간

8) 학생이 16세가 되기 전에 시작[34 CFR 300.320(b)]:
   - 훈련, 교육, 고용 및 적절한 경우 독립생활 기술과 관련된 연령에 적합한 전환평가를 기반으로 하는 측정가능하고 적절한 중등교육 이후 목표
   - 이러한 목표를 달성하는 데 필요한 전환 서비스(학습 과정 포함)

  - 학생이 법적으로 성년이 되기 1년 이전에 시작하여, 성년이 되었을 때 가지게 될 본인의 권리에 대해 학생이 통지받았다는 진술
- 학생의 고유한 필요에 따른 추가 고려사항
  - 학생의 행동적 지원 요구와 긍정적 행동 중재가 필요한지 여부
  - 영어 능력이 제한된 학생의 언어적 지원 요구 사항
  - 맹 또는 저시력학생에게 점자 교육 제공
  - 농 또는 난청학생에게 학생의 의사소통 요구와 방식(U.S. Department of Education, 2003)

[그림 4.1]은 위에서 설명한 구성 요소를 포함하는 개별화교육계획의 예를 제공한다. 이것은 다음 내용에서 설명하는 성취기준 기반 개별화교육계획이다.

개별화교육계획

학생명: Jabrill

생년월일: 4/23/2005 학년도: 2018-2019 학년: 7

개별화교육계획 시작/지속 기간: 9/21/18-9/20/19

이 개별화교육계획은 학년 연장 서비스에
명시되지 않는 한 정규 학기 동안 실시됩니다.

학생 프로파일

Jabrill은 교육과정 조정과 지원을 통해 과학, 사회, 영어 등의 일반교육에 통합된 7학년 학생이다. Jabrill은 수학과 추가적인 학업 및 기능적 기술에 대한 집중 지원을 받기 위해 특수학급에서 학교 일과의 일부를 보낸다. 뇌병변장애로 인해 Jabrill은 이동을 위한 물리치료와 교실 활동 참여하는 데 쓰이는 소근육 운동 능력을 향상시키기 위한 작업 치료를 받는다. Jabrill은 구두로 말할 수 있으나 알아듣기에는 어려움이 있다. 그는 수업 동안 말을 더 많이 하고, 학업 과제에 참여하기 위하여 보조공학을 활용하고 있다.

Jabrill은 확장된 성취기준을 사용하여 7학년 학업 기술을 다룰 것이다. 그는 알고 있는 일견단어가 많고, 단어의 첫 글자 소리를 알아 이를 활용하여 새로운 단어를 추측할 수 있지만 그 중 의미를 이해하는 것은 극히 일부이다. 작년에 교사와 가족은 읽기 이해력을 최우선 과제로 확인하였다. Jabrill은 학년 수준 내용을 학습하기 위해 소리내어 읽어주는 것에 의존한다. 그는 객

관식 형식의 단어/그림 선택을 사용하거나 의사소통 기기를 사용하여 질문에 답함으로써 평가를 완료할 수 있다. 특히 수학 과목에는 어려움이 더 많았는데, Jabrill은 아직 숫자를 알거나 일관되게 세지 못한다.

Jabrill은 자신의 이름, 주소 및 개인 정보를 알고 있지만 질문을 받았을 때 이를 전달하는 것에 어려움이 있다. 지역사회 내 의사소통의 어려움 때문에 가족은 Jabrill의 환경내 안전에 대해 염려한다(응답 양식을 선택할 수 없는 경우). Jabrill은 스페셜 올림픽에 참가하고 주(state) 대회에서도 볼링을 쳤었다.

Jabrill은 사교적이며 학교 친구가 많다. 그는 사회적인 표현을 언제 멈춰야 하는지 잘 알고 있지는 못하다. Jabrill은 종종 큰 소리로 말하고, 흥분하여 웃고, 수업 중에 친구에게 말을 건다. 선생님과 친구들은 그가 할 말이 있을 때 차례를 기다리거나 손을 들어 표현하도록 알려주고 있지만 이러한 행동은 종종 학습 환경을 방해한다. 일반교사는 이러한 수업 방해 행동을 다룰 계획을 요청했다.

학부모 공지 알림 #1: 서면(Letter) 2018/9/4	알림 #2: 전화 2018/9/8	알림 #3: 2018/9/18에 학생 편으로 안내문 보냄
부모 응답: 2018/9/9 전화 상으로 참석 의사를 확인함		

특수교육 요소

'예'로 체크된 항목은 개별화교육계획에서 다뤄질 예정임

- 학생이 자신의 학습 또는 다른 이들의 학습에 방해되는 행동을 합니까? 예 ☒ 아니오 ☐
- 학생이 제한된 영어 능력을 보입니까? 예 ☐ 아니오 ☒
- 점자 교수 또는 점자 활용 교수가 필요합니까? 예 ☐ 아니오 ☒
- 의사소통 지원 요구가 있습니까(농 또는 난청 학생의 경우)? 예 ☐ 아니오 ☒
- 보조공학 기기 또는 서비스가 필요합니까? 예 ☒ 아니오 ☐
- 특수체육 교육이 필요합니까? 예 ☒ 아니오 ☐
- 대안 성취기준을 적용하고 대안 교육과정에 참여합니까? 예 ☒ 아니오 ☐
- 개별화교육에서 전환서비스를 다루고 있습니까? 예 ☐ 아니오 ☒

영역: 국어

현행 수준

수업 중 평가 내용과 진보 점검 자료를 검토한 결과, Jabrill은 이전 학년도에 30개의 어휘를 배웠으나 10개의 어휘만 이해하고 있는 것으로 나타났다. 어휘의 첫 소리를 인식하는 데 강점을 가지고 있으며, 이러한 기술을 사용하여 때때로 새 단어를 유추하기도 한다. Jabrill은 이해한 것을 그림과 어휘 연결하기로 보여주고 있지만 각 어휘를 완전히 습득하기 위하여 여러 번의 교수가 필요하다. 그는 아직 구절을 이해하지는 못한다. 수정된 지문 내용을 읽어주는 것을 들으면서 Jabrill은

주요 등장인물은 파악할 수 있으나 배경, 주제, 글쓴이의 의도는 파악하지 못한다. 쓰기 작업을 수행할 때는 Jabrill은 주제와 관련된 목록에서 단어 또는 구문을 선택한다. 현재 그는 또래나 교사의 지원 없이는 주어진 목록에서 단어를 무작위로 선택하고 있으며 아직 문장을 완성하지는 못한다. Jabrill은 수정된 키보드를 사용하여 컴퓨터 내 특수 소프트웨어를 활성화할 수 있다. 컴퓨터 사용시 특정 프로그램 활성화를 위해 특수 키보드를 사용할 수 있지만 새로운 주제 검색시 인터넷에 접속하기 위해 특수 마우스를 사용하지는 못한다. 지난해 국어과 주 대안평가에서 Jabrill은 '우수' 점수를 받았다.

학생의 요구 충족을 위한 측정 가능한 연간목표:
지문 요약과 그림 단서가 있는 7학년 수준의 문학을 기반으로 Jabrill은 어휘, 이야기 구성 요소, 구절 읽기 기술을 적용하여 7학년 교육과정의 내용에서 수정된 문학작품에 대한 이해력을 향상시킨다.
7학년 성취기준 우선순위:
- 인쇄되거나 인쇄되지 않은 다양한 제시글을 탐색하고 감상하기
- 다양한 출처의 정보를 종합하고 활용하기
- 작품 해석 및 평가 과정을 활용하여 다양한 문학 갈래를 감상하기

단기 목표/평가 준거:
1. 7-8학년 수준의 문학에서 최소 50개 이상의 새로운 어휘를 습득하고, 이 중 90%를 이해하는 데 그림/정의를 사용할 수 있다. 평가: 단어-그림 또는 단어-뜻 연결하기를 반복 시행
2. 1분기 말까지 학년 수준에 적합하게 조정된 제시글이 주어졌을 때, 과제분석의 모든 단계를 제대로 수행하여 이야기의 배경, 주제, 글쓴이의 의도를 포함한 이야기 구성 요소를 파악할 수 있다. 그는 이 기술을 적어도 3편의 소설과 2가지 다른 유형의 지문(예: 뉴스 기사, 전기)에 걸쳐 일반화할 수 있다. 평가: 이야기 구성 요소 과제분석
3. 다음과 같이 긴 글에서 알고 있는 단어를 읽을 수 있다:
   - 100% 정확도로 구절을 올바르게 읽기. 평가: 구절 읽기 반복 시행
   - 100% 정확도로 한 문장 읽기. 평가: 문장 읽기 반복 시행
   - 90% 정확도로 두 문장 단락 읽기. 평가: 두 문장이 제시되었을 때, 읽은 단어수 반복 측정
   - 90% 정확도로 네 문장 단락 읽기. 평가: 네 문장이 제시되었을 때, 읽은 단어수 반복 측정
4. 소리내지 않고 한 구절을 읽은 후, 내용 이해와 관련된 질문 4개 중 3개에 올바르게 답할 수 있다. 평가: 내용 이해 질문에 대한 반복 시행
5. 읽기 이해력을 확장하여 3개 이상의 제시글을 소리내어 또는 소리내지 않고 읽은 뒤, 적용하기, 연결하기, 종합하기를 포함한 네 문제에 대하여 세 문제 이상 바르게 답할 수 있다. 평가: 각 질문 형식 반복 시행
6. 4번 중 3번의 기회에 자신이 아는 어휘를 사용하여 의견을 진술하는 문장을 작성할 수 있다. 평가: 독립적으로 작성한 문장에 대한 반복-기회(repeated-opportunity) 점검표
7. 4번 중 3번의 기회에 특수 마우스를 이용해 인터넷에 접근하고, 웹사이트에서 주제를 탐색할 수 있다. 평가: 인터넷 검색 과제분석

영역: 수학

현행 수준

Jabrill은 수학을 가장 어려운 과목으로 생각한다. 수년간의 교수 이후에도 여전히 일관되게 수를 세지 못한다. 그는 일대일 대응에 대해 배웠다. 예리한 기호 인식 기술을 사용해 숫자를 읽지만 숫자를 일련의 사물과 연결시키지는 못한다. 수학에 대한 경험으로 인해 Jabrill은 수학 시간 중에 시끄럽고 방해가 된다. 작년에는 대부분의 수학 시간에 진정하기 위해서 나가있어야 했다. 그의 부모는 그가 수학 과목에서 더욱 집중적인 특수교육 서비스를 제공받기를 요청했다. 또한 Jabrill은 쇼핑하기나 다른 사람과 함께 외식하기와 같은 사회적 활동을 좋아함에도 불구하고 물건 구매하기와 같은 기능적 수학 기술은 부족했다. 6학년 수학과 주 대안평가에서 Jabrill은 "초보(novice)" 점수를 받았다. 7학년 수준의 내용에 새로운 기술을 적용하는 방법을 배워야 한다. 1분기에 수학에 대한 교육과정 수정(엑셀 사용)이 성공적으로 입증되면 7학년 대안평가에 사용할 수 있도록 승인을 받기 위해 주에 제출될 것이다.

학생의 요구 충족을 위한 측정 가능한 연간목표:

수학 컴퓨터 소프트웨어의 조정을 통해, Jabrill은 학년 연계 수학 문제를 풀고, 풀이법에 대한 이해 수준을 보여줄 수 있다.

7학년 성취기준 우선순위:

- 문제에서 주어지지 않은 값을 구하기 위하여 비례식 활용하기
- 문제해결에 % 개념 활용하기
- 정수가 포함된 문제해결에 연산 기술 활용하기

단기 목표/평가 준거:

1. 숫자 인식 기술을 사용하여, Jabrill은 엑셀 소프트웨어를 활용하여 소리내어 읽어주는 문장제 문제에서 발견된 사실을 더하거나 빼기 위해 숫자를 입력하는 데 필요한 모든 단계를 100% 정확도로 수행한다. 평가: 엑셀 내 계산 기술 과제분석
2. 기호 인식 기술을 사용하여, Jabrill은 엑셀 소프트웨어를 활용하여 소리내어 읽어주는 문장제 문제에서 표와 그래프를 만드는 데 필요한 모든 단계를 100% 정확도로 수행한다. 평가: 엑셀 내 표/그래프 과제분석
3. 독해 기술을 적용하여, Jabrill은 수학에서 4개 중 3개의 질문에 대한 답을 올바르게 '설명할' 것이다. 평가: 반복 평가
4. 엑셀에서 숙달한 기술을 사용하여, Jabrill은 소리내어 읽어주는 수정된 7학년 문장제 문제(결측값, 백분율, 정수)를 90%의 정확도로 해결할 것이다. 평가: 수학문제 풀이 결과물
5. 통합컴퓨터 시간에 Jabrill은 유사한 문제의 최소 90%를 맞게 풀이하는 또래와 함께 자신의 새로운 수학 기술을 일반화할 것이다. 평가: 수학문제 풀이 결과물

영역: 과학

현행 수준

Jabrill은 교사 또는 또래가 지원하면 KWHL 차트(알고 있는 것(Know), 알고 싶은 것(Want to know), 더 알아볼 수 있는 방법(How), 배우게 된 것(Learned))를 완성하여 질문에 답할 수 있다.

Jabrill은 화석에 관심이 많으며 지구의 물질과 관련된 모든 것에 대해 배우는 것을 즐긴다. Jabrill은 과학 지문을 듣고 지문 이해 관련 질문에 답할 수 있지만, 교과 내용 지식은 제한적이다. Jabrill은 지문을 읽은 직후 문자 그대로의(literal) 질문에 답할 수 있지만 과학 단위의 "빅 아이디어" 또는 개념을 얻기 위해 정보를 일반화하지 못하는 경우가 많다. Jabrill은 과학 어휘와 개념을 습득하기 위해 매일 체계적 삽입교수를 필요로 한다. 경쟁(스페셜 올림픽)을 좋아하는 성향은 학교 과학 박람회에 참가하기 위한 실험 실습에 통합될 수 있게 한다.

학생의 요구 충족을 위한 측정 가능한 연간목표:
수정된 시험과 KWHL 차트를 사용하여, Jabrill은 우선순위로 선정된 7학년 과학 교과에 대한 지식과 자기주도적 탐구 과학 실험에 필요한 기술을 보여줄 수 있다.
7학년 성취기준 우선순위:

- 열린/닫힌 용기에서 물질이 상호작용할 때 일어나는 변화와 물질의 속성에 대해 이해하기
- 기상 자료에서 얻은 정보를 기반으로 기상 조건 및 패턴을 예측하기
- 인체 주요 기관의 일반적인 기능과 이러한 기관이 생명을 유지하기 위해 서로 상호작용하는 방식 알기

단기 목표/평가 준거:

1. Jabrill은 2분기까지 4번 중 3번은 탐구 과학수업 중에 스스로 KWHL 차트를 완성할 수 있다. 평가: KWHL 차트 과제분석
2. Jabrill은 웹사이트에서 과학 박람회 옵션의 실험을 선택하여 개발할 수 있다(교사/부모가 자료 제공을 지원함). 그런 다음 3분기 말까지 실험 단계를 수행하고, 조사 과정에서 100% 정확도로 각 시도 결과를 기록할 수 있다(과학 박람회는 4분기 초에 열림). 평가: 실험결과를 평가하기 위한 루브릭
3. Jabrill은 모든 분기에 걸쳐 90%의 정확도로 어휘 정의(단어와 정의 또는 그림을 연결하기)를 포함하는 7학년 과학에 대한 수정된 단원 평가를 완수할 수 있다. 평가: 수정된 단원 평가 결과물; 일일 체계적 삽입교수에서 반복-시험 자료 진보 점검
4. Jabrill은 모든 분기에 걸쳐 90%의 정확도로 단원의 대주제에 대한 개념 설명을 포함하는 7학년 과학을 위한 수정된 단원 평가를 완수할 수 있다. 평가: 수정된 단원 평가 결과물; 삽입된 체계적 교수에서 반복 평가 자료를 얻어 진보 점검

영역: 사회

현행 수준
Jabrill은 자신의 강력한 단어인지 기술을 적용하여 사회 교과 지문에서 단어를 읽고 추측한다. 구절을 소리내어 읽어준 후 3~4가지 선택지가 제공되면 사실적 내용을 기억할 수 있다. 다른 사람들에 대해 배우는 것에 관심이 있고 종종 도서관에서 다른 문화에 대한 책을 선택할 것이다. Jabrill은 지도가 장소에 대해 알려준다는 것은 이해하지만 정보를 얻는 데 지도를 사용하지 못한다.

학생의 요구 충족을 위한 측정 가능한 연간목표:
수정된 7학년 사회 교과 지문이 주어지면, Jabrill은 도구를 사용하여 정보에 접근하고 다른 상황, 사람, 자원(문화)에 대한 이해를 보여줄 수 있다.

7학년 성취기준 우선순위:

- 지리학 관련 문제에 답하기 위해 지리학적 도구를 사용하기
- 선택된 사회 및 지역의 물리적 환경과 문화 간의 관계에 대해 접근하기
- 다른 문화의 공통적 특징에 대해 인식하기

단기 목표/평가 준거:

1. 수업 시간에 사용된 지도, 지구본 또는 모형이 제시되면, Jabrill은 4번 중 3번의 시도에서 바다와 육지(1분기), 북미와 남미(2분기), 유럽과 아시아(3분기), 호주와 남극(4분기)을 구별할 수 있다. 평가: 지도, 지구본 또는 모형을 찾는 여러 번의 반복평가
2. 그래픽 조직자를 사용하여, Jabrill은 4개의 주요 문화(분기당 하나의 문화)에 대해 4개의 대주제 중 3개를 올바르게 식별할 수 있다. 평가: 사회과 어휘를 사용하여 그래픽 조직자 채우기 반복 시행
3. Jabrill은 매 분기마다 최소 한 개 단원 평가의 충족 기준인 6개의 대주제 중 최소 4개 주제에 대한 객관식 질문을 포함한 수정된 단원 평가를 완수할 수 있다. 평가: 수정된 단원 평가 결과물

영역: 관련 서비스

현행 수준

Jabrill은 뇌성마비를 가졌다; 팔을 움직일 수 있지만 가동 범위가 제한적이다. 그는 도움 없이 대부분의 대근육 및 소근육 과제를 완성할 수 있지만 종이와 연필을 사용하여 글을 쓸 수는 없다. 특수 자판기를 사용하여 학습 결과물을 만들 수 있으며 수정된 문제지가 주어지면 빈 칸에 단어와 그림을 붙여넣을 수 있다. Jabrill은 자신의 옷에 단추를 채우거나 지퍼를 열 수 없다.

Jabrill은 도움 없이 걸을 수있지만 고르지 못한 지면이나 계단에서는 이동에 어려움이 있다. Jabrill은 스페셜 올림픽 활동에 참가하기 위하여 볼링공을 쥐고 경사장치를 이용하여 굴릴 수 있지만 공을 굴리기 원하는 방향을 결정하여 경사장치를 옮기는 것에는 어려움이 있다.

학생의 요구 충족을 위한 측정 가능한 연간목표:

일상생활에서 새로운 기술을 배우고 적용할 기회가 주어지면, Jabrill은 학업 및 지역사회 환경에 참여하기 위해 5가지 새로운 대근육 및 소근육 운동 기술을 습득할 수 있다.

단기 목표/평가 준거:

1. Jabrill은 1분기 말까지 연필이나 마커를 사용하여 4번 중 3번의 시험에서 종이에 제공된 질문에 대한 응답지에 동그라미를 치거나 체크 표시를 할 수 있다. 평가: 반복 관찰
2. Jabrill은 2분기 말까지 주어진 기회의 100%에 대하여 성공적으로 단추를 잠그고 지퍼를 올릴 수 있다. 평가: 작업치료 관찰
3. Jabrill은 3분기 말까지 4번 중 3번의 시도에서 특수 마우스를 사용하여 교육용 소프트웨어를 탐색할 수 있다. 평가: 반복 관찰
4. 고르지 않은 지면이 제시되었을 때, Jabrill은 4분기 말까지 도움 없이 10보를 걸을 수 있다. 평가: 걸음 빈도 수
5. 볼링 경사장치가 제공되면, Jabrill은 4분기 말까지 4번 중 3번의 시도에서 경사장치를 왼쪽이나 오른쪽으로 이동시켜 공을 굴리고 싶은 방향을 결정할 수 있다. 평가: 반복 평가

영역: 사회적 행동

현행 수준

Jabrill은 일반학급에 참여하는 것을 좋아한다(수학 제외). 그는 친구들의 이름을 부르고, "Hey"라 말하며, 간단한 비구어 농담(예: 잠자는 척 하기)을 하는 등 친구들과 어울린다. 문제는 Jabrill이 언제 친구들과 어울리는 것이 좋은지 구분하지 못한다는 것이다. 종종 수업시간에 답을 외치고, 교사를 방해하고, 수업 중에 또래와 이야기한다. 작년 가을에 이 행동에 대한 기능 평가를 실시한 결과 이러한 반응들이 대체적으로 사회적 관심을 얻기 위한 것임이 밝혀졌다. 반대로 4월에 실시한 가장 최근의 기능 평가에서는 수학 교과 시간에 발생한 극단의 행동이 학습 상황을 회피하기 위한 것임을 밝혀냈다. 비슷한 나이의 또래를 관찰한 결과, 일반적인 경고가 있을 때는 약간 조용해지기만 하였고, "교사가 소리치면" 완전히 조용해졌다. 학교 긍정적 행동지원 담당자는 "신호등"을 사용하도록 제안했다. 이는 모든 학생이 조용히 해야할 때 신호를 보낼 수 있도록 보편적으로 설계된 지원이다. Jabrill은 학교 내 수업 장소에 대해 알고 있지만 복도에서 또래들과 이야기하느라 멈춰 있으려 하기에 함께 걸어갈 어른이 필요하다.

학생의 요구 충족을 위한 측정 가능한 연간목표:

새로운 사회성 전략을 사용하기 위한 지원에 따라, Jabrill은 시각적 지원이 주어지면 조용해지고, 사교 시간을 위해 일찍 수업에 도착하며, 교사와 협상 기술을 사용할 수 있다.

단기 목표/평가 준거:

1. Jabrill은 교사가 노란색 주의 신호 그림을 보여주면 조용히 할 것이다:
   - 전체 시간의 30% (1분기)
   - 전체 시간의 50% (2분기)
   - 전체 시간의 75% (3분기)

   4분기에는 빨간색 주의 그림을 보여주면 전체 시간의 100% 비율로 조용히 할 것이다.
   평가: 주의에 조용히 반응하는 빈도 수
2. Jabrill 2분기까지 5일 중 4일 동안 교사 및 또래와의 사교 시간을 갖기 위해 벨이 울리기 5분 전에 도움 없이 교실을 찾을 수 있다. 평가: 반복-기회 시행
3. Jabrill 3분기까지 5번 중 4번은 음성 출력 기기의 "함께 이야기 나눠보자" 기호를 사용하거나 팔짱을 끼고 환경, 자료 또는 활동의 변화를 요청할 수 있다. 이럴 경우 교사나 또래는 대안 목록을 제시할 것이다(조용한 환경에서 쉬는 것 포함). 평가: 소란 없이 협상을 사용한 빈도 수

영역: 기능적 생활 기술

현행 수준

Jabrill은 식료품 구매를 즐기지만 독립적으로 구매하지는 않는다. "교사들을 위한 구매자 모임"은 지역 마트를 방문하여 교사들을 위한 물품 구매를 목적으로 지역사회 내 상점에 다녀온다. Jabrill은 일견단어를 읽고 무엇을 구매할지 알 수 있지만 상점에서 한 물품을 찾는 데 최대 15분이 소요되는 경우도 종종 있다. Jabrill은 자신의 개인 정보를 식별할 수 있지만 두 가지 선택 사항이 주어진 경우에만 가능하다. 가족은 그에게 도움이 필요한 상황이 발생했을 때 Jabrill이 누군가에게 주소 및/또는 전화번호를 말할 수 없는 것을 걱정했다.

학생의 요구 충족을 위한 측정 가능한 연간목표:
학교와 실제 환경 내에서 지역사회 기술을 연습할 기회가 주어지면, Jabrill은 물건을 구매하고 개인정보를 관련인에게 전달할 수 있다.

단기 목표/평가 준거:
1. 상점에서 익숙한 물건의 일견단어를 제시하면, Jabrill은 4번 중 3번은 5분 안에 물건을 찾을 것이다. 평가: 지속시간
2. 달러 화폐를 연결하는 그래픽 조직자가 제공되면, Jabrill은 물건의 가격을 확인할 수 있다(예: $5.42). 그런 다음 정확한 달러 화폐 수를 그래픽 조직자에 연결한다(예: 5장). 그리고 계산원에게 지불하기 위해 거기에 1을 더한다.
   • 5달러까지 100% 정확도
   • 8달러까지 100% 정확도
   • 10달러까지 100% 정확도
   평가: 여러 지역사회 환경에서 반복 기회 제공
3. 관련인(예: 쇼핑몰 경비원, 계산원)이 주소나 전화번호를 물어보면, Jabrill은 4번 중 4번은 자신의 개인 신분증을 찾아 제시할 수 있다. 평가: 반복 평가

영역: 의사소통

현행 수준
Jabrill은 언어의 사회적 기능 측면에서 크게 성장했다. 주의를 끌고 사회적 농담을 주고받기 위해 할 수 있는 말과 비언어적 신호를 사용한다. 이는 중학생 또래들과 이야기하는 데 매우 효과적이다. 그는 요청하는 것에는 덜 효과적이며, 필요한 것과 원하는 것을 다른 이들이 추측해내기를 기다리는 경향이 있다. 또한 협상 능력은 가지고 있지 않다(사회적 행동 영역 참조). 발음이 명확하지 않기 때문에 말하는 것을 보조하기 위해 음성 출력 의사소통 기기를 사용한다. 특히 일반학급에서 이 장치에 대해 이해할 필요가 있다. Jabrill은 또한 명확한 주제로 대화에 참여하기보다 '농담'을 할 때 음성을 사용한다.

학생의 요구 충족을 위한 측정 가능한 연간목표:
확장된 어휘가 포함된 보완대체의사소통이 제공되면, Jabrill은 보완대체의사소통 기기를 사용하여 대화 주제를 유지하고 자신의 필요와 선호도를 알리고, 일반학급에서 응답을 시작할 수 있다.

단기목표/평가 준거:
1. 친숙한 주제에 대해 또래 또는 교사와 이야기 나눌 시간이 주어지면, Jabrill은 5일 중 4일동안 자신의 말과 보완대체의사소통을 모두 사용하여 주제를 유지하며 최소 5번 차례를 주고 받는 대화에 참여할 수 있다. 평가: 주제에 대한 시작/응답 빈도 세기
2. 다양한 학교 상황에서, Jabrill은 5번 중 4번의 기회에 자신의 말이나 보완대체의사소통을 사용하여 누군가의 관심을 끌고 필요로 하거나 원하는 것을 요청할 수 있다. 평가: 교사나 언어 치료사가 환경을 조작하여 Jabrill이 무언가를 필요로 하거나 원하도록 하는 반복 기회 평가(예:"우연히" 종이를 나누어 주는 것을 잊어버리거나 관심 대상을 손이 닿지 않는 곳에 두는 경우).

3. 일반학급 내 수업 5일 동안, Jabrill은 손을 들고 자신의 보완대체의사소통 기기에서 새로운 내용 어휘를 선택하여 수업 주제에 대해 세 단어(예: "토네이도는 날씨입니다") 수준의 문장을 최소 3번 시작한다. 평가: 빈도 수 세기(참고: 사회적 관심을 선호하기에 이것이 너무 자주 발생하면 최대 개시 횟수에 대한 목표를 추가)

관련 서비스

서비스, 보조, 수정 유형		장소	일/주간 시간
보조공학	☒ 예 ☐아니오	모든 지역 상담	매주 4시간
조정된 체육 교육	☒ 예 ☐아니오	학교 체육관	90 분/주 1회
청각 서비스	☐ 예 ☒아니오		
상담	☐ 예 ☒아니오		
통역사	☐ 예 ☒ 아니오		
의료 서비스	☐ 예 ☒ 아니오		
작업치료	☒ 예 ☐ 아니오	학교 전체	30 분/주 1회
물리치료	☒ 예 ☐ 아니오	학교 전체	30 분/주 1회
심리 서비스	☐ 예 ☒ 아니오		
이동 서비스	☒예 ☐ 아니오	학교 등하교	매일
언어치료	☒ 예 ☐ 아니오	학교 전체	30 분/주 2회

전환계획/진술:

☒ 16세 이하, 공식 전환계획이 필요하지 않음

☐ 16세 또는 그 이상-학생, 학부모, 팀원의 관점에서 학생의 고등학교 이후 방향과 계획을 서술하는 성과 진술

최소제한환경

이 학생은 장애가 없다면 다니게 될 학교에 다니고 있는가? (또는 취학전 연령의 경우, 환경에 참여하는가?) ☒ 예 ☐ 아니오('아니오'를 선택할 경우 설명 필요)

비장애 또래들과 함께 모든 특수교육 서비스를 받고 있는가?
☐ 예 ☒ 아니오('아니오'를 선택할 경우 설명 필요; 단순히 일반 교육과정의 수정이 필요하기 때문이라는 이유로 정당화될 수 없음): Jabrill은 대부분의 교과 영역에서 비장애 또래와 참여가 가능하나 수학, 기능적 생활 기술, 치료 등의 영역에서 추가적인 조정 및 지원이 필요함.

학부모에게 목표 달성에 대한 진전도 보고 방법 및 빈도
연간 목표 진전도 보고는 성적표가 발행될 때마다 학부모에게 전달(9주 마다)

이 개별화교육계획을 수립하기 위해 다음의 구성원들이 회의에 참여함.

직위	서명	날짜
학부모	______________________	__________
학부모	______________________	__________
지역 교육 기관 대표	______________________	__________
특수교사	______________________	__________
일반교사	______________________	__________
학생	______________________	__________
진로/직업교육 담당자	______________________	__________
그 외 기관 담당자	______________________	__________

[그림 4.1] 구성 요소를 포함하는 개별화교육계획의 예

대부분의 주에서는 주 규정 및 절차(예: Virginia, www.doe.virginia.gov/special_ed/iep instruct_svcs/stds-based_iep/stds_based_iep_guidance.pdf)를 통해 이러한 요구 사항을 충족하는 방법에 대한 세부 정보를 제공한다. 예를 들어, 개별화교육계획에는 종종 팀이 선택 사항을 확인하는 평가 참여 영역과 근거를 설명하는 영역이 있다. 이러한 개별화교육계획 양식은 계획팀이 연방 정부 및 주 규정에 대응하는 데 도움이 된다. 많은 주 또는 학교 시스템은 이러한 온라인 연결체계(interface)를 사용하여 교육청이 훨씬 쉽게 개별화교육계획 정보를 저장하고 실시간으로 보고할 수 있게 하며, 교사가 가장 일반적인 지침 사항을 쉽게 따를 수 있도록 돕는다. 일부 주는 자체 연결체계(예: Georgia, GO-IEP, Virginia IEP)를 개발한 반면 다른 주는 PNC Education의 EasyIEP™ 또는 PowerIEP와 같이 상업적으로 이용 가능한 웹 기반 시스템을 채택한다. 개별화교육계획팀은 주 또는 학교에서 제공하는 시스템을 사용해야 하지만 개별화교육계획의 기본 가정을 이해하는 것도 중요하다. 다음은 개별화교육계획 절차가 가정하는 사항에 대한 전문적인 해석이다. 이러한 가정이 충족되면 장애 학생을 위한 보다 강력한 교육 프로그램이 계획될 것이다.

1) 모든 학생이 일반 교육과정에 참여하기

개별화교육계획의 조건에 대한 가정 중 하나는 모든 학생이 주(state) 성취기준에 근거하여 일반 교육과정에 참여할 기회를 갖는다는 것이다. 이 가정은 장애 학생을 위한 일반 교육과정에 대한 접근을 강조하는 미국 「장애인교육개선법」에서 강조되었고 '미국 특수교육및재활서비스국'(Office of Special Education and Rehavilitative Services, OSERS)에서는 성취기준 기반 개별화교육계획에 대한 규정을 명확히 하기 위해 2015년 11월에 "친애하는 동료에게(Dear Colleague)"라는 편지를 발행했다. '미국 특수교육프로그램사무국'(Office of Special Education Programs, OSEP)에 따르면, 개별화교육계획은 "학생의 학업 성취도와 기능적 수행의 현재 수준, 일반 교육과정에 참여하고 진전하는 데 학생의 장애가 미치는 영향을 고려해야 한다. 개별화교육계획의 목표는 모든 장애 학생을 위한 학년 수준의 교과내용 성취기준과 일치해야 한다." 또한 일반 교육과정을 '비장애 학생과 동일한 교육과정'으로 정의하여 명확히 한다.

중등도 및 중도장애 학생의 경우 이 설명에는 학년 수준 성취기준에 대안 성취기준의 주요 내용이 포함될 수 있다. 예를 들어, 8학년 학생은 8학년 국어를 배울 기회가 있어야 하지만 8학년 수준에서 읽고 이해하는 것 대신 8장에 설명된 제시글 요약 및 소리내어 읽기와 같은 교수적 조정을 사용할 수 있다. 개별화교육계획은 학생의 지적 및 기타 장애가 성취기준 기대에 어떻게 영향을 미치는지 간략하게 설명할 수 있다. 학생이 심각한 장애를 가지고 있기 때문에 일반 교육과정에 참여할 수 없다는 것은 적절하지 않다. 일반 교육과정에 참여하기 위한 요건은 학생들이 주(state)의 일반 또는 대안평가에 참여해야 한다는 규정에 의해 강화된다. 개별화교육계획팀은 가장 적절한 평가 방식을 결정하는 팀이다. 계획 문서는 선택된 평가 방식과 그 선정 근거를 기록한다. 대안 성취기준에 기반한 대안평가는 주(state)의 학업 내용 성취기준에 맞춰야 되기 때문에(U.S. Department of Education, 2003; Every Student Succeeds Act, ESSA, 2015), 학생들은 평가의 공정성을 위해 일반 교육과정의 내용을 배울 기회가 있어야 한다.

2) 일반교육 내 통합을 위해 팀 계획 세우기

특수교육의 초기에 교사들은 중도장애 학생의 특별한 요구를 충족하기 위해 중도장애 학생에게는 별도의 환경이 필요하다고 생각했다. 개별화교육계획에 대한 현재 미국「장애인교육개선법」의 조문은 심각한 장애를 가진 학생이 별도의 교육 환경에 있을 것을 가정하지 않고 일반교육 환경 및 비장애 학생과 함께 통합하는 것에 대해 고려할 것을 장려한다. 실제로 중도의 지적장애 학생을 위한 통합교육의 이점은 사회적으로도(Carter, Sisco, Chung, & Stanton-Chapman, 2010) 그리고 학업적으로도(Hudson, Browder & Wood, 2013) 입증되었다. 개별화교육계획에는 학생이 장애 학생 및 비장애 학생과 함께 교육받는 방법, 비장애 학생과 함께 참여하지 않게 되는 정도에 대한 정보가 포함되어야 한다. 이상적으로 개별화교육계획팀은 학생이 일반교육에 전일제로 통합될 수 있는 방법을 먼저 고려하여 통합을 계획해야 한다. 미국「장애인교육개선법」에서는 특수교육 제공을 위한 완전한 서비스 연속체가 있어야 함을 여전히 명시하고 있지만 일반교육 안에서 적절한 지원을 통해 학생의 교육적 요구가 충족 될 수 있는 경우라면 모든 학생이 통합되는 것에는 장벽이 없어야 한다. 중등도 및 중도장애 학생이 통합환경에 참여하는 정도는 개별화교육계획팀의 헌신과 창의성, 다양한 요구 사항을 가진 학생을 환영하고 지원하는 전반적인 학교 환경의 조성에 달려 있다. 보편적 학습설계와 체계적 삽입교수는 모든 학생이 수업에 참여하도록 교실에 접근할 수 있게 하는 두 가지 방법이다(6장 참조). 중등도 및 중도장애 학생을 일반 교육과정 수업의 적극적인 구성원으로 어떻게 성공적으로 통합시켰는지를 보여주는 선행연구를 고려할 때(Agran, Cavin, Wehmeyer, & Palmer, 2006; Giangreco, Dennis, Cloninger, Edelman, & Schattman, 1993; McDonnell, Mathot-Buckner, Thornson, & Fister, 2001), 개별화교육계획팀이 제한적이고 전일제의 분리된 환경에서 특수교육을 계획하려고 하는 경우에는 보다 강력한 근거가 필요하다.

3) 학생의 학업 기술, 사회성 기술, 일상생활 기술 목표 달성을 위해 교수와 지원 제공하기

1장에서 기술한 바와 같이, 특수교육의 초기 수십 년 동안 중도장애 학생에게는 종종 생활 기술에 초점을 둔 교육과정만이 제공되었다. 대부분의 개별화교육계획 목표는 일상생활 활동에 대해 작성되었다. 현재의 기대는 개별화교육계획 목표가 학생의 학업 기술, 사회성 기술, 일상생활 기술 요구를 다루는 것이다. 또한 학생이 이러한 목표를 달성하도록 돕기 위해 공동의 노력을 기울일 것이라는 가정도 있다. 대안평가를 받는 학생의 경우 연간 목표뿐만 아니라 평가 준거 또는 단기 목표가 포함되어야 한다. 또한 목표를 향한 진보를 측정하고 보고하는 방법에 대한 설명이 있어야 한다(예: 진보 점검 계획이 필요함). 개별화교육계획 목표가 학년 수준 성취기준에 기초해야 한다는 규정은 학생의 일반 교육과정 참여에 대한 보다 구체적인 정보를 제공한다. 또한 제공되는 서비스는 실행 가능한 범위 내에서 동료 검토(peer-reviewed) 연구를 기반으로 해야한다. 6장에 설명된 것과 같이 이를 증거기반실제(evidence-based practice)라고 한다.

4) 학생의 고유한 현재 및 미래 지원 요구 고려하기

개별화교육계획 과정은 또한 학생의 고유한 교육적 필요를 다룬다. 특수교육은 학생의 장애로 인해 발생하는 요구와 연결되어야 한다. 예를 들어, 학생에게 보조공학, 점자 및 보다 집중적인 긍정적 행동지원을 위한 프로그램이 필요한 경우, 이들 각각은 개별화교육계획에 포함된다. 프로그램은 또한 16세가 넘기 전에 성인기 생활로의 전환을 고려해야 한다(전환계획에 대한 자세한 내용은 16장 참조). 학생은 전환에 대한 구체적인 목표를 가져야 하며 이러한 목표를 향해 나아가기 위한 특정 서비스를 받아야 한다. 나이가 더 많은 학생은 법적으로 성년이라고 하는 성인으로서 자신의 권리를 알아야 한다. 일반적으로 이것은 부모가 아닌 학생이 동의권을 행사한다는 것을 의미한다.

각 학생의 고유한 요구를 가장 잘 충족시키기 위해서는 장애인과 그 가족을 교육 및 중등이후 생활로의 전환의 중심에 포함시키는 개인 및/또는 가족 중심 계획 접근 방식을 취해야 한다. 용어에서 알 수 있는 것처럼 이 접근 방식은 학생 삶의 모든 측면에서 학생을 지원하는 지속 가능한 프로그램을 구축하는 데 필수적이다. 16장은 개인 중심 계획을 안내하는 특정 프로그램, 특히 중등이후의 삶을 계획하기 시작하는 장애 청년을 위한 구체적인 프로그램에 대해 자세히 설명한다.

2. 대안평가

21세기에 학교 경험의 중요한 부분은 학생이 주 성취기준을 달성했는지 여부를 결정하기 위해 주 전체에 걸친 표준화된 평가를 사용한다는 것이다. 성취기준 기반 개혁 운동을 통해 이러한 평가는 학생에 대한 책무성(학생이 다음 학년으로 진학 가능한지 여부)과 학교에 대한 책무성(특정 학교의 학생들이 성취기준을 충족하는지 여부)을 결정하거나 개인 또는 시스템 전체의 교육적 약점을(예를 들어, 4학년 학생들이 읽기 기준을 충족하지 못하는 등) 정확히 찾아내는 데 사용되었다. 이러한 평가는 1980년대로 거슬러 올라가지만 장애 학생이 주 전체 평가에 참여해야 한다는 규정은 미국 「장애인교육법」의 재승인과 함께 시작되었다. 1997년 이후로 미국 「장애인교육법」과 「모든학생성공법」이 재승인될 때마다 장애 학생의 참여가 다시 강조되었다. 학교는 중등도 및 중도장애 학생을 포함한 모든 학생의 학습에 대해 책임을 져야한다. 주 전체 평가(조정 포함)에 참여할 수 없는 장애 학생은 대안평가를 받아야 한다.

대안평가는 주 전체에 걸쳐 표준화된 평가이므로 주립 교육 기관에서 제공하는 자료와 정확한 관리 절차를 사용하여 실시되어야 한다. 일반적으로 교사는 각 평가 항목을 일대일 형식으로 학생에게 제시하고 각 응답에 점수를 매긴다. 이것은 학생이 일반적으로 평가를 받는 독립적인 방식과 다르다. 이러한 평가는 일반적인 주 평가와 몇 가지 중요한 면에서 차이가 있다. 첫째, 일반적으로 학생에 대한 책무성에 사용되지 않는다. 예를 들어, 대안평가에 참여하는 학생은 다음 학년으로 이동하기 위해 특정 점수를 달성할 필요가 없다. 이는 여전히 학생의 진보를 검토하고 계획하는 데 사용될 수 있다(즉, 학생이 각 교과 영역의 숙련도(proficiency)를 달성하는 데 얼마나 근접했는지). 두 번째 차이점은 평가의 내용이 학년 성취기준의 일부 확장 또는 단순화를 기반으로 한다는 것이다. 예를 들어, 소리내어 읽는 것으로 읽기 평가를 실시할 수 있다. 목표는 학생이 학년 성취기준의 대안 성취(alternate achievement)를 달성하는 것이다. 세 번째 차이점은 학생이 대안평가에 참여하려면 개별화교육계획과 "중도의 인지장애"가 있어야 한다는 것이다. 주(state)에서는 때때로 추가적 자격 기준을 주의 대안평가 웹사이트에 나열한다. 예를 들어, 지침은 학생이 학년 수준 교과내용의 대안 성취를 위해 노력해야 한다고 명시할 수 있다. 네 번째 차이점은 많은 주에서 대안평가에 참여하면 해당 주의 졸업 학력을 인정받을 수 없다는 것이다. 이러한 중요한 차이점 때문에 개별화교육계획팀은 대안평가 참여에 대해 신중한 결정을 내려야 한다. 〈표 4.1〉은 팀이 이러한 결정을 내릴 때 할 수 있는 몇 가지 질문을 제공한다. 대안평가에 대한 자세한 정보는 Kleinert와 Kearns(2010)를 참조하고 학생이 거주하는 주에 적용되는 세부 사항에 대해서는 주립 교육 기관 웹사이트를 검토하면 된다.

〈표 4.1〉 개별화교육계획팀이 대안 성취기준 기반 대안평가를 선택하는 근거

학생이 일반교육과정에 어떻게 접근하는가?
- AA-AAS는 학년 수준의 교과내용 내에서 광범위한 우선순위를 필요로 하는 경우 최선의 선택이 될 수 있음

학생은 과거 학업 교수에 어떻게 반응했는가?
- AA-AAS는 학생이 우선순위의 기술을 학습하고 교과의 주요 내용에 집중하기 위해 지속적인 체계적 교수가 필요한 경우 최선의 선택이 될 수 있음

학생은 제시글과 어떻게 상호작용하는가?
- AA-AAS는 학생에게 수정 또는 조정된 제시글에 포함된 핵심 단어, 그림 및 청각 신호가 필요한 경우 최선의 선택이 됨; 학생은 이것들을 사용하기 위하여 대독 지원이 필요할 수도 있지만, 어느 정도의 초기 읽기 기술을 가지고 있을 수도 있음

학생이 필요로 하는 지원이 자료의 복잡성이나 인지적 요구를 변화시키는가?
- 학생이 단순화된 기호체계, 또래모델, 동기 부여를 위한 선택, 기타 복잡성이나 인지적 요구를 변화시키는 전략 등과 같은 광범위한 지원이 필요한 경우 AA-AAS가 최선의 선택이 될 수 있음

학생의 학습 일반화/전이에 대해 어떤 추측을 할 수 있는가?
- 학생이 일반화하기 위해 체계적 교수가 필요한 경우 AA-AAS가 최선의 선택이 될 수 있음

출처: Adapted from U.S. Department of Education, Office of Special Education Programs(2006).

주. 대안 성취기준 기반 대안평가: Alternate Assessment based on Alternate Achievement Standards, AA-AAS

3. 성취기준 기반 개별화교육계획을 위한 지침

처음부터 개별화교육계획은 특수교육 서비스의 우선순위에 대한 학부모와 학생의 의견을 통합하기 위한 것이었다. 정해진 교육과정이 없었기 때문에 개별화교육계획을 개발하는 것은 상점 카탈로그에서 항목을 선택하는 것과 같았다. 팀은 지역사회, 직업, 가정환경의 생태학적 목록을 사용하여 학생이 참여할 수 있는 잠재적 활동을 목록화했다. 이로써 팀은 이러한 활동에 필요한 기술을 기반으로 학습 목표를 만들었다(Browder, 2001; Browder & Spooner, 2011; 3장 참조). 학교의 책무성이 강조되는 현시점에 개별화교육계획팀은 일반 교육과정, 특히 학생의 학년 수준에 대한 주(state)의 성취기준을 고려해야 한다. Thompson, Thurlow, Quenemoen, Esler, Whetstone(2001)은 성취기준에 맞추어 작성된 개별화교육계획은 교사들로 하여금 학생의 약점에 집중하기 보다는 더 높은 학업적 기대를 달성하는 것에 초점을 맞추도록 한다는 것을 발견했다. McLaughlin, Nolet, Rhim, Henderson(1999)이 설명하는 것처럼 개별화교육계획이 주 성취기준에 맞춰지면 학생들은 학업 내용에 보다 잘 접근하고 집중적인 교육을 받게 되며 일반교사와 특수교사 간의 협력이 강화된다. 2009년 McLaughlin은 다음과 같은 성취기준 기반 개별화교육계획의 추가적인 긍정적인 이점을 설명했다: (1) 개별화교육계획을 주 성취기준에 근거한 일반 교육과정과 연결한다, (2) 중재를 위한 긍정적 방향 및 목표를 제시한다, (3) 학생의 성공적인 진보에 중요한 일반 교육과정의 특정 내용을 확인하는데 성취기준을 활용한다, (4) 특수교육 및 일반교육 학생을 위한 공통 언어 및 교육과정을 통해 통합적인 단일 교육 시스템을 촉진한다, (5) 학교와 부서 전반에 더 높은 일관성을 보장한다, (6) 장애 학생에 대한 더 높은 기대치를 장려한다.

개별화교육계획이 주(state) 성취기준에 따라 수립되고 학년 수준 학업 성취기준과 일치하는 목표를 포함할 경우, 이를 성취기준 기반 개별화교육계획이라 명명한다(Ahearn, 2006). 일반적으로 성취기준 기반 개별화교육계획은 (1) 학생의 현재 수행 수준이 학년 성취기준을 참조하여 구성되고, (2) 주(state)의 학습 내용 성취기준을 특히 촉진하는 개별화교육계획 목표를 포함하고, (3) 제공되는 특수교육 서비스는 일반 교육과정 내용의 학습을 촉진한다. '미국 교육성과센터'(National Center for Educational Outcomes)의 일부인 '미국 국가센터'(National Center)와 '주 협력기관'(State Collaborative)은 최근 다음과 같이 확인했다.

> 개별화교육계획은 교육과정이 아니지만 주(state) 성취기준에 반영된 일반 교육과정에 대한 접근성을 제공하도록 설계되었다. 교수학습지도안에 있는 것처럼 개별화교육계획 목표와 주 성취기준 사이에 일대일 대응은 없을 것이다. 개별화교육계획의 각 목표는 학생이 여러 성취기준을 달성하는 데 도움이 되도록 작성되었다. 개별화교육계획에는 해당 학년 수준에 대한 주(state) 성취기준에 반드시 연결되지는 않는 추가적인 생활 기술, 사회성 기술, 의사소통 기술 또는 기초적인 기술 목표가 포함될 수 있다(Browder, 2015).

많은 주(state)에서 각 학년 수준에 대한 긴 성취기준 목록을 제시한다. 이러한 항목이 확장되고 우선순위가 지정되더라도 개별화교육계획에 모두 나열될 수는 없다. 학생의 일일 수업에는 국어, 수학, 과학, 사회, 일반 교육과정의 기타 과목이 포함된다. 이 교과의 우선순위를 정하고 교과 학습을 위한 주간 목표를 설정하려면 지속적인 계획이 필요하다. 개별화교육계획 협의회 중에 이 모든 우선순위를 지정하는 것은 불가능하다. 성취기준 기반 개별화교육계획은 또한 모든 성취기준에 대한 단기 목표 또는 연간 목표를 포함하려는 것이 아니다. 이렇게 한다면 많은 성취기준을 제시하는 주에서는 매우 긴 문서가 만들어질 것이다! 그 대신, 개별화교육계획의 연간 목표와 단기 목표는 교과 과정에서 진보를 이루기 위해 어떤 학습이 필요한지를 나타낸다. 대부분의 연간 목표와 단기 목표에는 내용 학습을 위한 전략 기술이 포함된다(예: "Jordan은 두 개의 주제를 비교하고 대조하기 위해 최대 10개의 그림을 벤 다이어그램에 배치한다."; "Sara는 반복해서 들려주는 이야기를 듣고, 제시된 네 개의 그림 가운데 이 이야기의 내용을 나타내는 그림 한 개를 고른다."). 마지막으로, 성취기준 기반 개별화교육계획은 학업 내용에만 국한되지 않는다. 생활 기술, 의사소통, 학업 준비 기술, 치료, 긍정적 행동지원 및 기타 지원에 대한 학생의 요구 사항도 포함되어야 한다. 이러한 구체화된 목표는 주(state) 성취기준과 상호 참조될 필요는 없지만 학생이 지역사회 및 학교 환경에 접근하고 발전할 수 있는 능력을 지원해야 한다. 예를 들어, "Sara는 일정에 따라 화장실을 이용한다"라는 목표를 학업 내용 성취기준과 연결하려고 할 필요는 없다. 대부분의 개별화교육계획은 내용 영역별로 구성되어 있다. 따라서 개별화교육계획에는 각 학업 내용 영역(예: 수학, 영어)의 우선순위 목표가 포함될 수 있으며 "생활 기술 목표"라는 영역도 포함될 수 있다.

균형 맞추기: 개별적 요구 vs 주(state) 성취기준

성취기준 기반 개별화교육계획을 수립하는 데 있어 어려움 중 하나는 학생의 개별 요구와 주의 성취기준에 대한 기대 사이의 균형을 맞추는 것이다. 특수교사 Ooi는 Sara를 위한 계획을 개발하기 위해 개별화교육계획팀을 이끌기 시작하면서 수학과 국어와 같은 교과 학습을 촉진하는 목표와 의사소통과 자기관리 기술에 대한 요구 사항을 해결하는 것에 얼마만큼의 시간을 할애해야 할지를 고심했다. 이 문제에 대하여 "모든 사람에게 맞는" 정답은 없다. 대신, 개별화교육계획팀은 계획에 대한 각 구성원의 의견을 주의 깊게 듣고 학생의 필요에 가장 적합한 것이 무엇인지에 대한 합의를 찾으려고 노력해야 한다. 최종 개별화교육계획에 생활 기술 목표가 필요할 때 학업 내용만 포함되어 있거나 기능적 목표만 제시되고 대안평가를 준비하기 위한 주(state) 성취기준에 대한 요구 사항을 무시하는 경우에 균형을 잃게 된다. 성인기 생활에 필요한 기술이 우선순위로 고려되지 않으면 고등학교 마지막 학년 학생은 균형을 잃게 된다.

4. 개별화교육계획 수립 계획하기

처음 특수교사 Ooi의 일화에서 설명한 것처럼 개별화교육계획을 수립하기 위해 팀을 이끄는 것은 부담스러운 경험일 수 있다. 교사에게는 개별화교육계획을 작성하기 위해 따라야 할 일련의 단계 또는 지침이 필요하다. '미국 특수교육주관리자협회'(The National Association of State Directors of Special Education, NASDSE, Holbrook, 2007)에서는 성취기준 기반 개별화교육계획을 개발하기 위한 7단계 절차를 권장한다. 절차는 다음과 같다: (1) 학년 수준의 내용 성취기준 고려, (2) 학생이 성취기준과 관련하여 기능하는 위치 결정, (3) 학업 및 기능적 수행의 현행 수준 개발, (4) 측정 가능한 연간 목표 개발, (5) 해당 연도 동안 학생의 진보 상황 평가 및 보고, (6) 특별히 설계된 수업 확인, (7) 주(state)의 대규모 평가를 위한 가장 적절한 평가 방식을 결정. 또한 팀은 개인 중심의 절차를 만들어야 하며, 대안평가를 적용하는 학생의 개별화교육계획에 대한 연방 지침은 연간 목표에 대한 평가 준거 또는 단기 목표를 명시할 것을 요구한다. 다음은 중등도 및 중도장애 학생을 위한 성취기준 기반 개별화교육계획 수립을 위한 단계별 과정에 대한 설명이다. 〈표 4.2〉에는 성취기준 기반 개별화교육계획 수립 단계가 요약되어 있다.

〈표 4.2〉 중도장애 학생의 성취기준 기반 개별화교육계획 수립을 위한 10단계

1단계. 학생 중심(개인 중심 계획) 접근으로부터 시작하기
- 학생의 선호도 파악하기
- 우선순위를 파악하기 위하여 학부모 및 학생과 소통하기(예: 사전회의, 이메일, 전화 통화, 교실 방문)
- 학생이 개별화교육계획 수립 과정에 어떻게 참여할지 결정하기(예: 목표 작성, 회의 참여, 회의 주도)

2단계. 학년 수준 성취기준 고려
- 주(state)의 학년 수준 교과내용 성취기준 및 확장된 성취기준 알아보기
- 일반 교사와 함께 가장 중요한 성취기준 확인하기
- 이러한 우선순위 성취기준에 필요한 관련 기술 목록 만들기(예: 이야기 요소 식별)

3단계. 학생의 현재 및 미래 환경에 필요한 생활 기술 식별
- 학교와 지역사회에서 기능하는 데 필요한 기술 고려하기
- 장애와 관련된 기타 특수 요구 사항(예: 치료 요구, 기능적 행동 평가)에 대한 정보 얻기
- 늦어도 16세에는 전환 관련 요구 고려하기

4단계. 학생의 현재 학업 및 생활 기술 수준 설명
- 이전 기록의 정보 사용하기(예: 이전 개별화교육계획, 종합 평가)
- 이전 교사 면담하기
- 직접 관찰한 정보 요약하기
- 평가 결과 사용하기

- 5단계. 교과 영역별 연간 목표 개발
- 각 학업 교과내용 영역의 우선순위 확인하기
- 핵심 내용, 자기결정, 보조공학, 기능적 적용 고려하기
- 기능적 목표 및 기타 목표 확인하기

6단계. 구체적인 단기 목표 또는 평가 준거 작성
- 관찰 가능하고 측정 가능한 용어로 목표 작성하기
- 목표에 대한 조건과 기준 고려하기
- 학습을 위한 목표 순서 정하기
- 일반화 계획하기

7단계. 학생이 일반 교육과정에 접근하는 방법 계획
- 일반 교육 참여 계획 수립하기

8단계. 특별히 설계된 수업계획
- 보조공학 또는 기타 교수적 조정 요구 고려하기

9단계. 적절한 주(state) 평가 방식 선택
- 주 평가 방식 알기
- 학생이 일반 교육과정에 접근하는 방법을 기준으로 선택하기(학생의 장애를 기준으로 하지 않음)

10단계. 진보 점검 체계 개발
- 적절한 유형의 진보 점검 방법 개발하기
- 자료 수집 계획하고 실행하기
- 자료 기반 의사결정 사용하기

1) 1단계: 개인 중심 과정으로부터 시작하기

중등도 및 중도장애에 관한 문헌에는 개별화교육계획 개발에 대한 두 가지 뚜렷한 접근 방식인 평가 접근 방식(assessment approach)과 계획 접근 방식(planning approach)이 제시된다. Campbell, Campbell, Brady(1998)는 평가 접근 방식을 진단-처방적 과정을 사용하는 것으로 설명한다. 이 과정의 단계에는 일련의 기술을 설명하고, 이 순서 내에서 학생의 수행을 평가하고, 평가 결과를 기반으로 교육목표를 선택하는 것이 포함된다. 대조적으로, 계획 접근 방식에서는 학생과 친숙한 사람들로 구성된 팀이 학생 및 가족과 협력하여 교육과정 목표를 설정한다. 여기에는 개인 중심 계획 회의가 포함될 수 있다. 개인-주도(person-driven) 및 개인-통제(person-controlled)라는 용어는 서비스를 받는 사람이 안건을 설정한다는 것을 강조하기 위해 사용되었다(Marrone, Hoff, & Helm, 1997). 이미 존재하는 서비스에 사람을 맞추는 것이 아니라 그 사람의 우선순위와 고유한 환경에 따라 서비스가 개발된다. 계획에는 개인의 환경(또는 생태)에 대한 고려가 포함되기 때문에 이것은 생태학적 접근 방식의 일부다.

장애인을 위한 보다 개별화되고 생태학적 기반의 교육과정 체계를 찾는 데 있어 성취기준 기반 개혁 운동은 종종 비판을 받아왔다. 이를 위해 Hunt, McDonnell, Crockett(2012)은 삶의 질에 초점을 맞춘 생태학적 접근 방식을 사용하여 의미 있는 일상생활 성과를 반영하는 성취기준 기반 목표를 수립할 것을 제안하였다. 또한 개별화교육계획팀이 교육과정의 다양한 과목을 아우르는 학업을 포함하기 위해 가정, 또래관계, 지역사회 참여 및 직업 이외의 목표를 개발할 것을 제안한다. Hunt 외(2012), Trela와 Jimenez(2013)는 중등도 및 중도장애 학생에게 "다른 교육과정"이 필요하다는 오래된 개념을 정교화하였다. 교사는 생태학적 틀을 통합하여 중등도 및 중도장애 학생이 일반 교육과정에 접근하도록 적절한 목표를 개발하는 "차별화된" 접근 방식을 사용할 수 있다. 차별화된 접근 방식을 따르면 교사는 주(state) 성취기준에 대한 기대와 학생 개인의 생태학적 필요 사이의 균형을 맞추게 된다.

개인 중심이 되는 것은 학생이 의사결정을 내리고, 스스로 목표를 설정하고, 회의를 운영하도록 권장하므로 자기결정 능력을 향상시킬 수 있다. 개인 중심 계획의 사용은 개선된 사회적 지원망, 가족 및 친구와의 긴밀한 관계, 집단 활동에 대한 더 많은 관심(involvement) 및 참여(engagement)와 연결되었다(Claes, Van Hove, Vandevelde, van Loon, & Schalock, 2010). Miner와 Bates(1997)는 개별화교육계획 또는 개별화전환계획 회의에서 학생과 가족의 참여를 증가시키는 수단으로 개인 중심 계획 회의 실행을 평가했다. 개인 중심 계획 과정에서 촉진자는 학교 회의에서 논의될 수 있는 미래에 대한 몇 가지 목표를 브레인스토밍하기 위해 학생 및 가족과 함께 학교의 개별화전환계획 협의회 전에 회의를 잡았다. 이 과정은 가족 참여와 전환계획 과정에 대한 만족도를 모두 높였다. 개별화교육계획이 개발될 때마다 개인 중심 계획 회의를 개최하는 것은 거의 불가능하지만 개인 중심 계획의 가치는 (1) 학생의 선호도 조사하기, (2) 계획 과정 초기부터 학부모와 학생과 소통하기, (3) 학생이 계획 과정에 어떻게 적극적으로 참여할 것인지 계획하기의 세 가지로 설명될 수 있다.

(1) 학생의 선호도 조사하기

개인 중심 과정으로 개발된 개별화교육계획은 계획이 가장 큰 영향을 미치는 사람, 즉 학생에게 의미 있어야하고 받아들여질 수 있어야 한다. 계획이 학생 중심일 수 있도록 촉진하는 한 가지 방법은 학생의 선호도 목록을 만들어서 개별화교육계획에 사용하는 것이다. 예를 들어, 학생이 컴퓨터에 큰 관심을 보인다면 일반교육과정에서 학습을 촉진하기 위해 어떤 컴퓨터 기술을 추가적으로 습득할 수 있는지 고려할 수 있다. 또는 수영을 좋아하는 학생이 있다면 학교 수영팀에 참여할 수도 있다. 이러한 선호도를 확인하는 간단한 방법으로 교사는 학생과 이전 경험 목록을 브레인스토밍하거나 학생의 이전 교사와 면담을 진행할 수 있다. 일부 학생은 면담에 응답하여 자신이 좋아하는 것에 대해 답하거나 자신의 선호도를 나타내는 사진을 선택할 수 있다. 학생이 개별화교육계획 회의가 시작될 때 자신이 선호하는 사진을 제시함으로써 팀의 모든 구성원이 계획에서 학생의 선호도를 존중하도록 하는 방법을 고려할 수 있다.

때로는 교사가 학생에게 항목이나 사건 표본을 조사할 기회를 주는 체계적인 선호도 평가가 사용될 수 있다(Lohrmann-O'Rourke & Browder, 1998). 그런 다음 해당 항목 및 사건에 대한 학생의 응답은 선호도의 상대적 지표로 해석된다. 제시된 항목과 상호작용하는 학생을 직접 관찰하는 것이 제3자에게 정보를 요청하는 것보다 더 정확할 수 있다(Lohrmann-O'Rourke & Browder, 1998). 보호자는 학생의 선호도를 파악하는 데 훌륭한 자원을 제공하지만 연구에 따르면 중도장애인을 직접 관찰하였을 때, 때때로 보호자의 의견과 다른 관점이 드러나는 것으로 나타났다(예: Foxx, Faw, Taylor, Davis, & Fulia, 1993; Green et al., 1988; Green, Reid, Canipe, & Gardner, 1991; Parsons & Reid, 1990). 또한 항목이 서로 이질적이지 않을 경우(예: 가장 많이 좋아하는 것과 가장 적게 좋아하는 것), 보호자는 선호도를 파악하는 것을 더 어려워한다. 다행히 연구자들은 학생의 선호도와 잠재적 강화물을 확인하고자 다양한 평가 절차(예: 단일 자극-single stimulus, 쌍을 이루는 자극-paired stimulus, 대체 없는 다중 자극-mulitple stimulus without replacement)를 개발하여 평가를 실행해 왔다(Cannella-Malone, Sabielny, Jimenez, & Miller, 2013).

체계적인 선호도 평가를 수행하기 위한 일반적인 단계에는 (1) 평가 목적 정의, (2) 다양한 선택 항목 선정, (3) 선택 항목의 형식 결정, (4) 평가 일정 개발,

(5) 응답 정의, (6) 제시자와 활동 상대자 확인, (7) 선택 항목 제시를 포함한다(Lohrmann-O'Rourke & Browder, 1998). 예를 들어, 평가 목적이 개별화교육계획에 대한 선호도를 확인하는 것이라면 교사는 학업 내용이 어떻게 제시될 수 있는지와 관련된 다양한 경험(예: 또래 교수, 협동 학습 집단, 스스로 학습, 컴퓨터 지원) 또는 활용할 다양한 자료를 선택할 수 있다. 그런 다음 이러한 선택 항목이 언제 도입되고 앞으로 누가 각 선택 항목을 제시할 것인지를 명시하는 일정을 만든다. 학생이 선호도를 표현하는 방법을 나타내기 위해 특정 응답이 정의된다. 여기에는 즐거움(미소), 참여 지속시간, "이게 마음에 들어요?"라고 물었을 때 "예" 또는 "아니오"로 표현하는 것, 좋아하는 것들의 사진을 선택하는 것과 같은 다양한 표현 수단이 포함될 수 있다. 마지막으로 기회가 주어지고 교사는 개별화교육계획을 위해 결과 목록을 정리 요약하여 보관한다. 체계적인 선호도 평가는 시간이 많이 소요되며 일반적인 개별화교육계획 과정의 시간 기한을 넘어설 수 있다. 하지만 행동 및 동기 부여 문제가 있는 학생을 위해 시간을 투자하여 과거에 저조한 진보를 보인 학생을 위한 새로운 아이디어를 찾거나 새로운 기회(예: 더 많은 통합 또는 지역사회 기반 교육)를 만들어주도록 도울 수 있다. 청소년 개별화교육계획의 전환 목표와 관련된 명확한 학생 선호도는 학생의 자기 주도 학습을 향상시킬 것이다. 따라서 개별화교육계획은 학생의 개인적 목표와 관심사를 교육과정 자체에 연결하는 수단이 될 수 있다. 자기결정교수학습 모형(SDLMI)에 대한 자세한 내용은 16장을 참조하면 된다(Shogren, Wehmeyer, Burke, & Palmer, 2017).

학생의 선호도를 아는 것이 선택 사항을 제공하는 것을 제한해서는 안되며, 오히려 이러한 선택 항목이 더 풍부해지도록 해야 한다. 예를 들어, 교사가 Sam이 동물에 관한 책을 테이프로 듣기를 좋아한다는 것을 알고 있다면 테이프를 몇 개 준비할 수 있다. 이 테이프들을 구하려면 약간의 준비가 필요하기 때문에 교사는 미리 Sam의 선호도를 알아야 한다. 반대로, Sam이 매일 학교 식당에서 둘 중 하나만 선택할 수 있다면 Sam이 우유보다 오렌지 주스를 좋아한다는 것을 아는 것은 의미가 없다. 선호도 평가를 더 의미 있게 만드는 또 다른 방법은 이 정보를 사용하여 자기표현과 자기결정의 기회를 촉진하는 것이다. 학생이 자신이 좋아하는 것과 싫어하는 것을 이해하도록 돕는 것은 생애 계획과 의사결정에 매우 중요하다(Field & Hoffman, 1994). 학생은 대화 훈련 중에 또는 "좋아하는 것들" 스크랩북을 만들면서 좋아하는 것과 싫어하는 것을 소통하는 방법을 배울 수 있다. 세 번째 방법은 학생이 새로운 경험을 시도할 수 있는 방법을 만드는 것이다. 새로운 경험을 표본으로 시도해보는 것을 상황 평가(situational assessment)라고 한다. 새로운 선택 사항을 시도해봄으로써 더 많은 정보를 근거로한 새로운 선호도 관련 정보를 얻을 수 있다.

(2) 학부모와 소통하기

미국 「장애인교육개선법」은 개별화교육계획 수립 과정에서 부모가 완전한 팀 구성원이 되도록 장려한다. 이미 다 수립되고 작성된 개별화교육계획을 제시하고 단순히 승인 및 서명만을 위해 학부모를 초대해서는 이를 이룰 수 없다. 개별화교육계획 과정을 위해 학부모와 협력 관계를 형성하는 한 가지 방법은 초기 과정부터 학부모를 참여시키는 것이다. 교사는 우선순위에 대한 의견을 듣기 위해 학부모 및 학생과 사전 회의를 개최하거나, 이메일을 보내거나, 전화를 걸거나, 화상회의를 개최하거나, 학부모를 초대할 수 있다. 회의 그 자체가 학부모의 의견을 환영하는 환경이어야 한다. 회의 시간을 정할 때 학부모 일정이 고려되어야 하며 학부모는 참석을 준비할 수 있도록 회의 날짜에 대한 사전 서면 통지를 충분히 받아야 한다. 부모가 참석할 수 없는 경우, 전화나 다른 의사소통 방식으로 학부모 의견을 통해 의사를 묻는 것이 특히 중요하다. 학교는 학부모가 개별화교육계획 절차를 이해하고 있는지와 필요한 경우 통역사가 있는지 확인해야 한다. 개별화교육계획에 대한 학부모의 참여는 문서화되어야 하며 학부모는 개별화교육계획서 사본을 받아야 한다. Diliberto와 Brewer(2012)는 개별화교육계획 회의를 위한 6가지 성공적인 조언을 개괄적으로 설명하는데, 각 항목의 핵심 요소는 개방적이고 상호적인 가족-학교 의사소통이다.

이러한 기본 요구 사항에 더하여, 모든 절차는 학부모를 구성원으로 환영하고 가족의 문화적 가치를 이해하는 방식으로 수행되어야 한다(2장 참조). 가족이 계획을 주도하도록 돕기 위해 교사가 사용할 수 있는 몇 가지 특정 전략이 있다(Chambers & Childre, 2005; Rivera, Jimenez, et al., 2016). 교사는 가족이 논의하고 싶은 것을 표현하게 함으로써 모임을 시작할 수 있다. 학생의 목표, 선호하는 사진 또는 기타 사항을 공유하는 것으로 회의가 시작되었다면, 이것은 또한 회의를 통해 학생의 능력 확인하는 긍정적인 계기가 된다. 학부모가 자녀에 대해 걱정되는 점을 표현하는 경우, 교사나 팀원이 이를 가능한 우선순위로 바꾸어 다시 말할 수 있다(예: "Sara에게 읽기를 배울 수 있는 기회를 주는 것이 중요하다는 말씀이시지요?"). 교사는 또한 민감하고 반응적인 경청자가 되도록 배울 수 있다. 학부모는 개인 또는 문화적 가치와 충돌, 이전의 부정적 경험, 내용에 대한 오해, 자녀의 필요에 대한 전문적인 평가에 비동의 등 다양한 이유로 제안되는 내용에 대하여 반대할 수도 있다. 때때로 전문가들은 서로 상충되는 정보를 부모에게 제공한다(예: "자녀는 기능적 기술만 배울 수 있습니다"). 미국 「장애인교육개선법」의 특정 지침은 관리자가 학부모와의 분쟁 해결을 감독하도록 규정하고 있지만 교사는 갈등 해결 필요성 발생을 최소화하기 위해 협력해야 한다. 시간을 내어 학부모와 관계를 형성하는 것은 학생의 교육 프로그램에 중요하며 긍정적인 영향을 미칠 수 있다.

(3) 개별화교육계획 수립 과정에 학생이 어떻게 참여할지 계획하기

법에 따르면 장애 학생은 적절한 경우에만 계획 회의에 참석해야 한다. 많은 중등도 및 중도장애 학생은 회의에 참석하지 않고 있으며 회의 참여, 목표 공유 또는 회의 주도 방법에 대한 체계적 교육을 받은 적이 없는 학생도 많다. Arndt, Konrad, Test(2006)는 개별화교육계획 회의에 학생을 참여시키는 몇 가지 방법을 설명했다. 학생은 회의 전에 목표를 확인하도록 요청받을 수 있다. 예를 들어, 학생은 배우고 싶은 기술의 그림 항목 중에서 선택하거나 선호하는 앨범을 만들 수 있다. 한 가지 방법은 학생들에게 회의에서 PowerPoint 프레젠테이션으로 목표를 발표하도록 가르치는 것이다. 개별화교육계획 회의에 학생들이 적극적으로 참여할 수 있도록 하는 추가 아이디어는 17장에서 찾을 수 있다.

2) 2단계: 학년 성취기준 고려하기

성취기준 기반 개별화교육계획을 수립하려면 학생의 학년 수준에 대한 주(state) 성취기준을 확인하고 이를 계획에 활용하는 것이 중요하다. 일반교육의 각 내용 영역에 대한 성취기준을 고려해야 하며 일반적으로 최소한 수학, 영어, 과학 및 사회 과목이 포함된다. 이 책에서 이러한 과목에 대한 장(7장-13장)은 교사가 이 교과 내용에 대한 일반적인 개요를 이해하는 데 도움이 될 수 있다. 그런 다음 주정부 웹사이트를 사용하여 학생의 해당 학년(예: 6학년)에 대한 성취기준을 찾을 수 있다. 교사는 개별화교육 회의에서 참조할 수 있도록 이것을 출력하거나 즐겨찾기 목록에 온라인 주소를 추가할 수 있다.

대안평가를 받는 학생들의 목표는 대안 성취기준이기 때문에 이러한 학년 수준의 성취기준을 요약하고 우선순위를 정할 필요가 있다. 대부분의 주(state)에는 대안평가를 받는 학생들을 위한 확장된 성취기준 또는 교육과정 체계가 있다. 교사는 이러한 확장된 성취기준을 찾아서 개별화교육계획 회의에서 참고할 수 있도록 출력본 또는 저장한 웹사이트 주소를 가지고 있어야 한다. 주에 확장된 성취기준이 있는 경우 일반적으로 대안평가의 근거가 된다. 주에 특정 확장된 성취기준이 없는 경우 교사는 일반교사와 논의하여 학년 수준에 가장 중요한 성취기준이 무엇인지 알아봄으로써 우선순위를 만들 수 있다. 그런 다음 이러한 우선순위 성취기준을 단순화, 압축, 추가할 수 있다. 중요한 것은 성취기준의 기존 내용과 목적을 잃지 않는 것이다. [그림 4.2]는 확장된 성취기준의 예를 제공한다. 주 성취기준을 확장하는 방법에 대한 추가 지침은 Courtade와 Browder(2016)를 참조한다.

이러한 확장된 성취기준에도 여전히 긴 성취기준 목록이 포함될 수 있다. 교사는 중복 및 핵심 성취기준을 목록화하기 위해 이를 검토해야 할 수도 있다. 이 과정에서 일반교사와 내용 영역에 대한 추가적인 논의가 필요할 수 있다. 이 논의 중 일부는 개별화교육계획 회의 자체에서 이루어지지만 대부분의 회의에서는 시간 제약이 있어 이러한 우선순위에 대한 사전 계획이 필요하다. 만약 내용 측면에서 우선순위가 확정되었다면 학생이 그 내용을 성취하기 위하여 어떤 기술을 필요로 하는지에 대해 주목해야 한다(예: 정보를 전달하는 글의 내용을 요약한 그림을 선택할 수 있다).

Alaska 수학 성취기준-통계 및 확률

8학년 성취기준: 함수를 사용하여 수량 간의 관계를 나타내기
(평가 준거: 두 수량에 대한 구두 설명이 주어지면 그래프를 그리기; 반대로 그래프가 주어지면 가능한 실생활 관련 예시를 설명하기; 예를 들어, 가속하는 자동차의 위치나 던져진 공의 위치를 그래프로 나타내기)

현행 학업 및 기능 수행 수준에 기반한 목표:

초기 상징 사용자:
- Martina는 그래프(Velcro®가 부착된 개체를 그래프에 붙이기)를 정확하게 사용하여 활동 5개 중 5개에 대한 과제 완수를 나타냄

구체적 상징 사용자:
- Elena는 자료를 그래프로 표시하고 이를 사용하여 80% 정확도로 주어진 자료의 결과를 예측함

추상적 상징 사용자:
- Li는 90% 정확도로 수집한 자료(예: 상급 학급의 노래에 대한 투표)를 표시하는 그래프를 그림
- Li는 관련 질문 5개 중 4개에 올바르게 답하여 자료를 해석함

[그림 4.2] 확장된 성취기준 예시

출처: Courtade와 Browder(2016, p. 74). Attainment Company에 의해 사용 허가받음.

3) 3단계: 학생의 현재와 미래 환경에 필요한 일상생활 기술 확인하기

주(state) 성취기준 외에도 팀은 학생의 현재 및 미래 환경에 필요한 생활 기술을 고려하기를 원할 것이다. 이는 일반적으로 학생의 현재 및 미래 환경에 대한 생태학적 목록을 통해 확인된다. 교사는 일반적으로 학생이 접근하는 환경과 각 환경에 필요한 기술을 나열할 수 있다. 12세 학생이 친구와 함께 영화를 보러 가는 상황을 예로 들 수 있다. 이 때 필요한 기술 중 일부는 영화표 구입, 간식 구입, 특정 영화관의 위치 찾기, 화장실 사용, 친구와 어울리기이다. 이 분석에서 나올 수 있는 개별화교육계획 목표는 영화 제목을 선택하고 영화표 가격을 지불하는 것일 수 있다. 교사가 사용할 수 있는 손쉬운 방법 중 하나는 생활 기술 매트릭스이다. 생활 중심 교육(Life-Centered Education, LCE) 전환 교육과정(www.cec.sped.org/~/media/Files/Publications/LCE/LCE_Matrix_4.pdf)에는 다양한 생활 영역에 대한 목표

기술 목록이 포함되어 있다.

학생들은 추가적인 치료와 기술이 필요할 수도 있다. 교사는 개별화교육계획팀이 고려할 수 있도록 언어치료, 작업치료 및 물리치료에서의 평가를 제공하고 이를 해석하고 추천할 사람이 있는지 확인하기를 원할 것이다. 이러한 치료적 요구를 충족시키는 가장 좋은 방법은 각각 분리된 치료에 의존하기보다 전체 교육 프로그램에 통합하는 것이다. 학부모와 학생을 포함한 개별화교육계획팀의 모든 구성원은 치료의 목표를 이해하고 이에 참여할 필요가 있다. 또한 미국 「장애인교육법」에 따라 개별화교육계획팀은 자신이나 타인의 학습을 방해하는 행동을 하는 학생을 위해 긍정적 행동지원을 고려해야 한다. 14장에서 사회적 행동 계획의 기초를 형성하는 평가를 수행하는 방법에 대한 설명을 제공한다.

4) 4단계: 학생의 학업 및 일상생활 기술 현행 수준 서술하기

3단계와 4단계에서 교사는 현재 학년 수준의 내용, 일상생활 및 기타 관련 기술, 치료 요구에 대해 학생이 필요로 하는 기술에 대한 정보를 수집한다. 이제 이 기술 목록을 참조하여 학생의 현재 수행 수준을 설명할 수 있다. 학생의 학업 및 일상생활 기술 수행을 요약하기 위해 교사는 이전 기록, 과거에 학생과 함께 일한 전문가 면담, 학부모 면담 및 학생 직접관찰을 사용할 수 있다.

학생이 과거에 일반 교육과정 내용에 접근할 수 있었고 진보 점검이 실행된 경우라면, 각 학업 내용 영역 및 기타 개별화교육계획 영역의 수행을 보여주는 데 근거가 될 수 있는 풍부한 과거 기록 자료를 갖게 된다. 학생이 일반 교육과정 내용에 대해 교육을 받은 적이 없는 경우라면 팀은 현재 학생의 지식과 기술의 부족이 기회 부족의 결과일 수 있음을 알아야한다. 학생이 일반 교육과정에서 교육을 받았지만 학생의 진보에 대한 기록이 명확하지 않을 수도 있다. 이러한 상황에서 교사는 이전에 학생과 함께 일했던 전문가와 면담하여 학생이 어떤 기술을 수행할 수 있고 어떤 기술 습득이 여전히 필요한지 결정할 수 있다. 부모는 일상생활 기술뿐만 아니라 학업 내용에서도 현재 수행에 대한 정보를 제공할 수 있다. 학부모는 학생의 능력에 대한 설명을 제공하는 데 도움이 될만한 전년도의 학습 샘플을 보관하고 있을 수 있다. 주(state) 평가에 대한 학생의 수행결과도 현행수준 요약에 대한 정보를 더해준다. 일부 주(state)에서는 특정 기술에 대한 정보(예: 점검표)가 대안평가에 포함될 수 있다. 다른 정보는 기록상에 점수나 등급으로만 제시될 수 있다(예: "87%" 또는 "숙달"). 이러한 결과는 학생의 현재 수행에 대한 설명에 포함되어야 한다. 마지막으로, 학생이 할 수 있다고 알려진 것과 실제 수행 수준 사이의 격차를 줄이기 위하여 교사는 직접관찰을 활용할 수 있다. 직접관찰에는 학생이 무엇을 할 수 있는지 알아보기 위해 몇 가지 잠재적인 활동을 시도해보는 것이 포함될 수 있다. 일부 교사는 일반 교육과정에 접근하기 위해 학생에게 필요한 기술에 대한 교사 제작 점검표를 활용할 수도 있다. [그림 4.3]은 점검표의 예시이다.

5) 5단계: 각 내용 영역에 대한 연간 목표 수립하기

학생의 현재 학업 및 기능적 수행수준이 구체화되고 나면, 팀은 연간 목표를 개발하는 데 필요한 정보를 갖게 된다. 연간 목표 설정은 개별화교육계획 회의 논의에서 이루어질 가능성이 가장 높지만 수집한 평가 정보를 기반으로 팀원들이 목표를 사전에 수립하여 제시하는 경우도 종종 있다. 학생 스스로 세운 목표가 있다면 협의회에서 이 목표가 먼저 제시되어야 한다. 개별화교육계획에 명시된 각 내용 영역마다 적어도 하나의 연간 목표가 작성된다. 이러한 연간 목표 중 일부는 학년 수준 성취기준과 직접 연결될 수 있다. 다른 연간 목표들은 여러 개의 성취기준을 다룰 것이다. 목표를 작성할 때 다음 예시와 같이 관찰 가능하고 측정 가능한 목표행동 진술을 사용하는 것이 중요하다.

> 연간 목표: "Steve는 최소 세 가지 유형의 제시글에 대하여, 다양한 교수적 조정이나 소리내어 읽어주기가 제공되었을 때, 이야기의 주요 구성 요소를 찾을 수 있다."
> 주 성취기준과의 연계: CCSS.ELA-LITERACY.RI.4.2-주어진 제시글의 중심 내용을 찾고, 주요 세부 사항에 의해 어떻게 뒷받침되고 있는지 설명한다; 주어진 제시글을 요약한다.

때때로 팀은 목표기술을 수행하기 위한 조건을 명시하기도 한다. 조건은 Steve가 수정된 학년 수준의 글에 접근하고 그 글을 소리내어 읽어 주는 조정이다. 연간

일반 교육과정 접근을 위한 기술	학생이 지금 할 수 있는 것	학생이 배워야 할 것
1. 이야기 글을 소리내어 읽기	그림책을 읽을 때 그림을 가리킴	소리내어 읽기에 참여하기; 학년/연령에 적합한 책을 사용하기(수정된 책일 수 있음)
2. 정보를 나타내는 글을 소리내어 읽기	색채 그림을 포함하고 페이지당 2줄을 넘지 않는 텍스트일 경우만 참여함	긴 글 요약 및 그림 수가 적은 글로 소리내어 읽기에 참여하기(예: 7학년 교과서 수정)
3. 글에 명시된 내용 파악 질문에 답하기	"______보여주세요."라고 물으면 그림을 가리킴	주요 등장인물, 행동, 중심 생각 관련 질문에 대해 여러 그림 중 선택하여 응답하기
4. 정보를 전달하는 글의 문단을 요약하기 위해 그림 사용하기	일부 시범을 통해 그림을 선택하여 PowerPoint에 삽입함	선호하는 그림이 아닌 문단의 주제와 관련된 그림을 선택하기
5. 과학 또는 사회 교과의 주요 내용을 요약하는 데 개념 설명 사용하기	개념 설명문의 빈 칸을 채우지 않음	개념 설명을 완성하기 위해 그림을 사용하기(교과서 각 단원 내 구체적 개념을 식별해야 함)
6. 주제를 조사하기 위해 인터넷을 사용하기	북마크된 즐겨찾기를 사용하여 친숙한 인터넷 사이트를 찾음	과제분석에 따라 선택한 주제에 대한 정보를 찾기
7. 보고서 작성하기(예: 독서감상문, 조사 보고서)	일부 시범을 통해 그림을 선택하여 PowerPoint에 삽입함	보조공학을 사용하여 교사나 학급 또래에게 정보를 배열하고 전달하기
8. 과학과 수학에서 교구나 모형을 사용하여 시범 따라하기	수학문제를 계산하거나 모형을 조작하려면 손을 붙잡고 제공하는 지원이 필요함(소근육 협응이 제한됨)	사용하기 더 쉽게 수정된 자료 탐색하기; 자료 활용을 위해 시범을 모방하는 것을 배우고, 수학 계산 또는 과학 개념을 숙달하는 것을 배우기
9. 협동 학습 집단에 참여하기	또래와 함께 참여하는 것을 즐거워하지만 장난을 치며 집단에 기여하지 않음	협동 학습 활동에 차례를 돌아가며 참여하기; 집단 상황에서 현재 기술을 일반화하기
10. 학습지, 학습센터 등의 개별 학습	(연령에 부적절한)학습지 색칠; 학습 센터에서 집중하지 못함	두 가지로 간단하게 답할 수 있는 학습지를 독립적으로 수행하기(그림 도장찍기, 답안 강조하기); 학습 센터로 현 기술 일반화하기(예: 도움 없이 또는 약간의 도움을 받아 그림 찾기); 학업 과제 자기점검하기(완성될 때까지 각 단계마다 도장 찍기)

[그림 4.3] 학업 수행 진술문을 개발하기 위해 사용한 교사 제작 점검표 예시

목표에 명시된 구체적인 목표 기술은 이야기의 주요 구성 요소를 식별하는 것이다. 이 특정 목표는 5학년 국어 교과의 주 성취기준과 연결된다. 목표는 또한 글의 유형(예: 단편 소설, 전기, 뉴스 기사) 전반에 걸친 일반화를 요구한다.

6) 6단계: 단기 목표 또는 평가 준거 작성하기

연간 목표가 수립되고 나면 교사는 단기 목표를 개발할 수 있다. 이는 개별화교육계획 회의에서 개발될 수 있지만, 팀원은 회의 전에 단기 목표 초안을 준비할 수 있다. 단기 목표는 연간 목표를 향해 학생이 성취하는 과정을 반영해야 한다. 6장에서 증거기반실제에 대해 설명한 것과 같이, 학생이 수행하기를 기대하는 과제는 과제분석되어야 하며 연쇄(chaining)를 사용하거나 기술의 다른 요소를 교수할 수 있다. 다음은 Steve의 영어 교과 연간 목표에 대한 단기 목표를 작성하는 서로 다른 두 가지 방법이다. 첫 번째 예시에서 교사는 모든 유형의 제시글을 다루면서 여러 내용 요소를 다룬다. 두 번째 예시에서 교사는 한 번에 하나씩 각 유형의 제시글을 다룬다.

단기 목표 사례 1

연간 목표: "Steve는 최소 세 가지 유형의 제시글에 대하여, 다양한 교수적 조정이나 소리내어 읽어주기가 제공되었을 때, 이야기의 주요 구성 요소를 찾을 수 있다."

단기 목표 1: Steve는 9주차 말에 2번 시도 중 2번에 대하여 세 가지 유형의 제시글에서 주요 등장인물을 찾을 수 있다.

단기 목표 2: Steve는 15주차 말에 2번 시도 중 2번에 대하여 세 가지 유형의 제시글에서 이야기의 배경을 찾을 수 있다.

단기 목표 3: Steve는 18주차 말에 2번 시도 중 2번에 대하여 세 가지 유형의 제시글에서 이야기의 갈등과 해결을 찾을 수 있다.

단기 목표 4: Steve는 27주차 말에 2번 시도 중 2번에 대하여 세 가지 유형의 제시글에서 이야기의 중심 생각을 찾을 수 있다.

단기 목표 5: Steve는 남은 학년도 동안 5개의 새로운 제시글에서 5번 시도 중 4번에 대하여 이야기의 구성 요소 찾기를 일반화할 것이다.

단기 목표 사례 2

연간 목표: “Steve는 최소 세 가지 유형의 제시글의 대하여, 다양한 교수적 조정이나 소리내어 읽어주기가 제공되었을 때, 이야기의 주요 구성 요소를 찾을 수 있다.”

단기 목표 1: Steve는 9주차 말에 2번 시도 중 2번에 대하여 단편 소설의 주요 등장인물과 배경을 찾을 수 있다.

단기 목표 2: Steve는 15주차 말에 2번 시도 중 2번에 대하여 단편 소설의 갈등, 해결 및 중심 생각을 찾을 수 있다.

단기 목표 3: Steve는 18주차 말에 2번 시도 중 2번에 대하여 전기의 내용 구성 요소를 찾을 수 있다.

단기 목표 4: Steve는 27주차 말에 2번 시도 중 2번에 대하여 뉴스 기사의 내용 구성 요소를 찾을 수 있다.

단기 목표 5: Steve는 학년말에 적어도 5개의 새로운 제시글에서 5번 시도 중 4번에 대하여 내용 구성 요소 찾기를 일반화할 수 있다.

7) 7단계: 학생이 일반 교육과정에 어떻게 접근할지 계획하기

일부 장애 학생은 최소한의 지원과 교수적 조정만으로도 일반 교육과정에 참여할 수 있다. 즉, 추가적인 교수, 보조공학 사용 또는 분리된(private) 환경에서 시험을 볼 수 있는 기회와 같은 기타 조정을 통해 학년 수준에서 수행되는 일반학급 수업을 따라갈 수 있다. 예를 들어, 일부 지체장애 또는 자폐성장애 학생은 이러한 조정을 통해 학년 수준의 성취도를 따라간다. 중등도 및 중도 지적장애 학생은 일반적으로 교수적 조정을 제공하더라도 학년 수준의 성취도를 달성하기 힘들다. 교수뿐만 아니라 기대(목표)에 있어서도 수정이 필요하다. 개별화교육계획팀은 학생에게 학년 수준의 성취기준과 대안 성취기준 중 어떤 것을 적용할지에 대해 중요한 결정을 내려야 한다. 이는 학생이 배울 내용과 사용할 주 전체 평가 유형에 영향을 미치기 때문이다. 팀이 학생의 학업 및 기능 수행을 잘 정의하고 이를 기반으로 연간 목표를 설정했다면 학생에게 기대하는 바가 학년 수준인지 대안 성취기준인지를 명확히 해야 한다. 이 결정은 학생의 기회에 영향을 미칠 수 있으므로 가능한 최대 수준의 성취를 고려하여 내려져야 한다. 일부 주(state)에서는 학생이 학년 수준의 성취도를 얻지 못하면 정규 학력을 인정받을 수 없다.

학생이 대안 성취기준을 통해 일반 교육과정에 접근하는 경우 이는 일반적으로 개별화교육계획에 명시되어 있다. 학생의 일반 교육과정 접근을 고려하지 않고 생활중심 교육과정을 계획하는 것은 적절하지 않다. 현행 연방법에 의하면 모든 학생은 일반 교육과정을 배울 기회를 가져야 한다. 또한 팀은 교육과정이 어디에서 어떻게 전달될지 고려해야 한다. 일반 교육과정에 중등도 및 중도장애 학생을 포함시킬 때의 효과에 대한 연구는 이러한 배치 결정을 지지해 왔다. 보고된 거의 모든 사례에서 통합 프로그램 운영은 긍정적인 결과로 연결되었다(Hudson et al., 2013; Hunt, Soto, Maier, & Dowering, 2003; Johnson & McDonnell, 2004; McDonnell et al., 2003).

문헌 기반 연구가 발전함에 따라 많은 전문가가 중등도 및 중도장애 학생의 통합을 도모하기 위해 사용한 교육 모형을 설명했다(예: Jorgensen, 1998; Jorgensen, Schuh, & Nisbet, 2006; Lipsky & Gartner, 1989; Mastropieri & Scruggs, 2007; Villa & Thousand, 1995). 비록 이 모형들은 서로 여러 면에서 다르지만 통합교육의 성공적인 실행과 관련하여 몇 가지 공통적인 주제를 포함한다. 첫째, 행정적으로 장애 학생의 일반교육 통합과 교사 역할 변화를 지원하는 조치가 시급하다. 둘째, 성공적인 통합에 있어 전문가 협력은 빼놓을 수 없다. 셋째, 통합은 결과가 아니라 과정으로 바라보아야 한다. 이는 다음에 제시된 Calculator(1994)와 관리자가 통합에 대하여 나눈 대화에 잘 나타난다: "[실패도 있었다] 이 … 환경에서 학생들의 교육적 필요가 충족될 수 있음을 학생(및 가족)에게 확인하는데 필요한 작업의 양을 예상하는데…"(p. xxi).

이 작업에서 중요한 부분은 중등도 및 중도장애 학생의 교육적 우선순위에 초점을 맞추는 데 필요한 계획이다. 통합은 학생이 일반교육 환경에 참여하도록 계획하는 것(물리적 통합) 이상이다. 또한 중등도 및 중도장애 학생을 위해 학급 및 학교에서 사회적 구성원을 장려하는 것(사회적 통합) 이상이다. 교육적 필요를 충족시키기 위해, 학생은 교육과정에서 배우고 고유한 교육적 요구를 다룰 수 있는 기회를 가져야 한다(교수적 통합). 때로는 6장에서 설명한 것과 같이 일반교육 환경에 체계적 교수를 접목시키는 방법에 대한 계획이 필요할 것이다. 〈표 4.3〉은 팀이 학생의 일반교육 접근 방법을 계획할 때 고려할 수 있는 몇 가지 의사결정 사항을 제공한다.

〈표 4.3〉 통합교육 환경에서 교수적 수정 계획 시 의사결정 위계

질문	'예'일 경우, 그렇다면..	예시	'아니오' 일 경우
1. 다른 또래들처럼 수업 활동에 참여할 수 있는가?	또래와 동일하게 참여하기	과학 교과 내 협동 학습 집단	2번으로 이동
2. 환경이 조정된다면 동일한 수업 활동에 참여할 수 있는가?	학생의 요구를 파악하여 환경 조정에 대한 전략 수립하기	집단 내 또래가 지원을 제공하기	3번으로 이동
3. 일반교사의 교수방법이 조정된다면 동일한 수업 활동에 참여할 수 있는가? 또는 체계적 교수가 삽입된다면?	학생의 요구를 파악하여 교수적 조정에 대한 전략 수립하기	관찰 기록지를 완성할 수 있도록 또래가 체계적 촉진을 제공	4번으로 이동
4. 일반교육 자료가 조정된다면 동일한 수업 활동에 참여할 수 있는가?	학생의 요구를 파악하여 자료 조정에 대한 전략 수립하기	관찰 기록지를 단순하게 조정하고 색 단서를 제공함	5번으로 이동
5. 조정된 기대 또는 규칙을 통해 동일한 수업 활동에 참여할 수 있는가?	학생의 요구를 파악하여 기대 또는 규칙에 대한 조정 전략 수립하기	관찰 기록자 역할을 맡지 않음	6번으로 이동
6. 개별적 지원이 제공된다면 동일한 수업 활동에 참여할 수 있는가?	학생의 요구를 파악하여 개별적 지원에 대한 전략 수립하기; 또래 또는 성인 훈련하기	지원자가 학생 곁에 앉아서 과제에 집중할 수 있도록 지원을 제공함	7번으로 이동
7. 동일한 교과 내용에 대한 대안적 성취기준 기반 목표에 따라 동일한 수업 활동에 참여할 수 있는가?	학생의 요구를 파악하여 다른 수준의 목표를 적용할 수 있는 교수적 조정 전략 수립하기	학생이 주요 개념 설명하기 vs 요약 작성하기 중 목표 선정함	8번으로 이동
8. 다른 교육과정 내용 영역 목표에 따라 활동에 참여할 수 있는가?	학생의 요구를 파악하여 다른 교육과정 내용 영역에 근거한 목표를 적용할 수 있는 교수적 조정 전략 수립하기	집단이 요약문을 읽을 때 초기 문해 기술을 활용해 참여하기 (예: 글자 가리키기)	9번으로 이동
9. IEP 목표와 관련된 다른 활동을 통해 일반교육에 참여할 수 있는가?	학생의 요구를 파악하여 가장 최소로 방해가 되는 다른 활동을 통합할 수 있는 전략 수립하기	수업에서 복잡한 공식을 적용할 때 과학수업 교구를 정리하기 위한 그림 설명을 활용함	10번으로 이동
10. 학교 내에서 IEP 목표에 적합한 다른 활동에 참여할 수 있는가?	학생의 요구를 파악하여 최소한의 방해가 되는 장소 변경을 적용하는 전략 세우기	학생은 시험 시간에 학교 내 자판기 이용을 연습함	11번으로 이동
11. IEP 목표와 관련된 지역사회 기반 활동에 참여할 수 있는가?	학생의 요구를 파악하여 최소한의 방해가 되는 장소 변경을 적용하는 전략 세우기	학생은 시험 시간에 학교 근처 상점에서 물건 구매를 연습함	

출처: Based on Ryndak and Alper (2003).

개별화교육계획팀은 일반교과 통합에 대해 충분히 고려해야 하지만 대부분의 중등도 및 중도장애 학생들이 분리된 특수교육 교실에서 서비스를 받고 있는 것이 현실이다(Kurth, Morningstar, & Kozleski, 2014).

교사가 모든 학생을 포용하는 학교 분위기를 옹호할 수는 있지만 필요한 수준까지 체계 변화가 발생하는 데는 시간이 걸릴 수 있다. 개별화교육계획팀이 일반교육 배치를 선택하지 않는 경우에는 미국 「장애인교육개선법」에 따라 그 이유를 개별화교육계획에 문서화해야 한다. 그런 다음 계획은 특수학급 맥락에서 일반교육 과정이 어떻게 전달될 수 있는지에 초점을 맞추어야 한다. 주 성취기준을 다루는 출판된 교육과정을 사용하거나(예: Mims, Lee, Zakas, & Browder, 2013; Trela, Jimenez, & Browder, 2008), 이 책이나 다른 자료들에서 제공되는 아이디어를 활용하여 주 성취기준을 근거로 수업을 개발함으로써 특수교사는 일반교사와 협력하여 특수학급에서도 동일하게 실행되는 수업계획을 수립할 수 있다. 성취기준에

균형 맞추기: 여러 학생의 수많은 개별화교육계획 목표들

교사 Portlock은 중등도 및 중도장애 학생의 중학교 교사다. Portlock 씨는 학생들에게 매일 과학, 수학, 문해력 및 생활 기술을 가르치고 있다. 지난 몇 년 동안 그녀의 학급 일과표는 변경되었다. 그녀는 학생의 개별화교육계획 목표를 달성하기 위해 일대일 집중시도교수(1:1 massed trials)를 제공하도록 일반학급에서 학생을 데려왔다. 이러한 교수법은 힘들기도 하고 학생들은 종종 학년 수준 성취기준이나 개별화교육계획 목표에 대한 일일 교육을 받지 못했다. 이제 Portlock 씨는 나머지 학교에서 사용하는 일정에 따라 수업일을 여러 기간으로 나누었다. 그녀는 과학, 수학 및 문해력을 가르치면서 여전히 지역사회중심 교수, 가정/생활 기술, 치료 기술 및 특수체육을 위한 시간을 가진다. 그녀의 성공열쇠는 그녀가 각 교과목 영역에서 가르치는 성취기준과 학생들이 성공하기 위해 필요한 기술에 대해 생각하는 것이다. 예를 들어, 이번 주 과학 수업에 그녀의 학급 학생들은 화학 반응에 대해 배우고 있다. Portlock 씨는 학생들이 알아야 할 두 가지 새로운 일견단어와 그림 기호를 파악했다(즉, 화학 반응, 용해). 그녀가 이 수업을 가르치는 동안 "새로운 일견단어 재인"이라는 학생들의 개별화교육계획 목표를 달성할 수 있다. 일견단어 재인 작업 외에도 그녀는 학생들의 여러 목표를 돕고 있는데, 실험에 참여하는 동안 다룰 수 있는 소근육 운동 치료 목표, 협력 탐구 학습 집단에서 다룰 수 있는 행동 목표 및 측정, 수와 관련된 수학 개별화교육계획 목표 등이 있다.

따라 특수학급에서 학생을 가르치는 것의 어려움 중 하나는 모든 내용을 다룰만큼의 시간을 확보하는 것이다. 교사 Portlock의 사례는 이 문제를 해결한 방법을 보여준다.

8) 8단계: 특별히 고안된 교수 계획하기

특별히 고안된 교수를 계획할 때 팀은 학생이 일반 교육과정에서 진보를 보이도록 필요한 교수적 조정 또는 교수적 수정을 고려한다. 중등도 및 중도장애 학생의 경우 학생의 의사소통 체계를 개발하는 방법과 보조공학의 필요성을 신중하게 고려해야 한다. 학생이 "자신이 알고 있는 것을 보여줄" 수 있으려면 이 지식을 전달하기 위한 의사소통 상징과 의사소통 방식이 모두 필요하다. 예를 들어, 먹고, 배변하고, 마시고, 도움을 요청하는 상징만 포함한 의사소통 체계를 사용하는 학생은 수학이나 과학에 대해 의사소통할 수 없다. 비상징적 의사소통에만 의존하는 학생은 새로운 지식을 전달하는 데 어려움을 겪을 것이며 상징 사용을 습득할 기회가 필요하다. 대부분의 지적장애 학생은 연간 목표 및 단기 목표의 영역 중 "의사소통"을 다룰 것이다. 3장은 학생의 의사소통 체계를 개발하는 방법에 대한 자세한 정보를 제공하고 이 영역의 목표를 개발하기 위한 아이디어를 제공한다.

구체적인 의사소통 관련 목표 수립 외에 팀은 다른 보조공학 및 조정 요구 사항을 고려할 수도 있다. 예를 들어, 학생은 쓰기 또는 식사를 위한 보조 장비(adaptive equipment), 확대 인쇄, 특수한 좌석, 약물 복용을 위한 지원이 필요할 수 있다. 물리치료사, 작업치료사, 안과 전문의 또는 기타 전문가가 제공하는 평가는 이 계획에 특히 도움이 될 것이다. 15장에서는 의학적, 감각적, 신체적 문제와 관련하여 팀협력에 대한 자세한 정보를 제공한다.

9) 9단계: 적절한 주 기반 평가 방식 선정하기

개별화교육계획팀은 학생에게 적합한 주 전체 평가(일반 또는 대안)에 대한 중요한 결정을 내린다. '미국 교육성과센터'(National Center on Education Outcomes)에서 작성된 보고서에 따르면, Thurlow, Lazarus 외(2017)는 대안평가를 위한 주 차원의 참여 지침을 검토하였으며, 평가 방식을 결정하는 데 사용해서는 안 되는 가장 일반적인 요소를 밝혀냈다. 평가에 대한 의사결정은 학생이 별도의 전문 교육과정에 참여했다는 것을 근거로 해서는 안 된다. 예를 들어, 학생이 일상생활 기술 교육과정에 참여하기 때문에 대안평가가 필요하다고 말하는 것은 적절하지 않다. 모든 학생은 추가적인 생활 기술 교육과정이 필요하더라도 일반 교육과정에 접근할 수 있어야 한다. 평가에 대한 의사결정은 학생의 현재 배치를 근거로 해서는 안 된다. 일부 주에서는 통합 환경에 있는 학생들이 대안평가를 받는다. 평가 선택은 학생의 장애유형이나 영어 학습자 여부와 같은 사회적, 문화적, 언어적 또는 환경적 요인을 근거로 할 수 없다. 평가에 대한 의사결정이 학교 전체의 평점을 높이기 위하여 내려져서도 안 된다(예: 대안평가에서 '우수'(proficiency)를 얻는 것이 더 쉬운 경우). 마지막으로, 평가에 대한 의사결정은 과도한 결석을 근거로 해서도 안 된다.

10) 10단계: 진보 점검 체계 개발하기

연간 목표와 단기 목표가 확인되면 교사는 진보 점검 체계를 개발할 수 있다. 미국「장애인교육개선법」은 개별화교육계획에 연간 목표를 측정하는 방법과 학부모에게 결과를 통보하기 위한 일정을 포함할 것을 요구한다. 팀은 개별화교육계획을 위해 일반적으로 진보 점검 유형을 결정한다. 중등도 및 중도장애 학생을 위한 진보 점검에는 적어도 세 가지 선택지가 있다. (1) 경도장애 학생을 대상으로 한 교육과정 기반 측정(curriculum-based measurement) 연구를 중등도 및 중도장애 학생에게로 확장, (2) 자료 기반 의사결정 모델을 사용, (3) 진보를 점검하기 위해 주(state)의 대안평가에서 현재 사용 중인 포트폴리오 모델과 같은 행동 결과물 사용. 5장은 자료 기반 의사결정 모델을 사용하여 개별화교육계획 목표에 따른 진보를 점검하는 방법에 대한 자세한 정보를 제공한다.

균형 맞추기

여러 학생의 개별화교육계획을 다루는 경우에 특히 이 장에서 제공하는 모든 아이디어를 구현하기에는 시간이 부족할 것이다. 제시된 10단계를 사용해보면서 시간이 지남에 따라 절차를 효율적으로 만드는 방법을 모색할 것을 추천한다. 우리는 교사가 개별화교육계획을 수립하는 시간과 학생들의 지속적인 요구를 충족시키는 시간 사이에서 균형을 찾아야 한다는 것을 알고 있다. 교사는 첫 번째 성취기준 기반 개별화교육계획을 작성하는 데 많은 시간을 투자한 다음 이후 절차를 단순화하는 방법을 찾을 수 있다. 예를 들어, 팀이 새로운 계획안 수립 양식을 활용할 때 예상되는 바를 알고나면, Ooi 씨가 미리 수행한 작업 중 일부는 개별화교육계획 회의 도중에도 수행할 수 있다.

5. 요약

이 장에서는 성취기준 기반 개별화교육계획을 개발하기 위한 10단계를 제시했다. 성취기준 기반 개별화교육계획이란 주(state)의 성취기준에 부합하는 목표를 포함한 문서이다. 개별화교육계획은 일반 교육과정 전반을 다시 설명하는 것이 아니라 학습의 우선순위와 전략을 정의하는 데 도움이 된다. 성취기준 기반 개별화교육계획은 과학, 사회, 국어 및 수학 교과의 목표를 다룰 가능성이 높다. 부가적으로 사회성 기술, 일상생활 기술 및 치료 목표를 포함하는 것도 적합하다. 이러한 부가적인 목표를 일부 학업 성취기준에 "재연결(back-link)"할 필요는 없다. 개별화교육계획의 연간 목표 및 단기 목표에 대한 지속적인 진보 점검이 필수적이지만 이 장에서는 개별화교육계획의 초기 수립에만 초점을 맞추었다. 다음 장에서는 학생 평가 및 진보 점검과 이러한 자료를 기반으로 교수적 의사결정을 내리는 법에 대해 자세히 살펴본다.

마무리 활동

1. 학생 중 한 명을 위해 개별화교육계획을 작성한다고 가정하고, 다음의 각 성취기준에 맞는 연간 목표를 작성하세요. 그 다음 학생이 연간 목표를 달성하는 데 도움이 되는 두 개의 단기 목표를 작성하세요. 작성 시 특정 학생에 대해 생각하면서 연간 목표와 단기 목표가 해당 학생의 개별 요구 및 능력을 반영하게 하세요.
   - 주 성취기준 1: 의약품, 식품 방부제, 작물 수확량, 위생과 관련된 화학 물질의 위험성과 이점을 설명한다.
   - 주 성취기준 2: 정수의 덧셈, 뺄셈, 곱셈, 나눗셈의 혼합 연산을 사용하여 특정 상황에 포함된 여러 단계 문제를 해결한다.
   - 주 성취기준 3: 다음의 방법으로 제시글을 읽거나, 듣거나, 감상하기 이전, 도중 및 이후에 글과 상호작용한다: 배경지식과 지문에 주어진 정보를 활용하여 목적 설정하기; 예측하기; 질문 만들기; 관련 정보 검색하기; 사전 경험, 정보 및 의견과 연결하기

2. 학생에게 추가적으로 필요하다고 생각되는 일상생활 기술, 사회성 및 치료 목표의 예시를 드세요. 성취기준 기반 개별화교육계획이라고 말할 수 있는 요소가 무엇인지 논의해보고, 왜 이런 부가적인 목표를 주 성취기준에 연결할 필요가 없는지 그 이유를 동료와 논의하세요.

3. 여러분이 속한 주(state) 또는 학교 웹사이트에 제시된 개별화교육계획 지침을 검토하세요. 이를 이 장의 지침 및 [그림 4.1]에 제공된 개별화교육계획 예시와 비교해보세요.

4. 여러분이 속한 주(state)의 대안평가에 대한 정보를 찾으세요. 여러분의 주에서는 어떤 특정 지침을 제시하고 있나요? 제공된 예시 항목을 검토해보세요.

제 5 장

학생 진보 점검 및 증진: 자료의 적극적 활용

Robert Pennington

교사 Heins는 그녀의 교직 첫해를 되돌아보았다. 그녀는 교원양성 프로그램을 거쳐 무사히 교사가 되었으며, 교수일과, 행동관리 전략, 보조교사 및 관련 서비스 제공자와의 끈끈한 관계를 효과적으로 수립했다. 그러한 성취에도 불구하고 그녀는 학생들이 그녀가 바랐던 만큼 진보를 이루지 못할 수도 있다는 점을 염려했다. 게다가 그녀는 교수를 평가하고 조정하기 위한 자료수집 체계를 효과적으로 실행하지 못했다. Heins 씨는 학생들이 그녀의 수업으로부터 최대한의 도움을 받았다고 확신하지 못하고, 학생들"에게" 가르치기만 한 것은 아닌지 염려되었다.

교수는 잘 실행되면 학생에게 긍정적이고 지속적인 변화를 만들 수 있는 진지한 노력이다. 이러한 변화가 일어날 때, 학생은 더 독립적이게 되고 그들 주변의 지역사회에 더 잘 접근하게 된다. 또한 이러한 학생은 학교 환경 밖에서도 성장하고, 의미 있게 고용되고, 관계를 형성할 가능성이 더 높다. 교수가 잘 실행되지 않을 때, 일부 학생, 특히 장애 학생은 매일의 실패와 증가되는 사회적 고립을 경험할 것이다.

교수는 종종 복잡한 과정으로 여겨지지만, 일반적으로 교수적 자극, 촉진 전략, 반응에 대한 결과의 신중한 조정으로 간주된다. 이 교재의 일부 장은 다양한 영역 전반에 걸쳐 변화를 만들어내고자 이러한 교수적 변인을 조정하는 전략을 설명한다. 안타깝게도 이러한 전략을 사용하는 것만으로는 교수가 이루어졌는지를 결정하는 데 충분하지 않다. 교수의 적용에 대한 반응으로 학생의 행동이 변화될 때 교수가 이루어졌다고 말할 수 있다. 따라서 교수의 실제는 학생의 진보 점검을 포함해야만 한다.

진보 점검은 교수적 의사결정을 위해 학생의 수행에 대해 지속적으로 직접 평가를 실행하고 자료를 수집하는 것을 포함한다. 이것은 특히 중도장애 학생에게 중요한데, 그들은 자주 또래보다 느린 속도로 기술을 습득하고 성공을 도모하기 위해 빈번한 교수적 변화를 요구하기 때문이다. 진보 점검이 없다면 학생이 교수로부터 도움을 받지 못하고 있을 때 교사가 이를 알아차리지 못하게 되고, 따라서 학생을 훨씬 더 뒤처지게 만드는 비효과적인 실제가 지속될 수 있다. 어떤 경우에는 진보 점검을 실행하지 않는 것이 학생에게 위험할 수도 있다. 예를 들어, 지역사회에서 이동할 때 유괴되는 것을 예방하거나 자해행동을 감소시키는 교수 프로그램을 실행하는 경우를 생각해보자. 이 두 가지 사례에서 진보 점검의 불이행은 심각한 윤리적 시사점을 가진다.

1. 행동의 변화로서의 학습

교수가 학습을 야기하는 환경적 변인의 조절이라면, 학습은 교수에 따라 발생하는 행동 변화이다(Vargas, 2013). 예를 들어, 교수 전에는 자폐성장애 학생이 또래가 그의 책상으로 접근해도 반응하지 않지만 교수 후에는 또래에게 쾌활하게 "안녕"이라고 반응할 수도 있다. 학습의 발생 여부를 결정하는 첫 번째 단계는 목표 행동 혹은 발생할 것이라 기대되는 것을 확인하는 것이다. 행동은 사람이 하는 어떤 것이지만(Catania, 1998), 더 중요한 것은 행동이 자료수집을 엄격하게 통제할 수 있는 방식으로 감지되고 정의되어야만 한다는 것이다. 대부분의 사람은 "듣기" 행동이 무엇처럼 보이는지에 대한 생각을 가지고 있지만 학생이 수업을 듣고 있

〈표 5.1〉 개별화교육계획에 대한 진보 측정 시 사용가능한 직접평가 유형

평가유형	사용	측정/형식	예시
무조작 평가	시작과 끝이 분명하며 자연스러운 환경에서 발생하는 반응	• 빈도 • 비율	• 교사는 한 시간동안 또래와의 상호작용 횟수를 기록하기 위해 스마트폰의 세기 앱을 사용함 • 교사는 45분 동안 도움 요청의 횟수를 기록하고 분당 비율을 계산함
과제분석 평가	반응의 연쇄를 포함하는 기술(예: 밥상 차리기, 코트 입기, 복사기 사용, 소리내어 이야기 읽기, 수학 문제 풀기)	• 단일기회 • 다중기회	• 교사는 학생이 친숙하지 않은 요리 과제의 단계를 실패할 때까지 학생이 수행한 단계를 기록하고 실패하면 평가를 종료함 • 보조교사는 작문 과제 동안 학생의 수행을 기록하고 학생이 오류를 보이면 오류로 채점하고 단어를 적어준 후 학생이 다음 단어를 작성할 때까지 기다림
시도 기반 평가	구체적인 선행사건 후 비연속 반응을 포함하는 기술	• 백분율 • 비율	• 함께 읽기 활동동안 학생이 이해력 질문에 정답을 한 횟수를 기록함 • 교사는 학생이 1분동안 완성한 수학 문제의 숫자를 기록함
행동 결과물 채점	학습지, 프로젝트, 컴퓨터 인쇄물처럼 행동결과물을 만드는 기술	• 백분율 • 정반응 수 • 루브릭 평가	• 교사는 단어와 그 정의를 올바르게 짝지은 단어 수를 셈 • 교사는 학생의 도장찍기를 채점하기 위해 루브릭을 사용함(4점 이름이 깔끔하고 읽을 수 있으며 완벽함; 3점 이름을 읽을 수 있지만 약간 얼룩지고 희미함; 2점 이름을 부분적으로 읽을 수 있고 얼룩지고 희미함; 1점 너무 희미하고 얼룩져 간신히 읽을 수가 있음; 0점 이름을 읽을 수 없음)
시간 측정	다양한 기간 동안 발생한 반응 혹은 단서 후 충분히 빨리 발생하지 않은 행동	• 총 지속시간 • 발생횟수 당 지속시간 • 지연시간	• 교사는 또래 근처에서 학생이 놀이를 한 시간의 양을 기록함 • 교사는 탠트럼이 시간이 지날수록 감소하는지를 결정하고자 각 탠트럼의 시간을 기록함 • 교사는 학생이 작업장에 들어가서 일을 시작하는데 거린 시간을 기록함
시간 표집법	연속적으로 발생하는 반응 혹은 너무 자주 발생해서 측정하기 어려운 반응	• 전체간격 기록법 • 부분간격 기록법 • 순간표집법	• 교사는 30분을 1분 구간으로 나누고 각 구간동안 학생의 '과제참여행동'을 기록함 • 교사는 10분을 1분 구간으로 나누고 학생이 그 구간 동안 아무때나 손톱을 물어뜯으면 기록함 • 교사는 30분을 1분 구간으로 나누고 각 구간의 마지막에 학생이 착석하고 있으면 기록함

는지 여부에 대해서는 매우 다양하게 설명할 것이다. 예를 들어, 한 관찰자는 학생이 교사를 향해 있으면 '듣기'를 수행했다고 평가하는 반면, 다른 교사는 눈철자을 요구하고, 어떤 교사는 이해했다는 것을 보여주는 반응을 요구할 수도 있다.

모든 행동은 발생 횟수(countability), 시간적 범위(temporal extent), 시점(temporal locus)을 포함하는 3가지의 일반적 차원으로 설명될 수 있다(Cooper et al., 2007). 행동은 시간 내에 사례들(instances)로 발생한다는 점에서 셀 수 있다. 어떤 교사는 학생이 선호하는 자극을 요청하거나 문장제 문제에서 사용할 올바른 연산을 식별한 횟수를 셀 수 있다. 행동은 또한 시간의 범위 동안 발생한다. 교사는 올바른 연산을 찾아내지 못한 후 나타나는 학생의 탠트럼 지속시간을 기록할 수 있다. 마지막으로, 행동의 사례들은 특정 시간 및 다른 사건과 관련하여 발생한다. 교사는 학생이 교실에 들어와서 수학 문제풀이를 시작하기 위해 자리에 앉았을 때까지 기록한다. 측정 가능한 학생 행동을 정확하게 식별하였는지 결정할 때 교사는 이러한 세 가지 차원을 고려하는 것이 중요하다.

2. 자료 수집 방법

측정할 행동을 확인하고 나면, 교사는 행동의 일부 특성에 대한 자료를 수집하기 위한 절차를 선택해야만 한다(예: 얼마나 자주 발생하는가, 얼마나 오랫동안 지속되는가). 여기서는 다양한 학생 반응에 대해 자료를 수집하기 위해 교사가 사용할 수 있는 일반적인 절차를 설명한다. 이 자료 수집 방법은 〈표 5.1〉에 요약되어 있다.

1) 사건 기록법

사건 기록법은 자료를 수집하는 가장 일반적인 절차 중 하나이며, 일반적으로 행동의 각 발생을 기록하는 것을 포함한다. 대부분의 경우 이러한 반응들은 교사에 의해 연필로 기록지에 기록되지만 최근 교사는 자료 수집을 도와줄 디지털 도구를 이용하고 있다(예: Countee, Tally Counter).

(1) 무조작 평가

경우에 따라 교사는 자연스러운 환경에서 행동이 관찰된 횟수에 관심이 있을 수 있다. 일례로 일대일 사회성 기술 교수 후에 교사는 학생이 자연스러운 환경에서 그 기술을 사용하는 횟수를 세고 싶을 수도 있다. 비슷하게 교사는 학생의 유창성에 관심이 있어 일정 시간 동안 읽은 단어의 수나 완수한 문항의 수를 셀 수도 있다. 반응률은 행동 발생 횟수를 관찰기간으로 나누어 계산한다. 예를 들어, 학생이 1분에 수학문제 5개를 풀었다면 교사는 5번이라는 발생 횟수를 1분으로 나누어서 분당 5회라는 반응률을 구한다. 사건 기록법은 또한 학생의 문제행동을 추적하는 가장 일반적인 방법 중 하나이다([그림 5.1] 참고). 교사는 주로 기능적 평가와 중재 동안 학생이 도전행동을 한 횟수를 기록한다(예: 떠들기(talk-outs), 때리기, 도망가기).

날짜	관찰 기간	발생횟수
8/31	9:10-11:15	/////
9/1	9:00-10:15	///
9/2	9:05-10:15	///////

[그림 5.1] 무조작 평가(Free-Operant Assessment) 자료 기록지(또래에게 질문하기)

(2) 시도 기반 평가

교사는 종종 특정 교수자극(즉, 교수시도)이 있을 때 학생이 반응하는지 여부를 기록하는 데 관심이 있다. 일례로 교사는 학생에게 그림 혹은 구절에 대한 간단한 문장을 작성할 5번의 기회를 제공할 수 있다. 교사는 그때 학생이 문장을 작성하는지, 문장 작성을 위한 촉진을 요구하는지, 혹은 각 자극의 제시 후 반응을 하지 않는지를 기록한다([그림 5.2] 참고). 시도 기반 평가(Trial-Based Assessment) 동안 교수자극에 반응할 기회는 연속적으로 혹은 온종일 제시될 수 있으며 반응은 시도의 백분율로 기록된다(예: 5번의 시도 중 3번 맞음 = 60%). 교사는 자주 비연속 개별시도 교수(discrete trial training) 혹은 학업활동 동안 반응할 기회를 연속적으로 제공한다. 이를 통하여 교사는 엄격하게 통제된 환경에서 학생 수행을 평가할 수 있게 되어 교수 실행에서 조정이 필요한 학생 반응의 미묘한 변화를 감지할 수 있다. 교사는 또한 학생이 자연스럽게 발생하는 상황에서 반응하는지 여부를 평가하고자 하루 내내 반응할 기회를 배분한다. 일례로 교사는 자연스러운 동기 유발 자극이 있는 하루 일과 동안 요구하기(mands)로도 불리는 학생의 요청하기(request) 기술에 대한 자료를 수집한다.

시도/날짜	9/1	9/2	9/3	9/4
1.	✓	✓	✓	✓
2.		✓	✓	✓
3.	✓	✓		✓
4.			✓	✓
5.	✓		✓	
총계	60%	60%	80%	80%

[그림 5.2] 시도 기반 평가 자료 기록지(정확한 문장 구성하기)

(3) 과제분석 평가

중등도 및 중도장애 학생의 교사는 여러 단계로 구성된 기술을 평가하는 데도 관심이 있다. 경우에 따라 완벽한 기술(즉, 기술의 모든 단계를 포함)의 수행 여부를 기록하는 것이 적절할 수 있지만(예: 이름의 글자를 적기) 많은 경우 그리고 많은 학생에게 이러한 광범위한 접근이 효과적이지 않을 수도 있다. 교사는 과제의 어떤 단계가 학생에게 문제가 되는지를 확인하고, 학생이 기술을 최소한 부분적으로 수행하더라도 강화를 받는 것을 보장하기 위해 과제분석 평가를 사용한다. 이 평가를 수행할 때 교사는 각 단계의 학생 수행을 기록하고 각 평가 동안 수행한 단계의 백분율을 계산한다(예: 8단계 중 6단계 = 80%). 예를 들어, 자폐성장애 학생이 또래에게 문자 메시지를 보낼 때 교사는 다음 단계의 수행을 기록할 수도 있다: (1) 문자 메시지 애플리케이션을 열기, (2) 또래 이름의 첫 글자 적기, (3) 또래 이름 선택하기, (4) 또래가 만들어 놓은 메시지 저장소에서 메시지 복사하기, (5) '보내기' 누르기([그림 5.3] 참조).

과제분석 평가를 실행할 때 교사는 단일기회 평가(a single-opportunity assessment)와 다중기회 평가(a multiple-opportunity assessment) 중에 선택할 수 있

다. 단일기회 평가를 시행할 때 교사는 과제를 완성할 기회를 제공하고 학생이 혼자서 완성할 수 없는 단계에 이를 때까지 각 단계의 학생 수행을 채점하며, 이 시점에 평가가 종료된다. 단일기회 평가는 시행 시 시간이 덜 소요될 수는 있지만 뒤에 오는 단계들에 대한 학생의 실제 수행 수준을 확인하지 못한다. 다중기회 평가를 시행할 때 교사는 과제분석에서 확인된 모든 단계를 수행할 기회를 제공한다. 학생이 한 단계를 완성하지 못하면 교사는 학생을 대신해 그 단계를 완성하고 학생에게 다음 단계를 수행할 기회를 제공한다.

시도/날짜	9/1	9/2	9/3	9/6	9/7	9/8
1. 문자 앱을 열기	×	✓	✓	✓	✓	✓
2. 친구 이름의 첫 글자 적기	×	×	✓	✓	✓	✓
3. 친구 이름 선택하기	×	✓	✓	✓	✓	✓
4. 저장소에서 메시지 복사하기	×	×	×	✓	✓	✓
5. '보내기' 누르기	✓	×	✓	✓	✓	✓
총계	20%	40%	80%	80%	100%	100%

[그림 5.3] 과제분석 평가 자료 기록지(문자 메시지 보내기)

2) 시간 측정

시간 측정은 개인이 얼마나 오랫동안 행동을 지속하는지 혹은 주어진 환경적 신호에 반응하는 데 얼마나 걸리는지를 기록하는 장치(예: 시계, 스탑와치)의 사용을 포함한다.

(1) 지속시간 기록법

교사는 얼마나 오랫동안 개인이 행동에 참여하는지에 종종 관심을 가진다. 일례로 교사는 지역사회 환경에서 학생이 고용과 관련된 과제를 완성하는 데 걸린 시간을 기록할 수도 있다. 교사가 일반적으로 지속시간 기록법에 사용할 수 있는 두 가지 절차가 있다. 첫 번째는 전체 지속시간 기록법으로 교사는 학생이 특정 행동에 참여한 총 시간의 양을 측정한다. 이 절차 사용 시 교사는 행동이 처음 발생하기 시작할 때 타이머를 시작하고 행동이 끝나자마자 타이머를 멈춘다. 뒤이은 행동 발생 시 타이머를 초기화 하지 않고 교사는 타이머를 시작하고 타이머를 멈춘다. 관찰기간이 끝날 때 교사는 학생이 행동에 참여한 총 시간의 양을 기록한다. 학생이 행동에 참여한 시간의 백분율을 결정하고자 교사는 시간의 양을 관찰 기간의 길이로 나눌 수 있다. 두 번째 절차는 행동발생당 지속시간 기록법으로 불린다. 이 절차 사용 시 교사는 행동의 첫 번째 발생 시작시 타이머를 시작하고 행동이 끝나자마자 타이머를 멈춘다. 교사는 발생의 지속시간을 기록하고 타이머를 초기화한다. 이 절차는 행동이 발생할 때마다 반복된다([그림 5.4] 참조). 행동발생당 지속시간 기록은 주로 전체 지속시간 기록보다 선호되는데 그 이유는 행동의 발생 수, 각 행동 발생의 평균 시간, 행동 참여에 소요된 총 지속 시간을 포함하여 행동 발생에 대한 더 많은 정보를 제공하기 때문이다.

발생	4/3 9-10시	4/4 9-10시	4/5 9-10시	4/6 9-10시	4/7 9-10시
1.	64s	12s	13s	11s	17s
2.	32s	240s	102s	6s	16s
3.	126s	36s	96s	14s	14s
4.	14s	7s	67s	6s	5s
5.		45s	45s	35s	35s
총 시간	236s	340s	323s	72s	87s
시간의 %	7%	9%	9%	2%	2%

[그림 5.4] 지속시간 자료 기록지(행동발생당 지속시간)

(2) 지연시간 기록법

경우에 따라 교사는 직접적 단서 혹은 자연스러운 환경적 단서 후에 개인이 행동을 시작하는 데 걸린 시간을 알아야 할 필요가 있다. 예를 들어, 수업종이 치는 소리를 듣고 학생이 다음 수업으로 전환하는데 걸린 시간의 양을 교사는 기록할 수도 있다. 지연시간 기록법 사용 시 교사는 신호가 제시될 때 타이머를 시작하고 개인이 과제를 시작할 때 타이머를 멈춘다. 교사는 신호와 학생 반응 사이에 흐른 시간을 기록한다.

3) 시간표집법

시간표집법은 전체 시간을 동일한 간격으로 나누고 행동이 각 구간 중 언제든지 발생, 구간 내내 발생, 혹은 구간의 마지막에 발생하면 기록하는 것을 포함한다([그림 5.5] 참조). 이 절차는 너무 자주 발생하여 측정하기 어려운 행동을 측정하거나 행동을 지속적으로 관찰할 수 없는 경우에 유용할 수 있다. 이 절차는 학생 행동의 추정치만을 포착하기 때문에 행동의 실제 발생을 가장 잘 반영하려면 교사는 작은 구간을 사용하는 것을 고려해야만 한다(즉, 분 대신 초).

구간의 길이: 10초

총 관찰 시간: 10분(600초)

✓	✓		✓		✓		✓		
	✓	✓		✓	✓	✓	✓		
	✓	✓	✓	✓					
✓	✓								
			✓	✓	✓	✓	✓	✓	
✓	✓				✓				✓

총 구간: 27

구간의 백분율: 45

[그림 5.5] 시간표집법 자료 기록지

(1) 부분간격 기록법

부분간격 기록법(Partial-Interval Recording, PIR)은 지속되는 행동을 감소시키고자 할 때 혹은 행동의 시작과 끝을 알기 어려울 때(예: 콧노래 부르기, 소리 지르기, 상동행동) 사용할 것이 권장되는 절차이다. 일례로 학생이 손을 펄럭거리는 행동을 할 때 매번 펄럭거림을 포착하기 어려울 수도 있다. 부분간격 기록법 사용 시 교사는 구간 동안 행동이 어느 시점에라도 발생하면 행동 발생으로 기록한다. 자료는 행동이 발생한 구간의 백분율로도 기록된다.

(2) 전체간격 기록법

전체간격 기록법(Whole-Interval Recording, WIR)은 지속되는 행동을 증가시키고자 할 때 사용할 것이 권장되는 절차이다. 일례로 교사는 착석행동, 독립적인 장난감 놀이, 과제참여 행동을 측정하고자 전체간격 기록법을 사용할 수도 있다. 전체간격 기록법을 사용할 때 교사는 전 구간 동안 행동이 발생하면 행동발생으로 기록한다. 자료는 또한 행동이 발생한 구간의 백분율로도 기록된다.

(3) 순간 표집법

순간 표집법(Momentary Time Sampling, MTS)은 교사가 학생의 행동을 계속해서 점검할 수 없는 경우에 사용하도록 권장되는 절차이다. 일례로 교사는 과제참여행동을 점검하는데 관심이 있지만 여러 명의 학생을 점검하고 교수를 전달해야 할 책임도 있다. 순간 표집법을 사용하면 교사는 한 명의 학생을 계속해서 관찰할 필요가 없고 구간의 마지막에 행동 발생 여부를 채점하면 된다. 즉, 구간의 마지막에 타이머가 울리면 교사는 학생을 보고 그 순간 행동의 발생 여부를 기록한다. 자료는 행동이 발생한 구간의 백분율로도 기록된다.

4) 행동 결과물 기록법

교사는 행동 결과물(permanent products)(예: 작문, 과제 완성 시 자료의 배치, 녹음자료, 비디오 자료)로부터 자료를 수집할 수도 있다. 이러한 결과물은 실시간 자료 수집을 요구하지 않기에 교사가 다른 교수적 행동에 참여할 수 있도록 한다는 점에서 뚜렷한 이점이 있다. 게다가 교사가 쉽게 접근하기 어려운 환경에서 자료를 수집할 수도 있다. 예를 들어, 최근 스마트폰 녹화 기술의 발전은 부모가 가정에서 자녀의 수행 사례를 더 쉽게 공유하거나 지역사회에서 준전문가 혹은 직무지도원이 수행을 더 쉽게 기록하도록 만든다. 이러한 행동 결과물은 교사로 하여금 교육 프로그램이 가장 문제가 되는 학생 수행에 영향을 미치는지 여부를 판단하는 데 도움이 될 수 있다. 행동 결과물로부터 자료를 수집할 때 교사는 위에서 설명된 자료 수집 방법 모두를 사용할 수 있다. 예를 들어, 교사는 작성된 문구에 포함된 단어의 수를 확인하거나 비디오로 기록한 학생의 놀이 사례에서 사회적 상호작용의 수를 세기 위해 사건 기록법을 사용할 수 있다.

5) 자료 수집 시 일반적 문제

교사가 목표행동을 명확하게 정의하고 적절한 자료 수집 방법을 정하였다면 그들의 노력이 정확한 자료를 산출하도록 주의를 기울여야 한다. 자료가 정확한 수행을 반영하지 못하면 교사는 학생에게 해로울 수 있는 교수적 결정을 할 수도 있다. 두 가지 일반적인 문제는 교실에서 자료를 수집할 때 종종 발생한다. 첫 번째는 측정 부산물(measurement artifacts)의 발생과 관련된다. 이 부산물은 측정하는 방식 때문에 발생하는 학생 반응 패턴의 부정확한 묘사이다. 예를 들어, 교사의 사건 기록법 자료는 학생의 탠트럼 행동 개선을 반영하지만 이 탠트럼이 더 오래 지속되거나 강도가 더 강해진 것을 포착하지 못할 수도 있다. 또 다른 예시에서 교사는 다양한 수행(예: 높은 수준과 낮은 수준의 혼합)을 보이는 학생에 대해 일주일에 단 한 번 사회성 기술 관련 자료를 수집할 수도 있다. 학생의 실제 반응 수준이 증가하고 있었음에도 교사가 자료를 수집했던 날에는 낮은 수행이 반영되어, 교사의 수업 방식이 변경되어야 함이 지적되었다. 부산물은 자료 수집 방법과 자료 수집 일정을 신중하게 선정함으로써 감소될 수 있다(Cooper et al., 2007).

둘째, 교사는 관찰자 표류(observer drift)를 피하기 위해 신중해야만 한다. 관찰자 표류는 자료수집가가 채점 하는 행동이 목표 행동의 정의에 대한 통제를 덜 받게 될 때 발생한다. 예를 들어, 글자가 시각적으로 제시될 때 학생의 글자 발성을 기록하기 위해 반복 시도 평가(repeated-trial assessment)를 사용하기로 계획할 수 있다. 처음에 교사는 학생의 음성 반응이 올바른 글자 소리와 동일할 때 정반응으로 채점하지만 몇 주가 지난 후 교사는 글자 소리에 근접한 것도 정반응으로 여긴다. 관찰자 표류는 중등도 및 중도장애 학생을 위한 프로그램, 특히 각 학생과 여러 명의 성인이 함께 작업하는 경우에 발생하는 경향이 있다. 모든 교직원이 각 프로그램에 대한 자료 수집을 명확하게 훈련받도록 하고(즉, 시범보이기, 시연하기, 피드백), 신뢰도 자료를 수집함으로써 교사는 표류에 반하여 평가를 개선할 수 있다.

신뢰도는 평가의 일관성을 의미하며, 관찰자간 일치도(Interobserver Agreement data, IOA) 산출을 통해 개선될 수 있다. 교사는 모든 교수진이 채점 지침서를 고수하는지를 확인하고 관찰자 표류 발생 여부를 평가하고자 정기적인 관찰자간 일치도 평가를 고려해야만 한다. 관찰자간 일치도 자료 수집 시 두 명의 교사는 학생 수행 샘플에 대한 자료를 수집하고 그 자료에 대한 그들의 기록을 비교한다. 관찰자간 일치도를 결정하는 다양한 방법이 유용하지만 두 가지 간단한 방법은 **전체**(total-count) **절차**와 **시점별**(point-by-point) **절차**이다. 무조작 평가를 위한 관찰자간 일치도 계산 시 교사는 전체 절차를 사용할 수 있다. 예를 들어, 점심시간 동안 사회적 상호작용 횟수를 셀 때 두 명의 교사는 각각 자료를 기록하고 작은 총수를 더 큰 총수로 나누고 100을 곱하여 결과를 비교한다(즉, 5회 상호작용/10회 상호작용 × 100 = 50% IOA). 시도 기반 평가나 과제분석 평가 동안 관찰자간 일치도 수집 시 교사는 시점별 절차를 사용해야 한다. 시점별 절차 사용 시 교사는 각 시도 혹은 과제분석 단계별로 학생 반응에 대한 기록을 비교할 것이다. 그들은 동의 수를 전체 단계수로 나누고 100을 곱하여 관찰자간 일치도를 계산할 것이다(8회 동의/10회 시도 × 100 = 80% IOA). 일반적으로 교사는 교실 환경에서 자료 채점 시 약간의 차이를 예상해야만 하지만 일치도가 80% 이하로 떨어지면 언제라도 교사는 모든 교직원에게 자료 수집 절차를 재훈련시켜야만 한다.

6) 평가 시행

교사가 평가를 신중하게 계획하고 나면 교수에 앞서 학생의 수행 수준을 결정하기 위한 평가를 먼저 시행해야만 한다. 이러한 "기초선" 평가는 두 가지 주요 이유로 중요하다. 먼저 기초선 평가는 학생이 이미 습득한 목표들에 대한 교수를 계획하느라 귀중한 시간을 허비하지 않도록 도와준다. 둘째, 기초선 자료는 교사가 교수하는 동안 학생의 수행을 비교할 수 있도록 교수 실시 전 반응 패턴을 제공한다. 이러한 비교는 교사가 그들의 중재가 정말 영향을 미치는지를 판단하도록 돕는다는 점에서 중요하다. 기초선 자료 수집 시 교사는 교수 전에 최소한 3회의 평가를 시행하도록 권고받는데, 3개의 자료점은 학생의 반응 패턴을 결정하는 데 요구되는 최소한의 값이기 때문이다.

교수가 시작되고 나서 교사가 평가를 시행하는 두 가지 일반적인 방법이 있다. 첫째, 그들은 교수(예: 촉진, 피드백)가 주어지지 않는 동안 평가를 시행해야 한다. 예를 들어, 또래에게 도움을 요청하는 법에 대한 일상적인 행동 기술 중재(Behavioral Skills Training, BST; 즉 시범보이기, 시연보이기, 피드백) 후에 교사는 일반학급에서 학생이 도움을 요청해야 하는 기회를 만들고(예: 어렵거나 새로운 교수 과제 계획, 필요한 교수자료 제거) 수행을 기록한다. 둘째, 교사는 교수적 시도(instructional trials)를 실행하면서 자료를 수집한다. 예를 들어, 과학 어휘를 사전에 교수하고자 고정 시간지연법을 사용 시 교사는 모든 교수회기에 걸쳐 매 교수 기회 동안 학생이 촉진 제공 전과 후에 정반응 혹은 오반응을 보이는지 기록해야 한다. 경우에 따라 교사는 교수 중 요구되는 촉진의 구체적 유형을 기록할 수도 있다. 여러 교수절차는 촉진의 수준을 점차적으로 감소시켜 학생의 진보를 촉진하고자 고안된다. 이러한 자료 평가 시 교사는 더 개입적인 촉진으로부터 덜 개입적인 촉진으로, 궁극적으로는 독립적으로 정확한 반응으로 학생이 진보하는가를 주의 깊게 살펴야 한다.

7) 학생 자료 게시

교사에게 가장 어려운 과제 중 한 가지는 학생이 적절한 진보를 보이고 있는지를 확인하기 위하여 자료를 정기적으로 점검하고 평가하는 것이다. 이 중요한 과제의 실현 가능성을 증가시키고자 교사는 각 교수회기가 끝날 때마다 자료를 그래프에 표시해야 한다. 이러한 한 가지 추가적인 교사 행동(즉, 그래프에 자료점을 "찍기")은 적은 노력을 요구하지만 평가 기간 마지막에 엄청난 양의 원자료를 그래프로 전환하는 데 소비하는 시간을 감소시킬 수 있다.

교사는 학생 자료의 다양한 그래프 표현(예: 선그래프, 막대그래프, 누적 기록, 표준도표)을 선택할 수 있으며 각각은 고유한 장점을 가진다. 일반적인 간단한 선 그래프는 대부분의 교수 프로그램에 대한 자료를 표현하기에 충분하다(Spriggs, Lane,

& Gast, 2014). 이 그래프 사용 시 자료가 수집 날짜 혹은 회기를 표현하는 가로축과 그 날짜 혹은 회기 동안 학생이 수행한 수준을 나타내는 세로축의 교차점에 자료가 표시된다. 교사는 학생의 반응 패턴을 더 명확하게 보여주는 데 유용한 자료점들 간의 직선(즉, 자료 표시선)을 그린다.

교사에게 또 다른 유용한 도구는 누적 기록으로, 일정 시간 동안 표현된 혹은 습득된 누적 반응을 연속 기록하는 것이다. 일례로 교사는 교수가 시작된 이후 습득된 일견단어의 총 수나 표현된 다양한 요구하기를 그래프로 그릴 수 있다. 누적 기록 사용 시 교사는 이전 회기에 기록된 총 반응 수에 새로운 반응을 합하며, 이는 두 가지 일반적인 패턴을 나타낸다; (1) 경향 없음(즉, 진보 없음), (2) 증가되는 경향(즉, 진보). [그림 5.6]은 중등도 및 중도장애 유치원생이 습득한 글자의 수를 보여주는 누적 그래프이다.

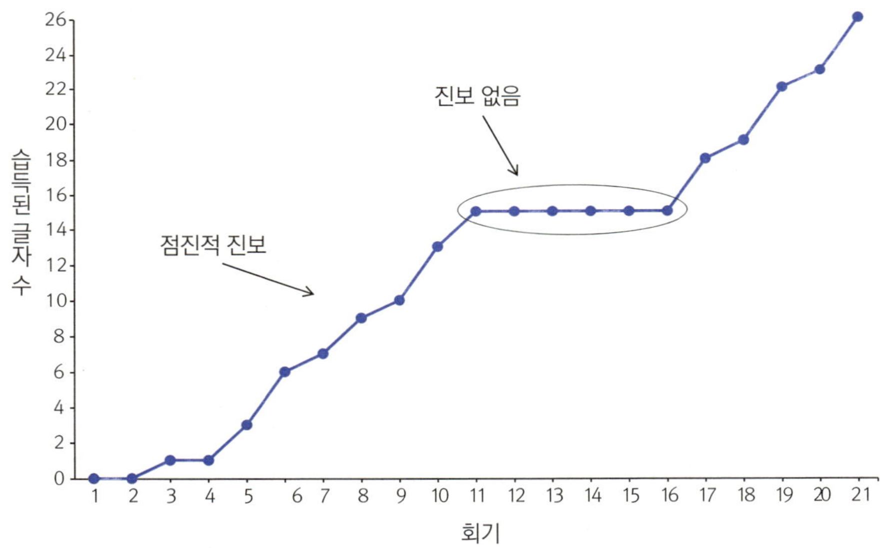

[그림 5.6] 시간의 경과에 따라 습득된 목표(글자 명명)의 수를 보여주는 누적 기록 사례

일반적으로 교사는 학생 자료 패턴의 세 가지 특성을 고려해야한다. 첫째, 교사는 학생 반응의 안정성 혹은 변동성, 즉 교수 동안 자료점이 높은 값에서 낮은 값으로 큰 폭으로 변화되는지 여부를 고려해야만 한다. 학생 수행의 큰 변동성은 종종 계획된 교수변인 이외의 교실변인이 학생 반응에 영향을 미치고 있음을 보여

준다(예: 교수 자극에 집중, 산만한 교실 환경, 동기부여 변인). 둘째, 교사는 자료 표시선의 경향 혹은 방향을 고려해야만 한다. 경향 분석 시 교사는 경향의 전반적 방향(예: 교수 후 자료가 개선을 나타내는 방향으로 향하고 있는가?)과 경향의 기울기(자료가 점진적 혹은 빠른 개선을 보여주는가?)를 고려해야 한다. 마지막으로 교사는 세로축과 관련하여 학생 수행의 전반적 수준을 고려해야만 한다(예: 기초선과 비교할 때 학생이 얼마나 향상되었는가?).

마지막으로, 자료를 그래프로 그릴 때 교사는 교수적 변화가 일어난 시점을 그래프에 나타내야만 한다. 첫째, 마지막 기초선 자료점과 첫 번째 교수 자료점 사이에 수직 실선을 그려서 기초선과 교수자료를 분리해야 한다. 둘째, 교사는 절차상 변화 후 자료가 수집되기 바로 직전에 점선을 그려서 교수절차의 변화를 보여주어야 한다. 이는 교사가 교수 변화의 영향을 평가하고, 학생의 성공을 촉진하고자 기울인 노력에 대한 문서화된 설명을 제공한다. 이러한 설명은 도전행동 및/혹은 학습을 저해하는 장벽을 가진 학생(예: 감각장애, 중도 지적장애)를 위한 더 강도 높은 중재 계획 시 유용한 자료가 된다. [그림 5.7]은 몇 가지 교수상황에서 학생의 수행을 보여주는 그래프의 예시를 나타낸다.

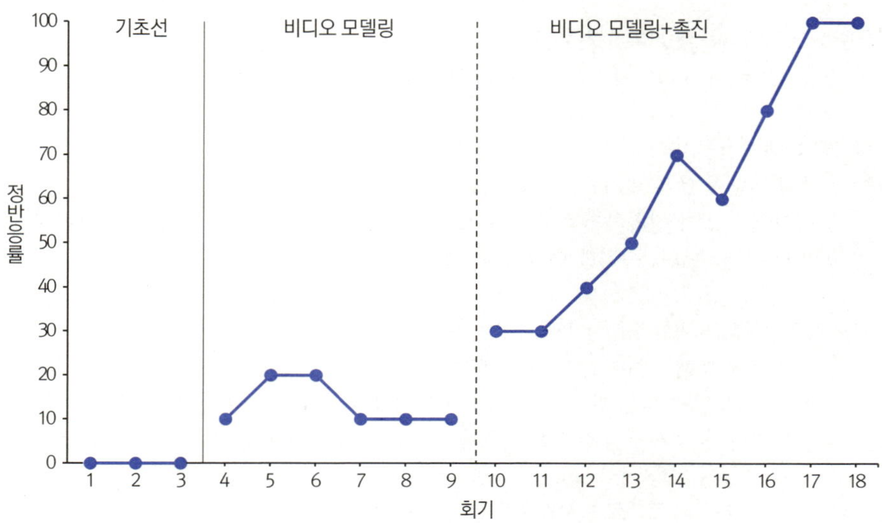

[그림 5.7] 다양한 조건에서 수행을 보여주는 선그래프 예시

8) 의사결정 시 자료 사용

자료 수집은 교사가 자료를 정기적으로 검토하여 학생의 진보 여부를 판단하고 진보를 보이지 않는 경우 학습 촉진을 위하여 교수를 수정하는 경우에 유용하다. 교사가 자료 기반 의사결정을 위한 일련의 지침이나 규칙을 따를 때 학생은 더 많이 진보할 수 있다(Browder, Liberty, Heller, & D'Huyvetters, 1986). 다음은 자료 기반 의사결정 체계에 대한 설명으로, 이는 중등도 및 중도장애 학생을 대상으로 한 현장에서 널리 검증되고 학교와 성인 서비스 환경에 있는 교사에 의해 수집된 실제 학생 자료를 기반으로 한 연구를 통해 평가되었다(Belfiore & Browder, 1992; Browder et al., 1986). 이 체계는 세 단계로 이루어진다: (1) 자료분석, (2) 자료분석을 토대로 한 교수적 의사결정, (3) 이 결정을 시행하는 방법 결정. 첫 번째 단계는 〈표 5.2〉에 요약되어 있다. 이 의사결정 체계는 특별히 시도 기반 평가와 과제분석 평가에 적용되고 이 두 가지 방법이 교수자료로 사용될 가능성이 가장 높다.

〈표 5.2〉 학생 진보를 결정하고자 사용되는 자료 기반 의사결정 규칙

1단계: 자료분석

1. 표준도표 위에 자료를 기록하였는가?

지침: 정기적으로(예: 매일) 자료를 수집하고 표준도표 위에 그 자료를 요약하기

2. 자료가 학생 수행을 나타내는가?

지침: 만약 훈련받지 않은 대리인에 의해 자료가 수집되거나 학생이 아프거나 자료수집에 지장을 준다면 자료가 정확하지 않을 수도 있음; 만약 자료가 학생의 수행을 잘 나타내지 않는다면 더 나은 자료를 수집할 때까지 교수를 계속하기

3. 교수적 의사결정을 위한 충분한 자료가 있는가?

지침: 일일 자료에 대해 2주에 한 번 의사결정하기; 최소한 6일치의 자료가 교수적 의사결정을 위해 필요함; 만약 이용 가능한 자료가 더 적거나 퇴보를 일으킬 만큼 큰 공백이 이 2주간 동안 있었다면 "의사결정을 위한 자료가 부족함"이라고 도표에 기록하기

4. 매일의 그래프 자료를 토대로 의사결정을 할 수 있는가?

지침: 만약 학생이 2주 동안 숙달을 위한 준거를 충족하였거나 독립된 정반응이 없다면 의사결정을 할 수 있음; '의사결정 규칙' 참고하기

5. 자료의 평균과 경향은 어떠한가?

지침: 자료가 분명(즉, 숙달 혹은 진보 없음을 보여줌)하지 않다면 더 많은 요약이 필요함; 자료를 더 요약하려면 검토한 2주 동안의 매일 수행의 평균을 계산함; 이를 2주 전의 평균과 비교함; 평균이 최소한 5%(혹은 격주 마다 진보를 위해 정한 무슨 준거이든지) 보다 높은가? 이제 자료의 경향을 요약함; 첫 번째 3개의 자료점의 교차점을 찾아서 X를 표기하고 마지막 3개 자료점의 교차점에 X를 표기함; X를 직선으로 연결함; 이 선은 상승(촉진), 하강(감소), 혹은 평평할 수 있음; 평균과 경향을 안다면 '의사결정 규칙' 참고하기

(1) 1단계: 자료분석

진보 점검 체계에서 교사는 각 학생의 진보를 2주에 한번 검토한다. 비록 학생이 학습하고 있는 다양한 기술에 대한 몇 개의 자료 그래프가 있을지라도 의사결정 규칙은 각 그래프마다 개별적으로 적용된다. 일단 교사가 이 체계를 숙달하면, 그들은 이 그래프를 검토하고 최소한의 노력으로 빠르게 의사결정을 할 수 있다. 그래프 검토 시 교사는 검토할 자료점이 6개 이상 있는지를 확인해야 한다. 최소 6개의 자료점이 필요한 이유는 이것이 교차점을 이용하여 경향선을 그리는데 필요한 최소한의 숫자이기 때문이다([그림 5.8] 참고). 이 체계를 사용하는 대부분의 교사는 2주의 학교 일정 동안 가능한 10일 중 최소한 6일치의 자료를 얻는 것이 현실적임을 안다. 교사가 더 자주 교수하고, 자료도 더 자주 수집하는 것이 이상적이다. 일

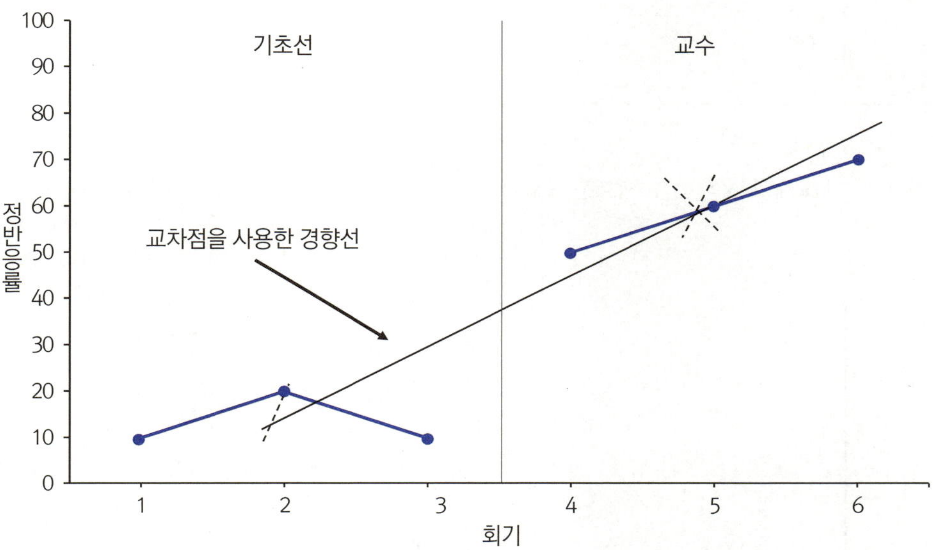

[그림 5.8] 경향선을 그리기 위해 3개 자료점의 교차점을 사용한 예시

례로 교사는 매일 여러 번 의사소통 기술을 다루는 교수회기를 시행할 수도 있다. 그 다음에 교사가 시행한 조치를 간단하게 보여주는 그래프에 드러난 반응 패턴을 검토한다. 만약 학생이 숙달의 준거를 충족시켰다면 기술의 유지, 유창성, 일반화에 중점을 두기 위해 프로그램을 수정할 때이다. 아무런 진보가 없다면 교사는 동일한 성과를 성취할 수 있도록 더 단순한 반응을 선택해야만 한다.

(2) 2단계: 의사결정 규칙 사용

[그림 5.9]에서 보여주는 의사결정 규칙은 Haring, Liberty, White(1980) 및 Browder 외(1986)의 연구를 기반으로 한다. Haring 외는 학생 진보로 이어지는 패턴을 찾고자 교사의 교수적 의사결정을 연구하며 그들의 규칙을 개발하였다. 이

자료 패턴	결론	의사결정
1. 2주 동안 준거에 도달 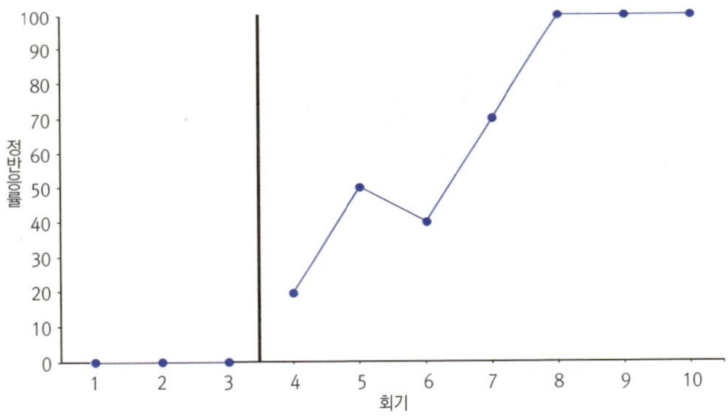	숙달	수행 유지나 확장을 위한 새로운 계획 개발(예: 유창성, 일반화)
2. 모든 자료점이 0이거나 교수가 시작된 후 새로운 독립적 반응이 없음 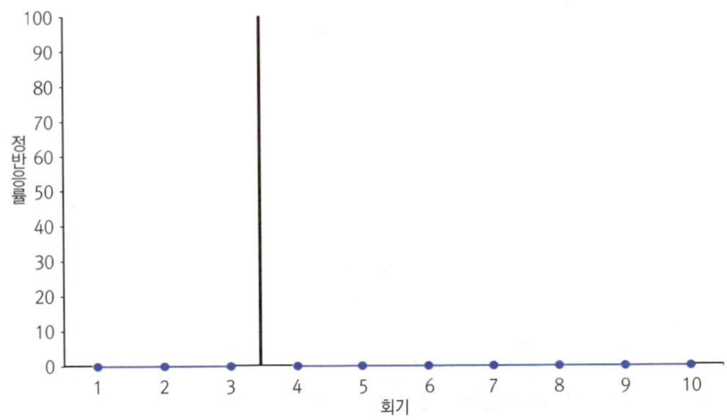	진보 없음	만약 이 그래프가 첫 2주동안의 자료라면 변경하지 않음; 계속해서 교수함; 첫 2주 후 기술을 단순화

3. 경향: 상승 평균: 5% 혹은 그 이상 높아짐 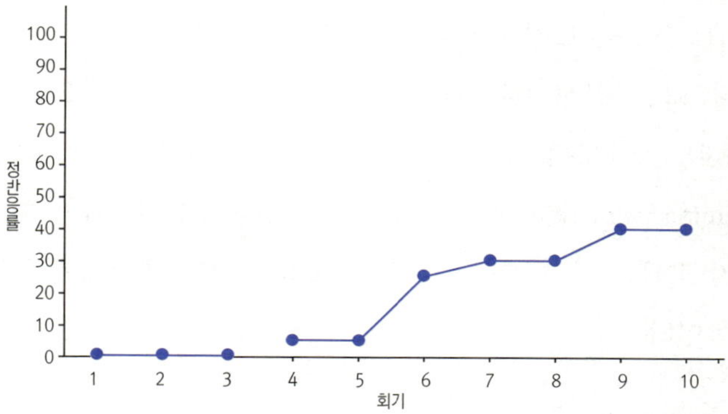	적절한 진보	변경하지 않음; 계속해서 교수함
4. 경향: 상승 혹은 평평함 평균: 마지막 결정 기간과 동일하거나 높지만 5%보다 낮음 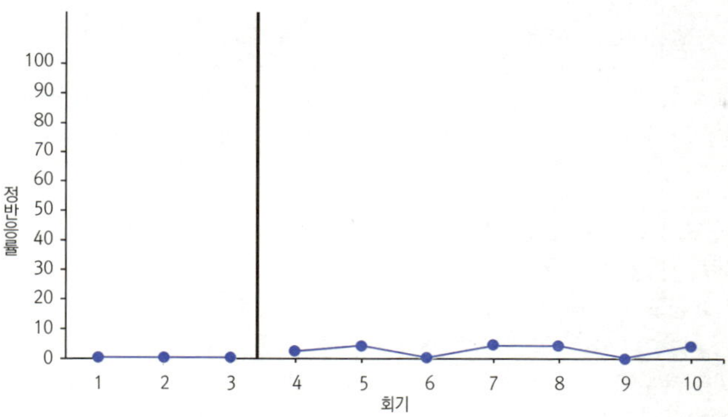	부적절한 진보	학생이 더 독립적으로 정반응을 하도록 선행사건을 개선함(예: 촉진 전략)
5. 경향: 감소(평균보다 높을지라도) 혹은 평균: 낮음(경향이 상승일지라도) 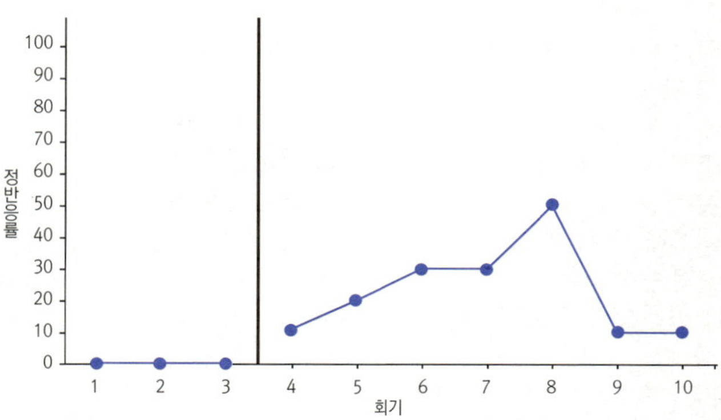	동기유발 문제	학생 진보를 점검하고 향상시킴; 보조 없이 올바르게 반응하도록 동기를 향상시킴

[그림 5.9] 자료 기반 의사결정 규칙

규칙은 학령기 및 성인기 중도장애인을 대상으로 연구한 Browder 외(1986)에 의해서 더욱 구체화되었다. 이 간단한 규칙 혹은 지침은 교사가 따르기 쉽게 고안되었다. 일반적으로 그들은 (1) 진보를 보이지 않는 학생에게는 더 간단하거나 더 접근 가능한 기술이 필요하다, (2) 천천히 진보하는 학생은 교수적 조정을 필요로 한다(예: 촉진의 변화, 자극 제시), (3) 퇴보를 보이는 학생은 질병과 같은 참작할 만한 상황이 없다면 강화 조건(reinforcement contingencies)에 조정을 필요로 한다. 이러한 패턴이 명확해질 때까지 교사는 자료 패턴을 발견하고 의사결정 규칙에 주목하고자 〈표 5.3〉을 사용할 수 있다.

〈표 5.3〉 교수를 변화하고자 의사결정 실행

3단계: 교수를 변화시키기

반응을 단순화하기	선행사건을 개선하기	동기유발을 개선하기
목표: 지원 없이 학생이 수행하도록 반응을 적당하게 만들기	목표: 매일 학생이 수행하는 독립적인 정반응의 수 증가 (+s)	목표: 퇴보 후 학생이 과거 수행으로 회복하고 계속 향상하도록 지원
전략 • 연쇄법 사용: 과제분석의 한 단계 혹은 한 부분만 교수 • 더 구체적인 과제분석 사용: 과제분석을 더 작은 단계로 나누기 • 단순한 운동 반응 사용: 대근육 반응 혹은 신체적 통제나 기술을 덜 요구하는 것 사용 • 구별을 단순화: 정답을 더 쉽게 선택할 수 있도록 자료를 수정 • 보조공학 사용 • 계획하기 혹은 자세잡기의 필요성 제거: 자료를 사전에 준비 • 동일한 성과를 성취할 수 있는 대안법을 선택: 완전히 다른 반응이나 자료 세트를 사용	전략 • 필요한 최소한의 촉진만 사용: 과잉지원하지 않기 • 촉진을 제공하기 전 더 오래 기다리기 • 자연스러운 단서에 학습자가 더 주의집중하도록 촉진 수정 • 여러분보다 학습자가 자료에 더 가까이 있음을 확인 • 학습자에게 어려운 특정한 단계가 있는지 살펴보기 위해 과제분석 검토하기; 이 단계를 단순화하거나 그 단계들을 위한 더 효과적인 촉진 사용 • "다음은 무엇이지?"와 같은 언어적 단서 사용 • 점진적 안내 사용; 제공하는 신체적 지원의 양을 감소 • 또래가 반응을 시범 보이거나 촉진을 제공 • 그림이나 녹음자료로 자기 촉진 사용	전략 • 독립적인 정반응(+s)에만 칭찬 • 오류를 무시하기 위해 덜 관심을 보이고 다음 단계 촉진 • 반응 수행을 위해 자연스러운 결과물 강조 • 교수 내에 선택 삽입(예: 과제를 할 때 자료 선택, 좌석 선택) • 자기점검 및 매일 수행의 그래프 그리기에 학생 참여 • 전날보다 더 나은 수행을 위해 만질 수 있는 강화물 사용(예: 스티커, 간식, 특별 활동) • 여러 단어를 사용하여 칭찬 구문 다양화; 유머러스하거나 새로운 진술, 더 열정적으로 칭찬하기 • 모든 촉진을 제거하고 정반응에 대해서만 피드백 제공 • 또래가 프로그램을 교수 • 학생이 스스로를 칭찬하도록 교수

(3) 3단계: 교수를 변화시키고자 의사결정 실행

변화의 필요성을 보여주는 학생의 반응 패턴을 확인하였다면 교사는 진보를 향상시키기 위한 교수적 변화를 실행해야 한다. 〈표 5.3〉에서 주어진 권고사항은 저자들의 의사결정 실행 경험과 교수에 대한 연구를 토대로 하였다. 유사한 일련의 권고사항이 Belfiore와 Browder(1992)의 연구에서 현장 검토되었다. 이러한 의사결정의 적용은 [그림 5.10]에서부터 [그림 5.12]에 나타난다.

[그림 5.10]에서 Charlie는 5가지 이야기 구성 요소를 포함한 간단한 이야기를 창작하는 것을 학습하고 있는 학생이다. 매번 평가를 위해 Charlie는 컴퓨터 태블릿의 소프트웨어를 사용하여 하나의 이야기를 창작하도록 요구 받는다. 교수의 초반에 그는 등장인물의 이름만을 만들었지만(즉, 5단계 중 1단계만 독립적으로 올바르게 수행) 시간이 지나면서 글쓰기 과제분석의 추가적인 구성 요소도 수행하기 시작하였다. 12일간의 평가 후 Charlie는 구성 요소의 80%(즉 5단계 중 4단계)를 독립적으로 만들었다(적절한 진보). Charlie는 기술 숙달을 위해 착착 나아가고 있었기 때문에 교사는 과제분석 교수를 변경하지 않았다.

[그림 5.11]과 [그림 5.12]는 숙달하지 못한 학생을 보여준다. 이런 일이 일어나면 시간을 들여 자료를 검토하고 교수적 결정을 내리는 것이 중요하다. [그림 5.11]에서 Cassandra는 과학수업에 참여하는 것을 배우고 있는 중이다. 그녀는 10월 초 이후로 이 목표를 위해 노력하고 있으며 11월인 지금 여전히 대부분의 단계에 독립적으로 참여할 수 없다(진보 없음). Cassandra의 교사들은 "그녀가 알고 있는 것을 보여주도록" 그들이 그녀에게 요청하고 있는 반응을 고려하기로 결정하였다. 교사들은 여전히 그녀가 과학수업에 독립적으로 참여하는 것을 숙달하기를 원하지만 그녀에게 배운 것을 표현하도록 하는 요구는 단순화하기로 결정하였다. 예를 들어, 예측을 위해 구두로 짐작하는 것을 표현하는 대신 교사들은 두 가지 선택지를 제공한다. 수업의 마지막에 그녀의 예측과 언어를 구두로 비교하는 대신 교사들은 예측을 위해 선택지를 쳐다보도록 요구하고, 만약 그녀가 올바로 하면(결과와 일치됨) 확인표시를 하고 그녀가 틀리면(예측이 실제 결과와 다름) X 표시를 한다.

[그림 5.12]는 어떤 날은 그 기술을 수행할 수 있었지만 그 다음날은 수행할 수 없는 것으로 드러난 학생의 기록을 보여준다(변동이 있는 진보). Jeremy의 상황은

동기유발에 어려움이 있는 학생의 사례이다. Jeremy의 교사는 그가 아프지 않고 다른 기술에서는 퇴보가가 없었음을 알고 난 후 수업 동안 사용가능한 강화제에 특별히 주의를 기울이기로 결정했다. 반복 시도 교수에서 교사는 Jeremy가 일반학급 수업에서 또래에게 반응하고자 보완대체의사소통을 사용하는 날에는 더 주의를 기울여 정확하게 반응하지만 보조교사와 공부하는 일대일 교수상황에서는 그의 수행이 나빠지는 것에 주목했다. 교사는 일대일 상황에서 강화물 사용을 조정할 필요가 있다고 결정했다. 첫째, 보조교사가 Jeremy에게 현재 가장 강력한 강화물을 사용하고 있음을 확인하고자 교사는 매일의 선호도 평가를 시행하기로 결정했다. 둘째, 교사는 수업 동안 더 빈번하게 강화제를 전달하기로 했다. 이 전략이 의사소통 교수에 대한 Jeremy의 동기를 향상시킬지 여부를 결정하고자 자료를 지속적으로 수집한다.

학생의 진보를 염려한 교사 Hines는 자료 수집 체계를 만들기로 결정했다. 그녀는 자료 수집 체계를 개발하고자 Google classroom을 사용하기로 결정했다. 첫째, 그녀는 학생 각각을 위해 각 개별화교육계획 목표에 대한 자료지와 함께 자료수집 파일을 만들었다. 그녀와 보조교사는 그들이 모두 볼 수 있는 공유 파일 체계에 저장된 정보와 함께 태블릿을 사용하여 매일의 자료를 수집하였다. 자료를 검토할 시간이 되면 교사는 각 개별화교육계획 목표에 대한 그래프를 만들기 위해 그래프 기능을 사용했다.

다음으로 Hines 씨는 자료 수집 일정을 세우기 시작했다. 과거에 그녀는 자료 수집 활동에 보조교사를 포함시키기 않았지만 올해는 보조교사의 지원을 요청하기로 결정했다. 그녀는 특정 학생의 자료를 수집할 하루 중의 시간대와 담당자를 보여주는 매트릭스를 개발했다. 교사는 또한 보조교사와 함께 자료를 수집하고 신뢰도를 계산할 월별 회기의 일정을 짰다.

마지막으로 Hines 씨는 자료 수집을 위해 보조교사 훈련을 시작하였다. 그녀는 우선 이 장의 유인물을 사용하여 자료 수집 절차를 설명하고 그것을 읽도록 요청했다. 보조교사의 질문에 대답한 후 Hines 씨는 학생 수행을 담은 간단한 비디오를 보면서 채점을 하여 자료수집 절차를 시범 보였다. 그녀는 일치도가 100%에 이를 때까지 자료 수집 절차를 시연하도록 보조교사에게 요청했다. 그들은 준거에 도달하였을 때 함께 축하하였다.

학생 이름: Charlie

과목/기술: 이야기 구성 요소 사용

목표: 이야기를 작성하라는 요청 시, 학생은 등장인물 소개, 배경, 세부 내용이 있는 최소한 2가지 사건, 해결 혹은 결론 진술, 등장인물의 감정을 포함하는 이야기를 연속되는 3회기 동안 100%의 정확성으로 최소한 3가지의 다른 주제로 창작한다.

	100													
	90													
	80													
	70													
	60													
	50													
	40													
8		감정/느낌	−	−	−	−	−	+	−	−	+	+	−	−
7	30	해결/결론	−	−	−	+	+	+	+	+	−	−	+	+
6		세부 내용	−	−	−	+	−	−	+	+	+	+	+	+
5	20	사건 2	−	−	+	+	+	+	+	+	+	+	+	+
4		세부 내용	−	−	−	−	+	+	+	−	+	+	+	+
3	10	사건 1	−	−	+	+	+	+	+	+	+	+	+	+
2		상황	+	+	+	+	+	+	+	+	+	+	−	+
1	0	등장인물 소개	+	+	+	+	+	+	+	+	+	+	+	+
단계	%		25	25	50	75	75	87	87	75	87	87	75	87
		Date	9/29	9/30	10/1	10/2	10/3	10/4	10/5	10/8	10/9	10/10	10/11	10/12

숙달: 못함

자료 패턴: 적절한 진보

일화 기록: Charlie는 숙달을 향해 착착 나가고 있음

의사결정: 교수 지속

[그림 5.10] 적절한 진보의 예시

학생 이름: Cassandra

과목/기술: 과학

목표: 학생이 연속되는 이틀 동안 과학 실험의 8단계 모두를 독립적으로 완수한다.

	100											
	90											
	80											
	70											
	60											
	50											
	40											
8		정리하기	M	P	P	V	V	V	V	V	V	V
7	30	예측과 결과 비교하기	P	P	P	M	P	P	P	P	M	P
6		결과 나타내기	P	M	M	P	M	M	M	M	M	P
5	20	변인 관찰하기	P	M	P	P	P	M	M	V	M	V
4		실험하기	P	M	V	I	M	V	V	I	V	V
3	10	예측하기	P	M	M	M	V	V	V	M	V	V
2		재료 수집	P	P	V	M	M	M	V	M	P	M
1	0	안전복장 입기	P	P	P	P	P	P	P	P	P	P
단계	%		0	0	0	12.5	0	0	0	12.5	0	0
		Date	11/1	11/2	11/3	11/4	11/5	11/8	11/9	11/10	11/11	11/12

숙달: 못함

자료 패턴: 진정한 진보 아님

일화기록: Cassandra가 예측이나 실험을 위해 사용할 수 있는 더 단순한 수단이 있음

의사결정: Cassandra가 보조공학을 사용하게 하여 반응을 단순화함

Key: P = 신체 촉진, M = 시범 촉진, V = 언어 촉진, I = 독립적 반응

[그림 5.11] 진보 없음의 예시

학생 이름: Jeremey

과목/기술: 대화식 요구에 반응

목표: 대화 시작과 함께(예: 네가 좋아하는 것은 무엇이니? 너는 뭐하고 있니?) 학생은 3번의 연속되는 회기에서 100%의 정확성으로 5명의 대화 상대에게 AAC 장치의 해당 답변을 터치하여 반응할 것이다.

100												
90												
80												
70												
60												
50												
	시도 1	−	−	−	−	−	−	−	−	−	−	−	−
40	시도 2	−	+	−	−	−	+	−	−	−	−	+	−
	시도 3	−	−	+	−	−	−	−	−	+	−	+	−
30	시도 4	−	−	−	−	−	+	−	−	−	−	−	+
	시도 5	−	−	+	+	−	−	−	−	−	−	−	−
20	시도 6	−	−	−	−	−	−	−	−	−	−	−	−
	시도 7	−	+	+	−	−	−	+	+	−	−	−	−
10	시도 8	−	−	+	−	−	+	+	+	−	−	−	+
	시도 9	−	−	−	+	−	−	+	+	+	−	+	−
0	시도 10	−	−	−	−	−	−	−	−	−	−	−	−
%	시도	0	20	40	20	0	60	60	60	20	0	60	20
	Date	8/29	8/30	9/1	9/2	9/3	9/4	9/5	9/8	9/9	9/10	9/11	9/12

숙달: 못함

자료 패턴: 변동이 있는 진보

일화기록: Jeremy의 수행은 그 기술에 동기유발이 되는지에 따라 여러 날에 걸쳐 변동함

의사결정: 지원 없이 올바르게 반응하도록 동기를 향상시킴

조치: 1. 매일 선호도 평가 시행

2. 보조교사와 공부할 때 현재 강화 일정을 증가

[그림 5.12] 변동이 있는 진보 예시

3. 요약

진보 점검은 모든 노력 중 핵심이다. 우리는 휴가지로 가는 중에 거리를 계산하거나 오븐에 넣고 구워지고 있는 쿠키를 여러 차례 점검한다. 진보에 대한 이러한 관찰은 어떤 것이 계획한 대로 진행되고 있는지, 목표를 달성할 가능성이 있는지를 결정하는 데 유용하다. 이러한 관찰이나 자료 수집은 장애인과 비장애인에게 중요한 교육 서비스 제공에 필수적이다. 이 장에서는 다양한 행동에 대한 자료를 수집하고 자료를 시각적으로 나타내고, 교수와 관련된 의사결정을 하는 몇 가지 방법을 설명하였다. 이러한 방법을 일상적인 실제에 통합함으로써 교사는 비효과적인 교수절차로부터 학생을 보호하고 학생의 독립과 풍부한 삶의 질을 향한 성장을 도모할 수 있다.

마무리 활동

1. 의사소통을 배우고 있는 학생을 떠올려보세요. 하나의 행동을 식별하고 행동을 기록하기 위한 체계를 확인하세요.
2. 좋아하는 TV 쇼를 확인하고 자료 수집 형식을 준비하여 하나의 에피소드 동안 그 행동의 발생을 기록하기 위한 여러분의 자료 수집 체계를 실행하세요.
3. 2번에서 수집한 자료를 보여주기 위한 그래프를 작성하세요. 자료를 수집할 두 번째 관찰자를 찾고 함께 에피소드를 다시 시청하거나 다른 에피소드를 시청한 다음 관찰자간 신뢰도를 계산하세요.
4. 한 학생의 개별화교육계획 목표에 대한 자료 수집 체계를 작성하세요. 각 기술에 가장 좋은 자료 수집 방법의 유형을 결정하세요. 엑셀이나 Google sheet와 같은 공학 기술을 사용하여 그래프를 작성하세요. 최소한 6번의 교수를 시도하고 의사결정을 내려보세요. 〈표 5.3〉의 아이디어를 사용하여 여러분은 교수를 어떻게 변경할 것인가요?

제 6 장

효과적인 교수 실행: 증거기반실제

Pamela J. Mims

Fabienne 씨는 Central School System의 신임 교사이다. 그녀는 자폐성장애 학생 5명과 중등도 및 중도 지적장애 학생 7명에게 교수적 지원을 제공했다. Fabienne 씨는 이 학생들을 가르치기 위해 학생의 개별화교육 프로그램을 읽고 교수 계획을 수립했다. 첫 달은 힘들었지만 Fabienne 씨는 곧 학생들이 학급 일정을 따르고, 매일 수업에 참여하도록 지도하였다. 학교장은 학생들이 새로 부임한 특수교사와 원활하게 적응하는 것을 기쁘게 생각했다. Fabienne 씨는 순조롭게 적응한 것을 낙관적으로 여기지 않았다. Fabienne 씨는 첫 번째 성적 보고 기간의 후반부에 학생들의 진보를 검토했다. Fabienne 씨는 행동 진보를 검토하기 위해 지속적으로 자료를 수집했지만 관찰은 거의 하지 못했다. Fabienne 씨는 무엇이 잘못되었는지 궁금했다. 학생들이 사회나 과학과 같은 과목을 배우는 것은 너무 과한 기대였을까? Fabienne 씨는 학생들이 일상생활 기술 목표에서도 많은 진전을 이루지 못했음에 주목했다. 그렇다면 특정 자료의 수집을 멈춰야 할까? 교사 대부분은 행동 진보 평가를 정확하게 하지 않았지만 Fabienne 씨는 협력교사가 이 체계를 사용하였기 때문에 학생의 행동 진보를 확인할 수 있다는 것을 알고 있었다. 개별화교육계획의 목표 수준이 너무 높았기 때문일까? Fabienne 씨는 목표 수준을 낮추기 위해 새로운 개별화교육계획 회의를 여는 것을 주저했다. Fabienne 씨는 매일 열심히 일했고, 오랜 시간을 들여 교수를 계획했다. 따라서 행동 진보가 없는 것은 자신이 충분한 노력을 기울이지 않아서가 아니라는 것을 알았다. 그 후 Fabienne 씨는 체계적 교수에 대한 전문가 개발 연수에 참석했다. 발표자는 "증거기반실제"를 소개했다. Fabienne 씨는 학생의 진보를 촉진하는데 효과적인 교수전략을 파악하는데 힘을 얻었다. Fabienne 씨는 연구를 토대로 한 정확한 교수전략을 사용하도록 목표를 설정했다.

교수의 목적 중 하나는 효과적인 전략을 적용하여 학생의 행동 진보를 촉진하는 것이다. 이러한 전략은 교사가 양성과정에서 받은 교육, 학생을 교수한 경험, 교사의 교육 철학, 다른 배경에서의 경험, 성격 등에 따라 다양하게 나타난다. 교사나 다른 전문가도 출판 자료, 워크숍, 대학 강의 또는 시행착오를 통해 새로운 전략을 배울 수 있다. 학생이 행동에 진보를 보이지 않는다면 교사는 주로 학생이 갖는 어려움, 교육과정, 또는 성취 목표에만 집중하기 쉽다. 이러한 모든 변수가 학생의 성취에 영향을 줄 수 있지만, 학생의 학습 여부에 영향을 미치는 가장 강력한 변수는 교수방법이다. 교수방법은 교사가 연구에서 입증된 교수전략을 선택하여 관리할 수 있는 것이다. 보통의 교사가 연구결과를 현장에 적용하는 것은 도전적이고 시간소비적일 수 있다. 이러한 이유로 일부 전문가는 증거기반실제(evidence-based practice) 요약을 제공한다. 본 장에서는 교수전략의 개요와 연구 지원을 소개한다. 구체적인 교육 절차를 설명하기 전에 교수전략이 얼마나 효과적인지에 대한 간략한 개요를 제공한다.

1. 증거기반실제 판별하기

2000년대가 시작된 시점의 연방 정책은 연구가 지원하는 실제를 교사가 적용하도록 장려했다. 미국 「아동낙오방지법」(No Child Left Behind Act, NCLB, 2001) 제정 및 미국 「모든학생성공법」(Every Student Succeeds Act, ESSA, 2015)은 실무자들이 "증거기반"실제를 사용하여 학생에게 기술을 교수하는 것을 장려했다. 장애 학생의 경우, 증거기반 교수전략에 대한 강조는 통합 추진, 장애 학생이 주단위(statewide)에서 시행하는 평가에 포함되어야 하는 법적 조항, 학업을 포함한 여러 영역에서 장애 학생이 성공할 수 있음을 보여주는 최근 증거에 의해 강화되었다(Cook, Tankersley, & Lan durm, 2009; Odom et al., 2005). 증거기반실제가 적용되려면, 이러한 실제는 과학계를 포함하여 주로 연구 활동에 자주 참여하는 고등 교육 기관의 연구원 등에 의해 정의되어야 한다. 현재까지 증거기반실제를 설명하고 검증하기 위한 많은 노력이 지속되고 있다(예: "Criteria for Evidence-Based Practice …" 2005; "Evidence-Based Practices …" 2009; Singer, Agran, & Spooner, 2017; Spooner, 2003). 가장 최근에는 '미국 특수교육협의회'(Council for Exceptional Children, CEC)가 실행 집단을 개발하고 집단비교연구와 단일대상연구를 모두 고려하는 자체 기준을 만들며 노력을 기울이고 있다. 이러한 노력의 결과로 교수전략은 질적 지표를 사용하여 실행된 연구 수를 기반으로 다음 다섯 가지 중 하나로 분류된다. (1) 증거기반실제, (2) 잠재적인 증거기반실제, (3) 혼합 효과가 있음, (4) 부정적인 효과가 있음, (5) 효과를 분류하기 위한 증거가 불충분함(CEC, 2014). 뿐만 아니라, 최근 미국 교육부 출자기관인 What Works Clearinghouse(2017)는 무작위 대조군 실험에 추가하여 단일대상연구를 검토하기 시작했고, 각 연구의 질을 평가하고 양질의 연구로 판별된 연구의 결과를 요약하였으며, 이는 중도장애를 위한 몇몇 실제의 검토(예: 최소촉진체계 검토)로 이어졌다. 마지막으로 '미국 전환기술지원센터'(National Technical Assistance Center on Transition, NTACT, 2018)에도 지적장애 및 발달장애 학생을 포함한 중도장애 학생의 졸업 후 성과를 촉진하고자 개발된 증거기반실제를 검토하기 위한 플랫폼이 있다. 이 플랫폼은 다음과 같은 사례를 목록화한다: 증거기반(evidence-based), 연구기반(research-based), 유망한 실제(promising practice), 확립되지 않은 실제(unestablished practice). 교사는 지적장애 및 발달장애 학생을 지도할 때 사용된 플랫폼에 관계없이 연구에서 검증된 실제를 사용하고 있는지 확인해야 한다.

중도 발달장애 영역에서 연구 결과를 입증하는 데 사용된 우세한 방법론은 단일대상연구이다(Browder, Ahlgrim-Delzell, Spooner, Mims, & Baker, 2009; Horner et al., 2005; Kratochwill et al., 2013). 단일대상연구 방법론을 적용하는 두 가지 기본 원칙이 있다: (1) 개별 연구 참가자가 분석 단위이다(예: 연구자는 개별 학생이 기술을 배웠는지 검토함), (2) 그래프 자료를 시각적으로 검토하는 것은 행동 변화를 분석하는 데 사용되는 기본 방법이다(예: Cooper et al., 2007; Johnston & Pennypacker, 2009; Ledford & Gast, 2018). 단일대상연구의 단점은 각 연구에 참여하는 개인의 수가 너무 적어서 다른 학생에게도 결과가 일반화될 것이라고 추론하기 어렵다는 점이다(외적 타당도). 이러한 단점은 더 많은 학생에게 동일하거나 유사한 중재 절차를 사용하여 긍정적인 결과를 얻는 연구가 축적됨으로써 해결될 수 있다. 출간된 문헌 분석은 일반적으로 특정 교수법에 중점을 둔 연구를 종합한다. 일부는 교과 영역(예: 수학)의 모든 연구를 검토함으로써 교수법을 도출한다. 일단 문헌이 수집되면, 검토자는 절차에 대한 증거의 상대적인 강점을 결정하기 위해 전반적인 연구의 질을 평가할 수 있는 몇 가지 기준을 적용한다.

Horner 등(2005)은 단일대상연구를 질적으로 검토하기 위한 첫 질적 지표를 개발했으며, 최근에는 더 새로운 기준이 등장했다. 최근의 '특수교육협의회'에서는 증거기반실제의 기준에 대해 '모든 연구를 통틀어 최소 20명의 연구 참여자가 포함되고, 긍정적인 효과를 보고하면서 방법론적으로도 타당한 단일대상연구가 최소 5편 이상'으로 명시하고 있다. 방법론적 기준은 8개 주요 영역에 걸쳐 일련의 질적 지표로 평가된다(즉, 맥락과 연구 환경, 연구 참여자, 중재자, 실제에 대한 설명, 중재 충실도, 내적 타당도, 결과 측정/종속 변수, 자료분석).

이해 점검하기

증거기반실제를 판별하는 단계는 연구를 찾고, 연구의 질을 평가하고, 절차에 대해 충분한 증거가 있다고 결론짓기에 필요한 만큼의 연구와 연구 참가자가 있는지 결정하는 것이다. Horner 외(2005)는 몇 개의 연구와 몇명의 연구 참여자를 기준으로 제안했는가? Horner 외(2005)가 연구의 질을 평가하기 위해 적용하도록 추천한 기준의 한 가지 사례는 무엇인가?

증거기반실제의 사용은 모든 학생에게 중요하지만 장애 학생에게 특히 중요하다. 전문가들은 경도장애 학생일지라도 학습을 극대화하기 위한 효과적 절차가 필요하다고 했다(Dammann & Vaughn, 2001). 정의에 의하면, 중도 발달장애 학생은 학습에 어려움을 보이는 집단이므로 효과적인 전략 탐색이 더 중요하다(Spooner & Brown, 2017). 하지만 장애 학생의 교사는 때때로 학생 성과에 거의 영향을 미치지 못하는 실제를 적용한다(Cook & Schirmer, 2003). 이것은 교사가 증거기반실제를 알지 못하기 때문이거나 전략 사용의 중요성을 깨닫지 못하거나, 또는 둘 다에 해당될 수 있다.

때때로 연구자는 무엇이 효과적인지 발견하기 시작한다. 일반적으로 연구자는 수학교수보다는(Browder, Spooner, Ahlgrim-Delzell, Harris, & Wakeman, 2008, 68개 실험; Spooner, Root, Saunders, & Browder, 2019, 높거나 적정 수준의 25개 실험) 읽기교수에 대해 더 많이 알고 있고(Browder, Wakeman, et al., 2006, 128개 실험; Browder, Ahlgrim-Delzell, et al., 2009, 30개 실험), 과학보다는 수학교수에 대해 더 많이 알고 있다(Courtade, Spooner, & Browder, 2007, 11개 실험; Spooner, Knight, Browder, Jimenez, & DiBiase, 2011, 17개 실험). 한 분야의 연구가 드물거나 새로운 경우 전문가들은 때때로 새로운 증거(emerging evidence)라는 용어를 사용한다. 다른 증거가 없을 때 가장 좋은 대안은 다음과 같이 새로운 증거에 해당하는 전략을 시도하는 것이다.

교과목 내용 영역(읽기, 수학 및 과학)에 대한 자체 검토를 통해 중도 발달장애 학생에게 확실한 근거가 있는 가장 효과적인 교수 패키지는 체계적 교수임이 밝혀졌다. 체계적 교수는 중도장애 학생에게 기능적 생활 기술을 가르치는 데도 견고한 역사를 갖고 있다(Billingsley & Romer, 1983; Snell, Delano, & Walker, 2016; Spooner, 1984; Wolery & Gast, 1984). 일반적으로 체계적 교수는 다음과 같은 구성 요소와 통합된다: (1) 학생에게 사회적으로 의미 있는 기술을 가르치기, (2) 관찰 가능하고 측정 가능한 목표 기술 정의하기, (3) 자료를 사용하여 중재의 결과로 기술을 습득했음을 입증하기, (4) 차별강화, 체계적 촉진, 용암, 오류교정과 같은 행동 원리를 사용하여 변별 자극 통제를 전달하기, (5) 다른 맥락, 기술, 사람 및/또는 대상으로 일반화할 수 있는 행동 변화를 생성하기(Brown et al., 2016; Collins, 2007; Spooner et al., 2009; Stokes & Baer, 1977). 이 장에서는 중도장애 학생에게 광범위한 기술 교수를 위한 증거기반실제인 체계적 교수의 구성 요소를 살펴본다.

증거기반실제를 적용할 때는 두 가지 주의가 필요하다. 첫째, 절차를 이해하고 규정된 방법으로 사용하는 것이 중요하다. 정의된 교수적 절차의 모든 구성 요소를 실행하는 것을 중재 충실도(procedural fidelity)라고 한다. 만약 절차가 효과가 없는 것 같다면 가장 먼저 고려해야 할 사항은 절차가 정확하고 일관되게 실행되었는지 확인하는 것이다. 중재 충실도를 확보하는 세 가지 방법은 문헌에 따라 구성 요소의 목록을 따르며 절차를 연습하고, 절차의 시범을 관찰하고, 그 전략에 대한 전문가로부터 피드백을 받는 것이다. 두 번째 주의사항은 개별 학생에게 가르칠 기술과 적용되는 절차를 조정하고 평가하는 것이다. 절차의 효과는 학생의 행동 진보를 평가함으로써 결정될 수 있다. 예를 들어, 연구자가 구어 촉진을 사용했다고 해도, 학급의 특정 학생은 보조공학과 같은 다른 유형의 촉진이나 지원이 필요할 수 있다. 5장에서는 자료 기반의 의사결정에 대한 정보가 제공된다.

2. 체계적 교수

체계적 교수는 행동 분석의 원리에서 파생되었다. 응용행동분석(Applied Behavior Analytic, ABA) 원리는 Fuller(1949)가 수행한 최초의 응용 연구를 시작으로 약 60여 년간 발달장애인에게 성공적으로 사용되었다(Spooner et al., 2009). 체계적 교수는 대부분의 지역사회 및 가정생활 기술을 가르치는 데 사용되는 주요한 교수적 절차이다(예: 양치질, Horner & Keilitz, 1975; 빨래, Cuvo, Jacobi, & Sipko, 1981; 의복선택, Nutter & Reid, 1978; 공중 전화 사용, Test, Spooner, Keul, & Grossi, 1990; 버스 타기, Neef, Iwata, & Page, 1978; 횡단보도 이용, Vogelsburg & Rusch, 1979). 이전 단원에서 설명한 대로 이러한 절차는 이제 교과 내용을 가르치는 데에도 효과적이라는 것이 입증되고 있다. 응용행동분석의 응용(Applied)은 절차가 학교 및 지역사회와 같이 실제 생활에서 의미 있게 사용되는 것을 나타낸다. 응용행동분석의 행동(Behavior)은 목표 행동이 조작적으로 정의되고 관찰되며, 측정될 수 있음을 나타낸다. 응용행동분석의 분석(Analysis)은 교수에 관해 정보에 입각한 결정을 내리기 위해 자료가 수집되고 분석됨을 나타낸다(Baer, Wolf, & Risley, 1968, 1987). 행동분석가는 중재를 계획할 때 다음과 같은 내용을 고려한다.

1. 선행사건: 특정 행동이 일어나기 전에 일어나는 일. 선행사건은 목표 행동이 발생하는 배경이 된다.
2. 행동: 변화의 대상이 되는 것. 이것은 교사가 자료를 수집할 목표 행동이다.
3. 후속 결과: 목표 행동 이후에 일어나는 일. 모든 행동에는 결과가 따른다.

이 세 가지 용어는 ABC라고 불리는 3단계 행동발생 유관모델이다. 선행사건은 자극(S)이라고 한다. 행동은 반응이라고도 알려져 있고(R), 결과(C)는 행동이 미래에 발생할 가능성을 높이는 강화물이 되거나, 가능성을 낮추는 벌이 될 수 있다. 이 유관모델은 (앞글자를 따서) SRC라고 한다. 행동전략을 사용하는 교사는 학생에게 중요하고 의미 있는 행동을 증가시키고, 부적절한 행동을 감소시키는 데 중점을 둔다. 이 책에서는 습득해야 하는 "기술"처럼, 종종 증가시키기 위해 노력을 기울이는 행동을 목표 행동이라고 한다. 여기에는 수학문제 풀기, 줄거리 요약하기, 구매하기, 또는 친구와 의사소통하기 등의 광범위한 행동이 포함될 수 있다. 14장에서는 사회적 행동을 증가시키고, 부적절한 행동을 감소시키는 긍정적이고 교육적인 전략에 대해 살펴본다. 학업적이든, 기능적이든, 혹은 사회적이든지 간에 중재의 초점이 되는 행동이나 기술을 반응이라고 한다.

중재 계획 시, 교사나 행동분석가는 반응에 대한 정의만 내리는 것이 아니라 반응과 결과가 나타나도록 기회를 형성하는 선행자극에 대한 정의를 내려야 한다. 특정 자극(예: 공)이 제시되고 그것이 이전에 강화된 적이 있는 목표 반응을 이끌어 내면(예: 학생이 특정 자극인 "공"을 명명한 후에 강화를 받음), 이것을 변별 자극(discriminitive stimulus) 또는 S^D라고 한다. 변별 자극은 자극이 있을 때 학생이 반응하도록 하는 단서이다. 두 번째 자극 유형은 자극이 있으나(예: 공) 강화를 받지 않았던 행동에서 찾아볼 수 있다. 이것을 자극-델타(stimulus-delta) 또는 S-델타라고 한다.

행동적 패러다임에서는 개인이 특정 변별 자극이 있을 때 일관적으로 목표 반응을 보이면 학습(자극 통제)하게 된다. 이것을 자극 통제(stimulus control)라고 한다. 반응에 따라 제공되는 강화로 인해 자극이 있는 상태에서 반응은 일관적이게 된다. 선행 자극이 있거나 없을 때, 그것은 행동 변화의 빈도, 대기시간, 지속시간, 또는 강도에 영향을 미친다. 교수 시 목표 변별 자극은 학생이 목표한 반응(예: 읽기, 계산하기, 신발끈 묶기, 물품을 구입하기)을 하도록 유도하는 읽을 단어, 수학 문제, 끈이 풀어진 신발, 점원이 가격을 말해 주는 것, 또는 학생이 반응하도록 단서를 주는 기타 시각적, 청각적, 촉각적 정보가 될 수 있다.

교수를 시작하는 시기에는 학생이 반응을 알고 있지 않는 한 변별 자극에 반응하지 않을 것이다. 예를 들어, 학생에게 사-람-들 이라는 새로운 단어를 인쇄해서 보여주면, "사람들"이라고 말하지 못할 것이다. 교사는 학습을 촉진하기 위해 목표 자극(단어)을 목표 반응의 기회를 조성하는 다른 자극(예: 교사는 "사람들"을 읽는 시범을 보이고, 학생은 단어를 반복해서 말하거나 교사가 단어에 사람 그림을 추가함)과 짝을 짓는다. 이렇듯 두 번째로 추가된 자극을 **촉진**이라 하며 이는 다음에서 상세하게 설명된다. 교수의 목적은 학생이 교사의 지원없이 반응하는 것이기 때문에, 촉진은 용암되어야 한다. 학생이 촉진 자극(예: 교사 시범 또는 그림 촉진)에 대한 반응에서 목표 자극(예: 단어)에 대한 반응으로 옮겨가는 것을 **자극 통제 전이**(transfer of stimulus control)라고 한다.

효과적인 교수를 위해서 자극 통제 전이를 이해하는 것이 중요하다. 예를 들어, 자극 통제 전이를 이해하지 못한 교사는 학생이 교사의 안내와 촉진에 계속 의존하면서 목표 반응을 하게 한다. 체계적 교수의 핵심 원리는 촉진과 지원을 용암시키고자 결정된 방법과 함께 체계적인 촉진법을 사용하는 것이다. 체계적 교수를 계획하고 실행하기 위해 교사는 다음 4단계를 따른다: (1) 습득할 기술 정의하기, (2) 교수에 사용할 방법 정의하기, (3) 체계적 교수 계획(Systematic Intervention Plan, SIP) 실행하기, (4) 교수 수정을 위해 학생의 행동 진보 검토하기. 각 단계에 대해 세부 사항을 논의하면 다음과 같다.

(1) 1단계: 학습자가 습득할 기술 정의하기

교수를 시작하기 전에 학생이 수행할 기술을 명확하게 정의하는 것이 중요하다. 체계적 교수에서는 이러한 기술이 관찰 가능하고 측정 가능한 반응으로 정의된다. 예를 들어, 읽기에 집중할 때 이해하는 내적 과정을 관찰하거나 측정할 수 없기 때문에 구절을 "이해"하는 것은 목표 기술로서 적절하지 않다. 그 대신 목표 기술은 이해 질문에 맞는 대답을 하거나 읽은 내용의 이해를 보여주는 줄거리 요약이 될 수 있다. 관찰 가능하고 측정 가능할 뿐만 아니라 중도장애 학생의 목표 기술은 수동적이기 보다 능동적이어야 한다. 때때로 학생의 장애라는 복잡한 문제 때문에 교사는 학생이 효율적으로 또는 독립적으로 응답할 수 없는 것을 부주의하게 선택한다. 그 결과 학생은 장기적으로 교사의 도움에 의존하는 방법을 배우게 된다. 예를 들어, 최소한의 수의운동을 보이는(예: 높은 긴장도) 학생은 입에 칫솔을 가져갈 수 있다. "물리적 도움으로 이를 닦을 것이다"와 같은 목표는 수동적 수행에 대한 기대를 만든다. 그 대신에 교사는 "칫솔을 선택하기 위해 쳐다본다" 또는 "이를 닦기 위해 보완대체의사소통 기기를 사용하여 도움을 요청할 것이다"처럼 학생이 할 수 있는 능동적 반응을 정의할 수 있다. 학생이 반응하는 것을 배우기 위해 신체적 안내를 포함한 촉진이 요구되지만, 이러한 지원은 독립성을 증진하기 위해 사라질 수 있다. 일반적으로 목표 반응은 학생이 독립적이고 능동적으로 수행하고, 일단 자극 통제 전이가 발생하면 신체적으로 도움 없이 할 수 있는 것이어야 한다. 학생이 장기적으로 자기보조(self-assistance)를 사용하거나(예: "그림 지시를 사용하여 조리법을 만들 것이다") 주양육자와 실행해야 하는 경우(예: "바지를 입도록 도움을 받을 때, 발을 들어 올릴 수 있다")는 예외일 수 있다.

교사는 관찰 가능하고 측정 가능한 능동적인 반응에 중점을 두는 것 외에도 목표 기술이 개별 반응(discrete response)인지 반응연쇄(response chain)인지 고려해야 한다. 개별 반응에는 단일 단계(예: 스위치 켜기, 인사하기)가 포함된다. 이러한 개별 반응은 시작과 끝이 명료하고 일반적으로 더 작은 단계로 분리되지 않는다. 일부 기술은 완료하기까지 여러 반응을 요구한다(예: 손 씻기, 나눗셈). 이러한 기술을 연쇄 과제(chained task)라고 한다. 과제분석은 연쇄된 과제를 하는 여러 단계의 작업이 포함된 과정이고, 가르칠 수 있는 구성 요소 또는 일련의 개별 단계로 나뉜다(Spooner, 1984). 과제분석으로 교수할 수 있는 기술의 몇 가지 예시로는 음료 자판기 사용하기, 과학수업의 탐구 과제 완료하기, 패스트푸드점에서 음식 주문 및 구매하기, 대수방정식 풀어보기, 문해수업에 참여하기가 있다.

연쇄된 과제가 요구되는 활동일지라도 학생의 학습목표는 하나의 개별 반응이거나 연쇄된 반응의 부분 집합일 수 있다. 예를 들어, 화장실을 사용하는 데 많은 도움이 필요한 학생에게 화장실 사용 시 필요한 모든 기술을 반복하며 가르치는 것은 시간도 많이 걸리고 몹시 어렵다. 대신 교사는 학생이 화장실에서 소변을 보거나 바지를 올리는 것에만 중점을 두고, 그 외의 반응에 대해 교수 없이 도움을 제공할 수 있다. 이러한 결정은 각 학생에 대해 개별적으로 이루어져야 하며, 학생이 배워야하는 목표 기술은 과제분석동안 기술 범위가 고려된 후에 정해진다.

위에서 설명한 것처럼 활동의 일부 반응을 학습하는 것을 **부분참여**(partial participation)라고 한다(Baumgart et al., 1982). 때때로 반응에 대한 목표는 전체 활동을 독립적으로 하기까지 부분적인 순서를 학습하는 것이다. 이것을 연쇄(chaining)라고 한다.

① 순차적 연쇄 vs 전체 과제

과제분석 단계를 가르치는 세 가지 방법은 (1) 전진형 행동연쇄(forward chaining, FC), (2) 후진형 행동연쇄(backward chaining, BC) 및 (3) 전체 과제 제시법(total task presentation, TT)이다. 전진형 행동연쇄와 후진형 행동연쇄는 각 단계를 순차적으로 한번에 한 단계씩 연습하기 때문에 순차적 행동연쇄 절차라고 한다. 과제분석의 단계를 가르치는 첫 번째 방법은 전진형 행동연쇄를 사용하는 것이다. 전진형 행동연쇄 방식은 연쇄된 기술의 첫 번째 개별 단계에서 교수를 시작하고, 두 번째 단계를 배우기 전까지 첫 단계를 숙달하거나 미리 정한 기준에 부합되도록 중재하는 것이다(Spooner, 1984). 이것은 연쇄된 행동의 모든 단계를 숙달하거나 설정된 기준에 도달할 때까지 계속된다. 전진형 행동연쇄와 같은 직렬 행동연쇄 절차의 장점은 각 방법이(전진형 행동연쇄, 후진형 행동연쇄) 성공적인 것으로 입증되었고(McDonnell & McFarland, 1988), 전진형 행동연쇄 및 후진형 행동연쇄 절차의 비교에서 차등 효과가 나타나지 않았다는 것이다(McDonnell & Laughlin, 1989). 전진형 행동연쇄의 잠재적인 단점은 행동연쇄 시작 부분 단계에 비해 새로운 단계는 많이 반복되지 않기 때문에 벌처럼 작용할 수 있다는 점이다(McDonnell & McFarland, 1988).

과제분석은 연쇄된 기술의 마지막 개별 단계를 교수하고 그 이전 단계들은 학생을 위해 이미 완성된 후진형 행동연쇄를 통해 가르칠 수도 있다. 교사는 일반적으로 모든 단계에 걸쳐 학생을 지원하지만, 마지막 단계 직전에서 멈추고 미리 정한 촉진 절차를 사용하여 기술을 가르친다. 학생이 목표 단계의 기준을 충족하면(예: 세 번의 연속된 기회 동안 촉진 없이 완료함), 교사는 끝에서 두 번째 단계를 가르친다. 이것은 연쇄된 행동의 모든 기술이 완료될 때까지 계속된다. 후진형 행동연쇄를 사용하는 것의 가장 큰 장점은 자연적 강화물이 더 빨리 제공된다는 것이다(예: 학생이 샌드위치 만들기의 마지막 단계를 배울 때, 1단계를 배우고 추가 단계를 거치는 대신에 바로 샌드위치를 먹게 됨). 후진형 행동연쇄의 단점은 학생이 연쇄된 행동의 모든 단계를 수행해야 하는 환경의 요구 사항과 일치하지 않는다는 것이다(McDonnell & Laughlin, 1989).

마지막으로 과제분석은 전체 과제 제시법을 사용하여 가르칠 수 있다. 학생은 처음부터 행동 연쇄의 각 단계에 대해 배운다(Spooner, 1984). 이것은 모든 단계가 미리 결정된 기준(예: 실수나 지원 없이 6번을 정확하게 완료함)에 도달할 때까지 지속된다. 전체 과제 제시법의 장점은 다음과 같다: (1) 연습은 행동연쇄의 모든 시도와 모든 단계에서 주어진다, (2) 과제의 단계는 자연스러운 순서에 따라 제시된다, (3) 다중 시도 교수에서 반복적인 자극 제시로 인해 발생할 수 있는 지루함을 피한다, (4) 학생이 자신의 속도로 단계를 학습한다. 전체 과제 제시법의 단점은 교사가 매번 행동연쇄의 각 단계를 가르치기 위해 멈춰야 하기 때문에 시간이 오래 걸린다는 점이다. 행동연쇄 절차에 대한 비교 연구에서 전체 과제 제시법 사용의 이점이 보고되었다(예: Spooner, 1984). McDonnell과 McFarland(1988)는 반응지형(topography)과 반응 순서 측면에서의 전체 과제 제시법의 상대적인 가치와 함께 이 방법이 지역사회의 요구에 매우 부합한다는 사실을 보고했다.

현장에 적용하기

경험상 원칙은 대부분의 학생과 대부분의 기술에 대해 전체 과제분석을 가르치는 것이다. 과제분석을 통해 정의된 연쇄 반응을 가르치는 연구는 시작부터 전체 과제를 가르치는 것을 지원한다(예: Spooner, 1984). 전진형 또는 후진형 행동연쇄나 부분참여를 위해 행동연쇄 내에 일부 반응을 지정하는 것은 학습 속도가 매우 느리거나 한 달 또는 그 이상의 교수로 독립적인 반응을 보이지 않는 학생을 위한 선택 사항이다.

(2) 2단계: 기술 교수 시 사용할 구체적인 방법 정의하기

목표 기술의 교수방법을 계획할 때에는 세 가지를 기본적으로 고려해야 한다. 여기에는 교수 "시도" 일정 계획하기; 체계적 촉진과 피드백에 대한 방법 개발하기; 강화와 강화 용암, 오류교정을 포함한 피드백 계획하기가 포함된다. 추가적으로 사용할 자료와 교육이 진행되는 장소에 대한 고려도 필요하다. 이러한 계획은 체계적 교수 계획 양식에 작성되며, 3단계에서 논의된다.

① 교수시도 일정 계획하기

교수 "시도(trial)"는 학생이 목표 반응을 해야만 하는 개별 기회 혹은 전체 과제가 제공되는 경우 연쇄 반응을 해야만 하는 개별 기회이다. 이러한 과제는 집중 시도 교수(massed-trial instruction), 간격 시도 교수(spaced-trial instruction), 분산 시도 교수(distributed-trial instruction)로 일정이 계획될 수 있다. 예를 들어, 교사는 여러 개의 단어가 배열되어 있는 데서 학생의 이름을 찾도록 연속 8회의 기회를 줄 수 있다. 교사는 개별 시도에 변별 자극(3개의 다른 단어와 함께 Jose라는 이름)을 제시하고, 응답하도록 "네 이름을 찾아봐"라는 단서를 준다. 교사는 개별 시도에서 미리 계획된 촉진과 강화를 사용한다. 때때로 집중 시도 방식은 불연속 반응을 포함할 수 있다. 예를 들어, 교사는 10개의 일견단어, 각 주의 수도, 또는 추가 정보를 제시한다. 여기에서 일견단어 한 개당 한 번의 시도만 할 수 있지만, 전체 세트가 집중 시도 방식으로 제시된다. 다른 대안은 10개 단어 세트로 여러 차례의 연습을 제공하여 학생이 단어당 한 번 이상의 반응할 기회를 갖도록 제시할 수 있다. 예를 들어, 교사는 10개의 주 수도를 세 번 제시할 수 있다. 학생의 주의를 집중시키기 위해 집중 시도 교수는 다른 언급없이 빠르게 진행한다. 예를 들어, 10개의 주 수도를 세 번 실행하는데 5-10분 정도 소요될 수 있다.

간격 시도 교수에서의 교수시도는 간격을 두고 행해진다. 학생은 응답하는 기회를 갖고 다음 시도 전에 휴식을 갖는다(Collins, 2007). 이것은 교사가 집단 교수를 사용할 때 자연스럽게 발생한다. 교사는 10개 주의 수도를 복습하는 동안 Sandra에게 시킨다. Carlos와 Adrian의 차례가 되면 Sandra는 휴식을 취한다. 교사는 학습을 최대화하기 위해 Sandra에게 단순히 쉬는 시간을 갖기 보다 Carlos와 Adrian의 응답을 보라고 (그리고 가능하면 반복하도록) 요청할 수 있다. 이것을 종종 관찰 학습(observational learning)이라고 한다(Werts, Caldwell, & Wolery, 1996). 때때로 학생은 혼자 학습할 수 있지만 간격을 두고 배울 수 있다. 예를 들어, 새로운 스위치를 조작하는 데 강도 높은 집중력이 요구된다면, 학생은 잠시 휴식을 취하고 다음 시도를 이어갈 수 있다.

세 번째 선택은 교수시도가 수업이나 학교 일과 전체에 분포되는 것이다. 분산 시도 교수는 학생의 자연스러운 일과 내에서 새로운 기술을 가르치는 데 적합하다. 예를 들어, 학생에게 하루 중 다섯 번의 다른 상황에서 선택을 하거나 도움을 요청하는 교수시도가 이루어질 수 있다. 교사는 분산 시도를 사용할 때, "가르칠 수 있는 순간" 동안 체계적인 촉진과 계획된 강화를 실행하는 것이 필요하다. 특별한 유형의 분산된 교수는 일반학급 수업에 삽입될 수 있다. 예를 들어, 주의 역사에 대해 배우는 수업 시간에 교사는 주의 수도를 말하도록 기회를 주고 잠시 멈출 수 있다. 다시 말해서, 체계적인 촉진과 피드백 일정이 계획되어야 삽입된 체계적 교수라고 할 수 있는 것이다. 단순히 질문을 묻는 것은 분산 시도를 사용한 체계적 교수라고 볼 수 없다.

과제분석 교수에서 교사는 하루에 한 번 전체 과제를 제시하거나 시도 형식의 일부를 제시할 수 있다. 예를 들어, 교사는 학생에게 수학문제 풀기나 신발끈 묶기의 모든 과제분석 단계를 수행할 기회를 줄 수 있다(집중 시도). 또는 교사가 집단 내의 개별 학생에게 간격을 두고 간단한 반응연쇄를 수행할 기회를 제공할 수 있다(각 학생은 방정식을 푸는 단계를 차례대로 수행한다). 마지막으로 과제분석 교수는

균형 맞추기

학생은 반응할 수 있는 많은 기회를 가질수록 더 빠르게 학습한다. 이러한 이유로 교사는 중도장애 학생을 대상으로 할 때 집중 시도 교수를 선호했다. 하지만 학생이 집중 시도 교수에서는 반응을 언제 사용할지(예: 일반화) 배우지 못할 수 있다. 집중 시도 교수는 일반학급 수업의 전형적인 방식과 견줄 수 있다. 균형을 찾으려면 교사는 교수시도 일정을 정하기 위해 다양한 선택사항을 찾는 데 능숙해야 한다. 처음에는 일부 교수가 전체 수업에 삽입되거나 자연적인 일과 내에 계획될 수 있다. 연습이 더 필요한 학생은 개별로 집중 시도 교수 시간이 주어질 수 있다. 반대로 일부 학습하기 어려운 기술은 집중 시도 교수로 가르치고 이후에 일반학급 수업시간이나 일과 내에 삽입할 수 있다.

분산되어 시행될 수 있다. 학생은 오전과 점심시간에 학교 매점에서 구매하는 단계를 수행하고, 외출 시에는 지역사회중심교수를 통해 상점에서 구매하는 단계를 수행한다.

② 촉진

앞에서 설명한 것처럼 학생은 변별 자극이 있어도 목표 반응을 보이지 않을 때가 있다. 예를 들어, '13-5'를 보여주면, 학생은 제시된 배열에서 "8"을 선택하지 않는다. 자극 통제를 높이기 위해 교사는 교수적 촉진을 적용하고 점차 이러한 지원을 체계적으로 사라지게 한다. 효과적이고 효율적으로 자극 통제를 전달하는 두 가지 방법은 자극-촉진 체계라고 알려진 반응촉진 체계(response-prompting systems) 또는 선행촉진(antecedent prompting)이다. 이러한 방법은 〈표 6.1〉에 나와 있다.

• 반응촉진 체계

반응촉진 체계에서 촉진은 변별 자극이 제시된 후 또는 동시에 전달된다. 반응 촉진은 전형적으로 교사에 의해 수행되는 행동을 가리킨다. 최소 5가지 유형의 반응촉진이 있다. 교사는 (1) 학생에게 어떻게 반응하는지 말할 수 있다(구어), (2) 사용할 자료 또는 다음에 할 일을 나타낸다(몸짓), (3) 원하는 전체 응답을 보여준다(시범), (4) 학생이 반응을 시작하도록 지원한다(부분적 신체 촉진) 또는 (5) 학생이 완전한 응답을 하도록 안내한다(전체 신체 촉진). 교사는 이러한 모든 옵션을 거의 사용하지 않고, 대신 1~3개를 선택한다. 효과적으로 촉진하려면, 교사의 행동은 개별 학생의 목표 반응을 조성하는 반응이어야만 한다. 촉진은 때때로 학생이 반응할 기회를 갖기 전에 제공되며, 점차 용암되어 개별 학생이 자연스럽게 발생하는 자극에 촉진없이 독립적으로 반응하게 한다(Wolery & Gast, 1984). 중도장애 학생에게 주로 사용되는 5가지 일반적인 반응촉진 절차는 (1) 최소촉진체계(the system of least prompts) (2) 최대-최소촉진(most-to-least prompting) (3) 시간지연(time delay), (4) 동시 촉진(simultaneous prompting), (5) 점진적 안내(graduated guidance)이다.

최소촉진체계(즉, 최소-최대촉진 체계, 최소개입촉진 체계)는 필요에 따라 최소한의 단계부터 최대한의 단계로 제공되는 촉진 위계를 사용한다. 교사는 세 가지

〈표 6.1〉 체계적 교수 계획에서의 촉진-용암 체계 사용

촉진-용암 체계	사용된 촉진 유형	용암 실행 방법	생활 기술 예시	학업영역 예시
동시 촉진	보통 대답하는 데 구어 시범과 같은 하나의 특정 반응 촉진이 사용됨	촉진이 "사라짐"; 학생이 촉진없이 반응할 수 있는지를 시험해 봄 주. 이 방법은 학생의 촉진 의존을 피하도록 돕지만, 학생은 더 많은 오류를 경험함	교사는 고리에 책가방을 거는 것을 시범 보이고, 학생이 모방함; 3일 후에 교사는 시범을 생략하고 학생이 고리에 책가방을 거는 것을 기다림	교사는 1부터 5까지 숫자 세는 것을 시범보이고, 학생은 반복함; 몇 번의 반복 후에 학생은 1부터 5까지 교사의 시범없이 숫자를 세어 봄
시간지연	특정 반응 촉진이 사용됨	교사는 목표 자극과 함께 촉진을 제공함; 계속 시도하면서 촉진은 몇 초간 지연됨 주. 이 체계는 학생의 오류를 최소화함 점진적 시간지연: 지연 시간이 증가함 고정적 시간지연: 특정 지연 시간 간격이 정해짐	피자를 만드는 각 단계에서 교사는 그림 요리법을 가리키고(지연 없음) 학생은 그 단계를 수행함; 2일 후에 교사는 그림 요리법을 가리키기 전에 4초 기다림(고정 시간지연)	교사는 정답을 가리키며(몸짓 촉진) "빵이라고 쓰인 단어를 보여줘"라고 말함; 다음 시도에서 교사는 "빵이라고 쓰인 단어를 보여줘"라고 말한 후, 2초를 기다림 고정적 시간지연: 다음 시도에서도 2초를 기다림 점진적 시간지연: 다음 시도에서는 2, 4, 6, 8초 순으로 기다림
최소-최대 촉진	반응 촉진 위계가 사용됨	교사는 매번의 교수시도에 학생이 도움없이 반응하도록 기다리고, 이후에 정반응을 보일 때까지 촉진 체계를 사용함	손씻기에서 교사는 학생이 수도꼭지를 열 때까지 기다림; 반응이 없으면 교사는 "물을 트세요"라고 함; 학생의 반응이 없으면 교사는 시범을 보이고, "이제 네 차례야. 물을 트세요"라고 함; 반응이 없으면 교사는 "내가 수도꼭지 열도록 도와줄게"라고 하며 신체적으로 학생을 안내함	교사는 학생에게 "누가 대통령이지?"라고 질문하고 4개 사진 중에 정답을 선택할 때까지 기다림; 학생이 대답하지 않을 경우, 교사는 질문을 반복하고 대답함(구어 촉진); 학생이 대답을 하지 않으면 교사는 정답 그림을 만지며(시범 촉진) "이제 네가 하렴"이라고 함; 학생이 대답이 없으면 교사는 질문을 반복하고 학생이 그림을 만지도록 도와줌(신체적 안내)

최대-최소 촉진	교수는 매우 효과적이지만 개입 수준이 높은(예: 신체적 안내)하나의 반응 촉진으로 시작됨; 이후에는 덜 개입적인 촉진이 사용됨(예: 구어 지시)	교사는 최대 촉진을 사용하는 특정 요일이나 시도를 정하고 이후에는 최소 촉진 사용으로 변경함	모자쓰는 방법을 가르치기 위해 첫 날은 교사가 학생이 모자 쓰도록 지도함; 2일 후에는 모자를 두드리고 학생이 모자를 쓰기까지 기다림; 2일 후에는 학생이 도움없이 모자를 쓰도록 기다리고, 필요하다면 모자를 두드림	교사가 학생에게 질문을 하고 학생이 AAC 버튼을 눌러서 질문에 반응하도록(신체적 촉진) 손을 사용하여 안내함; 10일 후에 교사는 버튼을 가리킴(몸짓 촉진)
점진적 안내	신체적 촉진이 항상 사용되지만, 필요한 지원과 신체적 압력이 요구됨	교사는 학생의 반응을 증진시키는 신체적 안내의 양을 점차 감소시킴	교사는 학생이 숟가락을 사용하여 음식을 흘리지 않도록 지도함; 학생이 운동성 통제력이 생기면 교사는 신체적 압력을 줄여서 학생이 도움이 필요없을 때까지 지원함	교사는 학생이 M을 쓸 수 있도록 손으로 직접 안내함; 학생의 쓰기 실력이 증진함에 따라, 교사는 학생이 M을 독립적으로 쓸 수 있을 때까지 신체적 압력을 줄임
자극 용암 또는 형성	자극 촉진이 사용됨; 코딩: 정반응을 표시하는 다양한 색상, 그림, 다른 형태 난이도 순서: 순서대로 자료를 배열함	코딩: 크기나 밝기로 단서 제공 난이도 순서: 방해 수준이 점차 목표 자극과 비슷하게 됨	학생은 식판에 그려진 접시, 수저, 휴지 위치를 보며 준비 방법을 배움; 시간이 지나면서 그림은 희미해 지고 보통의 식판의 모습을 취함(자극 용암)	학생은 자신의 이름 위에 덧쓰며 연습함; 시간이 지나면서 이름은 파선, 점선으로 바뀌며 나중에는 도움없이 쓰게 됨(자극 용암)

출처: Based on Browder (2001).

유형 정도의 반응촉진을 선정하고 개입의 순서대로 사용한다(예: 구어적 촉진, 시범, 신체적 안내). 위계상 촉진이 많을수록 교수하는 시간은 더 소요된다. "개입(intrusiveness)"은 주관적이지만 일반적으로 신체적 지원은 다른 형태의 촉진(예: 몸짓)보다 더 개입적인 것으로 간주된다. 때때로 몸짓은 구어로 지시하는 것보다 덜 개입적이다. 때때로 구어 지시는 적은 정보를 제공할 수 있다(예: "다음에는 무엇을 하지?"). 교사는 적은 구어적 지원에서 많은 구어적 지원으로 촉진 위계를 사용할 수 있다(예: "다음에는 무엇을 하지?"와 같은 비특정 구어 사용에서 "페이지를 넘기세요"와 같은 특정 구어 사용).

일단 촉진 위계가 선택되면, 교사는 변별 자극 제시 후와 가장 개입이 적은 촉진을 제공한 후에 학생이 반응하기까지 지연 시간(보통 3-5초)을 설정하도록 계획한다. 자극이 제시된 후에, 교사는 학생이 독립적으로 반응하도록 사전에 결정한 시간(예: 4초)을 기다린다. 일정 시간이 지나도 학생이 응답하지 않는 경우 사전에 결정된 첫 촉진(예: 구어 촉진)을 제공하고, 학생이 반응하도록 사전에 결정한 시간을 기다린다. 이 과정은(예: 시범 촉진) 학생이 반응하거나 가장 개입 수준이 높은 촉진(예: 전체 신체적 안내)이 제공될 때까지 계속된다. 촉진 위계 중 가장 마지막 촉진은 통제 촉진(controlling prompt)이어야 한다. 통제 촉진이란, 학생이 반응하기까지 필요한 촉진을 뜻한다. 일부 학생에게는 통제 촉진이 전체 신체 촉진이지만, 다른 학생에게 통제 촉진은 특정 구어 촉진일 수 있다. 만약 교수시도 중 학생의 오류가 발생하면 두 가지 오류교정 절차 중 하나를 시행하도록 한다. 첫째, 교사는 오류를 차단하고 적절한 자극으로 재지시를 한다; 교수시도는 끝나게 된다. 둘째, 교사는 오류를 차단하고 촉진 위계상 다음 단계의 촉진을 제공한다. 덜 개입적인 촉진 체계는 학생이 반응함에 따라 교사가 지원을 덜 하기 때문에 자체적으로 용암과정을 거친다. 이러한 자기 용암(self-fading)은 칭찬이나 학생에게 의미있는 다른 강화로 인해 촉진될 수 있다. 예를 들어, 학생이 구어 촉진에 반응하면, 교사는 학생의 독립성을 형성하기 위해 학생이 교사의 시범이나 신제척 안내를 기다릴 때 칭찬하지 않는다. 최소촉진체계는 발달장애 학생에게 다양한 기술을 가르치는 데 사용되었다. 이 촉진방법은 중도 발달장애 학생이 화장실 청소(Cuvo, Leaf, & Borakove, 1978), 숫자 식별(Skibo, Mims, & Spooner, 2011), 들은 내용 이해하기(Mims, Hudson, & Browder, 2012), 기타 기술을 성공적으로 습득하게 하였다. 최근에 최소촉진체계는 다양한 학습 방법을 가르치는 증거기반실제로 확인되었다(Shepley, Lane, & Ault, 2018). [그림 6.1]은 최소촉진체계를 사용하여 자판기 사용법을 가르치는 두 단계와 오류교정 과정을 보여 준다.

최대-최소촉진(즉, 가장 개입적인 촉진 체계) 또한 최소촉진체계와 같은 촉진 위계를 사용한다. 최대-최소촉진은 가장 개입적인 촉진으로 시작하여 학생이 더 독립적으로 반응하거나 기준/숙달(예: 4번의 연속 시도에 대한 시범 촉진에 반응하기)을 충족하면 덜 개입적인 촉진 수준으로 체계적으로 이동한다. 최대-최소촉진을 통해 다양한 기술이 성공적으로 교수되었다. 예를 들어, 중도 발달장애 학생은 조

1단계: 지폐 꺼내기

1. 교사는 학생이 1달러 지폐를 꺼내는 동안 3초 기다림; 1달러 지폐를 꺼냈으면 교사는 칭찬하고 2단계로 넘어감
2. 1달러 지폐를 꺼내지 않았다면, 언어촉진을 제공하여 "1달러 지폐를 꺼내"라고 함; "3초간 기다림; 학생이 맞게 반응했으면 교사는 칭찬하고 2단계로 넘어감
3. 오반응을 보였다면, 교사는 시범을 보임; "1달러 지폐를 이렇게 꺼내.(교사는 자신의 돈으로 실행한다)"; "이제, 네 차례야."라고 한 후에 3초 기다림; 학생이 정반응을 하면 교사는 칭찬하고 2단계로 넘어감
4. 오반응을 보였다면, 교사는 신체적 안내를 함; "지갑에서 1달러 지폐를 꺼내도록 도와줄게"(손을 지폐에 가져가도록 안내함); 교사는 칭찬하고("잘했어, 그것이 1달러 지폐야") 2단계로 넘어감

2단계: 지폐를 투입구에 넣기

1. 교사는 학생이 1달러 지폐를 자판기 투입구에 넣도록 기다림; 정반응을 했다면 3단계로 넘어감
2. 오반응을 보이면 언어촉진을 제공하여 "1달러 지폐를 투입구에 넣어"라고 함; 학생이 그대로 했으면 교사는 칭찬하고 3단계로 넘어감
3. 오반응을 보이면, 교사는 시범 촉진을 보임; "1달러 지폐를 이렇게 투입구에 넣어(교사는 자신의 돈으로 수행함)." "이제, 네 차례야." 학생이 정반응을 보이면 교사는 칭찬하고 3단계로 넘어감
4. 오반응을 보이면, 교사는 신체적 안내를 함; "투입구에 1달러 지폐를 넣도록 도와줄게"(교사는 학생의 손으로 투입구에 지폐를 넣도록 안내함); 교사는 칭찬하고 4단계로 넘어감 (과제분석의 모든 단계에서 계속됨)

오류교정에서의 최소촉진 예시

시범 촉진을 한 후에, 학생은 음료가 나오는 입구에 지폐를 던지려고 할 수 있음; 교사는 오류를 방지하기 위해 입구를 손으로 막고, 다음 수준의 촉진을 제공함(신체적 안내)

[그림 6.1] 교사가 최소촉진을 사용하는 예시

립하는 직무 과제(Spooner, 1984), 세탁(Miller & Test, 1989), 식사(Nelson, Cone, & Hanson, 1975) 기술을 성공적으로 습득했다. 최소촉진체계와의 차이점은 교사가 여러 세션에 걸쳐 하나의 촉진 체계를 사용하면서(예: 부분적 신체 촉진) 덜 개입적인 촉진으로 이동하기 전에 미리 설정된 기준을 충족해야 한다는 것이다. 왜냐하면 이 촉진 체계는 자연스럽게 용암되지 않으므로 교사는 매일 자료를 수집하여 결정해야 한다. 예를 들어, 학생이 부분적 신체 안내로 일관되게 반응하면 교사는 시범이나 몸짓 촉진으로 촉진의 수준을 줄여간다.

시간지연은 시간의 증가를 통해 촉진을 용암시키는 반응촉진 체계이다. 대부분의 경우 단지 한 가지 반응촉진(예: 시범)이 선택되는데, 이는 학생이 반응을 해야 한다는 것을 알고 있는 통제 촉진이어야만 한다. 촉진은 학생이 오류 없이 올바르게 반응하도록(효과적인 촉진의 선택은 무오류 반응에 영향을 미친다.) 목표 자극과 동시에 실행된다. 예를 들어, 교사는 과학 용어 목록에서 "강수량"을 가리키며, "하늘에서 만들어지는 수분을 무엇이라고 부르나요?"라고 말한다. 교사는 목표 자

현장에 적용하기: 시간지연 사용하기

자극 통제 전이의 이론적 틀을 검토하려면 다음 일견단어를 식별하는 방법을 배우는 학생의 예시를 참고하기 바란다. 행동 분석적 관점에서는 일견단어를 판별하는 것은 불연속적이고, 관찰 가능한 반응(예: 단어를 말하기, 단어를 나란히 가리키기)이며 인쇄된 자극(단어장에 쓰여진 단어)에 의해 통제된다. 인쇄된 자극(예: 인쇄된 단어)은 반응(예: 단어를 말한다)에 대한 상황을 설정한다. 자극이 제시된 상태에서(다른 자극은 제시되지 않음) 반응에 대한 강화를 통해 단어 그 자체는 읽기 반응의 변별 자극이 된다. 목표 자극(인쇄된 단어)이 목표 반응을 일으키지 않으면, 교사는 보충하는 자극으로 자극 통제(예: 구어 시범)와 목표 자극을 짝지어 사용할 수 있다. 이 자극을 촉진라고 한다. 촉진이 사용될 때는 촉진(예: 구어 촉진)에서 목표(단어를 말하기) 자극으로 전달되기 전까지 자극 통제는 형성되지 않는다. 자극 통제로 전이되는 다양한 방법이 있지만 Touchette(1971)는 다음과 같은 사실을 발견했다. 목표 자극과 촉진 사이에 시간을 조금씩 삽입한 것은 학습자가 정답을 "예상"하게 했다. 첫 번째 시도에서는 목표 자극과 촉진이 신속하게 짝을 짓는다. 후속 시도에서는 학생이 정답(촉진되지 않은 정답)을 예상할 때까지 촉진 전에 시간(예: 4초)을 점차 지연하도록 한다. 학습은 거의 또는 전혀 오류 없이 발생할 수 있으므로 시간지연은 "무오류 학습" 절차로 간주된다.

극(예: 일련의 과학 용어와 문제)과 촉진(정답을 가리키는 것) 사이에 약간의 기다리는 시간(예: 2~4초)을 삽입하며, 학생이 정답을 "예상"할 수 있도록 한다. 시간지연은 이러한 무오류 학습 전략(errorless learning strategy)(Touchette, 1971)을 통해 자극 통제로 옮겨간다. 시간지연은 중등도 및 중도장애 학생의 식사 준비(Fiscus, Schuster, Morse, & Collins, 2002), 문해력(Browder, Ahlgrim-Delzell, et al., 2009)과 같은 일상과 관련된 기술에 적용되었다는 점에서 교육적 타당도가 매우 높다.

시간지연에는 고정 시간지연과 점진적 시간지연의 두 가지 유형이 있다. 고정 시간지연은 지연 없는 몇 번의 교수 후에 자극을 제시하고 교수자가 미리 정한 일정 시간(예: 4초)을 통제 촉진을 제공하기 전까지 기다리는 것이다. 교수 중에 오류가 발생하면 교사는 중지시키고 정답으로 재안내한다. 무오류 학습이 목표이므로 교사는 4초 지연 시도를 다시 도입하기 전에, 이전에 시도한 지연없는 교수를 반복할 수 있다. 점진적 시간지연에서는 교수자가 지연없이 시작하지만 이후에는 자극제시와 통제 촉진 사이에 기다리는 시간을 점진적으로 증가시킨다. 교사는 2초 지연부터 시작할 수 있으며, 이후에는 3~4초 지연하는 방식을 취할 수 있다. 교사는 매 교수마다 지연 시간을 1초씩 증가시킬 수 있다. 이 점은 개별 학생의 필요에 따라 매우 개별화된다. 지연 수준에 얼마나 많은 시도를 하게 되는지 결정하기 위해 약간의 사전 계획이 필요하다. 시간지연은 기다릴줄 아는 학생에게만 사용해야 한다. 학생이 오류를 범하도록 허용되어서는 안된다.

시간지연을 사용할 때 주의해야 할 몇 가지 사항이 있다. 첫째, 교사는 애원하는 것을 피해야 한다. 교사는 학생이 반응할 자극을 제공하고 정해진 시간 동안 기다리는 방식을 철저하게 유지해야 한다. 학생의 반응이 없으면 촉진을 하고 다음 단계로 이동한다. 교사는 기다리는 시간 동안 학생에게 사정해서는 안된다(예: "자, Sarah야, 저는 그 단어를 알고 있잖니? 그 단어는 s로 시작해. s 소리는 /sssss/란다"). 둘째, 교사는 기다리는 동안 정답 쪽을 보지 않도록 주의해야 한다. 학생은 종종 교사의 시선이 어디로 향하는지 보기 위해 쳐다보고 그것을 정답의 표시로 인식한다. 시간지연을 실행하는 동안 흔히 볼 수 있는 다른 고려사항은 교사가 오류교정 과정에서 실수로 잘못된 부분을 강조할 때 발생한다. 예를 들어, 일견단어를 가르칠 때, 교사는 the 라는 단어를 목표로 하지만 학생은 and 라는 단어를 가리킨다. 교사는 "아니, 그것은 and 란다."라고 말해서는 안되며, 오답은 무시하고 즉시 정답을 가리키며 "이것이 the 라는 단어야."라고 말해야 한다.

동시 촉진은 자극이 제시되면서 통제 촉진이 즉시 전달되는 반응촉진 체계이다. 이것은 시간지연 없는 교수시도와 동일하지만, 동시 촉진은 지연없이 자극이 제시된 직후에 항상 전달된다. 시간을 지연하는 교수시도로 전환되지 않는다. 교수가 시작된 후, 학습을 했는지 또는 자극 통제로 전환되었는지 확인하기 위해 교수적 시도가 제공된다. 교사는 습득하지 않은 것으로 표시된 기술에 대해서만 지연없이 교수를 지속한다. 이 전략은 무오류 학습 전략으로 간주되며, 광범위한 기술로 그 효과를 보여주는 강력한 연구를 기반으로 한다(Waugh, Alberto, & Fredrick, 2011). 동시 촉진은 불연속 과제와 연쇄된 과제 모두에 대해 성공적으로 사용되었다(Collins, 2007). Singleton, Schuster, Morse, Collins(1999)는 중등과정의 중등도 및 중도장애 학생에게 식료품 단어를 성공적으로 읽도록 교수했다. Parrott, Schuster, Collins, Gassaway(2000)는 초등과정의 중등도 및 중도장애 학생에게 손씻기를 가르쳤다. 보다 최근에 Alberto, Waugh, Fredrick(2010)은 동시 촉진을 사용하여 중등도 직적장애 중학생에게 일견단어 및 관련 지문을 읽도록 가르쳤다.

점진적 안내는 운동성 움직임이 필요한(예: 음식 먹기, 화장실 사용하기) 반응과 연결된 반응촉진 체계이다. Foxx와 Azrin(1973)이 개발한 점진적 안내는 초기에는 시설에 거주하는 성인에게 독립적인 화장실 사용 기술을 가르치는 데 사용되었다. 예를 들어, Collins, Gast, Wolery, Holcombe, Leatherby(1991)는 점진적 안내를 사용하여 두 명의 중도 및 최중도 중복장애 유아에게 숟가락과 컵을 사용하도록 가르쳤다. 이 과정은 교사가 생각하기에 학생이 참여하기 시작한다고 느낄 때까지 가장 개입이 심한 촉진, 즉 전체 신체적 촉진이라고 불리는 지원(예: 교사가 학생의 손을 잡고 먹을 음식을 떠서 학생의 입으로 가져 오는 것)을 포함한다. 이때 교사는 덜 개입적인 정도(예: 교사는 학생의 손목으로 손의 위치를 변경하고, 음식을 떠서 학생의 입으로 가져오는 것을 지원함)까지 지원의 양을 줄이고 교사가 느끼기에 학생이 더 참여하고 움직임을 시작할 때까지 이 수준의 지원/촉진을 지속한다. 지도가 계속되고 학생의 진행 상황이 반영되면서 교사는 계속하여 지원의 수준과 촉진의 양(교사는 학생의 팔꿈치로 손의 위치를 옮김)을 줄여간다. 이 과정은 교사가 그림자처럼 지원할 때까지 도움의 수준과 양을 지속적으로 줄여간다. 이 절차를 진행하는 동안 교사가 느끼기에 학생이 시작하거나 참여하지 않으면, 언제든지 지원의 양을 다시 늘릴 수 있다. 점진적 안내는 지적장애 및 발달장애 학생의 기능적인 일상생활 기술(Denny et al., 2000), 역할 놀이 기술(Akmanoglu, Yanardag, & Batu, 2014), 옷입기 기술(Azrin, Schaeffer, & Wesolowski, 1976)을 포함하여 다양한 기술을 지도하는데 사용되었다.

• 선행사건-촉진 체계

반응촉진 절차(교사가 자극을 제시한 이후 또는 자극을 제시하면서 동시에 반응을 안내하는 것)뿐만 아니라, 선행사건 촉진 절차를 사용하여 목표 행동을 변경할 수 있다. 이 절차는 제시된 선행사건(자극)을 조작하거나 변경하는 것을 포함한다. 일반적으로 두 개의 다른 선행사건 촉진 절차가 사용된다.

자극형성(stimulus shaping)은 교수에 사용되는 자료의 중요한 특징인 관련 영역을 강조하는 과정이다(Wolery & Gast, 1984). 예를 들어, 교사는 Sam에게 이름을 가르치고자 도형과 이름을 함께 배열하여 단어의 차이를 쉽게 구별하도록 할 수 있다. 이어지는 시도에서는 Sam이 자신의 이름에 있는 모든 글자를 인식할 때까지 글자와 단어를 배열할 수 있다. [그림 6.2]는 용암 수준을 달리하는 방법을 보여주는 예시이다.

1단계	★★★	Sam	★★★
	Sam	★★★	★★★
	★★★	★★★	Sam
2단계	Sam	T	a
	M	Sam	x
	S	b	Sam
3단계	put	sit	Sam
	Ask	Sam	did
	Bob	dog	Sam
4단계	Sam	Sue	Am
	Sat	Sam	Mam
	Tam	Sue	Sam

[그림 6.2] 자극 형성 용암의 예시

자극 용암(stimulus fading)은 자료(자극)의 특징이 좀 더 두드러지고 시간이 지남에 따라 점차 희미해져서 일반화된 자극이 되는 과정이다. 이 절차에서 용암은 연관된 것뿐만이 아니라, 모든 차원의 조작(예: 색상, 크기, 모양, 위치)을 포함한다(Wolery & Gast, 1984). 이 전략은 발달장애인에게 단어 읽기를 가르치는 가장 오래된 방법 중 하나이다(Dorry & Zeaman, 1975). 흔히 단어는 사진이나 관련 모양과 짝을 이룬다. 예를 들어, 빨강이라는 단어가 빨간색으로 쓰여 있지만, 나중에는 빨간색으로 쓰여진 것이 용암되어 검정색으로 빨강이라는 단어를 쓴다. 유사한 방식으로, 자동차라는 단어는 자동차 사진과 함께 제시되고 시간이 지남에 따라 자동차 사진은 빼고 자동차라는 단어만 남게 된다. [그림 6.3]은 크기를 조작하여 숫자 5를 가르치기 위한 자극 용암의 예시이다. 교사는 개별 용암 수준에서 여러 번 시도할 수 있다.

5 8 2

6 1 5

5 0 4

7 5 9

[그림 6.3] 자극 용암 예시

③ 절약의 원리

절약의 원리(the principle of parsimony, Etzel & LeBlanc, 1979)는 가장 효율적인 또는 단순한 효과적인 중재 방법을 사용하는 것이다. 예를 들어, 교사가 자극 자체를 통제하는 것(예: 자동차 단어가 사라지면서 자동차를 보여주는 자료 만들기; Wolery & Gast, 1984))보다 반응촉진을 사용하는 것이 훨씬 쉽다. 그 이유 때문에 교사는 일반적으로 자극촉진 전에 반응촉진을 시도한다. 게다가, 일부 반응촉진 전략은 다른 전략보다 더 단순하다. 예를 들어, 보조교사나 또래가 사용하기에는 미리 설정된 시간 간격 후에 촉진 위계를 전달하는 것보다 소거할 촉진이 한 단계만 있는 점진적 시간지연이 더 사용하기 쉬울 수 있다. 〈표 6.2〉는 교사가 체계적 촉진을 계획하는 데 결정해야 하는 내용의 요약을 제공한다.

〈표 6.2〉 학생 요구에 따른 교수적 지원 단계 결정하기

지원 유형	예시	사용 시점	체계적 교수의 기여도
전체 학급 대상 보편적 설계	고래에 관한 일반학급 수업은 보고서 작성을 위해 학생이 출력 자료 및 몇 가지 선택사항에 접근할 수 있도록 다양한 방법을 포함함	모든 일반학급 수업에서 장애 학생이 통합되도록 함; 특수교사와 일반교사가 함께 계획함	체계적 교수시도는 때대로 일반학급 수업에 삽입될 수 있음
환경적 지원/자연스러운 단서	학생이 함께 점심을 먹고 언제 마치고 치워야 하는지 자연스러운 단서를 제공함	모든 학생이 교사의 지원으로부터 독립성 증진하도록 함	학생이 자연스럽게 발생하는 단서에 반응하는 방법을 알도록 우발교수를 함
학생 주도 학습	학생이 인터넷에서 정보 찾는 방법을 알도록 그림 순서를 사용함 학생은 작업공간 또는 학습 센터에서 작업함	모든 학생의 자기결정력을 높이도록 함; 대부분 일반교육 시간에서 자기 주도적 시간을 요구함(예: 착석하여 작업하는 것, 컴퓨터 시간)	학생은 자기 주도 전략을 사용하기 위해 체계적 교수를 받을 수 있음
소집단 교수	교사는 읽기수업을 위한 소집단 교수를 함	소집단 교수는 일대일 방식에 비해 교수 시간을 최대화 할 수 있기 때문에 가능할 때마다 사용함	체계적 교수는 소집단에서 학생에게 차례 주고받기를 하도록 사용함
지역사회 기반 교수	전형적인 지역사회 상황에서 교수가 발생함	기술의 일반화를 위해 학교에서 모의로 진행할 수 없는 기술을 교수함(예: 일부 직무 기술)	체계적 교수는 우선순위의 지역사회 기술을 가르치는 데 사용될 수 있음
일대일 교수	학생이 외투를 입거나 과학 용어를 읽도록 배우는 데 또래나 교사와 함께 작업함	모든 기술을 일대일로 지도하는 것은 가능하지 않기 때문에 다른 형태의 지원을 통해 기술 학습이 이뤄지지 않을 경우 사용함	체계적 교수는 종종 일대일 상황에서 우선순위의 기술을 가르치는 데 사용됨
특수교육 수업에서 일대일, 집단, 또는 전체 학급 교수를 사용함	학생은 특수학급에서 문해수업에 대한 추가 지원을 받음	학급 배치는 개별화교육계획팀의 결정임(3장 참조)	특수교육 수업에서 체계적 교수는 종종 사용됨

④ 피드백, 강화, 강화 용암, 오류교정

교사는 수업 중에 학생에게 제공할 피드백을 파악하는 것이 중요하다. 피드백은 강화와 오류교정을 포함한다.

• 강화와 강화 용암 원칙

교사는 기술을 처음 교수할 때 모든 정반응을 강화해야 한다(즉, 지속적인 강화 계획, Cooper et al.; Ferster & Skinner, 1957). 강화는 항상 칭찬을 포함하지만, 일부 학생이나 일부 기술에 대해서는 유형의 물건(예: 음식, 토큰, 장난감, 컴퓨터 시간)이 필요하다. 칭찬으로 정반응에 대한 설명도 제공한다면, 학생은 반응과 교사의 인정을 연결할 가능성이 높아진다. 예를 들어, Betty의 교사가 "잘했어"라고 하기보다 "잘했어. 자판기 투입구에 지폐를 넣었구나"라고 할 수 있다. 교사는 때때로 반응에 대한 정보를 전달하는 교수적 피드백 사용을 선택할 수 있다(Werts, Wolery, Holcombe, & Gast, 1995). 이것도 흔히 알려진 우발적 학습이다. 예를 들어, Betty의 교사는 "잘했어. 자판기 투입구에 지폐를 넣었구나. 동전으로 4개를 넣을 수도 있어(25cents 4개=1$)"와 같이 설명적 피드백을 제공하여 학생이 추가 정보를 배우도록 지원할 수 있다.

학생이 교수자의 관심 없이도 과제를 완료하는 것을 배우게 하려면 칭찬을 포함한 모든 강화는 용암되어야 한다. 용암은 변동 강화 일정(예: 평균 3회 반응마다)을 사용하거나 고정 비율(세 번째 응답마다)에 따라 이루어질 수 있다. 교수가 진행되는 동안 용암 일정은 길어진다(예: 5번째 응답마다; 10번째 응답마다). 칭찬이 간헐적 일정에 따라 제공되면(교사는 때때로 반응을 칭찬함) 학생은 반응을 유지할 가능성이 더 높다. Betty의 경우 교사는 첫 2주간의 교수에서 모든 정반응을 칭찬할 수 있다. 교사는 독립적인 정반응을 한 번씩 건너뛰며 강화물을 제공하고(고정 비율) 이후에는 매 4번째 반응을 강화한다. Betty가 독립적으로 수행함에 따라, 교사는 Betty가 자판기에서 해당 물품을 받는 것을 정반응에 대한 자연스러운 결과로 하며, 가끔 칭찬을 하도록 한다.

• 오류교정의 선택지

정반응을 강화하는 것뿐만 아니라 오류를 어떻게 처리할 것인지에 대한 결정이 필요하다. 보통 오류교정은 학생에게 정반응을 가르쳐 주거나, 오류를 반복하지 않게 주의를 기울이도록 가르친다. Betty가 자판기 과제를 학습하는 동안, 1$ 지폐를 동전 반환구에 넣으려고 하면, Betty의 교사는 "지폐 투입구에 지폐를 넣으세요"라고 하며 정반응을 시범 보일 것이다. Betty의 교사는 정반응을 보여주며, 학생 손을 위에서 잡고 오류를 막을 것이다. 가끔, 교사는 간단하게 "아니오"라고 하고 정반응을 촉진한다. 예를 들어, 학생이 "CAN"를 "CAT"으로 말하면, 교사는 "아니야, CAN이야. CAN이라고 말해봐"라고 한다. 때때로 오류교정은 추가 정보나 촉진을 포함하는데, 예를 들어 "아니야, 그것은 CAN이야…. 끝 소리 /N/을 잘 봐. 글자를 가리키고 선생님이랑 같이 말해 보자: C-A-N." 교사가 하지 말아야 할 것은 학생에게 응답하도록 사정하거나 단서를 많이 주거나 오답이라고 꾸짖는 것이다. 이러한 전략은 학생이 응답해야 하는 시점을 혼란스럽게 하거나 부주의하게 오류를 강화할 수 있다.

교사는 기술을 가르칠 때 사용할 특정 방법을 정의한 후에, 체계적 교수 계획(Systematic Instructional Plan, SIP)을 작성하여 요약한다. 체계적 교수 계획은 교수의 일관성을 제공한다. 모든 팀원들이(예: 교사, 실무사, 부모, 언어 치료사) 사전에 정해진 체계적 교수 계획의 단계(즉, 자료, 주의 신호, 기다리는 시간, 촉진 통제, 촉진 용암 체계, 강화, 오류교정 절차)를 따르면 학생은 다른 방식으로 학습할 때보다 기술 습득을 더 빨리할 수 있다. [그림 6.4]는 체계적 교수 계획의 작성 예시이고 [그림 6.5]는 체계적 교수 계획의 양식이다.

(3) Step 3: 체계적 교수 계획 실행하기

체계적 교수 계획을 작성한 후 교사는 실행 빈도(예: 매일)를 결정해야 한다. 계획을 매일 실행하기 위해서는 누가 가르치며, 언제, 어디서 가르칠 것인지를 결정하는 것이 중요하다. 교사는 수업에 필요한 자료를 선택하고 개발한다. 체계적 교수는 학생이 수업을 받는 모든 상황에서 제공될 수 있다. 예를 들어, 일견단어 학습에 관한 선행연구는 지역사회 환경, 일반학급 수업, 특수학급 수업 및 기타 환경에서 시간지연 교수를 받는 학생의 예시를 제공한다(Browder, Ahlgrim-Delzell, et

학생 이름: Marley 계획 시작일: 08/14/19
목표 기술: 일견단어 읽기 일과: 읽기수업
구체적 목표: 소리내어 읽기 동안 Marley는 그림/단어 이야기에 삽입된 어휘 10개를 정확하게 찾는다.

형태
준비물: 어휘가 삽입된 이야기
환경/교수 일정: 매일 읽기 시간
시도 횟수: 단어 당 1번 시도하여 총 10번 반응하기

교수적 절차
촉진
구체적 촉진 또는 사용된 촉진(순서대로)
1. 페이지에 있는 단어를 가리키는 시범 보이기
2.
3.
4.

촉진체계 유형(해당되는 항목에 체크):
_____ 최소촉진체계
__X__ 시간지연 __X__ 고정 시간지연 _____ 점진적 시간지연
_____ 최대-최소촉진
_____ 점진적 안내
_____ 자극 용암 또는 형성
_____ 연쇄하기
_____ 그 외(설명하세요):

용암 일정: 처음 3일 동안에는 소리내어 읽을 때 각 단어를 가리키고(시간지연 없음) Marley에게 모방하도록 한다. 4일차부터는 단어를 읽은 후 Marley가 단어를 찾도록 4초를 기다린다.

피드백
정반응: 단어를 찾은 것에 대해 칭찬한다.
칭찬 용암 일정: 2주 후에는 촉진되지 않은 정반응에 대해서만 칭찬한다.
오류교정: "아니야, 이 단어가 맞아."라며 학생에게 반복하게 하고 단어를 가리키도록 한다.

일반화 및 유지 계획: 다양한 이야기를 사용하고 단어를 다른 위치에 둔다. 언어치료사와 또래가 소리내어 읽기를 수행하도록 한다. 단어 찾는 것을 배운 후에 읽기 동안 가끔씩만 찾도록 소거한다.
메모: Marley가 3주차까지 도움없이 단어를 식별하지 못하면 소리내어 읽기 전에 집중 시도 방식으로 단어를 읽는다.

[그림 6.4] 체계적 교수 계획 양식 예시

학생 이름: ________________________ 계획 시작일: ____________
목표 기술: ________________________ 일과: ____________
구체적 목표: ________________________

형태

준비물: ________________________
환경/교수 일정: ________________________
시도 횟수: ________________________

교수적 절차

촉진

구체적 촉진 또는 사용된 촉진(순서대로)

1. ________________________
2. ________________________
3. ________________________
4. ________________________

촉진 체계 유형(해당되는 항목에 체크):

____ 최소촉진체계
____ 시간지연 ________고정 시간지연 ________점진적 시간지연
____ 최대-최소촉진
____ 점진적 안내
____ 자극 용암 또는 형성
____ 연쇄하기
____ 그 외(설명하세요):

용암 일정: ________________________

피드백

정반응: ________________________
칭찬 용암 일정: ________________________
오류교정: ________________________

일반화 및 유지 계획:

메모:

[그림 6.5] 체계적 교수 계획 양식

출처: *Teaching Students with Moderate and Severe Disabilities*(제2판) Diane M. Browder, Fred Spooner, Ginevra R. Courtade 외. Copyright © 2020 The Guilford Press.

al., 2009). 또래, 일반교사, 특수교사와 다른 사람들이 시간지연 교수를 제공했다(Browder, Spooner et al., 2008). 이러한 전략을 사용하면 위에서 언급한 교수자와 환경 전반에 걸쳐 일반화를 촉진할 수 있고, 빠른 기술 습득으로 이어질 수 있다. 체계적 교수 계획은 실행 충실도의 불일치와 모호함을 피하는 데 도움이 될 수 있을만큼 자세하게 작성되어야 한다.

(4) Step 4: 학생의 진보 검토하기와 교수 수정하기

체계적 교수 계획을 매일 실행하며 숙련되거나 계획에 변경이 있기까지 지속적으로 목표 기술을 가르치는 것이 중요하다. 교수전략이 필요한지 결정하기 위해서는 학생의 행동 진보를 정기적으로(예: 격주) 검토하고, 필요에 따라 교수를 수정한다. 학생의 행동 진보를 검토하는 첫 단계는 학생의 수행을 도표화하는 것이다. 학생의 수행을 도표화한 후에, 교사는 자료에 기반하여 의사결정 규칙을 사용하며 학생의 행동 진보를(자료의 추세) 검토한다. 마지막으로 필요에 따라 체계적 교수 계획을 수정하기 위해 5장에서 논의된 의사결정 규칙을 사용하는 것이 중요하다.

3. 전반적인 교수지원 계획하기

교사는 하루 중에 다양한 형태의 교수지원을 사용할 수 있다. 이 중에서 일부는 더 교사 주도적일 것이고, 다른 지원은 자연적으로 환경 내에서 발생하는 단서에 의존하거나 학생 주도적일 것이다. 시간의 효율성과 학생의 학습을 증진하기 위해 교사는 교수지원의 모든 방법을 고려해야 한다. 〈표 6.2〉는 교수지원 계획을 위한 결정 모델을 제공한다. 모델의 구성 요소는 다음과 같다.

1) 학급 전체를 위한 보편적 학습설계

교수지원의 가장 중요한 두 가지 형태는 전체 학급의 모든 학생을 포함하는 수업을 계획하는 것과 교수적 장벽을 피하는 것이다. 이것은 보편적 학습설계(Universal Design for Learning, UDL)를 실행함으로써 수행될 수 있다. 보편적 학습설계의 구성 요소는 참여(engagement), 표현(expression), 표상(representation)의 다양한 수단을 포함한다. 다양한 참여 방법은 모든 학생을 적극적으로 참여시키도록 사용하는 다양한 전략을 포함한다. 일부 학생은 교과서를 읽을 수 있는 반면, 다른 학생은 "실습(hands-on)" 활동이 필요할 수 있다. 보편적 학습설계가 적용되면 이러한 여러 선택지가 장애 학생뿐만 아니라 모든 학생을 아우르게 된다. 예를 들어, 협력 학습 집단이나 실습 자료를 사용하여 모든 학생들의 참여가 높아지는 혜택을 얻을 수 있다. 다양한 표현 방법을 계획할 때 학생은 자신이 알고 있는 것을 보여주기 위해 다양한 방법을 사용할 수 있다. 학생에게는 서면 보고서, 지필평가와 같은 전통적인 선택지뿐만 아니라 발표, 역할극, 삽화와 같은 선택지도 제공된다. 때때로 장애 학생은 다른 학생은 필요하지 않는 특이한 표현 방법(예: 사물 vs 그래프)을 사용할 수 있다. 하지만 가능할 때마다 다른 학생들이 대안을 사용할 수 있도록 수업에 충분한 융통성을 갖추어야 한다. 다양한 표상 방법에서는 모든 학생이 접근할 수 있는 자료가 제공된다. 때때로 이것은 전자책과 같은 기술을 사용하는 것을 의미한다. 다른 경우에는 요약 및 안내 메모와 같은 간단한 수정이 필요할 수 있다. 이러한 선택지가 모든 학생이 이용할 수 있는 보충 자료로 사용될 경우, 장애 학생은 더 적은 수의 특별한 수정을 필요로 한다. Spooner, Baker, Ahlgrim-Delzell, Harris, Browder(2007)는 교사가 보편적으로 설계된 수업을 만드는 방법을 배울 수 있다고 설명했다.

때때로 교사는 이미 작성된 학년 수준의 일반학급 수업계획이 중도장애 학생에게 적용되도록 함께 실행할 수 있다. 다시 말해서, 보편적 학습설계의 원칙이 적용될 수 있다. 표상의 변경은 자료 변경(예: 확대된 글, 글에 대한 그림 지원) 또는 교사가 자료를 제시하는 방법의 변경(예: 책을 밝히기 위해 라이트 박스를 사용함)을 포함한다. 참여의 변화는 학생의 성공 가능성을 높이기 위해 촉진과 강화 제공을 포함할 수 있다(예: 촉진 제공 간에 시간지연을 증가시킴). 마지막으로 표현의 변화는 학생이 자신이 아는 것을 보여주도록 대체 수단을 제공하는 것을 포함한다(예: 구체적인 사물로 이해 질문에 답하도록 함).

2) 환경적 및 자연적 지원

학생이 일반교육, 지역사회, 직업 및 기타 학습 상황에 통합되도록 기회를 만들고자 할 때, 이러한 상황에서 이미 전형적으로 이용가능한 교수적 지원을 활용하는 것이 중요하다. 이러한 자원을 자연적 지원이라고 한다(Nisbet, 1992). 이러한 자연적 지원을 "강화"한다는 것은 단순하게 (1) 자연적 지원을 판별하고, (2) 학습자가 자연적 지원을 이용할 수 있는지 확인하고, (3) 필요한 경우 학습자가 더 쉽게 참여하거나 응답하도록 자연적 지원을 강조한다는 것을 의미한다. 대부분의 교수목표는 학생이 일상생활을 살아가며 환경 내의 자연스러운 신호와 결과에 반응하는 방법을 배우는 것이다(Ford & Mirenda, 1984). 종소리는 수업이 시작한다는 자연스러운 신호이고, 지각 통지표는 수업에 참여하지 않은 것에 대한 자연스러운 결과이다. 식당에 가는 것은 점심을 사기 위해 줄을 서게 되는 자연스러운 단서이다. 계산원에게 가는 것은 값을 지불하는 것의 신호이며, 값을 지불한 것에 대한 자연스러운 결과는 앉아서 점심을 먹는 것이다. 중등도 및 중도장애 학생에게 교수지원을 제공할 때는 이러한 자연스러운 신호와 결과에 초점을 맞추는 것이 중요하다. 자연스러운 신호에 중점을 두는 방법을 보여주는 연구에서 Colyer와 Collins(1996)는 촉진을 하기 전에 계산원이 하는 것과 같은 방식으로 가격을 명시했다(자연적 신호). 그런 다음 자연스러운 신호가 충분하지 않을 경우 학생이 응답할 수 있도록 촉진 위계를 사용했다. 교실 또는 학교 및 지역사회 모의 환경에서 사용할 때는 교사가 자연스러운 단서와 결과를 병합했다(Westling et al., 2015). 예를 들어, 학생이 식당에서 주문하는 것을 연습할 때 교사는 실제 메뉴의 복사본을 사용할 수 있다.

환경적 지원의 또 다른 형태는 또래 도움이다. 또래가 도우미 교사, 단짝, 지원자로 봉사할 수 있으며, 장애 학생과 비장애 학생 모두에게 긍정적인 혜택을 주게 된다(Carter & Brock, 2016). 또래 도우미를 모집할 때에는 자발적으로 참여하도록 해야 한다.

또래 도우미가 제공하는 특정 역할은 다를 수 있다. 또래는 학생이 교사에게 집중하게 하거나, 재료 준비하는 것을 돕거나, 이동하는 것을 지원하거나(예: 휠체어를 밀어주는 역할) 점심, 휴식시간, 모임 시간에 짝이 될 수 있다. 또래는 16장에 설명된 대로 체계적 교수를 제공하거나 협동 학습에서 함께 참여하기 위해 모집될 수 있다.

잘 구조화된 일정은 학생이 매일의 일상을 예측하고 준비하는 데 도움이 되는 중요한 환경적 지원이다. 주요 일정 외에 두 번째로 중요한 계획 형태는 주간 수업계획 작성이다. 이 계획은 요일과 기간마다 다루어야 할 자료를 요약하여 보여준다. 특수교사의 주간 수업계획은 학생의 개별화교육계획 우선순위와 더 넓은 교과 영역이 포함된다. 특수교사는 통합을 계획할 때 일반교사의 주간 수업계획 사본을 얻어서 중등도 및 중도장애 학생을 위한 교수적 수정을 개발한다. 교사는 서면으로 작성된 일정과 주간 수업계획뿐만 아니라 학급의 물리적 배치를 통해 학습을 격려할 수 있다.

3) 학생 주도 학습

교수적 지원의 세 번째 유형은 학생 주도 학습(self-directed learning)이다. 환경적 지원은 학생이 거의 또는 도움 없이 자신이 아는 선에서 반응하도록 사용되는 반면, 학생 주도 학습 전략은 학생 스스로 새로운 기술을 배울 수 있도록 지원한다. 학생 주도 학습을 촉진하는 데 사용되는 전략으로 환경 내 자극촉진(within-stimulus prompting)이 있다(Eckert & Browder, 1997). 이 전략은 교사가 전달하기보다 자료 내에 시각적(또는 청각적) 촉진이 포함된다. 한 가지 전략은 영구적 촉진을 사용하는 것이다. 여기에는 색상으로 구분한 자료나 특정 방식으로 배열한 자료가 포함될 수 있으며, 학생은 이러한 자극에 대해 정반응을 하도록 배울 수 있다. 학생은 스크립트, 그림, 음성 파일(Wehmeyer, Agran, & Hughes, 1998)을 사용하여 스스로 교수하고, 자료 누락과 같은 문제상황을 해결하도록(Hughes, Hugo, & Blatt, 1996) 지도받을 수 있다. 또 다른 전략은 장애 학생과 비장애 학생 모두의 성취를 위한 자기 주도 학습 기회를 늘리고, 전반적 기회를 증진하는 것에 중점을 두는 자기결정교수학습 모델(Self-Determined Learning Model of Instuction, SDLMI)이다(McGlashing-Johnson, Agran, Sitlington, Cavin, & Wehmeyer, 2003). 자기결정교수학습 모델은 학생이 해결해야 하는 문제를 제시하는 3단계로 실행된다. 학생은 각 단계마다 4개 질문에 응답하고 적용하는 것을 배운다. 첫 단계는 학생이 해결해야 하는 문제이자 목표를 설정하는 것이다. 두 번째 단계는 계획을 파악하며 조치를 취하는 것이다. 세 번째 단계는 학생에게 무엇을 배웠는지 질문하며 목표 또는 계획을 조정하는 데 중점을 둔다. 자기결정교수학습 모델은 학생의 자기결정력을 증진시키고 교육목표를 성취하도록 지원하는 것으로 보고되었다. 학생은 진행 절차의 전반적 만족도에 대해 표현한다(Wehmeyer et al., 2000).

4) 소집단 교수

교사는 중도장애 학생을 위한 교수시간을 최대화하기 위해 일대일 교수방식에 의존하기 보다 효과적인 소집단 교수전략을 필요로 한다. 학생은 집중하는 데 도움을 받을 수만 있다면 집단교수의 혜택을 받을 수 있다(Wolery, Ault, & Doyle, 1992). 예를 들어, Schoen과 Ogden(1995)은 소집단의 모든 학생이 단어를 읽기 전에 쓰도록 했다. 교사는 구어 촉진(예: "모두 여기를 보자")을 사용하거나 학생이 움직이도록 하여(예: "소리가 들리면 손을 들어요") 학생을 집중시킬 수 있다. 교사는 학생에게 대안적인 반응 방법을 알려줄 수도 있다. 예를 들어, 무발화 학생은 질문에 답하기 위해 카드나 그림을 들어 보일 수 있다. 어떤 학생은 집단 수업에 주의를 유지하기 위해 지속적으로 개별화된 촉진이 필요할 수 있다. 보조교사, 또래, 직업 코치는 학생 옆에 앉아서 교사가 수업하고 있는 교재나 수업 자료와 보조를 맞추도록 지원할 수 있다.

5) 일대일 및 특별한 환경

전통적으로 교사가 중도장애 학생의 수업계획을 세울 때에는 특별한 환경(예: 특수학급)과 일대일 교수를 고려했다. 그 이유는 장애 학생이 집중적이고 체계적인 교수로 빠르게 배울 수 있기 때문이다. 하지만 체계적 교수의 혜택은 분리된 일대일 교수 환경에만 국한되지 않는다. [그림 6.4]와 같이 체계적 교수는 모든 유형의 교수환경에 사용될 수 있다. 체계적 교수는 특수학급에서 일대일 방식으로 실행되기 가장 쉽지만, 학교와 지역사회의 집단과 포괄적인 맥락에서 사용될 수 있다. 체계적 교수는 학생이 때때로 다른 교수환경으로부터 혜택을 받도록 지원하기 위해 사용된다. 예를 들어, 학생은 그림을 사용하여 스스로 학업을 주도하는 방법을 배울 수 있다. 학생은 일대일 방식으로 빠르게 배울 수 있지만, 이 방식은 학생이 다른 곳에서 배우지 않거나 배울 수 없는 기술을 위해 아껴두어야 한다. 모든 학생에게 일대일 방식으로 모든 개별화교육계획의 목표를 가르치려는 시도는 학생이 하루에 연습할 수 있는 기술의 수를 제한하고 자신의 차례를 기다려야 하는 상당한 "죽은 시간"을 초래하게 된다.

4. 사례연구

교사 Maldonado는 3학년 학급의 협력 교사 역할을 하는 특수교사이다. Maldonado 씨의 학급에는 중도장애 학생 2명이 완전통합되어 있다. 일반교사인 Chu 씨는 3학년 학급 학생과 시에 관한 단원을 시작하려고 한다. 단원을 시작하기 전에 Maldonado 씨와 Chu 씨는 함께 앉아서 장애 학생을 어떻게 통합시킬지에 대해 계획을 세우고 있다. Maldonado 씨는 Chu 씨가 계획한 개별 수업에 대해 장애 학생뿐만 아니라 모든 학생의 참여를 높이기 위해 잠재적인 장벽을 제거하도록 제안했다. 두 교사는 계획을 변경하기 위해 보편적 학습설계의 3가지 구성요소(표상, 참여, 표현)를 고려하고 있다. Chu 씨는 장애 학생 2명의 참여를 지원하는 자료 수정과 계획을 좋아했다. Maldonado 씨는 장애 학생을 위해 단원 내에서 가르쳐야 하는 특정 기술을 파악했다. Maldonado 씨는 이러한 기술을 파악한 후에 수업시간 중에 장애 학생이 집중해야 하는 목표 기술에 대한 체계적 교수 계획을 작성하고, 행동 진보를 측정하기 위한 자료 양식을 만들었다.

체계적 교수 계획은 각 기술을 가르치는 데 담당자를 구분하도록 하였다(예: 학급 학생은 시를 큰 소리로 읽을 때 글자를 가리킬 것이다). Chu 씨는 Maldonado 씨에게 단원 활동의 계획이 적힌 달력과 각 수업이 진행되는 시간표를 전달하였다. Chu 씨의 학생이 독립적인 연습 활동에 참여하는 동안 Maldonado 씨는 일대일 방식으로 집중 시도를 통해 필요한 기술을 가르치는 연습 시간표를 구성했다(예: 어휘를 가르치기 위해 시간지연을 함). Chu 씨도 또래-파트너 활동을 통해 다른 학생의 지원이 자연스러운 기회로 생성되도록 결정하였다(예: 장애 학생에게 큰 소리로 haiku 일본 시를 읽어주는 것). Chu 씨의 학급이 시에 대한 단원 시험을 치를 때, Maldonado 씨는 장애 학생에게 10분이 소요되는 수정된 시험지를 주고 남은 시간과 다음 점심 시간에는 구체적인 지역사회 기술(예: 쇼핑, 안전 표지판 읽기)을 연습하도록 한다.

5. 요약

중도장애 학생에게 대안적 평가를 적용하게 된 것과 유사하게 증거기반실제는 「아동낙오방지법」의 또 다른 결과물이다. 증거기반 교수전략에 대한 탐구는 장애 학생이 주 전체의 시험(평가)의 응시대상이 되어야 한다는 법령과 장애 학생이 학업교과를 포함한 다양한 영역에서 성공적일 수 있다고 입증한 최근 연구결과(Cook et al., 2009; Odom et al., 2005)에 의해 힘을 받았다. 일반적으로 과학계는 많은 연구 참여자를 포함하며 엄격하게 실행되고 출판된 여러 연구를 종합하고 분석하는 과정에서 이러한 실제들을 도출한다. 이러한 과정은 실무자들이 교실과 기타 서비스 환경에서 실제를 사용할 수 있게 한다. 체계적 교수는 중도장애 학생이 기능적 기술 및 학업 기술(국어, 수학 및 과학) 모두를 학습하는 데 효과적인 것으로 밝혀졌다. 체계적 교수의 구성 요소는 다음과 같다: (1) 사회적으로 의미 있는 기술 교수하기, (2) 관찰 가능하고 측정 가능한 목표 기술 정의하기, (3) 해당 기술이 중재의 결과로 습득되었다는 것을 자료를 사용하여 제시하기, (4) 차별강화, 체계적 촉진 및 용암, 오류교정을 포함하여 자극 통제 전이를 고취하기 위해 행동 원칙을 사용하기, (5) 다른 맥락, 기술, 사람 및/또는 자료로 일반화될 수 있는 행동 생성하기. 이러한 교수적 실제는 의도된 방식으로 해당 장애 학생을 대상으로 실행되어야 한다. 필요한 경우, 전문가의 판단 하에 개별 학습자와 내용에 맞춰 조정 또는 수정될 수 있다.

마무리 활동

1. 짝을 지은 후, 시간지연을 사용하여 단어 5개를 가르치는 역할놀이(학생과 교사)를 해보세요. 첫 번째 교사는 고정 시간지연을 사용하고 두 번째 교사는 점진적 시간지연을 사용하세요.

2. 짝을 지은 후, 자판기 사용 방법을 가르치기 위해 최소촉진체계를 사용하여 역할놀이(학생과 교사)를 해 보세요. 먼저, 짝과 함께 자판기 사용에 대한 과제분석 단계와 개별 단계에 사용될 촉진의 위계를 결정하세요.

3. 구체적 상징 수준으로 의사소통하는 학생을 생각해 보세요. 다음에 제시된 학생 목표에 따라 체계적 교수 계획을 구상해 보세요.

- Curtis는 지역사회/일상생활 단어를 8번의 시도 중 6번 이상 정확하게 읽을 수 있다.
- Curtis는 대수 방정식의 9단계 중 9단계를 독립적으로 완수할 수 있다.

4. 4학년 완전통합 학급에서 중도장애 학생 2명을 지원하는 특수교사의 하루 일과를 보여주는 일과표를 만드세요. 일반교사의 일과는 다음과 같습니다.

특별활동(미술/체육/음악): 8:00 – 9:00
과학: 9:00 – 10:00
문해/문학: 10:00 – 11:00
점심: 11:00 – 12:00
국어/언어: 12:00 – 1:00
쉬는 시간: 1:00 – 1:30
수학: 1:30 – 2:30

제 2 부

학업 교과

제 7 장

초기문해와 읽기 기술 개발

Lynn Ahlgrim-Delzell

Paige는 의료적으로 취약한 2학년 학생으로, 손에 보조기를 차고 있고, 이동을 위해 휠체어를 이용하며, 삽입관을 통해 영양공급을 받는다. 그녀는 출석과 수업 참여에 영향을 미칠 만큼 하루에도 여러 번 경련이 일어난다. 그녀는 자신에게 말하는 사람을 쳐다보고 웃을 수 있고, 소리를 낼 수 있다. Paige는 사물 추적은 못 하지만 소리가 나는 쪽으로 돌아볼 수는 있다. 그녀는 움직임에 제한이 있고, 물건이 있는 곳으로 손을 뻗으려고 노력하고 있다. 그녀가 보이는 반응들이 의도적인 의사소통을 시도하는 것인지 알 수는 없지만 교직원은 그녀를 위한 의사소통체계를 만들기 위해 여전히 노력하고 있다.

Morgan은 공립학교의 특수학급에 재학 중인 8학년 학생이다. 그는 무발화이지만 자신의 의사를 표현하기 위해 미소를 짓거나 소리를 내고 원하는 물건이나 관심을 끌고 싶은 쪽으로 손을 뻗는다. 그는 휠체어 트레이에 있는 물건을 밀치거나 울거나 얼굴을 찡그려 싫다는 것을 표현한다. 그는 활동을 알려주기 위한 의사소통의 방식으로 몇 가지 (일반적인) 사물을 사용한다(예: 숟가락으로 점심시간을 표현함).

Mariana는 4학년이고, 다운증후군을 가지고 있다. 영어는 그녀의 제2외국어이다. 그녀는 명료도와 문법에서 약간의 오류가 있지만 완벽한 문장으로 말을 할 수 있다. 영어 단어가 확실하지 않을 때는 스페인 단어를 사용하기도 한다. 그녀는 100개 정도의 일견단어를 알고 있다. 그녀는 읽기 교정 프로그램에 참여했었고 단어의 음절수에 맞춰 손뼉을 치는 것을 배우고 음이 같은 단어를 변별하는 것을 배우고 있다. 그녀는 책을 읽어주면 듣는 것을 좋아하고 쉬는 시간에 책을 읽는 척을 한다.

D'amon은 10학년 학생이고 도움 없이 의사소통하기 위해 음성출력장치를 사용하는 자폐성장애 학생이다. 그는 학습 및 일상생활 활동에 필요한 단어/구의 목록과 짝을 이룬 10여 개 정도의 그림 상징을 사용할 수 있다. 듣기이해 능력은 4학년 수준이고 전통적인 표준화된 검사에 참여할 수 없기 때문에 읽기 기술을 정확하게 알 수가 없다.

1. 문해란 무엇인가?

폭넓게 정의하자면 문해는 읽고, 쓰고, 의사소통하는 능력이다(Armbruster, Lehr, & Osborn, 2003). 역사적으로 문해는 한 쪽에 있는 단어들을 읽고 계속 쪽을 넘겨가면서 책이나 다양한 지문 자료를 읽고 그들과 상호작용하는 능력으로서 개념화되었다. 보다 최근에 교사와 읽기 전문가는 전통적인 읽기 자료에 접근하기 어렵거나 읽기나 의사소통 기술을 구두로 보여줄 수 없는 다양한 장애를 가진 개인을 읽기 활동에 어떻게 포함시킬 수 있을지 다시 생각해야만 했다. 이 장에서는 먼저 전형적인 읽기 기술과 읽기 발달에 대해 제시하고, 중도장애인의 요구를 충족시켜 주기 위한 제안과 수정을 제공한다.

읽기를 배우기 위해 필요한 기술은 발현적 문해 기술(emergent literacy skills)로 불린다. 발현적 문해 기술은 음운 인식(phonological awareness)뿐 아니라 문자의 규칙(conventions), 목적, 기능을 이해하는 것을 포함한다. 문자의 규칙은 방향(책의 앞과 뒤, 지문을 왼쪽에서 오른쪽으로 읽기, 위에서 아래로 읽기, 쪽 넘기기)과 같은 문자에 대한 시각적 구조를 포함한다. 문자의 목적은 단어가 의미를 전달하며 메시지가 다양한 목적을 지닌다는 것을 의미한다. 또한 읽기, 쓰기, 그리기, 쪽, 이야기와 같은 문해와 관련된 기본적인 용어의 이해를 언급한다. 문자의 기능은 신문이나 표지판과 같은 다양한 사용을 의미한다. 음운 인식은 언어의 소리를 조작하는 능력이다. 음운 인식은 이 장의 후반부에 자세하게 설명한다. Whitehurst와 Lonigan(1998)은 또한 구어의 인식과 언어의 발달을 발현적 문해 기술에 포함하였다. Gunn 등(1995)은 구어와 문어 사이의 관계가 있음, 즉 문자 기술의 발달이 구두 언어 기술을 가장 향상시킬 수 있음에 동의한다.

Chall은 1983년에 처음으로 문해 기술의 순서를 개발하고 1995년과 1996년에 게재물에서 그것들을 개선하였다(Chall, 1996; Indrisano & Chall, 1995). 그 순서에서 이러한 발현적 문해 기술은 학교에 입학하기 전 읽기 전 단계(prereading)동안 전형적으로 발달한다. 〈표 7.1〉은 이 단계들을 요약하였다. 읽기 전 단계가 끝나갈 즈음 아동은 그들의 환경에 자주 보이는 기호를 읽고, 알파벳 문자와 그들의 이름을 읽고 쓰며, 책을 읽는 시늉을 한다. 초등학교 저학년은 읽기를 배우는 데 시간을 보낸다. 이러한 기술들은 초등학교 고학년 시기부터 중학교 시기까지 다듬어지고 확장된다. 고등학교부터 성인기까지 읽기는 새로운 정보를 배우고 생각을 발전시키는 데 사용되면서 읽기 기술은 읽는 것을 배우는 것에서 배우기 위해서 읽는 것으로 옮겨간다(〈표 7.1〉 참조).

〈표 7.1〉 Chall의 읽기 발달 단계

읽기 전 단계	간판/표지판 읽음; 이름이나 알파벳 씀; 책 읽는 시늉함; 이전에 읽어준 이야기의 내용을 다시 말함
단계1 읽는 것을 학습	문자와 소리의 관계, 문어와 구어의 관계 배움; 고빈도 단어, 일견단어, 음운적으로 규칙적인 단어들로 되어 있는 텍스트를 읽음 6,000개 정도의 단어를 이해하지만 300-500개 정도의 단어만 읽을 수 있음
단계2 읽는 것을 학습	간단하고 익숙한 이야기를 점점 유창하게 읽음; 기본적인 해독기술과 맥락적 단서를 사용함; 약 3,000개 정도의 일견단어를 가지고 있음; 아직 읽는 것보다 듣기를 더 잘함; 들으면서 이해한 자료의 1/3을 읽을 수 있음
단계3 학습을 위한 읽기	새로운 아이디어를 배우고 새로운 지식을 얻기 위해 읽음; 읽기이해와 학습전략을 사용하여 배움; 읽기이해와 듣기이해가 비슷함
단계4와 5 학습을 위한 읽기	점점 더 추상적인 내용과 복잡한 단어를 읽음; 새로운 정보를 읽음으로써 지식을 재구성함

중도장애 학생은 학교에 입학할 때 발현적 문해 기술을 갖추지 못하고, 비장애 또래들과 같은 속도로 읽기를 배우지 못한다. 중도장애 학생이 발현적 문해 기술을 발달시키기 위해서는 체계적인 교수적 중재, 조정 또는 수정이 필요하다. 전형적인 문해 발달 단계를 이해하는 것은 교사가 학습을 위한 읽기라는 목표를 달성하기 위하여 교수를 구조화할 때 도움이 된다.

읽기는 복잡한 과정이다. 읽기를 배우는 것은 음운론적 기술을 배우는 능력에서 시작한다. 음운론적 기술(phonological skills)은 언어의 소리 구조를 배우는 데 필요한 기술을 서술하는 광범위한 용어이다. 음운론적 기술은 음소인식(phonemic awareness), 운율(rhyming), 분절법(syllabication), 첫소리와 끝소리 인식(onsets and rimes)을 포함한다. 음소인식은 이 기술들 중 가장 중요한 것으로 드러난다. 미국 아동건강 및 인간 발달 기관, 미국 읽기위원회(National Reading Panel, NRP, 2000)는 읽기 교수 관련 연구를 검토하고 읽기를 배우기 위해 필요한 5가지 핵심 기술을 판별하였다. 이 기술은 (1) 음소인식, (2) 어휘, (3) 이해력, (4) 파닉스, (5) 유창성을 포함한다. 음소인식은 단어의 소리를 알고 조작하는 것이다. 음소는 구어의 가장 작은 소리단위이다. 어휘는 효과적으로 의사소통하기 위해 우리가 알아야만 하는 단어로 구두 어휘와 읽기 어휘를 모두 포함한다. 구두 어휘는 말하기와 듣기를 할 때 사용하는 단어를 의미하는 반면 읽기 어휘는 인쇄물을 읽을 때 사용하는 단어를 의미한다. 지문 이해는 읽은 것을 이해하는 것이다. 이것은 읽기의 목적이다. 파닉스는 단어의 개별 소리(음소)와 그 소리를 나타내는 문자(문자소, grapheme)사이의 관계를 아는 지식이다. 이 관계의 지식은 모르는 단어의 해독을 가능하게 해준다. 이 과정은 종종 철자-소리 대응으로 불린다. 유창성은 빠르고 정확하게 지문을 읽을 수 있도록 해주는 자동적인 단어재인이다. 이 장의 후반부에서 이 5가지 기술의 교수적 사례가 제공된다. Chall의 읽기 발달 단계에 따르면 이 기술들은 단계 1과 2에서 습득되며 이후 단계들에서 확장되고 개선된다.

문해교수의 지침에 대한 추가적인 자료는 주 단위의 교육부서와 국어 공통핵심 기준(Common Core State Standards for English Language Arts)에서 제공된다(National Governors Association Center for Best Practices, Council of Chief State School Officers, 2010). 교사들은 각 주의 교육과정 기준을 알아야 한다. 중도장애 학생을 담당하는 교사가 교육과정 기준에 접근할 수 있도록 도움이 되는 지침이 다양한 형태로 제공된다. 8장에서는 주의 준거를 이해하고 중등도 및 중도장애 학생의 요구를 충족시키기 위해 그 준거를 확장하는 방법에 대한 논의가 제공된다.

2. 읽기의 과학

3가지 읽기 발달이론을 중심으로 연구가 이루어지고 있다: 음운고리모델(Phonological Loop Model, PLM), 심리언어학 입자 크기 이론(Psycholinguistic grain-size theory), 어휘재구성모델(Lexical Restructuring Model, LRM). 읽기의 음운고리모델은 기억이론을 기반으로 한다. 간단히 말해서, 음운고리모델에 의하면 작업 기억은 4가지 시스템으로 구성되어 있다. 중앙집행기(central executive system)는 세 가지 하위 시스템의 수행을 감독한다: 시공간 메모장(vosuospatial sketchpad), 음운 고리(phonological loop), 임시 완충기(episodic buffer). 시공간 메모장은 시각적 정보를 저장한다. 음운 고리는 두 개의 하위 구성 요소가 있다. 음운 저장소는 단기기억에 구어의 소리를 저장하고 분석한다. 조음 시연(articulatory rehearsal)은 장기기억에 구어의 소리를 저장한다. 임시 완충기는 언어적 정보와 시각적 정보를 연결한다. 기억이론으로써 음운고리모델의 전제는 읽기 능력이나 장애가 단기, 장기기억에 저장된 정보의 저장 및 검색에 있다는 것이다. 읽기의 심리언어학 입자 크기 이론(psycholinguistic grain-size theory; Ziegler & Goswami, 2005)은 읽기는 큰 음운 단위(단어)를 이해하는 것에서부터 작은 음운 단위(음소)를 이해하는 것으로 발달한다고 한다. 이 이론에 따르면, 학생은 문자로 쓰여진 어휘(철자법, orthography)와 그 어휘와 결합된 소리에 반복적으로 노출되면서 개별 음소와 음소 합성과 문자의 조합을 배운다. 이 이론은 음운론적 기술은 문자소(grapheme)와 음소의 대응에 대한 직접 교수를 필요로 한다고 제안한다. 어휘재구성모델은 비슷한 소리(운율패턴)을 지닌 단어가 어휘 근접어(lexical neighborhood)에 함께 저장된다고 주장한다(Metsala & Walley, 1998). 어휘가 늘어남에 따라 이 근접어는 더 촘촘해진다. 시간이 경과하면서 이 근접어에 저장된 단어는 더 효과적으로 유사한 소리를 가진 단어들을 구별하도록 점차 더 작은 단위로 분절되고 재구성된다. 이 이론에 따르면 단어가 필요할 때, 단어의 전체 근접어는 활성화된다. 단어 검색은 더 큰 근접어보다 더 작고 더 많이 분절화된 근접어 내에서 정확하다. 이상의 세 가지 이론을 지지하는 포괄적 요약과 연구를 위해서는 Baddeley와 Jarrold(2007), Troia(2006), Ziegler와 Goswami(2005)를 참고하기 바란다.

이 세 가지 모델을 지지하는 연구가 있음에도 불구하고 중도장애 학생을 포함하는 연구는 거의 없다. 언어적 입력과 시공간적 메모장 사이의 분리를 지적하는 Baddeley의 일부 연구만이 다운증후군 학생의 읽기 어려움을 이해하고자 사용되었다(Baddeley & Jarrold, 2007). 그렇다면 이론과 이론을 지지하는 연구없이 교사는 현장에서 무엇을 해야만 하는가? 중등도 및 중도장애 학생에게 문해를 교수하는 것에 대해 이미 알고있는 것을 검토하는 것부터 시작하는 것이 중요하다.

중등도 및 중도장애 학생을 위한 읽기 교수 관련 연구의 포괄적 문헌연구(Browder, Wakeman, et al., 2006)가 시작하기 좋은 지점이다. 이 문헌연구의 저자들은 중등도 및 중도장애 학생 읽기 교수 관련 대다수 연구가 일견단어 혹은 그림 식별과 같은 어휘교수와 관련되어 있음을 발견하였다. 미국 읽기위원회에서 제안한 읽기의 다른 4가지 요소를 탐색한 연구는 거의 없다. 중등도 및 중도장애 학생의 문해 관련 연구 128편 중 단지 13편(10%)만이 파닉스 교수를 다루었고, 5편(4%)이 음소 인식, 31편(24%)이 이해력, 36편(28%)이 유창성을 다루었다. 교수내용에 대한 지식의 상대적 공백을 알리는 것과 함께 문해 연구의 문헌분석은 이 연구들에서 사용된 교수법의 효과성에 대한 정보를 제공하였다. 집중시행(massed trial)과 체계적 촉진이 어휘와 이해력을 교수하는 데 효과적인 실제로 발견되었다. 기능적이고 의미 있는 방식으로 그림과 단어를 사용하는 것은 이해력 교수에 효과적 전략이었다. 체계적 교수의 특정 유형인 시간지연은 유창성 향상에 효과적인 것으로 밝혀졌다. 하지만 효과적 실제를 서술할 만큼 음운 인식 혹은 파닉스에 대한 효과적 전략을 조사한 연구는 충분하지 않다. 더 최근 연구에서는 중도장애 학생도 음운 인식이나 파닉스를 배울 수 있음을 보여준다. 중도장애 학생은 비장애 학생을 위해 만들어진 교육과정을 수정한 교수법(예: Lemons, Mrachko, Kostewicz, & Paterra, 2012; Lemons et al., 2015; Tyler et al., 2015)이나 장애 학생을 위해 특별히 개발된 교수방법이나 교수자료(예: Ahlgrim-Delzell et al., 2016; Allor, Gifford, & Jones, 2018; Chai, Vail, & Ayres, 2015)를 통해 음운 인식과 파닉스를 배울 수 있다. 이 연구들은 모두 직접교수, 시간지연, 최소촉진체계, 오류교정절차와 같은 명시적이고 체계적인 교수를 사용한다. 공학 또한 음운 인식과 파닉스 교수에 효과적인 방법으로 나타나며, 문자 음성변환 소프트웨어가 탑재된 아이패드는 학생의 응답수단으로 활용될 수 있다.

3. 문해의 개념 모델

중도장애 학생의 문해력 교수와 읽기 기술 교수에 대한 연구가 역사적으로 부족한 것은 중도장애 학생의 문해 활동 참여에 대한 관심의 부족 때문이다. 다행히도 이런 관점이 변화하고 있다. 수년 전 교사의 문해수업 실제를 조사하는 동안 연구자들은 교사에게 문해수업을 보여달라고 요청했다(Ahlgrim-Delzell & Rivera, 2015). 모든 교사가 실행하고 있던 두 가지 활동은 일견단어와 읽기였다. 일부 교사는 학생들에게 책을 읽어주지만 학생들에게 단지 듣는 것만을 기대하고 책의 내용에 참여할 것을 기대하지는 않았다. 다른 교사들은 '이야기 나누기 활동(circle time)'을 문해수업으로 소개하였다. 학생은 날씨나 달력 단어와 같은 기능적 일견단어를 배울 것으로 기대되었다. '미국 읽기위원회'(2000)에 의해 학생이 읽기를 배우기 위해 필요한 것으로 판별된 기술을 가르치는 교사는 없었다. 연구들은 중도장애인이 비장애 또래에 비해 가정이나 학교에서 더 제한적인 문해 경험을 가진다고 보고하였다(Light & Smith, 1993; Kliewer, Biklen, & Kasa-Hendrickson, 2006). 장애인에게 이런 기회가 부정되었다는 것에 대한 다양한 설명이 있다. 첫째, 장애 학생을 위한 초점은 건강 혹은 기능적 요구로 변경해야 할 수도 있다. 부모나 교사는 문해 교수보다 튜브섭식이나 관절가동범위(range of motion)와 같은 의학적 이슈에 더 많은 시간을 보내야 할지도 모른다. 둘째, 부모와 교사는 일과 독립적인 사회에서 생산적이기 위해 필요한 기능적 기술에 교수시간을 사용해야 한다고 믿을 수 있다. 중등도 및 중도장애 학생의 감소된 문해 경험에 대한 세 번째 가능한 설명은 필요한 자료에 대한 접근성의 부족일 수 있다(Skotko, Koppenhaver, & Erickson, 2004). 이 학생들은 보완대체의사소통(Augmentative and Alternative Communication, AAC) 도구 또는 다른 지문 수정을 필요로 할 수 있다. 접근의 제한은 필요한 도구를 구매하는 데 필요한 재정의 한계 혹은 현재 자료를 개별 요구에 맞춰 수정하는 법에 대한 지식의 부족과 관련이 있을 수 있다. 중등도 및 중도장애 학생의 제한된 문해 경험에 대한 일부 이유는 태도적인 측면에 있다. 이 학생들은 장애가 심하여 문해경험으로부터 이득을 얻지 못할 것이라는 믿음은 그들이 읽기를 배울 수 있을 것이라는 기대를 감소시킨다(Locke, 2000). Kliewer 외(2006)는 문화가 인지적 장애를 지닌 사람의 역량을 어떻게 부정하는지에 대한 설득력 있는 논의를 제공한다. 이 저자들은 인지적 장애를 지닌 사람의 인간다움을 가치절하하고 그 반대되는 증거를 삭제함으로써 사회가 그들이 문해를 얻는 수단을 허락하지 않는다고 주장한다. 장애 학생을 문해활동으로부터 배제시키는 이유와 관계없이 문해는 더 독립적인 삶으로 이끄는 기술이다. 중등도 및 중도장애 학생 대상의 읽기 기술 교수방법에 대한 이해를 높이고 이 학생들에게 특화된 읽기 교육과정을 개발하려는 최근의 연구는 읽기에 대한 관점이 변화하고 있음을 보여준다.

중등도 및 중도장애 학생이 문해에 이르는 경로는 비장애 또래와 다를 것으로 예상된다. Browder, Gibbs 외(2009)는 이 경로가 왜 그리고 어떻게 다른지에 대한 논의를 제공한다. 한 가지 명백한 이유는 많은 중등도 및 중도장애 학생이 의사소통장애 그리고/혹은 지체장애를 가지고 있어 이 경로가 변경된다는 것이다. 비록 읽기를 배우는 데 구두 기술이 필수적인 것은 아니지만 읽기 기술을 교수하는 전통적인 방법은 학생이 배운 것을 보여주기 위해 구두로 반응할 것을 요구한다. 지체장애는 책을 잡고 펴거나 쪽을 넘기는 능력을 제한할 수 있다. 이러한 제한 때문에 인지적 장애가 있는 학생에게 읽기를 교수할 때 비전통적인 접근이 필요할 수 있다. 이 경로의 변화에 대한 더 사소한 이유는 느린 속도로 배우는 중등도 및 중도장애 학생을 교육하는 데 있어 우리가 지닌 가치와 관계가 있다. 더 독립적일 수 있도록 하며 삶의 질을 향상시키는 기술을 교수하는 것은 더 가치롭게 여겨진다. 따라서 교수하는 특정 기술과 그것을 배우게 되는 연령에 따라 이 학생들의 문해 교수 성과는 달라진다.

Browder, Gibbs 외(2009)는 이 집단을 위한 문해 교수의 두 가지 성과가 있어야만 함을 제안한다. 첫 번째 성과는 공유된 문학을 통한 삶의 질 향상이다. 이러한 성과를 성취하기 위해 학생은 소리내어 지문 읽기를 통해 정보를 얻을 수 있어야 한다. 소리내어 읽기를 통해 지문을 혼자서 읽지 못하는 학생들도 정보를 얻을 수 있다. 이 지문은 기능적인 것이거나 재미를 위한 것일 수 있지만 학생의 생활연령에 적절한 문학작품에서 발췌되어야 한다. 이 지문은 저자의 주요 아이디어는 유지하면서 학생의 이해 수준에 맞게 수정될 필요가 있다. 이 집단을 위한 문해의 두 번째 성과는 독자로서의 독립성 향상이다. 앞에서 설명한 것처럼 연구 증거는 개별화되고 명시적인 체계적 교수가 주어지면 중등도 및 중도장애 학생이 읽기를 배울 수 있다고 제안한다. 그들은 더 천천히 배우며 비장애 또래에 비해 추가적인 학습 기회를 필요로 할 것이다. 모든 교사는 비장애 학생들에게서 확인된 '미국 읽기위원회'의 구성 요소를 교수하면 모든 학생이 최소한 어느 정도는 읽기를 배울 것이라는 가정에서 시작해야만 한다. 교수는 시간지연, 자극촉진, 오류교정과 같은 특수교육 분야에서 일반적인 체계적 교수전략과 결합될 필요가 있다. 얼마나 오랫동안 중도장애 학생에게 읽기를 가르치기 위해 노력해야 하는가? 이 질문에 대한 대답은 염두에 두고 있는 특정 학생에 따라, 진보 정도에 따라, 읽기 교수를 시작한 나이에 따라 다르다. 중도장애 성인과 관련된 연구도 그들이 어휘, 이해력, 해독, 유창성 기술을 배울 수 있다는 것을 보여주는 증거를 제공한다(Copeland, McCord, & Kruger, 2016). 저자들은 소리내어 읽기를 통해 정보를 얻는 것에 대한 강조는 생애 전반에 걸쳐 지속되어야 하지만, 만약 학생이 혼자서 읽는 것을 배우지 못하면 그것은 나이가 들어서 더 중요해질 것이라고 제안한다.

4. 문학에 대한 접근

문학작품 공유를 통한 삶의 질 향상이라는 목표 달성을 위해 학생은 책에 대한 물리적 및 인지적 접근이 필요하다. 물리적 접근은 학생이 읽을 책을 물리적으로 다룰 수 있어야 함을 의미한다. 첫째 교사는 하루 일과에서 책을 볼 수 있도록 교실 내 접근하기 좋은 곳에 책을 두어야 한다. 학생들의 나이에 적절한 다양한 장르와 주제의 지문이 제공되어야만 한다. 이전에 그러한 책에 대한 접근이 제한적이었다면 다양한 종류의 책을 접해 볼 수 있도록 하는 것은 학생이 자신이 가장 좋아하는 책이 무엇인지 알 수 있는 기회를 제공한다. 다양한 장르의 몇 가지 문학작품 사례가 〈표 7.2〉에 제시되어 있다.

〈표 7.2〉 다양한 문학 장르

드라마	로맨스
전래동화	신화
역사소설	자서전
공포물	시
문학소설	로맨스
미스터리	단편소설
과학소설	서부극
위인전	내용 텍스트

학급문고에 비치할 책을 알아보는 방법은 학생이 즐겨 읽는 특정 도서를 결정하기 위해 일반교사, 학부모, 같은 연령의 또래에게 문의하는 것, 일반학급의 국어 수업에서 다루는 책을 알아보는 것, 도서 목록을 위해 인터넷을 검색하는 등의 방법이 포함된다. 연령과 학년에 적절하게 선정했음을 확인하는 것이 중요하다. 〈표 7.3〉은 연령과 학년에 적절한 도서를 찾도록 도와주는 일부 웹사이트 목록이다.

〈표 7.3〉 연령과 학년에 적합한 책을 선택하는 데 도움이 되는 목록

웹사이트	설명
http://blog.connetionsacademy.com//keep-em-reading-suggested-summer-reading-lists-for-grades-k-12	K-12학년을 위한 최신의 독서 목록
Paths to Literacy(Deirde Leech) www.pathstoliteracy.org/modifying-books-students-multiple-disabilities	캘리포니아 교육부가 제공하는 유치원-12학년을 위한 검색 가능한 권장 문학 목록
www.literacyworldwide.org/get-resouces/reading-lists/childrens-choices-reading-list	국제문해협회가 만든 K-6학년을 위한 추천 도서 목록
www.ala.org/a/sc/publications-resources/book-lists	아동도서관협회가 만든 K-8학년을 위한 아동 도서 목록
www.phschool.com/curriculum_support/reading_ list/middle_school.html	6-8학년 학생을 위한 권장 도서

www.goodreads.com/list/tag/middle-school	다양한 카테고리의 중학생을 위한 추천 도서 (예: 읽기를 싫어하는 독자를 위한 그래픽 소설과 책)
www.phschool.com/curriculum_support/reading_ list/high_school.html	고등학생을 위한 고전 및 현대문학 추천 도서

도서를 제공하는 것과 더불어 물리적 접근은 학생이 책을 만질 수 있도록 수정해주는 것을 의미한다. 일부 책, 특히 고학년 수준의 종이책은 너무 손상되기 쉬워서 학생이 펴고 책장을 넘길 수가 없다. 더 견고한 도서조차도 지체장애 학생은 접근할 수 없다. 유치원이나 초등학교 저학년 수준의 도서는 분철, 코팅하여 묶기처럼 수정이 매우 간단하다. 또는 도서의 각 쪽들을 속지에 넣어서 3공 바인더에 넣는다. 다른 수정 방법은 책은 그대로 보존하고 책의 쪽에 보호지를 붙이는 것이다. 벨크로 혹은 아이스크림 막대를 끼우거나 쪽 사이에 부착하는 것은 학생이 책장을 넘길 수 있도록 도와준다.

인지적 접근은 학생이 책의 내용에 접근할 수 있도록 수정해 주는 것을 의미한다. 지문의 양을 줄여주고 어휘를 간단하게 해주는 것은 중등도 및 중도장애 학생이 책의 중심 주제를 이해하도록 해준다. 이러한 점에서 유치원 수준이나 초등학교 저학년 수준의 도서는 약간의 수정만 필요로 한다. 많은 유치원 수준이나 초등학교 저학년 수준의 도서는 책의 중심 주제를 나타내는 반복되는 이야기를 이미 포함하고 있다. 만약 반복되는 주제 문장이 없으면, 중심문장을 써 주거나 라벨에 타이핑을 하여 책의 전체 쪽에 붙여 줄 수 있다. 유치원생이나 저학년생의 도서에는 또한 본문의 내용을 나타내는 색칠된 그림이 있다. 지문의 내용을 보여주기 위한 사물이나 그림은 아직 그림의사소통 체계를 사용하지 못하는 학생을 도와줄 수 있다.

초등 고학년과 중고등학교에서 그림이나 반복된 줄거리는 거의 나타나지 않는다. 보통 학생은 3학년에 그림책에서 장구분책(chapter books) 읽기로 넘어간다. 장구분책에서 소설로 글의 길이 점차 길어지고 이 수준에서 학년이 올라가면서 더 추상적인 지문이 제시된다. 연령에 적합한 문학작품을 사용하기 위해 교사는 고등학생을 위한 청년 소설을 포함한 장구분책에 중등도 및 중도장애 학생이 접근할 수 있는 방법을 찾을 필요가 있다. 한 가지 방법은 도서를 읽고 원문의 수정본에서 도서의 분량과 어휘를 줄여서 다시 쓰는 것이다. 장구분책의 경우 각 장의 주제를 위해 반복되는 줄거리를 작성할 수 있다. 본문의 내용을 보충하기 위해 그림과 사물이 여전히 사용될 수 있다. 수정된 도서는 현재 무료 웹사이트(예: www.ric.edu/sherlockcenter/wwslist.html)와 학교 시스템(www.baltimorecityschools.org/site/Default.aspx?PageID=1446)을 통해서 상업적으로 이용 가능하다(Mims, Lee, Zakas, & Browder, 2013; teacherspayteachers.com). 〈표 7.4〉는 책을 수정하는 방법, 수정된 책, 상징을 만드는 소프트웨어, 의사소통 도구를 찾는 방법을 위한 자료 목록을 제시한다.

〈표 7.4〉 도서 수정 및 수정된 도서를 위한 자료

Website	설명
특수교육과 교사 교육에 대한 모듈(Modules Addressing Special Education and Teacher Education, MAST): 도서 수정 http://mast.ecu.edu	학생의 학년 수준에 맞게 책을 수정하는 방법에 대한 자세한 지침과 다양한 목적으로 책을 수정하는 방법을 알려줌
Breezy Special Ed www.breezyspecialed.com/2013/11/how-to-adapt-books-for-students-with.html	신체적, 인지적 접근을 위해 책을 수정하는 방법에 대한 예시
PrAACtical AAC (Carol Zangari & Robin Parker) http://{praacticalaac.org/strategy/literacy-for-everyone-through-adapted-books	책을 수정하는 방법에 대한 자료, 수정된 책에 대한 링크와 다운로드가 가능한 자료
Paths to Literacy (Deirdre Leech) www.pathstoliteracy.org/modifying-books-students- multiple-disabilities	시각장애 및 중복장애 학생을 위해 책을 수정하는 방법에 대한 자료
CAST UDL Book Builder http://bookbuilder.cast.org	디지털방식으로 수정된 책을 만들고 공유하고 읽을 수 있음; 무료계정을 만들어야 함
Paul V. Sherlock Center on Disabilities at Rhode Island College: Adapted Literature and Lessons www.ric.edu/sherlockcenter/wwslist.html	Sherlock Center Resource Library를 통하여 수정된 책을 이용할 수 있음; 일반 교육과정에 참여하는 중도장애 학생을 지도하는 교사에게 제공함

UNC Charlotte General Curriculum Project https://access.uncc.edu/parent-teacher-and-educator-resources	수정한 장구분책, 중고등학생용 문학작품과 시를 선정
Florida Access Project https://accesstofls.weebly.com/ela-resources.html	문해 기반 수업동안 조정된 학년 수준으로 가르치기 위해 증거기반실제를 사용하는 방법에 대한 예시
NCSC(National Center and State Collaborative) Wiki Make Your Own LASSI webinar https://wiki.ncscpartners.org/index.php/LASSIs_Presentations	언어수업을 위한 체계적인 교수 스크립트를 만드는 방법
Pinterest www.pinterest.com/pin/543317142519974413 www.pinterest.com/adaptforautism/adapted-books-for-special-education/?lp=true	교사가 만든 수정된 책과 읽기 관련 교수자료
Teachers Pay Teachers www.teacherspayteachers.com	교사가 만든 다양한 수정된 도서
ABCmouse.com www.abcmouse.com	2-8살을 위한 디지털책과 음운 인식과 읽기 활동
Capstone Press www.capstonepress.com/interactive	초등학생을 위한 5000권 이상의 대화식 전자도서
High Noon Books www.highnoonbooks.com/index-HNB.tpl	매우 흥미롭고, 낮은 읽기 수준의 책과 파닉스 중심 장구분책(종이책, 전자책, 오디오 CD)
Start-to-Finish books (Don Johnston) http://donjohnston.com/stfonline	2-5학년 읽기 수준을 가진 학생들을 위한 고전적인 책; 디지털 버전과 종이책 버전
Building with Stories (Attainment Co.) www.attainmentcompany.com/curriculum/school-literacy/building-stories	초등학생을 위한 수정된 컨템포러리 도서 10권 세트
Read and Tell(Attainment Co.) www.attainmentcompany.com/read-and-tell	초등 고학년과 중학생을 위해 32권의 인기있는 소설을 각색한 수정된 문학 모음
Teaching to Standards: English Language Arts(Attainment Co.) www.attainmentcompany.com/teaching-standards-english-language-arts	중고등학생을 위한 15개의 수정된 텍스트가 있는 커리큘럼(예: 소설, 논픽션 작품, 시, 정보 제공 지문)

BigMack(Ablenet) www.ablenetinc.com/bigmack	최대 2분 정도까지 메시지를 녹음할 수 있는 버튼
GoTalk(Attainment Co.) www.attainmentcompany.com/technology/gotalks	1-, 4-, 6-, 9-, 20- 또는 32-개의 버튼이 있는 의 사소통장치, 소프트웨어나 앱을 넣을 수 있음
SymWriter 2(Widgit Software) www.widgit.com/products/symwriter/index.htm	수정된 상징 텍스트를 만드는 소프트웨어

컴퓨터와 디지털 기술 또한 책을 수정하는데 중요한 자원이 될 수 있다. 특히 시각 또는 청각장애 학생은 공학적 수정 유형을 통해 도움을 받을 수 있다. 책과 그림을 스캔하여 확대하거나 만화영화로 만들거나 소리를 삽입하고자 컴퓨터에 탑재할 수 있다. 소프트웨어 프로그램을 이용하여 개별학생을 위한 도서문고를 만들고 저장할 수 있다. 많은 아동도서 개발자는 중등도 및 중도장애 학생이 접근할 수 있는 대화식 도서(interactive book)를 제공한다. 보완대체의사소통 도구와 그림 상징 소프트웨어 역시 개별화된 책을 만드는 데 사용될 수 있다. 그림 상징 소프트웨어는 수정된 책의 본문에 그림을 삽입해주기 위해 사용될 수 있다. 학생이 이해 확인 질문에 답할 수 있도록 보완 도구에 그림상징을 추가할 수 있다.

5. 이야기 및 문학 기반 수업

이야기 기반 수업(Story-based lesson, SBL)과 문학 기반 수업(literature-based lesson; Browder, Gibbs, et al., 2007; Browder, Trela, & Jimenez, 2007)은 학생들에게 문학 내용을 가르치기 위해 사용하는 구조화된 과정이다. 이야기 기반 수업이라는 용어가 중등도 및 중도장애 학생의 상호적(interactive) 소리내어 읽기를 의미하지만 이 용어는 그림책을 소리내어 읽는 과정을 언급하고자 자주 사용되고 있다. 문학 기반 수업 혹은 대안적 성취 문해라는 용어는 그림책 소리내어 읽기와 수정된 소설 및 문학작품(예: 시, 연극) 소리내어 읽기를 구별하고자 사용되기도 한다.

문학을 교수하는 이 방법의 전제는 교사가 초기 문해와 읽기 기술을 지닌 학생 집단에게 이야기를 읽어주고 이야기의 주제, 어휘, 사건에 관한 토론을 진행하는 이야기 함께 읽기 활동(shared story activities, 소리내어 읽기라고도 알려짐)으로부터 유래되었다. 교사가 소리내어 읽어주는 방법은 일반교육에서 모든 학년에게 효과적인 중재로 고려되고 있으며(Dreher, 2003; Fisher, Flood, Lapp, & Frey, 2006; Richardson, 2000) 학생이 독립적으로 읽도록 동기를 향상시켜준다(Sulzby & Teale, 2003). 상호적 소리내어 읽기를 중도장애 학생에게 사용했을 때, 어휘(Spencer, Goldstein, & Kaminski, 2012)와 읽기이해(Kemp-Inman, 2016; Hudson, Browder, & Jimenez, 2014) 교수에 효과적이었고 다른 지문으로 읽기 기술을 일반화하는 데에도 효과적이었다(Spooner, Kemp-Inman, Ahlgrim-Delzell, Wood, & Ley Davis, 2015). 유사한 상호적 소리내어 읽기 전략은 수학, 과학, 사회 시간에 정보문을 가르치기 위해서도 사용된다(정보문 교수를 위한 더 많은 정보는 8장 참고).

중등도 및 중도장애 학생의 요구에 맞게 소리내어 읽기를 조정하는 것은 중요하다. 읽기의 개념적 모델과 함께 문학 기반 수업의 구조는 학생의 연령에 따라 다르다. 〈표 7.5〉는 초등학생을 위한 초기 문해(예: 제목 가리키기, 책장 넘기기)와 통합된 문학 기반 수업을 보여준다. 책을 읽는 동안 교사는 개별 학생의 요구에 대한 반응을 개별화하여 책과 관련된 활동을 제시한다. 유사한 과제분석을 사용하여 그림 상징과 단어 및 사물을 필요에 따라 짝지어 같은 수업에서 모든 학생의 의사소통 요구를 조정하는 것도 가능하다. 예를 들어, Paige는 여전히 상징 의사소통 체계 발달 단계에 있다. Browder, Mims 등(2008)이 설명한 체계를 사용하여 개별화교육계획팀원은 보편적 학습설계(Universal Design Learning, UDL)를 통합하고, Paige의 주의집중을 끌기 위해 사물과 음성을 짝짓기로 결정했다. "난 이걸 선택해요."라고 말할 수 있도록 헤드스위치가 그녀의 휠체어에 부착되었다. 3초 이상 물건을 응시하는 것은 헤드스위치 작동과 연결되어 그녀의 대답을 표현해주었다. Paige가 3초 이상 사물을 응시할 때 교사는 Paige의 머리가 스위치를 칠 수 있도록 안내하였다. 교사는 "네가 이것을 선택했구나."라고 말하며, 답변으로 선택된 물건을 두드려서 Paige의 답변을 확인하였다.

학생이 나이가 들수록 상호적 소리내어 읽기 동안 더 많이 기대하고, 소설의 복잡함에 맞게 그 방법을 수정하는 것이 중요하다. 일부 고학년 학생에게는 수정된 버전의 소설로 책장을 넘기고, 제목을 가리키고, 삽화 또는 그림을 가리키는 것과 같은 초기 문해기술을 포함시키는 것이 여전히 필요할지도 모른다. 하지만 필요한 것 이상의 수정은 하지 않는 것이 중요하다. 학생은 수정되지 않은 지문을 소리내어 읽을 수 있는 것을 지향하면서 그림 지원이 없는 수정된 지문으로 배울 수 있다. 일부 고학년 학생은 혼자서 소설의 수정된 장(chapter)을 읽거나 적어도 몇 문장을 소리내어 읽을 수 있는 충분한 독립적 읽기 기술을 얻게될 것이다. 모든 고학년 학생은 소리내어 읽기활동 동안 계속해서 그들의 파닉스와 어휘력을 개발하고 조정할 수 있다. 일반적으로 고학년 학생을 위한 상호적 소리내어 읽기는 간단한 질문을 넘어서 주의 기준과 연계된 더 많은 상세한 이해력 질문에까지 이른다(소리내어 읽기 동안 이해력 교수에 관한 정보는 8장 참조).

Fisher 등(2006)은 교사의 소리내어 읽기 활동에 대한 연구를 실행하고 7가지 핵심요소를 발견하였다. 첫 번째 요소는 신중하게 지문을 선택하는 것이다. 학생의 관심사에 따라 양질의 도서가 선택되어야만 한다. Newberry and Caldecott Medal Winners의 수상도서(www. ala.org/alsc/awardsgrants/bookmedia에서 도서 목록 참고) 또는 National Book Award(www.nationalbook.org)와 같은 다른 수상도서가 훌륭한 선택이다. 둘째, 책을 사용하여 수업을 연습하는 것이 중요하다. 어휘, 정답이 있는 이해력 질문들은 미리 선정되어야 한다. 교사는 필요에 따라 그림, 단어, 소리 또는 사물을 사용할 수 있도록 함으로써 학생들의 서로 다른 의사소통 수준을 위해 계획할 수 있다. 음성 출력 기기(Voice Output Device, VOD)나 다른 의사소통 방법이 독립적으로 사용될 수 있도록 수업은 계획되고 구조화될 수 있으며, 그 결과 모든 학생이 참여할 수 있는 기회를 제공받는다. 셋째, 수업은 명확한 목적이 있어야 한다. 읽기마다 혹은 장(chapter)마다 다른 목적이 있을 수 있기 때문에 하나의 책을 여러번 읽을 필요가 있다. 초기 읽기의 목적은 어휘와 문자에 대한 이해를 증가시키는 것일 수 있다. 이후에는 어휘 내 소리를 배우거나 성격묘사나 주요 사건의 시간순서와 같은 책의 보다 심층적인 탐구에 집중할 수 있다. 넷째, 유창한 읽기의 시범을 보여야만 한다. 본문을 읽는 연습을 통해 오류 없이 책을 유창하게 읽을 수 있다. 다섯째, 본문을 분명하게 전달하는 적절한 표현으로 책을 읽는다. 이것은 얼굴 표정, 억양, 음량, 그리고 이야기의 분위기를 포착하는 데 필요한 다른 표현들도 포함될 수 있다. 독서 토론이 숙련된 소리내어 읽기 활동의 여섯 번째 요소이다. 토론은 책을 읽기 전, 읽는 동안, 읽고 나서, 그리고 문자 그대로의 질문에서 평가까지 다양한 이해 수준으로 이루어질 수 있다. 숙련된 소리내어 읽기 활동의 일곱 번째 요소는 독립적 읽기와 쓰기이다. 중등도 및 중도장애 학생에게 독립적 읽기는 이 장의 앞부분에서 설명된 것처럼 오디오 북을 듣거나 소프트웨어 프로그램을 사용하는 것을 의미할 수 있다. 이는 학생들이 책과 상호작용할 수 있도록 독립적인 접근을 만드는 것을 의미한다. 글쓰기는 이름도장 만들기 또는 학생들에게 수정된 글쓰기 도구 또는 글쓰기 소프트웨어 제공하기를 포함할 수 있다. 또한 글쓰기는 주어진 보기에서 그림 또는 사물, 단어 또는 구를 선택하여 빈칸을 채우는 것을 포함한다(작문에 대한 더 많은 내용은 9장 참조).

균형 맞추기

많은 중등도 및 중도장애 학생은 어느 정도 독립적 읽기를 습득할 수 있으나, 일정 수준의 문해를 위해 더 많은 수년간의 교수가 필요할 수도 있다. 학생은 중학교에 입학한 후에도 여전히 잘 읽는 것을 목표로 배울 수 있으며 '학습을 위한 읽기'를 위해 상호적 소리내어 읽기에 의존할 수도 있다. 교사가 찾아야 할 균형은 학생이 10대에 접어들면서 파닉스와 기초 읽기 교수에 얼마나 많은 시간을 할애할 수 있는지 아는 것이다. 균형을 찾기 위한 중요한 방법은 집중적 기초 읽기 교수를 계속할 것인지 아니면 대안적 방법(예: 지문-음성 산출 기술)으로 이미 습득한 기술을 문학에 적용하는 방향으로 전환할 것인지에 대한 결정에 학생과 부모를 참여시키는 것이다.

〈표 7.5〉 초등학교 이야기 기반 수업 양식 및 묘사

단계	설명	Paige와 Mariana에게 적용※
수업 도입	책 주제 또는 인물과 관련된 그림 혹은 물건; 이미 알고 있는 정보와의 연계; 각 학생이 자료와 상호작용하도록 함	Paige: Wilbur와 Charlotte를 나타내는 물건을 제공하고 그 물건을 책의 인물과 연결함; 학생이 그 물건을 쳐다보도록 물건 제시 시 소리도 함께 제공함 Mariana: "Wilbur는 돼지이다"와 같은 짧은 문구를 인물 2명의 그림과 짝지어 함께 제시함
책 제목	가리키기, 강조 표시, 색 분류를 통해 제목 보여주며 읽음; 학생에게 반복하게 함	Paige: 제목과 저자를 구별할 수 있도록 자극 단서를 제공함; 제목을 터치하고 교사가 읽어주는 제목 아래로 손가락을 움직이도록 도와줌 Mariana: 시범을 보인 후 제목을 말하고 가리키도록 요청함
책의 저자	가리키기, 강조 표시, 색 분류를 통해 저자 이름을 보여주며 읽음; 학생들에게 반복하게 함; 저자는 책을 쓴 사람이라고 학생들에게 설명함	Paige: 위와 동일하지만 저자와 제목을 구분하기 위해 다른 단서를 제공함 Mariana: 위와 동일함; "저자는 무엇을 하나요?"라고 물음
예측 질문하기	학생들이 책의 겉표지를 보고 책 안의 그림을 훑어보게 함; 학생들에게 무엇에 관한 책이라고 생각하는지 물음; 선택할 수 있는 선택지를 2~4개 제공함	Paige: 학생의 시야 안에 책을 놓고 두드려 주의를 끎. 인물과 관련된 물건 중 하나와 책과 관련 없는 물건을 제시함; "이 책의 내용이 무엇에 관한 것일까요?" 물음 Mariana: 위와 동일하지만, 그림과 짧은 문구를 선택지로 제공함
책 펴기	책을 펴는 시연을 보임; 한 학생에게 책을 펴고 이야기를 시작하게 함	Paige: 움직임에 제한이 있어 책의 표지와 종이에 손잡이를 추가하여 수정함; 책은 정중앙에 놓음; "이야기를 시작하려면 어떻게 해야 할까요?"라고 물음 Mariana: 위와 동일하지만 책의 수정은 필요하지 않음
지문 가리키기	교사가 책을 읽으면 학생들이 차례대로 읽고 있는 단어를 가리킴; 왼쪽에서 오른쪽으로 지나가며 단어 단위로 가리킴	Paige: 교사가 단어를 읽고 가리킬 때 글줄을 따라 왼쪽에서 오른쪽으로 눈을 움직일 수 있도록 확대 선을 제공함 Mariana: 책에 나오는 문장을 사용하여 지문을 가리킴; 지문의 글줄 늘려감

핵심 어휘 식별	최대 5개의 주요 어휘/그림/물건을 미리 선택함; 책을 읽어가며 그들을 확인함; 학생들이 핵심 어휘를 찾도록 함	Paige: 책 속의 단어와 그림들을 물건과 짝지음; 단어를 읽으면서 그림을 가리키고 Paige가 해당 물건을 보도록 요청함 Mariana: 책의 한 문장에 포함된 단어를 읽은 후 Mariana가 그 단어를 가리키도록 함; 단어를 제시하고 읽을 것을 요청함; 누락된 단어가 있는 문장을 제시하고 누락된 단어를 어휘 목록 중 하나로 채울 것을 요청함
반복된 줄거리 읽기	책 전체에 걸쳐 반복된 줄거리를 읽은 후, 학생들에게 줄거리를 읽게 하거나(구두인 경우) VOD에 줄거리를 배치하거나 그림/단어를 가리켜 줄거리를 완성하게 함	Paige: 대사가 녹화된 VOD를 Paige의 랩트레이에 배치함; 그 줄거리를 읽을 때 마다 교사는 "네가 말할 차례야"라고 말하면서 손가락으로 가리킴; 반복시도 후에 "다음에 혼자서 읽으세요."라고 말함; 그 줄거리가 나타나면 교사는 학생의 응답을 기다림 Mariana: 여러 번 그 줄거리를 읽은 후, 교사는 학생에게 소리내어 읽을 것을 요청함;해당 페이지에서 줄거리를 가리켜달라고 요청할 수도 있음
책 넘기기	각 학생은 책의 종이를 넘길 기회를 가져야 함; 종이를 넘기라고 직접 말하는 대신 "이야기를 계속 보려면 어떻게 해야 할까요?"라는 질문을 던짐	Paige: 교사가 "이야기를 계속 보려면 어떻게 해야 할까요?"라고 물음; Paige가 손잡이를 잡을 수 있도록 정중앙에 책을 둠 Mariana: 위와 동일하지만 손잡이가 없음
이해 질문 대답, 예측 검토	책을 읽는 동안이나 책을 읽은 후에 학생들에게 책에 관한 질문을 함; 인물 이름 정해주기, 인물이 느끼는 감정 혹은 다음에 일어날 일과 같은 다양한 질문을 던짐; 그 책이 무엇에 관한 것이었는지에 대한 예측을 검토하고 필요하다면 수정함	Paige: 교사가 학생의 예측 내용을 상기시키고 "예측이 맞았나요? 그 책이 _____에 관한 것이었나요?"라고 물음 Mariana: 위와 동일하지만 단어나 구를 사용함

※ 도서: Charlotte's Web (White, 1952)

6. 읽기 위한 학습

읽기 위한 학습에는 '미국 읽기위원회'에 의해 식별된 5가지 구성 요소(음소 인식, 파닉스, 어휘, 이해력 및 유창성)의 개발이 요구된다는 것을 기억해야 한다. 이야기 기반 수업은 책을 읽는 맥락 안에서의 어휘와 이해를 위한 교수를 제공한다. 나이가 많은 학생에게는 음소 인식과 파닉스 활동도 이야기 기반 수업에 삽입된다. 단지 읽는 것을 학습하는 어린 학생을 위해서는 음소 인식 활동을 위한 별도의 수업 시간이 추천된다.

많은 다양한 활동은 음소 인식 발달을 도와줄 수 있다. 〈표 7.6〉은 Armbruster 외(2003)에 의해 설명된 활동 목록이다. 음소 인식을 교수하기 위한 모든 활동이 아니라 일부만을 선정할 것이 제안된다. 일반적으로 학생은 소리의 조음을 통해 이러한 기술을 보여준다. 중등도 및 중도장애 학생을 위한 핵심은 가장 독립적으로 참여할 수 있는 활동을 선택하는 것이다. 일부 활동은 무발화 학생이 더 쉽게 접근할 수 있다. 다른 기술은 신체적 제한이 있는 학생들이 더 쉽게 접근할 수도 있다. 예를 들어, Paige, Morgan, D'amon 그들이 이해한 것을 보여주기 위해 소리의 글자 표상을 사용할 필요가 있을 것이다. Paige는 얼굴을 보기 때문에 교사의 얼굴 근처에 놓여진 확대된 글자를 필요로 할 수 있다. Morgan은 휠체어 트레이 위에 그의 움직임 범위 내에 3차원 문자를 놓아줄 필요가 있다. D'amon은 문자와 그 소리가 담긴 음성 출력 기기가 필요할 수 있다. Mariana는 글자 소리에 대한 그녀의 지식을 보여주기 위해 글자가 필요하지 않을 가능성이 높지만, 그 소리를 정확하게 내는 그녀의 조음 기술을 연습해야 할 수 있다. 또한 그녀의 영어 어휘를 확장하는데 약간의 지원이 필요할 수 있다. 새로운 단어를 스페인어 단어와 짝지어 소개하고, 점차 스페인어를 소거함으로써 지원할 수 있다.

이러한 활동을 하기 위해 교사는 음소 각각을 정확하게 발음할 수 있어야 한다. 영어는 지역의 방언에 따라 40개의 서로 다른 음소를 포함한다. 이러한 음소와 그것이 만드는 소리의 사례는 〈표 7.6〉에 목록으로 제시하였다. 소리는 비지속음(stop sounds)과 지속음(continuous sounds)으로 분류된다. 비지속음은 cat에서 /t/ 소리와 같이 발음할 때 멈추는 소리이다. 연속음은 man에서 /m/소리와 같이 더

〈표 7.6〉 음소 인식 활동

음소 구분-단어의 개별 음을 인지 활동: 'map'단어의 첫 번째 소리는 무엇인가요? 답: m 'cat'단어의 마지막 소리는 무엇인가요? 답: t
음소 식별-단어의 동일한 소리 인지 활동: 'can'과 'cat'에서 동일한 소리는 무엇인가요? 답: k
음소 분류-다양한 소리의 단어 인지 활동: 다른 소리를 시작하는 단어는 무엇인가요? 'man' 'can' 'cat' 답: man
음소결합-개별음소를 합하여 하나의 단어 형성 활동: 이 소리들이 무슨 단어를 만드나요? /k/a/n/[소리들 사이에 잠시 쉬기] 답: can
음소분절-단어를 개별 음소로 분리 활동: 'can'의 소리를 말해보세요. 답: /k/a/n/
음소 제거-단어로부터 음소가 삭제되는 경우 만들어지는 새로운 단어 인지 활동: 'lace'에서 /l/이 없으면 무슨 단어가 되나요? 답: ace
음소 추가-음소가 추가되는 경우 만들어지는 새로운 단어 인지 활동: 'lace'단어 앞에 /p/를 넣으면 무슨 단어가 되나요? 답: place
음소 대체-하나의 음소를 다른 음소로 대체하는 경우 만들어지는 새로운 단어 인지 활동: 'lace'단어의 /l/을 /p/로 바꿔보세요. 무슨 단어가 되었나요? 답: pace

오랜 시간 동안(여러분이 숨을 참을 수 있는 동안) 유지되고 발음될 수 있는 소리를 의미한다.

파닉스 교수 동안 학생은 글자와 소리를 짝지을 때 음소 인식 기술을 사용한다. 친숙하지 않은 단어를 해독하기 위해 이러한 기술을 사용하는 것을 '파닉스'라고 한다. 연구자들은 체계적이고 명시적인 파닉스 교수가 비체계적이거나 파닉스를 이용하지 않는 교수보다 더 효과적이라는 것을 입증한다(Armbruster et al., 2003, p. 13). '체계적'이라 함은 교수의 일관된 교수 순서가 있다는 것을 암시한다. 많은 프로그램들은 특정 순서로 특정한 글자-소리의 상응을 가르친다. 그것이 교사에게 교수를 전달하기 위한 구체적인 방향을 제공한다는 점에서 '명시적'이다. 체계적이고 명시적인 파닉스 교수에는 다양한 유형이 있다. 〈표 7.7〉은 파닉스 교수를 위한 체계적, 비체계적 접근의 일반적인 형태를 구분하고 있다.

〈표 7.7〉 파닉스 교수의 체계적 및 비체계적 접근

체계적 접근	비체계적 접근
• 종합적 파닉스: 글자 소리를 분리하여 배운 후 결합하여 단어를 형성 • 분석적 파닉스: 알고 있는 단어를 사용해 글자-소리 관계를 탐색 • 유추적 파닉스: 단어 군(유사한 구조를 지닌 단어들)을 교수	• 통단어 프로그램: 읽기 동안 단어 의미와 인지에 중점을 두고 단어-소리 지식을 일기 자료에 삽입할 수 있음 • 일견단어 프로그램: 개별 단어의 인지를 교수하고 일견어휘가 늘어나면서 글자-소리 지식을 교수할 수 있음

7. 문해력을 위한 자료

초기 문해 기술 개발(Early Literacy Skills Builder; Browder, Gibbs, et al., 2007)과 연령이 높은 학생을 위한 초기 문해 기술 개발(ELSB: For Older Students; Browder, Gibbs, et al., 2017)은 중등도 및 중도장애 학생을 위해 특별히 고안된 체계적이고 명시적인 연구기반의 프로그램이다. 기본적인 문해력 기술, 음소 인식 활동, 이야기 기반 수업을 결합하여 음소 기반 프로그램으로 연결되는 기술을 가르친다. 모든 반응들은 비구어 학생들을 수용하도록 설계된다. 수업은 7단계로 나뉘는데, 각 단계는 5개의 수업으로 이루어지며 반복할 수 있다. 기술은 순차적이고 나선적이어서 초기 기술이 더 높은 수준에서 반복된다. 수준 기반의 평가는 교사에게 학생의 진보를 측정하는 시스템을 제공한다.

초기 문해 기술 개발의 후속 교육과정은 초기 읽기 기술 개발(Early Reading Skills Builder, ERSB; Browder et al., 2015)이다. 초기 읽기 기술 개발은 소프트웨어 애플리케이션에 포함된 체계적인 교육 절차와 함께 명시적인 파닉스 기반 프로그램을 사용하여 학생들에게 읽기를 가르친다. 초기 읽기 기술 개발은 비구어 학생을 위해 텍스트-음성 변환 소프트웨어를 사용한다. 학생은 각 수준에서 가르치는 파닉스와 단어를 강조하는 이어지는 지문을 읽으면서 파닉스 기술을 연습한다. 26단계의 숙달은 그 학생을 2학년 읽기 수준으로 이끈다.

읽기 조기 중재(Mathes & Torgesen, 2005)의 K 수준(Allor & Mathes, 2012)은 직접 교수의 원리를 활용한 60개의 수업이 포함된 체계적이고 명시적인 프로그램으로 읽기 조기 중재와 연결되도록 고안되었다. 이 프로그램은 기초 문해와 음소 인식 활동에 중점을 두고 이야기책과 수업 성취 추적양식을 포함한다.

Meville to Weville(Erickson, 2004)은 중등도 및 중도장애 학생을 위해 특별히 고안된 어휘 개발과 쓰기에 집중하는 초기 문해 및 의사소통 프로그램이다. 3개의 단원으로 제공되는 75개의 수업은 주제별 활동을 사용하고, "내가 누구인지", "학생이 되는 것", "우리가 하는 일"과 같은 단원 제목을 이용하여 자기 계발과 지역사회에 소속감 개발을 지원한다. 자료 수집 차트는 학생의 학습을 보여주는 데 사용된다.

문해 실험실(Literacy Lab; Erickson, n.d., www.dynavoxtech.com)은 2학년까지 과학과 사회 내용의 맥락에서 문해를 가르치는 컴퓨터 기반의 초기 문해 프로그램이다. 각각의 수업은 학생의 기술에 따라 세 가지의 다른 교수 수준을 갖고 있다. 각 수준에는 다양한 계열화된 활동과 특정 주제에 맞는 책들이 포함되어 있다.

마무리 활동

1. 인터넷에서 수정된 책 및 책을 수정하는 법에 대한 정보를 검색해보세요. 그리고 서로 찾은 것을 공유해보세요.

2. 이 장에 설명된 원칙을 사용하여 책을 선정하고 문학 기반 계획을 세워보세요. 다양한 수준의 지원 요구(신체, 언어, 행동 등)를 지닌 학생의 참여를 위해 제공해보세요. 자폐성장애 학생, 시각장애 학생, 국어 학습자와 같은 다양한 요구를 위해 이 계획을 어떻게 수정할지 논의해보세요.

3. 글자 소리를 연습하세요.

4. 두 가지 음소 인식 활동을 선택해보세요. 학생을 위해 사용할 활동을 계획하고 반응카드를 만들어보세요. 다양한 학생의 개별 요구를 위해 이 활동을 어떻게 수정해야 하는지 생각해보세요.

5. 도서의 수정을 공유하기 위해 다른 교사들과 함께 북클럽이나 공공 대출 도서관(lending library)을 만들어보세요.

6. 책 한권을 찾고 수정한 후 동료들과 그 책을 가지고 수업을 연습해보세요. 자폐성장애 학생, 시각장애 학생, 한국어를 배우고 있는 다문화 학생에게 필요할 수 있는 다양한 교수적 수정을 연습하세요.

제 8 장

국어과 교수[1)]

Mellisa Hudson

Mia는 4학년 중도중복장애 학생이다. 손목의 색 팔찌를 사용하여 "예"와 "아니오"(녹색 = "예", 빨간색 = "아니오")로 의사소통하고, 수업 시간에 4가지 선택 항목이 있는 음성출력장치(Gotalk-4)를 사용하는 방법을 배우고 있다. Mia는 책을 좋아하며, 특히 말에 관한 책을 좋아한다. 스위치를 사용하여 책장을 넘길 수 있기 때문에 컴퓨터로 이야기 듣는 것을 매우 좋아한다. Mia는 이제 막 상징을 이해하기 시작했고, 읽기수업시간에 물건이나 사진을 사용하여 내용 이해 관련 질문에 답한다. Mia는 특수학급에서 매일 읽기수업을 포함한 대부분의 수업을 받지만, 최근에는 비장애 또래와 함께 과학수업에 참여하기 시작했다.

Imani는 자폐성장애와 중등도 지적장애를 지닌 6학년 학생으로 완전통합되어 학교생활을 한다. 특수교사 및 일반교사는 그녀가 일반 교육과정에 접근할 수 있도록 매주 협력한다. Imani는 몇 가지 읽기 기술을 가지고 있지만(예를 들어, 일견단어를 읽고, 단어를 발음하기 위해 발음(phonetic) 규칙을 사용함) 교사는 읽기 교수가

1) 본 장의 'English Langauge Arts'는 미국의 국어교과에 해당하기에 국어 혹은 국어과로 번역함.

그녀에게 유익할 것이라고 여긴다. Imani의 경우 대부분의 지문은 요약되어 제시되거나 또래 혹은 음성변환 소프트웨어가 내장된 컴퓨터가 소리내어 읽어준다. 핵심어와 짝을 이루는 그림상징과 지문에 추가된 간단한 삽화는 Imania가 이해하도록 돕는다. Imani는 과학과 수학 교과목을 가장 좋아하며 특히 화산과 중력에 대해 배우는 것을 좋아한다. Imani는 말을 할 수 있지만 종종 말하기를 원하지 않기 때문에 응답 사항(단어와 짝을 이룬 그림상징)을 선택하게 함으로써 Imani의 응답 빈도를 증가시킨다. 또래에게 많은 사랑을 받고 있으며, 수업 중에 종종 친구와 짝을 이룬다.

Amad는 중등도 지적장애 9학년 학생이다. 고등학교에 다니며 읽기와 수학수업을 위해 하루 중 일부는 특수학급에서 보내고, 나머지는 비장애 또래와 통합학급에서 보낸다(예: 역사, 체육, 연주단, 컴퓨터 및 사회과 과목). Amad는 2학년 수준의 글을 독립적으로 읽는다. Amad는 매우 외향적이며 친구가 많다. 그는 졸업 후 동물들과 함께 일하고 싶어하며, 주 3회 방과 후에 수의사 실습실에서 자원봉사를 한다. Amad는 좋은 골프 선수로 스페셜 올림픽에 출전한다. 주말에 학교팀을 응원하기 위해 학교 운동경기에 참석하는 것을 좋아한다. 그는 고등학교 졸업 후에 유급 일자리를 얻기를 희망한다. 누가 알겠는가? 그는 심지어 대학에 갈지도 모른다.

이 세 학생의 일화에서 알 수 있는 것처럼 중등도 및 중도장애 학생은 다양하다. 읽고 쓰는 능력은 역사적으로 읽기 교수에 집중되어 있었지만 최근 들어 교사들은 중등도 및 중도장애 학생이 읽기(Ahlgrim-Delzell, Browder, & Wood, 2014; Allor, Mathes, Roberts, Jones, & Champlin, 2010; Browder, Ahlgrim-Delzell, Courtade, Gibbs, & Flowers, 2008) 및 쓰기(Pennington & Delano, 2012)를 배울 수 있는 잠재력이 있음을 깨달았다. 오늘날 문해력은 읽기와 쓰기 능력뿐만 아니라 말하기, 듣기, 언어 및 시각적 문해력 기술도 필요로 한다(National Governors Association Center for Best Practices, Council of Chief State School Officers, 2010). 시각적 문해력(21세기에 중요한 기술)은 그래프, 타임라인, 영상과 같은 시각적 이미지를 이해하는 능력이다. 이러한 문해력은 국어 수업에서 배우며, 읽은 것을 이해하거나 읽어주는 내용을 듣고 이해하는 능력인 읽기 이해력은 대부분의 교과 학습에 필요하기 때문에 국어과 교수의 핵심이 된다. 이해력은 모든 학생들에게 도전과제가 될 수 있지만,

특히 중등도 및 중도장애 학생에게는 더욱 그렇다(Bursuck & Damer, 2007; Gersten, Fuchs, Williams, & Baker, 2001).

미국 읽기 위원회(National Reading Panel, NRP; National Institute of Child Health and Human Development, 2000)는 교사에게 이해력 교수에 대한 지침을 제공하고자 일반학생들을 대상으로 이해력을 교수한 양질의 연구를 검토하고, 효과적인 6가지 교수 전략을 발견했다: (1) 이해 점검하기, (2) 협동학습하기, (3) 그래픽 및 의미조직자 사용하기, (4) 질문에 답변하기, (5) 질문 생성하기, (6) 요약하기. 이러한 전략 중에서 질문에 답변하는 것은 중등도 및 중도장애 학생에게 이해력을 가르치기 위해 가장 많이 사용되어왔다(Browder, Wakeman, 2006; Hudson & Browder, 2014; Hudson et al., 2014). 또한 중등도 및 중도장애 학생에게 이해력을 가르치기 위해 두 가지 다른 전략이 사용되었다. 그래픽 조직자(Browder, Hudson, & Wood, 2013; Mims et al., 2012)와 질문 생성(Wood, Browder, & Flynn, 2015)이다. 그들을 교수하는 데 사용되는 이해력 전략과 상관없이, (읽기 교수의) 성공을 위해 중등도 및 중도장애 학생은 일반교육 국어과로부터의 강력한 근거, 접근 가능한 지문, 자신이 알고 있는 것을 보여줄 수 있는 방법이 필요하다.

중등도 및 중도장애 학생은 듣기 이해력(이야기를 소리내어 읽을 때처럼 언어를 이해하는 능력)과 읽기 이해력(지문에서 의미를 해독하고 도출하는 능력)이 모두 필요하다. 듣기 이해력은 비독자와 지문을 읽어줘야 하는 초보 독자에게 중요한 기술이다. 이 학생들에게 문자가 독자에게 중요하듯 마찬가지로 구어도 중요하다. 다행히도, 글을 해독하는 기술(예: 파닉스, 음운 인식)을 습득하면 많은 학생은 읽기 이해력을 지원하는 독립적인 읽기 기술도 습득한다(예: Allor, Al Otaiba, Ortiz, & Folsom, 2014).

1. 문해력의 개념 모델

읽기교수가 중등도 및 중도장애 학생에게 제한적이었던 이유 중 하나는 많은 사람이 독립적인 읽기를 문해교육의 유일한 목표로 생각했기 때문이다. 장애 학생이 독립적으로 읽을 수 없을 것 같을 때, 그 학생은 자주 문해력 교수에 포함되지 않았다(Kliewer & Biklen, 2001). 2009년에 Browder, Gibbs 등은 중등도 및 중도장애 학생을 위한 조기 문해교육의 새로운 개념 모델을 제안했는데, 그 모델은 두 가지 중요한 구성 요소를 포함한다: (1) 문학에 대한 접근성 향상(예: 소리내어 읽기를 위한 과제분석, 지문 인식기술)과 독립적인 읽기기술(예: 음운 인식, 파닉스), (2) 학생의 학년이 올라가면서 변화하는 교수목표. 새로운 모델은 중등도 및 중도장애 학생을 위한 문해교육이 그들이 독립적인 독자가 되기 위해 필요한 기술, 책과 기타 지문을 얻는 능력, 독립적으로 읽거나 그들에게 읽어주는 지문에서 의미를 얻는 방법(즉, 이해력)에 대한 교수를 포함해야 함을 교사에게 상기시킨다. Lemons, Allor, Al Otaiba, Lejeune(2016)은 유사한 문해력의 개념 모델을 체계로 사용하여 교사가 지적장애 학생을 위한 문해교육을 지원할 수 있는 10가지 방법을 설명한다(〈표 8.1〉 참조).

〈표 8.1〉 문해교육을 지원하는 10가지 방법(Lemons 외, 2016)

1. 가장 큰 목표를 명심하기
2. 의미 있고 측정 가능한 목표를 설정하기
3. 명확하고 체계적인 읽기 교수를 제공하기
4. 목표를 달성할 수 있도록 충분한 강도로 교육 제공하기
5. 읽기 교수를 위한 전문성 개발 기회 찾기
6. 언어 능력은 읽기 능력의 기초임을 기억하기
7. 작업 기억에 대한 비계 설정하기
8. 교수에 집중하기 위해 범위와 계열의 특정 부분을 목표로 삼기
9. 교수와 수정을 위해 자료를 사용하기
10. 서비스 제공자와 가족을 참여시키기

2. Bloom의 교육목표 분류체계-개정판

Bloom의 교육목표 분류는 수업에서 배울 내용을 설명하는 진술문을 구조화하기 위한 체계이다. 1956년에 출판된 기존의 분류 체계(Bloom, Englehart, Furst, Hill, & Krathwohl)는 단순한 것부터 복잡한 것에 이르는 6개의 범주(즉, 지식, 이해, 응용, 분석, 종합, 평가)로 구성되었다. 분류는 이해력과 관련하여 교육 및 평가의 깊이(또

는 깊이 부족)를 명확하게 보여주기 때문에 교사에게 유용하다. 예를 들어, 학생들이 수업 중에 지식 수준의 질문만 받는 경우(예: 문자적 회상), 그 수업은 학생들이 내용에 관한 더 높은 수준의 질문에 답하도록 준비시키지 못할 것이다. 학생들은 대안평가와 같은 책무성 평가(accountability assessment)에서 다른 분류 수준의 질문에 답할 수 있는 기술이 필요하다. 교수목표를 달성하는 데 필요한 학습 수준을 고려함으로써 교사는 다양한 이해를 요구하는 수업을 더 잘 준비 할 수 있다.

Bloom의 분류 체계는 2001년 Anderson 외에 의해 개정되었다. 개정된 분류는 각 수준을 설명하는 용어를 명사에서 동사로 변경(즉, 기억하기, 이해하기, 적용하기, 분석하기, 평가하기, 창안하기)하고 상위 두 수준의 순서를 바꾸었다.

1. 기억하기: 학생에게 정보를 기억하거나 상기하게 함
2. 이해하기: 학생에게 아이디어나 개념을 설명하게 함
3. 적용하기: 학생에게 정보를 새로운 방식으로 사용하게 함
4. 분석하기: 학생에게 서로 다른 두 가지를 비교하게 함
5. 평가하기: 학생에게 입장을 정당화하거나 준거를 기반으로 결정을 변호하게 함
6. 창안하기: 학생에게 새로운 산물이나 관점을 만들게 함

Bloom의 교육목표는 보편적이며, 소리내어 읽기에 참여하는 수준의 학생부터 책을 읽을 수 있는 학생까지 모든 학생들에게 적용된다. 각 학생은 경험에서 어느 정도의 깊이 있는 지식과 이해를 얻는다. 모든 연령대에 Bloom의 모든 수준의 교육목표 내용이 도입되는 것은 아니다. 몇몇의 더 상위 수준은 학생의 발달 단계에 맞춰 더 나이가 들었을 때 도입된다. 예를 들어, 어린 아이들은 현실과 환상을 구별하는 능력을 충분히 개발하지 못했기 때문에(예: 어린 아이들은 치아 요정을 믿을 수 있음), 이야기가 실제인지 아닌지를 판단하는 전략은 1학년 학생들에게 사용할 때 주의가 필요하다. 교사는 지문, 이해력 질문, 어휘의 난이도를 높여 능력의 연속체에서 교수를 차별화한다.

이해 점검하기

각 수준(기억하기, 이해하기, 적용하기, 분석하기, 평가하기, 창안하기)에 대한 질문을 개발하여 Bloom의 분류 체계에 대한 스스로의 이해도를 점검하세요. 익숙한 동화를 지문으로 사용하세요.

신중한 계획 없이 교사는 지문의 정보만 기억하면 되는(즉, Bloom 분류 체계의 가장 낮은 수준) 질문을 학생들에게 던지는 경향이 있다. 또는 더 최악으로, 제시된 자료에 학생이 참여하는 것을 유일하게 기대하는 '인식(awareness)' 수준을 사용한다. 분류법의 낮은 수준을 사용하면 중등도 및 중도장애 학생에 대한 기대치가 너무 낮아진다. 학습 기대치가 낮아지더라도(예: 대안적 성취기준이 사용되는 경우), 학년 수준의 내용 학습에 대한 기대를 충족하기 위해서는 학생들이 Bloom 분류 체계의 모든 수준에 해당하는 기술의 일부를 지녀야 한다. 이는 학생들이 단순한 사실을 기억할 수 있어야 할 뿐 아니라, 내용을 적용, 종합, 평가할 수 있어야 함을 의미한다. 지문에 대한 깊은 이해를 촉진하는 한 가지 방법은 학생의 이해 수준에 맞춰 분류 체계의 모든 수준에 해당하는 질문을 묻는 것이다. [그림 8.1]은 쉬운, 중간의, 어려운 수준의 분류 체계의 각 수준에 대한 이해력 질문의 예시를 포함한다. 세심한 계획을 통해 교사는 읽기수업 동안 모든 수준에서 다양하고 접근 가능한 이해력 질문을 할 수 있다.

	수준		
	쉬움	중간	어려움
기억하기: 답은 페이지에서 찾을 수 있음 • 제목 • 작가 • 등장인물 • 배경 • 사건 • 기술 • 목록 • 기억 • 반복	• 제목, 작가 가리키기 • 사진을 가리키기 • 즉각적인 회상: "Jill은 언덕에 올라갔습니다. 누가 언덕을 올라갔나요?" 또는 "소년은 마차에 앉았습니다. 소년은 무엇을 했나요?"	• "누구에 관한 이야기인가요?" • "수프에 무엇을 넣었나요?" • "강아지를 어디서 찾았나요?" • "Wilbur는 무엇을 했나요?" • "Charlotte은 박람회에 도착했을 때 무엇을 했나요?" (열거하기)	• "이야기에 누가 더 있었나요?" (조연) • "헛간은 어떻게 생겼나요?" (색, 크기 등 묘사) • "새는 자신이 만난 모든 사람들에게 무슨 질문을 했나요?" (기억)
이해하기: 답은 페이지에서 유추할 수 있음(배경지식 필요 없음) • 예상 • 순서대로 배열 • 갈등 확인/문제 • 결말 확인 • 묘사 • 분류 • 설명	• "마지막에 무슨 일이 일어났나요?" • "이 이야기가 앞으로 어떻게 될까요?" • "나는 동굴이 보입니다. 동굴 안에서 털이 느껴져요. 동굴 안에는 무엇이 있나요?"('Let's Go on Bear Hunt'에서)	• "이 사건들을 처음, 그 다음, 마지막처럼 순서대로 나열해보세요." • "그 소녀는 무엇을 두려워했나요?" (갈등 확인하기) • "다음에 무슨 일이 일어날 것 같나요?" • "왜 그 남자는 화가 났나요?"	• "이 사진들을 이야기에서 일어난 순서대로 나열해보세요." (3개 이상의 사진) • "Carol이 어렸을 때 마주친 문제는 무엇인가요?" • "그 이야기는 어떻게 끝나나요?" • "헛간의 모습을 보여주는 사진을 고르세요." • "사진을 동물, 식물의 두 범주로 나눠주세요." (분류하기)
적용하기: 이 질문의 답은 학생의 배경지식을 요구함 • 연결점 만들기 • 새로운 방법으로 사용하기 • 입증하기 • 해석 • 스케치/쓰기	• "곰은 먹고 있습니다. 여러분도 먹고 있나요?" • "사라는 여자입니다. 여러분도 여자인가요?" • "우리 교실에 있는 것들을 책에서 찾아 가리키세요."	• "Buck은 그의 집을 좋아했습니다. 여러분은 집에 대해 어떤 느낌이 드나요?" • "아이들은 물건 찾기 게임을 했습니다. 여러분은 물건찾기 게임에서 무엇을 찾았나요?" • "이 이야기를 그림으로 그려보세요."	• "이 기사는 고래에 대한 내용입니다. 고래는 어디에 사나요? 그 밖에 고래에 대해 무엇을 알고 있나요?" • "돼지 삼형제의 행동을 연기해봅시다." • "Emily는 그녀의 엄마에게 편지를 썼습니다. 여러분이 엄마에게 편지를 쓴다면 뭐라고 적을 건가요?"

분석하기: 정보를 부분으로 나눔 • 비교 • 대조 • 조사 • 실험	• "이 사진들을 2열로 나열해 보세요 - 하나는 Sara가 한 일들, 또 하나는 여러분이 한 일들입니다." • "이 사진들을 두가지 범주로 분류해보세요-사람들이 했던 것들/요즘에 사람들이 하는 것들." • "식초와 베이킹소다를 섞었을 때 풍선에 무슨 일이 발생했나요?"	• "우리 이야기에서 각 사람에 대해 아는 것들을 다이어그램으로 나타내보세요." • "이 두 동물의 같은 점과 다른 점을 비교해보세요." • "이 실험에서 무엇이 풍선을 팽창하게 했나요?"	• "소녀들이 Renee를 보고 웃을 때, 소녀들과 Renee는 어떤 기분이 들었을까요?" • "이 글은 과거에 대한 내용입니다. 무엇이 다른가요? 아이들은 어떻게 학교에 갔나요? 그 밖에 다른 점들을 말해보세요." • "1776년의 미국 국기와 현재 국기는 어떻게 다른가요?"
평가하기: 어떤 기준을 가지고 판단함 • 현실/비현실 • 소설/비소설 • 사실/의견 • 작가의 시점 • 판단 • 주장/변호	• "이 이야기에서 돼지는 말을 한다. 돼지가 정말 말을 할 수 있나요?" • "이 이야기에 대해서 당신은 어떻게 생각하나요?" • "무엇이 이야기이고 이야기가 아닌가요?"	• "실제로 일어난 일인가요? 소설인가요?" • "이 글에서 사실은 무엇인가요?" • "이 영화에 대한 작가 의견은 무엇인가요?"	• "작가는 왜 이것을 썼나요?" (설득하기 위해, 즐거움을 위해) • "이 글에서의 사실과 의견을 열거해보세요." • "이 글에 대한 여러분의 의견은 무엇인가요? 당신의 의견을 뒷받침할 두 가지 사실을 말해주세요."
창안하기: 구성 요소들을 모아 전체를 만들거나 새로운 작품을 만듦 • 유추하기 • 중심 생각 결정하기 • 원인과 결과 찾기 • 모으기 • 구성하기 • 디자인하기	• "이 이야기가 무슨 내용인지를 담고 있는 사진을 보여주세요." • "곰들은 왜 화가 났나요?" • "당신의 말로 이야기를 다시 들려주세요." • "어떤 그림이 이야기의 표지로 좋을까요?"	• "이 이야기의 다른 제목으로 무엇이 있을까요?" • "허리케인은 어떤 영향을 가져왔나요?" • "이 시가 여러분에게 어떤 기분을 느끼게 했나요?" • "이야기에 나오는 연과 같은 연을 만들 수 있도록 나를 도와주세요. 먼저 무엇을 해야할까요?"	• "직업이 없다면 사람들에게 어떤 일이 일어날까요?" • "이 글을 통해 당신이 배운 3가지는 무엇인가요?" • "이 이야기에서 아이들은 가판대에서 레모네이드 팝니다. 우리의 레모네이드 가판대에 놓을 배너를 만들어보세요. 레모네이드 한 잔은 얼마여야 할까요? 무슨 단어를 적고 싶나요?"

[그림 8.1] Bloom의 분류 체계에 기반한 이해력 질문

3. 이해력 교수

1) 이해력 교수 계획

중등도 및 중도장애 학생에게 이해력을 성공적으로 가르치려면 세심한 계획이 필요하다. 〈표 8.2〉의 질문은 교사가 이해력을 가르치기 위한 효과적인 수업을 준비하는 데 도움이 될 수 있다. 이 장에서는 각각의 질문에 대해 다룬다.

〈표 8.2〉 이해력 교수 계획 시 고려할 질문

1. 이해력을 교수하기 위해 어떤 지문이 사용되는가?
2. 누가 이해력을 가르칠 것인가?
3. 이해력을 어떻게 가르칠 것인가?
4. 어떤 이해력 질문을 물을 것인가?
5. 학생은 어떻게 이해력을 증명하는가?
6. 이해는 어떻게 일반화될 수 있는가?
7. 자기결정권과 21세기 기술을 어떻게 이해력과 함께 가르칠 수 있는가?

(1) 이해력을 교수하기 위해 어떤 지문이 사용되는가?

이해력을 교수하는 데 사용되는 지문은 같은 연령의 비장애 학생들이 사용하는 지문이다. 저학년에서는 지문을 조정하거나 수정할 필요가 없지만 학생들이 나이가 들고 내용이 복잡해짐에 따라 지문을 요약하고, 익숙하지 않은 단어에 대한 어휘 정의와 어휘 설명을 추가하고, 핵심 단어를 그림 기호와 결합하고, 지문의 주요 아이디어를 요약하는 반복되는 줄거리를 추가하여 지문을 수정할 필요가 있을 것이다. 7장에는 지문 수정에 대한 자세한 정보가 포함되어 있다. 지문을 수정할 수 없는 경우, 교사는 온라인에서 무료로 제공되는 텍스트 압축기(www.textcompactor.com)와 같은 도구를 사용하여 지문을 요약할 수 있다. 적절한 지문의 예는 이 장 전체에서 찾을 수 있으며 Mia, Imani, Amad의 사례를 통해 설명된다.

Mia: Mia의 교사는 4학년 학생들이 올해 Esperanza Rising(Ryan, 2000)과 Why of Winn Dixie(DiCamillo, 2000)를 읽고 있다는 것을 일반교사로부터 알게 되었다. Mia의 교사는 Mia의 말에 관한 홍미를 북돋아주고 싶어서 학교 사서에게 연령에 적절한 말에 관한 책을 추천해달라고 요청했고, 읽기수업을 개발하기 위해 Black Beauty(Sewell, 1911)를 선택했다. 4학년과 5학년 학생들은 괴롭힘 예방 및 지역사회 도우미에 대한 단원을 마칠 예정이며 Mia의 교사는 그들이 사용하고 있는 주요 정보 지문을 받아 Mia를 위해 수정하였다. Mia는 소리내어 읽기 위해 요약된 지문이 필요하다. 교사는 사물과 함께 제시될 수 있는 몇 가지 어휘를 식별하고 음성 출력 기기와 함께 사용할 사진을 찾아냈다. 그녀의 교사는 또한 Mia가 지문을 이해하고 수업에 참여할 수 있도록 반복되는 줄거리를 만들었다.

Imani: Imani의 특수교사와 일반교사는 매주 만나 Imani의 수업을 계획한다. 다음 학기에 6학년 학생들은 영어 수업에서 Holes(Sachar, 1998)와 A Wrinkle in Time(L'Engle, 1962)이라는 책을 읽고 인문학 수업에서 미국 시인의 시집을 읽을 것이다. 또한 Imani는 과학 수업에서 태양계에 대해 읽고, 역사 수업에서 남북 전쟁에 대해 읽게 될 것이다. Imani의 교사는 그녀가 읽어야 할 교과서에서 몇 가지 주요 정보 지문과 전기를 식별한다. 때로 지문이 긴 경우, Imani가 지문을 이해하는 데 도움이 되도록 지문 요약문 및 그림 기호와 결합된 핵심어로 지문을 다시 작성한다. Imani는 또한 친구 중 한 명이 그녀가 따라가도록 지문을 소리내어 읽어주는 것을 좋아한다.

Amad: Amad의 특수교사는 9학년 학생들이 다음 학기에 Of Mice and Men(Steinbeck, 1937), Romeo and Juliet(Shakespeare & Durband, 1985), Edgar Allan Poe 단편 소설 모음을 읽을 것을 영어 교사를 통해 알게 되었다. Amad의 교사는 Amad가 독립적으로 읽을 수 있도록 2학년 읽기수준에서 지문의 요약문을 작성한다. Amad의 교사는 Amad가 여가시간에 책을 읽도록 장려하기 위해 학교 사서에게 Amad를 위한 잡지 Golf Digest와 Amad가 관심이 있을 수도 있는 수의사에 대한 몇몇 전자책을 요청했다. 또한 Amad의 교사는 Amad가 컴퓨터 수업과 계획 기간 동안 자신의 직업 관심사(예: 수의학)를 탐색할 수 있도록 텍스트 음성 변환 기능이 있는 여러 온라인 전문성 개발 모듈을 찾고 있다.

(2) 누가 이해력을 가르칠 것인가?

이 질문에 대한 분명한 대답은 특수교사이다. 그러나 비장애 또래, 일반교사 및 보조교사를 포함한 학교의 다른 사람들도 중등도 및 중도장애 학생에게 지문 이해력를 가르칠 수 있다. 예를 들어, The Watsons Go to Birmingham-1963 (Curtis, 1995)을 읽는 5학년 또래교사는 수정된 지문을 사용하여 중도 지적장애가 있는 학생들이 이야기에 대한 이해력 질문에 대답하도록 도왔다(Hudson & Browder, 2014). 마찬가지로, 또래교사는 각 챕터의 수정 버전을 사용하여 중도 지적장애 및 중도 지체장애가 있는 학생들이 4학년 과학 챕터들의 내용에 대한 이해력 질문에 답할 수 있도록 가르쳤다(Hudson et al., 2014). 또한 영어권 장애 학생은 동일한 모국어를 사용하는 사람이 이해력을 가르칠 때 더 도움이 될 수 있다. 스페인어를 모국어로 사용하는 영어권 장애 초등학생에게 스페인어를 말하는 보조교사가 독해력을 가르친 경우도 마찬가지다(Spooner, Rivera, Browder, Baker, & Salas, 2009).

(3) 이해력을 어떻게 가르칠 것인가?

최소촉진체계는 학생들이 이해력 질문에 스스로 답할 기회를 먼저 부여하고 필요한 경우 도움을 제공하며 또 다른 답변 기회를 제공하는 체계적인 교수절차이다(자세한 내용은 6장 참조). 최소촉진체계에는 최소 지원에서 최대 지원까지 계층 구조로 배열된 2-4개의 촉진이 포함된다. 최소촉진체계는 학생들이 촉진을 통해 진보를 보이면서 지문을 다시 읽을 수 있기 때문에 이해력을 가르치는 데 적합하다([그림 8.2] 참조). 예를 들어, 학생이 독해력 질문에 독립적으로 답할 수 없는 경우 답이 포함된 문단을 다시 읽을 수 있다(첫 번째 촉진). 학생이 여전히 독립적으로 답할 수 없는 경우 답이 포함된 문장을 다시 읽을 수 있다(두 번째 촉진). 그런 다음 필요한 경우 학생에게 답을 말해주는 세 번째 촉진을 제공할 수 있다. 세 번째 촉진은 올바른 응답이 제공되도록 하기 때문에 통제촉진(controlling prompt)이다. 연구는 지문을 다시 듣는 것만으로도 중등도 및 중도장애 학생들이 각 읽기 마다 다른 이해력 질문에 대해 올바르게 대답하는 데 도움이 된다는 것을 입증하였다(Hudson & Browder, 2014).

지문 읽기: 제 이름은 Kenny이고 이 이야기는 제 가족에 관한 것입니다. 저는 Byron이라는 오빠와 Joetta라는 여동생이 있습니다. 줄여서 Joey라고 부릅니다. 우리는 엄마, 아빠와 함께 Michigan에 살고 있습니다. **질문:** Watsons 가족은 어디에 살고 있나요? 스스로 답할 수 있도록 5초 동안 기다리세요.
독립적 정답 반응: 설명적인 구두 칭찬을 전달하기– 맞아요! Watsons 가족은 Michigan에 살아요. 이야기를 계속 읽어 봅시다.
촉진 1: 단락을 다시 읽고 질문을 다시 하십시오. 응답하도록 5초 동안 기다립니다. 응답이 없으면 다음 촉진을 전달하십시오.
촉진 2: 밑줄 친 문장을 다시 읽고 질문을 다시 하십시오. 응답하도록 5초 동안 기다립니다. 응답이 없으면 다음 촉진을 전달하십시오.
촉진 3: 지문에서 정답을 말하십시오. Watsons 가족은 Michigan에 살고 있어요. 이제 여러분 차례, Watsons 가족은 어디에 살고 있나요? 학생은 "Michigan"을 가리킵니다.

[그림 8.2] 문자 그대로의 기억 질문에 답하기 위해
최소촉진체계 계층 내에서 지문 촉진 사용하기

(4) 어떤 이해력 질문을 물을 것인가?

앞 부분에서 논의했듯이 중등도 및 중도장애 학생들이 복잡성이 다양한 이해력 질문에 답하는 기술을 개발하는 것은 분명히 중요하다. 대부분의 교사들은 문자 그대로 또는 기억하는 수준의 질문을 하는 경향이 있기 때문에 수업 중에 물어볼 다양한 이해력 질문을 미리 계획하는 것이 중요하다. Bloom의 분류에 있는 동사를 사용하는 것 외에도 질문 템플릿을 유용한 도구로 사용할 수 있다. 질문 템플릿은 모든 내용 영역에 대한 이해력 질문을 만드는 데 사용할 수 있으며 수정하기 쉽다. 질문 템플릿의 예시는 질문 템플릿을 사용하여 만들어진 과학수업의 샘플 질문 및 Bloom 분류체계 수준과의 관계와 함께 [그림 8.3]에 제시되어 있다.

질문 템플릿	이해력 질문	Bloom의 분류 체계
1. 우리 수업은 어떤 종류의 [명사]에 관한 것인가요?	1. 우리 수업은 어떤 종류의 개구리에 관한 것이었나요?	이해하기
2. 누가 [행동을 했나요]?	2. 누가 개구리를 해했나요?	기억하기
3. 어디서 [사건이 발생했나요]?	3. 식물과 동물들이 어디서 사나요?	기억하기
4. [사건] 전/후에 무슨 일이 일어났나요?	4. 개구리가 위험에 처하기 전에 무슨 일이 있었나요?	이해하기
5. 왜 [명사]가 중요한가요?	5. 비는 왜 중요한가요?	창안하기
6. 왜 [명사]가 [형용사] + [동사]인가요?	6. 왜 숲 바닥은 어두운가요?	분석하기

[그림 8.3] 질문 템플릿과 과학수업에서 이해력 질문의 예시

지문에서 이해력 문제에 대한 답이 있는 위치는 각 문제마다 다르다. 문자 그대로(literal)의 이해력 질문에 대한 답변은 페이지에서 찾을 수 있다(예: "빨간 모자가 할머니 집에 갔어요. 누가 할머니 집에 갔나요?"). 반면 추론 질문에 대한 답변은 본문에서 찾을 수 있지만 읽고 있는 페이지에서는 바로 찾을 수 없다(예: "빨간 모자가 할머니 집에 오기 전에 무슨 일이 있었나요?"). 또한 추론 질문에 대한 답은 학생이 배경지식을 지문에서 읽은 내용과 결합해야 한다(예: "왜 늑대가 할머니 옷을 입었습니까?"). 추론 질문에 대한 답은 지문에서 찾을 수 없기 때문에 교사는 단순히 지문에서 답을 찾아 가리킬 수 없다. 오히려 학생은 추론 질문에 대한 답을 찾기 위해 소리내어 생각하기(think-aloud)의 지원이 필요하다. 소리내어 생각하기는 학생이 자신의 경험에서 끌어내도록 지시한 다음(예: "점심시간에 왜 배가 고프다고 느낄까요?") 더 많은 지원이 필요한 경우 모델을 제공한다(예: "아침부터 먹은 것이 없기 때문에 점심시간에 배가 고파요."). [그림 8.2]에 제시된 문자 그대로의 기억 질문에 대한 지문 촉진과 유사하게 소리내어 생각하기 촉진은 추론 질문에 대답하기 위한 최소촉진체계와 함께 사용할 수 있다([그림 8.4] 참조).

질문의 종류에 상관없이 모든 질문은 지문에 따라 달라야 한다. 지문에 기반한 질문에 답하려면 지문을 읽거나 읽어주는 것을 들어야 한다. "갈색 개는 무슨 색이었습니까?" 이 질문에 올바르게 답하려면 지문을 읽어야 하는가? 물론 아니다.

이것은 지문에 의존하는 질문이 아니기 때문이다.

지문 읽기: 제 이름은 Arianna입니다. 제 친구 Marcus와 저는 모험과 재미를 위해 도시에 갔습니다. 거의 점심쯤이었고 저는 굉장히 배가 고팠습니다. 우리는 밥을 먹으러 Dairy Way Cafe에 갔지만 우리가 얻은 것은 수수께끼였습니다. 질문: "왜 Arianna는 배가 고팠나요?" 스스로 답할 수 있도록 5초 동안 기다리세요.
독립적 정답 반응: 설명적인 구두 칭찬 전달-맞아요! Arianna는 아침부터 먹지 않았기 때문에 배가 고팠어요. 이야기를 계속 읽어봅시다.
촉진 1: 단락을 다시 읽고 질문을 다시 하십시오. 학생이 5초 동안 기다립니다. 응답이 없으면 다음 촉진을 전달하십시오.
촉진 2: 참여자가 자신의 경험을 끌어내도록 지시하고 다시 질문하십시오. 학생이 응답하도록 5초 동안 기다립니다. 응답이 없으면 다음 촉진을 전달하십시오.
촉진 3: 지문에서 정답을 말하십시오.-Arianna는 아침부터 아무것도 먹지 않았기 때문에 배가 고팠어요. 여러분 차례: 왜 Arianna는 배가 고팠나요? 학생: 그녀가 아침부터 먹지 않았기 때문에요.

[그림 8.4] 추론 질문에 답하기 위해 최소촉진체계 내에서 소리내어 생각하기 촉진 사용하기

(5) 학생은 어떻게 이해력을 증명하는가?

학생들의 텍스트에 대한 이해도를 입증할 방법을 제공하는 것은 효과적인 교육에 있어 매우 중요하다. 그렇지 않으면 교사는 수업의 교수목표를 성공적으로 가르쳤는지 어떻게 알 수 있을 것인가? 학생들이 지문 이해를 증명하기 위해 이해력 질문에 답할 때, 교사는 학생의 의사소통 기술, 상징 이해력, 배열에서 응답 옵션을 선택할 수 있는 능력과 같은 세 가지 특성을 고려해야 한다. 의사소통 기술에는 표현 및 수용 언어 기술이 포함된다. 일부 학생은 언어, 수화, 음성 출력 기기를 사용하여 표현적으로 질문에 답한다. 다른 몇몇의 학생들은 응시하거나 배열에서 응답을 선택하도록 지시하여 수용적으로 응답한다. 교사는 학생에게 수업 중에 의사소통할 수 있는 많은 기회를 제공하려고 한다. 음성 출력 기기를 사용하는 학생의 경우 수업에 참여하고 이해를 입증하는 데 필요한 응답 옵션을 수업 전에 녹음하고 음성 출력 기기는 학생이 쉽게 접근할 수 있는 곳에 배치해야 한다.

표현적으로 응답하는 학생을 포함한 대부분의 학생은 이해력 질문에 답할 때 사용할 수 있는 응답 옵션이 있으면 유용하다. 사용되는 응답 옵션의 유형은 학생의 상징 이해 수준에 따라 다르다. 일반적으로 상징을 이해하기 시작하는 학생은 더 구체적인 응답 옵션(예: 사물, 사진)이 필요한 반면 상징 이해를 더 잘하는 학생은 추상적인 상징(예: 그림 상징, 글)을 사용할 수 있다.

교수를 할 때에는 학생이 평가에서 가장 성공적이었던 상징 수준을 사용한다. 학생의 상징 이해를 향상시키려면 현재의 상징 이해 수준을 다음 수준과 함께 짝을 짓는다(예: 그림상징을 단어와 연결하기).

학생의 의사소통 기술과 상징 이해 외에도 교사는 학생이 선택할 수 있는 응답 옵션의 수를 고려해야 한다. 학생이 배열에서 응답 옵션을 선택하는 방법을 배우는 경우 두 가지 옵션으로 시작하여 발전시켜야 한다. 처음에는 타당하지 않은 옵션과 올바른 옵션을 함께 제시하는 것과 같이 서로 매우 다른 응답 옵션들을 포함해야 한다. 예를 들어 "소년이 점심으로 무엇을 먹었나요?"라고 질문한 뒤, 응답 옵션으로 "샌드위치, 나무, 신발"을 제공한다. 한 가지 옵션만 정확하고 다른 옵션은 식품이 아니기 때문에 말이 되지 않는다. 학생이 성공하면 그럴듯하지만 부정확한 응답 옵션을 추가한다(예: 샌드위치, 사과, 토스트). 학생들은 대부분의 대안평가에서 4가지 옵션 배열 중에서 선택해야 하는 경우가 많다. 응답 옵션은 음성 출력 기기, 시선응시판, [그림 8.5]와 같은 응답 선택판에서 구성할 수 있다. 이 응답판은 9가지 옵션을 제공하며 도움을 요청하는 아이콘과 wh- 단어 질문 규칙을 포함한다. 시선응시를 통해 선택하는 학생은 독립적으로 또는 파트너(예: 동료)의 도움을 받아 선택할 수 있다. 예를 들어, 파트너가 응답 옵션을 가리키고 "이것이 당

학생은 상징에 대해 무엇을 이해합니까?

6개의 익숙한 물건(예: 칫솔, 컵, 양말, 숟가락, 스폰지, 사과)으로 시작하여 한 번에 3개의 물건을 제시한다. 학생에게 한 번에 하나의 물건을 식별하도록 요청한다(예: "…를 가리켜보세요." 또는 "나에게 …를 주세요." 또는 "…은 어디에 있나요?"). 학생이 이것을 할 수 없다면 제시되는 물건의 수를 두 개로 줄인다. 6개 물건 모두에 대해 실행하고 학생이 독립적으로 식별하는 물건을 기록한다. 사진, Boardmaker 상징, 단어를 사용하여 절차를 반복한다.

신의 대답입니까?"라고 묻는다. 학생은 파트너가 원하는 응답 옵션에 도달할 때까지 "예" 또는 "아니오"로 응답한다.

중등도 및 중도장애 학생 혹은 전맹과 같은 감각장애가 있는 학생에게 이해력을 가르칠 때는 추가적인 고려가 필요하다. 한 가지 고려사항은 이야기의 아이디어를 최대한 구체적으로 만드는 것이다. 예를 들어, 시각장애 학생의 이해력은 이야기를 나타내는 사물을 해당 페이지에 배치함으로써 촉진할 수 있다. 학생들은 지문을 소리내어 읽을 때 페이지에 부착된 사물을 터치하여 읽는다. Mims, Browder, Baker, Lee, Spooner(2009)는 그들의 연구에서 이야기의 페이지에 사물을 배치하여 Alexander and the Terrible, Horrible, No Good, Very Bad Day(Viorst, 1972) 이야기를 각색했다. 예를 들어, Alexander 머리카락에 껌이 붙은 내용의 페이지에는 껌을 부착해 중복장애 학생 및 전맹 학생이 이야기를 이해하는 것을 도왔다. 이야기를 읽은 후, 학생들은 이야기에 대한 이해력 질문에 답하기 위해 이 동일한 사물을 사용했다(예: "Alexander 머리카락에 무엇이 묻었나요? 껌 혹은 칫솔?"). 중등도 및 중도장애 학생 혹은 중복장애 학생에게 이해력을 교수할 때 두 번째 고려사항은 읽은 지문이 학생과 개인적으로 관련이 있도록 학생의 삶에 직접 연결하는 방법이다. 예를 들어, 이야기가 가족에 관한 것이라면 학생의 가족에 대한 이야기를 만들고 주인공의 이름을 학생의 이름으로 대체하여 지문을 수정할 수 있다.

(6) 이해는 어떻게 일반화될 수 있는가?

교사는 이해력이 다른 사람, 장소 및 자료에 어떻게 일반화될 수 있는지 고려하고 싶을 것이다. 지문에 대한 질문에 답하는 것은 종종 이해력을 평가하는 방법이므로 학생들이 질문의 내용이 무엇인지 이해하는 것이 중요하다. 종종 이해력 질문은 wh- 단어로 시작한다: 누가, 무엇을, 왜, 언제, 어디서. 이 장을 읽는 우리 모두는 질문이 "누가 개를 찾았습니까?"라면 대답은 "사람"이라는 것을 알고 있다. 그러나 많은 중등도 및 중도장애 학생은 이것을 알지 못할 수 있다. 학생들이 질문이 무엇인지 잘 모르고 질문에 오답을 하면, 그들이 정답(예: 이해력)을 모르기 때문에 그렇게 답했는지 또는 질문의 내용을 몰랐기 때문에(예: 사람을 나타내는 단어) 그렇게 답했는지가 불분명하다. 문제가 단어 개념에 대한 이해 부족인 경우에

[그림 8.5] 응답 선택판 예시

교사는 시범-주도-평가(model-lead-test) 교수전략을 사용하여 개념을 체계적이고 명시적으로 가르칠 수 있다.

wh- 단어 질문에 답하는 규칙은 중등도 및 중도장애 학생이 배운 이해력을 일반화하는 데 도움이 될 수 있다(Browder et al., 2013; Mims et al., 2012). wh- 단어 규칙은 응답 게시판([그림 8.5] 참조)에 추가할 수 있을 뿐만 아니라 최소촉진체계 교수전략의 촉진에도 포함될 수 있다. 예를 들어, 교사는 "'어디'는 장소를 말해요. 여기에 규칙이 있어요. '어디'가 들리면 장소를 잘 들어야 해요. 단락을 다시 읽을 때 Watsons 가족이 어디 사는지 들어보세요."라고 말할 수 있다. wh- 단어 질문에 답하는 규칙의 예는 〈표 8.3〉에 설명되어 있다.

〈표 8.3〉 wh- 질문 단어 응답 규칙

'무엇'이 들리면 '물건'을 찾는다.
'왜'가 들리면 '이유' 또는 '왜냐하면'을 찾는다.
'누구'가 들리면 '사람' 또는 '이름'을 찾는다.
'언제'가 들리면 '날짜' 또는 '시간'을 찾는다.
'어디'가 들리면 '장소'를 찾는다.

이해력의 일반화를 지원하는 세 번째 방법은 다른 수업에서 사용되는 것과 동일하거나 유사한 그래픽 조직자를 사용하여 가르치는 것이다. 예를 들어, 간단한 처음, 다음, 마지막 그래픽 조직자는 학생들이 읽기수업뿐만 아니라 사회과 및 역사 수업에서 지문을 요약하는 데 유용하다(이 장 뒷부분의 [그림 8.11]에 있는 예 참조).

시범-주도-평가 교수전략을 사용하여 wh- 단어 개념 가르치기

교사 차례

1. 시범: 교사는 학생에게 개념의 예시(예: "이것은 사람입니다.")와 비예시(예: "이것은 사람이 아닙니다.")를 보여준다.

함께

2. 주도: 교사는 학생에게 개념의 예시와 비예시를 보여주고 학생에게 개념과 개념이 아닌 것을 가리키도록 요청한다. 예를 들어, 교사는 "이것은 사람입니다. 사람을 보여주세요."라고 말한다. 그리고 비예시를 들어, 교사는 "이것은 사람이 아닙니다. 사람이 아닌 것을 보여주세요."라고 말한다.

학생 차례

3. 평가: 교사는 학생에게 4개 배열(하나는 "사람"이고 나머지 3개는 "사람이 아님")을 보여주고 학생에게 "사람"을 가리키도록 요청한다.

(7) 자기결정권과 21세기 기술을 어떻게 이해력과 함께 가르칠 수 있는가?

자기결정은 성인기 및 성인 능력으로의 전환과 관련된 중요한 평생과정이다. 그러나 자기결정의 토대는 어린 시절부터 시작된다. 자기결정 능력에는 선택, 자기점검, 문제해결, 목표설정 및 달성, 자기옹호 및 리더십 기술, 자기 인식 및 자기 이해 등이 포함된다(Wehmeyer, 2003). 이해력과 함께 읽기수업에서 자기결정 기술을 가르치는 방법에는 학생들이 도움이 필요할 때 도움을 요청하도록 가르치는 방법(예: 자기옹호), 읽을 이야기를 선택하는 방법(예: 선택)과 같이 수업 중에 발생할 일에 관한 대체 선택(substitutive choices)을 할 기회를 제공하는 것, 학생들에게 자신의 학습 진행 상황을 점검하도록 가르치는 것(예: 자기점검)이 포함된다. 학생들은 음성 출력 기기에 미리 녹음된 메시지(예: "도움이 필요하다.")를 사용하거나 응답판을 가리키며 구두로 도움을 요청할 수 있다([그림 8.5] 참조). Hudson과 Browder(2014)의 연구는 학생들에게 필요한 경우 이해력 질문에 답하는 데 도움을 요청하도록 가르쳤다. 이해력에 대한 질문을 한 후, 또래 교수자는 학생들에게 "답변할 준비가 되었나요, 도움을 원하세요?"라고 묻는 동시에 응답판의 "추가 도움말" 상자를 가리키며 학생들의 응답을 기다린다.

수업 중에 학생들이 자신의 진행 상황을 점검할 기회를 제공함으로써 자기결정 능력을 이해력과 함께 가르칠 수 있다. 자기점검은 학생들이 독립적으로 정답을 추적하도록 하거나, 학습 후에 스스로 정답의 수를 세어 그래프에 총계를 표시하게 함으로써 수업 내내 일어날 수 있다. 21세기 기술은 중등도 및 중도장애 학생에게도 중요하며 이해력과 함께 가르칠 수 있다. 21세기 기술은 네 가지 광범위한 주제에 속한다: 학습 및 혁신 기술; 정보; 미디어; 공학 기술; 생활과 진로 기술(〈표 8.4〉 참조).

생활과 직업 기술 주제 내에서 자주성 및 자기주도 기술은 특히 중등도 및 중도장애 학생에게 적절하며, 이해력 수업 중 자기결정 기술과 함께 가르칠 수 있다. 학생들이 자기 주도적으로 행동하도록 격려하는 것은 효과적인 교육의 중요한 측면이다(Othman, Robinson, & Molfenter, 2017). 중등도 및 중도장애 학생은 스스로 학습을 주도하는 방법을 배울 여러 기회가 필요하다. 교사는 수업을 마치면서 수업 동안 다룬 내용에 대해 복습을 할 때 학생이 이러한 기술을 배울 수 있도록 기회를 제공해야 한다. 복습을 하는 동안, 교사는 학생들에게 목표를 달성하기 위해 여전히 배워야 할 것을 고려하도록 요청하고, 그 질문에 답하는 데 필요한 지원 학생(support student)을 제공함으로써 학생들이 더 자기 주도적으로 될 수 있도록 도울 수 있다.

〈표 8.4〉 21세기 기술을 위한 체계

주요 주제 및 21세기 주제 • 세계 인식 • 금융, 경제, 비즈니스 및 기업가적 문해력 • 시민 문해력 • 건강 문해력 • 환경 문해력
학습 및 혁신 기술 • 창의력과 혁신 • 비판적 사고 및 문제해결 • 의사소통 • 협업
정보, 미디어, 공학기술 • 정보 문해력 • 미디어 문해력 • 정보, 의사소통, 공학 문해력
생활과 진로기술 • 유연성과 적응성 • 자주성과 자기결정 • 사회성 기술 및 문화 간 기술 • 생산성 및 책임감 • 리더십과 책임

4. 국어과 앵커 성취기준

1) 국어과 앵커 성취기준

공통핵심기준(National Governors Association Center for Best Practices, Council of Chief State School Officers, 2010)에는 읽기교수 계획 시 교사에게 유용한 10가지 국어 앵커 성취기준(anchor standards)이 있다. 앵커 성취기준은 가르칠 내용을 의도적으로 넓힌 아이디어이며 학년 수준의 기준을 보다 구체적으로 제공하는 자연스러운 보충물이다.

2) 내용기준

교사들은 또한 국어과 교육을 위한 지침을 제공하는 내용기준을 가지고 있다. 미국은 자체 국어과 기준을 제정하거나 공통핵심기준에서 국가 기준을 선택할 수 있다(National Governors Association Center for Best Practices, Council of Chief State School Officers, 2010). 주 및 국가 차원의 국어과 기준은 1년 동안의 교육 후 모든 학생이 무엇을 알아야만하고 수행해야만 하는지를 기술한다. 중등도 및 중도장애 학생을 위해, 각 주는 내용기준과 연계되지만 깊이와 복잡성이 감소된 대안성취기준을 개발할 수 있다(대안성취기준에 대한 정보는 4장 참조). 대안성취기준에 기초한 평가를 받는 학생들은 이러한 확장된 기준과 연계된 교육과정을 배워야만 한다.

국어과 공통핵심기준은 문학, 정보문, 기초 기술(유치원부터 초등학교 5학년까지만 해당), 쓰기, 말하기 및 듣기, 언어, 내용 영역 전반에 걸친 독해에 대한 유치원부터 초등학교 5학년 및 초등학교 6학년부터 고등학교 3학년을 위한 읽기 기준을 설명한다(〈표 8.5〉 참조). 공통핵심기준 및 기타 주의 내용기준은 무엇을 가르칠지 설명하지만, 어떻게 가르칠지는 설명하지 않는다. 이 장은 기준을 사용하여 중등도 및 중도장애 학생에게 이해력 기술을 가르치는 방법을 설명하는 많은 예시를 담고 있다.

〈표 8.5〉 국어과 및 문해를 위한 공통핵심기준

유치원~초등학교 5학년	초등학교 6학년~고등학교 3학년
• 문학 읽기 기준 (RL) • 정보문 읽기 기준(RI) • 읽기 기준: 기초 기술(RF) • 쓰기 기준(W) • 말하기 및 듣기 기준(SL) • 언어 기준(L)	• 역사/사회과의 문해를 위한 독해 기준(RH) • 과학 및 기술 과목의 문해를 위한 독해 기준(RST) • 역사/사회과/과학/기술과목의 문해를 위한 쓰기 기준(WHST)

국어과 앵커 성취기준과 국어과 및 문해에 대한 공통핵심기준으로부터 내용영역(예: 읽기, 과학, 사회, 역사) 전반에 걸쳐 지문 이해가 학생들에게 중요하다는 것은 명백히 드러난다. 그러나 많은 교사들이 묻는 질문은 "이러한 기준을 사용하여

어떻게 수업을 만들 것인가?"이다. 국어과 기준은 문학 독해 기준(RL)과 정보문 독해 기준(RI)으로 나뉜다. 이는 문학과 정보문은 구조와 목적이 다르고, 중등도 및 중도장애 학생 두 가지 모두를 이해하는 기술이 필요하기 때문이다.

5. 이야기 구성 요소 및 의미지도

이야기 글(narrative text)은 소설, 단편 소설, 동화, 시, 희곡과 같은 문학을 포함한다. 이야기 글은 독자를 즐겁게 하기 위해 상상적 이미지, 은유, 상징을 사용하여 이야기를 전달한다.

모든 이야기는 등장인물, 배경, 문제 또는 갈등, 줄거리(클라이맥스 포함), 결말/해결책, 주요 아이디어, 주제를 포함하는 기본적인 이야기 요소를 가진다(〈표 8.6〉 참조). 학생들이 이해력 기술을 습득할 수 있는 중요한 방법은 이 이야기 요소들을 식별하는 것이다. 이야기의 구성 요소를 교수하기 위한 다양한 전략이 있다. 그 중 하나인 의미지도(semantic mapping)는 기하학적인 모양과 선이 있는 다이어그램을 사용하여 사물과 개념 사이의 관계를 보여주는 이야기 지도(story mapping)의 한 형태이다. 교사는 필요에 따라 도움을 제공하면서 학생이 개별 활동 또는 전체 집단 활동을 통해 이야기 지도 템플릿을 완성하도록 제시할 수 있다. 단어를 쓸 수 있는 학생은 단어장에서 단어를 선택하여 템플릿을 완성할 수 있고, 다른 학생은 자신의 상징적인 이해에 적합한 응답 옵션을 붙여 그래픽 조직자를 완성할 수 있다. [그림 8.6]은 "빨간 모자(Little Red Riding Hood)"의 이야기 요소에 대한 의미지도를 보여준다. 이야기의 주요 아이디어와 주제는 종종 혼동되거나 같은 의미로 사용된다. 이야기의 주요 아이디어는 목표나 갈등과 밀접한 관련이 있는 반면, 주제는 포괄적인 개념이라는 점에 주목하면 차이점을 구분할 수 있다. 이 이야기에서 주요 아이디어는 낯선 사람에게 말을 걸지 않는 것이다. 주제는 선함이 모든 것을 물리친다는 것이다. 작가의 관점은 아동에게 교훈을 가르치면서 독자를 즐겁게 하는 것이다.

〈표 8.6〉 이야기 구성 요소

이야기 구성 요소	설명
등장인물	이야기 속의 사람-주인공과 조연
배경	이야기가 일어난 장소와 시간
문제 또는 갈등	주인공의 목표
줄거리	사건의 순서 (상승(rising action) 및 하강(falling action))
결말 혹은 해결책	목표 달성 여부
주요 아이디어	이야기의 요지
주제	포괄적 개념
저자의 관점	작가의 관점

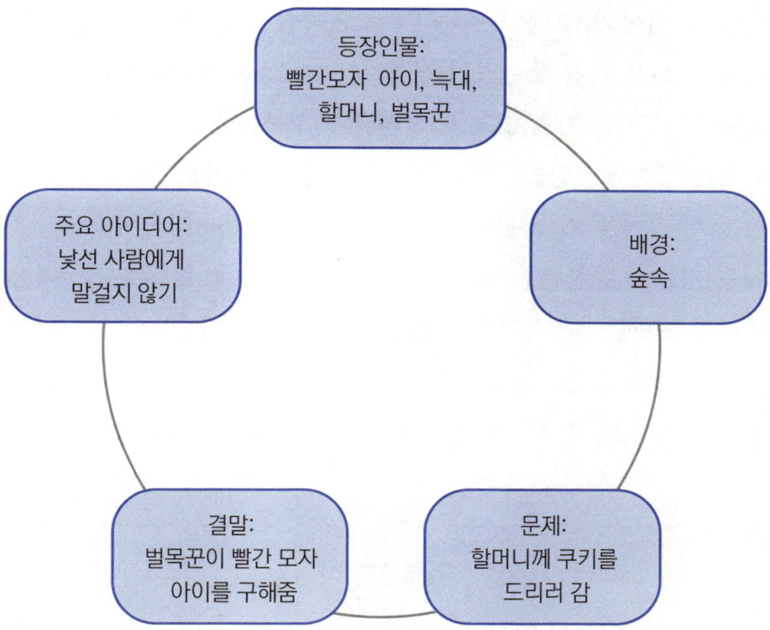

[그림 8.6] "빨간 모자" 이야기 구성 요소의 의미지도 그래픽 조직자

의미지도는 매우 다양하기 때문에 설명문의 이야기 요소를 가르치는 데도 사용될 수 있다. 설명문은 목적과 구조에 있어서 이야기 글과 다르다. 설명문의 목적은 독자를 사실에 노출시키는 것이다. 설명문의 몇 가지 예로는 교과서, 뉴스 기사, 지침서 및 조리법이 있다. 유명한 그림 Washington Crossing the Delaware에 묘사된 트렌턴 전투(The Battle of Trenton)는 그 점을 보여주는 데 사용될 수 있다.

역사 기록은 다음과 같은 요약문으로 작성될 수 있다:

> 1776년 겨울, 영국의 William Howe 장군은 그의 헤센 용병 부대에게 뉴저지 트렌턴 요새를 점령하라고 명령했다. 애국파(patriots)의 장군인 George Washington은 전투에서 연이은 패배를 겪었지만 굴하지 않았다. 크리스마스이브에 워싱턴 장군과 그의 부대는 트렌튼 요새를 공격하기 위해 델라웨어 강을 가로질러 노를 저었다. 애국파가 이 결정적인 전투에서 승리한 것은 크리스마스 축하 행사를 마치고 잠든 헤센인들을 놀라게 했기 때문이다.

이 설명문의 이야기 구성 요소는 [그림 8.7]에 나와 있다. 주인공은 George Washington이고, 또 다른 주인공인 적대자는 William Howe 장군이다. 배경은 뉴저지 트렌턴의 1776년 겨울이다. 줄거리를 구성하는 일련의 사건들은 크리스마스이브에 축하하는 헤센인들, 델라웨어 강 노를 저어 가로지르는 애국파, 헤센인들이 잠든 사이 그들을 기습하는 것, 그리고 Washington 장군이 Howe 장군의 군대를 이기는 것을 포함한다. 문제나 갈등은 Washington 장군이 Howe 장군의 군대를 격파해야 한다는 점, 절정은 헤센군이 잠든 동안 기습적인 공격이며, 해결은 Washington 장군의 승리라는 점이다. 전쟁 중 자축하기 위해 방심하면 안된다 것이 주요 아이디어이고, 주제는 근면함과 끈기가 이긴다는 것이다.

이해 점검하기

이야기 글 또는 설명문을 선택하고 등장인물, 환경, 문제, 결말 및 주요 아이디어를 식별하여 이야기 지도를 완성한다. 이야기 지도를 완성한 후 이야기의 주제를 식별할 수 있는지 확인한다.

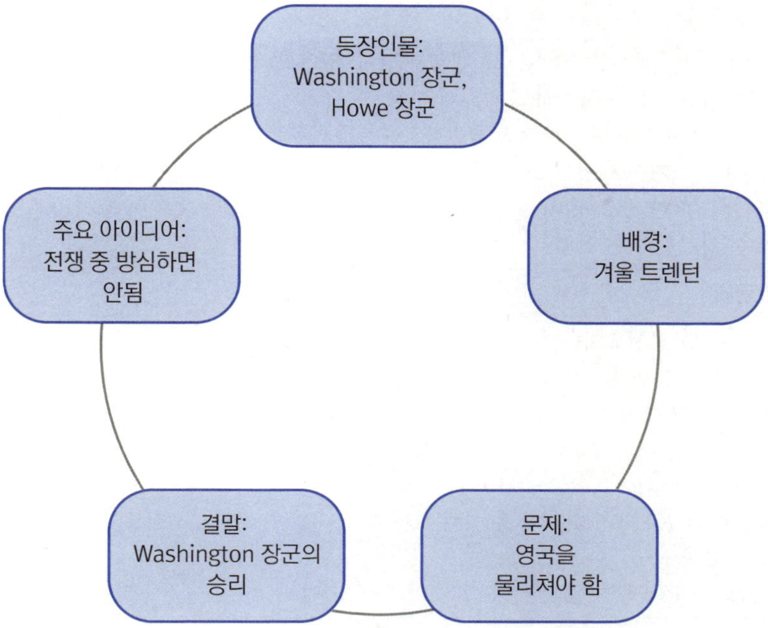

[그림 8.7] 설명문의 이야기 구성 요소를 위한 의미 지도

6. 이해력 향상을 위한 수업계획 단계

이야기나 희곡처럼 읽기수업에 사용되는 문학은 며칠 혹은 몇 주에 걸쳐서 배워야 하는 여러 개의 장(chapter)이나 극을 포함하고 있을 것이다. 중등도 및 중도 장애 학생의 경우, 지문을 반복적으로 읽으면 지문 이해도가 향상된다(Hudson & Browder, 2014). 따라서 각 읽기수업은 다음 수업으로 넘어가기 전에 서너 번 반복해야 한다(Browder, Mims, et al., 2008). 이해력을 높이기 위한 기준을 사용하여 읽기수업을 계획하고 가르치는 단계는 [그림 8.8]에 설명되어 있다.

수업계획 단계
1. 학년 수준의 문학 읽기 기준(RL) 및 정보문 읽기 기준(RI) 기준 확인 2. 연령에 적합한 지문을 확인하고 필요시 수정 3. 수업 목표(예: 우선순위가 매겨진 개별화교육계획 목표)를 결정 4. 다른 중요한 쓰기(W), 언어(L), 말하기 및 듣기(SP) 기준 확인 5. 각 수업에 필요한 자료 제작 6. 단원에서 가르칠 어휘 선택
수업실행 단계
7. 필요한 기술을 사전 교수 8. 주의집중 활동으로 흥미를 유발하고 배경지식을 활성화 9. 어휘와 정의 교수 10. 이야기 제목과 저자, 이야기의 핵심 구성 요소 소개 11. 수정된 지문 읽기 12. 수정된 이야기를 다시 읽고 내용 이해 질문하기 13. 읽기 후 활동 교수 14. 수업자료 전반에 걸친 일반화

[그림 8.8] 기준을 사용한 읽기수업의 계획 및 실행 단계

1) 학년 수준의 읽기 기준 선정

수업에서 다루게 될 문학 또는 정보문 읽기 기준을 선택하는 것으로 시작해야 한다. 모든 기준을 모든 수업에서 가르치지는 않지만 책, 희곡, 전기를 다룰 동안에는 선정된 모든 기준을 다루어야 한다. [그림 8.9]는 같은 반에 있는 여러 학년의 학생들을 대상으로 한 수업을 계획하고자 문학의 읽기 기준을 어떻게 사용하는지를 보여준다.

2) 연령에 적합한 지문 선택 및 필요시 수정

읽기수업에 사용되는 이야기 글이나 정보문에서 모든 학생이 읽고 있는 지문은 같아야 하므로 이를 결정하기 전에 일반교사 및 사서와 상의하는 것이 좋다. 비록 그것이 모든 적절한 학년 수준의 모든 지문을 담고 있는 것은 아니지만 이 지문은 교사에게 연령에 적합한 문학을 확인하기 위한 출발점이 될 수 있다. 제7장에서는

학생들이 이해할 수 있도록 지문을 조정하는 방법에 대한 정보를 제공한다.

3학년	4학년	5학년
3.1 질문에 답변의 기초로서 본문을 명시적으로 언급하면서 본문에 대한 이해를 입증하기 위해 질문하고 답변하기	4.1 본문이 명시적으로 말하는 내용을 설명하고 본문에서 추론할 때 본문의 세부사항과 예시를 참조하기	5.1 본문이 명시적으로 말하는 내용을 설명하고 본문에서 추론할 때 본문으로부터 정확하게 인용하기
3.2 다양한 문화권의 우화, 민화, 신화를 포함한 이야기들을 야기함; 중심 메시지, 가르침, 교훈을 결정하고 그것이 본문의 주요 세부사항을 통해 어떻게 전달되는지 설명하기	4.2 본문의 세부사항에서 이야기, 드라마, 시의 주제를 결정하기; 본문을 요약하기	5.2 이야기나 드라마의 등장인물이 도전에 어떻게 반응하는지 또는 시의 화자가 주제에 대해 어떻게 보여주는지를 포함하여 본문의 세부 사항에서 이야기하기; 드라마 또는 시의 주제를 결정하기; 본문을 요약하기
3.3 이야기 속 등장인물(예: 특성, 동기 또는 감정)을 설명하고 그들의 행동이 사건의 순서에 어떻게 기여하는지 설명하기	4.3 이야기나 드라마의 등장인물, 배경 또는 사건을 심도 있게 묘사하고 본문에 구체적인 세부 사항(예: 등장인물의 생각, 말 또는 행동)을 그리기	5.3 본문의 특정 세부사항(예: 등장인물이 상호작용하는 방식)을 그리면서 이야기나 드라마에서 두 개 이상의 등장인물, 배경 또는 사건을 비교하고 대조하기
3.4 문자적(literal) 언어와 비문자적 언어(nonliteral language)를 구분하여 단어와 구문이 지문에서 사용될 때 그들의 의미를 결정하기		5.4 은유 및 직유와 같은 비유적 언어를 포함하여 지문에서 사용되는 단어와 구문의 의미를 결정하기
3.7 본문 삽화의 특정 측면이 이야기에서 단어로 전달되는 내용에 어떻게 기여하는지 설명하기(예: 분위기 조성, 등장인물 또는 배경의 측면을 강조)		

[그림 8.9] 문학을 위한 읽기 기준 선택

읽기수업에 Mia를 통합시키기

Mia는 이제 막 읽기를 배우고 있으며 아직 혼자서 읽을 수 없기 때문에 앞으로 몇 주 동안 그녀에게 지문을 소리내어 읽어주어야 한다. Mia의 비장애 또래들도 Esperanza Rising(Ryan, 2000)을 읽고 있기 때문에, Mia의 특수교사이자 4학년 일반교사인 Maione는 또래의 도움을 받아 책을 읽도록 읽기 시간에 Mia가 또래들과 함께 하도록 결정했다. Maione는 Mia의 또래 중 한 명인 Donquavious를 선택하여 Mia에게 이야기를 소리내어 읽어주게 하고, 나머지 반 학생들은 조용히 이야기를 읽도록 하였다. Maione는 Donquavious가 좋은 학생이고 Donquavious가 Mia에게 책을 읽어주는 것을 좋아할 것이라고 생각했기 때문에 Donquavious를 선택했다. Mia는 Donquavious가 그녀에게 소리내어 읽어주는 동안 자신의 수정된 책을 따라 읽었다. 그녀는 또한 반복되는 줄거리를 읽기 위해 음성 출력 기기를 사용했다. 반복되는 줄거리는 Mia가 본문을 외우고, 주요 아이디어를 이해하며, 적극적으로 수업에 참여하도록 돕는 방법이다. 예를 들어, 1장의 반복되는 줄거리는 "내일은 Esperanza의 생일이다!"이다. 왜냐하면 이 장은 Esperanza의 생일에 열리는 포도 수확을 준비하는 것이기 때문이다. 각 장이 끝날 때마다 Donquavious는 Mia에게 몇 가지 이해력 질문을 묻고, Mia는 매 수업 전에 특수교사가 준비해준 음성 출력 기기로 답변을 선택해 답한다. 나중에, 학급이 대집단으로 책에 대해 토론할 때, Maione는 Mia가 음성 출력 기기를 사용하여 답할 수 있는 한 두 가지 이해력 질문을 물을 것이다. 또한, Maione는 Mia에게 이야기와 관련된 물건 상자(예: Esperanza의 인형 모형, 생일 파티 선물, 포도 수확을 위한 플라스틱 포도)에서 물건을 선택하여 책에 대한 토론 수업이 시작되기 전에 그 이야기에 대해 질문할 수 있는 기회를 준다. Mia는 물건 상자에 있는 작은 플라스틱 말을 쳐다보았고, (물론) 그녀는 말을 사랑하기에 그것이 그녀가 처음으로 묻는 질문이다. 일반 수업의 속도가 빠르고 Mia는 지문을 들을 더 많은 기회가 필요하기 때문에, 특수교사는 Mia가 사용하도록 책을 들려주는 파워포인트를 교실 컴퓨터 공간에 설치한다. Mia는 스위치로 책장을 넘기는 것을 좋아한다. 또한 교사는 Mia의 부모가 집에서 그녀에게 이야기를 읽어줄 수 있도록 수정된 책을 집으로 보낸다.

3) 수업 목표 결정

수업 목표는 개별화교육계획팀이 결정한 학생의 우선순위 목표에서 비롯된다. 이러한 목표 중 일부는 학생들 간 동일할 수도 있고(예: 모든 학생이 이해 질문에 답할 것임) 다른 것들은 개별 학생에 따라 다를 수도 있다. 수업 목표를 계획하는 또 다른 방법은 학년 수준에 기반하는 것이다([그림 8.9] 참조). 3학년 학생들은 개별화교육계획팀이 선정한 3학년 기준에 따라 학습하게 된다. 여러 학년 기준이 같은 수업 내에서 다루어질 수 있다. 〈표 8.7〉에는 Esperanza Rising(Ryan, 2000)이라는 지문을 사용하여 Mia를 위해 선택한 수업 목표가 포함되어 있다.

〈표 8.7〉 문학을 위한 수업 목표 및 읽기 기준

1. '누가, 어디서, 무엇을' 확인; 등장인물, 배경, 사건 및 갈등이라는 단어 정의
2. 두 가지 이야기 요소(예: 등장인물 및 사건)가 포함된 질문에 대답
3. 그래픽 조직자를 사용하여 인물의 특성 또는 행동 확인
4. 이야기의 세부 사항을 활용하여 두 인물, 사건, 배경 비교(예: 각자가 ~에 대해 어떻게 느끼는가?)
5. 첫째, 다음, 마지막으로(구성된 답/호응)를 확인하여 자신의 말이나 그림 순서로 이야기를 요약
6. 문학 주제를 뒷받침하는 세부 사항을 여러 장에서 선택
7. 문맥의 단서를 사용해서 단어의 의미를 결정

4) 다른 중요한 쓰기, 언어, 말하기 및 듣기 기준 확인

문학이나 정보문의 읽기 기준 외에도 기타 중요한 쓰기, 언어, 말하기와 듣기 기준도 가르칠 수 있다. 문학이나 정보문의 읽기 기준과 마찬가지로 이 기준들은 개별 학생의 우선순위가 매겨진 개별화교육계획 목표로부터 나온다. 예를 들어, Esperanza Rising 읽기수업 동안 Mia는 두 가지 언어 기술을 배울 수 있다. 명사를 설명하기 위해 형용사를 선택하고 단어의 의미를 결정하기 위해 맥락 단서를 사용한다(즉, 공통핵심읽기 기준 L4.1.d와 L4.4.a; National Governors Association Center for Best Practices, Council of Chief State School Officers, 2010).

5) 각 수업에 필요한 자료 제작

수업에서 가르칠 읽기 기준을 선택한 후 다음 단계는 각 학습에 필요한 자료를 확인하는 것이다. 이 단계에는 사전 교육에서부터 빅 아이디어(big idea) 요약에 이르기까지 수업을 가르치는 데 필요한 자료 목록을 만드는 것이 포함된다. 이 계획 단계에서는 학생이 수업과 상호작용하고 이해력 질문에 답하여 수업의 이해를 보여주는 데 필요한 응답 옵션을 고려하는 것이 중요하다. 필요한 일부 자료는 책의 수정(축약된 요약), 응답 옵션(사물 및 카드 포함), 그래픽 조직자, 빅 아이디어 요약 차트, 등장인물 카드, 사진을 포함한다.

6) 단원에서 가르칠 어휘 선택

다음으로, 교사는 각 수업에서 가르치고 싶은 어휘를 선택하고 정의한다. 선택된 어휘들은 이야기를 이해하는 데 중요할 뿐만 아니라 가르치는 학생들의 학년 수준을 대표해야 한다. 예를 들어, Esperanza Rising 수업에서는 3학년, 4학년, 5학년 어휘가 선택되었는데, 그 이유는 이야기가 일반적으로 초등학교 고학년에서 읽히기 때문이다. 일단 선정이 되면, 각 어휘 단어에 대한 간단한 정의가 작성된다. 또한 가르치는 단어의 수는 학생들의 능력에 따라 개별화될 수 있다([그림 8.10] 참조).

수준 1 단어	수준 2 단어	수준 3 단어
포도-단맛의 보라색 과일 선물(gift)-선물(present) 인형-장난감 실꾸러미-실뜨개질에 사용되는 꼬인 실 말-사람이 타는 큰 동물	목장-대규모 농장 수확-농작물을 모으는 시기 축제-파티 전통-같은 방식으로 해마다 하는 일 연구-사무실	vaqueros-카우보이 campesinos-들판에서 일하는 사람 군집-어떤 것의 집단(예: 포도 군집) 세레나데-특별한 사람에게 노래하거나 음악을 들려주는 것 코바늘 뜨개질(crochet)-갈고리 바늘과 실을 이용해 천을 만드는 방법

[그림 8.10] 어휘와 정의 교수

7. 지문 이해를 위한 수업실행 단계

1) 필요한 기술 사전 교수

수업의 첫 번째 활동은 학생이 수업에서 성공하기 위해 필요한 기술을 미리 가르치는 것이다. 예를 들어, Esperanza Rising 수업 중 한 차시에서 학생은 이야기의 등장인물 중 한 명인 Mama의 특징을 나타낸 그래픽 조직자를 완성한다(예: RL 3.3, 4.3; National Governors Association Center for Best Practices, Council of Chief State School Officers, 2010). 이 활동은 학생에게 특징을 나타내는 그래픽 조직자를 완성하는 방법뿐만 아니라 어휘의 특징에 대한 이해를 요구한다. 두 가지 모두 수업 전에 가르치기에 좋은 기술이다. 특징을 나타내는 그래픽 조직자에 대한 이해를 높이기 위해, 학생은 수업 전에 학급 학생 중 한 명의 특징에 대한 그래픽 조직자를 완성해 볼 수 있다. 이 수업을 반복해서 실행할 때, 다른 학생의 특징에 대한 그래픽 조직자를 그려보면 새로운 활동이 될 것이다. 사전 교육에 대한 다른 아이디어는 학생들에게 이야기의 배경을 소개하는 것이다. Esperanza Rising(Ryan, 2000)은 1924년 멕시코의 한 목장을 배경으로 하므로 학생이 지도나 지구본에서 멕시코를 찾도록 돕거나 목장이나 포도 수확 장면이 나오는 짧은 영상을 시청하면 이야기가 어디에서 일어나는지에 대한 학생의 배경지식을 쌓을 수 있다.

2) 주의집중 활동으로 흥미를 유발하고 배경지식을 활성화

주의집중 활동의 목적은 수업에 대한 학생들의 흥미를 유발하고 수업과 관련된 배경지식을 활성화하는 것이다. 학생의 흥미를 유발하는 활동을 구상하는 것은 매우 많지만 좋은 주의 집중 활동은 대개 학생들이 후각, 시각, 청각을 사용하는 다감각적 경험을 포함한다. 예를 들어, 만약 이야기가 생일 파티에 관한 것이라면 주의집중 활동은 생일 파티에서 일반적으로 볼 수 있는 물건(예: 촛불이 있는 생일 케이크, 선물, 파티 게임, 장식품)을 보여주고 나서 학생들에게 생일을 어떻게 축하하는지 물어보는 것일 수 있다. 이와 같은 방법으로 자신의 생일 축하 행사에 대해 생각할 때 학생들의 관심이 자극된다.

3) 어휘와 정의 교수

수업을 하기 전에 수업을 학생들의 의사소통 요구에 맞추면서 수업에 필요한 어휘와 정의를 가르치는 것은 유용하다. 예를 들어, 표현적으로 반응하는 학생은 카드에 인쇄된 어휘 단어를 보여주면 음성, 수화 또는 영상을 사용하여 단어를 소리내어 읽을 수 있다(이 카드는 쓰여진 단어와 짝을 이룬 그림 기호일 수 있다.) 마찬가지로 표현력이 풍부한 학생은 단어의 정의를 말함으로써 어휘에 대한 이해를 보여줄 수 있다.

수용적으로 응답하는 학생은 "____________ 찾기"라는 요청을 받을 때 나열된 그림이나 사물을 가리킬 수 있다. 정의는 비슷한 방식으로 수행된다: "[단어의 정의]를 의미하는 것을 보여 줘." 또는 단어를 그림과 연결하기. 수용적인 학생에게 제공되는 응답 선택 항목은 상징에 대한 이해와 일치해야 한다. 일부 학생은 사물을 필요로 할 수 있지만, 반면에 다른 학생은 그림 상징이나 단어를 사용할 수도 있다. 이 수업의 속도는 고정 시간지연법을 사용하면 빠르다. 학생이 오류 없이 단어와 정의를 배울 수 있도록 반드시 0초 지연으로 시작한다. 그런 다음 학생이 올바른 반응을 예측할 수 있도록 시간지연(예: 4초)을 사용해야 한다. 고정 시간지연 교수전략 사용에 대한 자세한 내용은 6장을 참조하면 된다.

4) 이야기 제목과 저자, 이야기의 핵심 구성 요소 소개

먼저 교사는 학생에게 책의 표지를 보여주고 제목과 저자를 찾도록 요청한다. 교사는 "맞아요! 이 책의 저자는 Pam Munoz Ryan입니다."와 같은 구체적인 구두 칭찬을 통해 바르게 답한 것을 칭찬한다. 다음으로 이야기의 핵심 구성 요소(예: 등장인물, 배경, 사건; [그림 8.6] 참조)가 소개된다. 사진과 그림 상징을 사용하여 등장인물 카드를 만들 수 있다. 시각장애 학생은 등장인물을 표현하기 위해 물건을 사용할 수 있다. 등장인물을 소개하기 위해 교사는 등장인물이 누구이며 왜 중요한지 설명한다(예: "이것은 Esperanza입니다. Esperanza는 멕시코의 목장에 사는 어린 소녀입니다. 그녀는 이야기의 주인공입니다"). 이것은 또한 교사가 학생들에게 '누구(who)'를 묻는 질문을 함으로써 wh- 개념을 가르칠 수 있는 좋은 기회이다(예: "우리 이야기의 주인공은 누구입니까?"). 이것은 학생이 이야기에 대한 wh- 질문에 답하도록 준비하는데 도움이 된다(예: RL 3.1, 4.1; National Governors Association Center for Best Practices, Council of Chief State School Officers, 2010).

다음으로, 배경은 이야기의 장소로 소개될 수 있으며 학생은 '어디(where)' 질문이 환경이나 장소에 대해 묻는 것임을 배울 수 있다(예: "이야기의 배경은 어디입니까?"). 익숙하지 않은 배경을 가르칠 때 삽화나 사진이 도움이 된다. 또한 배경은 이야기의 시간 또는 날짜일 수도 있다. '언제(when)' 질문이 시간 또는 날짜에 관해 묻는 것임을 학생에게 알려줘야 한다(예: "이야기는 언제 일어납니까?"). Esperanza Rising(Ryan, 2000)에서 이야기는 1924년에 시작된다. 학생은 1924년의 생활이 어땠는지(예: 전화가 없고, 차가 거의 없음)를 이해하기 위해 약간의 지원이 필요할 수 있다. 배경 정보는 좋은 사전 교육 활동이 될 것이다. 이야기의 핵심 요소를 소개하거나 검토할 때, 교사는 학생에게 질문에 답할 수 있는 기회를 제공하고, 최소촉진체계를 사용해야 한다. 최소촉진체계 교수전략 사용에 대한 정보는 6장을 참조하면 된다.

이야기를 읽기 전에 교사는 학생에게 지금까지 배운 내용을 바탕으로 이야기의 내용이 무엇인지 예측하도록 요청한다(예: "이 이야기는 멕시코의 한 목장에서 어머니, 아버지와 함께 살고 있는 Esperanza라는 소녀에 대한 것으로 그 소녀는 생일이 다가오기 때문에 들떠 있다는 것을 알고 있습니다. 이 이야기는 무엇에 관한 것이라고 생각하나요?"). 필요한 경우 학생에게는 고려할 수 있는 응답 항목(예: Esperanza와 그녀의 가족, Papa와 그의 개, 멕시코의 심한 폭풍)을 제공할 수 있으며, 학생은 이야기가 어떻게 전개될 것인지에 대한 예상 응답을 선택하거나 지지할 수 있다. 그것은 예측이기 때문에 어떠한 대답도 수용적이다. 교사는 답변 또는 지지한 내용을 기록해두었다가 수업 후반부에 답변을 검토하여 오해나 부정확한 것을 수정한다.

5) 수정된 지문 읽기

수업의 다음 단계는 수정된 이야기를 멈추지 않고 소리내어 모두 읽는 것이다.

교사는 학생의 참여를 장려하기 위해 이야기를 들을 때 한 두가지를 주의해서 들으라고 요청할 수 있다(예: "아빠는 항상 Esperanza의 생일에 특별한 선물을 줍니다. 이야기를 주의 깊게 듣고 그 특별한 선물이 무엇인지 알아봅시다."). 또한 학생에게 이야기를 소리내어 읽을 때 자신의 책 본문을 가리키며 따라가도록 요청할 수 있다. 읽은 후 학생의 예측을 검토하고 필요한 경우 이야기의 사실을 기반으로 수정한다(예: RL 4.1; National Governors Association Center for Best Practices, Council of Chief State School Officers, 2010). 응답 항목을 검토한 다음(예: "여러분 중 일부는 이야기가 …에 관한 것이라고 생각했습니다.") 이야기의 세 가지 사실을 제시하여 학생을 위한 비계를 만들 수 있다. 예를 들면, "다음은 이야기의 세 가지 사실입니다. (1) Esperanza는 포도 수확을 시작하고, (2) Esperanza는 코바늘 뜨개질을 배우고, (3) Esperanza는 아빠를 걱정하고 있습니다. 이 사실들 각각은 누구에 관한 것입니까?"(답은 Esperanza입니다.) "어떤 것이 Esperanza에 대해 예측한 것입니까?"

6) 수정된 이야기를 다시 읽고 내용 이해 질문하기

다음으로 교사는 이야기를 다시 읽고 이번에는 학생에게 반복되는 줄거리를 읽는 것을 도와달라고 요청한다(예: "내일은 Esperanza의 생일입니다!"). 교사는 학생이 반복되는 줄거리를 개별적으로 또는 집단으로 읽는 연습을 할 수 있는 기회를 제공한다. 교사는 처음 몇 단어를 읽고 학생이 이야기 흐름을 완성할 수 있도록 잠시 멈추고(예: "내일은 … (일시 중지) …Esperanza의 생일!") 단어가 읽혀질 때 그 페이지에 반복되는 줄거리의 단어나 문장의 단어를 가리킴으로써 반복되는 줄거리 읽기를 지원할 수 있다(필요한 경우 핵심어와 그림상징을 짝짓기). 음성 출력 장치를 사용하는 학생을 위해 반복되는 줄거리를 장치에 녹음하여 쉽게 닿을 수 있는 곳에 배치할 수 있다.

두 번째 읽기 동안, 교사는 미리 정해진 지점에서 멈추어 내용 이해에 관한 질문을 해야 하는데, 이때 다양한 질문을 제시해야 한다. 예를 들어, 기준 RL 3.1(National Governors Association Center for Best Practices, Council of Chief State School Officers, 2010)을 충족시키기 위해 학생은 본문에 기반한 문자 그대로의 기억 질문에 대답하여 지문에 대한 이해를 보여주는 반면, RL 4.1는 학생에게 추론 질문에 대답하여 본문의 이해를 보여주도록 요청한다. 모든 성취기준이 매 수업마다 가르쳐지는 것이 아님을 기억해야 한다. 학생의 상징 이해를 바탕으로 적절한 응답 선택 항목을 제공해야만 하며, 최소촉진체계를 사용하여 학생이 정답을 찾도록 도와야 한다. 기억해서 답하는 것을 방지하기 위해 수업을 가르칠 때마다 다른 읽기 이해 질문을 해야 한다.

앞서 이 장에서는, 이야기 지도와 이를 사용하여 지문의 이해를 높이는 방법에 대해 설명했다. 이야기 지도는 그래픽 조직자의 한 유형이다. 그래픽 조직자는 학생이 읽기 이해력 질문에 답할 수 있도록 본문의 정보를 구조화하는 좋은 방법이다. [그림 8.11]에는 그래픽 조직자의 몇 가지 예시가 나와 있다. 첫 번째는 등장인물의 특징을 나타내는 그래픽 조직자로 학생이 이야기에서 등장인물의 특징을 정리하는 데 도움을 줄 수 있다. 두 번째는 순서를 나타내는 그래픽 조직자로 학생이 처음, 다음, 마지막에 발생한 일을 파악하여 이야기를 다시 말할 수 있도록 도와준다. 세 번째는 학생이 본문에 대한 추론 질문에 답하는 데 도움이 되는 추론 그래픽 조직자이다.

또한 쓰기는 읽기수업 중에 연습할 수 있는 중요한 기술이다. 예를 들어, Esperanza Rising(Ryan, 2000)의 한 장은 Esperanza의 가족이 관찰한 몇 가지 전통을 설명한다. Esperanza가 포도 축제를 시작하는 것, 아버지가 그녀의 생일에 세레나데를 연주하는 것, 아버지가 Esperanza에게 생일을 맞아 새 인형을 주는 것은 모두 전통이다. 전통에 대한 토론을 확장하는 간단한 쓰기 활동으로 학생에게 가족 전통 중 하나에 대해 쓰도록 요청하는 것을 들 수 있다. 예를 들어, 전통은 우리가 같은 방식으로 반복해서 하는 일이라고 설명한 후 학생은 다음 문장을 완성할 수 있다. "우리 가족의 전통은 ___입니다." 빈칸에는 답을 쓰거나 사진 또는 그림을 붙여서 문장을 완성할 수 있다.

등장인물 특성 그래픽 조직자

등장인물 특성 그래픽 조직자를 사용하기 위해 학생은 그래픽 조직자 중간에 등장인물 이름을 쓰거나 등장인물 그림을 붙인 다음 본문에서 해당 인물의 특성을 파악한다. 그래픽 조직자에는 학생이 시간에 따른 특성 변화를 관찰하여 등장인물에 대한 특성을 기록할 수 있는 충분한 공간이 있다.

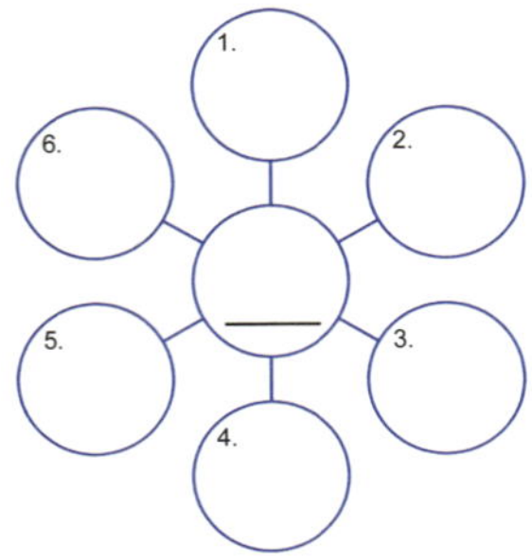

순서 그래픽 조직자

순서 그래픽 조직자는 지문 이해력을 향상시킬 수 있는 전략으로 학생이 자신의 단어로 이야기를 다시 말하도록 도와줄 수 있다. 순서 그래픽 조직자를 사용하기 위해 학생은 이야기 속 일련의 사건을 시간 순서로 배치한다. 학생의 상징 이해도에 따라 응답 항목은 다음과 같은 질문에 답하기 위해 학생의 그래픽 조직자에 부착하는 사물, 사진, 그림 상징 또는 단어일 수 있다: 처음에 무슨 일이 일어나요? 다음에 무슨 일이 있었나요? 마지막으로 무슨 일이 있었나요? 응답 방식이 준비되면 학생은 각 상자를 가리키고 처음, 다음, 마지막에 발생한 일을 말함으로써 이야기나 일화를 다시 말할 수 있다. 상단에 있는 순서그래픽 조직자는 짧은 응답 항목에 적합하고 하단 순서그래픽 조직자는 구문이나 문장에 적합하다.

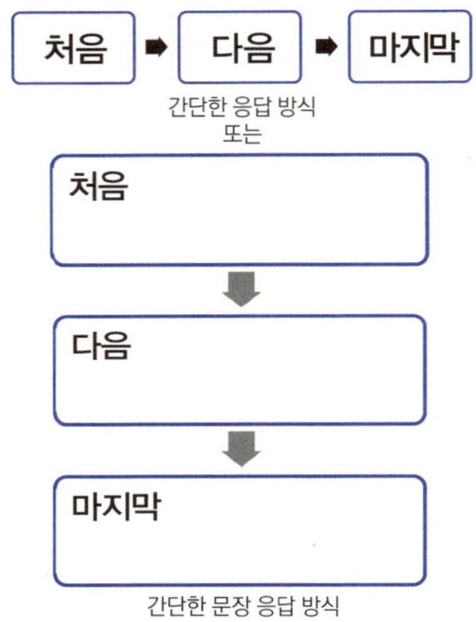

추론 그래픽 조직자

때로는 질문에 대한 답을 본문에서만 찾을 수 없기 때문에 학생은 답을 추론하기 위해 주제에 대해 알고 있는 내용과 함께 이야기의 세부 사항을 사용할 것을 요구받는다. 추론은 사실에 기반한 결론의 한 유형이다. 학생은 추론 그래픽 조직자를 사용하여 이 정보를 구성할 수 있다. 추론 그래픽 조직자는 세 부분으로 나뉜다; (1) 자신의 경험으로부터 아는 것, (2) 본문의 단서, (3) 자신의 추론/결론. 학생은 답변을 작성하거나 준비된 답변을 첫 번째 및 두 번째 열에 첨부한 다음 해당 정보를 기반으로 추론하여 그래픽 구성의 각 섹션을 완료한다.

경험으로부터 아는 것	본문의 단서	추론/결론

[그림 8.11] 문학 읽기 이해력 지원을 위한 그래픽 조직자 예시

7) 수업자료 전반에 걸친 일반화

문학은 전기, 시, 희곡과 같은 다른 서사문도 포함한다. Esperanza Rising(Ryan, 2000)으로 설명한 것처럼 읽기수업은 이해력 기술을 일반화하기 위해 사용될 수 있다. 예를 들어, Cesar Chavez의 전기는 Esperanza Rising(Ryan, 2000)을 읽은 후 일반화에 유용한 지문인데, 그 이유는 이야기에서 찾을 수 있는 주제인 이주 노동자 권리를 얻기 위해 투쟁하는 사람이 등장하기 때문이다.

8) 정보문에 대한 일반화

문학 읽기 이해력 기술 외에도 중등도 및 중도장애 학생은 전기, 자서전, 역사책, 사회, 과학, 예술과 같은 정보문, 공학 지문(방법 설명서 및 절차에 관한 책 포함), 논픽션 문학을 이해하는 기술이 필요하다. 문학의 목적은 독자를 즐겁게 하는 것이지만, 정보문의 목적은 독자에게 정보를 제공하고 교육하는 것이다. 이를 달성하기 위해 저자는 인과관계, 연대기/순서, 비교-대비, 설명/분류, 문제-해결 및 입장-이유와 같은 다양한 지문 구조를 사용한다.

정보문(또는 설명문)은 독자에게 정보를 제공하고 교육하는 목적을 달성하기 위해 저자가 사용하는 본문의 특징이 문학(또는 서사문)과 다르다. [그림 8.12]에는

지문 특징	목적
제목	독자가 배울 정보를 빠르게 알려준다.
목차	다양한 챕터 제목과 위치를 보여준다.
색인	독자가 특정 정보를 찾기 위해 본문의 어디로 가야 하는지 알려준다.
용어 사전	중요한 단어와 그 정의를 제시한다.
제목 혹은 부제	독자가 지문의 해당 부분에 대한 주요 아이디어를 확인하도록 도와준다.
그림 및 캡션	지문의 중요한 대상이나 아이디어를 보여준다.
다이어그램	라벨과 함께 지문에서 대상에 대한 자세한 설명을 보여준다.
차트 및 그래프	지문의 주요 부분에 있는 어떤 것과 관련된 자료를 나타내고 보여준다.

[그림 8.12] 정보문 특징

일반적인 지문의 특징과 목적이 나열되어 있다. 지문 구조와 유사하게 중등도 및 중도장애 학생은 정보문 또는 설명문을 사용한 읽기수업 동안 이러한 지문 특징을 사용하는 방법에 대한 명시적 교수가 필요하다.

지문을 선택하는 것을 제외하고는 정보문을 사용하는 읽기수업을 계획하는 것은 문학 읽기수업을 계획하는 단계와 유사하다. 수업을 개발하기 위해 교사는 연령에 적합하고 학생에게 흥미로운 정보문을 선택하고 쓰기, 언어, 말하기 듣기 영역의 기타 주요 성취기준뿐 아니라 정보문에 대한 읽기 성취기준을 사용하기를 원한다. 문학과 마찬가지로 정보문은 학생이 접근할 수 있도록 수정되어야 한다. 그러나 많은 정보문은 짧으며, 정의나 설명을 추가하기만 하면 된다(지문 수정에 대한 자세한 내용은 7장 참조). 웹 사이트와 같은 다른 자료는 이해도를 높일 수 있도록 접근성 기능이 내장되어 있다(예: 본문 강조 표시, 하이퍼링크, 텍스트 음성 변환, 음성 내레이션). 문학 읽기 기준과 유사하게, 정보문을 활용하는 수업에서 다루는 기준은 개별화교육계획팀에 의해 확인되고 학생을 위해 개별화된다. 아래 사례는 Imani의 교사가 개별화교육계획팀에 의해 확인된 읽기 성취기준 지문을 가르치기 위해 남북 전쟁 단원에 포함된 정보문을 확인하고자 어떻게 협력했는지 보여준다.

Imani의 교사들은 남북전쟁 단원을 위한 정보문을 확인하고자 협력한다.

Imani는 중학생으로 또래와 함께 수업에 참석하며, 많은 정보문이 교수에 사용된다. Imani의 교사들은 그녀에게 가르칠 정보문을 결정하는 일에서 어려움을 겪는다. 중도 지적장애 및 자폐성장애 학생인 Imani는 학교 책무성을 위한 대안평가에 참여한다. 이것은 Imani가 학년 수준의 성취기준과 연계된 대안 성취기준을 사용하여 일반 교육과정에 참여하는 것을 의미하지만, 이러한 대안 성취기준은 깊이와 폭이 줄어든다. 즉, Imani의 교사는 그녀가 수업에서 배운 모든 정보를 이해할 것이라고 기대하지 않는다. 그것은 비장애 학생에게 적절한 기대이다. 오히려 Imani에 대한 학습기대는 몇 가지 주요 정보문을 사용하여 개별화교육계획팀에 의해 확인된 우선순위 대안 성취기준에 대한 이해를 보여주는 것이다. 예를 들어, 역사 수업에서 Imani와 그녀의 또래는 다음 단원을 통해 남북전쟁과 노예 제도에 대해 배울 것이다. Imani는 약간의 읽기 기술을 가지고 있지만 교과서의 단원처럼 구절이 매우 길거나 복잡한 경우 요약된 지문을 사용하는 것이 더 적절하다. 또한 핵심단어와 짝을 이룬 그림 상징이나 삽화가 본문과 함께 제시되면 내용을 더 잘 이해할 수 있다. 종종 Imani는 수업 중 또래와 함께 과제를 수행하고, 또래는 지문을 소리내어 읽어주는 지원을 제공한다.

남북 전쟁 단원에 사용될 지문을 고려한 후 Imani의 교사는 5개의 핵심 지문을 포함하기로 결정했다. 각각에 대해 그들은 또한 지문을 수정할지, 또래가 소리내어 읽어줄지, 아니면 Imani가 독립적으로 읽을지를 결정했다. 첫째, 교과서의 남북 전쟁 단원이 중요하지만 길이가 길기 때문에 지문 압축기를 사용하여 챕터의 요약문을 만들었다. 요약문에는 교과서 단원의 여러 삽화와 사진도 포함되어 있다. 둘째, 해당 단원으로부터 남북 전쟁 타임라인의 수정된 버전이 만들어졌다. 수정된 타임라인에는 가장 중요한 사건만 포함되었다. 셋째, 남북전쟁 시대의 유명한 미국인 Harriet Tubman과 John Brown의 전기는 Imani가 읽어야 할 것으로 확인되었다. 전기는 요약문으로 다시 작성되었으며 그림 상징과 짝을 이루는 핵심 단어가 본문에 추가 되었다([그림 8.13]의 예 참조). 또래는 Imani에게 수정된 전기를 큰 소리로 읽어주고 나머지 학급 학생은 스스로 공부했다. 넷째, Imani의 교사는 그 단원에 포함된 시기의 몇 가지 포스터를 사용하기로 결정했다. 포스터는 이미 그림과 몇 가지 단어를 포함하고 있었고, 추가적인 수정이 필요 없었기 때문이다. 하지만 Imani는 포스터와 관련된 쓰기 활동에는 또래와 함께 참여하였다.

이 장의 앞부분에서 그래픽 조직자는 학생이 문학을 이해하도록 지원하는 방법이라고 논의하였다([그림 8.11] 참조). 유사한 방식으로 그래픽 조직자는 학생이 정보문 이해를 돕는 것에도 도움이 된다. 정보문에는 그래픽 조직자에서 그림으로 표현될 때 더 쉽게 이해할 수 있는 많은 세부 사항과 사실이 포함되어 있다. 또한 사물 간의 관계는 구조화된 방식으로 표현될 때 파악하기가 더 쉽다. [그림 8.14]에는 두 가지 예시가 제시된다.

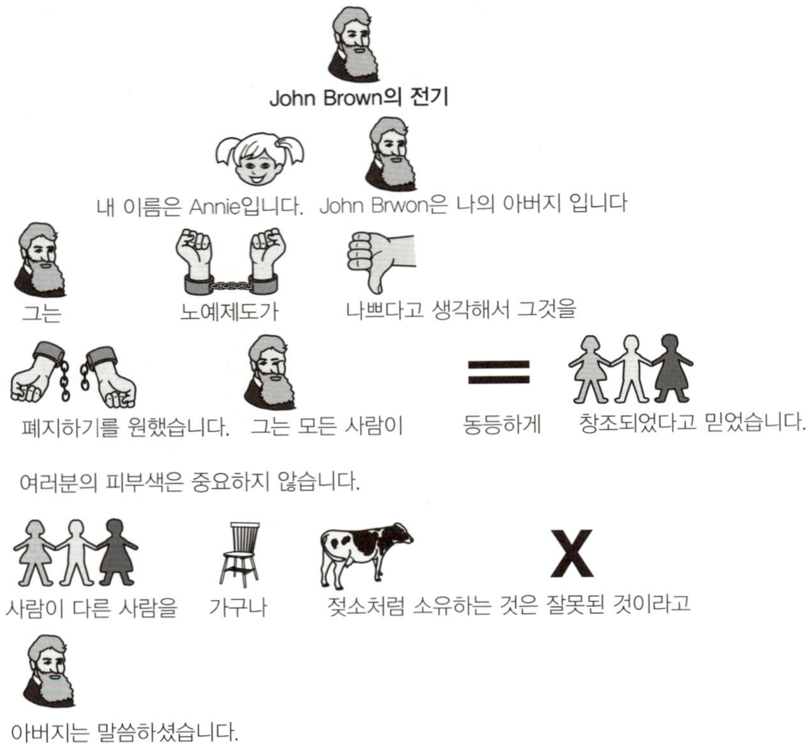

[그림 8.13] John Brown 자서전 요약문의 예시

밴 다이어그램 그래픽 조직자	
정보문에서 일반적으로 사용되는 지문 구조 중 하나는 비교-대조이다. 밴 다이어그램은 학생이 두 가지 사이의 관계를 그림으로 볼 수 있도록 도와주는 좋은 방법이다. 지문의 정보를 사용하여 학생은 각각에 대해 참인 내용과 두 가지 모두에 대해 참인 내용(원 사이의 겹쳐진 부분으로 표시됨)을 확인한다. 예를 들어, Harriet Tubman의 전기를 읽은 후 학생은 오늘날 자신의 삶을 Harriet의 삶과 비교할 수 있다.	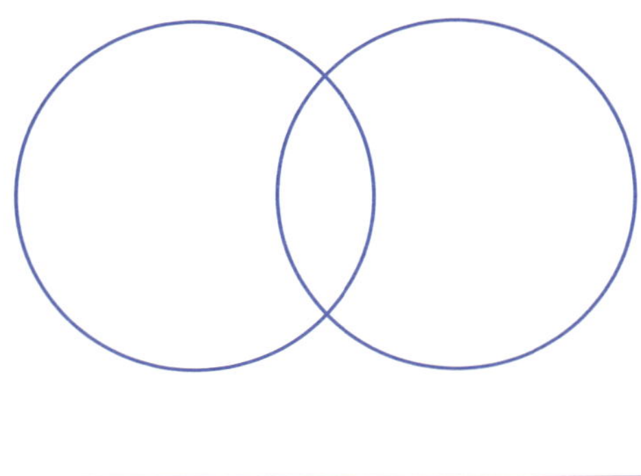

설득하는 글쓰기 그래픽 조직자

설득하는 글쓰기 그래픽 조직자는 학생이 기사 또는 기타 정보문의 정보를 구성하는 데 도움이 된다. 먼저 학생은 기사의 주제(기사 내용)를 작성한다. 독립적으로 작성할 수 있는 학생은 이 부분을 스스로 할 수 있다. 더 많은 지원이 필요한 학생은 단어 목록에서 주제를 선택하거나 미리 인쇄된 응답 항목 중에서 선택하여 그래픽 조직자에 붙여 넣을 수 있다. 다음으로 학생은 주제를 뒷받침하는 내용에서 이유(또는 사실)를 찾아 그래픽 조직자에 배치한다. 마지막으로, 학생은 저자가 사용한 단서가 되는 표현 및 기타 설득력 있는 단어를 찾는다. 단서가 되는 표현은 저자의 의견이 곧 제시될 것이라는 것을 알려주며 다음과 같은 문구를 포함한다: 내 의견으로는/나는 믿는다/첫째, 둘째, 셋째/기타 설득력 있는 단어에는 독자가 저자에게 동의하도록 만들기 위한 감정을 표현하는 단어가 포함된다.

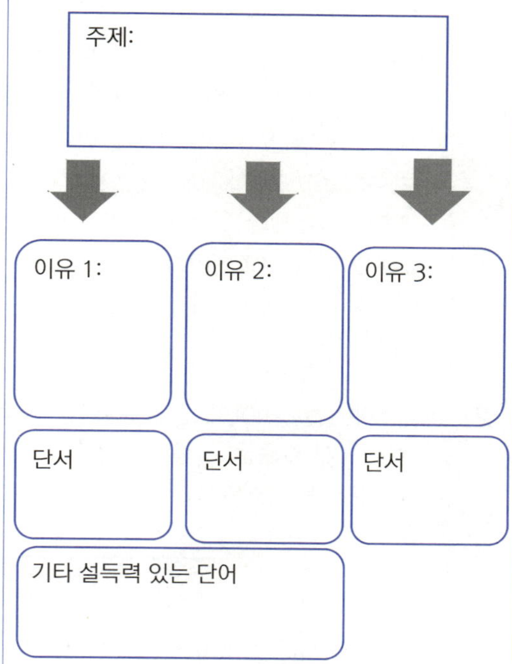

[그림 8.14] 정보문의 이해를 위한 그래픽 조직자 사례

8. 요약

이 장의 시작 부분에서 언급했듯이 교사가 하는 가장 중요한 일 중 하나는 중등도 및 중도장애 학생이 읽은 문학 및 정보문을 이해하도록 가르치는 것이다. 이 장에 제시된 전략은 모든 학년과 모든 종류의 이야기 글 및 설명문에 적용된다. 요약하면, 학생이 접근할 수 있는 학년에 적합한 자료를 제공하고, 학생에게 읽어주었거나 학생이 읽은 지문에 대한 이해를 확인할 수 있는 적절한 방법을 제공하는 것이 중요하다. 교사가 이러한 효과적인 교육을 제공할 때 중등도 및 중도장애 학생은 글에 대한 이해도를 높이고 훌륭한 문학을 즐길 수 있는 기회를 갖게 된다.

마무리 활동

1. 여러분이 Mia, Imani, Amad의 특수교사라고 상상해보세요. 그리고 각 개별화교육계획팀은 각 학생의 개별화교육계획에 포함할 주(state) 성취기준과 연계된 읽기 목표를 제안하도록 요청 받았습니다. 읽기에 대한 주(state)의 내용 성취기준을 살펴보고 각 학생에게 중요하다고 생각하는 학년 수준의 읽기 성취기준을 5개를 찾아보세요. 이러한 기준에는 문학, 정보문, 쓰기, 말하기 및 듣기, 언어에 대한 기준이 포함되어야 합니다. 그런 다음 이 성취기준을 적용하여 각 학생의 학습 목표를 작성해보세요. Bloom의 분류 체계에 있는 동사를 사용하면 유용합니다.

2. 연령에 맞는 이야기, 동화, 신화를 선택하세요. [그림 8.1]의 예제에서 Bloom의 분류 체계 수준을 사용하여 읽기 이해력 질문을 만들어 보세요. 그 다음 표에 질문을 기록해보세요.

	수준		
	쉬움	중간	어려움
기억하기			
이해하기			
적용하기			
분석하기			
평가하기			
창안하기			

제 9 장

작문 기술 개발

Robert Pennington

교사 Hurowitz는 세심하게 준비된 활동지 밑줄에 가지런히 적혀진 노란색 글자를 추적하고 있는 Jasper를 지켜보았다. 그녀는 Jasper가 시작하도록 구슬려야만 했고 그가 계속 참여하도록 몇 분마다 작은 스티커 토큰을 주어야 했다. Jasper는 확실히 이 과제를 즐기지 않았고 기회가 있을 때마다 다른 곳으로 주의를 돌렸다. 그녀는 Jasper가 문자 의사소통 기술 발달에 거의 진보를 보이지 않는 것이 걱정이었고, 이로 인해 그는 또래가 참여하는 일반학급 교수활동의 많은 부분에 참여하는 것이 어려웠다.

Hurowitz 씨는 자신의 글쓰기 경험을 떠올리고, 어린 시절 상상력이 풍부한 이야기와 시를 지어내는 그녀의 능력을 교사가 얼마나 칭찬해주었는지 생각했다. 그녀는 기록하는 것에 대한 애정과 친구의 문자에 즉시 유머러스한 대답으로 응답했던 재능에 대해 떠올렸다. 그 문자가 세상과 연결시킨다는 느낌은 그녀에게 큰 기쁨이 되었다. 그녀는 다시 Jasper와 그의 고된 글자 베껴 쓰기(copying)/따라 쓰기(tracing) 활동으로 돌아왔다. 그녀는 이 활동이 그녀가 발견했던 글쓰기의 기쁨을 동일하게 Jasper에게도 줄 수 있는지를 생각했다. 그녀는 Jasper에게 의미 없이 글자들만 끄적거리는 과제를 하게 하여 그의 시간을 허비했을 수도 있다는 사실을 깨닫자 답답해졌다. 그녀는 더 잘하고 싶었지만 어떻게 해야 하는지 확신이 없었다.

의심의 여지 없이 개인의 교육 경험에서 가장 큰 유산 중 하나는 문자다. 자녀가 매우 어릴 때부터 부모는 주변 세상에 대한 자녀의 이해가 빠르게 발전하는 것을 보여주는 자녀의 그림을 냉장고에 전시한다. 일단 아이가 학교에 입학하면, 그들은 마음속에 춤추는 이야기를 자유롭게 말할 수 있게 해주는 소리와 연결된 글자를 만드는 데 수많은 시간을 보낸다. 교실 경험을 통해 그들은 곧 자신의 이야기를 말하는 것뿐 아니라 수많은 역사적 인물과 문학 주인공의 이야기를 회상하는 데 사용될 문자의 구조를 배운다. 마침내 그들은 어려운 개념을 이해하고, 그들의 열정을 경청하도록 다른 사람을 설득하고, 광대한 사회적 관계망에서 또래와 연결되는 도구로 문자를 사용하기 시작한다.

안타깝게도 많은 중등도 및 중도장애인은 이러한 보편적인 형태의 의사소통을 개발할 기회를 제공받지 못한다. 종종 이 학생들에게 제공되는 쓰기 교수는 그들의 이름에 노랗게 강조된 문자를 따라 쓰거나 선이 그려진 큰 종이에 일견단어를 베껴 쓰는 것으로 제한되어 있다. 일부는 공학을 사용하도록 배웠지만 글을 쓰는 사람에게 거의 의미가 없거나 강화되지 않는 작문 활동의 맥락에서 배운다. 결과적으로 이 학생들은 이해한 내용을 글쓰기를 통해 소통할 수 없으므로 교육 경험의 중요한 부분에서 배제된다. 쓰기 표현을 못할 경우 교사나 또래는 학생의 이해 정도를 구어나 부호화된 응답을 통해 평가해야만 한다. 특히 일반학급 상황에서는 이러한 직접적인 일대일 상호작용이 항상 가능하지는 않기 때문에 학생이 자신이 이해한 것을 보여주고 피드백을 받는 기회는 줄어든다.

이러한 학생들에게 문자는 학업 환경 밖에서 가장 중요할지도 모른다. 일례로 문자 메시지는 개인 사이의 일상적 상호작용에서 점차 상당한 부분을 차지하고 있다. 2015년 Pew연구소(Pew Research Center)는 10대의 88%가 휴대폰이나 스마트폰을 사용하고, 일반적으로 10대는 매일 30통의 문자를 보낸다고 보고했다(Lenhart, 2015). 사람들은 일상적 상호작용, 정보, 즐거움의 원천으로 온라인 사회적 관계망에 점차 더 많이 참여한다. 이러한 디지털 활동에 참여하는 데 필요한 쓰기 기술이 없는 개인은 다른 또래들과 관계를 맺고 유지하는 데 더 많은 어려움을 발견하며 많은 중등도 및 중도장애 학생에게는 이미 어려운 과제이다(Carter, Hughes, Guth, & Copeland, 2005).

마지막으로 쓰기 표현이 중등이후 환경에서 중요한 역할을 한다는 점을 주목해야 한다. 많은 고용주는 개인이 쓰기 기술에 대한 기본 이해를 지니고 있다고 기대하며, 그렇지 않은 이들은 고용 옵션에서 더 제한될 수 있다. 더욱이 사람들은 쇼핑 리스트를 만들고, 요리법을 검색하고, 가족이나 친구에게 이메일 알림을 보낼 때 자주 문자를 사용한다는 점에서 문자는 많은 일상생활 활동의 수행을 향상시킨다. 이러한 고정된(static) 지원은 기억력, 주의력, 구조화에 어려움이 있는 중등도 및 중도장애 학생에게 특별히 유용하다.

모든 학생에게 쓰기가 중요함을 고려할 때 교사가 중등도 및 중도장애 학생의 쓰기 기술 개발에 중점을 둔 프로그램을 설계하는 것은 필수적이다. 지난 10년 동안 많은 연구팀이 이 독특한 학생집단이 철자법(Purrazzella & Mechling, 2013), 문장 쓰기(Pennington, Flick, & Smith-Wehr, 2018), 이야기 쓰기(Pennington & Koehler, 2017), 지문에 대한 의견 쓰기(Mims et al., 2017)와 같은 다양한 범위의 글쓰기 기술을 습득할 수 있음을 입증하였다. 이 모든 연구에서 연구자와 교사는 예측 가능한 쓰기 활동의 맥락에서 교수목표를 명확하게 정의하고자 행동분석 교수전략(예: 행동연쇄법, 고정 시간지연, 최소촉진체계)을 사용하고 필요한 경우 공학을 활용하여 학생의 글쓰기를 지원하였다. 이러한 간단한 공식은 중등도 및 중도장애가 없지만 고군분투하는 학생을 위해 권장되는 실제와도 일치한다. 일례로 Graham과 Harris(2016)는 특정 쓰기 기술의 직접교수, 피드백 제공, 동기전략 활용, 다양한 유형의 글에 관한 기본적인 특성에 대한 교수, 21세기 글쓰기 도구의 사용과 같은 특성을 포함한 더 나은 글쓰기 목표에 이르도록 쓰기 표현 분야의 수십 년에 걸친 연구를 다듬었다. 이것은 중등도 및 중도장애 학생에게 다른 형태의 의사소통 및 기타 학업 기술을 교수하는 것에 대한 많은 문헌과 일치한다(Snell et al., 2006).

이 장의 목적은 중등도 및 중도장애 학생에게 글쓰기를 가르치는 교육 프로그램 설계 틀을 제공하는 것이다. 그 틀은 응용행동분석의 원리에 뿌리를 두고 있지만, 중등도 및 중도장애 학생을 위한 쓰기 표현, 의사소통 및 교수전략 분야의 수십 년에 걸친 연구에서 기인한다. 이 장은 행동분석 관점에서 글쓰기 표현에 대한 간략한 논의를 포함하며 특정 쓰기 결과물을 평가하고 교수하기 위한 명시적인 방법을 제공하고자 한다.

1. 쓰기의 행동주의적 관점

Isaac Asimov가 쓴 "나에게 글쓰기는 내 손가락을 통해 그저 생각하는 것이다."라는 인용구는 쓰기 표현의 원천이 두뇌 깊숙이 자리 잡고 있다는 일반적 생각을 반영한다. 이는 중등도 및 중도장애 학생의 글쓰기에 초점을 두는 것에 대한 교사들의 주저함을 부분적으로 설명한다. 행동주의에 기반을 둔 대부분의 전문가들은 사고나 "은밀한 행동"의 중요성과 복잡성을 인정하면서도 개인의 의사소통 반응이 환경적 상황의 결과라는 생각에 동의한다. 이러한 관점은 초기 의사소통의 발달로 쉽게 설명되는데, 먼저 영아는 보호자 앞에서 옹알이를 하며 보호자의 쏟아지는 관심을 받는다. 다음 몇 달 동안 아동은 다른 소리가 다른 반응을 낳고, 특정 상황(예: 젖은 기저귀)에서 이러한 소리를 내면 다른 사람의 반응은 더 예측 가능하다는 것을 습득한다. 1957년에 B.F. Skinner는 "언어적 행동(Verbal Behavior)"이라는 영향력 있는 글을 작성하였는데, 여기서 그는 개인이 환경과 접촉한 결과로 "언어적 행동"이 나타난다는 언어 발달에 대한 설명을 내놓았다. 그는 언어적 행동을 "다른 사람의 조정을 통해 강화된 행동"으로 정의하고, 중재자들이 "두뇌"의 차이 또는 장애와 연관된 것으로 인식된 장벽을 뛰어넘을 수 있도록 언어 교육에 대한 새로운 접근에 불을 당겼다. 즉, 그는 한때 교육할 수 없다고 생각되었던 개인에게 의사소통을 가르치기 위해 중요한 환경 내 선행사건와 결과의 배열을 다루는 전략 개발 과정을 설정했다.

행동주의적 관점에서 글쓰기는 작가와 독자 사이의 상호작용으로 여겨진다. 작가는 글로 작성한 반응을 방출하고, 이를 통해 독자로부터 오는 결과물로 강화를 받는다. 어떤 경우에는 글로 작성한 반응이 직접적으로 선호하는 자극으로 이어진다. 일례로, 학생이 컴퓨터 이용 시간을 벌기 위해 자신의 이름을 적을 때처럼 말이다. 다른 예시는 학생이 메모를 작성하거나 공동 작문 활동에 참여하여 또래의 관심을 끄는 것이다. 어떤 경우에는 개인이 작가와 독자의 역할을 하며 그것의 즐거움을 발견하여 글쓰기를 할 수도 있다. 작가와 독자 관계의 발달은 중등도 및 중도장애 학생을 위한 교수 계획에 주요한 시사점을 갖는다. 많은 중등도 및 중도장애 학생은 글로 작성된 각 반응이 의미 있는 결과로 이어질 수 있도록 신중한 계획을 요한다. 따라서 교사는 자신의 이름을 베껴 쓰거나, 구직 신청서와 같은 활동지를 반복적으로 완성하는 시뮬레이션 활동이 유용하고 의미 있는 글쓰기 레퍼토리를 개발하는 데 적절한 전략인지 재고할 필요가 있다.

2. 학생의 작문 현행수준 평가하기

이 장의 시작 부분에 있는 시나리오에서 Hurowitz 씨는 손으로 쓰는 것을 Jasper의 교수목표로 삼았지만, 쓰기 표현에는 중요한 다양한 기술이 있다. 글쓰기 교수에 대한 그녀의 편협한 접근은 글쓰기와 관련된 Jasper의 기술 레퍼토리를 부분적으로 평가하는데 실패한 것에 원인이 있다. 글쓰기 교수를 위한 교육 프로그램을 개발하기 전에 교사는 우선 쓰기 및 의사소통 영역에서 학생의 현재 레퍼토리를 결정해야만 한다. 이 두 가지 영역의 다양한 표준화 검사는 학생의 현재 기능 수준에 대한 일반적인 모습을 확인하는 데 사용될 수 있다(예: Test of Written Language-4, Hammill & Larsen, 2009; the Comprehensive Assessment of Spoken Language, Carrow-Woolfolk, 1999). 하지만 안타깝게도 이러한 평가는 학생의 쓰기 반응, 구어 반응, 수어, 그림 선택 반응에 영향을 주는 환경 변인(예: 교수자료, 청중, 강화의 이용가능성)에 관한 정보를 거의 제공하지 못한다. 예를 들어, 아동이 검사 환경에서 ball이라는 단어를 사용했다면(예: 검사 책자에 있는 그림 제시), 평가자는 공 그림이 별개로 제시되었을 때 또는 반응 후에 언어적 칭찬을 제공할 성인이 있을 때에만 아동이 “ball”이라고 말한다고 자신 있게 결정할 수 있다. 이는 아동이 요청하고자 한 것인지 혹은 또래가 가지고 있는 물건을 설명하기 위해 ‘공’이라고 말한 것인지에 대한 정보를 거의 제공하지 못한다. 글쓰기 혹은 기타 의사소통 영역에서 학생의 수행평가 시 교사는 자연스럽게 발생하는 다양한 교수상황에서 반응할 수 있는 기회를 제공해야 한다. 예를 들어, 학생의 문장 쓰기 기술을 평가할 때 교사는 학생이 방금 들은 이야기를 쓰게 하거나 학생이 선호하는 자극을 얻을 수 있도록 익숙한 자극을 묘사한 그림에 대해 쓰도록 기회를 제공한다(예: 아이패드 주세요.). 다른 내용 영역과 마찬가지로 교사는 영수준의 추측(a zero degree of inference)을 고려해야만 한다(Brown et al., 1976). 즉, 학생이 영역 전반에 걸쳐 학습한 기술을 일반화할 수 있을 것이라는 가정을 피해야 한다.

쓰기 표현 영역에서 중등도 및 중도장애 학생을 위한 평가 및 교육 프로그램을 개발하기 위해 교사는 교수과제를 순서화하는 법을 이해하고 있어야 한다. 교사는 다양한 의사소통 기술, 운동 기술, 기초 학업 기술을 다루는 상업용 준거참조검사를 활용하면 도움이 된다. 예를 들어, 언어 학습 기능평가 개정판(Assessment of Basic Language and Learning Skills-Revised, ABBLLS-R; Partington, 2008), 기능적 생활 기술 평가(Assessment of Functional Living Skills, AFLS; Partington& Mueller, 2012), 언어행동 발달단계 평가 및 수준별 중재 프로그램(Verbal Behavior Milestones Assessment and Placement Program, VB-MAPP; Sundberg, 2008) 모두 최소한 쓰기 기술의 일부를 다룬다. 이러한 평가는 교사가 학생의 다양한 기술 레퍼토리 맥락 안에 쓰기 교수를 위치시키도록 도와준다는 점에서 유용하다. 예를 들어, VB-MAPP을 완료 한 후 교사는 현재 요구하기 기술은 지니고 있으나 화자(표현) 및 청자(수용) 어휘는 제한적인 특정 학생에게 문장 쓰기는 우선순위가 아니라고 결정할 수 있다.

1990년에 Kame'enui와 Simmons는 (1) 글쓰기 기법(mechanics), (2) 간단한 문장 쓰기, (3) 단락 쓰기, (4) 수정하기를 포함하는 4가지 영역에서 쓰기 기술의 범위와 순서를 제시했다(〈표 9.1〉 참조). 이 기술들은 목표 반응과 관련된 규칙을 초기에 습득하고 규칙을 따르는 문자 반응의 사례와 비사례를 구별하도록 학생에게 요구하는 것과 같은 방법으로 제공된다. 결과적으로 학생들은 점점 더 복잡한 응답을 요하는 점진적 과제를 완성하도록 요구받는다. 교사들은 이 범위와 순서가 교육목표 및 더 광범위한 작문 교육과정을 개발하는데 유용하다는 것을 알게 될 것이다. 글쓰기 기법이 다른 영역에서의 교수를 위한 선수조건으로 고려되어서는 안 된다는 점에 유의할 필요가 있다. 이러한 기술은 학생이 문장과 문단을 작성하는 것을 배울 때 목표가 되어야 한다. 마지막으로 교사는 일반교육 내용 기준에서 지침을 찾아야만 한다. 예를 들어, 공통핵심기준(Common Core State Standards, CCSS; National Governors Association Center for Best Practices), 주 교육감 위원회(Council of Chief State School Officers)는 (1) 지문 유형 및 목적, (2) 글쓰기 산물 및 배포, (3) 지식을 구축하고 제시하기 위한 조사, (4) 글쓰기 범위를 포함하는 네 가지 영역에서 학년 전반에 걸쳐 지침을 제공한다. 학생의 학년이 올라갈수록 각 기준에서 요

〈표 9.1〉 쓰기 표현의 범위와 순서

글쓰기 기법[a)]
- 문장 정확하게 베껴 쓰기
- 문장의 첫 단어를 대문자로 표시하기
- 마침표로 평서문 끝내기
- 물음표로 의문문 끝내기
- 단락의 첫 단어 들여쓰기

간단한 문장 쓰기
- 누군가 또는 무언가를 명명하여 문장을 식별하고 그 사람 혹은 그 사물에 대해 더 많이 이야기하기
- 누군가 또는 무언가를 명명하고 그림에 묘사된 그 사람 혹은 그 사물에 대해 더 많이 이야기하는 문장을 선택하기
- 누군가 또는 무언가의 이름을 명명하고 한 장의 그림 또는 일련의 그림에 묘사된 그 사람 혹은 그 사물에 대해 더 많이 이야기하는 문장 완성하기
- 한 장의 그림 또는 일련의 그림에서 나타나는 "중요한 일"을 이야기하는 문장 쓰기
- 누군가 또는 무언가를 명명하고 그림 없이 그 사람 혹은 그 사물에 대해 더 많이 말하는 문장 쓰기
- 간단한 문장을 합쳐 더 복잡한 문장 만들기

단락 쓰기
- 주제를 명명하여 단락 식별하고, 그림에 묘사된 주제에 대해 더 많이 이야기하기
- 한 장의 그림 또는 일련의 그림에 묘사된 단락이 말하는 주요 내용으로 단락의 주제 식별하기
- 그림과 관련된 단락 완성하기
- 그림에 있는 사람에 대해 묘사하는 단락 쓰기
- 일련의 그림에서 사람이 한 일련의 일에 대해 이야기하는 단락 쓰기
- 하나의 순서로 나열된 그림들 사이에 발생한 일을 설명하는 단락 쓰기
- 그림을 참조하지 않고 단락 쓰기

수정하기
- 그림에서 보여주는 것을 묘사하지 않는 문장 식별하기
- 대문자 및 구두점 오류교정하기
- 특정 주제에 대해 말하지 않는 단락 내 문장 식별하기
- 무종지문(run-on sentences) 교정하기
- 현재 시제로 작성된 문장을 과거 시제로 바꾸고, 모든 문장을 과거 시제로 작성하여 문장 교정하기
- 부적절한 명사-동사 관계 및 부적절한 대명사 교정하기

주. Kame'enui와 Simmons(1990, p.433). Pearson Inc.로부터 승인받음.

a) 중등도 및 중도장애 학생은 글쓰기 기법을 공학, 글쓰기 템플릿, 받아쓰기 소프트웨어의 사용을 통해 지원받을 수 있음. 글쓰기 기법을 배우고 있을 때라도 문장 쓰기를 시작해야 함을 명심하기

구되는 반응은 점차 복잡해진다. 예를 들어, 유치원생에게는 책의 이름이나 주제를 "쓰고", 관련 의견이나 선호도를 표현하기 위해 그림과 단어를 사용할 것을 기대한다. 1학년이 되면 책이나 주제를 소개하고, 의견을 제공하며, 그 의견을 지지하고, 결론을 제공하는 견해를 작성해야 한다. 이러한 점진적 기준은 연령에 적합한 글쓰기 산물의 유형을 개발하고자 하는 교사의 교수적 노력을 구조화하도록 도와줄 수 있다.

3. 공학 지원 고려하기

중등도 및 중도장애 학생은 다양한 공학 기반의 지원을 필요로 하는데 이는 학생의 레퍼토리가 확장되면 변화할 수 있다. 예를 들어, 학생은 초기에 간단한 디지털 단어장을 사용하여 문장을 구성할 수 있지만 점점 더 복잡하고 다양한 어휘를 글에 적용하기 위해서는 결국 단어 예측 소프트웨어 지원을 필요로 한다. 공학은 학생이 직접 글자를 써야 하거나 철자법, 단어 인출에 대한 약점을 보완하고 의미 있는 작문을 하도록 돕는다는 점에서 강력한 도구가 된다.

쓰기 교육을 시작하기 전에 교사는 먼저 다른 상황에서 학생들의 공학 사용 현황을 고려해야만 한다. 예를 들어, 일부 학생들은 이미 보완대체의사소통 기기를 사용하거나 컴퓨터 태블릿에서 게임 또는 학습 소프트웨어와 자주 상호작용하고 있을 수 있다. 이러한 기존 레퍼토리는 교수를 시작하는 데 있어 합리적인 출발점이 될 수 있다. 현재 학생들이 공학을 사용하지 않고 있는 경우에는 몇 가지 주요 기초기술에 대한 수행을 평가하는 것이 중요하다. 교사는 먼저 표본대응(Matching to a Sample, MTS) 과제 수행과 관련된 학생의 기술을 평가해야만 한다. 다시 말해, 학생이 여러 선택 항목 중에서 제시된 자극(예: 항목, 그림, 구어)과 일치하는 그림을 식별(예: 가리키거나 만져서)할 수 있는가? 만약 학생이 잘 확립된 표본대응 기술을 가지고 있지 않다면 선택 기반 디지털 도구를 사용하여 지문을 생성하기 어려울 수 있으며, 이러한 기술을 강화하기 위한 교수를 받아야만 한다. 둘째, 소프트웨어와 상호작용하는 것과 관련된 학생의 기술을 평가하는 것은 중요하다. 이는 학생이 타자를 치거나 단어를 선택할 수 있는 운동 제어가 가능한지 또는 음성-텍스트 소프트웨어를 탐색할 수 있는 음성 레퍼토리가 있는지 여부를 결정하는 것을 포함한다. 그렇지 않은 경우, 교사는 교사, 또래 또는 소프트웨어 스캐닝 프로그램에 의해 제시되는 선택지 중에서 학생이 스위치를 눌러 단어(혹은 그림)를 선택하게 하는 간접 선택 방법(Dowden et al., 2012)을 사용할 수 있다. 중등도 및 중도장애 학생에게 글쓰기를 가르치기 위한 다양한 공학 지원이 있으며 교사가 가장 적합한 것을 결정하는 데 도움이 되는 여러 디지털 자료가 있다(예: www.WATI.org, www.ataem.org). 궁극적으로 교사는 학생이 자신의 아이디어를 쉽고 효과적으로 의사소통하게 하면서 학생이 기술을 습득함에 따라 확장할 수 있는 기능을 갖춘 공학을 선택해야만 한다.

Hurowitz 씨는 Jasper가 공학 사용을 즐기고 프로그램 기능을 활성화하기 위해 커서 또는 터치스크린을 사용해야 하는 교육용 게임을 자주 한다는 것을 알고 있다. 그녀는 전자 쓰기 소프트웨어를 빠르게 검색하고 키보드 및 교육용 소프트웨어를 포함하여 사용 가능한 다양한 제품을 찾았다. 그녀는 Jasper에게 글쓰기가 더 즐거워지길 바라면서 글자 쓰기에 대한 그의 어려움을 면하고 그가 쓰기 위해 들이는 노력을 줄이고자 몇 가지 도구를 사용해 보기로 결정하였다.

4. 학생 진보 평가하기

글쓰기를 교수하는 것이 일부 교사에게는 새로운 것일 수 있기 때문에 진보 점검에 적절한 방법을 결정하는 데 어려움이 있을 수 있다. 일반적으로 교사는 특정 응답의 횟수, 백분율, 비율을 결정하기 위해 사건기록법(예: 세기)을 자주 사용한다. 예를 들어, 교사는 문단에 사용된 단어 수, 그림에 대한 응답으로 작성된 완전한 문장의 비율 또는 일정 기간 동안 작성한 단어 수에 관심이 있을 수 있다.

쓰기 표현의 복잡성으로 인해 교사는 평가할 가장 중요한 교육목표를 신중하게 결정해야 한다. 교사가 학생에게 그림에 대한 문장을 쓰도록 요청하는 상황을 생각해보자면 어떤 학생에게는 문장의 정확성이 가장 중요하다고 생각하는 반면 다른 학생에게는 각 문장에 사용되는 단어 수에 관심이 있을 수 있다. 평가할 작문의 특징에 대한 결정은 학생의 현재 수행 수준, 현재 및 미래 환경의 요구 사항, 학생의 부족한 작문 능력을 보완하기 위한 지원의 유용성에 따라 결정된다. 예를 들어, Pennington, Delano, Scott(2014)은 이력서의 자기소개서를 작성할 때 사용된 자기소개서 구성 요소의 비율을 알아보고자 사건기록법을 사용하였다. 그들이 이 목표를 설정한 이유는, 연구 참여자들이 주제에 대해 여러 개의 문장을 만들 수 있었고, 철자 및 문법 관련하여 초안의 교정 작업을 도와줄 지원이 있었고, 취업을 바람직한 성과로 여기는 중등이후 환경으로 현재 전환하는 중이었기 때문이다. Pennington, Collins, Stenhoff, Turner, Gunselman(2014)은 이야기 쓰기 교수 동안 사용된 문장의 수와 해당 문장이 응집력(예: 논리적 순서로 배열)을 나타내는지 모두를 목표로 삼았다.

많은 중등도 및 중도장애인은 종종 이야기 쓰기(written narratives)* 발달에서 점진적인 향상을 보여주기 때문에 학생의 점진적 진보를 민감하게 측정할 수 있는 평가 방법을 사용하는 것이 중요하다. 몇 가지 교육과정중심측정(Curriculum-Based Measure, CBM)은 중등도 및 중도장애가 없는 학생의 진보를 점검하기 위해 이루어진다. 이 평가를 사용할 때 학생은 이야기 촉진에 응답해야 하며, 3분 동안 글을 쓴다. 그 시간 동안 작성된 글에서 몇 가지 평가 자료가 수집될 수 있다([그림 9.1]). 비록 이러한 측정방법은 더 긴 이야기를 작성하는 학생을 위해 표준화되었지만, 작문 기술이 제한적인 학생에게 사용되기 위해 조정될 수 있다. 예를 들어,

작성된 총 단어(Total Words Written, TWW)
- 철자를 잘못 쓴 단어를 포함하여 작성된 단어의 수

올바르게 작성된 단어(Words Spelled Correctly, WSC)
- 맥락적 정확성과 관계없이 철자가 올바르게 작성된 단어의 수

올바른 단어 배열(Correct Word Sequences, CWS)
- 철자가 올바르게 작성된 단어(그리고 구두점)간 배열; 구문이 정확하고 올바른 대문자를 사용해야만 함

  예시 ^I^see^a^red^dog^(= 6 CWS)

[그림 9.1] 글쓰기에 관한 교육과정중심측정(CBM) 예시
교육과정중심측정(CBM) 활용에 대한 더 많은 지침은 Hosp, Hosp, Howell(2007)를 참고

* 이야기하듯 써내려가는 글쓰기

제시된 그림에 대해 문장을 작성하는 것이 반응 목표인 자폐 범주성 장애 학생이 한 회기 동안에는 the red를 쓰고 다음 회기에서 The dog red라고 쓰는 경우를 생각해볼 수 있다. 두 경우 모두 아동은 완전한 문장을 작성하지 못했지만, 교사는 올바른 단어 배열(즉, the^dog^red)이 0에서 3개로 진보되었다고 기록할 것이다.

5. 동기

동기는 성공적인 글쓰기에 핵심적인 역할을 하지만 글쓰기 과정에 참여하는 학생의 동기를 끌어올리는 것은 종종 어렵다. 교사는 동기가 자신의 글쓰기 경험에 어떻게 영향을 미쳤는지 고려해야만 한다. 어떤 사람은 자신의 대학원 연구 보고서를 작성하는 것을 지루해하거나 일련의 서류 작업을 완성하는 것을 미루지만, 동료의 문자에는 즉시 응답하거나 데이트 웹 사이트에는 신중하게 자기 소개글을 작성한다. 이러한 쓰기 활동은 주로 쓰기에 대한 결과(예: 지연된 vs 즉각적인 피드백, 온화한 vs 강력한 강화) 및 요구 사항(예: 간략한 vs 긴 이야기, 익숙하지 않은 vs 익숙한 내용)에 따라 다를 수 있고, 모두 동기에 있어서 의미 있는 역할을 한다.

앞서 언급했듯이 중등도 및 중도장애 학생을 위한 글쓰기 교수는 작가-독자 관계를 구축하는 것으로 시작해야 한다. 글쓰기 교수는 학생에게 그림이나 문자를 강화제와 교환하도록 가르치는 것으로 시작하고, 이는 학생이 문자가 강화를 생성하는 메시지 역할을 한다는 것을 배우게 한다(LaVigna, 1977; Bondy & Frost, 1994). 교사는 선호하는 자극(예: 사탕, 장난감)과 색인 카드에 적힌 항목의 이름을 제시한다. 그 후, 교사는 학생이 연속적으로 단어를 더 비슷하게 썼을 때(즉, 형성(shaping)) 그 선호하는 자극 항목에 즉시 접근하게 한다. 교사는 학생이 책상에 놓인 보드에 도움 요청을 작성하고, 예정된 휴식 시간에 간식을 주문하기 위해 해당 선택 항목 옆에 체크 표시를 하고, 친구들에게 함께 놀자고 초대장을 작성하는 방법을 배우게 하면서 의미 있는 쓰기 과제를 일상활동에 통합해야만 한다.

더 높은 수준의 작문 능력을 가진 일부 학생에게는 글쓰기 활동에 학생의 관심을 포함시키는 것이 중요할 수 있다. 예를 들어, Pennington, Collins 등(2014)은 제한된 음성 레퍼토리를 가진 자폐성장애 학생 5명을 대상으로 글쓰기 교수를 시작하기 전에 대체 없는 중다 자극(Multiple-Stimulus-Without-Replacement, MSWO; DeLeon & Iwata, 1996) 선호도 평가를 실시했다. 연구자들은 여러 장의 자극 사진을 제시하고 학생들에게 하나를 선택하라고 요청했다. 이어서 그들은 선택한 사진을 제거하고 남은 사진을 제시한 다음 다시 학생들에게 선택하도록 지시했다. 그들은 모든 사진이 선택되거나 학생이 선택하지 않을 때까지 계속 진행했다. 그들은 이 과정을 각 학생에게 세 번씩 실시하여 평가하고, 학생이 가장 자주 선택한 세 장의 사진을 수업 중에 사용하고자 선정했다.

경우에 따라 교사는 토의를 통해 혹은 자연스러운 환경에서 학생을 관찰하여 학생의 관심 주제를 식별할 수도 있다. 예를 들어, 학생이 인터넷에서 경주용 자동차 사진을 검색하는 것을 관찰한 후 교사는 경주용 자동차 운전자에 관한 이야기를 계획하고 작성하는 것과 관련된 교수활동을 개발할 수 있다. 그러나 개인이 특정 주제나 항목에 흥미를 보인다고 하여 반드시 그 주제가 글쓰기를 강화하는 것은 아니라는 점에 유의하는 것은 중요하다. 어떤 경우에는 쓰기 과제의 단계를 완성하면 유관강화를 얻도록 기회를 삽입하여 교사는 쓰기 활동의 강화 속성을 증가시키고자 노력할 수 있다. 예를 들어, 교사는 주제에 적절하게 작성한 모든 문장에 대해 토큰을 제공할 수 있으며, 학생은 인터넷 또는 다른 강력한 강화제에 접근하기 위해 토큰을 교환할 수 있다.

마지막으로 교사는 자기관리 전략을 글쓰기 활동에 통합하는 것이 학생의 글쓰기 정확성을 향상시킬 뿐만 아니라 글쓰기 과정에 참여를 지원할 수 있음을 발견할 수도 있다. Pennington과 Koehler(2017)는 학생들에게 이야기 쓰기에 사용한 이야기 구성 요소의 수를 기록하도록 교수하였는데, 이것은 중재 패키지의 효율성에 중요한 역할을 했다고 제안했다. 마찬가지로 Pennington, Delano, Scott(2014)은 중재 동안 피드백의 중요한 자료로 글쓰기 구성 요소 사용에 대한 그래프를 그리도록 하였다. 학생이 과제의 완성을 향한 그들의 진보 혹은 작문의 질과 관련하여 사전에 결정된 준거를 충족시키기 위한 그들의 진보를 점검할 때 자기관리 전략의 사용은 동기를 지원하는 강력한 도구 역할을 할 수 있다.

6. 새로운 글쓰기에 대한 고려사항

구어 의사소통의 발달과 마찬가지로, 개인은 수기로 글쓰기를 배우는 과정에서 일련의 단계를 거치는 경향이 있다. 예를 들어, 초보 작가는 소리를 표현하는 글자를 사용하기 전에 낙서, 글자와 같은 모양, 글자열을 종종 만든다. 이 과정은 쓰기 도구에 대한 접촉 및 탐색, 환경 활자(environmental print), 쓰기에 대한 빈번한 피드백을 통해 촉진된다. 가능하면 어린 중등도 및 중도장애 학생은 손의 힘과 협응을 향상시키도록 연령에 적절한 쓰기 사전활동에 참여할 수 있는 기회를 자주 제공받아야만 한다. 이러한 활동에는 색칠하기, 물감으로 칠하기, 마커나 색연필 사용하기, 화이트보드, 스마트 보드 또는 컴퓨터 태블릿에 그리기 등이 포함될 수 있다. 또한 교사는 이러한 초기 쓰기 활동에 대한 학생 참여를 위해 자주 강화 자극(예: 긍정적인 피드백, 선호하는 자료에 대한 접근)을 제공해야 한다.

일부 학생은 필기 기술 개발을 촉진하기 위해 고안된 교수 패키지를 통해 혜택을 받는다. 예를 들어, Handwriting without Tears(HWT; Olsen, 1998)는 유치원부터 5학년까지의 학생에게 필기 기술을 가르치기 위한 다감각 패키지이다. HWT는 학생이 철자법을 배우고 연습할 수 있는 모델과 기회를 제공하는 여러 전략을 통합한다(예: 작은 칠판에 글자를 따라쓰는 것). 일부 자료는 HWT가 장애 학생(Cosby, McLaughlin, & Derby, 2009; Delegato, McLaughlin, Derby, & Schuster, 2013; McBride et al., 2009) 및 비장애 학생(Salls , Benson, Hansen, Cole, & Pielielek, 2013)에게 효과적임을 시사한다.

1) 글자 베껴 쓰기

중등도 및 중도장애 학생을 위한 많은 의사소통 프로그램은 학생들에게 음성 반응을 모방하도록 교수하는 것으로 시작한다. 이 중요한 모방 레퍼토리(때로는 반향(echoics)라고도 함)는 교사가 음성 모델을 사용하여 다양한 반응을 유도하게 해준다. 쓰기 교수 동안 쓰여진 모델을 모방하거나 따라 쓰는 능력이 유용할 수 있다. 지문을 베껴 쓸 수 없는 아동에게 boy라는 단어를 쓰도록 가르치는 것을 생각해보면, 교사는 단어의 각 글자에 대해 음성 촉진을 제공할 필요가 있을 것이다(예: "b를 써보자"). 이 글자별 촉진으로 인해 과제는 각 글자마다 하나씩 세 개의 개별시도로 나눠지고, 이는 학생이 전체 단어를 구문 단위로 보는 능력을 방해할 수 있다. 만약 학생이 글자를 베껴 쓸 수 있다면 교사는 전체 단어의 쓰여진 모델을 제시하고 전체 단어 완성에 대한 피드백을 제공할 수 있다.

이러한 보고-쓰기 관계가 일단 확립되면, 그 관계는 초보 작가가 자신의 환경 내에 있는 지문을 끌어내어 자신의 문학 작품을 제작하게 해준다. 많은 중등도 및 중도장애 학생은 환경 자극에 주의를 기울이는 데 어려움이 있을 수 있기 때문에 교사가 교실 내에 전략적으로 배치된 지문에 학생이 집중하게 만들고, 모델을 사용하도록 학생을 명시적으로 교수하는 것이 중요하다([그림 9.2]). 교사는 학생이 글을 쓸 때 쉽게 이용할 수 있도록 빈번하게 사용되는 단어를 포함하고 때로는 그림도 함께 실린 개인 철자법 사전의 개발을 고려할 수 있다. 경우에 따라 특히 더 나이가 많은 학생에게 교사는 가정에서 비어 있는 용품을 확인하도록 촉진하고 냉장고 화이트보드에 해당 품목의 이름을 베껴 쓰도록 교수함으로써 환경 활자를 사용하여 식료품 목록을 만들도록 지도할 수 있다.

위의 예시에서처럼 임의의 단어 목록을 베껴 쓰는 것은 강화 가치가 거의 없을 수 있으므로 학생에게 베껴 쓰기를 가르치는 일은 의미 있는 맥락 내에서 이루어져야 한다는 점에 유의하는 것은 중요하다. 일부 학생에게는 즉각적인 강화제에 접근할 수 있도록 단어를 베껴 쓸 기회를 제공하는 것이 이 중요한 기술을 배우는 데 가장 매력적인 맥락을 제공한다.

1. 교사는 새로운 어휘에 대한 필요성을 식별한다.
   "새의 색깔을 묘사할 수 있니?" 학생: 네. 파란색이에요.

2. 교사는 환경 활자(environmental print)를 사용하도록 촉진한다.
   "저기에 있는 우리의 색깔 단어를 기억하세요."(게시판에 있는 색깔 단어를 가리킨다)

3. 교사는 환경 활자의 사용을 강화한다.
   "와, 너의 이야기에서 파란색이라는 단어를 잘 사용했구나."

[그림 9.2] 활자에 집중시키기 위한 교수

2) 철자법 교수

강력한 철자법 목록의 습득은 장애 학생과 비장애 학생 모두에게 어렵다. 학생이 쓰여진 자극을 "해독"해야 하는 읽기와는 달리, 철자법은 학생에게 기억한 소리를 "부호화"할 것을 요구한다. 중등도 및 중도장애 학생은 종종 기억력과 주의력에 어려움을 보이는데, 이는 철자법 과제를 수행하는 동안 '부호화' 능력에 부정적인 영향을 미칠 수 있다. 다행히도 다양한 전략이 중등도 및 중도장애 학생의 철자법 기술을 개발하는 데 효과적인 것으로 입증되고 있다.

철자법을 교수하는 가장 직접적인 방법 중 하나는 학생의 베껴 쓰기 기술을 활용하는 것이다. 연구자들은 학생이 초기에는 단어를 베껴 쓰고 점진적으로 모델이 없이도 응답하는 것을 요구하는 몇 가지 교수배열을 사용하고 있다. 예를 들어, Purrazzella와 Mechling(2013)은 학생들에게 수기로 단어 철자를 쓸 때 전진연쇄전략이 효과적임을 보여주었다. 컴퓨터 화면에 그림과 쓰기 모델을 제시한 다음, 학생들은 그 단어를 태블릿에 베껴 써야 했다. 학생이 그림만 있어도 혼자서 단어를 쓸 수 있을 때까지 글자 모델은 점차적으로 제거(예: 첫 단어에서부터 마지막 단어로)되었다([그림 9.3]). 이 연쇄

[그림 9.3] 전진연쇄전략

절차는 중등도 및 중도장애 학생에게 여러 가지 이점이 있다. 예를 들어, 학생이 매 시도마다 강화를 받을 수 있는 독립적이며 정확한 응답에 대한 요구사항이 점차 증가한다. 또한, 학생들은 먼저 단어를 한 단위로 이해하는 데 도움이 될 수 있도록 전체 단어의 모델을 제공받는다. 안타깝게도, 연쇄법은 학생이 한 단어를 배우는 데 상당한 수의 시도를 요구한다. 따라서 다양한 환경에서 학생이 자주 사용하는 단어를 교수하고자 할 때 가장 유용할 수 있다.

베껴 쓰고, 가리고, 비교하기(Copy, Cover, and Compare, CCC; Cuvo, Ashley, Marso, Zhang, & Fry, 1995)라고 불리는 또 다른 전략은 중등도 및 중도장애 학생에게 철자법을 가르치는 데 효과적인 것으로 입증되고 있다(McLaughlin, Derby, & Higgins, 2012; Erbas, Turan, Ozen, & Halle, 2006). 이 전략을 사용할 때 교사는 종이를 세 번 접는다. 첫 번째 열에는 학생에게 써야 하는 단어가 제시되고, 두 번째 열에서는 학생이 제시된 단어를 베껴 쓴다(copy). 다음에 학생은 첫 번째 열이 두 번째 열에 포개지도록 종이를 접으라고 안내받고, 세 번째 열에 그 단어를 기억하여 쓴다(cover). 마지막으로, 학생은 종이를 열어서 자신의 응답이 베껴 썼던 글자와 같은지 비교한다(compare). 학생의 응답이 그 글자와 일치하지 않으면 올바른 단어를 네 번째 열에 베껴 쓴다([그림 9.4]).

또한 베껴 쓰고, 가리고, 비교하기 절차는 보조공학과 함께 사용된다. 예를 들어 Schlosser와 Blischak(2004)은 자폐성장애 학생들에게 모델로 제시된 단어를 음성

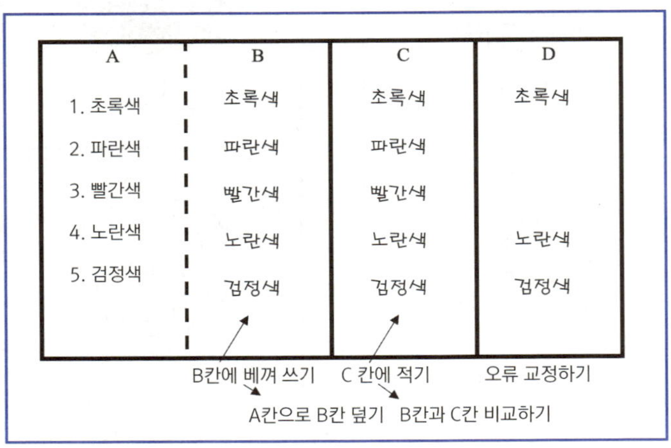

[그림 9.4] 베껴 쓰고, 가리고, 비교하기 전략

출력장치에 복사하고, 모델이 가려졌을 때 단어를 쓰도록 교수하였다. 베껴 쓰고, 가리고, 비교하기 방법의 주요 장점 중 하나는 학생이 절차를 독립적으로 사용하고 잠재적으로 자신의 성과를 추적하도록 교수할 수 있다는 것이다. 예를 들어, 학생들이 베껴 쓰고, 가리고, 비교하기 활동지를 완성하고, 수정이 필요한 단어 수를 세고, 그 자료를 그래프로 표시하도록 교수할 수 있다.

마지막으로, 일부 학생들은 기존 소프트웨어 프로그램에 내장된 철자법 교정 도구를 사용하는 방법을 배울 수 있다. 예를 들어, Kagohara, Sigafoos, Achmadi, O'Reilly, Lancioni(2012)는 비디오 모델을 사용하여 자폐성장애 학생에게 철자법 검사를 사용하는 일련의 단계를 교수하였다. 비디오는 각 단계를 완료하는 한 쌍의 손을 보여주었다. 비디오 모델링이 다양한 교육적 맥락에서 학생에게 유용한 도구가 될 수 있더라도 모든 학생에게 효과적이지 않을 수 있으므로 교사가 철자법 검사 사용을 가르치기 위한 다른 전략(예: 최소촉진체계, 시간지연, 시각적 점검)도 고려하는 것은 중요하다.

3) 문장 구성

쓰기와 철자법을 배우거나 관련 자극의 맥락에서 단일 단어를 선택하는 것이 글쓰기의 중요한 첫 단계이지만, 학생은 이후에 독자로부터 더 정확한 응답을 끌어내기 위해 문장을 작성하는 법을 배워야 한다. 예를 들어, 물이라고 적힌 단어는 독자에게 비에 대해 생각나게 하거나, 바다를 방문했던 때의 이야기를 회상하게 하거나, 작가에게 물 한 잔을 제공하게 할 수 있다. 그 문장은 독자가 작가의 의도(예: "나는 물을 원해" vs "나는 물을 보고 있어")를 결정하는 데 도움이 되며, 더 긴 이야기의 소재 역할도 하지만 그 자체로 작문으로 여겨질 수 있다(Saddler, 2012).

Kame'enui와 Simmons(1990)는 "문장은 누군가 또는 무언가를 명명하고 그 사람이나 사물에 대해 더 많은 이야기를 한다"(p. 438)라는 규칙을 학생에게 가르치는 것부터 시작해야 한다고 권고한다. 일단 학생이 문장 구성을 위한 규칙을 배우고 나면, 문장의 사례와 비사례를 구분하도록 배우고, 궁극적으로 자신의 문장이 규칙을 준수하는지 평가하는 방법을 배운다. 교사는 예시 문장을 제시하고 학생들에게 "누구 또는 무엇"과 "그 외의 것"을 식별하게 하면서 문장교육 수업을 시작하는 것을 고려할 수 있다. 그런 다음 학생에게 "그 외의 것"까지 쓰도록 요구하는 문장 완성 과제(예: 개가 [짖는다])를 제공할 수 있다. 문장 완성 과제는 학생들이 완전한 문장을 생성하는 데 필요한 것보다 적은 노력으로 아이디어를 글로 공유하도록 한다는 점에서 문장 쓰기의 시작점 역할을 할 수 있다. 예를 들어, Mims 외(2017)는 학생들에게 GoBook 앱(Attainment Company, 2015)을 사용하여 컴퓨터 태블릿에서 단어를 드래그하여 이야기에 대한 의견을 표현하는 문장을 완성하도록 교수하였다. 일단 학생들이 문장을 완성할 수 있게 되면, 교사는 독립적으로 생성해야 하는 단어의 수를 점진적으로 증가시켰다(즉, 행동연쇄법; 나는 ________ 좋아한다, 나는 ________ ______, _____ ______ ________).

학생에게 문장 쓰기를 가르치는 효과적인 전략 중 하나는 예측 가능한 글쓰기 체계부터 시작하는 것이다(Penington, Foreman, & Gurney, 2018; Penington & Rockhold, 2018). 문장 또는 꾸밈어(autoclitic) 틀(Skinner, 1957)로 불리는 이러한 구조 패턴은 학생이 글쓰기 기술을 새로운 자극으로 확장하는 데 도움을 줄 수 있다. 예를 들어, Pennington, Flick, Smith-Wehr(2018)는 학생들에게, (1) I want ________, (2) I see ________, (3) The ______ is _______. 틀을 사용하도록 가르쳤다. 중재 후, 세 학생 모두 문장틀을 사용하여 중재 동안 제시되지 않았던 자극에 대해 글을 썼다. 틀(예: I see ____.)은 교수적 시도 동안 일관성 있게 유지되기 때문에 새로운 자극이 적용될 때 일반화를 실현시키는 역할을 할 수 있다고 제안되었다(Stokes & Baer, 1977). 그 이유는 새로운 글쓰기 반응은 이전에 중재된 반응과 유사한 속성을 공유하기 때문이다(Betz, Higbee, Kelley, Sellers, & Pollard, 2011; Hernandez, Hanley, Ingvarsson, & Tiger, 2007).

교사는 또한 문장 교수 과제 동안 체계적인 반응-촉진 전략(예: 고정 시간지연, 최소촉진체계; Wolery et al., 1992)을 실행해야만 한다. Pennington, Foreman, Gurney(2018)는 고정 시간지연을 이용하여 학생들에게 그림 자극에 대한 문장을 쓰도록 가르쳤다. 0초 지연 시도로 이루어진 여러 회기 동안, 그들은 그림과 예시 문장이 있는 색인 카드를 제시하고 학생에게 그 그림에 대해 쓰도록 지시했다. 지연 시도 동안, 그들은 학생들에게 그림과 글쓰기를 요청하고 학생들이 쓰기 시작할 때까지 5초 동안 기다렸다. 만약 학생이 글쓰기를 시작하지 않거나 오류를 보이면, 교사는 쓰기 모델을 제시했다. 또 다른 예로 Pennington, Flick, Smith-

Wehr(2018)는 최소촉진체계를 사용하여 학생들이 컴퓨터 태블릿에 배열된 단어를 터치하여 문장을 구성하도록 교수하였다. 그림이나 사물의 제시와 글쓰기 요청 후 학생들은 먼저 독립적으로 반응할 수 있는 기회를 제공받았다. 만약 그들이 5초 안에 쓰기 시작하지 않거나 오류를 보이면, 교사는 쓰기 모델(즉, 색인 카드)을 제시했다. 마지막으로, 학생이 모델이 있는데도 반응하지 않으면, 교사는 학생의 손가락이 카드에 적힌 단어를 터치한 다음 태블릿 단어를 터치하도록 손으로 안내하였다.

학생들이 더 복잡한 이야기 작문으로 전환하기 시작하면, 교사는 학생이 한 장의 그림에 대해 여러 개의 문장을 쓰도록 요구하는 과제를 도입할 수 있다. 이 연습은 학생이 그림 안에 있는 적절한 여러 자극을 식별하도록 도와준다. 처음에 교사는 학생이나 소집단의 학생들에게 그림을 소개하고 나서 그 그림의 가장 유의미한 측면에 대해 토의한다. 그런 다음 교사는 학생이 글을 쓸 때 그러한 측면에 주의를 기울이도록 자극을 강조할 수 있다. 그 다음에 교사는 내용과 관련된 그림만 제시하면 학생이 여러 개의 문장을 쓸 수 있을 때까지 이러한 추가적인 지원을 서서히 없앨 것이다.

일단 학생들이 여러 문장을 쓸 수 있게 되면, 교사는 그들이 작성한 문장의 길이를 늘리기 위해 문장 결합 전략 사용을 고려할 수 있다. 문장 결합 활동은 자폐성장애 학생이 작성한 문장의 길이와 질을 높이는 데 효과적인 것으로 입증되고 있다(Rousseau, Krantz, Poulson, Kitson, McClannahan, 1994). 또한, 이는 학생이 글쓰기 중에 판단을 내리고 수정 기술을 발전시키는 데 도움이 될 수 있다(Saddler, 2012). 문장 결합을 사용할 때, 교사는 여러 문장을 제시하고 학생에게 그것들을 한 문장으로 결합하는 방법을 교수한다. 예를 들어, "개는 갈색이고, 개는 먹고 있다"라는 문장을 제시하면, 학생은 "갈색 개가 먹고 있다"라는 글을 쓸 것으로 기대된다. 많은 중도장애 학생은 초기에는 문장을 결합하는 것을 도와주는 단서가 필요하다. Saddler(2012)는 (1) 결합할 단어 또는 구에 밑줄을 긋는 것과 (2) 문장의 마지막에 있는 괄호 안에 핵심 단어를 배치하는 것의 두 가지 유형의 단서 교수(cued instruction)를 설명한다. [그림 9.5]는 단서 지시가 있거나 없는 문장 결합 활동의 예시를 보여준다.

케이크는 맛있다
케이크는 따뜻하다

결합:
케이크는 따뜻하고 맛있다

단서를 제시한 예시:
그 소녀는 예쁘다
그 소녀는 키가 크다

결합:
그 키 큰 소녀는 예쁘다

그 괴물은 초록색이다
그 괴물은 무섭다 (그리고)

결합:
그 괴물은 초록색이고 무섭다

[그림 9.5] 문장 결합 과제 예시

한 그림에 대해 여러 문장을 작성할 수 있는 능력은 학생이 자신의 글에 포함할 내용에 대해 선택하는 것을 가능하게 하지만, 그것이 반드시 일관된 이야기로 이어지는 것은 아니다. 즉, 여러 문장이 하나의 그림이나 주제와 관련될 수 있지만, 반드시 서로 관련되는 것은 아니다. 교사가 더 복잡한 이야기 쓰기 교수를 준비하고 있다면, 학생에게 먼저 일련의 그림과 문장을 짝을 맞추게 한 다음 문장을 작성하도록 교수함으로써 시작할 수 있다. 교사는 학생이 논리적인 배열로 문장을 구조화할 수 있도록 매력적인 콘텐츠를 제공하기 위해 만화책이나 만화를 사용할 수 있다. 궁극적으로, 학생이 여전히 단일 그림자극에 대한 단일 반응만을 생성한다면 교사는 이러한 지원을 서서히 줄여야 한다.

약간의 조사 후에, Hurowitz 씨는 Jasper에게 간단한 문장을 쓰도록 가르치는 교수 프로그램을 개발하기로 결정했다. Jasper는 일견 단어를 읽고, 의사소통을 할 때 종종 2~3개의 단어를 사용했다. 그녀는 I, want, a 라는 단어와 함께 선호하는 항목의 여러 이름을 디지털 단어장에 프로그래밍했다. 그 다음 그녀는 학생에게 '요청하는' 문장 만들기를 교수하고자 촉진을 사용했다. 학생이 각 문장을 구성한 후에, 그녀는 그 문장을 소리내어 읽고 나서 학생에게 강화를 제공했다. Hurowitz 씨는 이것이 Jasper에게 글쓰기의 목적, 즉 독자에게 변화를 가져온다는 것을 가르쳐주기를 바랐다.

4) 더 복잡한 이야기 쓰기

학생이 의미 있는 문장을 구성하거나 생성하는 법을 배우게 되면, 다음으로 그 문장들을 다양한 목적과 청중을 위해 일관된 이야기로 구조화하는 법을 배워야만 한다. 비록 중도장애 학생에게 복잡한 형태의 글쓰기를 가르치는 연구는 제한적이지만, 자료는 이들이 다양하고(Pennington, Collins 외, 2014) 더욱 복잡하며(Collins, Branson, Hall & Rankin, 2001) 여러 청중을 대상(Penington, Delano, & Scott, 2014)으로 하는 이야기를 작성할 수 있음을 제안한다. 중도장애 학생들에게 글쓰기를 교수하는 것에 대한 새로운 증거는 중등도 및 중도장애가 없는 학생을 위한 권장사항과 일치한다. 구체적으로 두 경우 모두 작문을 위한 예측 가능한 루틴을 설정하는 교수가 학생에게 도움이 된다는 것을 나타낸다. 이러한 루틴 또는 체계는 학생이 적절한 정보를 삽입할 수 있는 패턴으로 여겨진다. 예를 들어, 학생은 기본 문단이 주제 문장으로 시작되고, 적어도 두 가지 세부 사항이 뒤따르며, 결론 문장으로 끝맺는다는 것을 배울 수 있다. 중등도 및 중도장애 학생을 위해 교사는 먼저 특정 유형의 이야기에 필요한 가장 기본적인 체계를 결정해야 한다. 예를 들어, Pennington, Collins 등(2014)은 주인공이 간 장소를 기술하고, 주인공의 행동을 묘사하며, 주인공의 결과적인 감정 상태를 서술하는 간단한 세 문장 구조([그림 9.6] 참조)를 중심으로 이야기 쓰기 교수를 개발하였다. Lee, Browder, Hawley, Flowers, Wakeman(2016)은 지적장애 학생들에게 정보문을 완성하도록 교수했다. 먼저 학생들은 그래픽 조직자를 사용하도록 배운 다음 그 조직자에서 글쓰기 템플릿으로 정보를 옮겨적도록 배웠다([그림 9.7] 참조). 문장 쓰기에 대해 설명한 과정과 유사하게, 이러한 구조(즉, 템플릿)의 사용은 학생이 새로운 내용에 구조를 적용하는 방법을 배우게 하여 일반화를 실현시키는 역할을 할 수 있다.

템플릿 예시

로봇은 우주에 갔다
로봇은 요다를 보았다
로봇은 행복했다

스폰지밥은 학교에 갔다
스폰지밥은 친구들을 보았다
스폰지밥은 행복했다

[그림 9.6] 이야기 쓰기를 위한 문장 작성

주제: ____________________
중심생각: ____________________
____

근거: ____________________
____
____

중심생각: ____________________
____

근거: ____________________
____
____

중심생각: ____________________
____

근거: ____________________
____
____

이 수필에서 나는 ______에 대해 말할 것이다.
(주제)

나의 목적은 ____________하기 위함이다.
(즐겁게, 설득, 안내)

____________를 좋아하는 이유는 많다.
(주제)

첫째, ____________________.
(중심 생각1)

예를 들어, ____________________.
(근거)

둘째, ____________________.
(중심 생각2)

예를 들어, ____________________.
(근거)

마지막으로, ____________________.
(중심 생각3)

예를 들어, ____________________.
(근거)

결론적으로, ______를 좋아하는 많은 이유는
(주제)

다음과 같다.
첫째, ____________________.
(중심 생각 1)

둘째, ____________________.
(중심 생각 2)

마지막으로, ____________________.
(중심 생각 3)

[그림 9.7] 그래픽 조직자와 글쓰기 템플릿

출처: Lee, Browder, Hawley, Flowers, Wakeman(2016)로부터 발췌 Copyright © 2016 미국 특수아동협의회, 자폐성장애 및 발달장애분과.

학생에게 더 복잡한 이야기 작성을 교수하기 시작할 때 교사는 매력적인 그림이나 시각적 자극을 중심으로 활동을 개발해야 한다. 학생이 과거에 접한 사건(예: "여름방학 동안 무엇을 했습니까?")에 대해 쓰도록 권장할 수는 있지만 이러한 "회상 유형" 과제는 의사소통과 기억력의 어려움으로 중등도 및 중도장애 학생에게는 어려울 수 있다는 점에 유의해야 한다. 그림에 대해 글을 쓸 때, 학생들은 이전의 경험에 대한 그들의 기억력에 의존하지 않고 아이디어를 낼 수 있다. 또한, 교사는 세부 사항이 그림 촉진과 일치해야 하므로 작성된 글의 정확성에 대한 피드백을 제공할 수 있다.

어떤 경우에 교사는 교육하는 동안 비디오 영상을 사용하는 것을 고려할 수 있다. 영상은 정적인 그림보다 더 매력적이고 완전한 이야기에 대한 풍부한 묘사를 제공한다. Pennington과 Koehler(2017)는 유튜브에 나오는 짧은 비디오 영상을 본 후 이야기를 만들어 내도록 3명의 중도장애 중학생을 교수하였다. 교사는 먼저 학생들에게 이야기의 일부분을 소개하고 비디오 영상을 보여주었다. 영상을 본 후 교사와 학생들이 함께 이야기 템플릿을 완성했다. 그런 다음 교사는 학생들에게 템플릿을 완성하기 위해 목표가 된 이야기 구성 요소(즉, 주인공, 상황, 사건1, 사건2, 감정)를 식별하게 하였다. 학생들이 오류를 범하거나 무응답인 경우, 교사는 그 비디오의 관련 부분을 재생하고 올바른 응답을 촉진했다. 템플릿을 완성한 후, 교사는 이야기를 소리내어 읽은 다음 학생들에게 "다른" 이야기를 쓰라고 지시하였다.

일부 학생들은 그림이나 비디오가 없는 상태에서 간단한 이야기를 구성하도록 배웠다(Penington, Ault, Schuster, Sanders, 2011; Penington, Collins, et al., 2014; Penington, Stenhoff, Gibson, Ballou, 2012). 연구자들은 자폐성장애와 제한된 의사소통 기술을 가진 학생들이 선호하는 캐릭터를 중심으로 간단한 이야기를 구성하도록 이야기 템플릿(이 장 앞부분에서 설명), 선택 기반 소프트웨어, 동시 촉진을 사용하여 가르쳤다. 이 절차를 적용할 때, 교사는 학생들에게 단어장에서 순서대로 단어를 선택함으로써 이야기를 구성하도록 촉진하였다. 각 구성이 끝날 때마다 교사는 내장된 텍스트 음성 변환 소프트웨어를 사용하여 학생들에게 이야기를 들려주었다. 이 전략을 사용할 때에는 몇 가지 교수적 구성 요소를 고려해야 하고, 개별 학생들에게 적합해야만 한다. 첫째, 학생이 템플릿 내에서 여러 버전의 이야기를 접하는 것이 중요하다. 그렇지 않다면, 학생은 하나의 이야기를 습득하고 새로운 주제에 그 템플릿을 적용할 수 없을 것이다. Pennington, Collins 외(2014)는 교수 중에 무작위로 10개의 다른 이야기 버전을 제시했으며 연구 참여자들의 반응에서 변화를 관찰했다. 일부 학생에게는 10가지 변형이 과할 수 있으며, 교사는 완전하고 다양한 이야기를 작성하는 것 사이에서 균형을 맞추기 위해 예시의 수를 줄여야 할 수도 있다. 둘째, 교사는 교수 중에 사용할 단어장을 만들기 전에 학생의 읽기 능력을 고려해야 한다. 교사가 생소한 단어가 포함된 배열을 사용할 수 있지만 학생은 배열된 단어 대부분을 읽을 수 있어야 한다(Penington, Collins 외, 2014). 마지막으로, 교사는 각 배열 내에서 사용되는 단어 수를 고려해야 한다. 학생의 공학에 대한 경험과 훑기 및 식별 기술은 글쓰기 동안 얼마나 빨리 단어를 찾고 선택할 수 있는가에 중요한 역할을 한다. 교사가 단어를 찾기 쉽도록 배열하는 것은 중요하지만 학생도 여러 이야기를 쓸 수 있는 충분한 단어를 가지고 있어야 한다. 또한, 일부 교사는 주어, 서술어, 목적어 순으로 단어를 배열하여 배열 내에 촉진이 포함되도록 선택할 수 있다.

모든 유형의 이야기 쓰기에서 교사는 학생이 이야기 내에서 중요한 구성 요소를 식별하고, 글을 점검표와 비교한 다음, 매일의 성과를 그래프로 표시하도록 도와줌으로써 자기관리 전략을 통합하는 것을 고려해야만 한다. 여러 연구팀은 학생의 그래프 작성을 중재 패키지의 구성 요소로 포함시켰다(Penington, Delano, Scott, 2014; Penington, Koehler, 2017). 예를 들어, Pennington, Saadatzi, Welch, Scott(2014)은 교수 동안 추가 피드백을 제공하기 위해 중도장애 고등학생이 문자 메시지 구성 요소를 그래프로 그리도록 하였다. 각 회기를 마친 후, 교사와 학생은 각 문자 메시지에 포함된 구성 요소의 수(예: 인사말, 개인 이야기, 마치기)를 세어보고 포함된 구성 요소의 수를 그래프로 표시하도록 촉진했다.

5) 수정 및 편집 교수

수정과 편집은 글쓰기 과정에서 중요한 부분인데, 이는 작가의 메시지가 명확하게 이해되고, 궁극적으로 독자에게 원하는 영향을 미치게 하는 데 유용하다. 수정과 편집을 배우는 것은 일련의 기술(즉, 문법 규칙에 대한 지식, 오류 식별)을 요구하고 그 과정에 참여하려는 학생의 동기를 필요로 한다는 점에서 많은 중도장애 학생에게 어려움이 예상된다. 교사는 한 번에 하나의 규칙을 목표로 하고 학생에게 규칙의 사례와 비사례를 구별하도록 가르치는 것으로 교수를 시작해야만 한다. 그 후에 학생에게 오류를 식별하고 그러한 오류에 대한 해결책을 제안할 기회를 제공해야 한다. 예를 들어, 교사는 주어가 일치하지 않는 사진과 문장(예: 소가 풀을 먹는 그림, 개가 풀을 먹는다는 문장)을 제시할 수 있다. 마지막으로, 학생은 자신의 글을 수정하고 편집할 기회를 가져야만 한다. 이 과정에서 일부 학생은 점검표, 자신의 작품과 비교할 수 있는 글쓰기 모델, 상기시켜주는 색인카드(예: 기억술)와 같은 시각적 지원을 받을 수 있다.

중등도 및 중도장애 학생에게 작품을 수정 · 편집하도록 가르치는 연구가 부족한 실정인데, 한 연구팀만이 이 학생들을 위한 글쓰기 중재의 일부로 수정을 포함시켰다. Pennington, Delano, Scott(2014)은 학생들이 이력서의 자기소개서 구성요소(예: 인사말, 지원자가 관심 있는 직무에 대한 설명, 직무와 관련된 지원자의 기술 설명, 지원 검토에 대한 감사, 마치기, 서명)를 모두 포함시키도록 자기소개서를 수정하게 하였다. 학생이 자기소개서를 작성한 후 교사와 학생은 함께 목표로 한 각 구성요소가 있는지 확인하였다. 학생이 구성 요소를 포함하지 않았을 경우, 교사는 학생에게 대상 구성 요소의 예시가 포함된 활동지를 사용하도록 촉진하였다. 마지막으로, 학생들은 매일 그들의 소개서에 사용한 구성 요소의 수를 그래프로 표시했다.

7. 요약

글쓰기를 배우는 것은 개인에게 다양한 교육적 환경, 지역사회, 사회적 환경에 참여할 기회를 제공한다. 안타깝게도 많은 학생에게, 능숙한 쓰기 표현은 쉽지 않다. 이는 특히 새로운 기술을 배우고 다른 형태의 의사소통(예: 음성, 수어, 그림 기반)을 발달시키는 데 어려움을 겪는 중등도 및 중도장애 학생들에게 그러하다. 다행히 예측 가능하고 동기 부여가 가능한 쓰기 루틴 내에서 명시적인 교수가 제공될 때 중등도 및 중도장애 학생이 의미 있는 지문을 작성하는 방법을 배울 수 있다는 것을 보여주는 연구 증거들이 새롭게 등장하고 있다. 교사는 글쓰기에 대한 현재 생각을 재고하며 학생이 주변의 독자들을 변화시킬 수 있는 결과물을 창작할 수 있게 새로운 방법을 찾아야만 한다. 학생들이 교실 밖과 성인기 삶 속에서 글을 쓰는 것을 기대한다면, 이러한 작가와 독자 관계는 확고히 정립되어야 한다.

마무리 활동

1. 다음 문자 메시지를 생각해보세요. "저기, Jenny가 슬퍼하고 있는 것 같아요. 왜냐하면 그녀의 밴드 공연에 몇 사람만 나타났거든요. 어떻게 하면 그녀의 기운을 북돋을 수 있을까요?" 본 문자 메시지를 작성하기 위해 필요한 개별 기술 목록을 작성하세요.
2. 철자가 어려운 단어 5개 또는 철자를 배우고 싶은 새로운 단어를 찾아보세요. 먼저, 종이에 단어를 써보세요. 그런 다음 올바른 문자 순서를 세어서 수행의 기초선을 평가하세요. 그런 다음 베껴 쓰고, 가리고, 비교하기 방법을 사용하여 단어의 철자를 연습하세요. 마지막으로, 단어의 철자를 다시 한 번 쓰고 올바른 문자 순서를 세어보고 첫 번째 시도와 비교해 보세요.
3. 여러분이 가르치거나 가르칠 학생들에게 적절한 쓰기 콘텐츠 기준을 찾아보세요. 학생들이 해당 표준을 충족하기 위해 사용할 수 있는 템플릿을 개발해보세요. 본 장에 소개된 Lee 외(2016) 예제를 활용할 수 있습니다.

제10장

초기 수학 및 문제해결 증진

Alicia Saunders

Julia는 무발화로 최근 평가에서 "평가 불가능"이라는 결과를 받은 중도 지적장애 1학년 학생이다. 교사는 Julia가 수개념이 없는 것처럼 보이고, 소리를 내어 숫자를 셀 수 없기 때문에 수학을 어떻게 가르쳐야 하는지 확신이 없다. Julia의 특수교사, 언어치료사, 작업치료사는 협력하여 Julia가 숫자를 셀 때 구어로 반응하도록 보완대체의사소통 기기를 사용하고 세트를 만들 때 물리적으로 구조화할 수 있도록 지그(jig)를 활용하여 수학을 명시적 교수법과 체계적 교수법으로 가르친다. Julia는 보완대체의사소통 기기를 사용하여 5까지 셀 수 있으며, 지그를 활용하여 3개의 수조합을 만들 수 있다.

Daniel은 3학년 자폐성장애 학생이다. Daniel의 학업적 강점은 수학능력이다. 그는 단순연산을 알고 있으며, 숫자를 재조합하여 두 자릿수 덧셈과 뺄셈을 할 수 있다. 하지만 수학 문장제 문제가 주어질 때 문제를 읽지 못한다. 문제에 있는 숫자에 동그라미를 치고 합산한 후에 답을 쓴다. Daniel의 교사는 문장제 수학 문제풀이를 교수법 중 하나인 수정된 도식기반교수에 대해 알게 되어 그것을 시도해 보기로 결정하였다. Daniel은 6개월 내에 3가지 유형의 덧셈과 뺄셈 문장제 문제풀이를 터득했다.

초기 수학 기술(early numeracy skills)과 문제풀이 기술(problem-solving skills)은 수학 기술의 기본이다. 두 가지의 수학 기초 기술의 유능성은 학생이 일반 교육과정에 수월하게 참여하도록 하고, 이러한 기초 기술은 고용, 독립생활, 중등이후 및 여가 선택에 기여하도록 하여 가능한 최고의 중등이후 기회와 성과를 제공한다는 점에서 중요하다.

1. 초기 수학 기술

수학에 있어서 초기 수학 기술이란 읽기에서의 음운 기술과 같다. 초기 수학 기술은 수개념의 발달을 의미한다. 이 기술에는 숫자 식별, 기계적 세기(rote counting), 숫자가 하나의 사물이나 사물 집합을 의미한다는 것을 이해하는 것(숫자 표현, 일대일 대응하여 수 세기), 물리적으로 재배열을 해도 사물의 개수는 그대로 보존된다는 것을 이해하는 것(숫자 보존), 숫자를 분리하거나 합치는 것(수의 합성과 분해), 자리값(숫자의 크기), 더 크다 또는 더 작다 및 양적으로 더 많다 또는 더 적다를 구분하는 기초 측정 개념, 양을 더하거나 빼는 것, 패턴을 찾는 것이 포함된다. 수 감각(number sense)은 전문가마다 다르게 정의되며 다른 기술도 포함될 수 있기 때문에 이 목록이 완전한 것은 아니다.

수 감각과 연산을 이해하는 것은 학생이 더 복잡한 수학 개념을 이해하고 수학적 판단을 내리는데 꼭 필요하며, 이런 이유로 기초 기술이라고 불린다. 연구자들은 학생의 초기 수학적 이해력이 향후 삶에서 수학 기술을 성공적으로 사용하는데 영향을 준다고 하였다(Sarama & Clements, 2009). 연구자들은 수 감각이 대략 생후 6개월부터 발달하기 시작하고 많은 아동은 유치원 입학 전에 일부 기술을 습득한다고 하였다. 이 점은 중등도 및 중도장애 학생에게도 동일하다. 하지만 많은 장애 학생이 이러한 기술을 습득하지 않고 학교에 입학하며, 이러한 기술을 배우지 않은 채로 초등학생 시기를 보낸다. 이것은 결함 문제는 아닐 수 있으며, 특히 저학년 때 수학 개념에 대해 제한된 노출, 이러한 개념을 발전시킬 수 있는 제한된 경험 혹은 양질의 수학 수업의 부족에 기인한다.

중등도 및 중도장애 학생이 이러한 기술을 습득하기 위해서는 충분한 연습과 함께 명시적 교수(explicit instruction)가 필요하다. 학생은 이러한 기술을 습득하기 위해 연습할 수 있는 반복적인 기회도 필요하다. 보통 이러한 기술은 일대일 수업으로 따로 떼어내어 배운다. 많은 초기 수학 기술은 서로 연관되어 있고, 발달하는 데 서로 토대가 되기 때문에, 개별적으로 기술을 가르치는 것은 학생이 이해하도록 돕는 최선의 방법이 아닐 수 있다. 예를 들어, 학생이 구체적 조작물(manipulative)로 간단한 덧셈을 푼다면 여러 초기 수학 기술이 동시에 사용된다. 학생은 첫 숫자(the first numeral)를 확인하고, 일대일 대응으로 숫자를 세어 수조합을 만들고, 두 번째 수조합에서 반복하고, 2개의 수조합을 병합하고, 답을 찾기 위해 숫자를 세고 최종 값을 기억하고 답을 말하거나 적어서 기수성(cardinality)을 보여준다. 어떤 기술을 가르쳐야 하며, 어떤 진보를 보이는가에 관한 학습 궤적(learning trajectories)은 초기 수학 전문가에 의해 개발되었다(Sarama & Clements, 2009). 다음은 중등도 및 중도장애 학생을 위한 핵심 초기 수학 기술(pivotal early numeracy skills)을 설명한다.

• 수 세기(counting)는 첫 번째 목표 기술이다. 학생은 기계적 세기나 순서대로 숫자 이름을 말하는 것을 배우며 시작한다. 대부분의 학생은 노래를 부르며 배운다. 다음으로 배워야 하는 기술은 일대일 대응으로 숫자를 세는 것이다. 이것은 중요한 초기 수학 기술이다. 본 장에서 다루는 대부분의 기술과 연관되므로 1에서 5까지, 1에서 10까지와 같이 매번 조금씩 늘려가며 가르쳐야 한다. 일대일 대응 수 세기는 세트를 만들기 위해 사물을 만지거나 움직이는 것을 포함하는 조정된(coordinated) 수 세기로 정의할 수 있다. 이것을 가르치는 한 가지 방법은 "하나씩 가리키고 세어봐(one touch, one count)"이다. 이 기술을 가르치는 데 추천되는 방법은 다음과 같다.

- 첫째, 큐브와 같이 움직일 수 있는 사물로 시작하고, 왼쪽에서 있는 사물부터 시작하여 오른쪽에 있는 사물이 선을 지나도록 옮긴다.
- 둘째, 나란히 붙인 스티커처럼 움직이지 않는 사물로 진행한다.
- 셋째, 움직일 수 있고 흩어져있는 사물을 이용한다. 참고: 교사는 책상 위에 수 세기 조작물(counters)을 쏟아 놓고, 학생들에게 세어보라고 하며 시작한

다. 이 방법은 학생에게 시각적, 공간적으로 사물을 구조화하도록 가르쳐주지 않는데, 이것이 이 순서가 추천되는 이유이다.

- 마지막으로 특정 패턴으로 정렬되지 않는 문제집에 있는 사물 그림과 같이 움직일 수 없는 사물로 진행한다.

학생은 수 세기를 하며 두 개의 또 다른 중요한 기술을 배워야 한다. 직산(subitizing)은 학생이 주사위의 3을 아는 것처럼, 사물의 양을 숫자를 세지 않고 파악하는 것으로 정의된다. 이것은 일대일 대응하며 수를 세는 것 보다 더 효율적이고 정확할 수 있다. 직산은 향후 덧셈과 뺄셈을 할 때 중요한 선수 기술이다. 기수성(cardinality)은 또 다른 핵심 개념이며 세트의 마지막을 세고, 그 숫자를 세트의 양으로 이해하고 기억하는 것이다. 예를 들어, 학생이 7까지 세고, 교사가 "세트에 몇 개가 있니?"라고 묻는다. 학생이 다시 세기 시작한다면 학생은 기수성이 부족한 것이다.

또 배워야 하는 다른 기술은 (1) 5와 10처럼 2의 배수로 숫자를 세는 것; (2) 덧셈과 뺄셈 계산의 선수조건이 되는 한 숫자를 기준으로 정방향과 역방향으로 숫자를 세는 것; (3) 학생에게 숫자를 5칸 상자(5-frames), 10칸 상자(10-frames)로 시각적, 공간적으로 구조화하는 것; (4) 빨대를 5개씩, 10개씩 묶어서 학교 수업일수를 나타내는 것과 같이 집합 단위로 사물의 양을 다시 묶는 것이다.

- 조합 구성(composing sets)은 세트를 구성하기 위해 사물을 합하는 효과를 이해하는 것으로 정의된다. 일대일 대응 수 세기에서 설명된 것처럼 미리 설정된 세트를 세는 것이 아니며, 학생은 필요한 것보다 많은 수를 받게 되어 특정 양의 조합 단위로 만들어야 한다. 이 기술도 조금씩 늘려가며 가르친다. 학생이 조합 단위로 구성하도록 가르칠 때 기수성이 강조된다. 학생은 필요한 것보다 많은 수를 받게 되고, 교사는 손을 내밀어 "5개를 주세요"라고 요청한다. 학생이 5개를 넘어서서 계속 숫자를 세면, 학생은 기수성이 부족한 것이다.

기수성 가르치는 팁

학생에게 "멈추는 것"을 가르치는 것은 중요하다. 교사는 학생에게 "5개까지 세어봐"와 같이 특정 양을 요구해야 한다. 학생이 그 정해진 양까지 반복하도록 하고, "응, 다섯, 멈추세요."라고 말해준다. 교사는 지시와 함께 멈추는 신호를 짝지을 수 있다. 학생이 다섯까지 세고 그다음 숫자를 세려고 하면 교사는 "멈추세요. 다섯, 멈춰!"라고 말한다.

• 숫자 식별(numeral identification) 숫자 쓰기 또한 가르쳐야 하는 초기 수학 기술이다. 이 기술은 숫자를 불러주면 학생이 찾도록 하거나, 숫자를 가리키면 학생이 말하도록 하며 가르친다. 숫자 1-10을 가장 우선적으로 가르쳐야 한다. 학생이 숫자 순서를 사용하지만 자동적으로 숫자를 인식못할 수도 있기 때문에 수선(number line)에서 숫자를 인식하는 것 이상으로 나아가는 것이 중요하다. 다른 방법은 학생이 수선에서 빠진 숫자 식별하기, 4장의 숫자 카드 배열에서 숫자를 식별하기, 종이에 적힌 흩어진 숫자를 인식하기이다. 숫자 중에서 10을 가리키는 teen은 쓰는 방식 때문에 배우기가 더 어려울 수 있다. 예를 들어, "16"은 "six-"다음에 "-teen"으로 표시되어 많은 학생이 "61"로 쓴다. 학생에게는 10을 넘는 수에 대해 자릿값과 10과 1의 개념을 소개해야 한다.

• 양 비교(comparing quantities)란 다른 양을 구별할 수 있고 시각적으로나 계산을 통해 세트 간의 등가 관계를 구성할 수 있는 것으로 정의된다. 이 기술에서 학생은 같은 수량을 맞추고, 양이 더 많은지, 적은지, 같은지를 결정한다. 예를 들어, 3개 세트가 제시되었을 때 학생은 그에 맞추어 3개의 세트를 만들거나 혹은 2개 이상의 세트가 제시되었을 때 학생은 어떤 세트가 더 많은지, 적은지 또는 같은지 결정한다. 이 기술의 또 다른 중요한 변형은 학생의 좌석이나 학급 구성원을 위한 간식이 충분한지 아는 것처럼 무언가가 충분한지 여부를 결정하는 것이다. 여기에 해당하는 다른 기술 범주는 (1) 물건을 처음, 다음, 마지막으로 정렬하는 것; (2) 가장 작은 것부터 가장 큰 것까지 순서대로 정렬하는 것; (3) 점이 그려져 있는 카드를 점의 개수에 따라 정렬하는 것처럼 수량에 따라 정렬하는 것; (4) 서수 학습(예: 첫 번째, 두 번째, 세 번째 등)이다.

기호를 도입하는 것이 이 개념의 핵심이며, 사물을 대표하는 수 세기 조작물과 같은 구체적인 사물부터 점의 개수와 쌍을 이루는 숫자와 같이 표상하는 사물, 추상적인 숫자로 옮겨간다. 양이나 숫자를 비교하기 위한 기호를 가르칠 때 기호를 따로 가르치는 것보다 이러한 양의 비교를 보여주기 위해 기호의 양쪽에 양이나 숫자를 제시하는 것이 중요하다. 예를 들어, “3 = 3”은 “3은 3과 같다”또는 “3은 3과 같은 값을 갖는다”로 읽는다. 이것은 대수학의 선행 기술이다.

- 덧셈과 뺄셈(adding and subtracting sets)란 더하기 위해 세트를 모으고 빼기 위해 세트를 가르는 개념을 이해하는 것이다. 기호를 사용하지 않고 2개의 미리 구성된 세트를 가지고 그들을 합하는 것(예: 2개 사물과 1개 사물을 합하여 3개로 만드는 것)으로 시작한다. 다음은, 학생이 자신의 세트를 만들고 결합하는데, 1부터 5까지의 적은 수량에서부터 1부터 10까지의 큰 수로 늘려간다. 연산을 나타내는 기호가 소개될 수 있다(예: +, =, -). 학생이 지원을 필요로 한 경우 [그림 10.1]과 같은 그래픽 조직자가 도움이 될 수 있다. 학생이 덧셈을 확실히 이해하면 뺄샘이나 세트의 일부를 없애는 것을 도입할 수 있다.

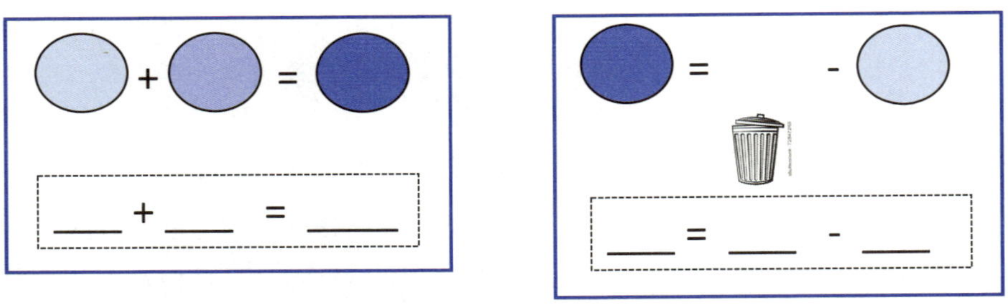

[그림 10.1] 덧셈과 뺄셈 세트를 가르치는 그래픽 조직자 예시

가르쳐야 하는 다른 주요 개념은 0, 1개 더, 2개 더를 추가하는 것이다. 학생은 또한 4 +_____ = 6처럼 누락된 가수(addends)를 수선을 이용하여 연습한다. 이것은 뺄셈에서도 동일하게 적용된다. 덧셈과 뺄셈에 대한 맥락을 제공하는 것은 중요하다. 나중에 논의되는 이야기 기반 접근법과 문제해결에서는 이를 수행하는 방법에 대한 추가 정보를 제공한다.

• 패턴 찾기(patterning)는 대수적 사고(algebraic thinking)의 선행 기술이다. 시각적 패턴을 시작으로 숫자로 패턴을 만들도록 진행된다. 학생은 빨강, 노랑, 빨강, 노랑과 같이 ABAB 패턴을 인지하며 시작할 수 있다. 학생이 ABAB 패턴과 ABAB 패턴이 아닌 것을 구별할 수 있게 되면 ABAB 패턴을 복제하여 ABAB 패턴을 확장할 수 있고, ABAB 패턴에서 누락된 구성 요소를 찾아서 완성할 수 있다. 학생은 색상, 기하학 도형, 구슬, 사물, 음악 비트과 같은 것으로 패턴을 만들 수 있다. 학생이 스스로 패턴을 만들 수 있고, 기초 연산 능력 중 일부를 습득한다면, 숫자 패턴을 인식하는 것으로 발전할 수 있다.

• 표준 및 비표준 측정 단위(standard and nonstandard units of measurement)는 길이, 무게, 높이와 같은 사물의 속성을 뜻한다. 일반적으로 학생은 두 사물을 비교하고 어떤 것이 더 높고 긴 것이지 확인하는 것부터 시작한다. 비표준 측정 단위란 학생이 종이클립으로 1달러 지폐의 길이를 측정하거나 보폭으로 방 너비를 측정하는 것이며 동일한 단위로 사물을 측정하는 것이다. 표준 측정 단위는 규모가 있는 물체 속성을 측정하는 것으로 예를 들어, 연필 길이가 몇 인치인지 0으로 시작하는 자로 측정하는 것을 가리킨다.

• 달력 읽기 기술(calendar skills)은 학생의 계산 기술을 일반화하는 것이며 중등도 및 중도장애 학생이 수학을 실생활에 적용하는 것을 고려할 때 특히 중요하다. 학생은 숫자, 서수 식별 및 일대일로 날짜를 세는 지식으로 확장한다. 달력에 대해 "오늘은 9월 2일입니다. 오늘부터 3일 후는 어떻게 되는 봅시다…. 1, 2, 3을 세어 봅니다. 오늘부터 3일 후는 9월 5일 또는 9월의 다섯 번째 날입니다."라고 가르칠 수 있다. 이 예시에서 학생은 위에서 언급한 세 가지 초기 수학 기술을 연습한다. 학생이 달력의 한 주간에 걸쳐 할 수 있게 되면, 2주, 3주에 걸쳐 수행할 수 있도록 진행할 수 있다.

〈표 10.1〉은 중등도 및 중도장애 학생이 배울 수 있는 초기 수학 기술에 대해 그 정의, 이 기술을 가르칠 때 사용되는 교수전략, 단계적으로 기술을 가르치는 방법을 제공한다.

〈표 10.1〉 중등도 및 중도장애 학생을 위한 주요 초기 수학 기술 요약

초기 수학 기술	정의	교수전략	난이도
수 세기	시작 기술임; 숫자를 차례대로 말하기	노래로 시범-주도-평가; 고정 시간지연	1-10 또는 1-12; 1-20, 1-30; 1-50; 1-100
1:1 대응하여 수 세기	매우 중요한 초기 수학 기술임; 사물을 만지거나 음직이며 조정된 수 세기를 하여 세트의 양을 결정하기	시범-주도-평가; 고정 시간지연; 동시촉진	1-3; 1-5; 1-10 개의 사물; 10 단위를 사용하여 10개 이상
숫자 식별	적혀 있는 숫자를 인지하기; 표현적이고(가리킨 숫자를 학생이 말함) 수용적인(학생이 목표 숫자를 가리킴) 방식으로 가르치기	고정 시간지연; 동시촉진; 시범-주도-평가	1-5; 0-10; 1-15; 1-20 순서대로 숫자 세는 것에서 숫자 배열 또는 흩어진 숫자로 나아가는 것이 중요함
조합 구성	세트를 만들기 위해 사물을 합하는 것의 결과 이해하기	최소 개입적 촉진; 시범-주도-평가; 또는 동시촉진	3개, 5개, 10개까지의 세트; 5-10개로 세트를 만들 때 10단위 숫자를 포함하는 것은 학생이 공간적으로 양을 파악하는 데 유익함
양 비교하기	시각적으로 또는 직접 세어서 같은 양인 것을 이해하거나 양을 분별하기	변별 훈련; 동시촉진; 시범-주도-평가; 최소촉진체계를 사용한 과제분석 교수	예시와 같은 세트를 생성하기; 더 많음/더 적음/같음으로 양을 판별하기; 사물을 비교할 때 기호 소개하기(〉, 〈, =), 숫자와 쌍을 이루는 점으로 표현하고 추상적 숫자 남기기
덧셈과 뺄셈하기	세트를 합하고 해체하는 것을 이해하고 연산기호를 소개하기	시범-주도-평가; 최소촉진체계를 사용한 과제분석 교수	미리 준비한 세트로 5개까지 합하기; 총합이 1-5, 1-10이 되도록 만들기; 9 혹은 9 이하의 차이가 나도록 만들기
패턴 찾기	대수적 사고의 선수 기술; 시각적으로 패턴 찾고, 숫자 패턴으로 발전시키기	고정 시간지연; 동시촉진; 시범-주도-평가	패턴을 구별하고 패턴을 새로 형성하며 확장하고, 빠진 요소를 찾아서 완성하기
측정	길이, 무게, 높이와 같은 속성	고정 시간지연; 동시촉진; 시범-주도-평가	더 높다, 더 길다, 더 짧다 등의 언어로 대상을 비교하기; 기준단위가 없는 측정치를 가르친 후에 측정 기준 단위를 가르치기
달력 읽기 기술	숫자 구분, 서수로 세기, 초기 연산 기술 일반화하기(예: 달력 날짜 일대일 대응하여 읽기)	고정 시간지연; 동시촉진; 시범-주도-평가	한 주 단위로 날짜 기술을 적용하기; 2-3주 단위로 확장하기

1) 이야기 기반 접근

중등도 및 중도장애 학생에게 이러한 기술을 가르치는 한 가지 접근 방식은 이야기 기반 접근을 사용하는 것이다(Browder, Jimenez, Spooner, et al., 2012; Browder, Jimenez, & Trela, 2012). 교사는 학생에게 훈련과 연습만 제공하기보다 학생들이 기술을 사용할 수 있는 친숙하거나 관심이 높은 맥락을 제공하여 기초 수학 기술의 일반화를 도울 수 있다. 이는 학생이 퍼레이드나 식료품점과 같은 일상생활 또는 보물 찾기와 같이 흥미롭고 가상적인 상황에 이러한 기술을 사용하는 맥락을 제공한다. 문제를 학생들의 관심, 필요, 일상생활과 연관시키는 것은 필수적이며, 기술을 분리하여 가르치는 것과는 대조적이다. 이것은 학생에게 더욱 동기를 부여하고 교사에게 반복을 통해 같은 기술을 교수하는 방법을 제공하고, 수업 내에 다양한 초기 수학 기술을 다루도록 한다. 이러한 방법은 장애 학생에게 유익할 수 있는데, 그 이유는 이러한 기술을 습득하는데 오랜 시간이 걸리기 때문이다. [그림 10.2]는 수학 이야기 내에서 다루는 초기 수학 목표 예시, Jimenez, Browder, Saunders(2013)가 집필한 초기 수학 교육과정에서 발췌한 예시, 해당 문제지에서 학습목표를 가르치는 방법의 예시를 제공한다.

2) 고학년 학생을 위한 초기 수학 기술

많은 고학년 학생은 수학 기술에 약점을 지니고 있다. 교사는 고학년 학생에게 이러한 기술의 교수를 포기해서는 안된다. 학생이 이전에 이러한 기술에 대해 양질의 교수를 받지 못했을 수 있다. 오히려 이러한 기술은 학년별 수학수업에 삽입되어야 한다. 예를 들어, 카펫을 깔기 위해 방이 몇 평방 피트인지 계산할 때, 학생은 계산기에 숫자를 입력하고 답을 전달할 때 숫자를 식별하는 것을 연습한다. 또한 학생에게 다양한 길이 측정단위(예: 센티미터, 인치, 피트)를 주고, 1피트짜리 사물을 식별하거나 피트를 측정하는데 사용되는 도구를 찾게한다. 고학년 학생에게 초기 수학 기술을 가르치기 위한 수학 이야기를 개발할 때 연령에 적합한 맥락인지 확인해야 한다.

2. 문제해결

중등도 및 중도장애 학생을 위한 궁극적 목표는 학생이 실생활의 문제해결사로서 성공하는 것이다. 이것은 가능성의 세계를 열고 독립성을 높일 수 있다. 문제해결은 '미국 수학교사협회'(National Council of Teachers of Mathematics, 2000)에서 "수학학습의 초석"으로 간주한 만큼 매우 중요한 수학 기술이다. 초기 수학 기술의 견고한 기반을 구축하는 것이 중요하지만, 학생은 21세기를 준비할 수 있도록 그 이상으로 나아가야 한다. 학생이 초기 수학 기술이나 기본적인 덧셈과 뺄셈만 배울 때, 문제를 해결하는 방법은 보여주지만 기술을 적용할 수 있는 맥락이나 시기는 제시하지 않는다. 학생이 문장제 문제를 푸는 법을 배우는 것은 실생활의 수학 문장제 문제를 해결하기 위한 학습의 기초가 된다(Van de Walle, Karp, & Bay-Williams, 2010). 문장제 문제를 매우 체계적이고 명시적인 방법으로 가르치면, 장애 학생은 문장제 문제와 일상에서 마주치는 수학이 필요한 상황 모두를 해결하는 전략을 얻게 된다.

현장에 적용하기

Browder 등(2018)은 매일 소집단수업에서 초등학생 및 중학생에게 수정된 도식기반교수를 사용하여 문장제로 제시된 계산 문제를 풀도록 가르쳤다. 시간이 더 필요한 한 명의 학생을 제외하고 모든 학생은 1년 이내에 세 가지 문제 유형을 모두 풀 수 있게 되었다. 게다가 많은 학생은 스마트보드로 문제를 풀고 실생활 수학 시나리오를 제시한 비디오 모의상황 문제를 풀며 일반화할 수 있었다.

수정된 도식기반교수(Modified Schema-Based Instruction, MSBI)는 중등도 및 중도장애 학생에게 문장제 문제를 푸는 방법을 가르치는접근으로 이러한 기술의 일반화에 중점을 둔다(Spooner, Saunders, Root, & Brosh, 2017). 수정된 도식기반교수는 고출현율(high-incidence)의 장애 학생을 위한 문제풀이교수에 효과적인 증거기반실제인 도식기반교수(schema-based instruction)의 원칙(Jitendra et al., 2015)을

수업 2
새해

1. 1–5개의 움직이는 사물을 셀 수 있다.
2. 1–5개의 흩어져 있고 움직이지 않는 사물을 셀 수 있다.
3. 1–10까지 기계적 세기.
4. 1–4의 수 세트를 만들 수 있다.
5. 세트를 더해서 5를 만들 수 있다.
6. 보다 큰 세트를 비교할 수 있다.
7. 이상을 나타내는 기호를 판별할 수 있다.
8. ABAB 패턴을 확장할 수 있다.
9. 1–5 인치를 세기 위해 표준 단위를 사용할 수 있다.
10. 달력에서 첫째 날부터 열 번째 날을 찾을 수 있다.
11. 달력에서 2주간에 걸쳐 1–5일 후를 판별할 수 있다.
12. 1–10까지 숫자를 식별할 수 있다.

우발적 학습: 서수, 직산 이해하기

목표 8 ABAB 패턴을 확장할 수 있다.

음력 설날은 전등 축제로 마친다. 아름다운 전등이 길 위에 나란히 놓인다. 올해는 전등이 패턴으로 배열된다. 빨간색 전등은 행운을, 노란색 전등은 태양을 나타낸다. 축제에는 음악, 춤, 맛있는 음식이 포함된다. 전등의 날에는 만두를 먹는 전통이 있다.

아동은 늦은 저녁에 전등을 들고 행렬한다. 어떤 전등은 붉은색이고 어떤 전등은 노란색이다.

교과서 펴기: 전등은 ABAB 패턴으로 나열되어 있습니다. ABAB 패턴 다음에는 어떤 전등이 연결되나요? 패턴을 마무리해 보세요.

단서를 주기	필요한 준비물	독립적인 반응을 기다리기	시범을 제공하기	지원하고 수정하기
ABAB 패턴을 마무리한다.	학생의 교과서 pp. 54–55	학생은 ABAB를 패턴을 마무리한다. 정답이면 "맞았어요! ABAB 패턴을 잘 마무리했어요."라며 칭찬한다. 오답이면 시범을 보인다.	ABAB 패턴을 가리킨다. ABAB 패턴이 보이나요? 빨간 전등, 노란 전등, 빨간 전등, 노란 전등. 다음에는 빨간 전등 차례야. 이제, 네가 해보렴. ABAB 패턴 다음에 오는 것을 보여주세요. 정답이면 "맞았어요! ABAB 패턴을 잘 마무리했어요."라며 칭찬한다. 오답이면 도와주거나 바르게 수정한다.	오답인 경우, '다음번에는 기다리세요. 확실하지 않으면 도와줄게요. 추측하지 마세요.' 학생의 손을 잡고, "이것이 ABAB 패턴이에요. 보이나요? 빨간 전등, 노란 전등, 빨간 전등, 노란 전등. 빨간 전등으로 패턴을 마무리한단다.

음력 설날

나의 이름은 Lee입니다. 중국의 가장 큰 명절은 음력 설날입니다. 음력 설날은 미국처럼 1월 1일이 아닙니다. 같은 해 다른 날입니다. 다음 음력 설날은 2월 3일입니다.

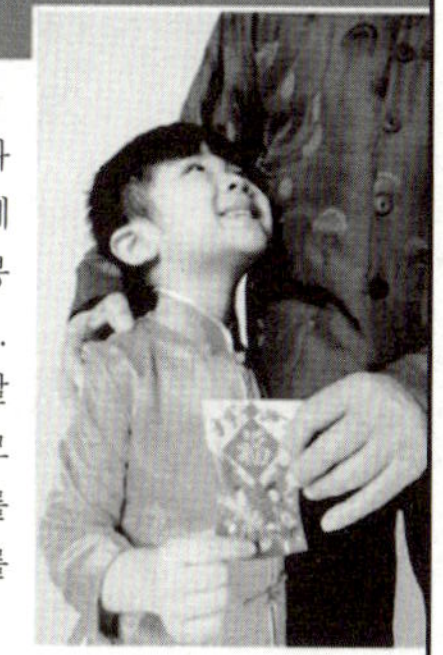

음력 설날은 매일 다르게 보냅니다. 첫날에는 행운의 돈을 빨간 봉투에 담아 나눕니다. 가족과 함께 음력 설날을 보낸 다음에는 부모님께 빨간 봉투 2개를 받고, 삼촌에게 1개를 받습니다.

제가 받는 봉투에는 지폐가 들어 있습니다. 부모님은 3달러를 주셨고, 삼촌은 1달러를 주셨습니다.

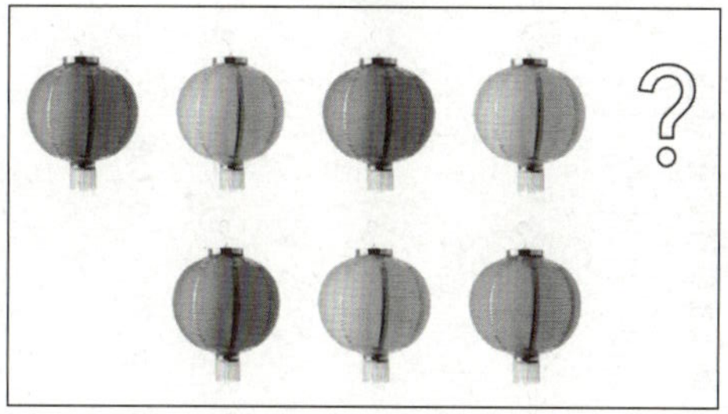

[그림 10.2] 기초 연산 교육과정(Jimenez et al., 2013)의 수업 예시

왼쪽 상단에 사각형 그림은 수업에서 교수한 초기 수학 목표임. 오른쪽 상단의 두 그림은 목표가 삽입된 수학 이야기 예시를 보여줌. 하단의 왼쪽 그림은 교육과정의 교수 발문을 보여주고, 이에 해당하는 학생 교과서가 하단 오른쪽 그림임.

중등도 및 중도장애 학생을 대상으로 한 수학교수에 효과적인 증거기반실제에 합한 것이다. 전통적인 도식기반교수와 수정된 도식기반교수의 본질은 학생에게 문제의 지문을 이해하도록 가르치고, 문제를 푸는 것을 시범보이고 다음 해결 계획을 실행하는 것이다.

수정된 도식기반교수는 중등도 및 중도장애 학생을 지원하는 4가지 주요 요소로 구성되었다([그림 10.3] 참조). 먼저, 소리내어 읽기 전략을 사용하여 학생에게 문제가 제시된다. 문제 제시는 학생의 문해력에 따라 달라질 수 있다. 일부 학생은 문제를 독립적으로 읽을 수 있다. 이 점은 장려되어야 한다. 그러나 학생이 이해력이 부족하여 글을 해독하고 파악하는데 많은 힘을 쓰게 된다면, 학생이 먼저 조용히 읽도록 하고, 다음에는 교사가 그 문제를 읽는 것을 학생이 듣도록 한다. 중등도 및 중도장애 학생이 읽지 못하거나 이제 막 글을 읽기 시작했다면, 교사는 학생이 구두 또는 그림 교환으로 문제를 읽어달라고 요청하는 법을 배우도록 기회를 제공할 수 있다. 둘째, 교사는 학생에게 문제 유형별로 문제 구조에 대해 명

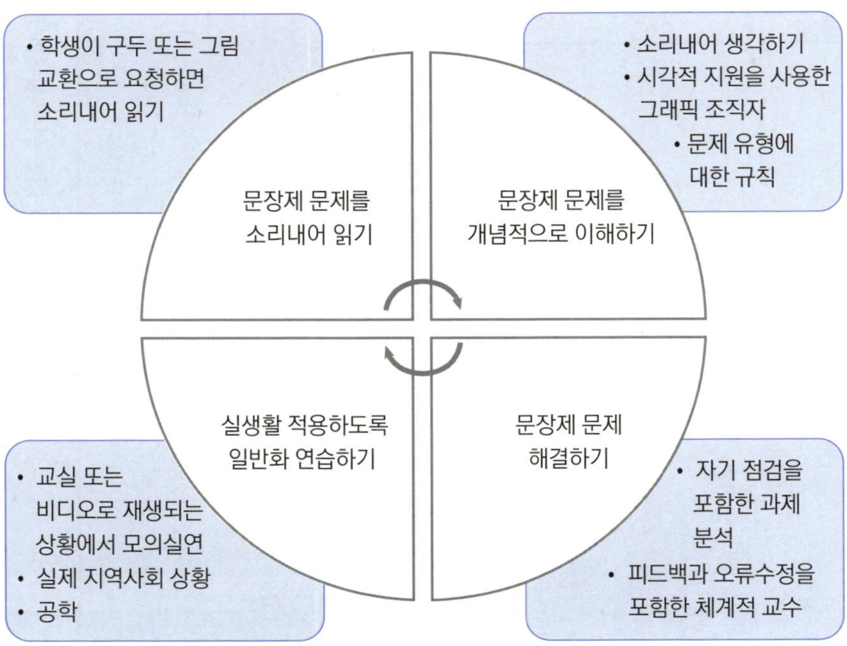

[그림 10.3] 수정된 도식기반교수의 개념적 모델

출처: Adapted from Spooner, Saunders, Root, and Brosh(2017).

시적으로 교수하여 문제를 개념적으로 이해하도록 가르친다. 이것은 소리내어 생각하기 과정을 시범보이고, 도식적 다이어그램으로 알려진 그래픽 조직자를 사용하고, 손동작과 어조(chant)로 문제 유형을 나타내는 규칙을 사용하는 것을 포함한다. 셋째, 학생은 체계적 촉진, 피드백, 오류수정과 함께 과제분석을 사용하는 시범-주도-평가 접근을 통해 문제를 해결하는 방법을 배운다. 마지막으로 학생은 실제 상황에 문제해결을 일반화한다. 이것은 실제 상황에 대한 교실 내 모의수업, 지역사회의 다양한 장소에서 촬영된 실제 문제에 대한 비디오 모의수업, 지역사회에서의 실제 연습, iPad 사용과 같은 공학과 함께 하는 활동으로 성취될 수 있다.

위의 방법은 폭넓게 사용되는 "핵심 단어" 전략과 같은 다른 문제해결 전략보다 선호되는데 핵심 단어는 오해의 소지가 있어 학생들로 하여금 연산 오류를 일으키는 경우가 많고, 실생활에서의 문제해결 같은 경우 핵심 단어가 포함되어 있지 않기 때문이다. 여기에 두 가지 예시가 있다:

1. John의 학급은 도서관에 갔다. John은 대출할 5권의 책을 선택했다. Mary는 대출할 3권의 책을 선택했다. John은 Mary보다 몇 권의 책을 더 선택했는가?
2. Xavier는 엄마를 위해 식료품점에 갔다. 쌀은 10팩에 10달러에 할인 판매되고 있었다. 그는 카트에 5팩을 담았다. 그 다음, 그는 카트에 4팩을 담았다. 그는 할인을 적용을 받기 위해 충분한 개수를 채웠는가?

첫 번째 예시에서 '더(more)'가 더하는 것을 의미한다고 배운 학생은 문제가 묻고 있는 것을 고려하지 않고 자동적으로 두개의 숫자를 더했을 것이다. 문제는 학생에게 두 개의 양의 차이를 묻고 있다. 두 번째 예시에는 핵심 단어가 없으며, 이는 학생이 보편적으로 경험하는 문제이다. 이 예시는 문제해결을 요구하는 수학 문제와 같은 기능적 수학 문제이다. 이 두 가지 예시는 학생이 부적합한 전략에 의존하지 않고, 능숙하게 문제를 해결하기 위해 수학 문제의 구조를 알도록 교수하는 것의 중요성을 설명한다.

1) 문제 유형

중등도 및 중도장애 학생을 위한 수정된 도식기반교수 대부분의 지원은 연산 문제해결 또는 덧셈 및 뺄셈 문장제 문제해결에 관한 것이다. 문제 유형에는 집단형, 비교형, 변화형의 세 가지 유형이 있다. 학생이 이 세 가지 문제 유형을 푸는 방법을 배우면 모든 덧셈과 뺄셈의 문장제 문제를 풀 수 있다. 집단형 문제는 부분-부분-전체 문제이며 두 개의 작은 집단이 공통된 특성을 가진 하나의 큰 집단으로 병합된다. 비교형 문제는 두 집단의 차이점을 찾아 양을 비교한다. 여기에는 한 사람이 서로 다른 두 가지의 양을 비교하거나 두 사람이 같은 양을 비교하는 것이 포함될 수 있다. 변화형 문제는 양에 관한 역동적인 관계를 보여준다. 이 문제 유형에서는 무언가의 양이 증가하거나 감소하여 최종 수량을 나타낸다. [그림 10.4]는 구별되는 특성을 가진 세 가지 문제 유형의 예시를 제공한다.

2) 수정된 도식기반교수 구성 요소

수정된 도식기반교수는 네 가지 요소로 구성된다: (1) 시각적 표현을 사용하여 문제, 특히 시각적 지원과 그래픽 조직자로 문장제 문제에서 나타내는 수량과의 관계를 보여주기; (2) 체험적 또는 문제해결 전략, 특히 문장제 문제를 해결하기 위해 과제분석 단계를 사용하기; (3) 과제분석의 단계를 실행하기 위해 명시적 교수(시범-주도-평가)와 체계적 교수전략을 사용하여 가르치기; (4) 문제해결 과정의 자기점검을 포함하는 과제분석, 문제해결 과정 소리내어 생각하기, 문제 유형을 기억하기 위해 손동작이 포함된 규칙을 포함하는 초인지 전략교수 사용하기.

3) 그래픽 조직자

수정된 도식기반교수의 중요한 기능 중 하나는 시각적 표현을 사용하여 학생이 수학 문장제 문제에서 제시된 정보를 구조화하는 것이다. 일종의 그래픽 조직자로 알려진 도식적 다이어그램은 문장제 문제에서 제시된 수량 간의 관계를 보여준다. 이것은 학생이 문제 유형을 기억하는 데 도움이 되며, 그래픽 조직자에서 연산을 수행하여 문제를 해결하도록 지원한다. 수정된 도식기반교수에서는 전통적인 도식기반교수에서처럼 학생이 다이어그램을 그리기 보다, 색상 코딩과 같이 미리 만들어 둔 그래픽 조직자를 제공하는 것을 추천한다. 다이어그램에는 학생이 문제에서 구별하는데 도움이 되는 주요한 특징 중 하나가 그림 기호로 배치된다(예: 집단형 문제에는 서로 다른 두 집단이 병합되기 때문에 "다르다"라는 상징이 있고, 비교형 문제에는 양이 비교되기 때문에 "더 많은-더 적은" 상징이 있으며, 변화형 문제에는 같은 것, 하나에 대한 것이기 때문에 문제에는 "같은" 상징이 있다). [그림 10.4]는 Browder 등(2018)의 연구에 기반한 각각의 그래픽 조직자를 보여준다.

	집단형	비교형	변화형
정의	다른 종류가 포함된 2개의 작은 집단을 공통성을 지닌 더 큰 하나의 집단으로 합함	두 집단 간 양적 차이를 파악하기 위해 양을 비교함 (예: 더 많이, 더 적게)	양이 증가하거나 감소하여 최종 수량이 되는 역동적 문제임
연산	집단을 합함(+)	집단 간 양의 차이를 찾음 (−)	양이 증가하거나(+) 줄어듬 (−)
예시	Ruhan의 학급은 학급 반려동물에 대한 투표를 한다. Ruhan은 3마리의 고양이 2마리와 강아지를 기른다. Ruhan은 총 몇 마리의 반려동물을 기르고 있는가?	Sydney와 Cooper는 세차장에서 일한다. Sydney는 8대 차량을 세차했다. Cooper는 5대 차량을 세차했다. Cooper는 Sydney에 비해 얼마나 적게 차량을 세차했는가?	Elrod는 직장에서 쿠키를 포장하고 있었다. 그는 26개의 쿠키를 포장해야 한다. 쿠키 4개는 부서져서 포장할 수 없다. 이제 몇 개의 쿠키를 포장해야 하는가?
그래픽 조직자	소집단, 소집단, 대집단 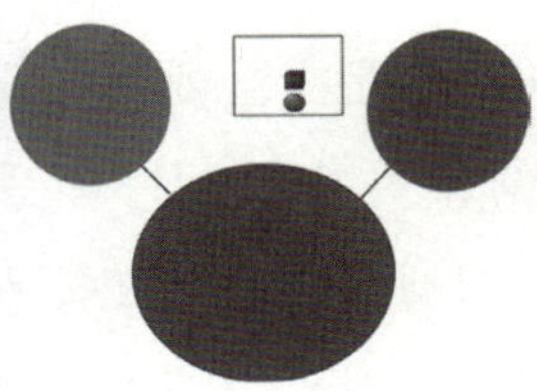	더 큰 숫자, 더 작은 숫자, 두 숫자 간의 차이 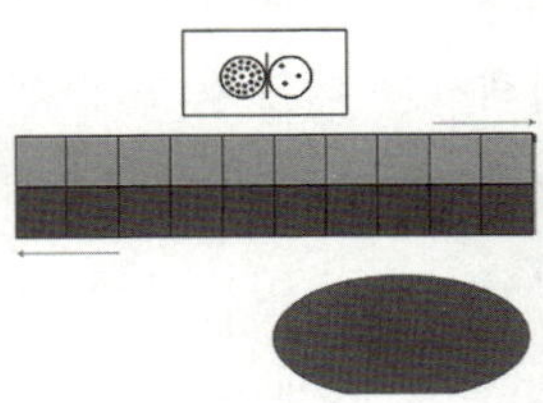	어떤 수량, 동량, 증가 또는 감소, 변화 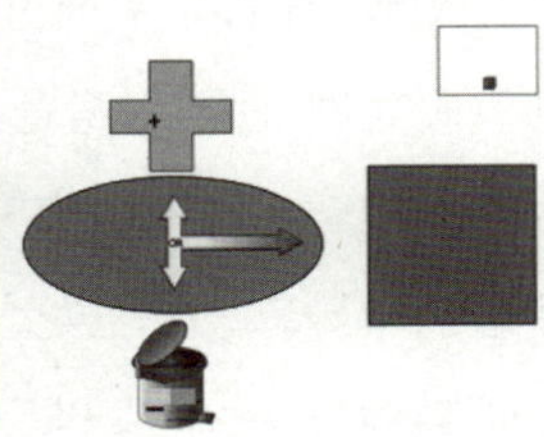

[그림 10.4] 집단, 비교, 변화 문제 유형에서 구별되는 특성

이러한 각 다이어그램에서 만들어진 첫 번째 세트는 녹색이고(즉, 집단형의 왼쪽 상단의 원, 비교형에서 상단에 있는 배열, 변화형에서 시작 금액), 다음 세트는 집단형과 비교형 문제 유형에서 모두 붉은색이며(즉, 집단형의 오른쪽 상단의 원과 비교형에서 하단에 있는 배열), 마지막으로 결과 세트는 파란색이다(즉, 집단형에서 "BIG"원이고, 비교형에서 "차이"타원이며, 변화형에서 "최종 가격"이다.). 변화형 문제에서는 처음 수량에 추가되거나 일부가 떼어지기 때문에 두 번째 세트가 만들어지지 않지만 다른 문제 유형에서는 붉은색 세트가 '차이'를 나타낸다. 일부 학생은 적은 시각적 지원과 함께 그래픽 조직자를 사용할 수 있다(Powell & Fuchs, 2018 참조).

(1) 규칙

각 문제 유형에 대한 규칙은 [그림 10.4]에 나타난 것처럼 각 그래픽 조직자 상단에 나열되어 있다. 규칙은 손 동작으로 수행되며 말하는 듯한 어조로 불린다. 집단형 문제 규칙은 "작은 집단, 작은 집단, 큰 집단으로 합치기"이다. 비교형 문제 규칙은 "큰 숫자, 작은 숫자, 두 숫자 차이"이다. 변화형 문제 규칙은 "하나-같은 것, 더하거나 빼거나, 변화함"이다. 각 규칙과 맞춘 손동작은 그래픽 조직자를 제시하며 수행할 수 있다.

(2) 수학 조작물

수정된 도식기반교수의 또 다른 지원은 학생에게 조작물(manipulatives)을 제공하는 것이다. 학생이 기계적 수세기의 단순 연산을 알고 있다 해도 수량 간의 관계와 연산을 배우기 위해서는 조작물 사용부터 시작해야 한다. 이것은 학생이 개념적으로 문제 진행 상황을 이해하는 데 도움을 준다. 비교형 문제를 예시로 들자면, 학생은 단순히 더 큰 숫자와 더 작은 숫자를 찾고 뺄셈을 하지만, 이는 학생이 두 양을 비교하고 있다는 것을 보여주지 않는다. 반면에, 학생이 노란색 조작물로 맨 위 배열에서 큰 수를 만든 후에, 보라색 조작물로 아래쪽 배열에서 작은 수를 만든다. 마지막으로 큰 배열에서 더 작은 배열과 일치하지 않는 조작물을 빼내어 차이를 나타내는 원 안에 넣고 답을 내기 위해 세어 본다. 학생은 다른 색상의 조작물을 사용하는 두 배열의 수량 비교 및 차이를 원에 넣어서 뺄셈 연산을 수행을 볼 수 있다. 학생이 기계적 암기를 하는 것에서 조작물을 사용하도록 하는 것이 수학 지도를 역행하는 것처럼 보이지만, 조작물을 사용하는 것은 문제 유형의 개념적 이해를 하는데 도움이 된다. 예를 들어, 학생이 조작물을 갖고 있다면, 그 학생은 처음 수량에 양이 추가되었는지 또는 빼내었는지 할 수 있다.

문장제 문제 이해를 평가하기 위한 팁

학생에게 덧셈과 뺄셈 문제을 섞어서 몇 가지 예를 제시한다. 먼저 학생이 문제 전체를 읽는지 확인한다. 많은 학생이 핵심 단어 전략에만 의지한다면 포기할 것이다. 다음으로, 학생이 숫자에 동그라미를 치거나 수식을 만들며 숫자를 찾는지 확인한다. 그런 다음 학생이 연산 기호(+ 또는 −)를 쓰는지 확인한다. 학생이 핵심 단어만 인식하도록 배웠는가? 예를 들어, 학생이 핵심 단어에 밑줄을 긋고 수식에 연산을 적는가? 대다수 학생들은 이러한 핵심 단계 중 하나는 놓칠 것이다. 많은 학생들이 문제에 전혀 신경을 쓰지 않고, 단순하게 숫자만 찾아서 더한다.

4) 문제해결을 위한 과제분석

문장제 문제해결은 연쇄된 과제로 학생이 성공할 수 있도록 단계별로 쪼개어야 한다. 〈표 10.2〉는 문제가 제시될 때 모든 단계를 매번 연습하는 전체 과제 연쇄로 가르친 문제해결 과제분석의 예를 보여준다(Browder et al., 2018).

이 과제분석은 연산문제 세 가지 유형 모두에 적용된다. 첫 여섯 단계는 학생이 개념적으로 이해하도록 가르치고, 다음 여섯 단계는 문제를 절차적으로 해결하는 방법을 가르친다.

문제해결에서 학생의 독립성을 촉진하고 자기점검을 가르치려면 문제해결 단계와 과제분석을 보여준다([그림 10.5] 참조). 왼쪽에 상자를 제공하여 학생이 수행하는 각 단계를 표기하고, 완료된 단계와 남은 단계를 확인하게 한다. 읽지 못하거나 이제 막 글을 읽기 시작한 학생에게는 추가 열을 제공하여 그림 상징을 제공한다. 학생이 과제분석을 사용하여 세 가지 문제 유형을 능숙하게 풀고 구별할 수 있으면 구별할 수 있으면, 학생은 자연스럽게 여러 단계를 합하여 수행할 수 있다.

예를 들어, 학생은 문제에 제시된 숫자에 동그라미를 그리면서 7, 8, 9단계를 함

〈표 10.2〉 과제분석 교수단계와 학생의 목표 반응

과제분석단계	학생 반응
1. 문제 읽기	문제를 소리내어 읽어달라고 요청하기
2. 명사 찾기	숫자로 적혀 있는 양을 묘사하는 명사에 동그라미 그리기 (예: 사과 3개)
3. 문제에서 명칭 찾기	문제에서 명칭 또는 풀어야 하는 것에 밑줄을 치고(예: "Josh는 사과 몇 개를 갖고 있는가?"), 다음에는 수식(number sentence) 틀의 마지막 수량(칸) 뒤에 오는 밑줄에 그 명칭을 적기; 참고: 비교문제의 경우, 질문에서 명칭 앞에 오는 비교 단어(더 많은/더 적은)를 포함시키기
4. 같은가, 다른가, 더 많이, 더 적게?	문제가 대상을 비교하는지 (예: "몇 개 더 많은가/적은가?")[비교형] 또는 2개 명사가 같은 대상인지[변화형], 또는 다른 대상인지 [집단형]를 결정하기
5. 규칙 사용하기	4단계에서 나타난 문제 유형에 해당하는 규칙을 진술하기
6. 그래픽 조직자 선택하기	문제 유형에 맞는 그래픽 조직자를 선택하기
7. 몇 개인지 동그라미 치기	수학 문장제 문제에서 숫자에 동그라미 표시하기
8. 수식 채우기	답안지에서 숫자를 찾거나 직접 코팅된 수식 빈 칸에 숫자를 적기
9. + 또는 −	문제의 연산이 덧셈인지 뺄셈인지 결정하고 수식 내 동그라미 안에 기호를 넣기
10. 세트 만들기	조작물을 사용하여 그래픽 조직자에서 문제의 수량에 해당하는 세트를 만들기
11. 해결하기	전체/나머지 조작물을 최종 영역에 옮기고 답을 찾기 위해 수를 세며 문제를 풀기
12. 답을 쓰고 소리내어 읽기	수식 마지막 칸에 숫자를 넣기 [필요하면, 교사는 다시 문제를 읽는다] 숫자와 명칭 모두를 말함 (예: "사과 8개") 참고: 비교 문제의 경우, 숫자, 명칭 앞에 비교 단어, 명칭을 포함해야 함 (예: "사과 3개 더")

께 수행할 수 있다. 수식에 숫자를 적고 나서 수식에 연산 기호를 추가한다. 학생이 실수하지 않는 한 이 방법은 가능하다. 만약, 학생이 실수를 하고 급하게 문제를 푸는 경우, 학생을 잠시 멈추게 하고 수행되는 각 단계를 확인하도록 격려한 다음, 학생이 각 단계를 확인하는 것을 기억한 것에 대해 칭찬한다. 학생이 속도를 늦추도록 "소리내어 생각하게" 하고 단계를 수행한 이유를 설명하게 하며, 학생이

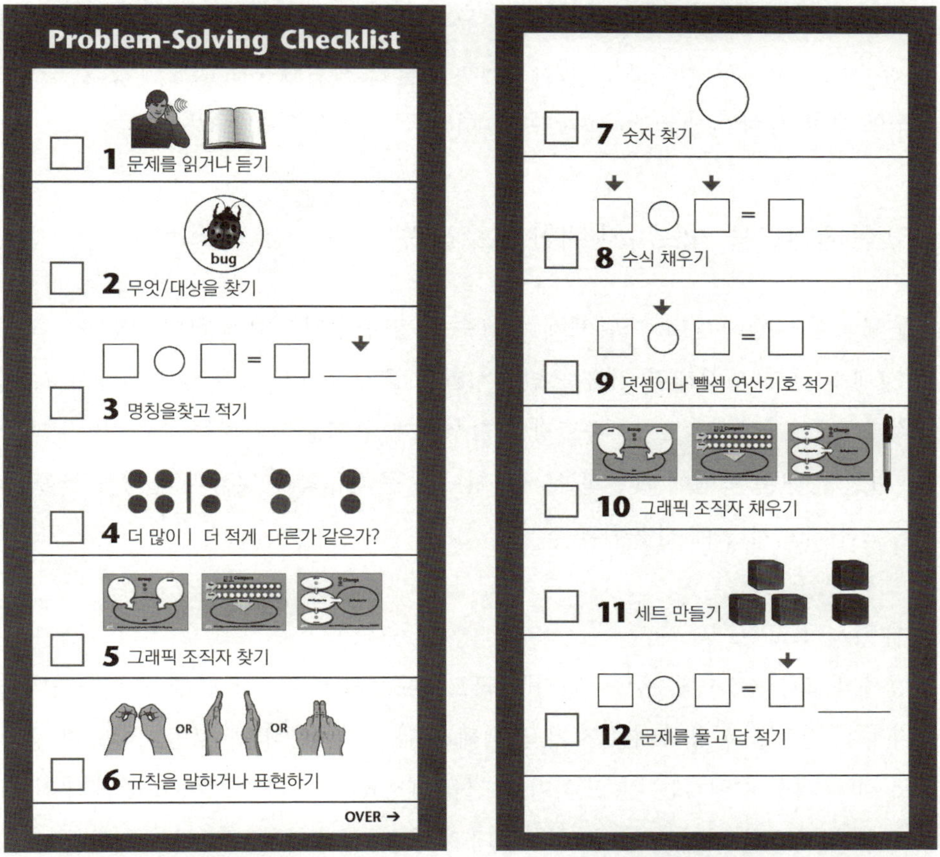

[그림 10.5] Math Skills Builder 교육과정의 문제해결을 자기점검하는 과제분석 예시(Saunders et al., 2017)

왼쪽에 있는 상자는 각 단계를 확인하는 용도임. 개별 단계는 그림과 단어가 모두 있음. 집단형, 비교형, 변화형 문제를 위한 그래픽 조직자를 참고.

오개념을 정정할 수 있도록 근거를 듣을 것을 제안한다.

상급 수준의 학생의 경우, 학생이 능숙하게 문제를 풀 수 있고 기억 장치(mnemonic)의 첫글자와 그에 해당하는 과제분석 단계를 인지할 수 있다면 과제분석을 기억장치로 대체할 수 있다. Jitendra, Griffin, Deatline-Buchman, Sczesniak(2007)은 FOPS의 구체적 발견적 학습법(heuristic)을 사용한다(예: F: 문제 유형을 "찾다"; O: 도식적 다이어그램을 사용하여 문제의 정보를 "구조화한다"; P: 문제해결을 "계획한다"; S: 문제를 "해결한다"). Rockwell, Griffin, Rockwell, Griffin, Jones(2011)은 Jitendra의 발견적 학습법의 단축버전인 RUNS를 자폐성장애 및 경도 지적장애 학생에게 사용했다(예: R: 문제 읽기(Read); U: 다이어그램을 사용하기(Use); N: 수식(Number); S: 답을 말하기(State). 다른 기억장치와 전통적인 도식기반 교수에 관한 자세한 내용은 Powell과 Fuchs(2018)를 참조하면 된다.

5) 문제해결을 가르치기 위한 교수전략

문제해결은 명시적 교수와 체계적 교수를 합하여 가르쳐야 한다. 명시적 교수는 장애 학생의 문제해결 기술을 발전시키는 효과적이고 효율적인 전략이고, 체계적 교수는 특히 중등도 및 중도장애 학생에게 수학을 가르치는 증거기반실제이다. 변별 훈련은 학생에게 변화 문제유형에서 문제유형과 덧셈과 뺄셈 연산을 구별하도록 가르치는 데 사용된다.

(1) 명시적 교수

명시적 교수는 "시범-주도-평가"접근으로도 불리우며, 각 단계마다 소리내어 생각하기 전략을 사용하여 교사가 문제해결 과정(과제분석)을 시범보이고 학생이 바로 각 단계를 수행하는 것; 교사가 촉진을 제공하기 전에 학생이 정해진 대기 시간과 함께 반응할 기회를 먼저 갖는 안내된 연습; 학생이 소리내어 읽어달라고 요청하지 않는 한, 교사의 도움없이 독립적으로 문제해결을 시도하는 독립적인 연습으로 구성되어 있다.

"시범" 단계는 대략 이틀간 지속한다. 이 단계의 목표는 처음에는 기술과 소리내어 생각하기를 시연하지만 학생이 촉진 전에 먼저 반응하는 기회를 갖는 안내된 연습으로 빠르게 이동한다. "주도" 단계 또는 "안내된 연습"이란 학생이 12단계 중에서 10단계를 촉진 없이 독립적으로 수행하고 회기마다 주어진 2문제를 정확하게 푼다와 같이 숙달 준거에 도달할 때까지 지속되어야 한다. 이 단계는 문제 유형별로 혹은 변별 단계 마다 1~2주간 지속되어야 한다. 교사는 이 단계에서 학생의 진보를 점검하고 과제분석의 개별 단계에 대해 피드백이나 오류수정을 즉각적으로 제공하여, 안내된 연습을 하는 동안 학생의 높은 성공률을 이끈다. 처음에는 개별 단계마다 피드백을 제공하지만, 학생이 단계별로 능숙해짐에 따라 점차 소거하도록 한다. 학생은 궁극적으로 모든 단계를 독립적으로 수행해야 하며, 교사가

1단계를 소리내어 읽어 주는 것은 허용된다. "평가" 단계는 학생이 한 회기 내에서 촉진이나 개별 단계에 대한 즉각적인 피드백없이 여러 문제를 해결할 수 있는지 진단한다.

(2) 체계적 교수

최소촉진체계는 중등도 및 중도장애 학생에게 효과적이라고 알려진 체계적 교수절차이다(Browder, Spooner, et al., 2008; Spooner et al., 2019). 이러한 절차는 학생이 교수 중에 정반응을 나타내도록 최소촉진에서 최대촉진으로 적어도 3가지 촉진의 위계를 사용한다. 문제해결에서 이러한 촉진 위계는 학생이 전체 과제분석을 완성할 때까지 연쇄형 과제(chained task)의 개별 단계에 사용된다. 처음에는 교사가 교수적 단서를 제시한다-"문제를 풀어보세요"-그리고 독립적으로 반응할 기회를 제공한다. 만약 학생이 목표로 한 단계에서 독립적인 정반응을 보이지 않거나 정해진 시간(예: 3-5초)에 반응하지 않는다면, 교사는 다음 단계의 최소촉진을 제공한다(예: 특정적이지 않은 구어적 촉진). 교사는 학생이 정반응을 보일 때까지 촉진 위계를 사용한다(Collins, 2012). [그림 10.6]에서 볼 수 있듯이 이 촉진 위계는 구어적 촉진에서 시범, 그리고 신체적 촉진으로 이어지는 기존의 촉진 위계 방식과는 약간 다르다. 촉진 위계에서 학생은 과제분석의 다음 단계로 이동하라는 특정적이지 않은 구어적 촉진을 제시받은 다음, 그 단계에서 학생이 해야 할 것을 말해주는 특정 구어적 촉진을 받고, 이어서 교사의 시범 촉진과 그 단계를 수행할 수 있는 기회를 갖게 된다.

학생이 과제분석의 각 단계를 어떻게 수행하는지에 대한 시연을 이미 이틀 이상 제공받기 때문에 이 촉진 위계는 안내된 연습 단계에서 사용해야 한다. 교사는 "다음은 무엇일까?"와 같은 일반적인 촉진이나 학생이 과제에 집중하도록 목록에 대한 간단한 몸짓을 보일 수 있다. 만약에 학생이 어떤 단계에 대한 오류를 보이면, 교사는 3단계 촉진으로 진행하여 시연-재평가 동안 오류수정을 제공해야 하고, 그 이후에 바로 시도할 수 있는 기회를 주어야 한다. 체계적 교수에 대한 자세한 내용은 6장을 참조한다.

특정적이지 않은 구어적 촉진	
목록에서 단계를 가리키고 그 단계를 읽기	예: 4단계는 "같은, 다른, 더 많이/더 적게"를 말하나요?
특정적 구어적 촉진	
수행 단계를 다시 읽어주고, 학생에게 무엇을 해야 하는지 말하기	예: 4단계는 같은, 다른, 더 많이 또는 더 적게를 말하나요? 명사와 명칭이 같은 것인가요, 다른 것인가요, 또는 명칭에서 "더 많이"나 "더 적게"와 같은 비교 구문이 있나요?
오반응에 대한 시범 촉진 또는 오류 수정	
이것은 가장 개입적인 촉진 혹은 해당 단계 수행에서 오류발생 직후 제공되는 촉진으로 교사가 시연을 제공한 다음 학생에게 다시 수행할 기회를 제공하기	예: 4단계는 같은, 다른, 더 많이 또는 더 적게를 말하나요? 2개의 핵심 명사는 고양이와 강아지이고, 그 명칭은 애완동물이에요. 고양이, 강아지, 애완동물은 달라요. '다른'에 동그라미를 그리세요.

[그림 10.6] 수정된 도식기반교수의 최소촉진체계에서 권장되는 촉진 위계

(3) 변별 훈련

중등도 및 중도장애 학생을 대상으로 한 수정된 도식기반교수 연구에서는 명시적 교수의 한 형태인 변별 훈련(discrimination training)은 학생에게 문제해결 전략을 언제 적용해야 하는지, 언제 적용하면 안되는지를 가르치는 데 필요하다(Browder et al., 2018; Saunders, 2014). 변별 훈련은 학생에게 개별 문제 유형의 고유한 특성을 사용하여 문제 유형을 변별하도록 가르치는 데 사용된다([그림 10.7] 참조). 또한 학생에게 변화형 문제가 덧셈인지 뺄셈문제인지 결정하는 것을 가르치는 데 사용된다. 교사는 이러한 변별 기능을 구분하기 위한 기초 활동으로 2열 혹은 3열로 구성된 T 차트를 사용할 수 있다.

6) 초인지 전략 교수

초인지 전략 교수(metacognitive strategy instruction)란 많은 것을 포함하는 용어이지만, 본질적으로 학생이 높은 수준의 사고 기술을 사용하도록 교육받는 것을 가리킨다. 수정된 도식기반교수에서 학생은 과제분석을 사용하여 문장제 문제를 풀기 위해 발견적 학습법(heuristic)이라고 하는 문제해결 과정을 배운다.

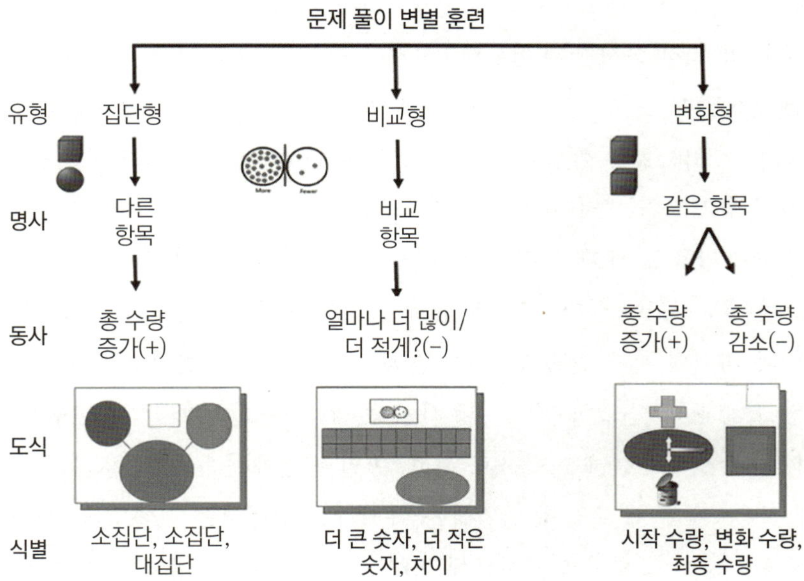

[그림 10.7] 수정된 도식기반교수에서 사용되는 부가적인 문제 유형의 특징

출처: Browder et al.(2018). Copyright © 2018 Sage.

초인지 전략교수의 차별성은 학생이 과제분석 점검표를 활용하여 발견적 학습의 사용을 자기 점검하도록 배운다는 것이다. 이것은 자기결정 기술의 한 가지로서 독립성을 증진시킨다. 수정된 도식기반교수에서 사용된 다른 초인지 전략 교수는 소리내어 생각하기이다. 학생은 문제풀이 과정에 대한 자신의 추론을 설명하도록 명시적으로 배운다. 예를 들어, 모든 문제 유형을 변별하는 동안 문제가 제시될 때, 학생은 변화형 문제의 예시를 보고 "같은 항목, 사과, 더 많은 사과가 바구니에 추가되는 변화형 덧셈문제이므로, 이것은 변화형 문제입니다."라고 말할 수 있다. 마지막으로, 각 문제 유형에 대한 손동작이 포함된 규칙은 초인지 전략 교수의 한 유형이기도 하다. 비구어 학생은 위에서 언급한 것처럼 소리내어 생각하기를 할 수 없지만, 문제에서 "사과, 사과, 사과"와 같이 동일한 명사 3개를 가리키고, 추론을 보여주는 손동작 규칙을 실행할 수 있다.

7) 문제 유형의 순서

명시적 변별 훈련의 필요성 때문에 학생에게 문제 유형을 점진적으로 가르치는데 문제 유형의 특정 순서가 추천된다. 이것은 학생이 처음 기술 습득을 할 때 인지 부하를 줄여준다. 인지 부하를 줄이고 문제해결 과정을 특정 순서로 나누는데 관한 또 다른 고려사항은 학생이 해결 방법을 배울 수 있도록 문제 유형을 한 번에 연산 하나씩 가르치는 것이다. 이에 따라 학생은 가장 친숙하기도 한 덧셈 문제를 해결하는 방법을 먼저 배우고, 다음에는 뺄셈으로 진행하며, 덧셈과 뺄셈 모두를 병합하여 마무리도록 한다. 추천된 순서는 다음과 같다: (1) 집단형; (2) 비교형; (3) 집단형과 비교형 문제 변별하기; (4) 변화 덧셈; (5) 변화 뺄셈; (6) 변화형 덧셈과 변화형 뺄셈 문제 변별하기; (7) 세 가지 문제 유형 변별하기. 각 단원에 대해 수업마다 2개에서 4개 문제를 목표로 하고, 변별 단원에서 문제 유형 제시 순서를 다양하게 한다. 세 문제 유형의 변별하는 마지막 단원에서는 적어도 5개에서 6개 문제를 목표로 하여 학생이 수업시간에 적어도 하나 또는 두 개의 집단형 문제, 더 큰 것의 비교형 문제, 더 적은 것의 비교형 문제, 변화형 덧셈(change addition) 문제, 변화형 뺄셈(change subtraction) 문제를 풀도록 한다.

8) 초기 문장제 문제 작성하기

문장제 문제를 작성하는 것은 생각보다 어려울 수 있다. 하나의 법칙은 간단하게 시작하고 학생이 문제풀이에 능숙해짐에 따라 점진적으로 문제의 난이도를 높이는 것이다. 중등도 및 중도장애 학생이 문제를 해결 하는 데 가장 성공적일 수 있도록 지원하기 위해 문장제 문제를 고도로 구조화하고, 4줄 양식(four-line format)으로 시작한다. 이것은 기존의 수학 교과서에서 볼 수 있었던 문단 양식과는 차이가 있지만, 이제 막 읽기 시작한 학생들을 지원하는 데 중요하다. 이야기 기반 접근법을 장려하고 일상생활에서 경험하는 여러 상황의 예시를 제공하기 위해 그 날의 문장제 문제 주제를 정하고 그 주제에 연관된 여러 문제를 작성한다. [그림 10.8]에 세 가지 예시와 난이도 범주가 제시되었다. 각 예시의 첫 줄은 문제의 맥락을 제공하며 주제와 연결한다. 또한 문장제 문제의 지시 명사는 그림과 함께 제시되어 읽지 못하거나 이제 막 읽기 시작한 학생에게 시각적 지원을 제공한다.

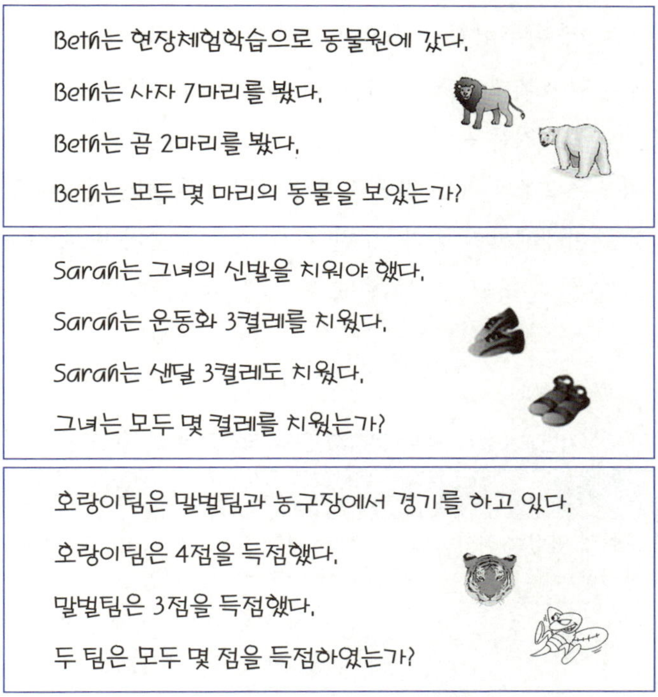

[그림 10.8] 난이도가 가장 쉬운 것(위)에서 가장 어려운 것(아래)까지의 수정된 도식기반교수 집단형 문장제 문제의 세가지 예시

출처: Attainment Company에서 제공한 상단 및 중간 예시 이미지

이것은 과제분석 4단계에서 학생에게 도움이 될 것이다(〈표 10.2〉 참조). 중학교와 중등 수준의 수학 성취 기준으로 문장제 문제를 작성하는 방법에 대한 예시는 11장을 참조하면 된다.

세 가지 예시는 모두 집단형 문제이지만 명사와 명사 위치로 인해 난이도가 높아진다. 첫 문제가 가장 쉽다. 지시 명사(소집단)와 명칭(대집단)은 명확하게 다르다–사자, 북극곰, 동물–그리고 지시 명사는 숫자 다음에 배치된다. 두 번째 문제에서 지시 명사나 두 개의 소집단은 운동화 켤레(pairs of sneakers)와 샌달 켤레(pairs of sandals), 명칭 혹은 대집단은 신발(pairs of shoes)이다. 모두 다 신발이기 때문에 많은 학생은 이 부분을 꽤 어려워 한다. 따라서 일부 학생은 이것이 변화형 문제라고 결정할 것이다. 그러나 신발 문제처럼 특성에 따라 집단이 구분되기도 한다. 빨간색 사탕, 초록색 사탕, 사탕과 같이 색상을 사용하는 문제에 동일하게 적용될 수 있다. 읽지 못하거나 이제 막 읽기 시작한 학생에게는 이것이 어려운데, 집단이 3개의 단어로 이루어졌고 주요한 명사가 모두 s로 시작한다. 이 예시는 이러한 능력을 가진 학생에게 지시 명사 위의 그림이 어떤 도움을 주는지 보여준다. 마지막 예시는 매우 어려운 문제이고 학생이 매우 능숙한 문제해결자가 아니라면 피해야 한다. 학생은 2개의 작은 집단은 호랑이팀이 득점한 점수와 말벌팀이 득점한 점수라는 것을 이해해야만 한다. 또한 지시 명사가 숫자 바로 다음에 배치되지 않았다. 〈표 10.3〉은 수정된 도식기반교수를 사용한 문장제 문제 작성하기의 지침을 제시한다.

〈표 10.3〉 수정된 도식기반교수를 사용한 문장제 문제 작성하기 가이드라인

지침	예시
학생이 관심을 보이며 연령에 적합하고, 친숙한 주제를 선택함	학급 견학 장소, 학교수업, 집, 식료품점, 슈퍼마켓, 비디오 게임 등
구조화된 형식을 사용함	이제 막 읽기 시작한 학생을 위해 4줄 양식으로 지시 명사와 그림을 제시
간단하고 해석하기 쉬운 언어와 친숙한 명사로 시작함; 단어가 한 개에서 여러개로 늘어날 때 예시가 어려워짐을 기억함	쉬운 수준 예: 고양이, 개, 애완동물 중간 수준 예: 테니스 채, 골프 채, 스포츠 용품 어려운 수준 예: 운동화, 샌들, 신발
문제의 숫자 다음에 바로 제시되는 지시 명사의 배치를 신중하게 고려해야 함	쉬운 수준 예: 사과 3개(3 apples) 더 어려운 수준 예: 운동화 3켤레(3 pairs of sneakers)
학생의 참여를 높이기 위해 친숙하거나 대중적인 이름을 사용함	학급 친구, 교사, 가족 구성원, 대중문화 예술인의 이름

학생을 능력을 기준으로 신중하게 숫자를 선택함	조작물을 사용하는 경우 오류를 줄이도록 숫자 1-9를 사용하여 총합이 10보다 크지 않고 차이가 0이 되지 않도록 함
변화형 문제에서 동작을 나타내고 역할놀이를 할 수 있는 동사를 사용함	더하다: 더 넣다, 추가하다, 찾다, 사다, 얻다 빼기: 빼다, 흘리다, 쪼개다, 먹다, 잃다, 지불하다
편견을 확인함	다양한 이름과 위치를 포함함; 여성 이름과 남성 이름 모두 포함시킴

9) 일반화 계획하기

중등도 및 중도장애 학생을 위한 수업을 계획할 때 일반화를 계획하고 이것을 수업계획에 포함시키는 것은 중요하다. 수학에서 일반화를 촉진하는 많은 방법은 상대적으로 단순하고 실행하기에 수월하다. 하나의 예시에 숫자만 매일 바꾸는 것이다. 문장제 문제를 처음 가르칠 때, 학생이 여전히 조작물을 사용하여 숫자를 센다면 가장 좋은 방법은 총합이 10 혹은 그 이하 및 차이가 0(추상적 개념)이 되지 않도록 계속해서 지도하는 것이다. 난이도를 높이거나 상위 학년 수준의 수학 성취 기준과 맞추려면, 교사는 0, 두자리와 세자리 숫자, 소수점과 분수의 차이를 만드는 맥락을 사용한다. 학생의 능력에 따라 학생은 재조합(regrouping)과 같은 기존 전략을 사용하여 문제 풀이를 하거나 더 어려운 숫자로 이루어진 문제 풀이를 위해 계산기를 사용할 수도 있다. 교사를 위한 팁이 있다면, 숫자를 입력하기보다 문장제 문제에 빈칸을 두어서 다양한 수식을 일년 내내 반복해 볼 수 있도록 하는 것이다.

다른 고려사항은 수학교수를 위한 플랫폼을 대체하고 멀티미디어를 사용하는 것이다. 종이와 연필, 구체적인 조작물에 더하여 상호적인 화이트 보드와 태블릿 PC 상에서 가상 조작물을 활용하는 것은 일반화를 촉진할 수 있다.

다양한 맥락에서 최대한 많은 예제를 연습하려면 매일 또는 매주 주제를 변경하는 것이 중요하다. 교사는 단순히 문제의 맥락만 바꾸어 같은 기술을 반복해서 가르칠 수 있다. 예를 들어, 어떤 날은 농구 경기에서 수학 주제에 집중할 수 있고, 다음 날은 식료품점에서 수학을 배울 수 있다. 이러한 방식은 학생의 참여와 동기를 유지하고, 일상에서 해당 기술이 사용되는 다양한 예시를 제공하며, 이야기 기반 방식을 사용한 수학 과목에서 문해력 기술을 발달시킬 수 있는 등 많은 이점이 있다. 교사는 문장제 문제의 주제로 학생이 방문한 장소 혹은 일상에서 빈번하게 가는 장소를 이용한다. 또한 선호도가 높은 곳(예: 콘서트나 전시)이나 문화행사, 현장체험학습이나 지역사회중심교수를 주제로 삼을 수도 있다. 이러한 예시는 교사가 가르치는 학생의 연령대에 따라 다르다. 예를 들어, 초등학생의 경우 가족과 함께 동물원이나 식료품점에 가는 것을, 연령이 더 높은 학생은 영화를 보러 가고 집안일을 하는 것을 선택할 수 있다. 이러한 기술을 일상생활로 일반화하기 위해 문장제 문제의 맥락과 양이 현실적인지 확인하는 것이 중요하다. 예를 들어, 학생이 식료품점에서 멜론 60개를 구입할 가능성은 매우 낮지만, 학생의 식료품 구입비가 60달러일 수 있다.

궁극적으로 학생이 실제 삶에서의 문제를 해결하기 바라지만, 많은 학교의 예산 제약 및 제한된 견학의 기회로 인해 일상생활 일반화를 위해 종종 필요한 실제 환경에서 교수로 알려진 지역사회중심교수를 하는 것은 힘들 수 있다. 하나의 대안은 잘 알려진 비디오 모의 교수를 병합하는 것이다. 이것은 본질적으로 학생이 실제 상황으로 나가는 대신 그 상황을 학생에게 가져오는 것으로, 실생활에 포함되어 있는 수학적 시나리오를 촬영하여 교실 내에서 해결해 보도록 제시하는 것으로 정의된다. 스마트폰과 태블릿PC의 보급률을 감안할 때 이러한 방식은 비교적 쉽고 저렴하게 이루어질 수 있다. 예를 들어, Saunders, Spooner, Ley Davis(2018)는 식료품점, 대형마트, 스포츠용품점, 중고물품 가게, 집, 마당 등에서 사례를 비디오로 녹화했다. 한 가지 주의할 점은 비디오 모의 상황에만 의존하지 말고 가능한 많은 실제 환경에서 문제해결 기술을 사용하도록 교수를 계획하는 것이다. 사전 계획을 통해 현장체험학습에 수학 문제를 포함시킬 수 있다. 예를 들어, 학생은 1달러 상점에서 물품을 구입하도록 물품목록을 받거나 스페셜 올림픽 농구 연습 기간 동안 개별 선수의 득점 수를 기록할 수 있다.

또래는 교사나 보조교사 이외의 존재로 일반화를 촉진하는 귀한 자원이 될 수 있다. 또래교수를 실행하는 데는 수많은 방법이 있다. 한 가지 예는 수학을 더 잘하는 학생을 이제 막 연산 개념을 이해하기 시작한 학생과 짝을 짓는 것처럼 학급 내에서 짝을 구성하는 것이다. 협동학습 집단은 다양한 수준의 능력을 가진 학생을 무리짓는다. 또 다른 전략은 전형적으로 발달한 또래를 활용하는 것이다. 이것은 통합 환경에서 이상적으로 수행될 수 있으나, 그 대안은 또래가 특수학급에 도움을 주기 위해 오는 역통합 모델을 사용하는 것이다. 이러한 모델 사용 시 또래중재(peer training)를 통해 또래를 장애 학생과 함께 공부하도록 준비시키고 촉진방법을 교육시키는 것은 중요하다. 또래는 일반학급의 쉬는 시간에 초기 수학 기술을 실행하고, 명시적이고 체계적 교수와 수정된 도식기반교수를 사용하도록 중재받을 수 있다.

10) 문제 난이도 높이기

중등도 및 중도장애 학생이 수학 문장제 문제를 푸는 데 더 능숙해짐에 따라 일부 지원을 점진적으로 소거하는 것이 중요하다. 이는 학생이 3개 문제 유형을 능숙하게 해결하고, 문제 유형을 구분하며, 문제 유형이 섞여있다 해도 능숙하게 풀 수 있을 때 사용할 것을 추천한다. 가장 좋은 것은 "필요 이상으로 다르지 않게(no more different than necessary)" 규칙을 따르는 것이다. 이것은 학생의 강점을 기반으로 개별적으로 이루어질 수 있다. 예를 들어, 학생이 독립적으로 읽을 수 있고 명사와 동사를 인지할 수 있다면, 시각적 지원으로 제공했던 일부 그림을 소거하고 문장제 문제의 4줄 양식에서 예전 교과서에서 볼 수 있는 문단 제시 방법으로 옮겨가는 것이다. 학생이 한자리 숫자 덧셈과 뺄셈을 잘 할 수 있으면, 두 자리 숫자를 사용하는 문장제 문제로 난이도를 높인다. 문제를 더 어렵게 만들면서 해당 학년 수준에 맞추는 다른 방법은 돈을 사용하는 잔돈 계산 문제와 같이 소수점을 가르치는 것이다. 한 연구에서는 학생에게 계산기의 도움을 받아 숫자와 소수점으로 이루어진 판매 가격과 팁을 계산하는 법을 가르쳤다(Root, Saunders, Spooner, & Brosh, 2017). 난이도를 높이기 위해 분수를 가르치는 것도 하나의 대안이다.

중학교 또는 중등 수준의 학생에게는 문장제 문제 풀이에 필요한 더 많은 대수적 사고를 하도록 단계를 높이는 것이 중요하다. 이를 위해 교사는 학생이 최종 값을 답해야 하는 수학문제보다는 중간 값(더 어려움)을 답해야 하는 수학문제를 풀도록 하고, 그 이후 처음 값(가장 어려움)을 묻는 문제를 풀도록 하며, 덧셈과 뺄셈 그 이상으로 단계를 높혀야 한다(Powell & Fuchs, 2018 참조). 학생을 상위 수준의 수학 성취 기준으로 향상시키는 전략에 대해서는 11장을 참조하도록 한다.

3. 초기 수학 및 문제해결 교수를 위한 지원

본 장에서 다룬 지침을 따라 문장제 문제를 만드는 것은 생각보다 어려울 수 있다. 교사에게 주어진 시간이 제한적이라면, 증거기반실제를 사용하는 연구기반의 상업용 프로그램이 있다. Early Numeracy(Jimenez et al., 2013)는 중등도 및 중도 지적장애 학생에게 초기 수학 기술을 체계적인 방법으로 가르치도록 개발된 교육과정이다. 총 4개의 단원으로 구성되어 있고, 각 단원당 6개의 수업안이 포함되어 있으며, 단원은 점차 난이도가 높아진다. Math Skills Builder(Saunders, Root, & Browder, 2017)는 지적장애 학생을 위해 개발된 연구기반의 교육과정으로 학생이 집단형, 변화형, 비교형의 덧셈과 뺄셈 문제를 풀 수 있도록 교수한다.

4. 사례연구

교사 Lawson은 자폐성장애 학생과 중등도 및 중도장애 학생으로 구성된 초등학교 3-5학년 학급의 연간 계획을 세우고 있었다. Lawson 씨의 올해 목표 중 하나는 수학교육을 개선하는 것이었지만 학생의 능력 수준은 다양했다. 그녀는 학급을 2개의 집단으로 구성하여 한 집단은 초기 수학 기술을 학습하고 다른 한 집단은 수학 문제해결에 대해 배우도록 했다. Lawson 씨는 Target, Dollar Store, 호박밭 체험, 학교 체육관, 모임 등 학생들이 좋아할 것으로 알고 있는 현장체험학습 장소와 주제를 대상으로 초기 수학 기술을 포함한 수학 이야기를 작성했다. 그녀는 개별 주제를 바탕으로 학생들이 수정된 도식기반교수를 학습하도록 문장제 문제를 만들었다. 그녀는 학생들이 좋아하는 가수와 배우의 이름, 학생 이름, 교사 이름을 사용했다. 그녀는 개별 학생의 수학교수 시간을 위해 자료를 만들었다.

Lawson 씨는 이러한 것들을 가장 효과적으로 하기 위해 개별화교육계획팀원이 모두 포함되어야 한다고 결정했다. 초기 수학 집단에 속해있는 학생은 광범위한 지원을 요구했기 때문에 언어치료사와 함께 학생이 기계적 수세기를 할 수 있는 보완대체의사소통 기기를 선택했고, 숫자 1-10이 적힌 응답판(response boards)을 만들었다. Lawson 씨는 작업치료사와 함께 일하며 소근육 운동기능의 어려움이 있는 학생을 위해 1-5개의 사물, 1-10개의 사물을 셀 수 있도록 크고 잡기 쉬운 페그와 판을 만들었다. 그녀는 수학교수에 필요한 고정 시간지연, 동시촉진, 최소 촉진체계와 같은 체계적 교수를 보조교사에게 가르치기로 했다. 그녀는 학급 학생이 주당 최소 2-3회 일반수학수업에 통합될 수 있도록 3학년, 4학년, 5학년 수학교사와 함께 개별 학생을 위한 시간표를 짰다. Lawson 씨는 학생이 배워야 할 초기 수학 기술표를 가져와 자연스럽게 발생하는 쉬는 시간에 또래 도우미가 이 기술을 다루는 것 혹은 이 기술을 쉽게 삽입할 수 있는 시간에 대해 논의했다. 그녀와 수학교사는 수정된 도식기반교수를 학습하는 학생을 위해 그래픽 조직자와 조작물 연습을 보편적 학습설계 지원으로 계획했다. 그녀는 학부모를 초청한 자리에서 초기 수학 기술과 수학 문제해결에 관한 유인물을 나눠주고 발표를 했다. 그녀는 개별화교육계획팀의 각 구성원과 보조인력에게 교실과 식당, 운동장, 체육관과 같은 학교 환경뿐만 아니라 가정과 지역사회에서 초기 수학 기술과 문제해결 기술을 삽입하는 것의 중요성을 강조했고, 개별화교육계획팀 구성원이 이러한 기술을 일반화하는데 준비할 수 있도록 했다.

학생이 교실에 오면, Lawson 씨와 개별화교육계획팀은 높은 수준의 수학교수를 실행할 준비가 되어 있었다. 그녀는 간단한 추천 절차로 학생이 또래 도우미로 지원할 수 있는 학교 차원의 또래지원 신청 절차를 만들었고, 선발된 학생은 수학교수 실행에 관련된 교육 프로그램에 참여했다. 그녀의 학생은 수학교과에서 엄청난 성과를 보였고, 학교장은 개별화교육계획팀 구성원의 협력, 학교에서 조성되는 통합 문화, 학기 말에 대안평가 점수의 진행 상황에 대해 매우 만족했다.

5. 요약

초기 수학 기술과 문제해결 기술은 중등도 및 중도장애 학생에게 수학적 기초를 제공한다. 두가지 기술은 여러 영역 전반에 요구되는 핵심 기술이며, 중등도 및 중도장애 학생이 일반 교육과정에 참여하는데 결정적이다. 이러한 기술은 초등학교에서 증거기반실제를 포함한 양질의 교수를 사용하여 가르쳐야 한다. 고학년 학생의 경우, 이러한 기술을 포기해서는 안되며, 교사는 학생이 해당 학년 수준에서 연습하도록 계속 가르치고, 시간이 있다면 이 기술을 목표로 집중교수를 실행해야 한다. 교사가 구매한 교육과정, 교사가 만든 자료, 인터넷에서 인쇄한 자료 중 무엇을 사용하든지 간에 명시적이고 체계적 교수를 통해 이러한 기술을 가르치는 것이 중요하다. 교사는 반복학습 양식으로만 가르치거나 학생이 일생생활에서 기술을 적용할 수 있는 맥락을 제공하지 않는 학습지로만 기술을 가르치지 않도록 각별히 주의해야 한다. 본 장에 나열된 모든 기술 중에서 기계적 수 세기는 소리로 반응하는 것이 필요하지만, 이를 위해 보완대체의사소통 기기를 사용할 수 있다. 가상 조작물, 상호적인 화이트보드, 컴퓨터 프로그램 및 태블릿 PC의 애플리케이션과 같은 공학은 많은 지원이 필요한 학생의 수학학습을 증진시킬 수 있으며, 학습을 막는 장벽을 제거할 수 있다. 마지막으로 교사는 학생이 수학에서 배울 수 있는 것에 제한을 두지 않아야 한다. 교사가 학생에게 양질의 교수와 온전한 연습 기회를 제공할 때, 학생은 놀라운 성과를 보일 수 있다.

마무리 활동

1. 빠르게 작성하기: 교재를 보지 않고, 기억할 수 있는 초기 수학 기술을 최대한 많이 생각해 보세요. 그 다음에는 이러한 기술을 가르치기 위한 전략을 적어도 세가지 제시해 보세요.
2. 특정 연령대 학생에게 선호도가 높은 맥락을 활용한 수학 이야기를 〈표 10.1〉에 있는 초기 수학 기술 중 최소한 5개를 포함하여 만들어 보세요.
3. [그림 10.1]의 그래픽 조직자를 사용하여 조작물로 덧셈과 뺄셈 문제를 해결하는 과제분석을 만들어 보세요. 과제분석의 각 단계에 대해 적어도 3단계 촉진 위계([그림 10.6] 참조)를 사용하여 최소촉진체계를 만들어 보세요. 짝과 함께 연습해 보세요.
4. 집단형 문제, 더 많고 더 적은가의 비교형 문제, 변화형 덧셈과 변화형 뺄셈 문제를 포함한 세 가지 문제 유형에 대한 수학 문장제 문제 작성을 연습하세요.

도움이 필요하면 〈표 10.3〉을 참고하세요.

5. 〈표 10.2〉의 수정된 도식기반교수의 과제분석과 [그림 10.6]의 촉진 위계와 같이 이전에 만든 문장제 문제를 사용하여 짝과 협력하여 수정된 도식기반교수를 실행하는 역할극을 해 보세요. 학생과 교사 역할을 바꿔가며 한 명이 시범을 보이고, 짝을 바꿔서 다른 짝이 연습을 안내하세요.

제11장

수학과 교수

Katherine Trela

Curtis는 지적장애와 지체장애를 가진 7학년 학생이다. Curtis는 약 30개의 그림 상징과 몇 개의 단어를 알고 있다. 그는 소리내어 간단한 글을 읽어주면 이해한다. 그는 보완대체의사소통 기기 스위치로 4개의 그림/상징을 선택하거나 답을 응시하는 방식으로 반응한다. Curtis는 가끔 또렷하게 발음하여 대답을 할 수 있다. 안타깝게도 Curtis는 학교생활을 하며 최소한의 수학교육을 받았다. 그가 어렸을 때 유치원교사는 손가락으로 휠체어의 노트북을 두드리며 5까지 세는 법을 가르쳤다. 초등교사는 그에게 2개의 동전을 들고 명명한 동전을 쳐다보는 방식으로 동전을 식별하는 법을 가르쳤다(예: "니켈/5센트짜리 동전을 알려줘"). 그는 2학년 때 동전을 식별할 수 있었지만, 어찌된 일인지 이 기술은 그후 4년간 개별화교육계획의 목표로 남아 있었다. 작년에 Curtis의 개별화교육계획팀은 Curtis에게 중학교 학년 수준 성취기준에 맞춘 수학교수를 목표로 세웠다. 교사 Rodriguez는 Curtis에게 큰 소리로 문제를 읽어 주고, 문제의 정보를 기반으로 대수방정식을 채우게 하고, 계산 기술을 사용하여 답을 찾는 것부터 가르치기 시작했다. Curtis는 연령에 적합한 공부를 하며 갖게 된 도전적인 면에 매우 기뻐했다. 그는 주의 깊게 듣고, 답변을 정확하게 말하고, 보완대체의사소통 기기로 정답을 가리키기 위해 열심히 노력했다. 한달 안에 Curtis는 10이 되는 덧셈식을 채우고 풀 수 있었다. 그는 이제 더 큰 총합과 뺄셈 문제를 배우려고 한다.

최근까지 수학은 Curtis와 같이 중등도 및 중도 발달장애 학생에게 덜 강조된 과목이었다. 과거에 덜 강조했던 이유 중 하나는 심각한 발달지연을 가진 학생은 수학개념을 배우는 능력이 부족하다는 가정이었다. 이러한 착오는 전형적으로 발달하는 연령이 낮은 학생이 수학 학습 능력이 부족하다는 유아 전문가의 생각과 유사하다. 최근에 이러한 생각에 이의가 제기되었다. 새로운 이론과 연구는 매우 연령이 낮은 학생도 수학적 생각을 습득하는 능력이 있음을 지지한다(Sarama & Clements, 2009). 이와 비슷하게 중도장애 학생도 한때 가능하다고 생각했던 것보다 훨씬 더 복잡한 수학개념을 학습할 수 있다(Jimenez, Browder, & Courtade, 2008).

중도장애 학생이 이전에 가능하다고 생각했던 것보다 높은 수준의 수학적 능력을 발전시킨다고 해도, 일부 사람들은 이러한 성과의 유용성에 의문을 제기할 수 있다. 구매 기술처럼 지역사회 참여에 필요한 기술만 가르치는 것이 더 나은 목표인가? 좁은 범위의 구매 기술만 가르치는 것은 일상생활에 필요한 수학적 능력뿐만 아니라 중도장애 학생이 이러한 요구를 성취하는 능력을 과소평가하는 것이다. 예를 들어, 일반 수학교육에서 학생이 개발하는 기술 중 하나는 좌표평면의 사용이다. 학생은 평면에 좌표를 찾는 것부터 시작하여 선분(line segments)을 그린다. 더 나아가 학생은 x축과 y축에 좌표를 구성한다. 이 기술은 선형 그래프를 작성하는 데 적용된다. 좌표평면의 사용은 지역사회의 일상생활이나 매일의 교수상황에서 이 기술을 사용하지 않는 일부 특수교사에게는 적절하지 않은 것처럼 보일 수 있다. 확실하지 않을 수는 있지만 일부 핵심 직종에서 이 개념에 대한 지식이 필요하다는 것이다. 예를 들어, 신입 기계기술자라고 해도 현재 컴퓨터가 작업 수행하는 기술 세계에서는 x축과 y축에 점을 그리는 방법을 알아야 한다. 개별화교육계획(Individualized Education Plan, IEP)팀은 학생이 성인이 되어서 갖게 될 기회(예: 전문대에서 기계 공학을 공부)를 거의 알지 못한다. 학생의 장애에 대한 가정에 근거하여 이를 제한하는 것은 안타까운 일이다. 일반 교육수학 성취기준은 현대 사회에서 인생을 준비하기 위해 어떤 역량이 필요한지에 관한 깊이 있는 지식을 가진 전문가 집단에 의해 개발되었다. 이러한 성취기준에 따라 가르침으로써-가장 중요한 몇 가지만 가르치도록 우선순위가 설정되었다고 해도-교사는 학생이 성인이 되었을 때 더 많은 선택을 할 수 있도록 준비시킨다.

1. 수학 성취기준

대부분 주(states)의 수학 성취기준은 '미국 수학교사위원회'(National Council of Teachers of Mathematics, NCTM, 2000)의 기준과 유사하다. '미국 수학교사위원회'의 "형평성 원칙(equity principle)"(2000, p. 12)은 성별, 인종, 지적 능력에 관계없이 모든 학생에게 수학을 배울 수 있는 기회가 주어져야 함을 분명히 한다. 구체적으로, '미국 수학교사위원회'의 형평성 원칙은 "일부 학생만이 수학을 배울 수 있다"는 개념(p.12)에 이의를 제기하는 대신에 모든 학생에 대한 높은 기대치와 가치있는 기회가 수학 교육과정의 필수 요소라고 지적한다. 또한 '미국 수학교사위원회'는 "일부 학생은 조정이 필요할 수 있으며" 학교는 "모든 학급과 모든 학생을 위한 자원"(p. 13)을 지원해야 함을 강조한다. 마지막으로 '미국 수학교사위원회'의 "교육과정 원칙"은 수학 교육과정이 "논리적이고, 중요한 수학내용에 집중하고, 학년 전체에 걸쳐 잘 설명"(pp. 15-16)되어야 함을 명시한다. 이러한 원칙은 수학교수의 비전에 함축되어 있는데, 수학교수의 비전은 모든 학생의 요구에 부응하고, 학교생활동안 새로운 기술을 개발시키고, 일상에서 직면하는 문제를 해결하기위해 기술을 적용할 수 있도록 적절한 학습 경험을 제공하는 것이다.

'미국 수학교사위원회'는 교사가 수학교수에 집중할 수 있도록 내용과 과정 기준을 제공한다. 5개의 내용 영역이 수학 교육과정에서 가장 중요한 것으로 확인되었다: (1) 대수학, 패턴 및 관계 학습; (2) 기하학, 공간 조직에 대한 학습; (3) 자료 분석, 사실 및 자료의 조직과 해석에 관한 학습; (4) 측정, 표준 단위로 속성을 정의하는 학습; (5) 수와 연산, 또는 양과 수감각(number sense)에 대한 학습. '미국 수학교사위원회'는 또한 수학 개념을 학습하고 의사소통하는 다섯 가지 처리 과정을 확인했다. 수학 처리 과정은 각 영역에 포함되어 있으며 학생이 학년이 높아지면서 발달된다. 〈표 11.1〉은 학생의 진보 상황에 대한 예시를 제공한다.

1) 수학적 과정

(1) 문제해결

수학교수의 가장 중요한 결과 중 하나는 학생이 문제를 해결하는데 숫자를 적용하는 것이다. 거의 모든 문제해결은 수학적인 것이든지, 보편적인 것이든지 다음 세 단계를 포함한다: (1) 문제 확인; (2) 문제 분석; (3) 문제해결. 학생은 문제 자체를 이해하기 위해 종종 배경지식을 필요로 한다. 이 배경지식을 활성화시킬 수 있도록 문제가 제시될 수 있다. 예를 들어, 문제는 연령에 적합한 영화관람과 같은 활동을 통합할 수 있다(배경지식을 증진시키는 아이디어, 이해에 대한 내용은 8장 참조). 그 다음에 교사는 배경지식을 보완하고자 학생이 숫자를 적용하여 문제 구조화하기와 같은 실습활동을 제공할 수 있다. 문제가 확인되고 수학적으로 표현되면(즉, 숫자와 기호를 사용하여) 학생은 어떻게 해결할지를 결정해야 한다. 이것은 적절한 수학 연산을 적용하는 것을 포함한다. 학생은 학년이 높아지면서 수학 문제를 풀 때 적용될 개념과 추론도 더 넓게 발달시킨다.

(2) 추론 및 증명

학생이 수학을 통해 발전시키는 또 다른 두 가지 과정은 추론과 증명이다. 학생은 일반 수학교육에서 수학적 주장과 증명을 개발하고 평가하는 방법을 배운다. 종종 수학 교사는 학생에게 "과제를 보여주세요"라고 요청할 뿐만 아니라 문제에 대한 해결책을 요구한다. 수학개념을 학습하고 있는 학생(예: 어린 아동과 발달지체 아동)에게는 이러한 추론이 직접 경험을 통해 표현될 수 있다. 예를 들어, 학생에게 병렬 항목의 다양한 예시와 비예시를 보여준 다음, 병렬 개념이나 병렬 규칙을 증명하도록 할 수 있다.

(3) 의사소통

학생은 또한 일반 교육과정을 통해 다른 사람들과 자신의 수학적 사고를 의사소통하는 방법을 배운다. 수학은 고유한 어휘와 기호가 있고, 학생은 학교생활과 경험을 통해 배운다. 처음에는 "2"와 "="와 같은 기호를 인식하고 이해해야 한다. 학생은 보다 높은 수준에서 절편, 기울기 및 다른 수학개념을 배운다. 중도장애 학

〈표 11.1〉 학년 수준에 따른 수학 영역

내용 영역	유치원-2학년	3학년-5학년	6학년-8학년	9학년-12학년
대수학: 패턴, 함수, 숫자 간 관계를 인식하기	패턴 인식(즉, "손뼉, 손뼉, 발 구름"은 "파랑, 파랑, 빨강"과 같은 패턴임은 인식하기)(NCTM, 2000, p. 91)	탑 안에 있는 정육면체의 개수와 탑의 표면적의 관계를 파악하고 그 정보를 토대로 더 많은 수의 정육면체를 가진 탑의 표면적 예측하기(NCTM, 2000, p. 160)	기호와 숫자 모두를 사용하여 일상생활에서 문제해결에 필요한 정보를 표현하는 방법 탐색하고 자료를 차트, 표, 그래프로 정리하기	물리적 현상에서 관찰되는 패턴을 나타내기(NCTM, 2000, p. 298)
자료분석: 주변 관찰하기, 질문 생성하기, 질문에 답하기 위해 정보 선택하기, 결과를 전달하기 위해 정보 정리하기	관찰을 정확하게 표현하기 위해 자료를 수집하고 표현하기 내용(즉, 각 학생의 의상에서 주머니 개수를 보여주는 차트)	옷의 주머니 개수가 2, 3, 4, 또는 5개 가진 학생별로 집단을 구분하는 것처럼 차트에 자료를 집단화하기	특정 수의 주머니가 달린 청바지의 가격과 판매량과 같은 자료를 비교하기	연령별 청바지 판매량과 같은 자료 표시 방법을 결정하고, 이러한 선호에 대한 이유를 보고하기
기하학: 공간 관계를 설명하기 위해 좌표와 다른 표현 체계 사용하기	이야기를 시연하거나 방향지시를 배울 때 위, 가까이, 사이와 같은 공간 관계 탐색하기	데카르트 평면(Cartesian plane) 사용을 소개하기 위해 지도와 격자를 사용하여 공간 관계 개발하기(Sarama et al., 2003)	기하학적 사고와 대수적 표현을 연결하고, 도형과 평면을 형성하는 선분을 살펴보기	변환(transformations)을 적용하고, 좌표평면에 변환을 나타내고자 행렬을 사용함으로써 좌표평면의 사용 확장하기
측정: 시간, 값, 사물이 공통의 언어로 설명될 수 있는 속성을 지니고 있으며, 그러한 속성을 서술하기 위해 특정 도구가 사용됨을 인식하기	보고, 만지고, 사물 비교하며 속성을 배우기, 큰, 천천히, 깊은과 같은 용어 배우기, 사물을 설명하는 것 배우기, 선형 측정(linear measurement)에 중점을 두고 속성을 측정하기 위해 사용하는 특정 도구 확인하기	모양이나 사물을 설명하기 위해 면적, 부피, 무게, 각도 탐색하고, 제시된 문제에 따라 적절한 측정 단위를 선택하는 방법 배우기(즉, 도시 간 거리 측정 시 인치보다 마일을 선택)	비율에 맞춰 두 대상의 관계를 표현하고, 다른 단위 비율을 포함한 문제를 해결하고, 숫자와 상징을 사용하여 관계를 표현하기	수학, 과학, 기술 교육과 사회과학에 측정을 적용하고, 제시된 문제를 해결하고 답안을 확인하는 데 적절한 측정도구와 애플리케이션 선택하기
숫자와 연산: 양을 설명하고 구성하고 분해하고자 일대일 대응으로 세기	'일치'(oneness) 개념을 발전시키기, 1:1 대응으로 숫자 세는 것을 배우기(Clements, Sarama, & DiBiase, 2004)	더 큰 수, 분수, 소수, 유리수 탐색하고, 숫자를 합하고 분해하고, 수학연산 규칙을 탐색하기	"과학적 지수 및 계산기 표기"(NCTM, 2000, p. 214)를 사용하여 큰 숫자로 학습하는 것을 지속하고, 분수, 백분율, 소수, 음수에 연산을 적용하고, 이러한 숫자가 실생활에서 어떻게 사용되는지 이해하기	문제해결 시 매우 크고 매우 작은 숫자를 사용하고, 교육과정 전반에 숫자 개념을 적용하기(즉, 화학에서 아보가드로수(Avogadro's number)를 사용하거나 시민과 경제를 위해 수천 조원의 국가 예산을 사용하는 것에 대한 토론)

생의 경우, 이러한 수학 어휘를 체계적으로 가르쳐야 한다. 7장에서는 수학 어휘에 직접 적용할 수 있는 단어와 기호 교수법을 제공했다. 예를 들어, 교사는 숫자 인식을 가르치기 위해 숫자 플래시 카드와 시간지연과 같은 체계적 촉진-용암 절차를 반복적으로 시도할 수 있다. 그런 다음, 학생은 사물 세트와 숫자 맞추는 것을 배울 수 있다. 더 나아가 기울기와 같은 고급 개념은 그림과 단어를 맞추며 어휘로 가르칠 수 있다.

(4) 연결

수학은 종종 구별된 교육과정 영역으로 가르치지만 수학개념은 다른 많은 내용 영역과 실생활 경험에서 찾을 수 있다. 또한 수학은 그 내용 안에서도 많은 연관성을 지니고 있다. 중도장애 학생을 위해 교사는 일반화도 연습시켜야 한다. 교사는 국어과의 이야기 시간에 수개념이 소개될 때, 이 수개념이 의미하는 것이 무엇인지 복습하도록 국어과에 수학을 일부 포함시킬 수 있다. 과학 실험에서 "보다 큰"이라는 수학개념의 적용이 요구될 때, 교사는 학생이 개념을 연결하도록 수학에서 사용된 어휘 기호와 자료를 사용할 수 있다.

(5) 표상

수학적 아이디어는 다양한 방식으로 표현될 수 있다. 예를 들어, 학생이 학년별로 학교 모금 결과를 요약하고 싶은 경우, 차트, 파이 그래프 또는 그림 문자에 숫자를 사용하여 표현할 수 있다. 수학에서 학생이 습득하는 기술 중 하나는 개념을 표현하기 위한 최상의 선택을 결정하는 방법과 이를 위해 둘 이상의 방법을 사용하는 것이다. 중도장애 학생에게 수학개념을 표현하는 다양한 방법을 사용하는 것은 일반화를 위해 유리할 수 있다. 만약에 1센트 동전이 계산에 사용되는 유일한 도구라면, 학생은 계산하는 것을 일반화하기 어려울 것이다. 이렇게 단순한 기술과 보다 복잡한 개념에 다양한 사물을 사용함으로써 학생은 보다 광범위한 영역에 자신의 기술을 적용하는 방법을 배운다.

2) 교육과정 핵심영역

내용 성취기준과 과정뿐만 아니라, '미국 수학교사위원회'(2006)는 교육과정 핵심영역(curricular focal points)을 사용하도록 권장한다. 핵심영역이란, 학생이 학년 수준에서 개발하는 관련 아이디어, 개념, 기술, 과정이다. 교사는 수학 핵심영역을 사용하여 더 깊은 수학 주요 영역에 대한 이해, 수학 유능성, 일반화 능력에 집중할 수 있다. 이러한 핵심영역은 수학의 어려움을 진단할 때 사용된다. 교사는 '미국 수학교사위원회' 웹사이트(www.nctm.org) 또는 해당 주(state)의 애플리케이션을 통해 이러한 핵심영역을 찾을 수 있다. 중도장애 학생에게 일반수학을 가르치려면, 교육과정 내에서 우선순위를 설정해야 한다. 이러한 핵심영역에서 시작함으로써 교사는 수학의 가장 중요한 아이디어에 중점을 둘 수 있다.

2. 중도장애 학생에 대한 성취기준과 수학 연구

중등도 및 중도 발달장애 학생 대상 수학연구에 대한 종합적 고찰(comprehensive review)에서 Browder, Spooner 외(2008)는 68편의 논문을 찾았지만, 대부분은 수와 연산 또는 돈관리에 중점을 두었고, '미국 수학교사위원회'(2000)에 의해 판별된 다른 수학 영역에 중점을 둔 것은 소수에 불과했다. 여러 연구에 의하면, 일부 학생은 수식별과 수세기를 배울 수 있었다. 최근 연구는 학생이 고학년(즉, 3-5학년) 및 중등 일반교육의 수학 성취기준과 연계한 수학 단원에서 더 독립적으로 문제풀이 과제분석을 배울 수 있음을 보여주었다(Browder, Jimenez, & Trela, 2012; Creech-Galloway, Collins, Knight, & Bausch, 2013; Trela, Gladstone-Brown, Merritt, & Raftis, 2018).

이 연구는 또한 효과적인 교수를 개발하는 방법에 대한 몇 가지 단서를 제공한다. 수학 수업에 대한 과거 연구는 해당 학년과 연계되지 않거나 수학문제에 초점을 두지 않았기 때문에, 교사는 새로운 방식으로 효과적인 전략을 적용해야 한다. Browder, Spooner 외(2008)가 실행한 메타분석은 피드백과 체계적 촉진, 과제분석, 일상생활로 일반화가 수학의 증거기반실제임을 밝혔다. 가장 최근에 Spooner

외(2019)는 2005년부터 2016년까지 중도장애 학생에게 수학교수를 했던 연구를 정리했다. 보조공학 활용, 그래픽 조직자, 조작물, 명시적 교수가 체계적 교수와 함께 증거기반실제임을 확인되었다. 이러한 방법은 이 장의 뒷부분에서 자세히 설명된다.

균형 맞추기

교사는 중도장애 학생을 위한 수업을 계획할 때 학년 수준의 수학 성취기준의 갯수와 다양성으로 인해 압도될 수 있다. 수학교사는 향후 학습에 기초가 되는 가장 중요하거나 자주 사용되는 기준을 판별하는 데 도움을 줄 수 있다. 일부 주에서는 대안 성취기준에 기초한 대안평가에 참여하는 학생을 위한 확장된 성취기준이 개발되어 있다(확장된 성취기준에 대한 자세한 내용은 4장 참조).

3. 수학교수법

1) 수학 이야기 사용하기

학생은 수학에서 문제를 해결하는 경험이 필요하다. 10장에서 설명한 대로, 수학교육 관련 연구는 "이야기"(문장제 문제)가 숫자들을 구조화할 수 있는 자연스러운 도식을 학생에게 제공한다고 하였다(Anderson, Spiro, & Anderson, 1978; Zambo, 2005). 수학교육은 학교 안팎에서 학생에게 의미 있는 문제를 해결하도록 영감을 주어야 한다는 '미국 수학교사위원회'의 원칙과 일관되게 문학은 수학문제를 삽입할 수 있는 풍부한 맥락을 제공한다. 또한, 의미있는 맥락에 문제를 삽입하는 것은 학생이 이미 알고 있는 것을 기반으로 해야 한다는 '미국 수학교사위원회'의 효과적인 수학교육 원리이다. 특히, 학생에게 친숙한 맥락에서 쓰여진 이야기는 학생이 문제를 해결하기 위해 정보를 구성할 수 있는 생각의 틀, 도식을 자연스럽게 제공할 수 있다(Anderson et al., 1978). 또한, 이야기는 숫자와 문제를 학생 삶의 전형적인 상황에 연결하는 의미 있는 방법을 제공할 수 있다(Pugalee, 2007). 마지막으로, 수학 문제를 해결하기 위해 이야기를 따라가는 과정은 학생이 숫자를 확인하는 것뿐만 아니라 해결해야 하는 문제의 본질을 파악하기 위해 단락을 참조하여 초기 문해력을 연습할 수 있는 기회를 제공할 수 있다.

(1) 수학 이야기 작성하기

10장에서는 문제해결을 쉽게 할 수 있는 간결한 문장제 문제 작성법을 설명했다. 학생의 학년이 높아짐에 따라 문장제 문제는 학생이 더 많은 개념적 사고를 적용하여 문제의 핵심 요소들을 끌어낼 수 있도록 더 풍부한 이야기 맥락을 제공한다. 실제 상황에서 적용할 수 있는 수학 이야기의 예시는 교사와 학부모가 쉽게 접근할 수 있는 웹사이트에서 찾을 수 있다(예: Khan Academy: www.khanacademy.org/tag/word-problems Adapted Mind: www.adaptedmind.com). 교사는 수학 문제를 직접 작성할 수도 있다. [그림 11.1]은 수학 이야기의 예시이다.

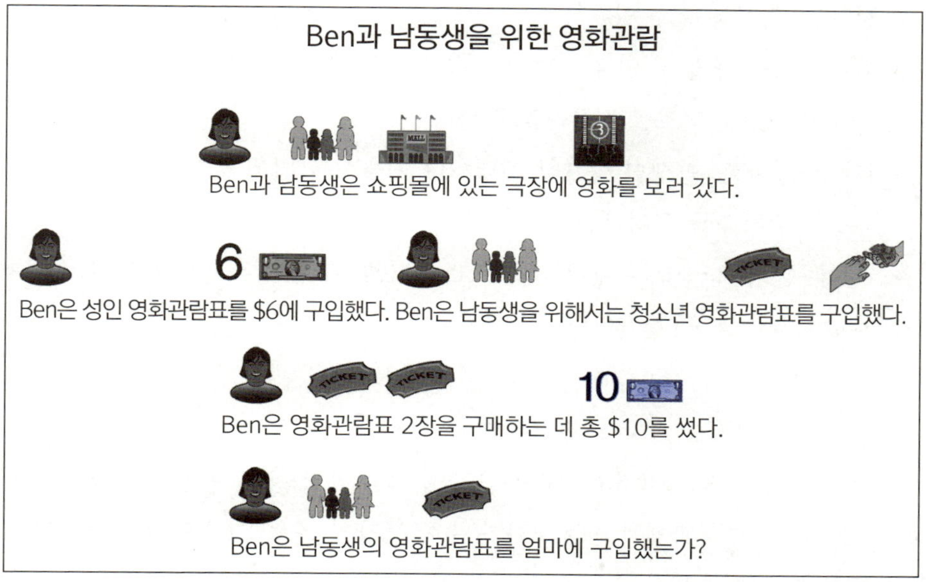

[그림 11.1] 대수학에서 이야기 기반 수학 문제

출처: From Trela, Jimenez, and Browder (2008). Copyright © 2008 Attainment Company. Reprinted by permission.

(2) 수학 이야기 교수의 일반적 접근

Smith와 Geller(2004)는 학습장애 학생 및 학업실패의 위험에 놓인 학생에게 효과적인 것으로 선행연구에서 입증된 9가지 절차와 전략을 파악했다. 여기에는 (1) 교사 모델링; (2) 자기 질문(self-questioning); (3) 안내된 연습; (4) 사전 지식 단서 주기; (5) 피드백; (6) 구체적, 표상적, 추상적(Concrete, Representational, and Abstract, CRA) 순서의 교수; (7) 실습 경험; (8) 검토 기회; (9) 학습의 중간발판 단계(mediated scaffolding) 사용이 포함된다. 이러한 전략을 이야기 기반 수업을 위한 틀에 삽입하기 위해 Pugalee(2007)는 이야기 기반 수업을 활용한 수학 기술을 개발하고자 다음 단계를 제안했다.

- 1단계-선행 조직자: 이전에 학습한 기술을 새로운 기술에 연결하고, 필요한 기술을 복습 및 연습하고, 새로 배워야 하는 기술을 확인한다.
- 2단계-수학 시범: 새로운 기술이 소개되면 "소리내어 생각하기"를 사용한다. 이야기는 수학의 추상성을 현실에 적용할 수 있는 보다 구체적인 모델로 연결하는 데 사용될 수 있다.
- 3단계-기술 개발 및 연습: 이야기 맥락을 재사용하고 시범보이기를 줄여가며 학생이 새로운 정보를 적용하도록 한다.
- 4단계-일반화: 학생이 중요한 개념이나 기술이 삽입된 줄거리, 시나리오, 적용을 개발하도록 격려하고 지원한다.
- 5단계-평가: 학생의 수행을 기록하고, 필요한 경우 오류를 수정하기 위한 비계교수(scaffolding)를 한다.

(3) 수학 이야기 교수를 위한 과제분석 사용하기

〈표 11.2〉는 수학 성취기준 대부분을 교수하는 데 사용할 수 있는 일반적인 과제분석을 제공한다. 과제분석은 교사가 수학 문장제 문제, 그래픽 조직자, 조작물을 사용할 것을 가정한다.

수학 이야기 + 그래픽 조직자와 조작물 + 과제분석 = 수학 성취기준을 가르치는 방법

〈표 11.2〉 수학 이야기 교수에 과제분석 사용하기

교사 활동	교수자료	학생 활동	학생 반응의 예시
1. 학생들의 관심 끌기	동기유발 자료 (anticipatory set)	교재 사용하기	질문하기, 재료를 만져보기, 재료를 쳐다보기
2. 수업의 목적 말하기; 학생이 수업 목적을 말하기	목표를 시각적으로 제시	수업 목표를 읽기	구어로 대답하기, 만지기/가리키기, 붙이기(velcro), 동그라미 표시하기, 도장찍기, 시선 응시하기, 보완대체의사소통 사용하기
3. 개별 이야기를 학생에게 전달하기	이야기 기반 수업	제목 읽기	구어로 대답하기, 만지기/가리키기, 보완대체의사소통 사용하기
4. "어떤 이야기였나요?"라고 질문하기; 학생이 예측할 기회 제공하기	예측에 대한 시각적 표현	예측하기	구어로 대답하기, 만지기, 붙이기, 동그라미 표시하기, 도장찍기, 시선 응시하기, 보완대체의사소통 사용하기
5. 중간에 멈추지 않고 이야기 읽기	이야기 기반 수업	문자를 가리키거나 페이지에서 대상 찾기	가리키기, 만지기, 시선 응시
6. 문제를 읽기; 학생이 문제를 파악할 기회를 제공하기	문제를 시각적으로 제시	문제를 읽기	구어로 대답하기, 동그라미 표시하기, 만지기/가리키기, 붙이기, 도장찍기
7. "어떻게 문제를 해결할 수 있을까"라고 묻기; 숫자를 모두 찾기	이야기 기반의 수업, 그래픽 조직자, 조작물	이야기에서 숫자를 파악하기	구어로 대답하기, 동그라미 표시하기, 만지기/가리키기, 붙이기, 도장찍기
8. 학생의 응답 기다리기; 숫자를 기록하기	그래픽 조직자	개별 그래픽 조직자에 숫자를 기록하기	구어로 대답하기, 동그라미 표시하기, 만지기/가리키기, 붙이기, 도장찍기
9. 문제를 해결하기	그래픽 조직자, 조작물	문제를 해결하기 위해 조작물을 사용하기	구어로 대답하기, 동그라미, 만지기/가리키기, 붙이기, 도장찍기
10. 학생의 응답을 기다리기; 문제를 읽기; 해결책을 말하기	문제해결의 시각적 표현	개별 그래픽 조직자에 응답을 기록하기	구어로 대답하기, 동그라미 표시하기, 만지기/가리키기, 붙이기, 도장찍기

출처: This table was originally developed by the team of Project MASTERY: Diane M. Browder, Barbara Agnello, and Bree Jimenez (IES Project IES Grant No. R324A080014). Reprinted by permission of Diane Browder.

첫째, 교사는 학생의 주의를 끌기 위해 사물을 보여주거나 수학 이야기 문제와 관련된 시연을 준비하도록 한다. 예를 들어, 이야기가 베이글을 구입하는 것이라면 교사는 모의 베이글 가게에서 학생에게 베이글을 파는 것부터 시작할 수 있다. 다음으로, 교사는 학생에게 수학 이야기의 인쇄물을 주고 수학 이야기가 무엇에 관한 것인지 예측하도록 한다. 학생의 추측은 아마도 도입 활동과 연관있을 것이다. 그런 다음 교사는 소리내어 이야기를 읽는다. 일부 학생은 읽기를 도울 수 있다. 모든 학생은 교사가 읽는 동안 글을 가리키며 이야기를 따라간다. 다음으로 교사는 학생에게 문제(예: "학생은 모두 몇 개의 베이글을 샀나요?")를 큰 소리로 읽게 한다. 일부 학생은 문제를 재진술하기 위해 보완대체의사소통 기기를 사용할 수 있다. 학생은 개별 정보를 찾고 적절한 연산기호(예: $6 + x = $10)를 선택하여 문제를 해결한다. 마지막으로 교사는 문제와 학생의 응답을 다시 검토한다(예: x = $4). 이러한 수학 이야기는 보완대체의사소통 기기, 그래픽 조직자, 조작물을 포함한 보조공학을 추가할 수 있다. 또한, 시각장애 학생에게 촉각 지원(예: 부드러운 필기구로 그래픽 조직자의 윤곽을 그리거나 폼 보드 틀을 사용하여 시각장애 학생이 기호 및/또는 상징을 느낄 수 있도록)을 추가할 수 있다.

(4) 보조공학으로 이야기 보완하기

보조공학 및 교육공학에 대한 최근 연구에 따르면 기술은 학생이 일반 교육과정과 연계된 수업에 참여하도록 지원한다(Erickson & Koppenhaver, 1997). 학생이 구체적 표상에서 추상적 표상으로 발전하기 위해서는 '미국 상호적 수학을 위한 가상 조작물 도서관'(National Library of Virtual Manipulatives for Interactive Mathematics)의 온라인자료, Intellitools의 MathPad Plus나 Investigations Geo-Logo와 같은 상업용 소프트웨어처럼 다양한 하이테크 보조공학 및 교육공학이 사용될 수 있다. Kidspiration 및 Inspiration by Inspiration Software(www.inspiration.com)와 같은 개념지도(concept mapping) 소프트웨어도 생각을 조직화하는 도움이 필요한 학생에게 사용된다(Akpan & Beard, 2014).

또한 그래픽 조직자와 조작물을 사용하는 것은 학생이 문제해결 과정에 참여할 수 있도록 "로우테크" 지원을 제공한다. 예를 들어, 초등학교 수업에서 반려묘나 반려견, 둘 다 가진 가족의 수를 벤다이어그램을 사용하여 나타낼 수 있다.

일부 학생은 계산할 항목을 나타내기 위해 물건을 필요로 할 수 있다. 성취기준-수학교수(Trela et al., 2008)에서 그래픽 조직자는 평면에 점을 표시하고 막대그래프를 완성하고, 대수방정식을 푸는 데 사용될 수 있다. 대수방정식 그래픽 조직자의 예시는 [그림 11.2]와 같다.

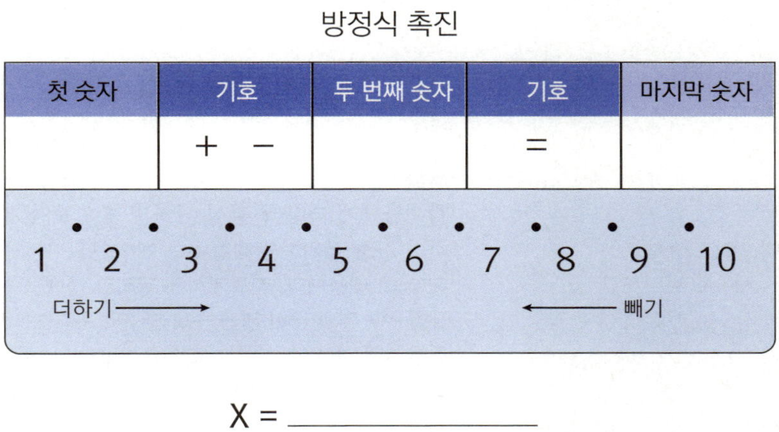

[그림 11.2] 대수학 교육를 위한 그래픽 조직자 예시

〈표 11.3〉의 과제분석을 사용하고 [그림 11.1]의 수학 이야기에서 그래픽 조작자를 사용하면 중도 장애 학생이 대수 개념을 배울 수 있다.

출처: From Trela, Jimenez, and Browder (2008). Copyright © 2008 by Attainment Company. Reprinted by permission..

(5) 체계적 교수 사용하기

Browder, Spooner 외(2008)는 체계적 교수가 중도장애 학생에게 수학을 가르치는 증거기반전략임을 발견했다. 이에 4장에서는 체계적 교수에 대한 자세한 정보를 제공하였다. 이러한 전략을 수학에 적용하기 위해 교사는 체계적 촉진과 피드백을 사용하여 수학 이야기를 과제분석하고, 과제분석의 각 단계를 가르친다. 예를 들어, 교사는 도입 활동을 사용하여 학생의 관심을 끈다. 필요한 경우, 교사는 시범을 보인 후(예: 시연) 구두로 지시하고, 학생에게 도입 활동에 반응하는 방법(예: 영화에 투표하기 위해 손들기)을 보여주는 신체적 안내를 제공할 수 있다. 수학 연산은 체계적으로 촉진된다. 이러한 촉진이 어떻게 말로 표현되는지 보여주는 '성취기준 교수-수학'으로부터 발췌된 발문이 [그림 11.3]에 나와 있다.

이야기 3. Irene의 친구들이 음악영상을 선택해요

지원 수준 II

이번 수업에서는 학생 지원이 덜 집중적이다. 수업의 핵심은 교사의 시범과 촉진을 따라 학생 스스로 문제를 푸는 것이다. 학생이 5초 이내 응답하지 않거나 틀렸을 경우 교사는 시범을 보이고 학생이 바로 따르도록 한다.

수학 어휘

최대, 최소, 행, 열

준비물

- 부록 B의 개념지도: 최대, 최소, 행, 열
- 수학교재(Math Work) 84-85쪽
- 막대그래프 포스터 2장

선택적인 준비물

- 다음과 같이 사전 프로그래밍된 보완대체의사소통기기: 최대, 최소, 행, 열, Justin Timberlake, Hilary Duff, 바우 와우, 1, 2, 3, 4, 5, 문제 설명 2개
- 포인터/빛포인터/시각판 (eyegaze board)
- 응답 카드: 최대, 최소, Justin Timberlake, Hilary Duff, 바우 와우, 1, 2, 3, 4, 5
- 부록C 문제 설명

도입

학생들에게 다음과 같이 말하며 수업 목표를 설명한다: 오늘 우리는 문제를 푸는 데 사용할 수 있는 수학에 대해 배웁니다. 자료분석은 우리가 선택을 하고 문제를 푸는데 도움이 되는 수학입니다. 우리는 막대그래프를 사용하여 자료를 추적할 수 있습니다. 우리는 일상 생활에서 마치 자료분석가처럼 수학을 사용할 수 있습니다.

과제분석

1. 수학 용어 복습하고 이야기 소개하기

개념지도를 사용하여 자료분석 용어인 최대, 최소, 행, 열을 복습한다.

학생이 개념지도의 대상 단어(즉, 대부분, 최소, 행, 열)에 관심을 갖도록 한다. 교사는 개별 대상 단어를 가리키고 질문한다: 이것은 무슨 단어인가요?

각 학생이 응답할 때까지 기다린다. 응답이 없거나 틀렸을 경우, 단어를 말하고 질문을 반복한다. 학생이 정답을 말할 때마다 칭찬한다.

학생에게 음악 영상(music video)을 보는지 물어본다. 학생이 가장 좋아하는 연예인과 친구들과 함께 본 음악 영상에 대해 토론한다. 오늘 이야기는 Irene과 친구들이 선택한 음악 영상에 대한 이야기가 될 것이라고 설설명하고 다음과 같이 말한다: 오늘 우리는 Irene과 친구들에 관한 이야기를 읽을 것입니다. 그들은 빌려보고 싶은 음악 영상을 투표했습니다.

2. 문제 파악하기

학생들과 함께 "이야기 3: Irene의 친구들이 음악 영상을 선택해요"를 읽어본다. 이야기를 2번 읽고 학생이 교사와 함께 읽도록 한다.

교사가 읽을 때에 이야기에서 언급된 사실을 찾으면 생각을 크게 말한다: 예를 들어: Irene과 친구들은 파자마 파티(sleepover)를 계획했습니다. 그들은 피자를 먹고 음악 영상을 빌릴 계획이었습니다. Irene은 어떤 음악 영상을 대여할지 알아야 합니다. Lilli는 Justin Timberlake의 영상을 보기 원하며, 이것이 첫 번째 선택입니다. 교사는 막대그래프 2 포스터에서 첫 번째 선택을 가리킨다. 마지막 문장을 읽으며 그 부분을 가리키며 다음과 같이 말한다: 우리는 해결해야 할 문제가 있습니다. 문제는 "친구들이 빌린 음악 영상은 무엇인가요?"입니다. 우리는 이 문제를 해결하기 위해 막대그래프를 사용할 것입니다. 시작해 봅시다.

질문: 무엇이 문제입니까? 무엇을 찾아야 합니까?

교사는 학생이 문제를 말하며 응답할 때까지 5초 동안 기다린다. 만약 응답이 없거나 오답이라면 문제 읽기를 시범 보인다.

이후에 학생이 막대그래프에 정확한 문제진술에 대해 표기하도록 한다.

3. 첫 번째 선택 파악하기
이제 문제가 무엇인지 알았으니 우리는 방법을 찾아야 합니다. Irene과 친구들이 어떤 음악 영상을 빌렸는지 찾아야 합니다. Irene의 친구가 투표한 첫 번째 선택을 말해 본다. 첫 번째 선택은 무엇이었나요?

학생이 첫 번째 선택을 말하거나 이야기나 막대그래프에서 첫 번째 선택을 가리키며 응답할 때까지 5초 동안 기다린다. 만약에 응답이 없거나 오답인 경우 문장을 다시 읽고 이야기의 첫 번째 선택을 가리키며 말한다: Justin Timberlake가 첫 번째 선택이었습니다.

좋습니다. 학생이 첫 번째 선택을 찾았군요. 이야기에서의 첫 선택은 Justin Timberlake였습니다. Justin이라고 말해 보세요.

4. 두 번째 선택 파악하기
이제 다음 선택을 찾아봅시다. 두 번째 선택은 무엇입니까? 두 번째 뮤직 비디오 선택 항목을 가리킵니다.

학생들이 첫 번째 선택을 말하거나 이야기나 막대그래프에서 첫 번째 선택을 가리키며 응답할 때까지 5초 동안 기다린다. 만약에 응답이 없거나 오답인 경우 문장을 다시 읽고 이야기의 첫 번째 선택을 가리키며 말한다: Hilary Duff가 두 번째 선택입니다.

대단합니다! 학생이 두 번째 선택을 찾았습니다: Hilary Duff. Hilary 라고 말해 보세요.

5. 세 번째 선택 파악하기
이제 다음 선택지를 찾아봅시다. 세 번째 선택은 무엇입니까?
세 번째 뮤직 비디오 선택 항목을 가리킵니다.
학생들이 첫 번째 선택을 말하거나 이야기나 막대그래프에서 첫 번째 선택을 가리키며 응답할 때까지 5초 동안 기다린다. 만약에 응답이 없거나 오답인 경우 문장을 다시 읽고 이야기의 첫 번째 선택을 가리키며 말한다: Bow Wow가 세 번째 선택입니다.

대단합니다! 세 번째 선택지인 Bow Wow를 찾았습니다. Bow Wow라고 말해 보세요.

6. 첫 번째 투표 기록하기
이제 각 선택의 투표 수를 표시해 봅시다.
첫 번째 선택을 알려주는 문장을 읽은 후 다음과 같이 말한다: 어떤 음악 영상이 첫 투표를 받았나요?

학생들이 Justin Timberlake라고 대답하거나 이야기나 막대그래프에서 Justin Timberlake를 가리키며 응답할 때까지 5초 동안 기다린다. 만약에 응답이 없거나 오답인 경우 문장을 다시 읽고 Justin Timberlake를 가리키며 말한다: Irene의 친구인 Lilli는 Justin Timberlake에게 투표했습니다. Justin Timberlake가 첫 번째 투표를 받았습니다.

대단합니다! Justin Timberlake가 첫 번째 표를 받았습니다. Justin Timberlake에 투표 표시를 한다. Justin이라고 말해 보세요.

학생들이 막대그래프에 Justin Timberlake 열(column)에 기록(tally)할 때까지 5초 동안 기다린다. 만약 응답이 없으면 Justin Timberlake 열에 기록하는 것을 시범 보인다.

훌륭합니다! 여러분은 Justin Timberlake가 받은 투표를 표기하였습니다.

7. 다음 투표 기록하기
두 번째 선택을 알려주는 문장을 읽은 후 다음과 같이 말한다: 어떤 음악 영상이 두 번째 투표를 받았나요?

학생들이 Hillary Duff라고 대답하거나 이야기나 막대그래프에서 Hillary Duff를 가리키며 응답할 때까지 5초 동안 기다린다. 만약에 응답이 없거나 오답인 경우 문장을 다시 읽고 Hillary Duff를 가리키며 말한다: Rose

는 Hillary Duff에게 투표했습니다. Hillary Duff가 Rose에게 다음 선택을 받았습니다.

대단합니다! Rose가 Hillary Duff를 선택했습니다. Hillary Duff에 투표 표시를 합시다.

학생들이 막대그래프에 Hillary Duff 열에 기록할 때까지 5초 동안 기다린다. 만약 응답이 없으면 Hillary Duff열에 기록하는 것을 시범 보인다.

대단합니다! 여러분은 Hillary Duff가 받은 투표를 표기하였습니다.

8. 다음 투표 기록하기
다음 선택을 알려주는 문장을 읽은 후 다음과 같이 말한다: 어떤 음악 영상이 다음 투표를 받았나요?

학생들이 Hillary Duff라고 대답하거나 이야기나 막대그래프에서 Hillary Duff를 가리키며 응답할 때까지 5초 동안 기다린다. 만약에 응답이 없거나 오답인 경우 문장을 다시 읽고 Hillary Duff를 가리키며 말한다: Nicole은 Hillary Duff에게 투표했습니다. Hillary Duff가 Nicole에게 다음 선택을 받았습니다.

대단합니다! Rose가 Hillary Duff를 선택했습니다. Hillary Duff에 또 하나의 투표 표시를 합시다.

학생들이 막대그래프에 Hillary Duff 열에 기록할 때까지 5초 동안 기다린다. 만약 응답이 없으면 Hillary Duff열에 기록하는 것을 시범 보인다.

세상에! 여러분은 Hillary Duff가 받은 투표를 표기하였습니다.

9. 다음 투표 기록하기
다음 선택을 알려주는 문장을 읽은 후 다음과 같이 말한다: 어떤 음악 영상이 다음 투표를 받았나요?

학생들이 Hillary Duff라고 대답하거나 이야기나 막대그래프에서 Hillary Duff를 가리키며 응답할 때까지 5초 동안 기다린다. 만약에 응답이 없거나 오답인 경우 문장을 다시 읽고 Hillary Duff를 가리키며 말한다: Irene은 Hillary Duff에게 투표했습니다. Hillary Duff가 Irene에게 다음 선택을 받았습니다.

대단합니다! Irene은 Hillary Duff를 선택했습니다. Hillary Duff에 또 하나의 투표 표시를 합시다.

학생들이 막대그래프에 Hillary Duff 열에 기록할 때까지 5초 동안 기다린다. 만약 응답이 없으면 Hillary Duff열에 기록하는 것을 시범 보인다.

참 잘했습니다! 여러분은 Hillary Duff가 받은 투표를 표기하였습니다.

10. 다음 투표 기록하기
다음 선택을 알려주는 문장을 읽은 후 다음과 같이 말한다: 어떤 음악 영상이 다음 투표를 받았나요?

학생들이 Bow Wow라고 대답하거나 이야기나 막대그래프에서 Bow Wow를 가리키며 응답할 때까지 5초 동안 기다린다. 만약에 응답이 없거나 오답인 경우 문장을 다시 읽고 Bow Wow를 가리키며 말한다: Sally는 Bow Wow에게 투표했습니다. Bow Wow가 Sally에게 다음 선택을 받았습니다.

대단합니다! Sally는 Bow Wow를 선택했습니다. Bow Wow에 또 하나의 투표 표시를 합시다.

학생들이 막대그래프에 Bow Wow 열에 기록할 때까지 5초 동안 기다린다. 만약 응답이 없으면 Bow Wow 열에 기록하는 것을 시범 보인다.

참 잘했습니다! 여러분은 Bow Wow가 받은 투표를 표기하였습니다.

11. 가장 높은 투표 수 파악하기
이제 이야기의 모든 사람이 어떻게 투표했는지 알 수 있습니다. 막대그래프에서 어떤 선택이 가장 많은 표를 얻었는지 확인합시다. 막대그래프에서 가장 많은 표를 얻은 선택은 가장 많은 칸을 채우게 됩니다. 어떤 음악 영상이 가장 많은 표를 얻었습니까?

학생들이 Hillary Duff라고 대답하거나 이야기나 막대그래프에서 Hillary Duff를 가리키며 응답할 때까지 5초 동안 기다린다. 만약에 응답이 없거나 오답인 경우 투표수 세는 것을 시범 보이고 Hillary Duff를 가리키며 말한다: Hillary Duff가 가장 많은 투표를 받았습니다. Hillary Duff의 음악 영상은 3개의 투표를 받았습니다.

잘했습니다! 여러분은 Hillary Duff라고 말했습니다.

12. 문제 진술 다시 말하기
이제 막대그래프를 사용하여 문제를 해결하십시오.
학생들에게 교사가 문제를 읽는 동안 문제 진술문을 만져보라고 지시하십시오: "친구들이 빌린 음악 영상은 무엇인가요?"

13. 이야기 상황에서 해결책 말하기
교사는 이야기를 다시 읽고, 마지막 문장인 "친구는 어떤 음악 영상을 빌렸나요?"에 대해 학생들이 해결책을 말하도록 한다.

학생들이 Hillary Duff라고 대답하거나 이야기나 막대그래프에서 Hillary Duff를 가리키며 응답할 때까지 5초 동안 기다린다. 만약에 응답이 없거나 오답인 경우 투표수 세는 것을 시범 보이고 Hillary Duff를 가리키며 말한다: Hillary Duff가 가장 많은 투표를 받았습니다. Hillary Duff의 음악 영상은 3개의 투표를 받았습니다.

그런 다음 학생들에게 막대그래프 아래에 Hilary Duff를 쓰거나, 점선을 따라 글자를 완성하도록 한다.

우리는 무엇을 찾아야 할까요? 다음 박스에 표기하세요. ☑

☐ 1. 친구들은 어떤 음악 영상을 빌렸나요? 

☐ 2. Irene이 가장 좋아하는 간식은 무엇인가요? 

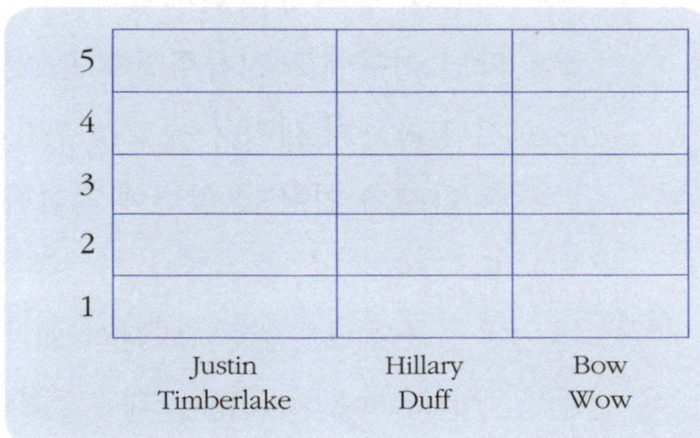

음악 영상: ____________________

[그림 11.3] 체계적 촉진을 보여주는 스크립트

출처: From Trela, Jimenez, and Browder (2008). Copyright © 2008 by Attainment Company. Reprinted by permission.

중등도장애 학생을 대상으로 한 연구에 따르면 학생은 일차방정식을 푸는 단계를 독립적으로 따르는 것을 배울 수 있었다(Jimenez, Browder, & Courtade, 2008). 또 다른 연구에서는 중등도 및 중도장애 학생에게 피타고라스 정리를 적용하여 문제를 해결하도록 체계적 교수(예: 동시촉진 절차 및 과제분석)를 적용하였다(Creech-Galloway et al., 2013). 유사한 과제분석은 자료분석, 기하학, 측정, 숫자 및 연산의 필수 기술을 식별하기 위한 일반 수학교육의 지침을 따라 구성할 수 있다.

4. 구체적 내용 교수하기

1) 수와 연산

블록을 쌓는 기술은 1:1 대응으로 수를 세고, 합성하고, 분해하는 등 숫자와 연산에 대한 고급 기술로 연결된다. 이러한 기본 기술은 모든 수학학습에 중요한 수리 능력의 핵심을 형성한다. 예를 들어, 대수방정식을 풀거나 직사각형의 면적을 계산할 때 학생은 숫자와 연산에 대한 지식을 사용한다. 종종 중도장애 학생은 저학년 이후에도 지속적인 기본 연산교육이 필요할 수 있다. 고등학교 학생은 여전히 정확하게 세거나 세트를 추가하는 방법을 배울 수 있다. 이러한 기본 연산 기술은 학생의 연령 및 학년에 적합한 활동에 적용되어 동시에 가르칠 수 있다.

수와 연산 수정 예시 Theresa의 수학 I 수업은 지역사회 계획 위원회(local town planning board)와 오래된 공원에 휠체어 경사로 건설하는 작업을 하고 있다. 학생은 공원을 방문하여 경사로의 최적의 배치를 결정하기 위해 치수를 측정했다. 경사로의 고도를 측정할 때, Theresa는 팀원이 iPad에 탑재한 Excel 스프레드시트에 숫자를 입력했다. 학교로 돌아온 후, Theresa는 측정 자료를 출력하여 1피트마다 1인치가 높아져야 하는 「미국 장애인법」(Americans with Disabilities Act, ADA) 규정에 의거하여 경사로를 연결할 지점을 결정하도록 지원했다.

2) 기하학

연령이 낮은 학생은 종종 기본 도형을 비교하고 명명하는 데 집중한다. 이러한 기술은 구축 공간 이해력을 구축하며, 초등학교 저학년에서는 중요한 내용이지만, 연령이 높은 학생에게는 가장 중요한 기술이 아닐 수 있다. 학생의 학교 교육과정 전반에 걸쳐 다루는 기하학의 필수 기술은 문제를 해결하기 위해 평면 병합을 사용하는 것이다. Clements와 Battista(1992)는 평면 병합은 공간 조직의 틀이고 공간-기하학적 생각의 토대가 된다(Sarama, Clements, Swaminathan, McMillen, &

González Gómez, 2003). Sarama 외(2003)는 지도를 사용하고 2차원 공간에서 위치를 이해하는 능력을 좌표계의 이해를 구축하기 위한 하나의 기술로써 식별했다. 또한 격자 구조, 평면 및 지도를 사용하여 2차원 공간을 이해하는 것은 학생의 공간 구조화 개발을 지원하는데, 공간 구조화에서 학생은 이전의 감각 경험을 현재 문제해결에 연결시키는데 어려움을 겪기 때문이다. 이러한 실제 상황(예: 이웃 지도)을 표현하는 것은 학생의 주변 환경을 이해하는 구조를 제공하여 학생의 초기 기하학적 사고 단계를 지원하는 것으로 나타났다(Sarama et al., 2003). 연령이 낮은 학생에게 평면을 조합하도록 소개한 활동 중 하나는 Investigations Geo-Logo 소프트웨어이며(TERC, 2006), 학생은 좌표점, 각도 측정 및 방향(예: 오른쪽, 왼쪽, 위, 아래 키보드 화살표를 사용)을 입력하며 거북이의 움직임을 통제하고, 디지털 평면을 통해 거북이를 안내한다(https://blog.core-ed.org/blog/2014/08/the-logo-turtle-and-seymour-paperts-mindstorms-thirty-four-years-on.html).

> 기하학 수정 예시 Dharna의 3학년 수업은 직각(90도), 둔각(〉 90도) 및 예각(〈 90도)에 대해 배우고 있다. Dharna는 협동 집단에서 프로그램 활동 접근성을 제공하는 Geo-Logo 소프트웨어와 특수 설계된 적응형 키보드(예:Intellikeys)를 연결했다. 집단의 과제는 A지점에서 B지점으로 가는 가장 직접적인 경로를 찾아 화면에 사전 프로그래밍된 세 곳의 장소를 방문하는 것이었다. Dharna는 Dynovox 보완대체의사소통 기기를 사용하여 집단이 경로를 계획할 때 의사결정에 기여했다. Dharna와 협동 집단의 팀원들은 Intellikeys를 사용하여 방향에 대한 기록을 입력하고 서면으로 작성했다. 교사는 문제를 해결하는 20분 동안 집단을 관찰하여 Dharna가 시도한 응답수를 기초선으로 기록했다.

3) 자료분석

자료분석의 맥락에서 그래프는 '미국 수학교사위원회' 교육과정(2000)의 중요한 구성 요소이다. 수학 관련 연구에서 그래프를 이해하는 것은 지각적 지식과 개념적 지식의 간극을 연결하는 수학 학습의 "중요한 순간" 중 하나로 설명하였다(Leinhardt, Zaslavsky, & Stein, 1990). 예를 들어, 그래프는 학생이 5교시 점심으로 햄버거보다 피자를 선택하는 학생 수, 즉 요인 간의 관계를 볼 수 있도록 도와준다. 또한 그래프는 학생들이 교육과정 전반에 걸쳐 강설량과 스키 리조트 수입의 관계, 여러 용액의 산성도를 변경하는 데 필요한 용매수, 소설에서 행복한 장면이 슬픈 장면보다 많은가와 같은 추상적인 개념에 대한 추론을 하도록 지원한다. 뿐만 아니라, 그래프에서 정보를 찾고 이해하는 능력은 1997년 조사에서 성인기 문해력의 중요한 필수 구성 요소임이 확인되었다. 구체적으로 문서 문해력(document literacy)이란 용어는 그래프 정보를 찾고, 해석하고 사용하는 능력을 가리킨다(Organization for Economic Cooperation and Development, OECD, 1997). 수학 교육과정에서의 자료분석과 그래프 기술의 중요성을 고려하여, '미국 수학교사위원회'는 학생의 학교생활 전반에 걸쳐 개발되는 과정 기술로서 표상(representation) 또는 그래프 사용을 통한 "물리적, 사회적, 수학적 현상을 시연하고 해석하는 능력"을 포함한다(NCTM, 2000, 66쪽). 그래프에 대한 정보를 생성하고 해석하는데 더 깊은 이해를 촉진하기 위해 사용되는 활동은 고등학교 컴퓨터 응용 과정에 있다(Public Schools of North Carolina, 2002). 학생은 이 프로젝트에서 현재 시사문제에 대해 조사하고, 자료를 수집하기 위해 설문조사를 설계하고 실행하며, 발견한 내용을 제시하기 위해 그래프(예: 마이크로소프트 엑셀)와 발표 소프트웨어(예: 마이크로소프트 파워포인트)를 사용한다.

자료분석 수정의 예시 Tevaris의 컴퓨터 "앱" 스터디 그룹은 고등학교 학생들에게 학교 식당에 샐러드바가 추가되어야 한다고 생각하는지 물어보기로 했다. Tevaris는 보완대체의사소통 기기를 사용하여 팀원이 설문조사를 개발하도록 돕고, 단어 예측 소프트웨어(예: Clicker 7; www.cricksoft.com/us/clicker)에 접속하여 조원의 최종 설문조사의 인쇄본을 생성하기 위해 스캔을 한다. Tevaris의 역할은 스위치 스캔 기능(예: 컴퓨터가 "소녀" 아이콘을 스캔하면 Tevaris가 소녀를 인터뷰할 때 스위치를 터치하여 "소녀"를 선택함. 소녀가 학교 식당에 샐러드 바를 추가하는 것에 대해 "아니오"라고 하면 "아니오" 아이콘을 스캔함. 답변은 작업기록지의 자료에 자동으로 입력됨)이 있는 노트북에 미리 프로그래밍된 데이터베이스에 접속하여 답변을 기록하는 것이다. 그런 다음 Tevaris는 조원과 함께 그가 입력한 자료를 사용하여 그래프를 생성한다. 스터디 집단구성원은 성별에 따라 샐러드바에 찬성하는 사람과 반대하는 사람의 총 인원을 보여주기로 결정한다. 스터디 그룹은 다수의 학생들이 답변한 샐러드바 찬성 의견을 뒷받침하도록 Tevaris의 마무리 발언(프레젠테이션 소프트웨어의 텍스트 음성 변환 기능 사용)과 함께 조사 결과를 제시한다.

4) 대수학

장애 학생이 일반교육 대수학교수에 참여하도록 준비시키는 초기 연구는 효과적인 수업 개발을 위한 교수 전략에 집중되었다(Maccini & Hughes, 2000). Gagnon과 Maccini(2001)는 성공적인 중재에 다음 내용이 포함된다는 것을 발견했다: (1) 배경지식 검토(예: 선행 기술, 전략, 정의); (2) 문제 표현 및 해결에 대한 명시적 교수; (3) 명시적 자기점검 절차; (4) 문제해결과 해결책을 찾는 과정을 지원하기 위해 그래픽 조직자와 조작물 사용. 저자는 학습장애 초등학생에게 계산과 문제해결 기술을 가르치는 이전 연구에 전략 교수를 사용했다. 특히, 학생들이 문제를 푸는 단계를 기억하도록 돕기 위해 기억 장치(mnemonic device)를 개발했다: 검색하기(Search), 번역하기(Translate), 답변하기(Answer), 검토하기(Review). 그래픽 조직자와 조작물을 제공할 때, 학생은 숫자와 구체물-그림-추상물 전략을 사용하여 구체적인 대상(C)에서 대상의 그림(표상)(R), 추상적 표현(A)으로 진행하는 문제해결 과정을 설명했다. 기억장치(STAR)와 숫자 및 구체물-그림-추상물 전략을 사용하여 학생은 계산 정확도, 단어 문제해결, 전략 사용의 정확도, 구체물-그림-추상물 전략 순서를 통한 독립적 수행 능력을 높였다. 장애 학생에게 대수학을 가르치기 위한 최선의 교수법에 대한 논의에서 Witzel, Smith, Brownell(2001)은 대수방정식의 구성 요소를 설명하는 효과적인 도구로서 구체물-그림-추상물 전략 순서 사용을 언급했다. 이들은 "x를 해결하는"것과 기초 대수학 과정을 이해하기 위해 알 수 없는 양이 표현되어야 한다고 했다.

대수학은 중도장애 학생이 특히 접근하기 어려운 수학 영역 중 하나로 보일 수 있다. 학생은 동일한 연산작업을 반복하며 체계적 교수가 필요할 수 있다. Jimenez 외(2008)는 과제 완료를 위해 9단계 대수 과제분석을 사용하여 중등도 발달장애 고등학생을 가르쳤다. 학생은 방정식을 풀기 위해 조작물을 사용하며 며칠간의 체계적 교수 후에 수학 방정식을 성공적으로 완성하고 x를 풀 수 있었다. Jimenez, Browder, Courtade(2008)가 사용한 과제분석은 〈표 11.3〉과 같다. Browder 외(2012)는 과제분석 교수, 이야기 기반 문제, 그래픽 조직자를 사용하여 4명의 중등도 이상의 장애를 가진 학생에게 변수가 1개인 대수방정식을 구성하고 해결하는 방법을 가르쳤다. 이 연구에서 중등도 이상의 장애를 가진 중학생은 단어 문제를 숫자와 연산기호(예: 4 + x = 10)를 사용하여 대수방정식으로 해석하였다. 과제분석은 학생이 이야기에서(숫자)을 파악하고, 조작물(예: 숫자 카드, 수학 연산 기호 및 문자 x)을 "방정식 촉진"으로 배치하고, 수직선을 사용하여 알 수 없는 변수를 풀도록 안내했다. 비장애 학생은 더 큰 수와 다른 연산기호를 사용했지만

〈표 11.3〉 대수학 수업을 가르치는 데 사용되는 10단계 과제분석

교사	학생
1. 이야기 기반 문제 및 문제 읽기	1. 문제를 파악하기
2. 학생에게 이야기에서 첫 번째 숫자를 파악하도록 요청하기(수량을 알 수 없는 경우 x 사용하기)	2. 이야기에서 첫 번째 숫자를 파악하기(수량을 알 수 없는 경우 x 사용하기)
3. 학생에게 이야기에서 두 번째 숫자를 파악하도록 요청하기(수량을 알 수 없는 경우 x 사용하기)	3. 이야기에서 두 번째 숫자를 파악하기(수량을 알 수 없는 경우 x 사용하기)
4. 학생에게 이야기에서 마지막 숫자를 파악하도록 요청하기	4. 학생은 이야기에서 마지막 숫자를 확인하기
5. 학생에게 첫 번째 숫자를 녹색 마커로 표시할 기회를 제공하기	5. 녹색 마커로 첫 번째 숫자를 표시하기
6. 학생에게 마지막 숫자를 붉은색 마커로 표시할 기회 제공하기	6. 붉은색 마커로 마지막 숫자를 표시하기
7. 학생에게 문제를 푸는데 필요한 연산기호를 파악할 수 있는 기회 제공하기	7. 문제를 해결하는데 필요한 연산기호를 파악하기
8. 학생에게 수직선을 사용하여 녹색과 붉은색 마커 사이를 세도록 기회 제공하기	8. 수직선을 사용하여 녹색과 붉은색 마커 빨간색 사이를 세도록 하기
9. 학생에게 수학 문제의 풀이법을 말할 기회를 주기("4 + x = 7"; x = 3")	9. 수학 문제의 해결책을 설명하기("x = 3")
10. 문제를 다시 말하고 학생에게 이야기 기반 문제해결책을 다시 말하도록 질문하기("Jordan은 피자에 얼마를 썼나요?")	10. 이야기 기반 문제해결책을 다시 설명하기("Jordan은 피자에 3달러를 썼다")

모든 학생은 문제를 숫자와 기호로 대수방정식으로 표현하는 수학 기술의 핵심을 배웠다.

> 대수학 수정의 예시 Dujuan의 가정 및 직업 수업은 "Festival of Nations" 저녁식사를 주최하는 이민 가정에서 얻은 세 가지 요리법의 조리할 양을 증가시키는 프로젝트를 진행하고 있다. Dujuan은 또래의 도움으로 x를 사용하여 각 성분의 기본 비율 간의 관계(예: 5인분을 만드는 데 밀가루 1.5컵이 필요한 경우 비율 1.5/5)와 증가량에 따른 비율(예: 25인분으로 늘리기 위해 x/25라고 표현하기)을 표현하기 위해 과제분석과 그래픽 조직자를 사용한다. 과제분석의 단계에 따라 Dujuan은 먼저 관계를 1.5/5 = x/25로 표현하고, 그런 다음 계산기를 사용하여 교차로 곱하기한 후에 x를 풀기 위해 마지막으로 나눈다(예: 조리할 양이 증가할 때 필요한 밀가루 컵 수)

5) 측정

측정은 환경(예: 길이, 무게, 가치, 시간)에서 찾은 속성에 숫자 값을 할당하는 수학 영역이다. 측정 기술은 이러한 특성을 평가하기 위한 도구의 사용을 포함하기 때문에 이 영역은 조작물을 사용하여 가장 잘 배우게 된다(Cass, Cates, Jackson, & Smith, 2002; NCTM, 2000). 이 수학 영역은 일상생활 기술(예: 요리, 쇼핑, 일정)에 직접적으로 적용할 수 있지만, 측정요소에 관한 '미국 수학교사위원회' 성취기준에 맞춘 교육 단위는 상위 수준의 사고 능력 발달을 지원할 수도 있다. 최근 한 연구에서 예비교사는 비율과 비례를 다루는 중학교 기준에 부합하는 수업 단위를 개발했다(Trela, Gladstone-Brown, et al., 2018). 중등도 및 중도장애 학생과 자폐성장애 학생은 과제분석, 그래픽 조직자, 개인적으로 관련된 이야기를 문제에 삽입하는 방식으로 문제의 측정값을 파악하도록 안내되었고, 다음에는 측정값 중 하나의 변화가 해당값에 비례하여 어떤 영향을 미치는지 방정식을 구성하였다. 이러한 방식으로 학생이 무게(파운드) 단위로 매겨진 델리 육류의 가격이나 러닝머신에서 걸은 거리(마일)를 비례항으로 추론하여 계산하면서 교수법은 성취기준 기반 측정 개념과 생활 기술 모두를 배우도록 지원했다.

측정 수정의 예시 Aniela의 6학년 수학 프로젝트는 엠파이어 스테이트 빌딩의 축소 모형 건축이 포함되었다. 학생들은 건물 높이가 1,250피트임을 알아냈다. 학생들은 축소 모형이 탁자에 맞아야 한다는 것을 알고는 가장 적합한 측정 단위를 함께 결정한다. 학생들이 다른 단위(예: 센티미터, 인치, 피트, 야드, 미터)를 사용하여 비교할 때, Aniela는 완성 후 어떤 모형일지 볼 수 있도록 사진으로 생성하기 위해 축소-모형-제작 소프트웨어에 자료(즉, 1인치 = 10피트)를 입력한다. Aniela가 숫자를 입력하는 능력과 약어 및 측정 단위에 대한 지식은 Aniela를 학년에 적합한 교수에 또래와 의미있게 참여하도록 하였다.

6) 금전 및 시간 관리

수학교수를 수정한 각 예시는 일상생활 기술이 학년에 맞춘 교수에서 다뤄질 수 있음을 보여준다. 그러나, 금전 및 시간 관리와 같은 특정 생활 기술을 가르칠 때는 '미국 수학교사위원회'의 수학 영역을 지속적으로 다룰 수 있다. 〈표 11.4〉는 각 기술로 다루는 관련된 수학 영역을 파악하며, 중등도 및 중도장애 학생과 자폐성장애 학생이 돈을 관리하도록 가르치는 최근 연구 예시를 제공한다.

(1) 화폐 사용

발달장애 학생은 선호하는 물건을 구매하기 위해 돈을 사용하는 방법을 배우려는 동기가 높을 수 있다. 계산과 구매는 금전 관리 교수와 보편적으로 실용적인 수학의 훌륭한 시작점이다. 습득해야 하는 금전 기술의 복잡성에 따라 다양한 능력을 가진 학생은 돈을 사용하고 독립적으로 물건을 구매하는 방법을 배울 수 있다.

학생이 계산을 하거나 돈을 인식하는 기술이 없을 경우, 구매하는 것은 필요한 금액을 미리 선택하는 방법으로 부족한 기술을 보완하여 배울 수 있다. 이러한 조정은 학습자의 연령이 높거나(예: 성인) 물건을 소유하기 위해 돈이 필요하다는 개념을 배워야 하는 경우에는 가장 좋은 방식일 수 있다. 〈표 11.5〉는 동전 유형을 인식하고 계산하는 기술을 가진 개인을 지원하기 위해 쉬운 순서에서 어려운 순서로 구매 계획하는 예시를 보여준다.

〈표 11.4〉 생활 기술 교육에서 다루는 수학 문제의 예: 돈 관리

수학 범위	생활 기술	연구에서의 예시
측정 숫자와 연산 자료분석	은행 이용하기	학생은 팟캐스트(음성파일)로 과제분석 단계를 따르며 ATM 계정에 접속함 필요한 기술: 올바른 순서로 숫자 식별하기 PIN(비밀번호)을 입력하기 위해 순서대로 숫자 식별하기, 정확한 예금이나 인출 금액 입력하기 (Scott, Collins, Knight, & Kleinert, 2013)
	구매하기, 기록하기	학생은 직불 카드를 사용하여 구매하고 구매금액을 뺄셈하여 비용을 확인하고, 수표 기입장에 예금액을 추가함 필요한 기술: 순서대로 PIN 숫자 식별 및 구매일이나 입금일 날짜와 구매금액이나 예금액 숫자 식별하기; 올바른 수학 연산 선택(+ 또는 −), 계좌에 금액을 조정하며 정확한 수학 연산 수행하기 (Rowe & Test, 2012)
	금액 계산하기, 구매하기	학생은 금액보다 하나 높은 다음 달러 액수를 식별하는 방법을 배움; 학생은 "다음 달러" 전략을 사용할 때 달러 숫자와 센트를 계산할 1달러를 셈함(예: $8.95는 8달러이고 센트를 포함할 1달러가 더 필요함) 필요한 기술 1:1 대응으로 세기, 소수점 식별하기, 소수점 옆 숫자가 1달러 더 필요한 것임을 알기 (Ayres et al., 2006)
	가격 비교하기	학생이 가장 좋은 구입을 하도록 가격 비교하는 것을 가르치기 위한 전략(전체, 부분)을 제안함 필요한 기술: 숫자 1-10을 정확하게 식별하기, 소수점 식별하기, 같게, 보다 적게, 보다 많이로 숫자를 인식하기 (Weng & Bouck, 2016)

(2) 구매 기술

기본적인 계산 기술을 가진 발달장애 학생이나 수직선의 도움으로 계산하는 경우, "다음 달러 전략(next-dollar strategy)"을 사용하여 구매를 준비할 수 있다. "-보다 하나 더(one-more-than)"라는 기법으로도 불리는 다음 달러 전략은 계산대 직원에게 명시된 가격보다 1달러 더 주는 것을 포함한다.

예를 들어, Ayres, Lan gone, Boon, Norman(2006)은 학생이 구매를 위한 다음

〈표 11.5〉 돈 계산과 구매 교수를 위한 기술의 난이도 순서

금전 기술	예시	참고문헌
1. 구매하기 위해 미리 선택한 돈 사용하기	교사는 1달러 지폐 두 장을 지갑에 넣어 둠	McDonnell & Laughlin (1989)
2. 구매 유형에 대한 반응 기준 사용하기	학생은 자판기에서 25센트(쿼터) 사용하는 것, 편의점에서 1달러 지폐를 사용하는 것, 점심시간에 5달러 지폐를 사용하는 것을 배움	Gardill & Browder(1995)
3. 1달러 지폐만 사용하고 금액 계산하기	구매금액이 $3.45인 경우 학생은 금액을 "4"라고 말하고 $1 지폐 4장을 계산함	McDonnell & Ferguson(1988)
4. 1달러, 5달러 또는 10달러 지폐를 사용하고 금액 계산하기	구매 금액이 $6.75인 경우 학생은 "7"이라고 말하고 5달러 지폐를 선택한 다음 7까지 계산함	Frederick-Dugan et al.,(1991)
5. 동전을 5단위로 계산하기	학생은 5센트(니켈), 10센트(다임), 25센트(쿼터)를 5단위로 세는 것을 배움	Lowe & Cuvo(1976)
6. 같은 금액임을 이해하기	학생은 쿼터 2개와 다임 5개가 같은 금액인 것을 배움	Frank & Wacker(1986); Stoddard et al.,(1989)
7. 가격을 읽고 정확한 금액을 찾기	주어진 $2.56에 학생은 $1 지폐 두 장, 25센트(쿼터) 2개, 5센트(니켈)1개, 1센트(페니)를 선택함	Cuvo et al.,(1978)

달러를 다음을 식별하는 방법을 배우도록 컴퓨터를 사용했다. 다음 달러 전략을 사용하여 학생은 가격의 달러와 센트를 포함할 1달러를 더 계산한다(예: $8.95는 $9 이다. 달러 자리에 8과 센트를 포함할 1달러를 더 계산함).

다음 달러 전략을 가르칠 때, 교사는 교실 환경에서 종이 카드 연습으로 시작한다. Colyer와 Collins(1996)는 $.01부터 $5.00까지의 금액과 75개의 종이 카드를 사용했다. 교사는 또한 실제 돈(1달러 지폐)과 학생이 수업 중에 살 수 있는 다양한 물건을 사용했다. 교사는 상점을 조사하고 계산대 직원이 항상 가격을 명시한다는 점을 발견했다. 일부 상황에서만 계산대에 가격이 시각적으로 표시되었다. 이러한 정보를 바탕으로, 교사는 학생이 들은 가격을 근거로 다음 달러를 선택하도록 연습시켰다. 교사는 계산대 직원이 말하는 금액과 표시된 금액을 자연스러운 단서로 사용하는 최소촉진체계를 다음과 같이 사용했다.

1. 교사는 가격을 말하고 학생이 다음 금액을 계산할 때까지 기다린다("$5.97").
2. 교사는 학생의 응답이 없으면 교사는 가격($5.97)이 종이 카드를 보여주고 다시 말한다("$5.97").
3. 교사는 학생의 응답이 없는 경우 교사는 계산대 직원이 종종 사용하는 확장된 구어 단서를 사용한다("5달러 97센트").
4. 교사는 학생의 응답이 없으면 교사는 필요한 양에 대해 명확한 지시를 한다("5달러 97 센트. 나에게 5달러를 주고 센트 계산을 위해 1달러를 더 주세요").
5. 교사는 학생의 응답이 없으면 금액 계산하는 방법을 시범 보인다("1, 2, 3, 4, 5, 센트 계산을 위해 하나 더").

더 큰 액수의 구매를 위해, 학생은 체크카드 사용법을 배울 수 있다. 체크카드를 사용하기 위해서 학생은 PIN(비밀번호)을 입력할 수 있거나 신용 전표(credit note)에 자신의 이름을 서명할 수 있어야 한다. 중도장애 학생은 체크카드로 의류나 식품과 같은 항목을 정기적으로 구매하는 것을 배우는 것이 도움이 될 수 있다. 체크카드는 현금 자동 입출금기에서 현금을 인출하거나, 영화표를 사거나, 온라인 계좌이체를 하는 경우와 같이 여러 상황에서 사용될 수 있다.

(3) 예산 수립 기술

중도장애인은 돈을 쓰는 방법뿐만 아니라 개인 재정을 관리하기 위해 예산을 세우는 방법을 알아야 한다. 계산 기술이 거의 필요하지 않거나 전혀 필요하지 않는 예산 수립을 가르치는 간단한 방법은 그 학생에게 소비 습관을 가르치는 것이다. 예를 들어, 학생이 정기적으로 받는 급여에 따라 월급 날에 모든 청구서를 지불하는 방법을 배울 수 있고, 일회성 구매(예: 옷 또는 여가 활동), 특별한 월별 여가 활동(예: 영화), 주별 장보기, 음료수 구입비를 위해 남은 급여를 예산 봉투에 나눈다.

(4) 은행 이용 기술

대부분의 사람은 모든 금융 거래를 현금으로 하기보다 은행에 돈을 보관한다. 중도장애 학생은 예금이나 인출과 같은 은행 이용 기술을 배울 수 있다. 예를 들어, Bourbeau, Sowers, Close(1986)는 모의수업으로 지적장애 학생에게 예금과 인출을 하도록 가르친 후에 지역사회 내 은행에서 은행 이용 기술을 일반화했다. 〈표 11.4〉는 발달장애 학생에게 은행 이용 기술을 가르치는 추가 예시를 제공한다.

(5) 시간 및 일정 관리

기능적 수학의 두 번째로 중요한 영역은 시간 관리이다. 돈을 관리하는 방법이 구입하는 것보다 더 많은 지식을 포함하듯이, 시간 관리도 시간을 말하는 것 이상을 내포한다. 시간 관리는 고급 수준의 계획(일정 계획)을 수행하고, 일일 일정을 세우고 지키며, 계획된 활동에 정시에 도착하기 위해 이동할 시기를 결정하는 같은 능력이 포함된다. 이러한 시간 관리 기술을 터득하기 위해서 시계와 달력을 읽는 방법뿐만 아니라 미리 계획하는 방법도 알아야 한다.

일부 학생은 숫자나 시계를 읽을 수 없지만 그림이나 사물을 사용하여 하루 일정을 관리하는 방법을 배울 수 있다. 그림 일정을 사용하는 경우, 교사는 각 활동을 수행하는 학생의 사진을 찍거나 활동을 그릴 수 있다. 사물로 일정을 사용하는 경우, 교사는 활동과 연결할 사물(예: 수영하는 일정과 수영복)을 선택한다. 일부 학생은 활동을 상징하는 사물 사용(예: 외식은 감자튀김 냉장고 자석 또는 수학수업은 컴퓨터 모형 자석)을 배울 수 있다. 교사는 각 활동 직전에 학생이 해당 활동에 대한 사물이나 그림을 선택하도록 한다. 예를 들어, Browder, Cooper, Lim(1998)는 특정 대상과 활동을 연관시키는 상징적 의사소통 체계를 갖고 있지 않은 중도 지적장애 성인을 가르쳤다. 교사는 골프치는 것에는 골프공을, 에어로빅 운동은 수건을, 도서관 가는 것은 도서관 카드를, 동호회 활동은 이름표를 사용했다. 교사는 활동에 가기 직전에 한 학생에게 목표 사물과 또 다른 사물(예: 종이 클립, 스테이플러)을 보여 주었다. 교사는 고정 시간지연을 사용하여 그 학생이 해당 사물을 선택하도록 신체적으로 안내했다. 교사는 활동을 시작하기 전에 10회를 반복했다. 며칠간의 연습 후에, 교사는 10회 연습 기간 동안 해당 사물을 가리키고 4초간 기다린 후에 신체적 안내를 제공했다. 학생이 해당 사물을 일관되게 선택했을 때, 교사는 4초 동안 기다린 후에 해당 사물을 손으로 가리켰다. 학생이 활동과 연관된 해당 사물을 능숙하게 선택할 수 있으면, 그 다음에 학생은 사물을 사용하여 활동을 선택할 수 있다.

자폐성장애 학생을 대상으로 한 TEACCH 프로그램에서는 "사물 시간표(object schedule)"가 사용된다. 그날의 각 활동에 해당하는 사물이 선택되고, 사물 판과 같은 유형 판위에 사물이 제시된다(Schopler, Mesibov, & Hearsey, 1995). 각각의 사물을 보관하기 위해 선반, 칸이 나뉘어진 큰 여행 가방, 또는 상자 등이 모두 사용될 수 있다. 각 활동 직전에 학생은 활동을 상징하는 사물을 제거하도록 촉진되며, 이후에는 활동 영역으로 이동한다. 학생이 실제 사물을 사용하는 것에 능숙해지면, 더 작은 상징 사물을 소개한다(예: 체육관은 농구공 모형 자석 또는 점심은 작은 햄버거 모형). 나중에는 그림과 단어가 도입된다.

가장 어려운 시간 관리 기술 중 하나는 아날로그 시계를 사용하여 시간을 확인하는 것이다. 시간을 확인하도록 교수하는 최선의 접근 방식은 기술 순서를 따르는 것일 수 있다. Thurlow와 Turnure(1977)의 시간 확인에 관한 초기 연구에서는 다음과 같은 기술 순서를 제안했다: (1) 분침과 시침 구별하기; (2) 정각 시간으로 시간을 파악하기; (3) 30분 단위로 시간을 파악하기; (4) 15분 단위로 시간을 파악하기; (5) 분 단위로 시간을 파악하기의 순서. 학생에게 다음 기술을 소개하기 전에 기술 순서의 한 가지 기술(예: 시침 vs 분침)을 터득하도록 가르친다.

각 영역에 대한 기초 기술과 개념은 모든 학생을 위해 초등교육기간(초등교육기간에 개발되는 초기 산술 기술에 대해서는 10장 참조)에 소개된다. 학생은 중등교육을 받게 되는 시기에 이러한 기술과 개념을 적용하고 발전시킨다. 중등도 및 중도장애 학생은 개별 수학 영역에 기본 기술을 적용하기 위해 계속해서 지도와 지원이 필요할 수 있지만, 이러한 학생이 중등 수준의 수학용어, 문제해결 기술 및 개념을 배우는데 참여하는 기회를 갖는 것은 매우 중요하다. 또한, 학교교육이 중도장애 학생을 위한 학년 수준의 기준에 맞춰 교수를 적용하며, 과목 간 융합을 하고, 학생이 대학 및 진로를 준비하도록 과학, 기술, 공학 및 수학(STEM) 교수를 병합하는 것은 '미국 수학교사위원회'의 형평성 원칙에 부응하는 한 가지 방법이다.

5. 수학교수를 위한 자료

성취기준교수-수학(Teaching to Standards-Math)(Trela et al., 2008), 성취기준

교수 수학-확장(Teaching to Standards Math-Extensions)(Bastian, Trela, Jimenez, & Browder, 2018)으로 구성되어 출판된 교육과정은 이야기 기반 문제, 그래픽 조직자 및 체계적 교수를 사용하여 학생들이 문제해결에 참여하도록 한다. 각 단원은 핵심 어휘와 연산을 지원하기 위해 그림상징이 적용된 이야기에서 맥락화된 문제를 해결하기 위한 특정 기술을 가르친다. 학생이 각 단원(예: 자료분석, 대수학, 기하학, 및 측정)을 배워나갈 때, 교사는 학생이 독립적으로 문제해결을 할 수 있도록 촉진을 줄인다. 또 다른 교육과정인 대수학 접근(Access Algebra)(Trela, Jimenez, Saunders, & Schreiber, 2018)은 동일한 형식을 사용하여 중등 대수학 과정(예: 양적 추론, 선형 함수, 기술 통계, 지수)에서 다루는 전형적인 문제해결에 학생들을 참여시킨다.

MATH Connections은 '미국 과학재단'의 연구 기금으로 개발되었다(Berlinghoff, Sloyer, & Hayden, 1998). 이 교육과정은 통합된 문제해결 방식으로 일상생활에서 찾을 수 있는 수학 문제를 맥락화한다. 고등학생은 대수와 기하학 과정을 9학년과 10학년에 분리해서 배우기 보다 MATH Connections 1과 MATH Connections 2를 함께 배운다. 코네티컷 주 실전 평가(Heuer, 2005)를 코네티컷 주 평가 점수(대수학 I)와 비교하여 기말 대수학 시험에서 MATH Connections으로 학습한 학생이 대수학 1을 수강하는 학생보다 더 높은 점수를 받았음을 보고했다(53% 유능한 실력 vs 43% 유능한 실력).

마무리 활동

1. 짝과 함께 본 장에서 명명한 상위 수준의 기술 사용과 관련된 다섯 가지 상황을 나열하세요.
2. 중등도 및 중도장애 학생이 일상 생활 활동에 보다 완전하고 독립적으로 참여하는데 사용할 수 있는 5가지 애플리케이션을 찾아 보세요.
3. 문제해결을 위해 단위 비율 파악 및 사용, 함수표 준비, 또는 자료에 기반한 그

래프 생성과 결정에 영향을 주는 내용 분석 등의 더 높은 수준의 수업에 초기 수학 기술을 포함시키는 방법을 설명하세요.

4. 단위 비율, 함수, 대수방정식 혹은 비례 관계와 관련된 문제를 제시하는 수학 이야기를 작성하세요.

5. 학생에게 각도 측정 방법을 가르치는 과제분석을 작성하세요. 초기 수학 기술을 포함하는 단계를 파악하고, 수학 어휘 목록과 과제분석을 가르치는 데 필요한 도구 목록을 만들어 보세요.

제12장

과학과 교수

Bree Jimenez

교사 Jackson는 다양한 양의 소금이 담긴 물컵 5가지를 학생 앞에 제시하였다. 그녀는 각각의 컵을 1-5번으로 매기고 학생들이 순서를 돌아가며 각 컵에 계란을 넣어보도록 하였다. 만약 계란이 물에 뜬다면 차트에 확인 표기를 하고 뜨지 않는다면 '–' 기호를 기입하도록 하였다. 그녀는 학생들이 "왜 이 컵에서는 계란이 물에 떠요?"라는 명확한 질문을 묻길 기다렸다. 그녀는 "물에 얼마만큼의 소금이 있는가 때문이지."라 대답하고 각 물컵마다 소금의 양이 담긴 소금자루들을 보여주었다. "어떠한 것이 계란을 뜨게 만들었을까?-더 많은 또는 더 적은 소금?" 한 학생이 보완대체의사소통 기기를 이용하여 "더 많음."이라 대답하였다. Jackson 씨는 더 많은 소금이 맞다고 확인해주며, '농도'라는 단어 카드를 들고 단어를 읽어주었다. "더 많은 소금이 든 물은 계란보다 농도가 더 높아요. 자 이제 우리가 알고 있는 것, 알고 싶은 것, 농도에 대해 어떻게 찾아볼지 결정해봅시다."(실험은 다음의 웹사이트에서 참조: www.sciencemadesimple.com/conversions.html)

1950년대 후반 스푸트니크 발사 이후, 미국은 과학적 개념 및 탐구에 있어서의 학생들의 교육을 특별히 강조해왔다. 빠르게 변화하는 세상에서 학생들이 경쟁력을 갖추도록 돕기 위해 미국 과학재단(the National Science Foundation)은 스푸트니크 이후 수십년 동안 수많은 교육과정 프로젝트에 자금을 지원하며 학생들에 대한 기대도 계속 커졌다. A Nation at Risk(National Commission on Excellence in Education [NCEE], 1983)는 과학 분야에서 미국 학생들의 평범한 교육 성과에 대한 보고서를 기반으로 과학교육 개혁을 촉구했다(NCEE, 1983). 그 후 몇 년간 미국 과학진흥협회(The American Association for the Advancement of Science, AAAS)에서는 '프로젝트 2061; 모든 미국인을 위한 과학'(1989)이라는 제목으로 2061년까지 과학적 소양이 있는 사회의 발전을 이룰 수 있도록 프로젝트를 시작하였다. 협회는 목표년도를 2061년도로 잡았는데 이는 Halley의 혜성(Halley's comet)을 지구에서 다시 볼 수 있었기 때문이다(마지막으로 본 것은 1985년). 1996년도 미국 연구위원회(the National Research Council; NRC)에서는 국가 과학교육 성취기준(National Science Education Standards; NSES)을 발표했다. 이 문서의 목적은 "연령, 성별, 문화적 또는 민족적 배경, 장애, 포부 또는 과학에 대한 관심과 동기에 관계 없이..모든 학생들을 위한 과학 성취기준"(NRC, 1996, p.2)을 홍보하기 위한 것이었다. 이러한 모든 개혁의 공통된 특징 중 하나는 모든 학생들이 과학적 소양을 습득할 수 있으리라는 기대였으며, 이러한 성취기준과 관련하여 저자들은 다음과 같이 언급하였다.

> 서로 다른 학생들은 서로 다른 방식으로 이해를 달성할 것이며, 서로 다른 학생들은 관심, 능력 및 상황에 따라 서로 다른 깊이와 폭의 이해를 달성할 것이다. 그러나 일부 학생이 이러한 수준을 훨씬 뛰어넘는 경우에도 모든 학생이 성취기준에 설명된 지식과 기술을 개발할 수 있다(p. 2).

그러나 중도장애 학생에게 과학을 가르치는 최초의 자원 중 일부가 등장하는 데는 족히 10여 년이 걸렸다(Cooper-Duffy & Perlmutter, 2006; Courtade et al., 2007; Spooner, DiBiase, & Courtade-Little, 2006).

국가 과학교육 성취기준은 영어와 수학에 대한 공통 핵심 주 성취기준(Common

Core State Standards)(National Governors Association Center for Best Practices, Council of Chief State School Officers, 2010)을 발표하여 교사들에게 과학교육을 위한 우선순위와 체계를 제공했다. 과학 성취기준을 최신화해야 한다는 국가적 요청은 2012년도 미국 연구위원회가 다음의 과학 성취기준 세트를 안내하는 개념적 체계를 개발하며 완수되었다. K-12학년 과학교육을 위한 체계(NRC, 2012)의 주요 중점은 과학을 경험할 수 있도록 학생의 참여를 도모하는 과학교육의 개발인데, 이는 "과학적 탐구"(NRC, 1996)로부터 벗어나 "과학적 및 공학적 실제에의 참여"(NRC, 2012)로의 강조를 의미한다. 이 새로운 체계에서 차세대 과학 성취기준(Next Generation Science Standards, NGSS)이 개발되어(NGSS Lead States, 2013), K-12학년 전체에 걸쳐 내용과 실제를 세분화하여 학습 진행을 제공한다.

중도장애 학생에게 과학을 가르치는 선행문헌들이 확장되는 동안(Spooner, Knight, Browder, Jimenez, & DiBiase, 2011), 이 새로운 성취기준 세트는 모든 학생을 위한 과학교육에 새로운 도전과 혁신을 도입했다. 교사들은 중등도 및 중도장애 학생들에게 과학내용을 가르치는 효과적이고 의미있는 방법을 발견하기 시작했다. 그러나 과학 및 공학 실습교육에 관한 문헌은 여전히 제한적인 실정이다(Jimenez, Browder, & Courtade, 2009).

1. 중등도 및 중도장애 학생이 과학 및 공학 실제에 참여하도록 가르치는 이유가 무엇인가?

교사들은 일부 과학 개념과 연결하여 일상생활 기술을 가르쳤지만(Courtade et al., 2007), 과학 내용과 실습 자체를 가르치는 것은 상당히 새로운 목표이다. 1950년 소련이 스푸트니크를 발사했을 때 미국은 과학교육에 더 집중하라는 "경종"을 받았지만 이러한 혁신이 있어 아직 공교육을 받지 못한 중등도 및 중도장애 학생들은 배제되었다. 1983년에 두 번째 경종이 울렸을 때(NCEE, 1983), 특수교사들은 학업 내용이 아닌 일상생활 기술에 대해 생각했기 때문에 과학 혁신은 대부분의 중등도 및 중도장애 학생들을 다시 배제시켰다. 과학 개념은 일상생활과 분명히 관련이 있지만, 단순히 활동이 아닌 의도적으로 과학을 가르치는 것이 필요하다.

예를 들어, 학생들은 세균이 무엇인지 잘 몰라도 손 씻는 법을 배울 수도 있고, 또는 이러한 미생물에 대해 자세히 배울 수도 있다. 아동낙오방지법(No Child Left Behind)(NCLB, 2002) 법은 중등도 및 중도장애 학생에게 과학을 가르치는 데 있어 경각심을 가지게 하였다. 처음으로, 학교는 과학에 있어 모든 학생들의 적절한 연간 진보를 보고하도록 하였다. 아동낙오방지법에 따르면 중도 인지장애 학생들은 이러한 요구에서 제외되지 않으며 대신 일반 과학 성취기준과 연계된 대안 성취기준을 기반한 대안평가에 참여하도록 요구되었다(더 많은 정보는 2장 참조).

생각해볼 점

모든 학생들을 대상으로 과학을 가르치고 시험 보도록 하는 것이 좋은 정책이라고 생각하는가? 중등도 및 중도장애 학생에게 어떤 결과를 기대해야 하는가?

Jimenez, Spooner, Browder, DiBiase, Knight(2008)은 과학교수의 목표가 "자연 세계에 대한 궁금증(wonder)과 이해 및 그 안에서의 나의 위치"라는 과학교수의 개념적 모델을 제시했다. [그림 12.1]에서 보여주는 수정된 개념적 모델에서 Jimenez(2017)는 과학적 지식, 기술 및 설계 개발을 지원하는 마음의 공학적 습관과 실제를 담아냈다. 과학과 공학의 실제를 교수할 때 흥미로운 부분 중 하나는 학생들이 주변의 세계에 대한 인식을 증진하도록 돕는다는 것이다. 학생들이 나비를 관찰할 때, 나비의 삶의 주기를 궁금해할지 모른다(예: "나비는 아기를 낳는가?"). 또는 골프공 크기의 우박이 건물 지붕에 부딪치면, 학생들은 "이렇게 큰 얼음 알갱이가 생기는 이유가 무엇일까?" 또는 "내가 새 나무집을 짓는다면 어떻게 이 날씨를 견딜 만큼 견고하게 지을 수 있을까?"라고 궁금해 할지 모른다. 차세대 과학 성취기준 저자들은 8가지 과학 및 공학 실제를 개발하여 과학적 탐구를 명확히 하였다: (1) 질문하기; (2) 모델 개발 및 사용하기; (3) 조사 계획 및 수행하기; (4) 데이터 분석 및 해석하기; (5) 수학적 및 컴퓨팅적 사고 사용하기; (6) 설명 구성하기; (7) 증거를 통해 논쟁 참여하기; 그리고 (8) 정보 습득, 평가 및 소통하기.

과학은 학생들로 하여금 세계를 인식하고, 질문을 제기하고, 답을 찾기 시작하는 방법을 제공한다. 과학은 또한 중등도 및 중도장애 학생에게 의미 있으며 개인적 연관성을 가질 수 있다. 바다에 대한 단원은 조개껍데기 수집이나 고래 관찰과 같은 일생의 취미로 이어질 수도 있다. 우리 몸에 대한 단원은 건강 관리 문제나 직업에 대한 옵션들에 대한 더 깊은 이해를 제공할 수도 있다. 화학에서 배운 주의사항은 생명을 구할 수 있다(예: 알 수 없는 액체를 마시거나, 냄새 맡거나 또는 섞지 않음). 이러한 목표를 달성하기 위해 과학교육은 학생들에게 질문을 던지고 발견을 공유함으로써 과학을 경험하는 법을 가르쳐야 한다. 비슷하게, 공학은 학생들의 과학적 지식과 기술을 사용하는 기회를 제공하고 공학적 사고 습관(예: 지속하기 및 실패로부터 배우기)의 개발을 통해 실제 일상 생활 문제를 해결할 수 있는 기회를 제공한다. 예를 들어, 과학자는 더 많은 것을 배우고 현상에 대해 탐구하기 위해 질문을 던질지 모르며, 엔지니어는 문제를 해결하고 무언가를 개발하기 위해 질문을 던질지 모른다. [그림 12.1]에 제시하듯, 과학과 공학의 실제는 이러한 접근 방식의 우선순위다.

2. 실제로서의 과학

K-12 과학교육의 체계 개발에 있어서 기본 개념은 (1) 실제, (2) 기초공통개념(cross-cutting concepts), (3) 분야별 핵심 아이디어이다.

1) 실제

탐구는 과학교육에서 꽤 오랜 시간동안 사용되어온 용어이며, 심지어는 학습을 위해 “완료된” 것으로 제시되기도 합니다. 그러나 차세대 과학 성취기준의 저자들은 지식과 기술을 요하는 과학적 조사 참여의 중요성에 대해 강조하기 위해 실제라는 용어를 사용한다. 앞에서 열거한 8가지의 실제는 과학적 지식이 생산되고 엔지니어링 해결방법이 개발되는 방식에 대한 학생의 이해를 구축하는데 사용된다. 역사적으로 과학교육에서는 시범 보이기, 비판하기, 소통하기와 같은 다른 실제들로 인해 적절한 주의를 기울이지 않고 실험적 조사를 지나치게 강조하는 경향이 있었다. 게다가 실제 과학 내용과 별도로 절차를 가르치기 보다는 과학을 안내하

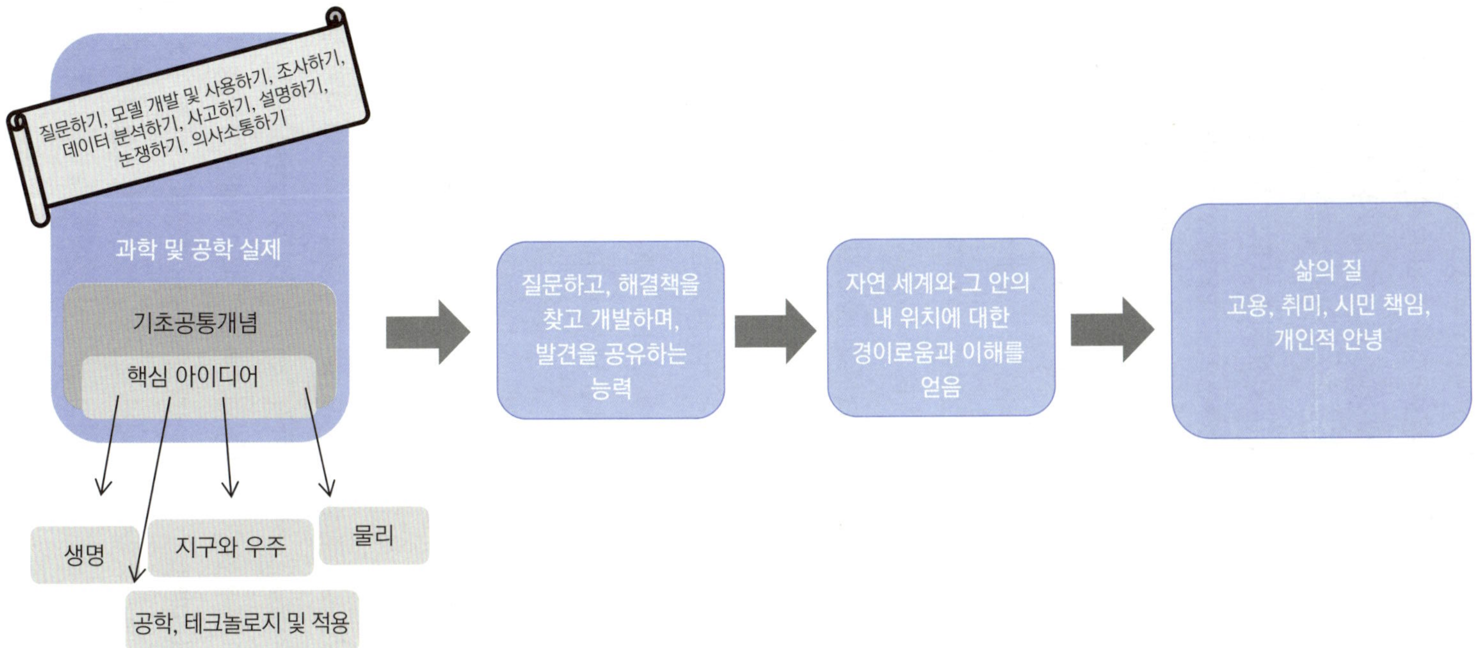

[그림 12.1] 과학과 공학의 개념적 다이어그램

출처: Jimenez(2017); Jimenez, Spooner, et al. (2008)로부터 수정됨. Diane Browder 교수의 승인을 통해 수정됨.

는데 이러한 실제를 사용하는 것이 중요하다. 별도로 가르칠 때 이러한 절차는 과학적 개념에 대한 깊은 이해를 돕는 방식보다는 교수학습지도안의 목표가 된다. 이러한 실제가 어떻게 다른지 [그림 12.2]를 참조한다.

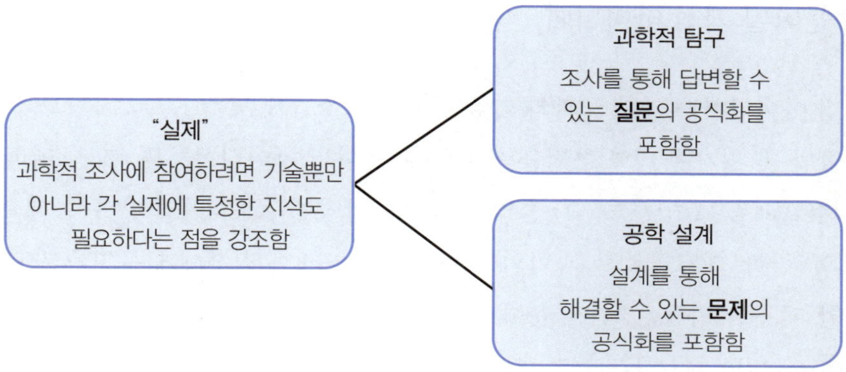

[그림 12.2] 과학적 탐구와 공학 설계 간의 차이점

2) 기초공통개념

기초공통개념(cross-cutting concepts)은 과학의 모든 영역을 연결하는 방법으로, 교육적 실제를 위한 조직적 체계를 제공한다. 학생들은 다양한 분야에서의(예: 화학과 지구와 우주) 지식을 자신이 속한 세계에 대한 명확하고 과학적 기반의 관점으로 연결할 수 있다. 7가지 개념은 다음과 같다: (1) 패턴; (2) 원인과 결과: 메커니즘과 설명; (3) 규모, 비율 및 양; (4) 시스템과 시스템 모델; (5) 에너지와 물질: 흐름, 순환, 보존; (6) 구조와 기능; 그리고 (7) 안정성과 변화.

기초공통개념이 과학과 엔지니어링을 이해하는 데 기초이나 학생들은 종종 명시적 교수 지원 없이 이러한 지식을 구축할 것으로 기대되어 왔다. 체계는 이러한 개념이 다양한 과학 분야의 지식을 일관되고 과학적 기반의 세계관으로 상호 연결하기 위한 조직적 도식(organizational schema)을 제공하기 때문에 학생에게 명시적으로 설명되어야함을 강조한다. 과학자들은 관찰된 패턴과 그 안에 있는 유사성과 다양성에 대한 설명을 찾는다. 엔지니어들도 마찬가지로 종종 패턴을 찾고 분석한다. 이러한 기초공통개념에 대한 학생의 이해는 분야 핵심 아이디어의 교육 맥락에서 반복적으로 사용함으로써 강화되어야 한다. 이러한 개념은 따로 가르치는 것이 아니라 과학 교과 안에서 가르치며 교수 및 공학 설계 과제와 관련해 여러 단원에 걸친 이해를 돕는다.

3) 분야별 핵심 아이디어

핵심 아이디어는 과학 교과의 가장 중요한 요소들에 맞춰 K-12 과학교육과정, 교수방법 및 평가에 대한 초점을 제공한다. 분야별 아이디어들은 4가지 영역으로 구성된다([그림 12.1] 참조): (1) 물리 과학; (2) 생명과학; (3) 지구 및 우주 과학; 그리고 (4) 공학, 테크놀로지, 과학의 응용이다. 중도장애 학생에게 무엇을 가르칠지 고려할 때, 교육자들은 4가지 분야의 핵심 아이디어에 대한 깊은 이해를 기반으로 시작할 수 있다. 〈표 12.1〉는 각 영역 및 영역에 따른 핵심 아이디어들을 나열한 표이다. 각 핵심 아이디어들 내 핵심 요소를 확인함으로써 각 내용의 종결점과 각 학년별(2, 5, 8, 12학년) 집단에 대한 과학 개념이 개발되었다(〈표 12.2〉 예시 참조).

4) 미래 세대의 과학 성취기준

2013년에 개발된 차세대 과학 성취기준은 이 장에서 설명하는 체계를 사용하며 별도의 탐구 및 내용 성취기준 세트가 아니다. 오히려 이는 과학 학습의 3가지 차원인 실제, 기초공통개념, 분야 핵심 아이디어의 상호 연결성에 초점을 맞춘 수행기대에 대한 세트이다([그림 12.3] 참조).

5) 지구와 우주: 지구와 인간 활동 성취기준

학년별(유치-5학년), 학년 집단(중학교, 6-8학년; 고등학교, 9-12학년)으로 조직된 차세대 과학 성취기준은 학생들이 환경 속에서 과학을 이해하고 자신의 학습을 주도하도록 설계되었다. 예를 들어, 유치원 수행 기대치는 미국 연구위원회 체계 내 PS2, PS3, LS1, ESS2, ESS3, 그리고 ETS1 분야 핵심 아이디어를 담고 있는 반면 중학교 생명 과학은 4가지 분야 핵심 아이디어를 다룬다: (LS1) 분자에서부터 유

기체로: 구조 및 과정, (LS2) 생태계: 상호작용, 에너지 및 역학, (LS3) 유전: 유전 전이 및 변이, (LS4) 생물학적 진화: 단일성 및 다양성(학문 핵심 아이디어 목록은 〈표 12.1〉 참조). 수행 기대치(성취기준)는 모든 학생들을 위해 개발된 것이나 중등도 및 중도장애 학생이 접근할 수 있도록 또는 학생에게 더욱 의미 있도록 하기 위해서는 이를 확장시킬 필요가 있다. 예를 들어, 물질과 그에 대한 상호작용이라는 물리과학 핵심 아이디어 내에서, 5학년 학생은 다음과 같이 과학 및 공학 실제에 참여할 수 있다:

- 변인이 제어되고 시행 횟수가 고려된 공정한 시험을 사용하여 증거의 근거가 되는 데이터를 생성하기 위해 공동으로 조사 실시함(5-PS1-4)
- 현상과 기초공통개념을 설명하기 위한 증거의 기초가 되는 데이터를 생성하기 위해 관찰하고 측정함(5-PS1-3)
- 일상적으로 발견되는, 시험되는, 변화를 설명하는 데 사용되는 인과관계를 계산함(5-PS1-4)

〈표 12.1〉 미국 연구위원회(National Research Council, 2012) 분야별 핵심 아이디어

영역	핵심 내용 요소(Core and component ideas)
물리과학 (Physical Science)	PS1: 물질과 물질의 상호작용 PS1.A: 물질의 구조화 특성 PS1.B: 화학 반응 PS1.C: 핵 공정 PS2: 움직임과 안정성: 힘과 상호작용 PS2.A: 힘과 움직임 PS2.B: 상호작용 유형 PS2.C: 물리적 시스템의 안정성과 불안정성 PS3: 에너지 PS3.A: 에너지 정의 PS3.B: 에너지 보존 및 에너지 전달 PS3.C: 에너지와 힘의 관계 PS3.D: 화학적 작용 내 에너지 및 일상생활 삶 PS4: 파장과 정보 전송 기술의 응용 PS4.A: 웨이브 속성 PS4.B: 전자기 방사선 PS4.C: 정보 기술 및 계측

생명과학 (Life Science)	LS1: 분자에서 유기체로: 구조와 과정 LS1.A: 구조 및 기능 LS1.B: 유기체의 성장 및 발달 LS1.C: 유기체의 물질 및 에너지 흐름에 대한 조직 LS1.D: 정보 처리 LS2: 생태계: 상호작용, 에너지 및 역학 LS2.A: 생태계의 상호의존적 관계 LS2.B: 생태계의 물질 순환 및 에너지 전달 LS2.C: 생태계 역학, 기능 및 복원력 LS2.D: 사회적 상호작용 및 집단 행동 LS3: 유전: 형질의 유전과 변이 LS3.A: 형질의 유전 LS3.B: 형질의 변이 LS4: 생물학적 진화: 단일성 및 다양성 LS4.A: 공통 조상과 다양성의 증거 LS4.B: 자연 선택 LS4.C: 적응 LS4.D: 생물 다양성과 인간
지구과학 (Earth and Space Science)	주요 아이디어 ESS1: 우주에서 지구의 위치 ESS1.A: 우주와 별 ESS1.B: 지구와 태양계 ESS1.C: 지구의 역사 주요 아이디어 ESS2: 지구 생태계 ESS2.A: 지구 물질 및 생태계 ESS2.B: 판 구조론 및 대규모 시스템 상호작용 ESS2.C: 지구 표면 과정에서 물의 역할 ESS2.D: 날씨 및 기후 ESS2.E: 생물지질학 주요 아이디어 ESS3: 지구와 인간 활동 ESS3.A: 천연 자원 ESS3.B: 자연 재해 ESS3.C: 인간이 지구 시스템에 미치는 영향 ESS3.D: 지구 기후 변화
공학, 테크놀로지 및 적용 (Engineering, Technology and Application)	주요 아이디어 ETS1: 공학 설계 ETS1.A: 공학 문제 정의 및 구분 ETS1.B: 가능한 해결책 개발 ETS1.C: 설계 해결책 최적화 주요 아이디어 ETS2: 공학, 기술, 과학 및 사회 간의 연결 ETS2.A: 과학, 공학 및 기술의 상호의존성 ETS2.B: 공학, 기술 및 과학이 사회와 자연세계에 미치는 영향

〈표 12.2〉 미국 연구위원회(2012) 물리 과학 영역 핵심 아이디어 PS2에 대한 학년별 종결의 예시

영역: 물리 과학	
핵심 아이디어 PS2: 움직임과 안정성: 힘과 상호작용	
학기 말에는...	
2학년	• 물체는 충돌하거나 연결될 때 서로 당기거나 밀음 • 밀기와 당기기는 강도와 방향이 다를 수 있음 • 물체를 밀거나 당기면 물체가 움직이는 속도나 방향이 바뀌며 물체를 시작하거나 멈출 수 있음 • 표면에서 미끄러지거나 경사면에 앉아있는 물체는 표면이 물체의 움직임에 반대되기 때문에 물체의 마찰로 인해 당기는 것을 경험함
5학년	• 각 힘은 하나의 특정 물체에 작용하며 강도와 방향을 모두 가지고 있음 • 정지해 있는 물체에는 일반적으로 여러 가지 힘이 작용하지만 물체에 0의 알짜 힘을 주기 위해 추가됨 • 합이 0이 아닌 힘은 물체의 속도나 동작 방향을 변경할 수 있음(경계: 이 수준에서는 질적 및 개념적 힘이 사용되지만 정량적 힘 추가는 사용되지 않음) • 다양한 상황에서 물체의 움직임 패턴을 관찰하고 측정할 수 있음; 과거의 움직임이 규칙적인 패턴을 보일 때 미래의 움직임을 예측할 수 있음(경계: 크기, 속도, 운동량 및 벡터량과 같은 기술 용어는 이 수준에서 소개되지 않지만 일부 수량은 크기와 방향을 모두 설명해야 한다는 개념이 개발됨)
8학년	• 상호작용하는 물체 쌍에 대해 첫 번째 물체가 두 번째 물체에 가하는 힘은 두 번째 물체가 첫 번째 물체에 반대 방향으로 가하는 힘과 강도가 같음(뉴턴의 제3법칙) • 물체의 움직임은 물체에 작용하는 힘의 합에 의해 결정됨; 물체에 가해지는 총 힘이 0이 아니면 물체의 움직임이 변경됨 • 물체의 질량이 클수록 동일한 운동 변화를 달성하는 데 더 큰 힘이 필요함 • 주어진 물체에 대해 더 큰 힘은 더 큰 동작 변화를 일으킴 • 물체에 가해지는 힘은 물체의 모양이나 방향을 바꿀 수 있음 • 물체의 모든 위치와 힘과 운동의 방향은 임의로 선택된 기준 프레임과 임의로 선택된 크기 단위로 설명되어야 함
12학년	• 뉴턴의 두 번째 법칙은 거시적 물체의 운동 변화를 정확하게 예측하지만 아원자 규모나 광속에 가까운 속도에 대해서는 수정이 필요함(경계: 양자 물리학 또는 상대성 이론의 세부 사항은 이 학년 수준에 포함되지 않음)

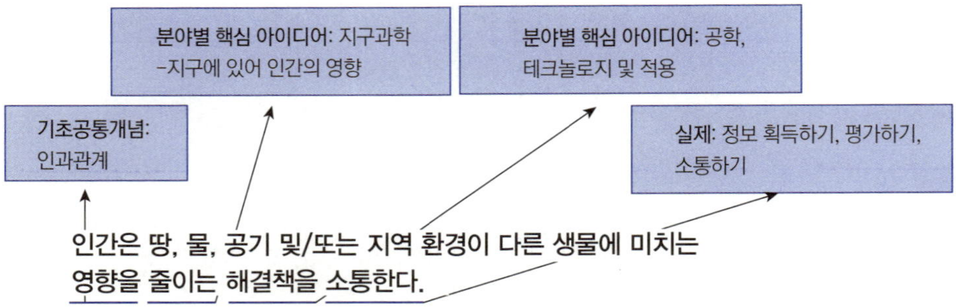

[그림 12.3] 지구와 우주: 지구와 인간 활동 규준

중도장애 학생은 일상 활동에서 화학 반응을 확인하고 시간 경과에 따른 변화를 기록함으로써 이 목표를 다룰 수 있다(예: 우유의 부패[응고], 사과조각 + 공기 = 갈변, 산소 + 철 = 녹).

〈표 12.3〉에서는 차세대 과학 성취기준 수행 기대 수준을 어떻게 다룰 것인지, "핵심 아이디어" 또는 개념을 지원하기 위해 여러 수업의 예시를 제공한다. "빅 아이디어"(개념)는 학생에게 개념 지식을 배울 수 있는 기회를 제공하기 위해 수업에 포함된다. 학생들은 또한 개념을 의사소통하는 데 있어 필요한 핵심 어휘를 배운다. 더불어 과학 및 공학 실제는 수업 전반에 포함되어 학생들로 하여금 발견 및 개발을 위한 기술을 습득하게 한다. 이러한 모든 요소들이 과학교수에 함께 배치되었을 때, 학생은 과학 내용에 노출될 뿐만 아니라 더욱 깊은 이해를 얻기 위해 의미 있는 방식으로 참여할 기회를 갖게 된다.

3. 과학교수 방법

차세대 과학 성취기준에 제시된 과학 교과 내용, 실제, 그리고 기초공통개념의 폭과 깊이는 압도적일 수 있다. 이전 장에 설명하였듯, 중요한 출발점은 교과의 다양한 영역에서 "빅 아이디어"를 선택하고 일반교사와 협력하여 성취기준을 확장하는 것을 통해 학생 학습에 있어 우선순위를 정하는 것이다. 과학의 일반학급 수업지도안은 보편적 학습설계를 통해 중등도 및 중도장애 학생을 포함하도록 개발할 수 있다(UDL; Center for Applied Special Technology, 1998; Orkwis, 2003). 학습을 도모하는 추가적인 전략으로는 (1) 과학에 대해 의사소통하기 위한 어휘, (2) 과학 개념, 그리고 (3) 탐구 및 공학 실제에 대해 가르치는 것이다. 일부 최신 연구에서는 이러한 각각의 기술을 가르치는 방법에 대한 지침을 제공한다.

1) 보편적 학습설계 적용하기

특수교사는 종종 수업을 계획할 때 과학교사의 과학 내용에 대한 깊은 지식에 의존하게 된다. 협력을 통해 모든 학생에게 적용가능한 보편적으로 설계된 수업을 만들 수 있다(UDL에 대한 자세한 내용은 6장 참조). 계획은 다음의 3가지 요소에 중점을 둔다: (1) 학생이 더욱 완전히 이해할 수 있도록 정보를 제시하는 방법(예: 장의 텍스트 요약, 이해를 돕기 위한 물체), (2) 학생이 수업에 참여할 수 있는 방법(예: 모델을 만들기 위해 모든 학생들이 집단별로 학습함), 그리고 (3) 학생이 학습을 증명할 수 있는 표현의 대안(예: 일부 학생은 요약을 작성할 수 있고, 다른 학생은 그림을 선택하여 기본개념 설명을 완성할 수 있음). 적극적인 참여를 더욱 도모하려면 통합교육 환경에서 자연스럽게 존재하는 지원들이 활용되어야 한다. 전문가들은 성인이 제공하는 지원이 남용될 수 있으며 이는 지원팀이 중도장애 학생을 위해 계획한 사회적 및 학업적 이점을 막을 수 있다고 지적한다(Carter & Kennedy, 2006). 과학이 장애 학생에게 제공하는 고유한 기회 중 하나는 최소의 수정 또는 수정 없이 장애가 없는 또래들과 함께 참여할 수 있는 기회이다. 탐구 기반 과학의 실습 학습 접근으로 인해 자연스럽게 발생하는 또래 상호작용은 모든 학생에게 학습 및 사회적 상호작용의 기회를 제공할 수 있다.

또래지원과 함께 보편적으로 설계된 수업은 다음과 같이 설계될 수 있다. 6학년 생물학 수업은 곰팡이의 성장에 기여하는 조건을 추론하기 위해 빵 곰팡이에 대한 관찰을 실시하였다. 인터넷에서 곰팡이에 대한 정보를 찾은 후 학생 집단은 무엇이 곰팡이 성장에 기여하는지에 대한 가설을 작성했다. 그런 다음 학생들은 가설을 시험하기 위한 실험을 계획하였다(예: 젖은 빵을 어두운 곳에 두기). 곰팡이의 개념에 더욱 쉽게 접근할 수 있도록 교사는 학생 집단이 면밀히 조사할 수 있는 빵 곰팡이 모델을 만들 수 있다(건강 문제로 인해 실제 곰팡이는 아님). 짝과 협력하고 "웹 검색"을 위해 과제분석을 개발함으로써 중도장애 학생이 인터넷 검색에 적극

〈표 12.3〉 성취기준, 핵심 아이디어, 탐구 과제분석 및 과학에 사용된 어휘

미래 세대 과학 성취기준 (Next Generation Science Standards)	주 교육과정 성취기준의 역량 목표	대안 성취 기준	교수에 삽입된 빅 아이디어	탐구 과제분석 및 단원 기반 평가 어휘 (단어, 그림 기호)
물리 과학: 5-PS1- 물질 및 상호작용 PS1.B: 화학 반응	• 자연 발생 물질과 합성 물질 모두 화학 물질임을 이해함 • 모든 생물 및 무생물 물질을 설명하는 화합물을 생성하기 위해 여러 가지 방법으로 원소가 결합한다는 증거를 평가함 • 특징적인 물리적 특성(밀도, 끓는점-녹는점, 용해도, 화학 반응성)에 따라 물질을 식별함 • 화학 반응의 반응물과 생성물을 식별하고 단일 치환, 이중 치환, 분해, 합성 등 다양한 유형의 간단한 방정식의 균형을 철자	화학물질이 인간의 건강과 상태에 미치는 영향을 관찰하고 조사함. 온도, 질량, 부피, 침전물(물 속의 쇠못), 용해도(물에 용해되는 것), 가스 생산 및 화학 반응 등 시스템 내에서 화학적 및 물리적 변화를 탐색, 관찰, 전달 및 조사함	• 용질+용매 = 용액 • 일부 혼합물에는 화학반응이 있음 • 용액은 다양한 화학반응을 일으킬 수 있음 • 용질은 뜨거운 용매에서 더 빨리 용해됨 • 일부 화학용액은 유해함 • 일부 화학용액은 도움됨	용질 용액 용매 화학 화학 반응
지구 및 우주과학: MS-ESS2- 지구 생태계 ESS2.C: 지구 표면 과정에서 물의 역할	• 대기 특성을 연구하여 대기조건 및 날씨 위험(습도, 온도, 풍속 및 풍향, 기압, 강수량, 토네이도, 허리케인, 홍수, 폭풍)을 예측할 수 있다는 증거를 조사함 • 인간이 수질에 어떤 영향을 미치는지 설명함; 수질 오염원 예시 및 비예시 • 지질학적 과거 사건의 순서와 영향을 해석하기 위한 증거 평가: 상대적 및 절대 연대 측정 기술; 방사선 붕괴의 통계 모델; 전생의 화석 증거 • 다음을 포함하여 암석권을 형성하는 힘을 평가함(지각판 이동, 접힘 및 단층, 퇴적, 화산 활동, 지진) • 지구 내부 모델을 설명함 • 판 구조론 이론의 역사적 발전을 분석함 • 재활용의 중요성과 영향을 조사하고 분석함	날씨를 관찰, 설명 및 조사함 물 속성과 수자원에 대한 인간의 영향을 관찰, 설명 및 조사함. 지질 및 생물학적 과거의 증거를 관찰하고 설명함 지구를 형성하는 힘과 과정을 설명함. 지질학적 과정(화산, 지진, 판 구조론, 암석 형성, 광물 등), 보존/관리/판 구조론(지진, 화산, 쓰나미 등); 지도를 관찰하고 설명함	• 구름의 액체가 너무 무거워지면 액체가 강수로 떨어짐 • 물이 가열되면 증기로 변하며 이를 증발이라고 함 • 증기는 냉각되어 물로 변하며 이를 응축이라 함 • 생물에 해를 끼치는 것을 물에 넣는 것은 오염임 • 물을 적게 사용하는 것이 절약임 • 지구에는 층이 있음 • 화석은 과거에 대해 알려주는 각인임 • 판의 움직임은 지구의 지각에 변화를 일으킴 • 지구의 지층은 화석의 나이를 알 수 있도록 도와줌 • 많은 재료를 다시 사용할 수 있으며 재활용은 다시 사용한다는 뜻임	강수 증발 응축 오염 보존 지층 화석 내핵 지각 재활용

적으로 참여할 수 있다. 이 모델은 인터넷 사이트에 있는 그림을 이해하기 위한 참조 체계를 제공한다. 중도장애 학생은 또한 가설을 소통하는 데 사용되는 핵심 어휘 또는 기호(예: 곰팡이, 습한, 어두운, 증가)에 대한 동시적 교육이 필요할 수 있다. 어떤 학생은 학습지에 자신의 가설을 적고, 다른 학생은 그림에 동그라미를 쳐서 문장을 완성할 수 있다(예: 곰팡이가 ____ 곳에서 자란 것 같아요). 아직 그림과 단어 기호 사용을 배우는 학생들은 학생 집단의 실험을 위해 빵을 준비(예: 물에 적심)하여 곰팡이가 자랄 것이라고 생각하는 부분을 보여줄 수 있다. 며칠 후 학생 집단은 빵 샘플을 관찰하여 가설을 확인하거나 반박할 것이다. 예를 들어, 학생들은 가설 옆에 체크 표시나 X 표시를 할 수 있다. 이 단원 내에서 또래 집단은 또한 식품 곰팡이의 성장과 발달을 늦추기 위해 특정 기준에 맞는 "과일 및 빵 보관함"을 설계하고 개발하도록 요청함으로써 과학 내용 지식을 활용하는 공학 설계 과제를 제공받을 수 있다(특정기준 예: 재활용 가능한 재료로만 만들 수 있음, 주방 조리대에서 특정 공간만 차지할 수 있음, 방수가 되며 빵을 2주 동안 보관할 수 있음).

연구 예시

Dymond 외(2006)는 질적연구를 통해 이러한 보편적 학습설계 원칙들이 고등학교 과학수업에 어떻게 적용되는지 묘사하였다. 매주 전통적인 과학수업을 보편적 학습설계를 이용해 재설계하였고 교실에서 이를 실시하였다. 팀은 교육과정, 교수적 전략, 학생 참여, 자료, 평가와 같은 여러 가지 질문을 고려하였다. 예를 들어, 학생 참여를 도모하기 위해 팀은 선택지 및 자기주도 학습 활동을 제공하는 방법에 대해 고려하였으며, 적극적 참여를 도모하고, 모든 학생이 팀워크 또는 또래교수에 참여할 수 있도록 수업을 구성하는 방법을 고려했다. 팀이 재설계된 수업을 실시한 이후로 나타난 가장 큰 변화들은 보조인력의 역할이 중도장애 학생을 위한 1:1 지원에서 중도장애 학생을 포함한 소집단을 지원하는 것으로 확대되었다는 점이다.

2) 과학에 대해 소통하기 위해 어휘 교수하기

중등도 및 중도장애 학생을 포함한 모든 학생은 과학에서 배운 정보에 대해 의사소통하기 위해 어휘를 확장해야 한다. 이러한 학습은 종종 중등도 및 중도장애 학생 대상 일견단어(sight word) 어휘를 가르치는 데 효과적이었던 동일한 방법을 사용하여 촉진될 수 있다(일견단어 교수법에 대한 자세한 내용은 7장 참조). 어떠한 어휘를 가르칠 때, 학생들이 단어의 의미를 인식하고 설명하는 것이 중요하다. 일부 학생들은 단어와 그림이 결합된 기호가 주어지면 더욱 어휘를 잘 배울 것이며 일부 학생들은 그림 없이 단어만 주어질 때 잘 배울 것이며, 그 외 다른 학생들은 단어로 명명된 물체를 사용할 때 더 잘 배울 것이다. 이해도를 보여주기 위해 학생들은 단어를 그림 또는 그림들과 연결하거나(예: 비, 진눈깨비, 눈의 그림에 강수량이라는 단어를 연결) 또는 문장에 사용할 수 있다(예: 비, 진눈깨비, 눈은 ____의 형태이다). 일견단어를 가르치는 가장 효과적인 방법 중 하나는 시간지연을 사용하는 것이다(Browder, Ahlgrim-Delzell, et al., 2009). 예를 들어, 교사는 4개의 단어를 제시하고 학생에게 목표 단어를 가리키도록 요청할 수 있다("강수량 단어를 가리켜보세요"). 첫 번째 시도에서 교사는 오류를 방지하기 위해 정답을 즉시 보여준다. 후속 시도에서 교사는 이 모델 촉진을 몇 초(예: 4초) 지연시켜 학생으로 하여금 정답을 예상할 수 있는 기회를 제공한다(시간지연에 대한 자세한 설명은 6장 참조).

(1) 과학 어휘 교수에 대한 연구 예시

McDonnell 외(2006)는 어휘 교수를 위해 일반 학급 교육과정에 고정 시간지연 절차가 어떻게 삽입될 수 있는지 보여주었다. 통합교육 환경 내 4명의 발달장애 학생들은 고정 시간지연을 통해 일반 교육과정에서 가져온 5개 단어를 구두로 정의하는 것을 배웠다. 4명 중 2명은 과학 어휘(예: 원자, 생물권, 요소 및 분자) 습득에 중점을 두었다. 삽입교수는 소집단 교수 형식만큼 효과적이었다. 비슷하게 Johnson과 McDonnell(2004)은 통합 환경에서 중등도 발달장애 학생을 가르칠 때 일반교사들에게 과학을 포함한 여러 내용 영역에서 일견단어 교수를 삽입하도록 가르쳤다.

이해에 중점 두기

과학교수에서 범할 수 있는 쉬운 실수는 과학을 외국어처럼 가르친다는 점이다. 이는, 과학 일견단어 어휘 습득에만 교수 초점을 둔다는 것이다. 최악의 경우, 이러한 교수는 이해력도 포함되지 않고 단순히 과학 "단어 명명하기"만을 포함한다. 최상의 경우, 학생들은 실습 경험(hands-on experience)을 통해 어휘에 대한 깊은 이해를 얻을 것이다. 예를 들어, 강수량에 대한 개념에 있어 학생들은 무거운 구름이 어떻게 비를 만드는지 이해하기 위해 스폰지에 물을 채워 "비"를 만들 수 있다(Courtade, Jimenez, Trela, & Browder, 2008). 이 교육이 의미있기 위해서는 학생들이 과학 어휘를 사용하여 그들이 경험하는 자연 세계에 대해 소통해야 한다. 가루를 물에 녹인 후 학생은 새로 습득한 어휘로 각 항목을 명명할 수 있다: 용질(가루), 용매(물) 및 용액(조합). Jimenez 외(2012)에 따르면 장애 또는 비장애 학생들은 중학교 일반학급에 포함된 3개 과학 단원에서 핵심 어휘 및 핵심 아이디어를 배웠다. 비장애 또래들은 진행 중인 과학수업에 선택된 어휘(예: 운동 에너지), 핵심 어휘를 나타내는 이미지(예: 운동 에너지-달리는 남자, 오토바이 운전), 개념 설명(예: 운동 에너지는 움직이는 에너지) 학습 실험을 포함하는 데 시간지연을 사용하였다.

3) 일반적 개념 교수하기

학생들은 새로 습득한 어휘를 배우고 있는 과학 개념을 의사소통하는 데 사용할 수 있다. 개념 학습은 동일한 기능 또는 기능집합을 공유하는 수업의 일부로 물체, 이벤트, 행동 또는 상황을 인식하는 것으로 정의될 수 있다(Kameenui & Simmons, 1990). 개념은 단순한 사실 진술보다는 더욱 광범위한 일반화를 요구한다. 예를 들어, 정지 신호가 빨간색이라는 것을 이해하는 것보다 빨간색 개념을 형성하는 색조의 범위를 이해하는 것은 보다 복잡하다. 과학수업에서 우선순위를 정하는 한 가지 방법은 수업의 "핵심 아이디어"인 개념 설명을 작성하는 것이다. 성취기준에 따른 교수: 과학(Courtade et al., 2008)에 포함되어 있는 일부 개념 진술은 〈표 12.3〉의 마지막 열 옆에 "핵심 아이디어"로 표시되어 있다. 학습의 일반화를 확인하기 위해 교사는 학생이 조사 전반에 걸쳐 사용된 다양한 자료로 개념을 확인하도록 할 수 있다. 예를 들어, 용질이 가열된 액체에서 더욱 빨리 용해된다는 개념을 학생에게 가르치기 위해 교사는 뜨거운 물과 차가운 물에 고형 큐브; 뜨거운 차 또는 차가운 차에 설탕; 국물에 소금 덩어리 등을 사용할 수 있다. 또한

Jimenez 외(2012)는 여러 이미지를 사용하여 개념을 가르친 다음 가르치지 않은 새로운 이미지로 개념을 시험할 때 이 전략을 활용했다. 예를 들어, 학생이 운동에너지의 개념을 이해하는 데 있어 시간지연 절차 동안 운동에너지에 대해 두 개의 이미지를 사용했다. 그런 다음, 배운 이미지만으로 단어를 매칭하도록 가르치기보다 시험 시 학생들이 선택할 수 있는 새로운 이미지를 사용했다.

학생들은 또한 실험 중에 설명할 재료의 속성과 관련된 개념을 배우기 위해 교수가 필요할 수 있다. 변경 사항, 크기, 색상 그리고 심지어 "유사한" 및 "다른"을 설명할 수 있으려면 이러한 개념에 대한 직접교수가 필요하다. Kame'enui와 Simmons(1990)는 이러한 개념을 가르치는 법과 관련하여 몇 가지 가이드라인을 제시했다. Knight, Smith, Spooner, Browder(2012) 연구 및 Smith, Spooner, Jimenez, Browder(2013) 연구는 중도장애 학생의 과학 성취에 있어 개념 직접교수의 효과를 증명했다. 전문가들은 학습할 개념 세트의 다양한 재료(예: 다양한 대형 물체)를 사용할 것을 권장한다. 일부 다양한 비예시도 선택된다(예: 크지 않음). 교사는 그런 다음 예시와 비예시를 순서대로 나열하여 제시한 다음 학생의 이해를 확인한다. [그림 12.4]는 유사성과 차이점의 개념을 가르치는 데 사용할 수 있는 스크립트의 예시를 제공한다.

연구 예시

Jimenez 외(2009)는 중등도 발달장애 학생들을 대상으로 과학 개념을 가르치기 위해 다중사례교수(multiple exemplars)를 적용했다. 세 명의 중등도 지적장애 중학생들은 화학과 물리 과학에 탐구 수업을 완성하기 위해 12단계의 과제분석을 자기주도로 진행하는 것을 배웠다. 학생들은 탐구 수업을 독립적으로 완수하기 위해 자기주도 학습 촉진(KWHL 차트)을 사용하는 것을 배웠다. [그림 12.5]는 사용된 KWHL(Know-Want to know-How-Learn) 차트의 예시를 제시한다. 세 명의 학생 모두 자료, 과학 개념, 교수적 환경(특수학급 및 일반학급 포함) 전반에 걸쳐 숙달을 보여주었다.

목표	개념의 하나의 예시, 하나의 비예시가 주어지면 학생들은 각각 예시인지 비예시인지 100% 정확도로 구분할 수 있음
자료	자료는 수업에서 나옴; 예를 들어, 암석에 대한 수업 중에 "다르다" 개념을 가르치기 위해 교사는 모양이 다른 세 개의 돌과 모양이 비슷한 세 개의 돌("다르지 않음")이 필요함
팁	대답할 수 있는 학생에게는 대답을 어떻게 그리고 왜 그렇게 생각하는지 물어봄 "시험" 단계에서 학생들은 총 4개의 배열(정답 1개, 오답 3개) 중에서 정답을 구별할 것임; 학생들은 각각에 대한 예시와 비예시를 찾음

1단계: 구성하기 (Framing)

예시	언어표현(Wording)	학생 반응
다르게 생긴 돌을 들어 보여줌	"오늘 우린 '다른' 것을 찾을 거에요. 다시 잘 들어봐요. 오늘 '다른' 것을 찾아볼 거에요. 오늘 뭘 찾는다고 했죠? ________"	학생들은 "다르다"를 소통함(말하거나 또는 보조공학을 사용함)

2단계: "내 차례에요" 시범 보이기 (Model "My Turn")

예시	언어표현(Wording)	학생 반응
서로 다른 예시를 하나 보여줌(올바른 예시, 예: 서로 다르게 생긴 두 개의 돌, 연필과 마커, 책과 전화)	"이건 달라요."	주의를 기울임
또다른 다른 예시를 보여줌(올바른 예시)	"이건 달라요."	주의를 기울임
비예시를 보여줌(예: 비슷하게 생긴 돌, 2개의 연필, 잘못된 예시)	"이건 다르지 않아요."	주의를 기울임
세 번째 다른 예시를 보여줌(올바른 예시)	"이건 달라요."	주의를 기울임
비예시를 보여줌(예: 비슷하게 생긴 돌, 잘못된 예시)	"이건 다르지 않아요."	주의를 기울임

3단계: “함께 해요” 주도하기 (Lead “With Me”)		
예시	언어표현(Wording)	학생 반응
하나의 다른 예시를 보여줌 (올바른 예시)	“이건 달라요.”	물체를 가리키거나, “달라요”라고 말함
또다른 예시를 보여줌 (올바른 예시)	“이건 달라요.”	물체를 가리키거나, “달라요”라고 말함
비예시를 보여줌 (잘못된 예시)	“이건 다르지 않아요.”	물체를 가리키거나, “다르지 않아요”라고 말함
세 번째 다른 예시를 보여줌 (올바른 예시)	“이건 달라요.”	물체를 가리키거나, “달라요”라고 말함
비예시를 보여줌 (잘못된 예시)	“이건 다르지 않아요.”	물체를 가리키거나, “다르지 않아요”라고 말함

4단계: “여러분 차례에요” 시험하기 (Test “Your Turn”)		
예시	언어표현(Wording)	학생 반응
하나의 다른 항목과 세 개의 "다르지 않은" 항목의 배열을 제시함	“다른 하나를 찾아보세요”	다른 항목을 가리키거나, “달라요”라고 말함
세 개의 다른 항목과 하나의 “다르지 않은” 항목의 배열을 제시함	“다르지 않은 하나를 찾아보세요”	다르지 않은 항목을 가리킴

오류 수정			
예시	언어표현(Wording)	학생 반응	교사 반응
하나의 다른 항목과 세 개의 "다르지 않은" 항목의 배열을 제시함	“다른 것을 찾아보세요”	정답: 다른 항목을 가리키거나 “달라요”라고 말함	“달라요. 잘했어요!” (항목을 명명하고 칭찬함)
하나의 다른 항목과 세 개의 "다르지 않은" 항목의 배열을 제시함	“다른 것을 찾아보세요”	오답: 다르지 않은 항목을 가리킴	“달라요. 가리켜보세요.” (학생이 올바른 항목을 가리키거나 교사가 올바른 것을 가이드함)
학생이 예와 예가 아닌 것을 찾을 수 있을 때까지 3단계와 4단계를 반복함(예: 다르고 다르지 않음)			

[그림 12.4] “다름”의 개념을 가르치기 위해 직접교수 사용하기

4) 탐구 실제 교수하기

과학에 대해 의사소통할 수 있는 어휘 및 개념의 이해도 중요하지만 과학의 주요 목표는 학생으로 하여금 탐구 실제(참여하기, 조사하기, 묘사하기, 설명하기, 보고하기)를 개발하도록 하는 것이다. 시작(initiation)과 참여, 문제해결, 그리고 의사소통을 도모하는 과학에 참여함으로써 학생은 자연 세계에서 현상을 발견하는 평생의 방법을 갖게 된다. 탐구는 종종 선형의 과정으로 가르쳐진다; 그러나 미국 연구위원회(1996)는 탐구를 "과학자와 학생들이 자연 세계에 대해 질문을 던지고 현상을 조사하는 일련의 상호 연관된 과정으로 이를 통해 학생들은 지식을 습득하고 개념, 원리, 모델 및 이론에 대해 보다 깊은 이해를 갖는다"(p. 214)로 정의한다. 탐구는 학생들로 하여금 모델을 만들고 관찰하고, 질문을 하고, 이미 알고 있는 것을 알아보기 위해 출처를 조사하고, 조사를 계획하고, 데이터를 수집하기 위해 도구를 사용하고, 예측하고, 결과를 비평 및 평가(논쟁)하도록 하는 "능동적 과정"을 강조한다. 탐구는 과학 프로그램의 중요한 요소이며, 실습 활동보다 문제해결 과정을 더욱 요구한다. 이러한 과학 및 공학 실제(즉, 탐구)가 과학 교과내용 습득에 있어 권장 접근 방식으로 확인되기에, 장애 학생이 이러한 방식을 통해 과학 교과내용을 습득할 수 있도록 준비시키는 것이 중요하다.

KWHL 차트			
무엇을 알고 있는가?	무엇을 더 알고 싶은가?	어떻게 찾을까?	무엇을 배웠는가?

[그림 12.5] KWHL 차트의 예시

출처: Courtade et al. (2008). Copyright 2008 Attainment Company. Reprinted by permission.

(1) 탐구와 관련된 연구

탐구에는 과학에 대한 "실습(hands-on)"접근 방식을 요한다. Mastropieri 외(2006)는 통합 8학년 과학 수업에서 경도장애 학생들을 위해 학급 전체 또래교수를 사용하였으며 실습활동과 교사주도 교수를 비교하였다. 협력 실습 활동에 참여한 학생들은 활동을 즐겼을 뿐만 아니라 통제집단보다 중학교 과학 내용 사후검사에 있어 보다 나은 수행을 보였다. 중도장애 학생의 과학 학습에 대한 연구가 거의 없었기에 탐구에 관련된 연구도 거의 없었다. Courtade, Browder, Spooner, DiBiase(2010)는 과제분석에 따라 탐구기반 과학수업을 구현하기 위해 발달장애 학생들의 교사를 교사를 대상으로 교육하는 방법을 개발하였다. 연구에 참여하는 교사는 탐구기반 과제분석을 수업의 체계로 사용하여 중학교 과학교육과정(예: 운동의 힘, 화학) 등을 다룰 수 있었다. 또한 학생 대상의 탐구 과제분석에 있어 학생들의 독립적인 반응의 증진을 보였다. 이는 교사가 각 단계를 설정한 후 만든 응답이다(예: "이 자료는 어떻게 동일합니까? 질문하기). Browder, Trela 외(2012)는 체계적 교수 기반 탐구 수업을 통해 과학 개념을 가르치는 연구를 수행했다. 교사들은 학생들이 과학 탐구 수업에 참여하고, 질문에 답하고, 새로운 과학 개념 및 어휘를 식별하도록 가르치기 위해 과제분석을 사용했다. 〈표 12.4〉는 탐구 과학 실제에 참여하도록 학생들을 안내하는 데 사용된 단계를 포함하여 이 연구에서 학생들이 배운 내용을 요약한 표이다.

직접탐구

과학에서 학생 탐구 실제를 구축할 때, 교수는 교사주도 과정으로 시작하여 점점 시간이 지남에 따라 더욱 개방적이게 된다. 중등도 및 중도장애 학생을 위해서는 교사주도 과정에 참여하는 것과 자기주도적으로 과정을 이끄는 방법을 다뤄야 할 것이다. 탐구 실제에 참여하는 것을 가르칠 때 〈표 12.4〉에 제시된 것과 같은 과제분석이 사용될 수 있다. 이 수업에서 교사는 각 단계를 따라 학생을 안내하고, 학생은 구체적인 응답을 한다. 답을 생각해내기 어려운 학생들은 [그림 12.6]과 같은 과학을 위한 응답 보드가 필요할 수 있다. 일부 학생들은 상징적 이해를 구축하면서 질문에 대답하기 위해 실물이 필요할 수도 있다. 학생들은 탐구 수업 전반에 걸쳐 질문에 답하기 위해, 선호도를 보여주기 위해, 또는 추측하기 위해 물건을 가

〈표 12.4〉 탐구 기반 과학 과제분석

교사	학생
1. 참여를 이끄는 자료를 제시하기(예: 애벌레의 번데기)	자료를 관찰하거나 만져봄
2. "이게 뭘까요?"라고 질문하거나 학생으로 하여금 질문하도록 하기	자료를 식별하거나 "이게 뭐지?"라고 물음(음성 출력 보완대체의사소통을 사용하여 질문할 수 있음)
3. "이 자료에 대해 아는 것이 무엇인가요?" 라고 질문하기	물체를 설명함; 대답할 수 없는 경우 교사는 선택할 수 있는 몇 가지 응답 옵션을 제공할 수 있음(예: "막대기 위"[정답], "물 속에서", "소리를 내다", "이상한 냄새가 난다"에 대한 그림)
4. KWHL 차트에서 K("알고 있는 것")를 채우기	구두로 응답하거나, 텍스트를 가리키거나, 보완대체의사소통을 사용함
5. "어떤 것을 더욱 알고 싶나요?"라고 질문하기	자료에 대해 질문함; 대답할 수 없는 경우 교사는 몇 가지 질문을 시범 보임(예: "먹을 수 있나요?", "어디에서 얻었나요?", "안에 무엇이 있나요?"); 학생이 묻지 않으면 선생님은 "안에 무엇이 있나요?" 이 질문을 덧붙임
6. KWHL 차트에서 W("알고 싶은 것")를 채우기	구두로 응답하기, 터치하기, 벨크로, 도장, 눈 응시하기, 보완대체의사소통
7. 학생에게 #5의 작업을 수행할 때 어떤 일이 일어날 것 같은지 예측해보도록 질문하기	예측함; 학생이 무슨 일이 일어날지 추측하지 못하면 교사는 몇 가지 추측을 모델링하고 학생이 그 중 하나를 선택하게 함
8. 학생에게 "어떻게 알아볼까?"라고 질문하기	행동을 제안함; 학생이 무엇을 해야할 지 모르겠다면 교사는 옵션을 제공함(예: "만져봐요", "조명에 넣어봐요", "안을 들여다봐요", "읽어봐요"); 시도해야 할 정답이 하나 이상 있을 수 있음
9. KWHL 차트에서 H("어떻게")를 채우기	구두로 응답하기; 만지기, 벨크로; 도장; 눈 응시하기; 보완대체의사소통
10. 실험을 수행하는 동안 학생을 안내하기	실험에 참여함(예: 번데기를 조심히 껍질을 벗겨낸다. 비교를 위해 다른 것을 준비한다)
11. 학생에게 변경된 자료를 원본과 비교하도록 질문한다. "무엇이 같은가요? 무엇이 다른가요?"	변경 사항을 가리킴; 학생이 새로 발견한 것을 인식하지 못하는 경우 교사는 응답 시범을 보일 수 있음(예: "이것은 열려 있어요. 이것은 나비를 보여줘요.")
12. 학생이 개념 진술을 완성하고 읽도록 함	개념 진술문을 읽음(가리킴); "번데기 안에는 _____가 있어요" (나비)
13. KWHL 차트에서 L("배운 것")를 채움	구두로 응답하기, 만지기, 벨크로, 도장, 눈 응시하기, 보완대체의사소통
14. 학생에게 진술을 실험과 연관시키고 실험 결과를 검토하게 함	실험을 다시 말하거나 재연함(예: 번데기를 열어보는 판토마임 시늉하기)
15. 학생이 개념 진술을 사용하여 대답하도록 질문하기(예: "번데기 안에 무엇이 있나요?")	개념에 대한 질문에 응답함; (예: "번데기 안에는 나비가 있어요.")

리키거나 응시할 수 있다. 유도 탐구 접근(directed-inquiry approach)은 교사의 세심한 주의를 요하는 실험이나 어려운 개념에 있어 어린 학생들에게 사용될 수 있다(〈표 12.4〉와 [그림 12.6] 참조).

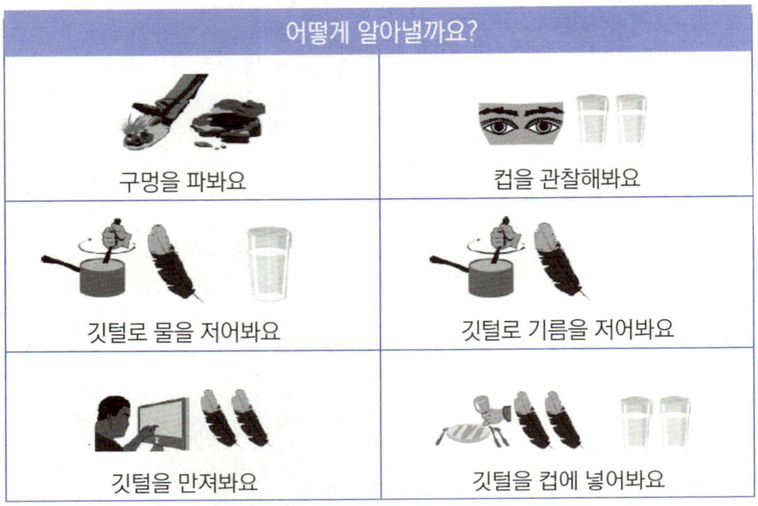

[그림 12.6] 탐구 학습 반응 보드

출처: Courtade et al. (2008). Copyright 2008 Attainment Company. Reprinted by permission.

(2) 자기주도 탐구와 관련한 연구

과학의 중요한 목표는 학생들이 탐구의 과정을 자기주도적으로 수행하도록 가르치는데 있다. 자기주도 접근에서 학생은 질문하고 결과를 요약하는 등의 과정을 적용할 수 있다. Agran 외(2006)는 세 명의 중등도 및 중도장애 고등학생 대상으로 학업 성취도에 있어 자기결정교수학습 모델(Self-Determined Learning Model of Instruction, SDLMI)의 효과를 연구하였다. 대상 목표는 과학적 탐구, 신체 체계 및 기능, 지도 기술과 관련하여 학생들이 직접 선정하였다. 이러한 학업 기술은 목표를 달성하는 데 도움이 되는 자기주도 학습 전략들을 식별하는 학생의 능력으로 측정되었다(예: 과학 탐구의 경우 학생이 자료수집 또는 일지 정보 작성하기 등과 같이 실험실에서 수행된 활동을 식별한다).

학생에게 자기주도 탐구 과정 교수하기

연구를 통한 아이디어를 적용하기 위해서 교사는 학생들이 어떠한 과정의 측면을 주도할지를 결정하는 것부터 시작할 것이다. Agran 외(2006)는 학생들이 향후 수업에서 무엇을 할지 계획할 수 있다고 제안하였다(예: 무슨 자료를 수집할지, 결과를 요약하는데 어떤 유형의 로그를 사용할지 등). 또는 교사는 학생이 수업의 각 부분을 스스로 주도할 수 있도록 KWHL 차트와 같은 자기-교수적 자료를 사용하도록 훈련할 수 있다. KWHL 차트를 채워 넣을 수 있는 기술을 습득하는 것은 학생이 일반학급 맥락에서 다양한 과학학습에 적극적으로 참여할 수 있게끔 한다. Jimenez 외(2012) 연구에서는 통합 중등 과학수업 맥락에서 사용하도록 장애 및 비장애 학생들에게 KWHL 차트를 제공하였다. 수업 중, 교사는 "지진이 나면 집의 안정성에 대해 어떻게 더 많이 배울 수 있을까요?"(KWHL 차트에서 H를 가리키며)와

균형 찾기: 탐구기반 vs 무오류 학습 접근

일반적으로 중도장애 학생에게 새로운 기술을 가르치기 위해서는 무오류 학습 접근법을 사용하는 것이 좋은 교수 실제로 여겨져 왔다. 그러나 탐구기반 과학수업을 할 때는 학생이 스스로 발견하는 것이 독려된다. 발견을 하기 위해서 학생은 시행착오를 통해 추측해볼 기회를 필요로 한다. 공학 설계 과정의 부분으로 학생들은 주어진 기준을 충족하기 위해 시간이 지남에 따라 설계를 개선하면서 인내할 수 있는 "마음의 습관"을 구축한다. 예를 들어, 학생은 질문에 대해 처음에는 오답을 말하거나 실험 또는 처음 설계 개발 단계에 있어 잘못된 예측을 할 수 있다. 잘 설계된 탐구 수업에서는 학생들은 "위험한 추측"과 더 많은 정보를 얻은 뒤 자신의 인식을 수정하거나 확인하는 방법 모두를 배우게 될 것이다. 과학교육에서는 기계적인 학습과 참여가 가능하다(예: 이것은 태양이다. 뜨겁다). 기계적 반응은 수업의 특정 지점에서는 적절할 수 있다. 예를 들어, 단원 교수에서 사용될 새로운 어휘를 가르칠 때, 무오류 학습은 일견단어 인식과 그림 매칭하기를 돕는데 효과적인 전략일 것이다. 교사는 또한 탐구과정에서 과제분석을 통해 각 반응을 이끌어 내도록 가르치기 위해 체계적 촉진을 사용할 수 있다(예: 질문하거나 실험 수행하는 방법 시범 보이기). 수업의 핵심은 추측이 기대하는 응답인 몇 가지 단계가 있다는 것이다. 탐구는 문제해결과 연결을 짓는 행위이다. 학생의 호기심과 자연세계에 대한 궁금증을 도모하기 위해서는 사고와 문제해결을 연습할 수 있는 방식을 제공하는 것이 필요하다.

같은 구어적 및 신체적 단서를 삽입하여 중등도장애 학생이 집단 차트를 채울 수 있도록 또래를 안내하도록 하였다. 비장애 학생들은 체계적 교수, 시간지연 절차를 사용하여 자기주도 탐구 실제 맥락에서 장애 학생들이 집단을 이끌도록 가르쳤다.

4. 사례 연구

교사 McDonald는 지역 공립 고등학교에서 중등도 및 중도장애 학생을 가르친다. 지난 몇 해간 McDonald 씨는 그녀의 주(state) 목표에 기반하여 다양한 과학 교과서와 아이디어를 위해 일반교사의 교수학습지도안을 사용하여 일일 과학수업을 가르쳐왔다. McDonald 씨는 학생들이 개념을 이해하는 것을 돕고자 손으로 조작하는 탐구 실험을 계획할 것이다. 그녀는 학생들에게 KWHL 차트를 이용해 무엇을 보았는지, 무엇을 할 것인지, 실험에 어떤 현상이 나타나는지 설명하도록 하였다. 학생들은 응답하는데 있어 [그림 12.6]과 같은 그림 응답 보드를 자주 필요로 한다. 일과 중, 학생들은 비장애 또래들에게 특수학급에서 진행하는 과학 실험에 대해 이야기하기 시작했다. 이에 과학교사는 그녀가 평소 과학 실험에 무엇을 쓰는지 알아보기 위해 그녀에게 다가왔다(실제 이야기!). McDonald 씨는 장애 학생들이 일반 과학 교실에서도 과학을 배울 수 있도록 돕기로 결심하였다. 그리하여 그녀와 과학교사는 다양한 학생 집단을 사용하여 협력교수를 할 수 있는 실험을 설계하였다. 고등학교 과학 개념이 복잡하고 빠르게 바뀌기에 McDonald 씨는 장애 학생들에게 실시할 실험과 관련된 보조교수를 지속적으로 제공하였다(예: 핵심 어휘, 개념 설명). 그녀는 또한 일반 과학수업에서 통합 이전에 자기주도 탐구를 돕는 도구로 사용되던 KWHL 차트를 모든 학생들이 쓸 수 있도록 제공하였다(보편적 학습설계-UDL 적용). 이처럼 새로운 통합 또래 집단 과학수업은 더 많은 과학 학습뿐만 아니라 학교 일과 내 다른 맥락에서 학생들이 서로 사회적으로 교류하기 시작했다는 점에서 흥미로운 이점이 있다.

마무리 활동

1. 〈표 12.4〉에 제시된 탐구 기반 과제분석을 가르치는 연습을 하세요. 다른 응답 방식(예: 시선)을 사용하는 개별 학생을 위한 과제분석을 수정하세요.

2. 〈표 12.1〉에 제시된 내용 영역을 선정하세요. 중도장애 학생이 일상생활에서 어떻게 사용할 수 있는지 토론하세요.

3. 보편적 학습설계의 원리를 사용하여 전통적인 과학교수학습지도안을 재설계하세요.

1. 장애 학생을 위한 목표 어휘(단어 및 이해력이 증명되는 법): 2. 개념 진술: 3. 개념 예시: 개념 비예시: 4. 탐구 실험: 5. 보편적 설계(모든 학생들을 위해 수업이 접근 가능하도록 제시, 표현, 참여에 있어서의 수정)

일반 과학수업 예시: 산성비가 환경에 미치는 영향
여러 집단의 학생들에게 건강한 식물을 주고 학급에서 만든 산성비 혼합물의 다양한 용액이 담긴 물을 주는 실험이다. 학생들은 발견한 내용을 문서화하고 발표한다.

학습 결과

• 학생들은 산성비가 환경에 미치는 영향을 더 잘 이해하고, 데이터 수집 및 기록 기술을 배우고, 개별 데이터를 연결하고, 학급을 위한 집단 프레젠테이션을 만들 것이다.

수업 소요시간: 3~4일

자료/자원: 교사는 다음을 제공한다:

• 같은 종류의 건강한 식물, 3-4명의 학생 집단 당 1개 (그 중 하나는 통제군으로 사용됨)
• 레몬주스 1병
• 안약, 학생 집단 당 하나
• 리트머스 종이

- 뚜껑이 있는 용기, 학생 집단 당 1개
- pH7의 순수한 물이 담긴 용기
- 각 집단의 프레젠테이션에 필요한 포스터 용지와 마커, 색연필, 크레용

사전 활동

- 산성비가 환경에 미치는 부정적인 영향을 보여주는 삽화와 함께 산성비 수업에 대한 교사 소개
- 학생의 사전 지식을 평가하기 위한 KWHL 또는 기타 그래픽 조직자
- 식물 급수 및 자료 입력에 대한 지침
- 학생들은 격일로 식물에 물을 줌

활동

- 2주간의 준비 기간 후, 학생들은 집단 내에서 개인 자료를 연관시키고, 적절한 시각 자료를 그리거나 그래프로 표시하고, 수업을 위한 구두 프레젠테이션을 개발함; 집단의 각 구성원은 최종 결과물에 기여해야 함
- 집단은 프레젠테이션을 연습할 시간을 갖음
- 각 집단은 5분 동안 연구 결과를 학급에서 발표함

평가: 2주 기간 동안 2일 간격으로 각 집단이 자신의 식물 상태를 학급의 다른 식물 및 대조군의 상태와 비교하는 자세한 관찰지 작성; 산성 수준이 식물 발달에 미치는 영향에 대한 집단 구두 발표 및 시각 보조 자료. 집단 프레젠테이션은 루브릭을 사용하여 채점됨; 시각 보조 자료에는 식물 그림, 그래프 또는 기타 적절한 자료가 포함됨

주요 어휘: 산성비, 오염/오염물질, 리트머스 종이, pH 척도, 환경

제13장

사회과 교수

Leah Wood

대선 소식이 뉴스와 일상의 대화를 가득 채웠다. 지적장애 청년 Gavin은 이러한 이야기를 들으면서 투표에 대한 기대감을 갖게 되었다. 투표일에 그는 자전거를 타고 투표소에 가서 투표를 할 수 있는지 물었다. 그러나 Gavin이 이해하지 못한 부분이 있었는데 이는 유권자 등록의 필요성이었다. 그는 투표용지를 읽지 못해도 자신에게 투표권이 있다는 사실을 이해하지 못했다. 투표소 직원은 Gavin이 적극적으로 투표하려 하고 자신이 선택한 후보에 대해 말할 수 있다는 사실에 놀랐다. 그는 심지어 모든 사람이 투표해야 한다고 말했다. 그들의 의무였다. 그녀는 왜 Gavin이 그토록 좋아하는 민주주의에 대해 더 많이 배울 기회를 얻지 못하는지 의아해했다. Gavin은 왜 문화, 역사, 조국, 시민권에 대해 배울 충분한 교육 기회를 갖지 못했는가?

미국 사회교과위원회(National Council for the Social Studies, NCSS, 2013a)에 따르면 학교에서 사회 교과의 목적은 유능한 시민을 돕고 촉진하는 것이다. 시민 생활과 관련된 지식, 기술 및 성향을 제공하는 것 외에도 사회 교과는 학생들이 지역사회에 적극적으로 참여하는 데 필요한 기술을 갖추도록 할 수 있는 잠재력이 있다. 즉, 사회과 교육의 목적은 참여하는 시민의 성장을 촉진하는 것이다.

안타깝게도 사회 교과에 대한 강조는 수년에 걸쳐 변화가 있었고 궁극적으로 감소했다(Fitchett, Heafner, & Lambert, 2014). 전통적으로 학교에서 학생들을 위한 핵심 교육과정에는 영어/언어, 수학, 과학 및 사회 과목이 포함되었다(National Commission on Excellence in Education[NCEE], 1983). 1990년대 후반까지 교사들은 수업일의 평균 2/3를 이러한 핵심 교육과정을 가르치는 데 사용했다(Perie, Baker, & Bobbit, 1997). 그러나 2000년대 초반부터 책무성이 증가되고 국가 성취기준이 강조되면서(No Child Left Behind, NCLB, 2001) 학교는 전반적으로 영어/언어, 수학, 과학을 더욱 강조하였고(단, 과학은 영어/언어, 수학보다는 그 정도가 낮았음), 사회 교과에 대한 비중은 줄어들었다. STEM의 구성 요소와 관련된 기술의 장기적 영향에 대한 인식이 높아짐에 따라 과학교육은 학교 수업에서 어느 정도 우선순위를 되찾았지만 사회 교과는 계속 뒤처져 있다(Scruggs, Mastropieri, & Okolo, 2008).

장애 학생은 종종 사회과 내용을 배우는 데 어려움을 겪는다. 미국 교육통계센터(National Center for Education Statistics, 2011)에 따르면 국가수준 학업성취도 역사 평가를 치른 8학년 장애 학생 중 5%만이 "우수함"이상의 점수를 받았다. 이러한 점수 추세는 지난 20년 동안 발생했는데(Ciullo & Dimino, 2017), 이는 사회과 내용에 접근하고 이해하는 데 필요한 독해 기술 때문일 수 있다. 장애 학생의 이러한 낮은 수준의 점수 추세는 사회과의 능숙도(proficiency)와 대학 및 직업 준비의 관련성(Bulgren, Sampson Graner, & Deshler, 2013) 및 전반적인 삶의 질 향상(Scruggs et al., 2008)이 연관성이 있다는 점을 고려하였을 때 매우 우려스러운 일이다.

연방법은 주에서 중등도 및 중도장애 학생의 사회과 학습 결과를 평가하도록 요구하지 않지만 거의 절반의 주에서 사회 학습 지식과 기술을 평가한다(Thurlow, Albus, & Lazarus, 2017). 그러나 중등도 및 중도장애 학생은 수업일의 상충되는 요구(예: 생활 기술 교육, 사회 기술 교육, 관련 서비스 교육, 전환 시간 증가)로 인해 사회과 내용 및 실제에서 일관된 교육을 받을 가능성이 적다. 또한 사회과 수업은 설명문 지문 읽기와 이해, 탐구 및 문제해결을 강조하며(Scruggs et al., 2008), 이 모든 것은 중등도 및 중도장애 학생을 위한 인지적으로 도전적인 학업 관행일 수 있다. 게다가 사회과는 종종 경제 체계나 정부 구조와 같은 복잡하고 추상적인 구조를 포함한다.

다른 장애물 역시 중등도 및 중도장애 학생에게 주어지는 사회과 수업에 대한 강조 부족에 기여할 수 있다. 다른 학업 내용 영역과 비교할 때 중등도 및 중도장애 학생에게 사회과를 가르치는 연구는 불균형적으로 부족하다(Knight & Sartini, 2015). 이와 관련하여 교사 양성 프로그램은 영어/언어, 수학 및 과학만큼 사회과 교수방법을 강조하지 않는 경향이 있다(Fitchett, Heafner, & VanFossen, 2014). 당연하게도, 교사 인식 조사에서 일부 초등학교 교사는 사회과에 대한 관심 부족과 학생들에게 사회과를 가르치는 최선의 방법에 대한 이해가 부족함을 모두 보고했다(Fitchett et al., 2014). 사회과 학습내용에 접근하고 학습하는 데 있어 모든 잠재적인 장애물에도 불구하고, 중등도 및 중도장애 학생은 적극적인 시민의식을 고취하는 교육을 통해 혜택을 받을 수 있으며 동시에 받아야 한다.

중등도 및 중도장애 학생을 위한 사회과 교수의 3가지 이점

1. 그들의 세계에 대한 지식을 습득한다.
2. 자신과 다른 이들에 대한 인식을 증진한다.
3. 자기결정 및 자기옹호 기술을 개발한다.

Browder, Spooner, Zakas(2011)는 중등도 및 중도장애 학생에게 사회과를 가르치는 세 가지 중요한 이유를 설명했다. 첫째, 사회수업을 통해 학생들은 역사, 정부 및 경제에 대한 지식을 포함하여 자신의 세계에 대한 정보를 얻을 수 있다. 둘째, 학생들은 자신의 문화적 배경에 대한 인식이 증가하고 다른 문화에 대한 이해도 높아질 수 있다(Hammond & Nessel, 2011). 마지막으로 사회수업을 통해 중등도 및 중도장애 학생들은 정부에 적극적으로 참여할 수 있는 자기결정 및 자기옹호 기술을 개발할 수 있다. 우리는 현장에서 중등도 및 중도장애 학생에 대한 기대치를 제한하지 않는 법을 배웠다(Courtade, Spooner, Browder, & Jimenez, 2012). 읽기 학습과 수학 이야기 문제풀이와 같은 최근 핵심 학업 기술에 적용된 이러한 높은 기대치는 사회과 학습 결과에도 적용될 수 있다.

1. 사회과 교수의 개념적 기초

현재 학생과 교사 모두를 위한 국가 교육과정과 내용 성취기준이 존재한다. 다음 섹션에서는 유치원에서 12학년까지의 학생들을 위한 양질의 사회과 수업을 안내하기 위한 성취기준과 체계를 설명한다.

1) 사회과 국가 성취기준 및 주제

다른 학문 영역에서와 마찬가지로 사회과 학습 내용에는 지식, 기술 및 실제(사회과 학습의 "학습" 및 "수행" 모두)의 컬렉션이 포함된다. 미국 사회교과위원회는 1994년에 사회과를 위한 초기 국가 교육과정 성취기준 세트(유치원-12학년)를 개발했으며 현재 개정된 세트는 2010년에 출판되었다. 사회과 성취기준은 교사가 수업을 설계하는데 사용할 수 있는 체계로 설계되었으며, 이는 뚜렷한 분야, 상호 관련된 주제 및 학습 기대치를 포함한다. 사회과의 5개 분야는 (1) 공민학(civics), (2) 경제학, (3) 지리학, (4) 역사학, (5) 사회/행동 과학이다. 10가지 주제는 (1) 문화; (2) 시간, 연속성 및 변화; (3) 사람, 장소 및 환경; (4) 개인의 발전과 정체성; (5) 개인, 단체 및 기관; (6) 권력, 권위 및 통치; (7) 생산, 유통 및 소비; (8) 과학, 기술 및 사회; (9) 세계적 연결; (10) 시민의 이상과 실제이다. 주제는 성취기준 및 분야 전반에 걸쳐 상호 연결되도록 의도되었다. 예를 들어, 문화의 주제는 지리학, 역사학, 사회/행동 과학 분야의 성취기준과 관련이 있다. 마지막으로 사회과 성취기준 학습 기대는 (1) 사회과의 목적, (2) 분야 내용 지식, (3) 분야 실제에 대한 이해와 관련된 기준을 포함하여 세 가지 방식으로 분류된다. 사회과의 실제에는 분야 조사(예: 질문하기, 주장하기, 증거 사용하기) 및 분야 표현(예: 시민 생활에 대한 아이디어 소통하기)이 포함된다.

미국 사회교과위원회 교육과정 성취기준은 분야별 내용 성취기준과 동일하지 않다. 교육과정 성취기준의 목적은 건전한 사회수업을 설계하는 것을 목표로 하는 학교, 교사 및 교육과정 개발자에게 체계를 제공하는 것이다. 체계의 구성 요소(분야, 주제 및 학습 기대치)는 교육자들에게 내용 성취기준을 효과적으로 구현할 수 미국 사회교과위원회 사회과목 교과과정 성취기준에는 (1) 공민학, (2) 경제학, (3) 지리학, (4) 역사학, (5) 사회/행동 과학 등 5개 분야가 포함된다. 10가지 주제-(1) 문화, (2) 시간, 연속성 및 변화, (3) 사람, 장소 및 환경, (4) 개인의 발전과 정체성, (5) 개인, 단체 및 기관, (6) 권력, 권위 및 통치, (7) 생산, 유통 및 소비, (8) 과학, 기술 및 사회, (9) 글로벌 연결, (10) 시민의 이상과 실천, 그리고 세 가지 유형의 학습 기대-(1) 사회과의 목적, (2) 분야 내용 지식, (3) 분야 실제.

있는 방법을 보여주는 로드맵을 제공하기 위한 것이다. 분야별 내용 성취기준은 학생들이 각 영역에서 배워야 하는 내용에 대한 상세하고 심층적인 설명을 제공한다. 〈표 13.1〉에는 사회학 분야의 주 또는 국가 내용 성취기준에 대한 URL 목록이 포함되어 있다.

〈표 13.1〉 영역에 따른 내용 성취기준 출처

국가 사회과 내용 성취기준	출처	웹사이트
역사	미국 학생역사센터(National Center for History in the Schools)	nchs.ucla.edu/standards
지리학	지리교육 성취기준 프로젝트(Geography Education Standards Project)	www.nationalgeographic.com/ xpeditions/standards
공민학 및 정부	시민교육센터(Center for Civic Education)	www.civiced.org/standards
경제학	경제교육위원회(Council for Economic Education)	www.councilforeconed.org/ea/ program.php?pid=19
심리학	미국심리학회(American Psychological Association)	www.apa.org/education/k12/national-standards.aspx

미국 사회교과위원회는 또한 교사와 교사 준비 프로그램의 학생을 위한 사회과 성취기준을 개발했다. 이러한 기준은 양질의 사회수업을 제공하기 위해 모든 교사가 가져야 하는 지식, 기술 및 성향을 나타낸다. 교사 또는 예비교사에 대한 다섯 가지 기준은 (1) 내용 지식, (2) 계획을 통한 내용의 적용, (3) 교수 및 평가의 설계 및 구현, (4) 사회과 학습자와 학습, (5) 전문적인 책임과 정보에 입각한 조치이

다. 〈표 13.2〉는 각 성취기준의 핵심 요소에 대한 설명을 제공한다.

〈표 13.2〉 교사 및 예비교사를 위한 사회과 성취기준

성취기준	성취기준 핵심 요소
내용 지식	교사 또는 예비교사는 시민, 경제, 지리, 역사 및 사회/행동 과학의 개념, 사실, 도구, 탐구 및 표현 형식에 대해 잘 알고 있음
계획을 통한 내용 적용	교사 또는 예비교사는 표준, 이론 및 연구에 부합하는 일련의 교육을 계획함; 개념, 사실, 도구, 분야 조사 및 분야 표현을 통해 학습자를 참여시킨다. 기술을 활용하여 시민역량을 함양함
교수 및 평가 설계 및 실시	교사 또는 예비교사는 학문적 지식, 탐구 및 표현에 학습자를 참여시키는 진정한 평가 및 학습 경험을 설계하고 구현함; 교사 또는 예비교사는 다양한 교육 관행을 사용하고 데이터 기반 의사결정을 사용함; 교사 또는 예비교사는 자기 평가 및 개별 학습에 학습자를 참여시킴
사회과 학습자 및 학습	교사 또는 예비교사는 학습자의 다양한 경험과 요구 사항에 대한 지식을 사용하여 교육을 설계 및 제공하고, 협력 학습 실제 및 경험을 촉진하며 학습자를 윤리적 추론에 참여시켜 포용적이고 공평한 사회의 발전을 촉진함
전문가 책임 및 정보에 입각한 조치(informed action)	교사와 예비교사는 지속적인 개선을 추구하고, 자신의 주관성을 반성하며, 정보에 입각한 능동적인 시민을 대표함

출처: Adapted from National Council for the Preparation of Social Studies Teachers (2017).

마지막으로, 미국 사회교과위원회 사회과 성취기준은 영어/언어 및 과학에 대한 국가 성취기준 체계와 관련이 있다. 첫째, 영어/언어(CCSS-ELA; National Governors Association Center for Best Practices, Council of Chief State School Officers, Council of Chief State School Officers, 2010)에 대한 공통 핵심 주 성취기준의 특징은 통합된 내용 성취기준 및 설명적 텍스트 이해에 대한 강조이다. 성취기준은 사회과를 포함하여 내용 영역 전반에 걸쳐 읽기, 쓰기, 말하기 및 듣기 기술의 적용을 촉진한다. 차세대 과학 성취기준(Next Generation Science Standards Lead States, 2013)은 사회과 교육과정 성취기준과 유사하게 내용 지식과 실천 모두를 강조한다. 과학적 탐구 및 공학적 문제해결 과정 외에도 학생들은 역사적 탐구 및 문제해결 기술과 관련된 실습을 배울 수 있다. 또한 차세대 과학 성취기준은 과학 성취기준 체계의 기능으로 교차 개념을 포함한다. 교차 개념에는 사회과의 10가지 주

제가 사회과 내용 영역 내의 다양한 분야와 관련되는 것과 거의 같은 방식으로 다양한 분야의 핵심 아이디어와 주제 영역에 걸쳐 있는 과학의 빅 아이디어가 포함된다.

2) 전문가가 말하는 사회과 교수의 가장 중요한 점

2010년에 미국 사회교과위원회 사회과 성취기준의 가장 최근 버전이 발표된 후, K-12 사회과 교수 전문가 집단이 협력하여 기존 주의 내용 성취기준을 수정하는 데 필요한 지침을 통해 주를 지원하는 체계를 개발했다. 이 작업의 결과는 학생들이 사회 개념과 실습을 배우는 방법에 대한 핵심 아이디어를 종합한 대학, 직업 및 시민생활(C3) 체계(NCSS, 2013b)였다. 대학, 직업 및 시민생활(C3) 체계는 전문가가 생각하는 사회수업의 가장 중요한 특징을 나타낸다. 이는 네 가지 차원으로 구성된다. 차원 1은 질문 개발 및 탐구 과정이다. 이 차원은 시간이 지남에 따라 세계에서 인간의 역할을 이해하는 것과 관련되어 있기 때문에 탐구 과정에 대한 전반적인 강조와 관련이 있다. 차원 2는 시민, 경제, 지리 및 역사의 학문 영역 전반에 걸쳐 학문 도구와 개념을 적용하고 있다. 차원 3은 출처를 평가하고 증거를 사용하는 것이다. 이 차원에는 출처 수집 및 평가, 주장 개발 및 증거 사용에 대한 강조가 포함된다. 마지막으로 차원 4는 결론을 전달하고 조치를 취하는 것이다. 이 차원에는 의사소통 기술, 비판적 평가 및 참여 시민 실천의 실제가 포함된다. 총체적으로 이 네 가지 차원은 해당 분야의 전문가들이 양질의 사회수업의 가장 중요한 특징이라고 생각하는 것을 나타낸다.

2. 중등도 및 중도장애 학생을 위한 사회과 교수

중등도 및 중도장애 학생의 경우, 연구자들은 사회과를 제외한 모든 학업 교과 영역에서 증거기반실제를 발견했다(Courtade, Gurney, & Carden, 2017). 중등도 및 중도장애 학생을 위한 사회수업을 검토한 일부 연구 외에도 교사는 이러한 학생에게 사회과 학습을 가르치는 방법에 대한 연구 및 증거기반실제를 도출할 수 있다. 또한 교사는 다른 학업 교과 영역(예: 영어/언어 및 과학)에 걸쳐 중등도 및 중도 장애 학생을 가르치는 연구를 활용할 수 있다. 다음 섹션에서는 경도 및 중등도장애 학생에 대한 관련 연구와 이러한 학생들에게 사회과를 가르치는 연구를 간략하게 검토한다.

1) 경도 및 중등도장애 학생을 위한 사회과 교수 연구

사회과 수업은 학습 결과에 따라 분류할 수 있다. Scruggs 외(2008)는 (1) 사실적 학습, (2) 개념적 학습, (3) 절차적 학습, (4) 조사적 학습의 네 가지 수준의 사회과 학습을 설명했다. 사실적 학습과 개념적 학습이 사회과 영역과 관련된 사실과 개념의 암기 및 습득을 포함하는 반면, 절차적 및 조사적 학습은 탐구 및 문제해결과 같은 사회과 실습을 포함한다. 절차적 학습에는 단순히 질문하는 방법에 대한 지식이 포함될 수 있는 반면 조사 학습에는 질문하고 답을 조사하고 실제 경험과 연결하는 방법에 대한 지식이 포함된다. 경도 및 중등도장애 학생을 위한 사회수업에 대한 연구는 이 네 가지 학습 수준으로 분류할 수 있으며, 대부분의 연구는 개념적 학습을 조사한다.

전통적으로 사회과 수업은 교과서 사용과 설명문 텍스트 이해에 크게 의존해 왔다. 결과적으로 경도 및 중등도장애 학생에게 사회과 내용과 실습을 가르치는 대부분의 연구는 학습의 개념적 수준에서 읽기와 쓰기 수업을 크게 강조한다. 최근 문헌연구 및 메타 분석은 사회과 내용을 포함하여 설명적 내용 영역 전반에 걸쳐 읽기 중재에 대한 연구의 폭과 질을 탐구했다(Kang, McKenna, Arden, & Ciullo, 2015; Kuder, 2017; Swanson et al., 2014). 예를 들어, 연구는 사회 지문의 이해를 촉진하기 위해 전략 교수와 함께 소집단, 협력 학습 접근 방식의 사용을 지원하였다(Capin & Vaughn, 2017). 청소년의 텍스트 이해 촉진(Promoting Adolescents' Comprehension of Text, PACT; Vaughn et al., 2013) 및 협력적 읽기 전략(Collaborative Strategic Reading, CSR; Klingner, Vaughn, Dimino, Schumm, & Bryant, 2001)은 설명문 이해를 촉진하기 위해 협력 학습 및 전략 교수에 의존하는 두 가지 증거기반실제이다. 청소년의 텍스트 이해 촉진은 읽기를 통해 내용 지식을 가르치기 위해 고안된 중고등학생을 위한 읽기 중재이다. 학생들은 이전 학습과 연결하고 학습 내용을 효과적으로 표현하는 방법을 배운다. 마찬가지로 협력적 읽기 전략은 4학년 이상의 학습자를 지원하기 위한 협동 학습 전략을 포함하는 읽기 접근법이다. 전략 사용 및 지속적인 피드백에 대한 명시적인 교수를 통해 학생들은 사전 지식을 활용하고 사회과 학습 내용에 대한 자신의 이해를 평가하는 방법을 배울 수 있다.

경도 및 중등도장애 학생에게 사회 과목을 가르치는 대부분의 연구는 학습의 사실적 또는 개념적 수준을 다룬다. 이러한 연구기반전략 중 일부는 다음과 같다.

1. 협력학습 + 전략교수(예: 학생들은 협력적 읽기 전략을 사용하여 남북 전쟁에 대한 설명 지문을 읽고 이해함)
2. 그래픽 조직자 또는 개념 지도(예: 학생들은 중국과 중국 문화에 대해 배울 때 관련 어휘를 기록하기 위해 iPad의 전자 그래픽 조직자를 사용함)
3. 기억 전략(예: 학생들은 5대 호수의 이름을 기억하기 위해 약자 HOMES를 통해 배움)
4. 또래지원(예: 청소년의 텍스트 이해 촉진과 같은 협동 학습 형식에 참여할 때 학생들은 소규모의 다른 수준의 또래 집단에서 학습함)

그래픽 조직자와 암기법(mnemonics)의 사용은 사회과 학습의 사실적 수준과 개념적 수준 모두를 강화하기 위한 방법으로 연구에 의해 뒷받침된다. 예를 들어, Ciullo, Falcomata, Vaughn(2015)은 초등학교 고학년의 학습장애 학생들에게 그래픽 조직자를 사용하여 주요 아이디어, 대상 사람 또는 집단, 관련 어휘, 사회과 설명문의 주요 사건을 기록하고 관련 질문에 응답하도록 가르쳤다. 교사는 그래픽 조직자의 사용법을 가르치기 위해 시범-주도-평가(model-lead-test) 접근 방식을 사용했다. 연구결과는 컴퓨터 기반 그래픽 조직자 또는 개념지도로 확장되었다(Ciullo & Reutebuch, 2013). Kidspiration과 같은 애플리케이션 기반 기술을 사용하면 교사와 학생이 사실이나 개념을 가상의 시각적 이미지로 표시할 수 있다. 암기법은 학생들이 시간이 지남에 따라 사실이나 개념을 기억하도록 돕는 암기 장치이다. 암기법 수업은 중요한 정보의 학습을 촉진할 뿐만 아니라 미래에 정보를 검색하기 위한 메커니즘을 학생들에게 제공하기 때문에 사회과 학습에 도움이 된다(Lubin & Polloway, 2016). 사회과 내용을 가르치는 암기법 교육의 또 다른 이점은 암기법이 추상적 개념을 이해하기 쉽게 만드는 데 도움이 될 수 있다는 것이다(Lubin & Polloway, 2016).

마지막으로 경도 및 중등도장애 학생을 위한 사회수업에 대한 연구에는 또래지원의 사용이 포함되었다. 소수의 연구만이 사회과 학습에 있어 또래지원의 사용을 연구했지만 경도 및 중등도장애 학생을 위한 학업 내용 영역 전반에 걸쳐 또래지원의 사용을 검증하였다(Okilwa & Shelby, 2010). 설명 지문 이해 전략, 그래픽 조직자 및 개념 지도, 암기법 지원과 유사하게 또래지원의 사용은 사회과 학습에서 장애 학생의 사실적 및 개념적 이해를 지원하는 또 다른 방법이다. 절차 및 조사 학습 전략을 포함하여 사회과 과정을 지원하는 연구는 덜 강력하다. Scruggs 외(2008)는 인지전략교육(예: 질문 생성 전략, 저자에게 질문하기, 쓰기를 위한 계획 전략)을 포함하여 절차적 학습을 지원하기 위해 문해 교육에서 추천된 전략이다. 경도 및 중등도장애 학생을 위한 사회과 실습(예: 역사적 탐구)을 지원하는 방법에 대한 더 많은 연구가 필요하다.

2) 중등도 및 중도장애 학생을 위한 사회과 교수 연구

중등도 및 중도장애 학생을 대상으로 한 학업 교육에 관한 연구에서는 사회수업이 과소평가되었다. 현재까지 어떤 연구팀도 중등도 및 중도장애 학생을 위한 사회과 중재 연구의 폭과 질을 조사한 적이 없지만 더 광범위한 문헌연구에서는 사회과 관련 연구가 검색 기준에 포함되었다. 자폐범주성장애 학생을 위한 내용 영역 전반에 걸친 이해 전략에 대한 문헌 검토에서 Knight와 Sartini(2015)는 저자의 양질의 연구 기준을 충족하는 사회과에 대한 연구를 식별할 수 없었다. 학업 교수에 대한 또 다른 문헌연구에서 Hudson 외(2013)는 내재된 체계적인 수업이 학업교수를 위한 증거기반실제라고 결정했다. 문헌연구에서 저자는 중등도 및 중도장애 학생이 내재된 시간지연 또는 동시촉진 절차를 통해 사회 어휘 용어를 배운 네 가지 연구를 확인했다. Hudson 외(2013) 문헌 연구 이후에 발표된 관련 연구에서 Clarke, Haydon, Bauer, Epperly(2016)는 그림 기호 응답 카드를 도입하여 일반학급에서 사회수업 중 지적장애 학생의 수업참여와 정확도를 높였다. 중등도 및 중도장애 학생에게 단순한 대상 단어의 그림 기호를 제공했을 때 사회과 통합

수업의 정확한 응답과 과제 수행 행동이 증가하였다.

경도 및 중등도장애 학생을 위한 사회 연구와 유사하게 중등도 및 중도장애 학생에 대한 연구에는 설명문 이해 및 그래픽 조직자 사용을 지원하는 중재가 포함되었다. Zakas, Browder, Ahlgrim-Delzell, Heafner(2013)는 자폐범주성장애 및 경도 지적장애 중학생에게 설명문 이해력을 가르쳤다. 설명문 이해를 촉진하기 위해 학생들은 미국 역사적 사건 및 세부 정보가 포함된 그래픽 조직자의 구성 요소를 채우는 방법을 배웠다. 교사는 그래픽 조직자의 의미(예: "세부 사항"은 "사건에 대한 설명"을 의미함)를 미리 가르치고, 학생들에게 미국 역사에 대한 수정된 설명문 구절을 제공한 뒤, 그래픽 조직자 구성 요소를 채우도록 유도했다. 마찬가지로 Courtade 외(2017)는 중등도 지적장애 학생들에게 설명문에 대한 이해력 질문에 답하도록 가르쳤다. 교사는 질문 단어 정의(예: "누구"라는 질문을 들으면 "사람"을 찾으세요)에 대해 학생들을 사전 훈련시켰고 학생들에게 최소촉진체계를 사용하여 수정된 사회과 지문에 대한 이해력 질문에 대답하도록 가르쳤다. 본 연구에서 교사는 학생들에게 지문을 소리내어 읽어주고, 학생들은 사회과 내용에 대한 이해력 질문에 대답하면서 질문 단어와 규칙이 있는 그래픽 조직자를 사용할 수 있다.

두 편의 연구에서 중등도 및 중도장애 학생을 위한 절차적 또는 탐구적 사회 학습 학습을 촉진하는 방법을 조사했다. 첫째, Wood 외(2015)는 중등도 지적장애 학생들에게 사회과에 대해 스스로 질문하고 학년 수준의 교과서를 사용하여 질문에 답하도록 가르쳤다. 질문 및 시간지연 절차를 개발하기 위해 그래픽 조직자를 사용하여 교사는 교과서에 있는 학년 수준의 사회과 구절과 그림이 주어진 무언가에 대해 궁금해하고 질문하는 것을 시범 보였다. 학생들은 지문을 큰 소리로 읽는 동안 자신의 대답을 듣는 법을 배웠고, 지문이 끝날 때 질문에 대한 답을 텍스트에서 얻을 수 있는지 여부를 결정했다. 이 절차를 사용하는 방법에 대한 과제분석은 〈표 13.3〉을 참조한다. 마지막으로 Schenning, Knight, Spooner(2013)는 자폐범주성장애 학생의 사회과 이해력에 대한 구조화된 조사 및 그래픽 조직자의 효과를 조사했다. 자폐범주성장애와 중도 지적장애 학생들은 역사적 사건에 대한 수정된 지문과 그림이 주어진 문제를 식별하고, 가설을 개발하고, 가설을 평가하기 위해 역사적 탐구 과정의 단계를 따르는 방법을 배웠다. 교사는 시범-주도-평가 명시적 교수를 사용하여 그래픽 조직자 및 탐구 과정의 사용을 가르쳤다. 교사는 또한 고정 시간지연 절차를 사용하여 핵심 어휘(예: 문제, 해결책)를 미리 가르쳤다.

〈표 13.3〉 학생들에게 설명문에 대해 질문하도록 가르치는 과제분석

1단계	배경지식을 제공하기 위해 학생에게 장의 소개를 큰 소리로 읽어줌
2단계	장에 있는 그림과 이미지를 가리키고 그림 캡션을 읽음
3단계	다음과 같이 말하기: "읽기 전에 질문을 합시다. [주제]에 대해 물어볼 질문이 있나요? 본 것 중 마음에 들었거나 관심 있었던 것이 있나요?"
4단계	학생이 도움이 필요하면 질문 단어를 상기시켜줌(예: "누가라는 단어는 사람에 대해 물을 때 사용하죠"); 본문의 제목이나 핵심 단어를 읽어 학생에게 주제를 상기시킴; 학생에게 "좋아요"와 "관심이 있다"의 의미를 상기시킴
5단계	학생이 여전히 도움이 필요한 경우 소리내어 생각하는 모델링을 사용하여 질문 단어와 주제 단어를 짝지어 질문하는 방법을 보여줌; 예를 들어, "이 장의 제목은 '공군조직(Tuskegee Airmen)'입니다. 저는 비행기를 볼 수 있기 때문에 이 사진에 관심이 있었고 항상 비행에 대해 배우는 것을 즐거워했습니다. 사진은 사람들의 사진을 보여줍니다. '누가'가 사람에 대해 묻는 말인 줄 압니다. 이 단어들을 조합하여 질문하겠습니다. 내 질문은: 공군조직(Tuskegee Airmen)은 누구였습니까?" 질문을 구성하기 위해 질문 단어, 이미지 및 공간이 포함된 그래픽 조직자와 같은 시각적 지원을 사용함; 전체 읽기에서 질문을 참조함
6단계	학생이 여전히 도움이 필요한 경우 질문을 다시 말하고 학생에게 질문을 다시 하도록 요청함
7단계	다음과 같이 말하기: "이제 질문이 있습니다. 본문을 읽으면서 우리의 질문에 귀를 기울여보세요. 답을 들으면 답을 말할 수 있도록 읽기를 중단하라고 말해주세요!"

3) 중등도 및 중도장애 학생을 위한 사회과 교수방법

중등도 및 중도장애 학생을 위한 연구기반교수전략 및 권장 사항은 경도, 중등도 및 중도장애 학생에게 사회과 학습을 가르치는 연구와 어휘 습득, 개념 교육을 위한 연구기반실습에서 파생된다. 이해력, 문제해결 및 학업 내용 영역 전반에 걸쳐 중등도 및 중도장애 학생에게 질문한다. 다음 섹션에서 Scruggs 외(2008)는 4단계 사회과 학습내용 및 실습 전반에 걸친 자료에서 끌어낸 구체적인 교수 전략 및 지원을 설명한다.

(1) 사실적 학습 가르치기

중등도 및 중도장애 학생은 별개 기술 습득의 강력한 기반으로부터 혜택을 받는다. 더 높은 수준의 학습으로 진행하려면 학생들은 사회과 영역에 대한 기초 정보를 이해하는 데 필요한 용어와 사실을 갖추어야 한다. 사회과에서 새로운 단원이나 주제 영역을 시작할 때 교사는 설명문(expository texts)과 핵심 어휘 교수를 통해 학생들에게 기초 지식을 제공할 수 있다. 설명문을 선택할 때 학년 수준 교과서에서 다시 작성할 필요가 없는 지정된 짧은 구절을 선택할 수 있다. 예를 들어 교사는 원문의 짧은 구절에 대한 이해를 촉진하기 위해 지원되는 교수적 기능을 넣을 수 있다. 이러한 지원에는 교사가 지문의 그림을 설명하고 이전 학습 또는 개인 경험과 연결하기 위해 소리내어 생각하는 모델링을 사용하는 그림 살펴보기로 교수를 시작하는 것이 포함될 수 있다. 교사는 소리내어 읽는 동안 핵심 어휘의 간단한 정의를 포함하는 등 지문을 수정할 수도 있다. 종종 중등도 및 중도장애 학생의 경우 지문 자체의 언어 또는 가독성을 조정하거나 단순화하면 지문에 더 쉽게 접근할 수 있다. 한 가지 옵션은 학생의 읽기 또는 듣기 이해 수준에 맞게 지문을 다시 쓰는 것이다. 예를 들어, 많은 중등도 및 중도장애 학생들은 2학년 또는 3학년 듣기 이해 수준으로 작성된 지문을 이해할 수 있다. 핵심 어휘에 그림이나 그림 기호를 삽입하면 지문 이해를 지원하고 참여를 촉진할 수 있다. 역사적인 유물 또는 관련 이미지의 생생한 사진은 이해를 돕고 참여를 높일 수 있다. 수정된 사회과 지문 구절의 예시는 [그림 13.1]을 참조한다.

목표 지문을 작성하거나 선택한 후 교사는 설명문을 읽기 전에 가르칠 핵심 어휘를 선택할 수 있다. 단어는 설명문의 사실 또는 개념에 대한 이해를 촉진할 2단계(Tier 2) 및 3단계(Tier 3) 어휘의 조합이어야 한다. 2단계 어휘 단어는 종종 내용 영역(예: 문제, 해결방안, 질문)에 걸쳐 사용할 수 있는 일반적인 학술 용어이다. 다양한 사회과 영역의 단원에서 이러한 단어의 개념을 가르치는 것은 이러한 중요한 개념의 일반화를 촉진하는 데 도움이 될 것이다. 3단계 단어는 내용에 더 구체적이며(예: 행정부, 메소포타미아, 원주민 전통 가옥) 학생들은 매 수업마다 이러한 여러 목표 어휘를 배워야 한다. 여러 시수에서 이러한 단어를 계속 가르치는 것이 더 어려울지라도 교사는 연중 정기적으로 단어를 검토하고 평가하여 이러한 단어의 유지를 촉진할 수 있다. 단어의 정의는 학생의 읽기 또는 듣기 이해 수준에서 명확하고 간결한 언어로 작성되어야 한다. 그림 지원은 단어 및 단어 정의에 사용되거나, 단어만 사용하거나, 전혀 사용하지 않을 수 있다. 단계에 따른 사회과 어휘 단어 및 학생 친화적인 정의의 예시는 [그림 13.2]를 참조한다.

그래픽 조직자는 어휘 단어와 정의를 제시하는 유용한 방법이 될 수 있으며, 학생들은 필요에 따라 사회과 학습 수업 전반에 걸쳐 이러한 시각적 디스플레이를 가이드 또는 단어 은행으로 사용할 수 있다. 그래픽 조직자를 사용하여 학생들은 메모를 하거나 지문의 중요한 사실이나 정보를 기록할 수 있다. 예를 들어 설명문 읽기의 목적이 경제나 정부와 같은 복잡한 구조에 대한 지식을 쌓는 것이라면 교사는 핵심 사실이나 정보를 찾는 방법을 모델링하고 그래픽 조직자에 정보를 기록할 수 있다. 체계적 교수가 포함된 그림 지원 및 명시적 교수는 사회과 지문의 주요 정보를 기록하기 위해 그래픽 조직자의 사용을 촉진하는 효과적인 전략이 될 수 있다. 예를 들어, 교사는 학생들에게 보스턴 차 사건에 대한 정보를 기록하도록 가르치기 위해 그림 기호 지원이 포함된 그래픽 조직자를 사용할 수 있다.

> 3단계 어휘의 예로는 위임 또는 충성과 같은 일반적으로 특정 주제에 특정한 단어가 있다. 2단계 어휘 단어에는 주제 또는 내용 영역(예: 중심 또는 성과)에 걸쳐 사용될 수 있는 단어가 포함된다.

첫째, 교사는 고정 시간지연 절차를 사용하여 그래픽 조직자의 요소를 미리 가르친다(예: "사건(event)은 세계에서 발생한 중요한 것입니다."). 다음으로, 교사는 시범-주도-평가 절차를 사용하여 학생들에게 보스턴 차 사건에 대한 수정된 설명문을 들은 후 그래픽 조직자를 사용하도록 가르칠 수 있다. 추가 지원을 제공하기 위해 교사는 교수의 "평가(test)" 단계에서 최소촉진체계를 삽입할 수 있다. 예를 들어, 학생이 그래픽 조직자에 대한 정보를 독립적으로 찾을 수 없는 경우 교사는 먼저 학생에게 요소의 정의를 상기시켜 촉진을 제공할 수 있다(예: "기억해봐요. 결과는 마지막에 발생한 일을 의미해요."). 학생에게 여전히 도움이 필요한 경우 교사는 답변이 포함된 지문 부분을 다시 읽을 수 있다(이는 계층 구조에서 두 번째 촉진임). 학생들이 역사적 또는 현재 사건에 대한 설명문의 정보를 기록하는 데 사용할

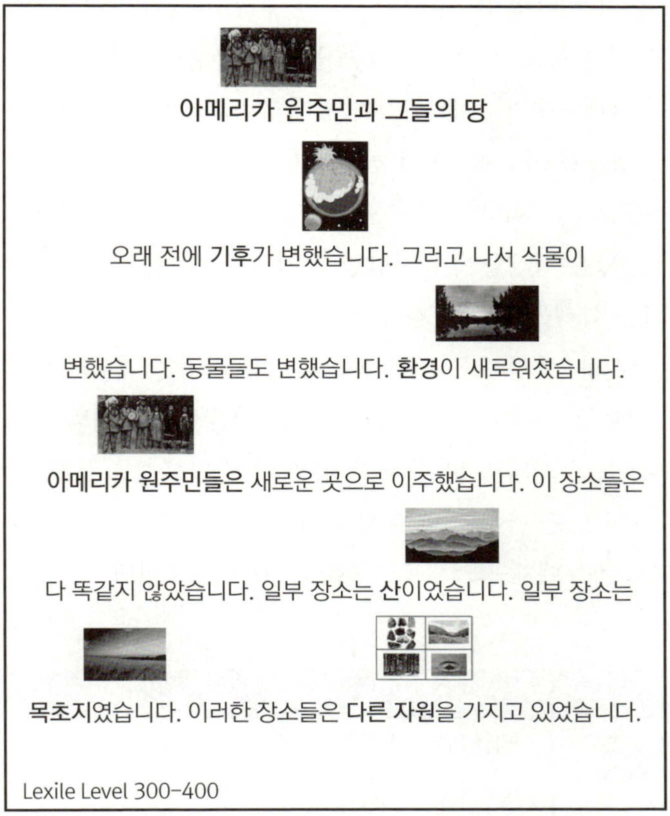

아메리카 원주민과 그들의 땅

오래 전에 **기후**가 변했습니다. 그러고 나서 식물이 변했습니다. 동물들도 변했습니다. **환경**이 새로워졌습니다.

아메리카 원주민들은 새로운 곳으로 이주했습니다. 이 장소들은 다 똑같지 않았습니다. 일부 장소는 **산**이었습니다. 일부 장소는 **목초지**였습니다. 이러한 장소들은 **다른 자원**을 가지고 있었습니다.

Lexile Level 300-400

[그림 13.1] 아메리칸 인디언에 대한 5학년 교수자료로부터 수정된 사회과 지문의 일부 예시
이 지문은 300-400 독서능력(Lexile) 수준으로 작성되었으며 대략 2학년 읽기 수준임

수 있는 그래픽 조직자의 예는 [그림 13.3]을 참조한다.

교사는 또한 사회과의 실제나 과정과 관련된 단어를 사전 교육하는 것을 고려해야 한다. 중등도 및 중도장애 학생은 고차원적 사고 실제에 의미 있게 참여하기 위해 질문, 문제, 해결방안, 예측 및 조사와 같은 단어의 레퍼토리를 구축해야 할 수 있다. 다시 말하면, 그래픽 조직자 및 체계적 교수(예: 고정 시간지연) 모두 학습 수준 향상을 위한 기초를 구축할 수 있는 교수적 단어에 대한 지식을 포함하여 어휘 습득 교육을 위한 연구기반방법이다.

(2) 개념적 학습 가르치기

사회과 학습 내용의 개념적 이해를 가르치기 위한 연구기반전략에는 다중사례

교수(또는 예제-비예제) 훈련 및 최소촉진의 수정된 체계가 포함된다. 중등도 및 중도장애 학생에게 목표 자극의 중요한 특징을 구별하도록 가르치기 위해 과학 연구에서 다중사례교수가 사용되었다. 별개의 어휘 용어가 아닌 복잡한 개념을 이해하도록 학생들을 가르칠 때 다중사례교수를 사용하는 것이 필요할 수 있다. 예를 들어, 유물(artifact)이라는 단어를 그림 기호 및 간결한 정의와 짝 짓는 방법을 배우는 것은 많은 학생들에게 간단한 작업일 수 있다. 설명된 바와 같이, 고정 시간지연 절차는 학생들에게 두 자극(단어와 정의)을 쌍으로 맞추도록 가르치는 데 효율적이다. 세계화, 분쟁 또는 인권과 같은 일부 복잡한 개념은 예제와 비예제의 반복 연습이 필요할 수 있다. 다중사례교수은 일반적으로 시범-주도-평가 형식으로 발생한다. 목표 개념의 몇 가지 예와 몇 가지 비예제를 선택한 후 교사는 체계적으로 각 그림 또는 단어 카드에 핵심 개념의 예 또는 비예제를 표시한다. "자유" 개념을 가르치는 예제 스크립트는 〈표 13.4〉를 참조한다.

용어	정의
 충성	나라를 위해 지지하기
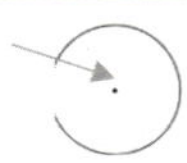 중심	매우 중요한 것 또는 중간
 대표	집단의 의사를 대표하는 사람
 성취	여러분이 완수한 것
 연합	여러 명의 사람들

[그림 13.2] 미국 헌법에 관련된 5학년 수준의 수정된 지문을 위한 어휘 단어 및 정의

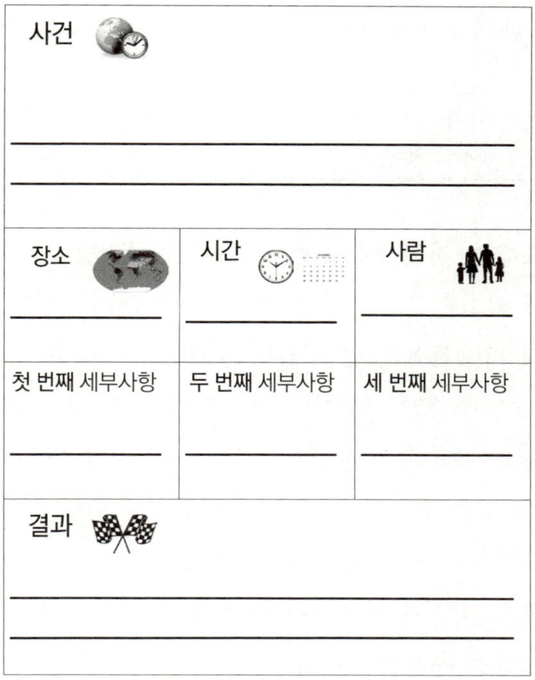

[그림 13.3] 역사적 또는 현재 사건과 관련된 사실의 회상을 지원하기 위해 설명문 요소를 식별하는데 사용하는 그래픽 조직자

출처: Zakas, Browder, Ahlgrim-Delzell 및 Heafner(2013)가 만든 자료에서 수정함.

〈표 13.4〉 사회과 개념을 가르치기 위해 다중사례교수 절차 실시를 위한 과제분석

1단계	"자유"의 개념을 보여주는 3~5개의 그림을 선택함(예: 투표하는 사람, 시위 행진하는 사람, 유대교 회당에 가는 사람); "예제" 카드 내에서 기능을 다양화함(예: 인종, 문화, 연령, 성별의 다양성을 나타냄)
2단계	"자유"의 개념을 다루지 않는 그림 1~3개를 선택함(예: 감옥에 있는 사람, 잠자는 사람)
3단계	예제 카드와 비예제 카드를 혼합된 순서로 테이블의 한 줄에 정렬함
4단계	각 카드에 자유의 예제 또는 비예제 붙이도록 시범을 보임; 각 라벨링에 대한 간략한 설명으로 구두 설명(소리내어 생각하기 모델링)을 제공함(예: "이것은 자유입니다. 이 카드의 사람들은 자신의 아이디어를 다른 사람들에게 말할 수 있습니다. 그들은 말하고 싶은 것을 자유롭게 말할 수 있습니다. … 이것은 자유가 아닙니다. 이 카드에 있는 사람들은 조용히 하라는 지시를 받고 있습니다. 그들은 말하고 싶은 것을 말할 자유가 없습니다.")
5단계	카드를 섞고 학생에게 라벨링 절차를 반복하도록 요청함(예: "이것은 명시적 교수 절차의 'lead(주도)' 단계입니다.")

6단계	카드를 한 번 더 섞고 학생에게 각 카드가 "자유" 또는 "자유가 아님"인지 식별하도록 요청함
7단계	절차의 "평가" 단계에서 학생의 성과를 모니터링하고 필요에 따라 구체적인 칭찬 또는 오류 수정 절차를 제공함

사회과 개념적 학습을 지원하기 위한 또 다른 연구기반 교수전략은 설명문 이해를 가르치기 위해 최소촉진의 수정된 체계를 사용하는 것이다. 최소촉진체계는 학생의 필요에 따라 학생들에게 덜 개입적인 지원에서 더욱 개입되는 지원의 계층 구조를 제공하는 반응촉진 절차이다. 이 교수전략을 통해 교사는 학생들에게 답을 말하기 전에 전략 사용에 대한 힌트와 알림을 제공할 수 있다. 사실을 암기하는 것과는 반대로, 최소촉진체계는 배경지식이나 사전 학습에 접근하여 지문에서 정보를 수집하거나 설명을 구성하는 개념적 이해를 촉진하는 데 도움이 될 수 있다. 최소촉진체계 접근 방식은 학생들이 다른 영역과 내용 영역에 적용할 수 있는 중추적인 이해력 개발을 촉진하기 위해 자신의 생각을 더 잘 인식하도록 돕기 위한 것이다. 예를 들어, 중등도 및 중도장애 학생은 사회과 학습 내용과 관련된 질문-답변 관계에 대한 명시적 교수를 통해 도움을 받을 수 있다. 설명문 이해를 지원하기 위한 사전 훈련 절차에는 "텍스트에서" 찾을 수 있는 답변과 "내 머릿속에서" 찾을 수 있는 답변을 구별하는 지침이 포함될 수 있다. 〈표 13.5〉에는 설명문에 대한 다양한 유형의 질문에 대답하도록 학생들을 가르치기 위해 제안된 촉진 방법이 제시되어 있다. 최소촉진체계는 문해력 교육에서 잘 확립된 촉진 방법이며 설명문의 이해를 지원하는 데 효과적이다(이 교수적 실제에 대한 자세한 내용은 8장 참조).

〈표 13.5〉 질문 유형에 따라 설명문 지문의 정답 찾는 데 있어 제시된 촉진 위계

지문 기반 (직관적) 질문의 계층 구조	머릿속 (추론적) 질문의 계층구조
미리 훈련하기: Wh-질문 단어 정의하기(누가, 무엇을, 어디서, 언제, 왜, 어떻게)	
미리 훈련하기: 지문에서 찾은 내용 vs 내 머릿속 내용 간에 구별하기	
1번째 촉진: "질문 단어를 생각하고 그 단어의 의미에 맞는 답을 찾아보는 것을 기억하세요."	
2번째 촉진: "때로 정답은 지문 안에 있기도 하고 때로는 우리 머릿속에 있기도 하다는 것을 기억하세요. 답을 찾기 위해 지문부터 체크해볼까요."	

3번째 촉진: "정답이 지문에 있다고 했어요. 지문을 다시 보고(또는 듣고) 질문에 맞는 단어를 찾아볼 거예요. 관련 단어들을 생각해보고 맞는지 결정해보세요."	3번째 촉진: "정답이 지문에 없다고 했어요. 내가 [주제]에 대해 이미 알고 있는 것을 생각해보고, 맞는 답을 기억할 수 있는지 볼 거예요."
4번째 촉진: "정답이 지문에 있다고 들었어요. 질문 단어에 맞는 단어를 찾았어요. 들어보세요."(질문의 답을 포함한 2-3문장을 다시 읽음)	4번째 촉진: "정답이 지문에 없다고 했어요. 그러나 나는 알아요. [답에 관련된 2-3가지 사실을 말함]"
5번째 촉진: "지문의 정답을 들었어요. 들어보세요."	5번째 촉진: "지문에 답이 없다고 했어요. 그러나 나는 알아요. [대답을 말함]"

출처: Wood et al.(2015)에 사용된 전략을 기반으로 함

(3) 절차적 학습 가르치기

중등도 및 중도장애 학생은 사회과 학습 내용에 대한 더욱 깊은 이해를 촉진할 수 있는 인지적 절차 또는 과정을 배울 수 있다. 연구에서 뒷받침하는 한 가지 전략은 학생들이 스스로 질문하도록 가르치는 것이다(Wood et al., 2015 참조). 학생들에게 질문하도록 가르치면 내용에 대한 참여를 촉진하고 주제에 대한 이해를 높일 수 있다. 사회과에서 질문을 하면 학생들은 자신의 삶과 역사 또는 다른 문화 전반에 걸쳐 다른 사람들의 삶을 연결하는 데 도움이 될 수 있다. 중등도 및 중도장애 학생에게 질문하도록 가르치기 위해 사전 훈련 절차에는 "질문"과 "질문 아님"을 구별하도록 가르치는 것이 포함될 수 있다. 또한 학생들은 wh- 질문 단어와 그에 대한 정의를 알아야 한다(예: 누구는 사람에 대해 알려주는 질문 단어임). 학생들이 이러한 기본 지식을 갖추면 주제, 결과물(artifact) 또는 지문에 대한 자신만의 질문을 형성하는 방법을 배울 수 있다.

사회과 학습 내용에 대해 질문하는 방법을 학습할 때 학생들은 과제분석 교수, 모델링 및 시각적 지원으로부터 혜택을 받을 수 있다. 사회과 교과서에 대해 질문할 때 교사는 본문의 주요 특징을 사용하여 내용이나 사건에 대한 궁금증을 시범 보일 수 있다. 예를 들어, 교사는 이야기, 장 또는 섹션의 제목을 읽어 사회과 지문을 미리 살펴볼 수 있다. 또한 교사는 본문에 있는 사건의 사진이나 관련 유물을 가리키고 간략하게 설명하거나 토론할 수 있다. 이 지문 미리보기 기능은 질문을 생성하기 위한 것이다. 교사는 특정 주제에 대한 관심을 찾거나 특정 주제를 사

전 지식과 연관시키는 모델을 만들 수 있다. 이 모델링을 통해 교사는 학생들에게 우리가 질문하는 이유를 보여줄 수 있다(예: 자세히 알아보기 위해, 호기심이 있어서).

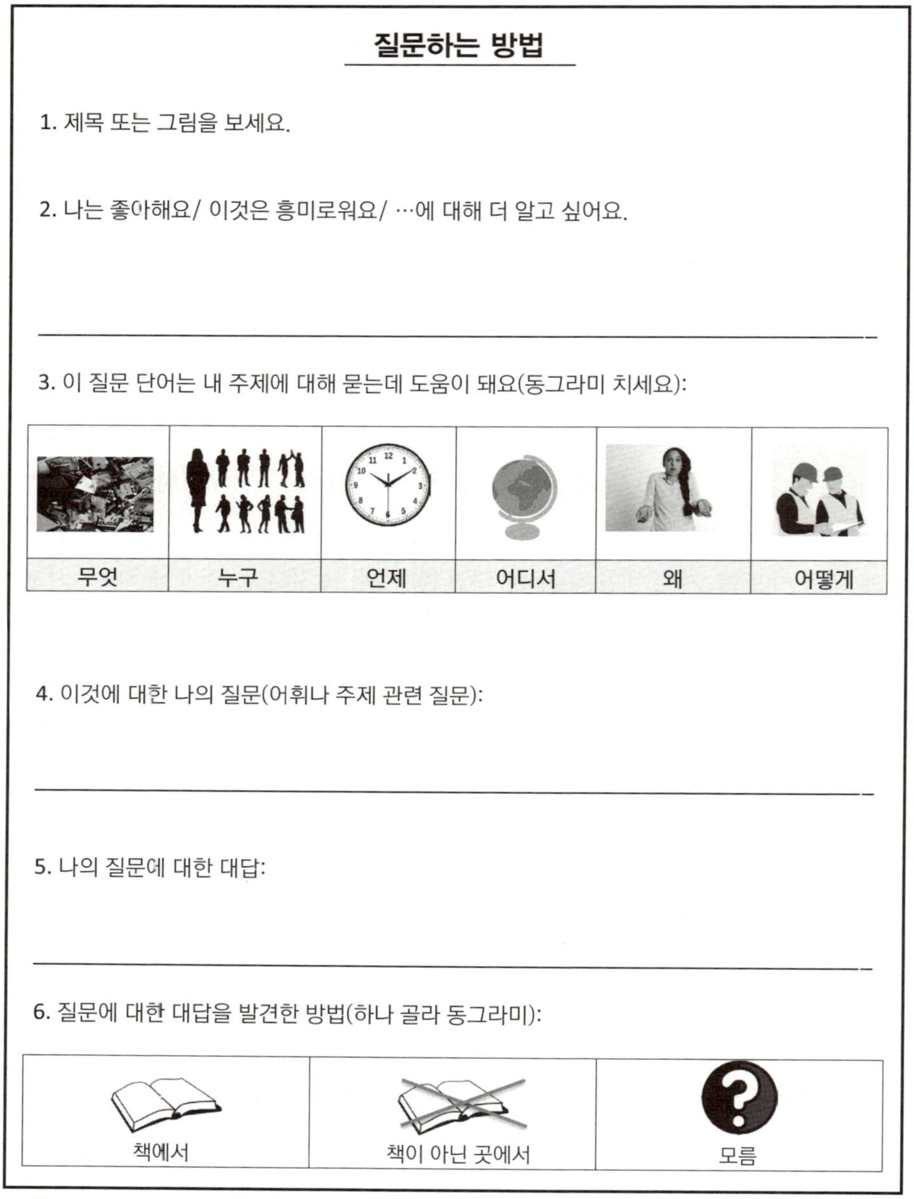

질문하는 방법

1. 제목 또는 그림을 보세요.

2. 나는 좋아해요/ 이것은 흥미로워요/ …에 대해 더 알고 싶어요.

____

3. 이 질문 단어는 내 주제에 대해 묻는데 도움이 돼요(동그라미 치세요):

무엇	누구	언제	어디서	왜	어떻게

4. 이것에 대한 나의 질문(어휘나 주제 관련 질문):

____

5. 나의 질문에 대한 대답:

____

6. 질문에 대한 대답을 발견한 방법(하나 골라 동그라미):

책에서	책이 아닌 곳에서	모름

[그림 13.4] 학생 질문하기를 위한 과제분석

교사는 절차 사용을 시범 보일 수 있음(〈표 13.3〉 참조), 질문하기 단어들의 이해를 지원하기 위해 그림 삽입함. 그래픽 조직자로서 이 학습지는 질문 만드는 것을 지원하고 학생들이 설명문을 읽거나 듣고 질문한 질문에 답할 때 참고자료로서 사용할 수 있음.

그런 다음 교사는 과제분석 및 그래픽 조직자를 사용하여 질문을 만들 수 있다. 첫째, 교사는 제목이나 그림에서 "흥미롭다", "좋아요" 또는 "더 알고 싶어요" 단어나 구절을 찾는 방법을 시범을 보일 수 있다. 이 목표 정보 또는 질문 주제를 기록한 후 교사는 질문 주제와 일치하는 질문 유형을 선택하기 위해 wh- 질문 단어의 시각적 표현을 사용하여 시범을 보일 수 있다. 마지막으로, 교사는 질문 단어와 질문 주제를 결합하여 의미 있는 질문을 형성하는 시범을 보일 수 있다. 이 절차의 과제분석은 〈표 13.3〉을 참조한다. 쓰기가 어려운 학생의 경우 wh- 질문 단어와 가능한 질문 주제가 포함된 단어 카드를 사용하면 학생들이 카드를 함께 밀어서 문장을 형성하여 질문을 만들 수 있다. 일단 학생들이 질문을 만드는 방법을 배운 후에는 설명문을 듣거나 읽는 동안 질문을 시각적 지원으로 볼 수 있어야 한다. 교사는 학생들이 질문에 대한 답을 듣고 어디에서 답을 찾았는지 생각하도록 상기시켜야 한다(지문 또는 머릿속에서). 질문하기를 지원하는 그래픽 조직자의 예는 [그림 13.4]를 참조한다.

(4) 조사 학습 가르치기

마지막으로, 중등도 및 중도장애 학생들은 문제를 조사하고 해결방안을 예측하기 위해 세상에 대한 질문을 하는 것과 같은 개념적 기술과 사회적 사실 및 개념에 대한 기초 지식을 결합할 수 있다. 역사 탐구 또는 문제해결 전략의 적용은 학생들이 다른 문화와 연결하고 현재 사건을 이해하며 세계 시민의식을 개발하는 데 도움이 될 수 있다. 조사 학습은 사회 지식과 실천 모두에 대한 학생들의 이해를 향상시킬 수 있는 기회이다. 중등도 및 중도장애 학생들에게 다양한 맥락에서 그들의 삶에 가장 영향을 미칠 수 있는 핵심 기술을 가르치는 것과 관련하여 조사 학습은 실제적이고 실질적인 성장을 위한 기회를 제공한다. 과학과 및 사회과 교수 모두에서 연구기반실제는 학생에게 질문하도록 가르치는 전략과 유사하게(Schenning et al., 2013), 명시적이고 체계적인 교수로 가르치는 과제분석 교수의 사용을 제안한다. 조사 학습은 사실과 개념을 학습하고 질문을 묻고 답하는 기술을 탐구 기반 또는 문제해결기반 프로토콜로 수립하는 것을 포함한다. 아마도 학생들은 경제 체계에 대해 배우고 서로 다른 체계를 비교, 대조할 수 있다. 학생들은 이미 경제학과 관련된 핵심 사실에 대해 배웠고 다양한 체계를 설명하는 관련 지문을 읽었다. 이해를 심화하기 위해 질문을 했고 이제 질문을 조사하거나 문제를 해결할 수 있다(예: "자유 시장 경제와 국가 통제 경제 중 어느 시스템이 우리나라에 더 좋습니까?"). 또는 그들은 미국 혁명과 같은 역사적 사건에 대한 사실을 배웠고 그것이 일어난 이유를 조사할 수도 있다. 아마도 학생들은 "천연 자원이 고갈되면 국가는 무엇을 할 수 있습니까?"와 같은 문제에 대해 해결책을 개발할 수 있다.

> 조사 학습을 위한 연구기반전략에는 학생들이 질문 또는 문제해결 과정의 단계를 따르도록 가르치는 명시적이고 체계적인 교수가 포함된다. 학생들은 질문을 하고 답을 조사하거나 문제를 식별하고 해결책을 결정할 수 있다.

다른 교수적 접근 방식과 유사하게 교사는 학생들이 과제 요구 사항을 이해하도록 필요한 사전 교육이 무엇인지 먼저 고려해야 한다. 학생들은 문제, 해결책 또는 예측이라는 단어의 의미를 배워야 할 수 있는데, 이는 개념에 대한 더 깊은 이해를 가르치기 위해 고정 시간지연을 사용하여 개별 정의 또는 다중사례교수를 통해 가르칠 수 있다. 다음으로 교사는 설명문 읽기 및 질문을 통해 주제에 대해 학습함으로써 학생들이 조사 또는 문제해결 경험에 의미 있게 참여할 수 있도록 준비시킨다. 마지막으로 교사는 절차적 학습 과정을 통해 교사와 학생 모두를 안내할 조사 또는 문제해결 체크리스트를 개발해야한다. 그래픽 조직자를 포함한 시각적 지원은 학생들이 단계와 개념을 기억하고 그 과정에서 정보를 구성하는 데 도움이 된다. 예를 들어, 예측을 기록하고, 아이디어나 발견에 대해 메모하고, 학습한 정보를 종합하는 것(예측이 옳았습니까 또는 옳지 않았습니까? 해결책이 효과가 있었습니까 또는 없었습니까?)은 조사 또는 문제해결 학습지를 통해 수행할 수 있는 활동이다. 교사는 시범-주도-평가 절차를 통해 학습지 사용을 모델링할 수 있다. 학생들이 독립적으로 단계를 수행할 때 추가 지원이 필요한 경우(예: "여러분의 차례입니다. 이 세 가지 선택 중에서 해결책을 선택하세요."), 최소촉진체계 절차는 학생들이 자료와 전략을 사용하는 것을 기억하는 데 도움이 될 수 있으며 교사는 필요에 따라 소리내어 생각하는 시범을 제공할 수 있다. 문제해결 학습지의 예는 [그림 13.5]를 참조한다.

현재 사건에 대한 문제해결하기

주제: 아프리카의 "녹색 만리장성(Great Green Wall)"

A. 읽기 전

1. 다음은 아프리카와 농업에 대해 내가 알고 있는 중요한 사실이다:

____

____

____

아프리카는 매우 건조하다. 비가 매우 적게 내린다. 아프리카의 대부분은 사막이다. 아프리카의 많은 사람들은 농장이 필요하다. 농장은 가족들에게 먹을 음식을 제공한다. 농장은 물이 필요하다.

B. 문제에 대해 생각해보기

2. 문제: ______________________________

____

3. 문제의 원인: ______________________________

____

4. 가능한 해결책: ______________________________

____

리더들은 장벽을 짓고 싶어 한다. 이 장벽은 "녹색 만리장성"으로 불린다. 이는 나무로 만들어졌다. 또한 나무의 뿌리는 물이 고일 수 있도록 돕는다. 나무는 농장을 해치지 않도록 바람을 막아준다. 동물들은 현재 행복하다. 더욱 많은 농장에서 음식을 키울 수 있다. 장벽은 효과가 있다.

C. 결론을 읽은 뒤

5. 나의 예상: 맞음 맞지 않음

6. 해결책: ______________________________

____

[그림 13.5] 현재 사건에 대한 문제를 해결하는 조사 과정을 가르치기 위한 예제 학습지 및 문제 시뮬레이션 지문

이 학습지는 더 많거나 적은 지문 및 그림 기호 지원을 포함하도록 수정할 수 있음. 응답을 작성하는 대신 학생들은 선택지에서 응답 옵션을 선택할 수 있음. 필요에 따라 촉진이 포함된 시범-주도-평가 교수를 통해 학생들은 문제를 식별하고 해결책을 개발 및 평가하는 방법을 배울 수 있음.

(5) 다른 문화에 대해 배우기

사회과를 통해 다른 문화에 대한 인식을 얻는 것은 교사가 중등도 및 중도장애 학생을 위해 장려할 수 있는 결과이다. 사회과 성취기준은 다른 문화에 대한 조사와 이해를 장려하기 위해 고안되었다. 문화에 반응적인 교육과 결합될 때 교사는 학생들이 자신의 지역사회뿐만 아니라 세계에 대한 문화적 관점을 얻도록 도울 수 있다(Haughney & Browder, 2017). 교사 스스로 문화에 대한 이해가 부족한 경우, 문화 반응적인 수업에 장벽이 될 수 있다. 교사는 교실 내 학생들의 문화 집단을 포함하여 다양한 문화 집단의 사람들의 관점을 통합하는 자료를 찾거나 개발함으로써 이러한 장애물을 제거할 수 있다(Haughney & Browder, 2017). 교사는 또한 학생의 가족에 대한 지식을 사회과 교수에 통합해야 한다. 학생의 선호도, 일과 및 가치에 대한 정보 외에도 가족은 다양한 학습 주제와 관련된 특정 이야기, 유물 또는 지원을 제공할 수 있다. 가족은 또한 학생들에게 민감하거나 화가 날 수 있는 주제에 대한 통찰력을 제공할 수 있다. 학생들은 사회과 수업에서 자신의 문화와 신념이 통합되는 것을 봄으로써 자기 인식을 높일 수 있다(Haughney & Browder, 2017). 또한 다양한 문화와 신념을 신중하게 통합하는 사회과 수업을 통해 학생들은 다양한 배경을 가진 사람들과 관계를 맺는 방법을 배울 수 있다. 교사는 학생들에게 다양한 문화와 관점을 탐구하고 이해하도록 가르침으로써 중등도 및 중도장애 학생들이 세계 시민의식을 키울 수 있도록 도울 수 있다.

(6) 하이테크 및 로우테크 고려사항

테크놀로지가 사회과 수업을 지원할 수 있는 두 가지 기본 방법은 읽기지문 지원과 그래픽 조직자 또는 기타 시각적 지원을 통하는 것이다. 지금까지 제공된 많은 예제는 로우테크(또는 종이 기반) 자료를 활용하는 것이다. 종종 생생한 고해상도 그림 기호나 이미지를 사용하는 것이 이해력이나 이해를 지원하는 효과적이고 직접적인 방법이다. 반면에 하이테크 지원의 몇 가지 기능, 특히 읽기지문 및 시각적 지원과 관련하여 고려할 가치가 있다. 많은 사회 교과서는 기사 또는 전자 지문(e-Texts)으로 온라인에서 접근할 수 있다. Project Gutenberg와 같은 웹사이트는 독립 선언서와 같은 주요 자료에 대한 무료 접근을 제공한다. 접근성 기능을 켜거나 글자 음성 변환 소프트웨어 또는 애플리케이션을 사용하면 이러한 많은 지문 또는 자료를 원래 형태로 활용할 수 있다. 일부 전자 지문에는 추가 지원 지문 기능이 있는데, 이는 읽을 때 단어가 강조 표시되거나 핵심 단어의 예시 및 정의가 포함된 어휘 "팝업"과 같은 기능이 있다. 학생들은 지문의 특정 부분을 다시 듣기 위해 지문 구절을 강조하고 다시 재생하는 방법을 배울 수 있다.

응용 프로그램과 웹사이트를 사용하여 수정된 설명문을 만들 수도 있다. 예를 들어 학생과 교사는 자신만의 PowerPoint 프레젠테이션을 만들거나 iBooks Author 책을 구성하여 특정 주제 또는 조사 과정에 대한 정보를 교환할 수 있다. 다른 애플리케이션에는 그래픽 조직자 또는 과제분석의 독립적인 사용을 용이하게 하는 지원 기능이 포함되어 있다. GoWorksheet Maker는 교사가 학습지(또는 체크리스트, 그래픽 조직자 또는 기타 시각적 지원) PDF 파일을 업로드하고 학습지에 테크놀로지 지원 기능을 포함할 수 있는 앱이다. 예를 들어, 글자 음성 변환 또는 녹음된 음성 기능을 통해 교사는 과제 지시 또는 인쇄된 글의 오디오 녹음을 포함할 수 있다. 학생들은 학습지의 그림을 터치하면 소리내어 읽는 단어를 들을 수 있다. 예를 들어, wh- 질문 단어가 학습지에 있는 경우 교사는 참조용으로 각 단어의 정의를 미리 기록할 수 있다. 학생들이 "언제" 아이콘을 터치하면 "기억하세요: 언제(when)는 시간에 대해 알려줍니다."라는 말을 들을 수 있다. GoWorksheet Maker를 사용하면 학생들이 질문에 답하거나 아이디어를 기록하기 위해 선택한 은행에서 응답 옵션을 선택할 수도 있다. 하이테크 지원 권장 목록은 〈표 13.6〉을 참조한다.

마지막으로, 사회과 수업 중 적극적인 학생 참여와 반응을 촉진하기 위한 로우테크 지원의 효과를 고려하는 것은 가치가 있다. 학생들에게 수업에 사용되는 그림-단어 카드에 대한 접근 권한을 부여하면 수업 내내 사회과에 대한 대화에 참여할 수 있는 도구를 제공할 수 있다(Clarke et al., 2016). 학생들은 소집단 조사 수업 중에 이해를 확인하거나 아이디어를 전달하기 위해 응답 옵션으로 용어 및 개념의 그림 단어 카드를 사용할 수 있다(예: "모두들 해결책에 대한 여러분의 아이디어를 보여주세요."). 한 가지 연구기반전략은 학생들에게 작은 정지 신호 표지판(아이스크림 막대에 빨간색 카드를 붙여 만듦)을 제공하는 것이다. 학생들이 사실을 듣거나 제기한 질문에 대한 답을 듣고 있을 때 정지 신호 응답 카드는 학생들이 중요한 것을 들었기 때문에 읽기를 중단해야 함을 나타내는 데 사용할 수 있는 신호 역할을 할 수 있다(Wood et al., 2015).

로우테크 및 하이테크 지원은 사회과 학습을 향상시킬 수 있다. 로우테크 지원에는 그림 기호 또는 응답 카드가 포함된다. 하이테크 지원에는 태블릿 지문 지원 기능이 있는데 이는 글자 음성 변환 기능 및 배경지식을 돕는 짧은 비디오 등을 포함한다.

〈표 13.6〉 사회과 교수를 지원하는 테크놀로지 자료 예시

자료	설명	사용 예시
GoWorksheet Maker app by Attainment Company (iTunes에서 $20)	그래픽 조직자, 학습지, 과제분석, 평가	수정된 사회과 지문 및 이해력 질문이 포함된 파일 업로드함; 필요에 따라 글자 음성 변환 기능 및 촉진을 지문에 포함할 수 있음
Kidspiration Maps app by Inspiration Software, Inc. (iTunes에서 $10)	그래픽 조직자 및 개념 지도	주요 개념에 대한 여러 다중사례교수에 사용할 "예제" 및 "비예제"를 만듦; 학생들은 이미지를 지도의 "예제" 또는 "비예제" 풍선으로 끌 수 있음
Project Gutenberg website: www.gutenberg.org(무료)	오디오북 및 다양한 언어로 된 컬렉션을 포함한 54,000개 이상의 전자 지문	많은 부분이 수정된 지문을 읽을 때, 원본 지문의 오디오 버전을 재생하여 원본 자료에 대한 더욱 많은 배경과 친숙함을 제공함
Smithsonian Online website: http://smithsonianeducation.org(무료)	이미지, 그림, 지문 및 비디오를 포함한 Smithsonian에 보관된 자료를 볼 수 있는 디지털 플랫폼	새로운 주제에 대한 배경지식을 쌓기 위해 관련 수정된 지문을 읽기 전에 관련 유물을 발견하고 탐색할 수 있는 기회를 제공함; 사회과에 대한 질문을 하는 데 흥미를 쌓도록 자료를 사용함
ReadWorks.org website: www.readworks.org(무료)	테크놀로지 지원 기능 및 이해력 지원이 포함된 논픽션 및 문학 모음	특정 주제나 영역에 대한 지문을 선택 시, 학년, 주제, 독서능력 지수(Lexile level)를 검색하여 학생의 요구에 가장 적합한지 확인함; 필요 시, 지문을 더욱 단순화하거나 그림 기호를 포함하여 추가적으로 수정함; 일부 학생들은 교사지원(예: 기사의 그림에 대해 생각하는 과정을 시범 보이기, 이전 학습과 연계하기)을 통해 기사를 이해할 수 있음

iBooks Author app by Apple (iTunes에서 무료)	간단한 끌어서 놓기 기능을 사용하여 지문과 이미지를 추가하고 자신만의 전자 지문 또는 프레젠테이션을 디자인함; 오디오 및 비디오 파일을 포함할 수도 있음	조사과정을 다른 이와 소통하기 위해 학생들은 주제에 대한 멀티미디어 정보, 문제 설명, 제안된 해결책, 결과에 대한 설명을 포함한 책을 만들 수 있음

(7) 사회과 지식 및 기술의 일반화 증진

내용, 자료 및 시간 전반에 걸쳐 기술의 일반화를 촉진하는 방법을 고려하는 것은 중요하다. 일반화를 촉진하는 한 가지 방법은 2단계(Tier 2) 어휘와 3단계(Tier 3) 어휘를 모두 나타내는 어휘를 선택하는 것이다. 학생들이 새로운 2단계(Tier 2) 어휘와 3단계(Tier 3) 어휘를 배울 때 이러한 어휘는 참고용으로 사회과 어휘 게시판 벽에 게시하고 1년 내내 사용해야 한다(아마도 영어/언어(ELA) 및 과학과 같은 내용 영역에서도).

기술의 일반화를 촉진하는 또 다른 방법은 개념과 아이디어를 표현하기 위해 여러 예제를 사용하는 것이다. 예를 들어, 여러 관련 기능이 있는 개념에 대해 가르치는 경우 교수 전반에 걸쳐 다양한 방식으로 개념을 표현한다. 이 연습은 학생들이 목표 단어나 개념을 인식하는 방법을 배울 때 관련 없는 기능에 주의를 기울이는 것을 방지한다. 이 연습은 다른 문화나 다양한 인구에 대해 가르칠 때 특히 중요하다. 예를 들어 학생들에게 중국 문화에 대해 가르칠 때 한 가지 특징(예: 음식)이 아니라 문화의 다양한 특징(예: 음식, 종교, 교육, 지리, 건축 요소)을 제시하도록 주의해야 한다.

마지막으로, 사회과 교수는 핵심적인 기술과 자기결정의 개발을 촉진할 수 있는 기회를 제공한다(Vakil, Welton, & Ford, 2010). 교사가 사회 학습 내용의 영역에 걸쳐 사회 과목의 주제를 짜고 이러한 주제와 내용을 학생의 삶에 연관시킬 수 있는 일련의 수업을 설계할 수 있는 범위 내에서 중등도 및 중도장애 학생은 이러한 시민권과 다양성과 같은 관련 주제로부터 혜택을 받을 수 있다. 학생들은 내용 영역 전반에 걸쳐 주제를 재방문하면서 과정(예: 탐구 및 문제해결)을 사용하고 연마할 수 있으며, 교사가 학생들이 자신의 삶과 연결되도록 도울 수 있다면 더 큰 주체 의식과 책임감을 개발할 수 있다. 이러한 이유로 중등도 및 중도장애 학생의 교사는 사회의 개인 구성원으로서 자신과 사회 전반에 대한 이해와 감사를 증진하기 위해 수업 전반에 걸쳐 시민의식 및 다양성과 같은 주제를 강조하는 것에 대해 신중하게 생각해야 한다.

3. 사례 연구

이 장의 시작 부분에 나오는 Gavin과 같은 일부 성인은 중등도 및 중도장애 학생에게 사회 교과가 제공되지 않는 시대에 자랐다. Gavin이 선택할 수 있는 한 가지 옵션은 지역 내 전문대학에서 과정을 수강하거나 지역사회 기관(예: ARC)에 시민의 책임 및 현재 문제에 대한 수업을 제공하도록 요청할 수 있다.

교사 Jairus는 중등도 및 중도장애 중학생들이 사회과 학습을 위해 최대한의 기회를 갖기를 원한다. 연초에 Jairus 씨는 학생들이 통합 수업 및 활동에 참여하는 기회에 적극적인 지리교사와 협력하였다. Jairus 씨는 일반학급에서 사하라 사막 이남 아프리카의 농업 및 지속 가능성에 관한 단원을 진행하게 될 것임을 알게 되었다. 그의 목표는 학생들에게 용어와 개념을 식별 및 정의하고, 내용이해 질문에 답하고, 실생활 문제를 해결하도록 가르치는 것이다. 이러한 목표를 가르치기 위한 학년별 맥락(context)을 파악하기 위해 그는 내셔널 지오그래픽 웹사이트에서 국가 지리 성취기준을 검토하고 아프리카의 녹색 만리장성(Great Green Wall) 관련 자료를 찾는다. 그는 배경지식을 쌓는 데 도움이 되는 비디오 클립, 이해력을 도모하는 데 도움이 되도록 수정할 수 있는 텍스트, 학생들에게 미리 가르칠 5~7개의 어휘 은행을 선택하는 데 사용할 학년 수준의 어휘 목록을 찾는다. Jairus 씨의 교실에는 부모가 아프리카 출신인 학생이 있는데, 단원을 개발하는 동안 이들에게 전화를 걸어 학급과 사진이나 이야기를 나누도록 초청하였다. Jairus 씨는 또한 두 명의 비구어 학생이 있으므로 GoTalk NOW 앱을 사용하여 iPad 응답 보드에 어휘 용어와 수정된 뉴스 기사를 프로그래밍하였다. Jairus 씨가 자료를 수집하고 문화적 관점과 자원을 고려하고 테크놀로지 지원을 통해 접근성을 높인 후 시간지연 및 다중사례교수를 사용하여 학생들에게 생물 다양성 및 기후와 같은 관련 어휘를 가르쳤다. 그의 학급은 일반수업에 참여하여 주제와 관련된 비디오 클립을 보고 주요 주제에 대한 또래 주도 토론에 참여하였다. 학생들은 학생의 부모가 제공한 사하라 사막 이남 아프리카의 사진과 Jairus 씨가 온라인에서 찾은 추가 사진을 검토하였다. 교사는 학생들과 함께 소집단으로 작업하여 사막화와 녹색 만리장성(Great Green Wall)에 대해 자신이 만든 각색 지문에 대해 묻고 답하는 최소촉진체계 및 과제분석 교수를 통해 학생들을 가르쳤다. 학생들이 본문의 주요 개념을 이해했는지 확인한 후 문제해결에 대한 탐구 수업을 준비하기 위해 "문제" 및 "해결책"과 같은 절차적 개념을 명시적으로 가르쳤다. 더불어 수업은 녹색 만리장성과 관련된 문제 및 해결책을 식별하기 위해 과제분석 및 그래픽 조직자를 따르도록 하였다. 수업이 끝나고 Jairus 씨의 학급은 일반학급에서 또래들에게 발견한 내용을 발표하였다.

4. 요약

이 장에서는 중등도 및 중도장애 학생을 가르치기 위한 사회과 성취기준, 관련 연구 및 교수방법을 검토했다. 지난 20년 동안 사회교과에 대한 강조가 줄어들었음에도 불구하고 사회과 수업의 목적(시민역량을 증진하기 위한)은 모든 학생들에게 중요하다. 잘 설계된 사회과 수업은 사회과의 영역, 주제 및 학습 기대치에 대한 이해에 뿌리를 두고 있어야 한다. 또한 교사는 사회과가 다른 교과 영역 성취기준(예: CCSS-ELA, NGSS)과 연결되는 방식을 고려할 수 있다. 장애 학생에게 사회과를 가르치는 대부분의 연구에는 경도 및 중등도장애 학생을 가르치는 전략과 지원을 포함한다. 중등도 및 중도장애 학생을 가르치는 연구는 네 가지 학습 유형으로 나뉘는데, 이는 사실적, 개념적, 절차적, 조사적 학습이 있다. 이러한 방법의 주제에는 명시적 교수(시범-주도-평가 절차, 다중 반응 훈련), 체계적 교수(고정 시간 지연, 최소촉진체계), 시각적 지원(그래픽 조직자, 어휘 용어 및 개념을 위한 그림 단어 카드), 과제분석 교수, 사회과 지문에 보다 쉽게 접근할 수 있도록 조정 또는 지원하는 것을 포함한다. 마지막으로, 사회과 수업을 설계할 때 교사는 세계와 그 사람들에 대해 질문하고 문제를 해결할 줄 아는 자기결정 학습자를 도모하기 위해 다른 문화들, 하이테크 및 로우테크 지원, 일반화 절차 등에 대해 배울 수 있는 기회를 고려해야 한다.

마무리 활동

1. 〈표 13.1〉에 나열된 내용 관련 성취기준 중 적어도 하나를 고르세요. 학년 수준을 선택하고 해당 학년 수준에 대한 내용의 주요 아이디어를 설명해보세요.
2. [그림 13.1]의 "미국 인디언과 그들의 땅"에 대한 설명문을 참조하세요. 3개의 내용 관련 어휘 용어를 선택하고 이에 대한 그림 단어 카드를 만드세요. 그림 단어 카드에는 그림과 학생친화적인 정의를 포함한다. 하이테크 또는 로우테크 지원을 사용하여 자료를 만드세요. 고정 시간지연을 사용하여 동료에게 단어의 정의를 가르치세요.
3. "해결책(solution)"의 2단계 개념에 대해 세 가지 예시 항목과 두 가지 비예시 항목을 표로 만드세요. 시범-주도-평가 절차를 사용하여 이 개념을 가르치기 위한 과제분석을 작성하세요. 동료에게 개념을 가르치는 연습을 하세요.
4. 학생들의 삶과 관련될 수 있는 현재 사건을 찾으세요. 그림 지원이 포함된 한 단락의 수정된 지문을 만드세요. 독서능력 측정(Lexile Analyzer)을 사용하여 지문의 난이도가 약 300-400L인지 확인하세요.
5. [그림 13.5]를 지침으로 사용하여 문제해결 교육을 위한 학습지/그래픽 조직자를 만드세요. 학생들과 직접 관련된 지역 사회의 실제 주제를 식별하세요. 문제를 설정하고 해결책을 설명하는 데 사용할 수 있는 지문을 작성하세요. 종이 버전에 그림 지원을 추가하여 수정하거나 하이테크 기능을 사용하여 학습지를 개발하세요.

그림 이미지 출처

[그림 13.1] Images 1 and 4, The Tichnor Brothers Collection, Boston Public Library, Print Department. License CC BY 2.0; Image 2, located at https: //pixabay.com; Image 3, located at www.maxpixel.net, public domain; Image 5, created by Chand Alii. License CC BY-SA 4.0; Image 6 located at https: //pxhere.com, public domain; Image 7 top left, created by Olga Semiletova. License CC BY-SA 4.0; top right, located at www.needpix. com, pvublic domain; bottom left, created by Scott Wylie. License CC BY-2.0; Image 7 bottom right, created by Davide Restivo. License CC BY-SA 2.0.

[그림 13.2] Image 1, located at https: //pixabay.com; Image 2, located at https: //commons.wikimedia.org, public domain; Image 3, located at https: //pixabay.com; Image 4, created by Mohamed Hassan. License: CC0 1.0; Image 5, located at www.needpix.com, public domain.

[그림 13.3] Image 1, created Ssolbergj. License CC BY-SA 1.0; Image 2, created by Daniel R. Strebe(14 August 2011). License CC BY-SA 3.0; Image 3, located at https: //svgsilh.com, public domain; Image 4, created by Anna Frodesiak, public domain; Image 5, located at https: // svgsilh.com, public domain; Image 6, located at https: // svgsilh.com, public domain.

[그림 13.4] Image 1, created by Kimberly Groue, public domain; Image 2, located at www. publicdomainpictures.net, public domain; Image 3, located at https: //svgsilh.com, public domain; Image 4, located at www.publicdomainpictures.net, public domain; Image 5, located at www.maxpixel.net, public domain; Image 6, created by Mohamed Hassan, public domain; Images 7 and 8, located at https: //commons.wikimedia.org, public domain; Image 9, located at www.needpix.com, public domain.

제 3 부

관련 기술 및 지원

제14장

사회성 기술 향상 및 긍정적 행동지원

Chelsi R. Brosh & Victoria F. Knight

Elias는 외상성 뇌손상과 중도 지적장애를 지닌 중학생으로 일반 교육과정에 참여하고 있다. 그는 평소 2-3단어로 이루어진 발화로 타인과 의사소통한다. Elias는 친구와 함께 시간 보내기, 비디오 게임하기, 과학실험을 좋아한다. 그가 다니는 학교는 3단계의 학교 차원 긍정적 행동지원을 적용하고 있다. 1단계는 모든 학생을 지원하기 위해 고안된 것으로 학교 전체 차원의 기대, 규칙, 과정을 게시하는 것을 포함한다. 또한, Elias는 학교의 사회성 기술 향상 집단에 참여하여 상담 서비스를 받고 있는데, 이는 2단계 지원(일반적으로 1단계보다 더 많은 지원을 필요로 하는 소수의 학생들에게 주어짐)에 해당된다. 최근, 수학교사 Martin은 특수교사에게 Elias가 타인을 때리고, "집에 가"라고 말하며, 혼자서 과제를 수행할 때 교실 밖으로 뛰쳐나가기 시작했다고 알려주었다. Martin 씨는 Elias에게 아무것도 만지지 말아야 한다는 규칙을 포함한 학급 규칙을 상기시키기 위해 노력했지만, 이런 행동은 그를 더욱 화나게 할 뿐이었다.

이 장은 Elias처럼 새로운 사회성 기술을 배우고 긍정적 행동지원(Positive Behavior Support, PBS)을 제공받을 필요가 있는 학생들을 위해 계획을 세우는 전략에 대해 설명한다.

사회성 기술은 친구관계를 형성하는 것부터 부적절한 행동을 줄이기 위한 행동 기술을 배우는 것까지 넓은 범위의 주제를 포함한다. 대부분의 사람은 일생에 걸쳐 사회성 기술을 향상 시키며 이를 새로운 관계와 맥락에 적용하며 살아간다. 요리 또는 읽기 같은 기술과는 다르게 사회성 기술에는 타인과의 관계가 필수적이며 긍정적인 관계의 맥락에서 가장 잘 학습할 수 있다. 이러한 관계를 통해 우리는 타인과 상호작용하는 새로운 방법 및 부적절한 전략(찌푸리기, 조용히하기, 저항하기, 가슴이 아픈 말에 대해 이야기하기)을 바꿀 수 있는 사회적 단서를 배운다. 우리는 자기옹호뿐 아니라 다른 사람의 요구, 관점, 선호를 존중하는 방법을 배움으로써 우정을 쌓거나, 일을 해내거나, 팀에 기여한다. 중도장애인은 부족한 사회적 기회와 제한된 의사소통 기술로 인해 이러한 사회적 역량을 습득하는 것에 어려움이 있다.

사회성 기술은 긍정적 관계 내에서 학습하는 것이 가장 효과적이기 때문에 이 장은 사회적 관계와 사회적 관계의 중요성에 대한 논의로 시작한다. 사회적 관계와 사회적 관계의 장애물에 대한 설명에 이어 사회성 기술 증진을 위한 연구 기반의 교수법을 포함한 사회성 기술 교수법을 살펴본다. 다음으로는 긍정적 행동지원의 절차에 대해 설명한다. 마지막으로 긍정적 행동지원의 개념을 확장하여 학교 차원의 긍정적 행동지원에 대한 개관을 다룬다.

1. 사회적 관계 형성하기

1) 사회적 관계란 무엇이고 왜 중요한가?

사회적 관계는 개인이 다른 사람들과 상호작용하는 다양한 유형으로 특징지을 수 있다. 이러한 사회적 관계는 인사하고 지내는 친숙한 지역사회 인물(예: 우편 배달부)부터, 정기적인 대화를 나누는 지역사회 지인(예: 미용사), 지속적인 서비스 제공자(예: 치과의사), 직장 또는 학교에서 만난 믿을만한 사람(예: 교사, 고용주), 친한 친구, 가족 구성원, 연인과의 관계까지 다양할 수 있다. 학생이 사회적 관계를 학습할 수 있는 가장 중요한 방법 중 하나는 친구와의 긍정적 관계를 통해서 배우는 것이다. 사회적 관계의 유무는 개인의 삶의 질에 중대한 영향을 미칠 수 있다. 따라서 교사, 돌봄 제공자, 부모가 다양한 환경에서 연령에 적절한 사회성 기술을 가르치고 다룸으로써 개인의 일생에 걸쳐 사회적 관계 및 사회적 기회를 향상시키는 것이 중요하다.

사회적 관계는 사회적 접촉, 사회적 지원, 사회적 연결망을 기반으로 한다(Kennedy, 2004). 사회적 접촉은 두 명 이상의 사람들 간 상호작용 빈도와 지속시간과 관련있다. 예를 들면, 어떤 학생은 매주 방과 후에 친구를 만나고 다른 어떤 학생은 몇 시간마다 친구에게 휴대폰으로 문자를 보낸다. 사회적 지원은 상호작용이 있을 때 일어나는 것으로, 지원은 그 상호작용을 통해 무언가 이득을 얻을 수 있을 때 유지된다. Kennedy에 의하면 사회적 지원에는 6가지 유형이 있다: (1) 감정적 지원(예: 어려운 일이 있을 때 위로해주는 것); (2) 우정(예: 공유된 환경 내에서 상호작용하는 것); (3) 타인에 대한 접근(예: 새로운 지인을 소개하는 것); (4) 정보 공유(예: 새로운 또는 다가오는 이벤트에 대해 의사소통하는 것); (5) 물질적 지원(예: 타인에게 물리적 도움이나 물품을 제공하는 것); (6) 의사결정(예: 선택 또는 해결을 돕는 것). 사회적 연결망은 개인 간의 다양한 상호작용 패턴을 의미한다. 예를 들면, 어떤 사회적 연결망은 긴밀히 연결(예: 정기적으로 상호작용하는 세 명의 가장 친한 친구관계)되어 있는 반면 다른 사회적 연결망은 느슨하게 결합(예: 직장에서는 서로 상호작용하지만, 직장 밖에 다른 사회적 모임을 형성하고 있는 동료 관계; Kennedy, 2004; O'Neill, 2004)되어 있다.

2) 사회적 관계 형성의 장애물

중도장애 학생은 사회적 관계에서 종종 장벽을 마주하게 된다(Kennedy & Horn, 2004). 예를 들면, 중도 발달장애 학생은 '보편적 환경에 대한 접근, 일반교육 환경 내 비장애 또래에 대한 접근, 일반 교육과정에 대한 접근, 상호작용을 촉진하는 기술에 대한 접근'에서 종종 장애물을 경험한다. 중도장애 학생이 사회적 관계 형성에 대한 장벽을 극복할 수 있는 두 가지 주요 전략이 있다. 첫 번째 전략은 환경을 조성하는 것이고, 두 번째는 특정 사회성 기술을 가르치는 것이다. 환경적 전략은 이어서 설명하고, 사회성 기술을 가르치기 위한 구체적 지침은 다음 절에 제시한다.

3) 사회적 관계를 향상시키기 위한 환경 조성

사회적 관계를 발전시키기 위해서는 중도장애 학생이 교수적 맥락과 사회적 맥락 모두에서 또래와 함께 있어야 한다. 사회적 관계가 형성될 수 있는 가장 강력한 방법 중 하나는 장애 학생이 학교에서 완전한 구성원이 될 수 있도록 계획하는 것이다. 팀이 고려해야 하는 문제는 다음과 같다.

- 학생이 일반학급에서 교수를 제공받을 수 있는가?
- 학생이 식당에서 일반 학생들과 함께 점심을 먹을 수 있는가?
- 학생이 스포츠 또는 동아리와 같은 교과 외 활동에 참여할 수 있는가?
- 학생이 일반학급의 사진을 찍을 때 그 구성원이 될 수 있는가?
- 학생이 또래와 함께 통학할 수 있는가?

장애 학생이 사회적 관계 형성이 가능한 환경 내에 있다면, 학생이 고립되지 않게 하기 위해 추가적인 환경적 조정이 필요할 것이다. 중도장애 학생에게 통합환경을 제공하는 것만으로는 멤버십(membership), 소속감, 사회적 관계, 또래 상호작용이 보장되지 않는다. 사회적 환경을 계획할 때에는 환경을 조정하고 사회적 관계를 촉진하고 형성하기 위한 교수를 계획하는 것이 중요하다.

한 가지 방법은 또래지원(peer supports)을 구축하는 것이다. 이는 장애 학생을 그들의 점심 모임에 참여하도록 초대하는 봉사 학생을 모집하는 것 또는 점심시간에 비슷한 관심사를 공유하는 사회적 집단에 모든 학생들이 가입할 수 있게 하는 것을 포함한다(예: 테이블 하키). 사회적 관계를 형성하기 위해서는 장애 학생에게도 모든 구성원이 기여하는 수평적 관계(예: 동아리)와 그들이 도움을 줄 수 있는 수직적 관계를 경험할 수 있는 기회가 필요하다. 또 다른 전략은 집단 내 모든 구성원의 멤버십을 기르는 것이다. Carter와 Brock(2016)에 따르면 멤버십이란 학급, 협동 모둠, 또는 친구 모임과 같은 사회적 집단에서 느끼는 소속감을 의미한다. 종종 멤버십을 촉진하는 것은 축하를 하거나, 티셔츠를 나누어주거나, 또는 팀을 형성할 때 학생이 잊혀지지 않도록 옹호하는 것과 관련된다.

사회적 관계를 위한 환경을 구축하는 추가적인 방법은 또래 집단 내의 인식을 형성하는 것이다. 이것은 장애 학생을 사회집단 또는 학습집단에 포함시키는 방법에 대해 또래 학생들과 함께 토의하는 것을 포함한다. 학급에서 일반적인 장애 인식 관련 토의를 진행할 수도 있을 것이다. Carter와 Brock(2016)은 학생이 학급의 규범과 기대사항에 대해 의견을 낼 수 있는 학급 회의를 활용할 것을 추천한다. 이는 정기적인 행사로 자리잡을 수 있고, 학급 회의를 통해 어떻게 하면 학급의 모든 구성원이 더욱 완전히 참여할 수 있도록 도울 수 있을지에 대한 토론이 진행될 수도 있다.

환경을 조성함으로써 사회적 상호작용을 촉진할 수는 있겠지만, 우정은 "강요"될 수 없다. 대신 앞에서 설명했듯이 우정은 개인이 상호 이익(예: 공유, 정서적 지원)을 경험함에 따라 발전한다. 성인이 제공할 수 있는 것은 장애 학생에게 다가가려고 하지만 다름을 이해하는 데 도움이 필요한 또래들을 위한 지원이다.

균형 맞추기: 관계를 촉진할 것인가? 혹은 사회성 기술을 가르칠 것인가?

대부분의 사람은 일상적인 관계를 주고받으면서 사회성 기술을 배운다. 또래모델, 친구의 칭찬, 가치에 대한 토론(예: 거짓말을 해도 되는가)은 모두 자연스럽게 사회성 기술을 기르기 위한 지원의 예이다. 중도장애 학생 또한 자신과 또래가 상호 이익과 즐거움을 갖는 관계 안에서 사회성 기술을 개발할 수 있는 기회가 필요하다. 반면에, 많은 중도장애 학생은 사회성 기술에 대한 체계적 교수를 필요로 한다. 학생이 사회적 관계망의 일부가 될 기회를 포기하지 않으면서 이러한 기술을 연습할 수 있도록 돕는 방법을 찾기 위해서는 약간의 균형이 필요하다.

2. 사회성 기술 교수

사회적 기술 습득은 거의 틀림없이 모든 학생의 삶의 질을 증진시키기 위해 필요한 가장 중요한 성과 중 하나이다. 사회성 기술은 학생이 다른 사람과 소통하고 사회화하는 데 도움이 되는 사회적 행동이며, 언어적 및 비언어적 형태의 의사소통을 모두 포함한다. 사회적 상호작용에 대한 해석과 이해는 학생의 행동에 상당한 영향을 미친다(예: Hodgdon, 1999).

안타깝게도, 사회적 행동과 또래 상호작용은 중도장애 학생, 특히 복잡한 의사소통 요구를 지니고 있거나 보완대체의사소통(Augmentative and Alternative Communication System, AAC)을 사용하는 학생에게 제한적일 수 있다(Chung & Carter, 2013). 보완대체의사소통은 상징, 도구, 전략 및 기법으로 구성된 체계로 정의된다(American Speech-Language-Hearing Association, 2002). 기능적 의사소통 체계가 부족한 학생은 관심을 얻거나 욕구와 필요를 전달하기 위해 문제행동 또는 도전적 행동을 이용할 수 있다. 중도 발달장애를 지닌 아동의 경우 의사소통 기술과 문제행동 간의 관계가 완전히 이해되지는 않지만, 몇몇 연구는 적절한 의사소통 기술 발달과 문제행동 감소 사이의 상관관계에 대한 증거를 제공한다(예: Durand & Carr, 1992).

생태학적 평가는 어떤 사회성 기술을 교수할지 결정하는 데 유용하게 활용될 수 있다(Westling et al., 2015). 생태학적 평가는 환경과 행동 사이의 복잡한 상호관계를 인정하는 평가 방법이며, 여러 개인과 환경에 걸쳐 정보를 얻기 위한 수단이다(Cooper et al., 2007). 생태학적 평가에서는 비장애 학생이 수행하는 전형적인 일과와 기술을 직접 관찰하여 대상 장애 학생의 기술과 비교한다. 생태학적 평가는 다음을 포함한다; (1) 영역에 대한 정보(예: 집, 학교, 지역사회), (2) 특정 환경(예: 수학교실, 주방), (3) 하위 환경, 활동 및 그 안에서 필요한 행동(예: 계산기를 사용하여 수학 문제 풀기, 세탁기를 사용하여 빨래하기), (4) 장애 학생의 기술 수행. 생태학적 평가의 구성 요소에는 비장애 또래의 기술, 자연스러운 단서, 수행 기준 및 대상 학생의 현재 기술이 포함된다. 일반적인 상황에서 이러한 조치가 필요하다는 것이 확인되면, 팀은 이러한 조치와 장애 학생의 현재 기술을 비교할 수 있다. 생태학적 평가는 일상생활, 지역사회 또는 직업 기술을 판별하기 위해 사용될 수 있지만, [그림 14.1]과 같이 특정 사회성 기술 요구에 초점을 맞출 수도 있다.

학생 이름: Elias
환경: Oak Hill 초등학교
하위 환경: 식당
활동: 점심 식사

비장애 또래의 사회성 기술	자연스러운 단서	대상학생의 기술 수행 (+/-)	설명
줄 서기	줄 서있는 또래	음식을 빠르게 받기 위해 앞으로 가려고 함	Elias에게 또래와 함께 줄서서 기다리는 것을 가르치기; 차례를 기다리면 학교 식당 직원이 강화를 제공하기
줄에 서서 또래와 이야기 나누기	대화를 시작하는 또래	의사소통 기술이 부족함; 종종 때림	Elias가 줄에 서서 자신이 관심있어 하는 물건(예: 히어로 사진)을 또래와 공유하고 또래에게 (때리는 행동 대신) "주먹 인사"를 하도록 가르치기
또래와 함께 있는 테이블 선택하기	종종 자리를 가리키거나 손을 흔드는 또래	항상 같은 테이블로 가며 보조인력과 함께 식사함	Elias가 줄에서 나가면 또래가 인사를 하고 또래와 함께 남학생들의 테이블로 걸어가기
식사하면서 어울리기(이야기 하기; 음식 나누어 먹기; 장난감 보여주기)	사회적 교환을 시작하는 또래	빠르게 다 먹은 후 가려고 함	또래가 Elias에게 주머니에 있는 장난감을 보여달라고 요청하게 촉진하기; Elias가 장난감을 공유한 후에는 또래도 음식을 나눠주어 Elias의 흥미와 테이블에서의 시간을 유지할 수 있게 하기
종이 칠 때까지 앉아있기	학생들에게 자리에 앉아있어야 된다는 것을 상기시키는 교사	Elias는 현재 보조인력과 함께 앉기 때문에 테이블에서 벗어나지 않을 것임	Elias가 또래와 장난감 및 음식을 공유하기 시작하면 보조인력은 점진적으로 테이블에서 멀어지기

[그림 14.1] 사회성 기술 요구 고려 시 사용된 생태학적 평가

사회성 기술은 문화마다 다르다는 점을 주목해야 한다. 한 문화에서는 받아들여지거나 선호되는 것이 다른 문화에서는 무례하거나 버릇없는 것으로 여겨질 수 있다. 예를 들면, Lim과 Browder(2001)는 일부 아시아 문화에서 검지 손가락으로 손짓을 하는 것은 무례한 행동으로 여겨진다고 언급했다. 대신 "이리 와"라는 표현을 하기 위해 손가락을 손바닥 쪽으로 하여 아래로나 위로 구부리는 동작을 반복한다. 이 사실을 모른다면 팀은 학생에게 문화적으로 부적절한 방식으로 "이리 와"라는 손짓을 하도록 가르칠 수 있다. 특정 사회성 기술 교수 계획 시, 가족을 그 계획에 참여시켜 이러한 기술이 가족 환경 내로 확장되어 장기간 사용하기에 적합할지 확인하는 것이 중요하다. 다음 절에서는 다양한 맥락에 걸쳐 이러한 기술을 가르치기 위한 전략에 대해 더 많은 정보를 다룬다.

1) 사회성 기술 증진을 위한 연구 기반의 방법

사회성 및 대인관계 기술의 증진 또는 촉진을 위한 많은 연구 기반의 중재가 존재한다. '미국 자폐성장애전문가개발센터'(National Professional Development Center on Autism Spectrum Disorders)에 따르면(Wong et al., 2014), 사회성 기술 중재는 다음을 포함한다; (1) 선행사건 기반 중재, (2) 기능적 의사소통 훈련, (3) 모델링, (4) 자연적인 중재, (5) 또래 매개 교수 및 중재(Peer-Mediated Instruction and Intervention, PMII), (6) 중심축 반응 훈련(Pivotal Response Training, PRT), (7) 대본 활용, (8) 자기관리, (9) 사회적 이야기(social narratives), (10) 사회성 기술 훈련, (11) 구조화된 놀이 집단, (12) 비디오 모델링 및 (13) 시각적 지원. 〈표 14.1〉은 Wong 외(2014)의 연구를 기반으로 하여 확인된 연구 기반 실제의 정의를 보여준다. Wong 외(2014)가 검토한 연구에 포함된 대부분의 연구들은 자폐성장애인에게 사회성 기술을 가르치는 것에 초점을 맞추고 있었으나, 많은 연구가 경도, 중등도 및 중도의 지적장애인을 포함하고 있기도 했다. 더 나아가 자폐성장애 학생을 위해 개발된 많은 전략은 다른 장애를 가진 학생에게도 효과적이다. 예를 들면, Elias에게 점심시간에 친구들과 시간을 함께 보내는 것을 가르치기 위해 최소-최대 촉진 전략을 사용할 수 있을 것이다([그림 14.1] 참조).

이 장의 처음에 소개한 학생 Elias의 요구에 대해 고려해보자. 그의 요구는 식당에서 실시된 생태학적 평가를 통해 확인되었다. 교사와 보조인력은 환경과 Elias의 행동간 관계를 간단히 살펴봄으로써 Elias의 사회성 기술을 향상시키기 위해 연구 기반의 방법을 성공적으로 실행할 수 있도록 계획할 수 있다. 교사는 Elias와 함께 앉을 남학생을 모집하여 순서대로 돌아가며 Elias와 함께 줄을 서고, 테이블까지 안내하고, Elias가 주머니에 넣어둔 장난감이나 야구 카드를 친구들과 공유하는 것을 촉진하도록 연습시킬 수 있다. Elias에 대한 모든 중재는 식당 내에서 일어나는 다른 남학생들과 어울릴 수 있는 기회를 활용하여 실시되므로, 이는 자연적인 교수법에 해당한다. 만약 Elias를 테이블에 머무르게 하거나 장난감을 공유하게 하기 위해 잠시 촉진할 필요가 있다면, 이는 집단의 자연스러운 사회적 교류를 방해하지 않도록 가능한 조심스럽게 이루어져야 한다. Elias에게는 사회적 상황이야기 중재가 도움이 될 수도 있을 것이다. 교사는 Elias라는 이름을 가진 남학생이 친구들과 함께 줄을 서서 기다리고, 그들의 테이블로 가고, 모두가 식사를 마치기를 기다리면서 장난감이나 야구 카드를 공유하는 내용의 이야기를 읽어준다. 또는 이것을 비디오 모델링을 통해 보여줄 수도 있다. 이 두 가지 중재의 도입은 Elias가 자연스러운 맥락 내에서의 기대 사항을 이해하는 데 도움이 될 수 있다. Elias에게는 기대 행동의 순서를 알 수 있도록 시각적 스케줄을 활용하는 것이 도움이 될 수 있다: (1) 줄 서서 기다리기, (2) 음식 가져오기, (3) 남학생들과 함께 테이블로 가기, (4) 식사하기, (5) 장난감 공유하기, (6) 남학생들이 갈 때 함께 가기. 그는 각 활동을 완료하면서 그림을 뒤집는 방식의 자기관리 기법을 활용할 수도 있다. 남학생들은 Elias에게 자연스럽게 모델링을 제공하게 된다. 보조인력이 개입할 필요가 있을 때 모델 역할을 하는 남학생을 언급할 수 있다(예: "Rico와 Bob이 일어날 때까지 앉아 있어야 해"). 또한, 또래들은 적절한 사회적 행동의 모델이 되고, Elias가 테이블에 머무르거나 장난감을 공유하려는 시도를 강화하고, 대화를 장려할 수 있을 것이다.

'미국 중등전환기술지원센터'(The National Secondary Transition Technical Assistance Center, NSTTAC)는 여가, 사회성, 의사소통 및 안전 기술의 영역에 대한 연구 기반의 수업계획안을 포함하여 장애 학생에게 활용될 수 있는 실용적인 자료를 개발하였다(NSTTAC, 2009). 각 수업은 동료 검토 연구 논문을 기반으로 하며 목표, 환경 및 자료, 교수내용, 교수절차 및 평가 절차를 포함한다. 특히 의사소통에 어려움이 큰 장애 학생의 사회성 기술 발달과 관련하여 고려해야 할 가장 중요한 요소 중 하나는 사회성 기술의 부족이 문제행동을 초래할 수 있다는 점이다(예: Benner, Rogers-Adkinson, Mooney, & Abbott, 2007).

〈표 14.1〉 문헌에서 확인된 연구 기반의 실제

실제	Wong 외(2014) 연구에 제시된 실제(practice)의 정의
선행사건 기반 중재	방해행동의 감소를 위해 행동 발생 이전의 사건이나 상황을 조정함
기능적 의사소통 훈련	의사소통 기능을 지닌 방해행동을 그것과 동일한 기능을 달성할 수 있는 보다 적절한 의사소통 행동으로 대체함
모델링	바람직한 목표 행동을 보여줌으로써 학생이 그 행동을 모방하고 이를 통해 모방한 행동을 습득함
자연적인 중재	학생이 참여하는 전형적인 환경, 활동 또는 일과 내에서 이루어지는 중재 전략임
또래 매개 교수 및 중재	자연스러운 환경 내에서 장애 학생이 새로운 행동, 의사소통, 사회적 학습 기회를 습득할 수 있도록 비장애 또래가 장애 학생과 상호작용하고/하거나 도와줌
중심축 반응 훈련	학생의 흥미와 주도적 행동을 바탕으로 설계된 환경에서 실행되며, 중심축이 되는 학습 변수(예: 동기, 여러 단서에 대한 반응, 자기관리 및 자기주도)를 통해 중재를 시행함
대본 활용	학생에게 모델이 되는 특정 기술 또는 상황에 대해 구어 및/또는 글을 통해 설명함
자기관리	학생이 적절한 행동과 부적절한 행동을 구별하고, 자신의 행동을 정확하게 관찰 및 기록하고, 적절하게 행동한 것에 대해 스스로 보상하는 것에 초점을 둠
사회적 이야기	관련있는 단서를 강조하고 적절한 반응의 예시를 제공하여 사회적 상황에 대해 자세히 설명하는 이야기를 활용함
사회성 기술 훈련	장애 학생에게 또래, 성인, 다른 사람들과 적절하게 상호작용하는 방법을 가르치고자 집단 또는 개별 교수를 설계함
구조화된 놀이 집단	정의된 영역 및 정의된 활동에서 이루어지는 소집단 활동으로 전형적 발달을 보이는 또래들을 선정하여 집단에 포함시키며, 놀이의 주제와 역할에 대한 명확한 설명 및 활동의 목표와 관련된 학생의 수행을 지원하기 위한 학습, 촉진 또는 비계를 제공함

비디오 모델링	바람직한 행동 또는 기술을 학습하거나 수행하는 것을 돕고자 비디오 녹화 및 상영 장비를 활용하여 목표 행동 혹은 목표 기술에 대한 시각적 모델을 제공함
시각적 지원	학생이 촉진 없이 바람직한 행동 또는 기술을 수행할 수 있도록 시각적 자료로 지원함

출처: 허락 하에 Wong과 동료들(2014)의 연구를 수정하였음.

현장에 적용하기: 이야기 기반의 중재

'미국 자폐센터'(National Autism Center, NAC)의 국가 표준 프로젝트 보고서(2009)는 사회적 상황이야기를 포함한 이야기 기반 중재가 자폐성장애 학생을 위한 몇 안 되는 "입증된 중재" 중 하나라고 보고했다. 이야기 기반 중재는 "특정 행동이 발생할 것으로 예상되는 상황에 대해 글로 작성된 설명을 포함하는 중재"이다(미국 자폐센터, 2009, p. 15). 사회적 상황이야기는 이야기 기반 중재 중 가장 잘 알려져있다. 교사들은 자폐성장애 및 관련 장애를 가진 학생에게 사회성 기술을 가르치기 위해 사회적 이야기를 사용한다. 사회적 이야기는 이해력 향상을 위해 사회적 상황에 대한 "누가", "무엇을", "언제", "어디서"그리고 "왜"와 관련된 정확한 정보를 제공한다. Gray(1995)는 사회적 이야기를 만들기 위한 지침을 개발했으며, 그 이야기에는 설명문(상황이나 사회적 규범에 대한 기술), 지시문(학생에게 '하지 말아야 할 것'이 아닌 '해야 하는 것'을 설명), 그리고 조망문(타인의 감정과 생각을 묘사)이 포함될 것을 권고했다.

사회적 상황이야기는 장애 학생의 사회적 상황에 대한 지식(예: 차례 지키기 기술)의 습득과 새로운 기술(예: 화장실 사용 기술; Gray & Garand, 1993)의 학습을 위해 활용될 수 있다. Test, Richter, Knight, Spooner(2011)는 사회적 이야기를 다룬 문헌에 대한 종합적인 검토와 메타 분석을 실시했다. 이야기 기반 중재에 대한 미국 자폐센터의 연구결과와 대조적으로, Test 외(2011)와 Horner 외(2005)가 제시한 기준을 바탕으로 할 때 사회적 이야기 중재는 아직 증거기반실제로 간주될 수 없다고 설명했다. 사회적 상황이야기는 그 실용성과 광범위한 적용 가능성으로 인해 교사와 전문가들에게 인기가 높지만, 교사는 개별 학생의 이익을 평가하기 위해 지속적으로 정보를 수집할 필요가 있다. 또한, 두 문헌은 모두 사회적 상황이야기를 추가적 요소(예: 촉진, 강화, 토론)와 함께 사용할 것을 권장한다. 마지막으로, 사회적 상황이야기는 Gray와 동료들에 의해 권고되었지만, Test 외(2011)에 의하면 Gray의 지침을 준수하는 것만으로는 효과적인 중재가 될 수 없을 것으로 보았다.

3. 긍정적 행동지원

중도장애 학생은 외현화된 문제행동(예: 짜증내기, 때리기 또는 기물 파손과 같이 겉으로 드러나는 행동)과 내재화된 문제행동(예: 사회적 위축이나 자기-자극과 같이 내적으로 보이는 행동)을 모두 보인다. 과거에는 때때로 학교와 지역사회가 혐오적인 중재 방법을 포함하여, 체벌, 분리, 타임아웃 등 도전적인 행동을 관리하는 방법을 사용했다. 지난 20년간의 연구에 따르면 행동을 관리하기보다 학생을 지원하는 긍정적인 접근이 문제행동 감소와 바람직한 행동 증가에 효과적인 것으로 드러났다(예: Horner et al., 1990; Sugai, Simonsen, & Horner, 2008). 일괄적으로 이러한 접근을 긍정적 행동지원이라 부른다. 긍정적 행동지원은 문제행동의 원인을 이해하기 위한 협력적이고, 문제-해결적인 접근이다(Bambara & Kern, 2005). 긍정적 행동지원은 문제행동을 덜 효과적이고, 덜 효율적이며, 덜 의미 있게 만드는 것과 동시에 바람직한 행동을 더욱 기능적으로 만듦으로써 삶의 질을 향상시키는 포괄적인 중재를 설계하는 것을 목적으로 한다. 긍정적 행동지원의 목표는 단기적인 문제행동 감소뿐만 아니라 대안적인 기술을 가르치고, 문제행동 변화에 영향을 주는 환경을 조성함으로써 지속적인 변화를 만드는 것이다. 긍정적 행동지원은 사회적으로 의미 있으면서도 학생, 가족 및 학생의 삶에 관련된 사람과 연관된 성과를 만들기 위하여, 행동기법과 연구기반 방법을 개인중심(person-centered) 가치와 조합한다(Bambara & Kern, 2005). 긍정적 행동지원의 절차를 살펴보기 전에, 행동의 기본 원리에 대해서 알아보는 것이 유용할 것이다.

1) 행동의 기본 원리 이해하기

긍정적 행동지원은 행동주의 또는 행동과학 철학에 근거를 두고 있다(Cooper 외, 2007; Skinner, 1974). 행동주의의 핵심은 개인의 행동이 이해될 수 있다는 것이다(Cooper et al., 2007). 긍정적 행동지원과 행동분석은 행동이 기능적이고, 의사소통적이며, 맥락을 기반으로 함을 말한다(Dunlap, Harrower, & Fox, 2005). 다시 말해, 행동은 행동을 하는 사람을 위한 기능을 제공한다. 어떤 것을 얻거나, 회피하는 결과가 일관적으로 뒤따르기 때문에 문제행동이 계속해서 발생한다. 행동은 사회적 환경에 영향을 준다는 점에서 의사소통적이다. 예를 들어, 〈표 14.2〉에서 볼 수 있듯이, 지원을 요청하거나 과제 요구를 회피하는 것이 행동의 기능일 수 있는데 이 두 가지 모두 의사소통의 예이다. 마지막으로, 행동은 환경적 맥락과 관련이 있다(Baer, Wolf, & Risley, 1968, 1987). 바람직한 행동을 늘리고, 문제행동을 줄이도록 환경을 조정할 수 있다.

〈표 14.2〉 행동의 의사소통적 기능 확인하기

기능	팀을 위한 질문	Krissy에 대한 예시	의사소통적 메시지
관심/사회적 상호작용 획득	행동이 사회적 관심을 얻기 위한 방법인가?	교사는 다른 학생과 이야기하고 있고, Krissy는 자해행동을 시작함	"나는 당신의 관심을 원해요." "나를 보세요!"
구체물이나 활동 획득	행동이 선호하는 것을 얻기 위한 방식인가?	다른 학생이 장난감을 가지고 놀고 있을 때, Krissy가 비명을 지르기 시작함	"나는 이것을 원해요."
관심/사회적 상호작용 회피	행동이 비사회적이거나 사람을 피하기 위해 사용되는가?	언어치료사가 교실로 들어오자, Krissy가 교실 밖으로 뛰쳐나감	"혼자 있고 싶어요." "나를 괴롭히지 마세요."
구체물이나 활동 회피	행동이 싫어하거나 더 이상 흥미롭지 않은 것을 거절하기 위하여 사용되는가?	교사가 Krissy에게 수학 활동을 완수할 것을 요청하자 Krissy가 옆에 앉은 학생을 때리기 시작함	"이것을 하고 싶지 않아요." "안돼." "이것은 너무 어려워요." "도움이 필요해요." "휴식이 필요해요."
감각 자극 획득이나 회피	학생이 혼자 있는 경우에도 그 행동이 하루 종일 발생하는가? 학생이 고통스러워 보이는가?	Krissy가 혼자 있을 때, 친구들과 함께 있을 때, 교사와 함께 있을 때, 소리내기 시작함	"지루해요." "다쳤어요." "이것은 즐거워요." "긴장했어요."

2) 긍정적 행동지원의 절차

긍정적 행동지원은 다음과 같은 5단계 절차로 이루어진다. (1) 문제행동 정의하기, (2) 문제행동 평가하기, (3) 가설 진술문 개발하기, (4) 지원 계획 수립하기, (5)

지원계획 실행, 평가 및 수정하기(Bambara & Kern, 2005; O'Neill & Jameson, 2016). 다음은 5단계 절차에 대해 설명이다. 〈표 14.2〉는 긍정적 행동지원 절차의 개관을 제공한다.

(1) 1단계: 문제행동 정의하기

개별화된 긍정적 행동지원 절차를 개발하는 첫 번째 단계는 해당 문제행동이 학교차원의 긍정적 행동지원을 받는 대다수의 학생들에게 보다 더 많은 지원을 필요로 하는지 여부를 결정하는 것이다(O'Neill & Jameson, 2016). 만약 그렇다면, 그 문제행동(또는 문제행동군)은 관찰 가능하고, 측정 가능한 용어로 설명함으로써 확인된다. 이 단계에서 팀은 행동의 형태(또는 행동이 "어떻게 보이는지")를 설명한다(Cooper et al., 2007). 추가적으로, 팀은 문제행동의 심각성 정도를 고려할 수 있다. 또한 학생은 동시에 발생하는 심각한 행동 문제를 가지고 있을 수 있으며, 이 경우에 긍정적 행동지원팀은 행동의 심각성에 따라 지원의 우선순위를 정해야 한다(Bambara & Kern, 2005). 예를 들어, 파괴적인 행동(destructive behaviors) 또는 위험하다고 여겨지거나 타인의 안전을 위협하는 행동은 팀이 긍정적 행동지원을 계획할 때 첫 번째 우선순위에 두어야 한다. 이럴 경우 팀은 포괄적인 긍정적

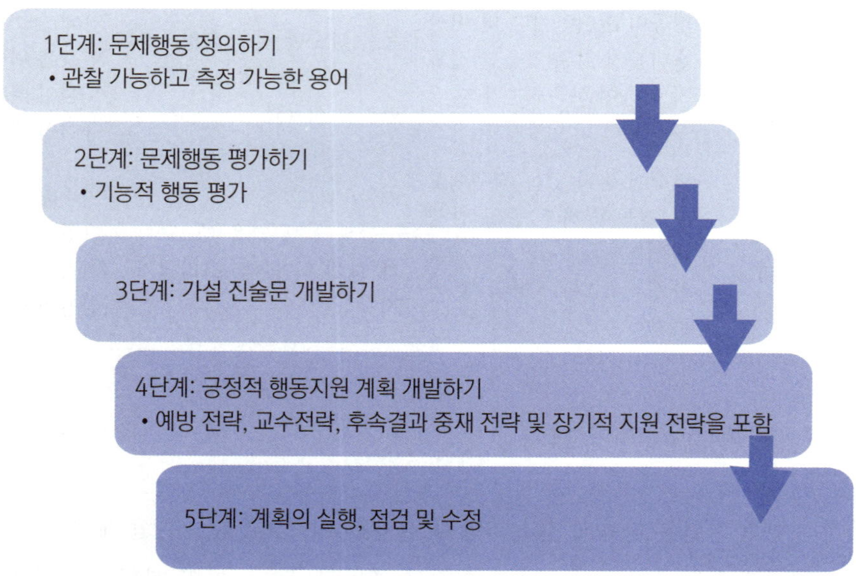

[그림 14.2] 긍정적 행동지원의 절차

행동지원 계획을 통해 위기관리계획을 수립해야 한다. 또한, 만약 팀이 파괴적인 행동으로 인해 교육적 배치 변경을 고려하고 있는 경우라면, 미국「장애인교육법」(Individuals with Disabilities Education Acts, IDEA, 1997)에 의해 학생의 기존 행동관리 계획을 검토하고 기능적 행동 평가를 수행해야 한다.

두 번째 우선순위에 있는 행동은 수업 방해 행동처럼 학생이 가정, 학교, 지역사회 활동에 완전히 참여하는 것을 방해하고 긍정적인 사회적 관계의 발전을 저해하는 방해 행동(disruptive behaviors)이다. 마지막으로, 세 번째 우선순위에 있는 행동은 산만한 행동(distracting behaviors; 예, 책상 두드리기, 특정한 루틴을 고수하기, 일방적으로 상호작용하기), 또는 "일반적으로 같은 나이의 또래에게 기대되는 행동에서는 벗어나지만 학습이나 일상적인 활동 참여를 심하게 저해하지는 않는"(Bambara & Kern, 2005, p. 52) 행동이 될 수 있다. 전 과정에 걸쳐, 팀은 단순히 문제행동을 줄이거나 없애는 데 초점을 맞추기보다는 학생이 성공적으로 행동하는데 필요한 지원을 고려해야 한다.

(2) 2단계: 문제행동에 대한 형식적 평가

두 번째 단계는 환경의 맥락 내에서 문제행동을 평가하여 왜 그 행동이 발생하는지를 확인하는 것이다. 긍정적 행동지원 계획의 가장 중요한 부분은 대체행동 교수에 가능한 전략을 제공하기 위하여 학생과 환경에 대한 정보를 수집하고 분석하는 기능적 행동 평가(Functional Behavioral Assessment, FBA)를 실시하는 것이다(Kittelman, Bromley, & Mazzotti, 2016). 선행연구는 기능적 행동 평가를 활용할 때, 긍정적 행동지원 중재 효과가 증가함을 나타낸(예: Marquis et al., 2000). 또한 미국「장애인교육법」은 학교에서 기능적 행동 평가와 긍정적 행동지원을 사용하도록 요구한다.

기능적 행동 평가의 과정에는 직접 및 간접적인 방법을 통하여 광범위하고 구체적인 정보를 수집하는 것이 포함된다. 간접 평가 방법의 예로는 학생기록 검토, 면담(또래, 부모, 교사, 학생 본인), 체크리스트가 있다. 직접 평가 방법은 간접 평가를 통해 수집된 정보를 검증하는 데 도움이 된다. 직접 평가 방법은 행동이 발생할 때 평가되고 기록된다. 직접 평가의 예로는 행동 발생에 따른 일화기록, 선행사건(Antecedent)-문제행동(Behavior)-후속결과(Consequence)(ABC) 분석, 기능적 평가 관찰(Functional Assessment Observation, FAO; O'Neill et al., 1997)이 있다. 일화 기록이 기능적 행동 평가에 유용할 수 있는데 특히, 행동 전후에 발생하는 상황에 대한 정보를 제공하는 경우 유용하다. 그러나 이 방법은 비공식적인 행동 측정으로 간주된다. 기능적 행동 분석은 문제행동을 평가하는 구조화된 형식을 제공하며, 세 줄로 배열된 데이터 시트로 구성된다. 첫 번째 줄은 문제행동 이전에 발생하는 일(즉, 선행사건), 두 번째 줄은 해당 행동, 세 번째 줄은 문제행동 이후에 일어난 일(즉, 후속결과)을 나타낸다(〈표 14.3〉은 기능적 행동 평가 관찰 양식의 예이다). 직접 평가와 간접 평가를 토대로 기능적 행동 평가는 행동의 형태(즉, 행동이 어떻게 보이는가); (2) 발생 가능성이 언제 가장 높거나 낮은가; (3) 문제행동이 유지되는 이유는 무엇인가를 정의하는 명확한 진술로 구성된다.

학생 이름:	관찰일:
관찰자:	시간:
활동:	수업 기간:
행동:	

선행사건	행동	후속결과

[그림 14.3] ABC 관찰 양식

(3) 3단계: 가설 진술문 개발하기

긍정적 행동지원의 세 번째 단계는 행동이 발생하는 이유를 이해하기 위하여 행동의 기능(즉, 목적)에 대한 가설을 개발하는 것이다(Cooper et al., 2007). 가설은 문제행동을 만들고 유지하는 조건과 같이 문제행동과 환경 간의 관계를 근거로 한 행동에 대한 타당한 설명이다.

4단계 행동발생 유관 모델(four-term contingency)은 배경사건, 선행사건, 문제행동, 후속결과를 포함하는 행동공식이다(Cooper et al., 2007). 배경사건은 문제행동을 유지하는 강화제의 가치를 일시적으로 변경하는 사건, 환경, 자극을 말한다. 예를 들어, 질병은 사회적 칭찬의 가치를 감소시킬 수 있는 배경사건이며, 학업 과제 회피를 증가시킬 수 있다. 다시 말해, 만약 학생이 독감에 걸렸다면 교사가 "잘했어!"라고 칭찬을 한다고 해도 수학과제에 대해 "동기 부여"가 되지 않을 수 있다. 학생의 일반적인 의료 상태, 사회적 상호작용, 수면, 식사 패턴, 행동의 후속결과와 선행사건에 영향을 미칠 수 있는 또 다른 배경사건에 대한 정보를 파악하는 것이 중요하다. 선행사건은 행동 전에 발생하는 상황이다. 선행사건을 파악할 때, 팀은 문제행동이 언제, 어디서, 누구와 함께 할 때 발생하는지에 대한 정보를 포함시켜야 한다. Carr 외(2022)는 문제행동을 하는 동안이나 이전에 일어나는 일들에 주목하는 것만큼 또는 그보다 더 문제행동들 사이에 일어나는 일에 주목하기를 권한다. 학생이 성공적이었던 상황을 통해 수집한 정보는 더 어려운 상황에서 지원하는 방법을 찾아내기 위한 방향을 팀에 제공해준다.

문제행동은 학생을 위한 목적을 제공한다는 점에서 기능적이다. 문제행동에 따르는 결과는 대개 지속되는 결과이므로 이러한 후속결과가 행동의 목적에 대한 정보를 제공해준다(Cooper et al., 2007). 예를 들어, 한 아이가 가게에서 장난감을 갖고 싶어서 짜증을 내기 시작하자, 엄마는 당황스러워하며 장난감을 사준다(아이는 울음에 대한 결과로 구체물을 획득한다). [그림 14.4]에서 볼 수 있듯이 이 경우의 후속결과는 장난감 구입이다. 기능적 행동 평가의 정보를 활용하여 팀은 문제행동에 대한 가설 진술문을 개발할 수 있다. 가설 진술문은 4단계 행동발생 유관 모델 양식과 유사하며 일반적으로 배경사건과 선행사건("언제 발생하는가")을 확인하고, 문제행동("학생이 한 일")을 기술하며, 행동의 기능을 설명한다("~를 얻거나 피하기 위하여"; Carr, Langdon, & Yarbrough, 1999의 예 참조). 가설 진술문의 예시는 다음과 같다.

- 가설 1: Charlie는 쓰기 과제 완수를 요청 받았을 때, 과제 수행을 회피하기 위해 때리고, 울면서 책상 밑으로 기어들어갈 것이다.
- 가설 2: Charlie는 친구들이 노는 것을 볼 때, 친구의 관심을 끌기 위하여 친구의 머리카락을 잡거나 당길 것이다.

팀이 가설 진술문을 개발하고 나면, 문제행동이 발생하는 환경에서 학생을 직접 관찰함으로써 가설을 검증할 수 있다. 가설 검증은 ABC 양식(〈표 14.3〉 참조), 산점도 분석(scatterplot analysis; Doss & Reichle, 1991), 그리고/또는 기능적 평가 관찰 양식(O'Neill et al., 1997, [그림 14.4] 참조)을 사용해서 실행될 수 있다.

산점도 분석은 교사가 여러 날에 걸쳐 지정된 시간(예: 30분 동안) 내에 문제행동의 발생을 표시할 수 있는 격자모양 표이다(Doss & Reichle, 1991). 산점도 자료를 통해 행동 발생 가능성이 있는 시간대뿐만 아니라 행동 발생 가능성이 없는 시간대에 대한 정보를 발견할 수 있다. 팀이 긍정적 행동지원 절차를 시작할 때, 문제행동이 발생하는 시간의 환경에 변화를 주어 문제행동 감소를 위한 중재에 집중할 수 있다. 팀은 문제행동이 관찰되지 않은 시간대에 수집된 정보를 활용하여 문제행동이 발생하는 시간대에 필요한 변경 사항에 대한 정보를 제공할 수 있다.

기능적 평가 관찰(O'Neill et al., 1997)은 ABC 관찰과 산점도를 통합하여 문제행동의 선행사건과 후속결과 사이의 관계에 대한 정보를 제공한다. 이러한 관계를 파악하면 문제행동의 "촉발요인"과 문제행동을 유지시키거나 증가시키는 후속결과를 파악할 수 있다. 모든 직접관찰의 경우, 환경적 변수와 행동 사이의 상관관계는 파악할 수 있지만 환경적 변수와 행동 사이의 인과 관계에 대한 결론을 지을 수는 없다.

기능적 행동 평가의 최종 결과는 다음과 같아야한다: (1) 맥락/환경에 따른 문제행동에 대한 설명, (2) 직접 및 간접 평가, (3) 문제행동의 배경사건에 대한 정보, (4) 행동을 증가시키는 선행사건(즉, 촉발요인)과 행동을 감소시키는 선행사건에 대한 정보, (5) 가능한 후속결과, (6) 앞서 언급한 정보를 종합한 문제행동에 대한 가설(Horner, Albin, Todd, & Sprague, 2006).

배경사건 +	선행사건 →	행동 →	후속 결과
학생이 두통을 느끼며 잠에서 깸	교사가 숙제를 요청함	학생이 책상에 엎드려서 숙제 제출하기를 거부함	학생이 자신의 행동을 돌아볼 수 있도록 교실 밖으로 내보냄

[그림 14.4] 4단계 행동발생 유관 모델

(4) 4단계: 긍정적 행동지원 계획 수립하기

네 번째 단계는 기능적 행동 평가를 통해 수집한 정보를 활용하여 긍정적 행동지원 계획을 수립하는 것이다. 단지 문제행동을 멈추는 것에만 초점을 두는 행동관리 계획과 달리 긍정적 행동지원 계획의 목적은 학생, 가족, 다른 사람들을 위해 장기적으로 지속되는 변화를 만들어내는 예방, 교수, 후속결과 전략을 개발하는 것이다. 종합적인 긍정적 행동지원 계획은 다음의 요소를 포함한다: **예방 전략**(문제행동을 무의미하게 만드는 것), **교수전략**(문제행동을 비효율적으로 만드는 것), **후속결과 전략**(바람직한 행동을 더 효과적으로 만드는 것), **장기적 지원**(생활양식의 변화와 지원을 지속하기 위한 전략; Horner, Sugai, Todd, & Lewis-Palmer, 1999-2000; O'Neill & Jameson, 2016). 〈표 14.3〉은 예방, 교수, 후속결과, 장기적 지원 전략의 예시와 정의를 보여준다. 중재가 구성 요소의 전체 또는 일부를 포함하는 것이 가능하지만, 팀은 후속결과 전략만 고려하기보다는 예방과 교수전략을 고려해야 한다.

긍정적 행동지원의 목적은 문제행동과 관련된 중재가 사후 대응적이지 않고, 예방적이고 지원적이도록 하는 것이다. 교사와 학생들에게 예방적 중재를 사용하는 것의 한 가지 이점은 예방적 중재가 효과 있는 결과를 빠르게 만들어 내어 학생이 대체행동과 대처 기술을 배울 수 있도록 긍정적인 분위기를 만든다는 점이다. 또한 대부분의 발달장애 학생은 목표로 하는 문제행동에 대해 사회적으로 수용되는 대체행동을 배울 필요가 있다. 다행히도, 기능적 행동 평가를 통하여 문제행동의 기능이 잘 파악되면 다양한 환경에서 비슷하게 나타나는 문제행동의 해결을 돕는 다양한 교육방법이 있다. 마지막으로 팀은 장기적인 지원을 제공하기 위하여 시간이 지남에 따라 기술을 유지시키고 일반화시키는 방법을 고려해야 한다 (Bambara & Kern, 2005).

〈표 14.3〉 행동지원 계획의 구성 요소와 예시

전략의 유형	설명	예시
예방 전략	• 문제행동을 의미 없게 만들어서 수정하거나 제거하기 • 선행사건이나 배경사건을 변화시키기	• 학생에게 스케줄을 알려주기 • 학교에 오기 전보다는 전날 밤에 약을 먹기 • 교사/부모의 촉진을 변경하기(예: "자러 가야지"에서 "잠자기 전 이야기 읽을까?"로 변경하기)
교수 전략	• 문제행동과 같은 기능을 갖는 대체행동 기술을 가르쳐 문제행동을 비효율적으로 만들기 • 전반적인 역량 향상을 위하여 새로운 적응행동 기술을 가르치기	• 학생에게 "휴식"카드 사용 교수하기 • 기능적 의사소통 훈련 실행하기 • 인사하기와 같은 사회성 기술 교수하기 • 놀이 기술 교수하기 • 도움 요청하기와 같은 문제해결 기술 교수하기
후속결과 전략	• 문제행동에 반응하기(바람직한 행동을 증가시키고 문제행동은 감소시키는 전략 결정하기) • 필요하다면, 위기관리계획 개발하기	• 바람직한 행동에 대한 시도 강화하기 • 문제행동 무시하기 • 적절한 행동에 대해 학생이 자기점검하기 • 교사가 토큰체계 사용하기
장기적 지원	• 생활양식 변경하기 • 팀이 장기간 지원을 유지하기	• 또래 써클(circle of friends) 제공하기 • 지역사회 행사나 활동에 대한 참여 장려하기 • 바람직한 행동을 전환계획의 부분으로 보장하기 • 매년 교사간 의사소통 기회 마련하기

(5) 5단계: 긍정적 행동지원 계획의 실행, 평가, 수정하기

긍정적 행동지원 계획의 목표는 문제행동을 의미 없고, 비효율적이고, 비효과적으로 만드는 것과 동시에 바람직한 행동을 촉진하는 것이다(Carr et al., 2002). 이 목표를 성취하기 위하여 팀은 기존 계획의 실행, 평가, 수정에 관한 긍정적 행동지원 계획서를 작성해야한다. 긍정적 행동지원 계획이 다양한 환경과 사람을 통해 실행되기 위해서 팀원의 협력이 필수적이다(예: Carr et al., 2002).

① 실행하기

O'Neill과 Jameson(2016)에 의하면, 긍정적 행동지원 계획 실행을 위하여 팀은 먼저 긍정적 행동지원 계획서를 작성해야 한다. 먼저, 행동지원을 위한 학업 및 생활양식의 맥락이 정의되어야 한다. 예를 들어, 긍정적 행동지원 계획서에는 학생에 대한 개인 중심 계획 및 비전 계획의 요약이 포함되어야 한다. 둘째, 문제행동의 조작적 정의(즉, 관찰 가능하고 측정 가능한 용어로 행동의 형태를 명확하게 정의)는 팀원이 문제행동의 성격과 심각성을 결정하는 데 도움이 된다. 조작적 정의는 학생의 문제행동과 반응군(즉, 동일한 기능을 수행하는 행동군) 둘 다에 초점을 맞추어야 한다. 셋째, 문제가 되는 루틴이 발견되어야 하며(즉, 환경의 맥락 안에서 문제행동을 정의해야 함), 이는 그 행동이 학생의 개인적 특성으로서(예: Cayden은 게을러) "비난받을" 가능성을 줄여줄 것이다. 넷째, 기능적 평가를 통해서 긍정적 행동지원 계획의 목적과 목표를 상기시키는 역할을 하는 가설이 진술되어야 한다. 다섯째, 근본적인 문제들이 긍정적 행동지원 계획서에서 설명되어야 하는데 이는 이러한 근본적인 문제들이 문제행동과 일상 전반에 영향을 미치기 때문이다. 근본적인 문제의 예로는 학생의 건강과 신체적 안녕, 의사소통 능력, 선택과 통제에 대한 표현 능력, 사회적 관계 형성 기술과 활동 패턴이 있다. 여섯째, 예방, 교수, 결과 전략이 고려되고 개발되어야 한다(〈표 14.3〉의 예 참조). 일곱째, 평가 전략에는 평가할 행동, 관련 자료 수집 양식, 절차 및 책임자가 포함된다. 마지막으로, 시간이 지남에 따라 맥락에 대한 적합성을 확보하기 위한 조치가 취해져야 한다. 맥락에 대한 적합성을 촉진하기 위하여 긍정적 행동지원 계획은 지속가능성이 보장되도록 환경과 팀원 전체에 걸쳐 충실하고 일관성 있게 실행되어야 한다. 긍정적 행동지원 계획은 일반적인 일상과 활동을 통해 교사, 부모, 지원 인력이 실행하기에 비교적 쉬워야 한다(Bambara & Kern, 2005; Carr et al., 2002; O'Neill & Jameson, 2016).

② 평가하기

긍정적 행동지원 계획이 실행되었을 때, 가장 중요한 질문 중 하나는 '계획이 얼마나 성공적이었는가?'이다. 긍정적 행동지원 계획서를 활용하여 개별화된 긍정적 행동지원의 목적과 목표에 따라 학생의 진보를 평가할 수 있다. Bambara와

Kern(2005)이 개발한 평가 계획을 긍정적 행동지원 절차의 평가 단계에서 유용하게 사용할 수 있다. 의미 있는 결과, 기대행동, 측정 방법, 책임자(들), 예상되는 타임라인이 평가 계획의 부분일 수 있다. 팀원은 계획서를 평가하고 계획의 다음 단계 관련 문제해결을 위하여 정기적으로 만나야 한다.

③ 수정하기

긍정적 행동지원 계획을 지속적으로 평가하면서 성과에 대한 팀의 만족도에 따라 기존 계획을 변경해야 할 수도 있다. 성과는 문제행동의 완전한 소거로만 판단되어서는 안 되는데 그 이유는 특히 발달장애의 일부로 의사소통의 어려움이 있는 학생의 경우 문제행동의 완전한 소거가 대개는 불가능하기 때문이다. 팀은 (1) 문제행동의 감소, (2) 대체행동 및 다른 적응행동 기술의 증가, (3) 광범위한 사회적 및 학습적 결과(예: 멤버십/소속감, 또래 수용, 친구관계) 향상을 바탕으로 긍정적 행동지원 계획의 성과를 평가해야 한다.

균형 맞추기: 문제행동 교수와 문제행동 관리

교사는 문제행동을 계속해서 다루기 때문에 학업 내용을 가르칠 시간이 충분하지 않다고 느낄 수 있다. 선행연구는 학업적 어려움과 행동문제 사이의 상관관계를 밝혀왔다(예: Fleming, Harachi, Cortes, Catalano, & Abbott, 2004; Nelson, Benner, Lane, & Smith, 2004). 이 장에서 논의하는 해결책은 기능적 행동 평가를 개발하고 긍정적 행동지원 계획을 실행하는 것처럼 간단할 수 있다. 긍정적 행동지원 계획에서 다루고 있는 문제행동 중 일부를 줄임으로써 학업에 참여하는 시간이 늘어날 수 있다. 또한, 문제행동의 일부는 학생이 학업적으로 도전감을 느끼지 못하거나, 반대로 좌절감을 느끼기 때문일 수 있다.

다른 해결책은 비디오 모델링을 사용하는 것이다. 비디오 모델링에 대한 문헌들은 비디오 모델링이 발달장애 학생, 특히 자폐 범주성 장애 학생에게 효과적인 교수전략이 될 수 있음을 보여준다(예: McCoy & Hermansen, 2007). 비디오 모델링은 목표행동을 영상으로 녹화해서 학생들의 목표행동 모방과 일반화 능력을 향상시키는 교수기법이다(Hitchcock, Dowrick, & Prater, 2003).

비디오 모델링은 다양한 사회적, 학업적, 기능적 기술을 가르치는 데 성공적으로 사용되어 왔다. 예를 들어, 핵심적인 사회적 단서 부각, 특정 사회 및 의사소통 기술 강조, 과제 완수를 위한 순서를 제시하는 영상이 만들어질 수 있다(Quill, 2000). 마지막으로, 비디오 모델로는 성인, 또래, 자기 자신, 시각적 시점을 포함할 수 있다.

실제 모델링은 효과적이지만 시간이 많이 걸릴 수 있기 때문에 비디오 모델링이 교사들에게 더 매력적일 수 있다. 사실, 비디오 모델링은 실제 모델링보다 더욱 효과적일 수 있는데 한 연구에서는 학생들이 실제 모델링보다 비디오 모델링에서 기술을 더 빠르게 습득했고, 다른 상황으로 일반화도 잘 되었다(Charlop-Christy, Le, & Freeman, 2000). 또한 비디오 모델링은 비용 효율적이고 효과적이다: 목표행동이 한 번 녹화되고 나면, 다양한 학생과 환경에 걸쳐서 반복적으로 사용될 수 있다(Graetz, Mastropeiri, & Scuggs, 2006). 비디오 모델링이나 다른 선행사건 전략(예: 상황이야기, 학급 규칙)을 사용하여 문제행동 발생을 예방함으로써 교사들은 학업 내용 교수에 더 많은 시간을 할애할 수 있다는 것을 알게 될 것이다.

3) 학교차원의 긍정적 행동지원

학교 공동체는 학교차원의 긍정적 행동지원(School Wide Positive Behavior Support, SWPBS)이라 불리는 시스템 차원의 확장된 접근 방식을 긍정적 행동지원에 적용하기 시작했다. 학교차원의 긍정적 행동지원은 예방, 기술 형성(skill building), 환경 수정의 원리를 확장하여 전체 학교 공동체에서 긍정적 행동지원의 적용 가능성을 증가시킨다(Bambara & Lohrmann, 2006). 학교차원의 긍정적 행동지원은 문제행동을 줄이고, 학업 성취도를 높이는데 도움이 되는 증거기반 전략의 선택, 통합, 실행을 이끄는 자료 기반 의사결정 프레임워크로 정의될 수 있다(Sugai et al., 2008).

학교차원의 긍정적 행동지원은 학생들의 사회적 행동 요구를 사전적으로 다루어 사회적 및 학업적 실패를 예방함으로써 많은 학교 공동체가 가진 "실패할 때까지 기다리기(wait to fail)"의 우려를 해결한다(Simonsen, Sugai, & Negron, 2008). 학교차원의 긍정적 행동지원에는 네 가지 핵심 요소의 통합이 요구 된다: (1) 자료에 기초한 의사결정, (2) 자료에 의해 지지되고, 결정되는 명확하고 측정가능한 성과, (3) 학생 성과를 지원하기 위한 증거기반실제, (4) 이러한 실제의 충실한 실행을 효율적이고 효과적으로 지원하는 시스템. 학교차원의 긍정적 행동지원은 3단계 예방 프레임워크 맥락의 체계적인 접근법이다: 1단계 또는 1차 중재 단계(모든 학생에게 제공); 2단계 또는 2차 중재 단계(1차 중재에 반응하지 않는 학생을 위한); 3단계 또는 3차 중재 단계(1차 중재와 2차 중재에 반응하지 않는 학생을 위한; Sugai et al., 2008).

1단계 중재의 목표는 친사회적 행동을 가르치고 문제행동을 예방하기 위해서 교직원이 일관되고 긍정적인 방식으로 학교차원의 지원을 제공하는 것이다. 2단계 중재에서는 학습이나 행동 문제에 대한 위험을 가지고 있으면서, 1단계 중재에 반응하지 않는 학생을 지원하기 위한 전문적인 집단 전략을 실행할 수 있다. 3단계 중재는 행동 및 학업 문제에 대한 위험이 높은 학생들에게 전문적이고 개별화된 지원을 제공하는 것으로 구성된다(Sugai et al., 2008).

긍정적 행동지원 계획의 효과적인 실행은 모든 학교 구성원의 약속을 필요로 하며, 교직원과 학생에게 학교차원의 중재와 지원에 대하여 가르치고, 모든 학생에게 일관적인 중재와 지원을 적용하며, 이러한 중재와 지원의 노력을 지속적으로 평가하는 것을 포함한다(Landers, Courtade, & Ryndak, 2012). 또한 모든 학생의 요구가 충족될 수 있도록 학교차원의 긍정적 행동지원 전략과 실행의 정기적인 개정이 요구된다(Taylor-Greene & Kartub, 2000). 규정에 따라 실행되는 경우, 대부분의 학생(초등학생 89%, 중학생 74 %, 고등학생 71%)이 1단계 중재에서 긍정적으로 반응할 것으로 기대할 수 있다(Simonsen et al., 2008). 학교차원의 긍정적 행동지원의 성공적인 실행에 대한 측정 가능한 성과에는 정학이나 퇴학 징계의 감소, 학업 성취도 향상, 전문적인 행동지원이 필요한 학생을 위한 지원 향상 등이 있다(Sugai et al., 2008).

4. 사례 연구

이 장의 첫 부분에 수학 시간에 독립과제를 수행하는 것에 대해 어려움을 겪고 있던 Elias의 사례를 소개했다. 보조인력은 Elias가 과제 수행을 거부하고 수업에서 뛰쳐나간 횟수에 대한 자료를 수집하기 시작했고, 자료는 증가 추세를 나타내었다. 특수교사 Hofsess는 Elias가 1단계와 2단계 지원을 받는 동안 얼마나 잘 행동했는지에 대한 정보와 함께 보조인력과 수학교사 Martin의 자료를 평가했다.

이 과정에서 개별화교육계획팀은 Elias에게 3단계 중재가 필요하다고 판단했다. Hofsess 씨는 간단한 기능적 행동 평가를 위한 팀 회의를 제안했다. 직접관찰 결과, Hofsess 씨는 Martin 씨가 Elias에게 유치원 수준의 수학 활동지를 주었다는 것(가능한 배경사건)을 알게 되었다. 그녀는 또한 Elias가 친구의 팔을 두드려서(때리는 것으로 해석되어진) 친구와 함께 하고 싶은 마음을 전하려 했을 수 있다는 것에 주목했다. 다른 친구들이 짝을 이루어서 활동을 할 때, 아무도 Elias와 함께 하지 않았다. 활동지의 종류와 또래 파트너가 없는 것이 Elias가 "집에 가"라고 외치며 교실에서 뛰쳐나가는 행동의 계기인 것 같았다. 기능적 행동 평가를 통해 Elias의 행동은 회피(선호하지 않는 활동지를 혼자서 수행하는 것)의 기능을 가진 것처럼 보였다. 긍정적 행동지원팀은 또한 Elias의 약물 복용 감소가 또 다른 선행사건일 수 있음을 알게 되었다. 이것이 Elias의 비선호 활동에 대한 인내심 부족을 설명하는 것에 도움이 되기는 했지만 팀은 학교기반의 중재 계획에 돌입했다.

자료를 검토하고 가능한 선행사건을 확인한 뒤, 긍정적 행동지원팀은 Elias의 요구를 지원할 수 있는 긍정적 행동지원 계획을 개발했다. 팀은 Elias의 문제행동을 예방할 수 있는 다양한 선행사건 전략을 찾아서 포함시켰다. 예를 들어, 특수교사는 다른 친구들과 비슷한 내용(학년 수준에 적합한 내용)이면서도 Elias의 개별화교육계획 목표에 맞게 수정된 수학 활동지를 만들었고, 짝과 함께 하는 과제를 할 때 Elias가 친구와 함께 할 수 있도록 하는 계획을 포함했다.

긍정적 행동지원 계획에는 Elias가 주어진 과제를 참을 수 없을 때 협상하는 방법을 배우는 것도 포함되어 있었다. Elias는 보완대체의사소통 응답 화면에 있는 5가지 선택 항목 중에 하나를 선택할 수 있도록 체계적 촉진을 받았다: (1) "친구 도움", (2) "교사 도움", (3) "휴식이 필요해요", (4) "너무 쉬워요", (5) "너무 어려워요". 후속결과 전략은 Elias가 보완대체의사소통을 사용했을 때와 과제를 수행했을 때 말로 칭찬하는 것이었다. 만약 친구들이 모두 혼자서 과제를 수행하고 있을 때 Elias가 혼자 앉아서 과제를 수행했다면(가장 어려운 단계), Elias는 컴퓨터 하는 시간을 가질 수 있었다(가장 선호하는 활동). 만약 Elias가 "집에 가"라고 소리를 지르기 시작하면, 교사가 보완대체의사소통을 사용하여 "휴식이 필요해요"를 선택하도록 촉진을 제공하고, Elias가 잠깐 쉴 수 있도록 해주었다. 마지막으로, 장기적인 변화를 이루기 위하여 Elias는 자신의 과제를 스스로 점검하는 방법을 배웠고 보완대체의사소통 응답 방식을 다른 수업 시간에 일반화할 수 있는 기회를 가졌다. Elias가 가장 좋아하는 반 친구가 선택하기를 시연하는 비디오 모델링이 활용되었다(친구 도움, 교사 도움, 휴식 필요, 너무 쉬움, 너무 어려움). Elias는 비디오를 보면서 보완대체의사소통 장치의 화면을 가리키는 연습을 했다. Elias가 보완대체의사소통을 활용하여 의사소통 방법을 일관성 있게 사용할 수 있을 때까지 매일 이 비디오를 시청하였다.

5. 요약

사회성 기술의 부족은 또래 관계 문제, 사회적 적응 문제, 학업 문제를 초래할 수 있기 때문에 중도장애 학생에게 긍정적인 사회적 관계의 발달은 매우 중요하다. 교사는 적합한 사회성 기술 교수 계획과 교수 제공을 통하여 긍정적인 사회적 관계 발전과 관련된 문제를 다루어야 한다. 많은 중도장애 학생은 학습과 통합환경 접근을 저해할 수 있는 문제행동을 가지고 있기 때문에(O'Neill, 2004) 종종 사회적 관계나 또래모델에 대한 접근이 제한된다. 반복적인 연습이 없다면 중도장애 학생은 사회적 관계를 맺는 것과 그들의 바람과 요구를 전달하는 것에 어려움을 가질 수 있다.

이 장에는 사회적 관계가 중도장애 학생에게 특히 왜 중요한지에 대해서 설명했다. 일반적인 환경, 또래 및 학년에 적합한 교육과정에 대한 접근 부족과 같이 중도장애 학생이 겪는 사회적 관계에 대한 장벽이 존재한다. 교사와 학생은 이러한 장벽을 극복하기 위하여 이 장에서 설명되는 실제적인 전략들을 활용할 수 있다. 이 장에서는 또한 사회적 관계를 증진시키기 위해 활용되는 환경적인 조정에 대해서도 논의하였다. 교사들은 사회성 증진을 위해 연구기반의 방법을 사용해야 한다. 이러한 연구기반 전략 중 몇 가지가 논의되었다.

중도장애 학생은 종종 의사소통과 사회화에 어려움을 겪는데 이러한 어려움은 문제행동으로 이어질 수 있다. 도전적인 행동을 가진 학생에게는 긍정적 행동지원 중재 계획의 실행이 필요할 수 있다. 팀은 도전적인 행동을 가진 학생을 위한 행동지원 계획을 세우기 전에 행동의 기본 원리에 대해 이해해야 한다. 이 장에서는 긍정적 행동지원 계획을 적용하기 위한 5단계 절차와 행동의 기본 원리를 살펴보았다. 긍정적 행동지원 계획은 문제행동을 의미 없고, 비효율적이며, 비효과적으로 만드는 동시에 바람직한 행동을 촉진한다. 이 장은 학교차원의 긍정적 행동지원에 대해 살펴보면서 마무리 되었다. 학교차원의 긍정적 행동지원은 학생의 사회적 행동 요구를 예방적으로 다룸으로써 체계적인 3단계(three-tiered) 수준을 통해 문제행동을 해결한다. 학교차원의 긍정적 행동지원은 자료 기반의 의사결정, 명확하고 측정 가능한 성과 확인, 충실하게 실제를 실행하도록 하는 체계에 대한 노력을 필요로 한다.

마무리 활동

1. 교실이나 학교에서 가르칠 수 있는 사회성 기술의 예를 제시하세요. 사회성 기술을 가르치기 위하여 어떤 방법을 사용해야 하나요?(연구기반 및/또는 입증된 중재의 예를 제시하세요.)

2. 집단별로, 문제행동을 가진 학생에 대한 사례 연구를 작성하세요(부모의 허락을 받거나 가명을 사용하여 기밀사항을 보호해야 함). 가정과 학교 환경에서 일어나는 문제행동에 대한 정보뿐만 아니라 행동 발생 전후에 일어나는 일에 대한 정보를 제공하세요. 이를 바탕으로 450쪽의 지침을 포함하여, "약식의" 기능적 행동 평가를 작성하세요. 최종적인 기능적 행동 평가는 다음을 포함합니다: (a) 맥락/환경 내에서의 문제행동에 대한 설명, (b) 직접 및 간접 평가, (c) 문제행동의 배경사건에 대한 정보, (d) 문제행동을 증가시키고(즉, "촉발 요인") 감소시키는 선행사건, (e) 행동을 유지하는 후속결과, (f) 이러한 정보를 종합하여 내린 문제행동에 대한 가설

3. 조원과 함께 학급에서 문제행동을 보이는 학생(또는 자신이 만든 사례)의 경쟁행동 분석을 개발하세요.

4. 개별적으로, '학교까지 안전하게 버스를 타고 통학하기'를 가르치기 위한 사회적 상황이야기를 개발하세요. 집단을 나누어, 유사점과 차이점을 논의하세요. 만약

여러분이 이 상황이야기를 학생들에게 사용한다면, 이것의 효과를 어떻게 확인할 수 있을까요?

5. 학생이 자주 보이는 도전 행동에 대하여 교수하는 비디오 모델링을 개발하세요(예: 복도에서 식당까지 걸어가기). 학생 중 한 명 또는 또래를 모델로 할 수 있습니다. 영상에 대해 이야기하며 학생의 기술을 칭찬하세요.

제15장

감각, 신체, 건강 관리 요구 지원

Pamela J. Mims

Dante는 야구, 축구, 농구를 좋아하는 5학년이다. 초등학교 5학년이 끝나갈 무렵, 심각한 교통사고를 당했다. 사고로 뇌가 부풀어 오르는 심각한 머리 외상을 입었다. Dante는 뇌의 한 부분을 제거해야 했고 외상성 뇌손상 진단을 받았다. 그는 5학년의 남은 기간부터 6학년 상반기를 재활 병원에서 보냈다. Dante는 말하는 것, 걷는 것, 먹는 것을 할 수 없게 되었다. 그는 사지가 마비 되었고 눈 응시가 매우 일관되지 않아 그의 의사소통 시도를 이해하는 것이 매우 어려웠다. 의사들과 치료사들은 Dante가 걷고, 말하고, 다시 먹을 수 있도록 도와주려고 노력했지만 몇 달이 지나도 진전이 없자 병원에서 퇴원시켰다. Dante는 초등학교 6학년 중반에 완전통합 일반학급 교실로 돌아왔다. 일반교사 및 특수교사, 부모, 언어치료사, 작업 및 물리치료사, 보건교사가 참석한 여러 회의를 통해 Dante를 위한 계획이 개발되었다. Dante는 같은 나이 또래 친구들과 함께 일반학급에서 교육을 받았고, 수업시간 동안 학교 환경에서 모든 치료를 받았다(예를 들어, Dante의 골밀도를 높이고 근육이 위축되는 것을 막기 위해 사회시간에는 기립대에 서서 체중을 지탱하도록 하였다.).

Dante는 때때로 언어치료사 및 특수교사와 1:1교육을 받곤 했다. 다른 경우,

Dante는 또래를 활용한 삽입교수(embedded instruction)을 제공받았다. 일관성 없는 눈 응시(관찰 가능한 유일한 행동)로 인해 Dante에게 가장 중요한 기술은 일관된 의사소통 체계를 개발하는 것이었다. 팀은 Dante가 얼마나 이해했는지 아직 결정하지 못했기 때문에 그가 완전통합이 되는 것이 특히 중요하다고 생각했다. 게다가, Dante는 사고 이후 의학적으로 취약해져 있어 건강을 되찾는 것이 우선이었다.

많은 지적장애 학생은 신체, 신경, 감각, 건강장애를 동반한다. 중도장애 학생의 교사는 지적장애 외에 장애에 대한 이해와 더불어 학생 개개인의 욕구를 감당할 수 있는 교육을 제대로 받는 것이 중요하다. 교사는 감각, 운동, 또는 건강 관리가 필요한 학생에게 서비스를 제공하는 전문가가 될 것으로 기대되지 않지만, 관련 서비스 제공자를 이해하고 함께 일하기 위해서는 많은 지식이 있어야 한다. 관련 서비스 제공자는 특수교육 대상 학생을 일반학급 또는 개별화교육계획팀에서 가장 적절하다고 간주하는 환경에 성공적으로 통합시키는 데 방해가 되는 장애물 제거에 도움을 주는 사람이다(Cloninger, 2017).

1. 지체장애 관리

1) 신체적 손상

중도장애 학생은 넓은 범주의 신체적 손상을 가질 수 있다. 경도부터 중도까지 다양하며 신체의 한 부분, 여러 부분 또는 전신을 포함할 수 있다. 지체장애의 가장 흔한 형태 중 하나는 뇌성마비(cerebral palsy)로 알려진 일련의 증상이다.

뇌성마비는 자세와 사람의 움직임에 영향을 미치는 뇌의 비진행성 질환이다. 뇌가 완전히 성숙하기 전에 손상되기 때문에 발달장애의 한 유형으로 간주된다(예: 출생 시; Best & Bigge, 2005). 뇌의 손상은 임신 중(즉, 태아기)이나 출생 시(즉, 출산 전후) 또는 산후 외상이나 감염으로 인해 발생할 수 있다. 뇌에 산소가 부족한 상황(예: 익사, 질식, 감전)은 뇌를 손상시키고 뇌성마비 증상을 유발할 수 있다. 뇌성마비는 매우 다양한 방식으로 영향을 미칠 수 있다. 첫째, 영향을 받는 사지의 수는 사지마비부터 몸의 한 쪽까지 다양하다. 손상은 다리보다 팔에서 더 클 수 있다. 손상은 또한 발생하는 운동 패턴을 다르게 한다. 경련성 뇌성마비(spastic cerebral palsy)는 개인의 근육 긴장을 증가시킨다(고조증). 근육이 조이거나 "수축" 되면 걷기가 어려워지고 "가위모양(scissor)"걸음걸이가 생길 수 있다. 뇌성마비를 가진 대부분의 학생은 경련성 뇌성마비로 분류된다(Howle, 2012). 운동장애성 뇌성마비(dyskinetic cerebral palsy)가 있는 아동은 팔다리와 얼굴 근육의 무의식적이고 목적이 없는 움직임을 보인다(예: 불수의운동형). 또한 비정상적인 자세를 취하게 되고 정상적인 긴장을 유지하기 위해 자세를 잡아야 한다. 운동실조형 뇌성마비(ataxic cerebral palsy) 학생은 균형과 조정에 손상이 있다. 운동실조형 뇌성마비 학생은 균형을 위해 팔을 뻗고 넓은 걸음걸이로 걸을 수 있다(Best & Bigge, 2005). 학생은 또한 몸의 어떤 부분에서 낮은 긴장을 보이며 다른 부분에서는 경련을 동반하는 혼합형 뇌성마비를 가질 수 있다. 게다가, 모든 뇌성마비 학생의 경우, 근육의 긴장감이 변동될 수 있다. 뇌성마비를 지니고 태어난 영아는 처음에는 과소긴장(hypotonia)을 보일 수 있다.

뇌성마비 외에도 학생은 뇌, 척수, 척추에 신경관 결함을 가질 수 있다. 척추뼈가 제대로 닫히지 않는 상태를 나타내는 용어로 이분척추(spina bifida)가 있다. 신경관 결함에 대한 다양한 징후가 있으며, 그 결과는 가벼운 신체적 손상에서 마비까지 다양하다. 이분척추의 가장 흔하고 심각한 형태인 척수수막류(myelomeningocele)를 가진 사람들은 뇌수종(hydrocephalus)을 가지고 있는데, 이는 뇌척수액의 막힘으로 머리가 커짐, 뇌 이상, 경련(seizure)을 일으킨다.

이 장의 앞 부분에서 설명한 것처럼, 학생은 또한 외상성 뇌손상(traumatic brain injury)으로 신체적 손상을 입을 수 있다. 여기에는 두개골 골절(개방성 두부손상) 또는 그렇지 않은 머리 부상(폐쇄성 두부손상)이 포함된다. 자동차나 자전거 사고, 스포츠 부상, 추락, 신체적 학대는 뇌손상을 유발할 수 있는 사건의 예시이다. 뇌손상은 머리 부상뿐만 아니라 감염성 질환, 뇌졸중, 뇌가 손상되는 익사 또는 질식도 포함한다(Best, 2001).

근이영양증(muscular dystrophy)은 학생의 근육이 점차적으로 약해지는 것이다. 근육의 쇠약은 일반적으로 하체에서 시작되는데 실제로는 근육이 지방과 섬유 조직으로 대체되고 있음에도 하체가 근육질처럼 커보일 수 있다. 가장 흔한 형태는 듀센(Duchenne) 근이영양증인데, 디스트로핀(dystrophin)이라고 불리는 단백질 부족으로 일어난다.

학생은 소아 관절염(juvenile arthritis) 및 골형성부전증(osteogenesis imperfecta)과 같은 질병으로 인해 다른 정형외과 및 근골격계 질환을 가질 수 있다. 학생은 또한 선천적 또는 사고나 질병(예: 골종양)으로 인해 팔다리가 없거나 부분적으로 상실될 수 있다. 팔다리를 손실한 학생은 의족이나 의수같은 치료 장비를 가지고 있을 수 있다. 〈표 15.1〉은 지체장애의 핵심 유형을 요약한 것이다.

〈표 15.1〉 지체장애 관련 용어

주요 구분	설명	하위유형
뇌성마비 (Cerebral Palsy, CP)	비진행성 장애; 뇌가 완전히 성숙하지 않은 상황에서 발생; 움직임과 근육의 긴장도에 영향을 미침	• 경직형(Spastic) • 운동장애형(Dyskinetic) • 운동실조형(Ataxic) • 혼합형(Mixed)
외상성 뇌손상 (Traumatic Brain Injury, TBI)	머리 부상, 질병, 뇌졸중, 익사 직전 또는 질식으로 인한 뇌 손상	• 개방성 두부손상(Open head injury) • 폐쇄성 두부손상(Closed head injury)
근이영양증 (Muscular Dystrophy, MD)	일반적으로 하체에서 시작되는 점진적인 근육 약화; 근육 운동 능력의 발달 지연; 하나 이상의 근육 집단을 사용하는 데 어려움; 침흘림, 눈꺼풀 처짐; 잦은 넘어짐, 보행 장애	• 듀센 근이영양증(Duchenne MD) • 베커 근이영양증(Becker's MD) • 안면견갑상완형 근이영양증 (Facioscapulohumeral MD) • 에머리-드레이푸스 근이영양증 (Emercy-Dreifuss MD) • 지대형 근이영양증 (Limb-gridle MD)
소아 류마티스 관절염 (Juvenile Rheumatoid Arthritis, JRA)	일반적으로 6개월에서 16세 사이에 나타남; 첫 징후는 종종 관절 통증이나 붓기, 관절이 붉어지거나 따뜻해짐; 영향을 받는 관절의 수가 많을수록 질병이 더 심각해지고 증상이 완전히 없어질 가능성은 낮아짐	• 희귀관절 소아 류마티스 관절염 (Oligoarticular JRA) • 다관절 소아 류마티스 관절염 (Polyarticular JRA) • 전신형 소아 류마티스 관절염 (Systemic JRA)
골형성부전증 (Osteogenesis Imperfecta)	뼈가 쉽게 부러지는 것을 특징으로 하는 유전 질환으로, 종종 명백한 원인이 거의 또는 전혀 없음	• 유형 I • 유형 II • 유형 III • 유형 IV

이분척추 (Spina bifida)	배아 신경관의 불완전한 폐쇄로 인한 발달적 선천성 결함; 척수를 덮고 있는 일부 척추가 완전히 형성되지 않고 융합되지 않아 열린 상태로 남아 있음; 척수를 둘러싸고 있는 액체로 채워진 주머니와 함께 있는 뼈가 개방되어 척수가 잘 보이는 것이 특징일 수도 있고, 그렇지 않을 수도 있음	• 잠재이분척추(Spina bifida occulata) • 낭성이분척추(Spina bifida cystica) • 수막류 (Meningocele) • 지방 척수 수막류(Lipomeningocele)
지체장애와 관련된 추가 증후군		
안젤만 증후군 (Angelman syndrome)	종종 뇌성마비 또는 자폐성장애로 오진되는 신경 유전적 장애; 특징은 발달 지연, 언어 부족, 경련 장애, 균형 및 보행 장애, 빈번한 웃음 및 행복을 포함	해당없음
레트 증후군 (Rett syndrome)	발달 퇴행을 초래하는 신경계 장애; 자폐성장애 범주에 포함; 6-18개월까지 정상적인 발달 후 습득한 언어 및 운동 기술의 퇴행; 종종 호흡 문제, 척추 측만증, 경련, 수면 문제, 원활하지 못한 혈액순환과 관련이 있음; 여아에게 영향을 미침	• 비전형적(Atypical) • 고전적(Classical) • 임시적(Provisional) • 4단계 -1단계- 초기 발병(early onset) -2단계- 빠른 퇴행기(rapid destructive stage) -3단계- 정체기 혹은 유사 정지 단계 (plateau or pseudostationary stage) -4단계- 늦은 운동 악화기 (late motor deterioration stage)
윌리엄스 증후군 (Williams wyndrome)	발달 문제를 일으킬 수 있는 희귀 유전 질환; 운동 및 지각장애; 섭식 문제, 신체 이상, 지적장애	해당없음
코넬리아 드 랑게 증후군 (Cornelia de Lange syndrome)	소두증, 저신장, 사지 기형, 인지 지연, 심각한 언어장애, 청력 상실, 극도의 저체중 출생, 작은 키, 과도한 체모, 섭식장애를 포함한 다양한 이상성(abnormality)을 특징으로 하는 선천성 증후군	해당없음

(1) 이차 정형외과적 변형

일부 지체장애인은 지속적인 원시 반사(예: 발달 첫해에 사라지지 않은 비대칭성 긴장성 목반사)의 결과로 이차 정형외과적 변형과 오랜 기간 동안 완전한 관절가동범위(range of motion)의 부족을 경험한다. 이것은 개인이 자신의 관절을 움직이지 않을 때 발생한다. 시간이 지남에 따라, 근육은 짧아지고 관절 주변의 결합 조직은 조여진다. 이러한 이차 정형외과적 변형은 운동 학습뿐만 아니라 학업 및 사회성 기술 습득에도 지장을 줄 수 있다(Agarwal & Verma, 2012).

(2) 치료 중재

신체적 손상은 개인에게 어려움을 주지만, 이것이 학교와 지역사회의 통합에 방해가 되어서는 안된다. 치료 중재(therapeutic interventions)는 학생이 가능한 독립적으로 기능하도록 촉진하고 학생의 운동 범위를 점진적으로 줄일 수 있는 근육 수축과 같은 가능한 부작용을 방지하기 위해 사용된다.

학교 환경에서 신체적 손상이 있는 학생을 위한 가장 일반적인 치료 중재로는 전통적인 물리치료 및 작업치료가 있다. 이를 통해 학생은 근육이나 골밀도를 강화 혹은 유지시키는 중재, 교육 참여를 조장하는 보조기기 사용에 대한 지침을 제공 받는다. 더 보편화된 다른 치료법에는 동물치료(animal therapy)와 수중치료(aqua therapy)가 있다. 동물치료는 스트레스를 줄이고, 물리치료 또는 작업치료 활동에 대한 동기를 부여하거나 참여를 장려하기 위해 도우미 동물(service animal)이 학급에 방문하는 것을 포함한다(Watts & Everly, 2009). 동물치료는 또한 치료적인 승마나 돌고래와 함께 수영하는 것을 포함할 수 있다. 마지막으로, 수중치료는 장애인에게 물리치료를 제공하는 매우 인기 있는 접근법이 되었다(Skinner & Thompson, 2008). 위에서 언급된 동물치료 또는 수중치료의 주요 우려는 치료가 수업과 겹치는 경우 학생의 교육목표를 이 치료법에 포함시키기가 종종 어렵다는 것이다. 또한, 인기 있는 동물치료(예: 돌고래와 수영)를 뒷받침하는 경험적 연구가 전반적으로 부족한 실정이다.

물리치료는 대근육 기술, 체중 유지, 자세, 관절가동범위 및 이동성의 최적 기능에 초점을 맞춘 치료이다(Cloninger, 2017). 작업치료는 소근육, 시각운동, 자기관리 기술의 최적 기능에 초점을 맞춘 치료이다(Cloninger, 2017). 물리치료사와 작업치료사는 최상의 신체 학습에 필요한 장치나 수정(adaptation)을 제안하거나 개발하도록 훈련받는다. 치료사는 학생이 교육 환경에 접근할 수 있는 최선의 방법을 제공하는 것을 돕는다.

방향 및 이동(Orientation & Mobility, O&M) 서비스는 전통적으로 시각장애 학생을 위해 제공되었지만, 최근에는 관련 서비스를 받을 자격이 있는 모든 학생에게 제공되고 있다(미국 「장애인교육법」(Individuals with Disabilities Education Act Amendments of 1997, IDEA, 1997; Neal, Bigby, & Nicholson, 2004). 이 서비스는 개인이 가정, 학교, 직장 및 지역사회에서 가능한 독립적으로 길을 찾는데 필요한 방향 및 이동 기술에 초점을 맞춘다. 서비스에는 일반 또는 전동 휠체어, 지팡이, 안내견, 대중교통 이용이 포함될 수 있다(Neal et al., 2004).

물리치료, 작업치료, 방향 및 이동을 함께 적용할 때, 각 전문가는 학생을 위해 확인한 목표를 알고 이해하는 것이 중요하다. 또한 교사는 치료사가 없을 때 동일한 목표를 수행할 수 있도록 물리치료 및 작업치료 훈련을 받는 것이 중요하다. 교사가 치료사에게 물을 수 있는 몇 가지 질문은 다음과 같다:

- "어떻게 하면 교사 스스로를 안전하게 지키면서 학생을 안전하게 이동키실 수 있을까요?"
- "학생이 교재에 더 쉽게 접근하도록 교사는 어떤 수정을 할 수 있을까요?"
- "학생이 가능한 성공하도록 돕기 위해 교사에게 필요한 훈련은 무엇인가요?"
- "교사는 학생의 치료를 일상적인 학업 및 기능적 기술 교수에 어떻게 통합할 수 있을까요?"
- "교사는 지역사회와 같은 환경에서 학생을 어떻게 계속 도울 수 있을까요?"

신체적 손상이 있는 학생을 위해 계획할 때 고려해야 할 한 가지 중요한 사항은 학생이 교육 환경에 완전히 접근할 수 있도록 배치하는 것이다. 운동 문제 또는 근긴장도 문제(예: 근긴장저하, 긴장과다)가 있는 중도장애 학생은 휠체어, 스탠더(standers), 웨지(wedges), 보조 의자(adaptive chairs), 추가 장비와 같은 많은 보조장비를 사용할 수 있다. 물리치료는 학생이 하루 종일 편안하고 안전하게 지낼 수 있도록 교사가 좋은 자세와 정렬 기술을 식별하는 데 도움을 준다. 잘 계획된 자세잡기(positioning)는 학생을 최대한 많이 참여시키고 신체의 추가 근육을 위험에 빠뜨리지 않으면서 충분한 움직임을 허용한다. 올바른 자세를 취하지 않으면 피부 손상, 척추측만증, 골밀도 문제, 원활하지 못한 혈액순환, 근육 긴장 등과 같은 부작용이 발생할 수 있다. 학생은 하루 종일 한 위치에 있어서는 안 되며 교육 환경에 접근할 수 있는 다양한 자세를 경험해야 한다. 학생의 자세잡기 일정을 결정하기 위해 팀과 함께 계획을 수립해야 한다(Heller & Forney, 2009). 학생을 들어올리고 이동시키기 위한 안전한 절차를 확인하기 위해 계획이 필요할 수도 있다. 적절한 들어올리기 기술은 간병인이나 학생의 부상을 방지하는 데 중요하다. 학생을 들어올릴 때 부상을 예방하는 가장 좋은 방법은 물리치료로부터 배우는 것이다.

또한 학생이 일대일 치료를 위해 수업에서 나와있을 때 수업의 중요한 내용을 놓치지 않도록 학생의 치료를 교육에 통합하는 방법을 확인하는 것도 중요하다. 학생의 목표를 달성하기 위해 구성원이 팀으로 함께 일하는 조정된 서비스를 촉진하는 새로운 협력 모델을 협력적 팀접근(collaborative team approach)이라고 한다. 이 모델에서는 팀 구성 및 운영을 위한 공유된 체계(framework)가 권장되며, 목표는 학생에게 속해있고, 팀원은 그 목표를 달성하기 위해 협력한다(Cloninger, 2017). 초학문적 팀접근(transdisciplinary model of collaboration)과 마찬가지로 협력적 팀접근도 역할 방출(role release)을 권장한다. 예를 들어, 강직형 뇌성마비를 지닌 7학년 학생 Isaiah는 도움 없이 앉은 자세로 공부한다는 목표를 가지고 있다. 치료사가 치료실에서 이 기술을 연습시키기 위해 그를 교실에서 내보내는 대신 그는 국어수업을 위해 학급에 남아 소설을 함께 읽으며 다른 지원 전문가(예: 치료사, 교사, 이전에 물리치료 훈련을 받은 적이 있는 보조인력)의 도움 없이 앉는 자세를 연습한다. 이를 통해 Isaiah는 당일 국어수업을 놓치지 않고 중요한 치료도 받을 수 있다.

중도중복장애 학생을 위한 수업을 개발할 때 협력적 팀모델(collaborative team model)이 특히 중요할 수 있다. 학생의 자세가 좋지 않으면 수업에 집중하거나 혼자서 응답하는 데 어려움을 겪을 수 있다. Smith, Gast, Logan, Jacobs(2001)는 중복장애 학생을 위한 철자형 수업 모델을 제공한다. 〈표 15.2〉에는 권장 사항이 요약되어 있다.

2) 감각장애

감각장애에는 시각장애, 청각장애와 농맹(deaf-blindness)이 포함된다. 교육을 계획할 때, 이러한 장애 자체만으로 도전적일 수 있지만 지적장애와 함께 중복됐을 때 매우 도전적일 수 있다. 교사는 이러한 학생의 장점을 인식하고 이를 바탕으로 교육을 계획해야 한다.

(1) 시각장애

다양한 시각장애는 법적 실명, 저시력, 실명, 피질시각장애(cortical visual impairment)를 포함한다. 법적으로 전맹은 교정 조치를 취한 후에도 시력이 20/200 이하인 학생이다(Heller, Easterbrooks, McJannet, & Swinehart-Jones, 2009).

〈표 15.2〉 중복장애가 있는 학생을 위한 철자형 수업 5단계

단계 (수업 목표 확인 후)	설명	예시
1. 미리 자세잡기 조절의 절차 결정	수업 전에 미리 자세잡기가 필요한 경우 근육의 긴장도를 정상화하고 정상적인 직립 자세와 정상적인 움직임을 돕는 데 사용되는 모든 실습 방법을 결정해야 함	근긴장도가 높은 학생은 수업을 위한 자세로 바꾸기 전에 근긴장도를 완화하기 위해 약간의 가벼운 운동이 필요할 수 있음
2. 수업을 위한 전반적인 신체 자세 결정하기	수업 과제를 위해 학생이 수업 자료에 접근할 수 있는 가장 최적의 신체 자세를 확인함; 여기에는 다음과 같은 자세 지원이 포함됨; 근육의 긴장도 정상화, 정렬 및 자세 유지, 활동에 참여하기 위해 손, 팔, 머리의 의도적이고 의미 있는 움직임의 질과 양 개선	몸통 조절이 잘 되지 않는 학생은 적절한 정렬과 신체 조절을 지원받고자 적절한 하네스(harness)가 배치된 등받이가 있는 휠체어에서 자세를 잡을 수도 있음

3. 손/팔과 머리 위치 결정	학생이 가능한 독립적으로 목표 행동에 참여할 수 있도록 손/팔, 머리 위치를 결정함	팔을 움직이지 않는 학생은 벨크로로 부착된 누르는 버튼(spec switch)이 달린 범용 마운트(mount)가 필요할 수 있으며, 학생이 교육 활동 참여 시 머리를 사용하여 그 버튼을 활성화할 수 있도록 마운트를 머리 근처에 놓아둠
4. 교수적 수정(instructional adaptation) 및 자료를 결정하기	학생이 교육목표에 참여하는 데 필요한 수정 및 자료를 선택할 때 주의 깊게 고려해야 함; 학생이 선호하는 감각 입력 모드, 자극에 대한 선호도, 적절한 스위치 선택을 고려해야 함	근긴장도가 낮은 학생은 음성 출력 장치를 독립적으로 활성화하기 위해 팔뚝과 팔꿈치 아래 트레이에 수건을 말리거나 실린더 유형을 적용해야 할 수 있음
5. 체계적인 교육 전략과 결합할 처리 절차 결정	학생의 정상적인 근긴장도, 자세, 위치를 염두에 두고 사용할 촉진 전략을 고려함	수정된 책의 페이지를 넘기는 작업을 하는 학생에게 최대-최소 촉진을 사용함

저시력 학생은 교정 조치를 취한 후에도 상당한 시력 손실이 있지만 시력은 여전히 기능할 수 있다(Heller et al., 2009). 전맹 학생은 시력이 없다. 피질시각장애가 있는 학생은 눈은 온전하지만, 시각 피질이 손상되었기 때문에 뇌가 시각적 입력을 해석할 수 없다(Durando, Chen, & Petroff, 2017). 피질시각장애 학생은 가벼운 손상부터 실명에 이르기까지 다양한 시력을 가지고 있다. 학생의 시각적 강점과 약점을 알고 이를 바탕으로 중재를 계획하는 것이 중요하다.

시각장애 학생을 위한 중재는 그들의 필요에 따라 다르며, 이러한 학생과 함께 일할 때 고려해야 할 몇 가지 전략이 있다. 첫째, 교사는 색, 대비, 시간, 조명, 공간을 고려하여 사물의 시각적 특성을 향상시킬 수 있는 환경을 구성할 수 있다. 둘째, 학생은 확대기나 확대기와 같은 광학 장치를 사용함으로써 이익을 얻을 수 있다. 마지막으로, 교사는 자극의 체계적인 제시를 통해 잔여 시력 및 촉각 사용을 장려해야 한다(Heller et al., 2009). 예를 들어, 교사 Thompson은 Stella가 암석과 광물의 종류를 다루는 과학수업에 참여하는 것을 돕고 있었다. 그녀는 네 개의 칸으로 나누어진 트레이에 바위 샘플을 제시했다. 그녀는 Stella에게 자신의 손으로 왼쪽에서 오른쪽으로, 위에서 아래로 모든 칸을 훑어보라고 가르쳤다. Thompson

씨는 큰소리로 그들을 명명했다. 스캔 후, 그녀는 Stella에게 "사암을 찾아라"라고 말하면서 그녀가 배운 것을 보여줄 기회를 주곤 했다. 과거에 학생에게 도움이 되었던 전략을 논의하는 것은 학생이 환경에 접근할 수 있도록 돕는 데 유리한 출발을 제공할 수 있다.

(2) 청각장애

전농(deafness)과 난청(hardness of hearing)을 포함한 청각장애는 중복장애인에게 드문 일이 아니다. 청각장애 학생은 증폭 장치(amplification device)를 착용했을지라도 청각을 통해 구어를 처리할 수 없을 정도로 심각한 청력 손실이 있다. 난청 학생은 증폭 장치가 있든 없든 청력을 통해 일부 구어를 처리할 수 있다(Heller et al., 2009). 시각장애와 마찬가지로 교사는 중재를 계획하기 위해 청각장애가 있는 학생의 장단점을 알아야 한다.

청각장애 학생을 위한 중재는 필요에 따라 다르지만 고려해야 할 몇 가지 전략이 있다. 첫째, 교사는 배경 소음(예: 카펫)을 줄이기 위한 수정을 고려하거나 청각장애가 있는 학생을 소음 발생 장비(예: 에어컨)에서 멀리 배치해야 한다. 둘째, 학생은 시각적 강점의 사용을 향상시키는 전략으로부터 혜택을 볼 수 있다. 여기에는 교사와 통역사 옆에 앉기, 그림 단서 사용, 수업에서 설명할 개념 모델 제공(예: 지구 모델)이 포함될 수 있다. 가족은 학생을 위한 보청기, 인공 와우, 청력 장치의 이점을 고려하도록 권장받을 수 있다. 마지막으로, 교사는 학생에게 장애물이 될 수 있는 자료를 수정할 수 있고(예: 테이프 사용, 구두 질문 쓰기) 시각적 구성 도구와 같은 중요한 정보를 강조하는 전략을 사용할 수 있다(Heller et al., 2009).

(3) 농맹

농맹 학생은 시력과 청력 손실이 모두 있는데 이는 전체 손실에서 경미한 손실까지 다양하다. 농맹(deaf-blindness)은 미국 「장애인교육개선법」(Individuals with Disabilities Education Improvement Acts, IDEA, 2004)의 13개 장애 유형 중 하나이며 전체 유형 중 장애 발생률이 가장 낮다(Durando et al., 2017). 학생이 시력과 청력이 없는 경우는 매우 드물다. 이 학생의 감각적 강점을 고려하고, 그러한 강점을 이용하는 것이 가장 중요하다.

농맹 학생을 돕는 데 있어 중요한 단계는 그 사람을 위한 의사소통 체계(communication system)를 확인하는 것이다. 학생을 위해 선택한 의사소통 체계는 학생의 시력과 청력에 따라 달라진다. 예를 들어, 학생에게 기능적 시각이 있는 경우 대형 사진 의사소통 체계를 사용할 수 있다. 농맹 학생이 의사소통 체계를 성공적으로 사용하기까지는 시간이 다소 걸리며, 체계적인 교수전략이 일관적으로 실행되어야 한다. 미국 교육부의 특수교육 프로그램 사무국(The U.S. Department of Education's Office of Special Education Program)은 모든 주에 출생부터 22세까지의 개인을 위한 농맹 프로젝트에 자금을 지원한다. 이러한 기술 지원 네트워크는 농맹 학생의 팀(예: 가족, 교사)에게 교육 및 정보를 제공한다(Daley, Edwards, Flore, & Johnson, 2018). '미국농맹센터'(National Center on Deaf-Blindness)에는 농맹인과 함께 일하는 사람들을 지원하기 위한 많은 자원이 있다(http://nationaldb.org).

3) 건강 관리의 필요성

중도장애 학생은 종종 고유의 건강 관리가 필요하다. 교사는 다음의 지원을 필요로 하는 학생을 만나게 된다: 경련 치료, 약물 투여, 경관 섭식, 기관절개술 관리, 회장루 또는 결장루 관리, 흡인 필요(suctioning needs), 션트 치료, 당뇨병 관리 및 기타. 교사는 학생이 필요로 하는 특정 분야의 돌봄에 훈련될 수 있도록 학교 간호사를 만나는 것이 중요하다. 교사는 같은 건강 지원의 필요성을 가진 학생을 만난 적이 있었다는 이유로 그들에 대해 무엇을 해야 하는지 안다고 결코 가정해서는 안된다. 교사는 개별 학생의 특정한 요구에 적합한 훈련을 받아야 한다. 또한 교사는 필요로 할 때 언제나 교육 수료를 증빙할 수 있는 서류를 받아야 한다. 교사 이외에도 보조인력 혹은 학생과 함께 지내는 모든 구성원이 교육을 받을 필요가 있다.

(1) 경련

경련(seizure)은 "짧고 강한 전기 활동의 급증이 뇌 전체 또는 일부에 영향을 미칠 때" 발생하며 종종 행동의 순간적 변화를 초래한다(www.epilepsyfoundation.org). 경련에는 다양한 유형이 있으며, 이는 여러 요인에 의해 발생한다(예: 뇌 손상, 독성 물질; Sobsey, 2017). 또한 중도중복장애인의 경우 비장애인 혹은 높은 출현을 보이는 장애를 지닌 사람보다 경련을 경험할 가능성이 더 높다(Sobsey, 2017). 학생은 하나 또는 더 많은 유형의 경련을 경험할 수 있다. 학생이 보이는 경련의 유형은 경련으로 인해 발생되는 전기적 자극이 뇌에 얼마나, 어느 부위에 영향을 미쳤는지에 따라 달라진다. 전문가들은 전신 경련(generalized seizures; 소경련(absence), 무긴장 장 경련(atonic), 강직 간대 경련(tonic-clonic), 근간대 경련(myoconic)), 부분 경련(partial seizures; 단순과 복합), 비뇌전증 경련(nonepileptic)과 뇌전증 지속증(status epilepticus)으로 경련을 분류한다(www.epilepsyfoundation.org). 〈표 15.3〉은 평균 지속시간과 경련의 형태에 대한 묘사를 포함한 경련 유형에 따른 정보를 제공한다. 경련의 심각성을 고려할 때, 경련 그 자체에 대한 묘사뿐만 아니라 경련 발생 전과 후에 대한 정보를 포함하여 이에 대한 가능한 한 많은 정보를 기록하고 경련의 상태를 점검하는 것이 중요하다. [그림 15.1]은 경련 기록을 위해 사용할 수 있는 양식을 보여준다. 교사는 또한 경련에 대비하여 기본적인 응급처치 방안을 숙지하여야 한다. 이는 다음과 같다.

- 경련 중간에 멈추려고 하지 말아야 함
- 만약 학생이 전신 강직 간대 경련(grand mal 경련으로도 알려짐)을 보였다면, 학생 주변에 사물을 모두 치우고 학생이 넘어지면서 부상을 당하지 않도록 바닥에 두고 도움을 제공함
- 학생의 머리 밑에 쿠션과 같은 물건을 두어 머리를 보호함
- 학생을 조여 매는 옷이 있다면 느슨하게 함
- 경련을 보이는 학생과 나머지 학생 사이를 분리하거나 경련이 진행되는 동안 학급 학생이 당황하지 않도록 교실에서 나가게 함
- 경련이 시작되고 끝난 시간뿐만 아니라 경련 전 진행되었던 활동을 기록함
- 경련이 끝난 후, 학생의 호흡 상태와 각성 상태를 점검함; 학생이 매우 피로감을 느낄 수 있으므로 필요할 경우 잘 수 있도록 함
- 마지막으로 경련이 진행되는 동안 확인한 것들을 모두 기록함; 학생에게 경련 이력이 있다면 학생의 팀은 행동 계획을 확인해야 함; 이 계획은 경련 지속시간이 어느 시점 이상으로 지속될 경우 119에 연락할지에 대한 가족의 의견을 포함함

〈표 15.3〉 경련의 유형

유형	주기	증상
전신 경련		
1. 전신 강직 간대 경련 (grand mal)	1~2분	• 울부짖음 • 넘어짐 • 강직성 • 경련 • 피부에 푸른 색조가 생길 수 있음
2. 근간대 경련	매우 짧음(1초)	• 근육의 빠른 수축 • 일반적으로 몸의 양쪽 동시 발생
3. 소경련(petit mal)	2~15초	• 응시 • 눈떨림 • 비자발적이거나 자동적인 행동
4. 무긴장 경련	매우 짧음(1초)	• 고개를 숙임 • 자세 상실 • 갑자기 의식을 잃고 쓰러짐 • 매우 자주 발생 • 보호용 헬멧이 필요함
부분 경련		
1. 단순 부분 경련	90초	• 의식 상실 없음 • 갑작스러운 경련 • 감각 발생
2. 복합 부분 경련	1~2분	• 의식이 영향을 받을 수 있음 • 비자발적이거나 자동적인 행동을 경험할 수 있음
비뇌전증 경련		• 행동 변화 • 간질 경련처럼 보임 • 뇌의 전기적 장애로 인한 것이 아님
뇌전증 지속증	다발성 경련의 장기 상태(30분)	• 생명을 위협

출처: 뇌전증재단 자료(2009), www.epilepsyfoundation.org.

일자	장소	시간	지속시간 및 강도 (1: 경도~10: 중도)	경련 전 활동	경련 후 행동	메모 (예: 호흡, 피부색, 동공 위치 등)

[그림 15.1] 경련 기록표(Seizure log)

출처: Teaching Students with Moderate and Severe Disabilities, Second Edition, by Diane M. Browder, Fred Spooner, Ginevra R. Courtade, and Contributors. Copyright © 2020 The Guilford Press. Permission to photocopy this material is granted to purchasers of this book for personal use or use with clients or students (see copyright page for details). Purchasers can download enlarged versions of this material (see the box at the end of the table of contents).

(2) 감염병

감염병(infectious disease)은 바이러스, 박테리아, 원생동물 및 곰팡이에 의해 야기되어 사람 사이에서 직·간접적으로 전파되는 질병을 포함하는 용어이다. 이는 특히 면역 체계 저하, 신체 활동 감소, 자기관리 기술 부족, 영양 문제 증가 등과 같은 다양한 이유로 중도장애인에게 특히 더 치명적일 수 있다(Sobsey, 2017). 일부 중도장애 아동에게서 더 자주 발견되는 감염병으로는 AIDS, HIV, A형 간염, B형 간염, 옴, 감기, 이, 거대세포바이러스, 인플루엔자가 있다(Sobsey, 2017).

일반적인 예방책은 응급 처치 혹은 HIV 또는 B형 간염과 같은 혈액 매개 병원체의 전파를 방지하기 위한 건강 관리를 제공할 때 사용된다. 일반적인 예방책은 혈액 혹은 혈액, 정액, 질 분비물을 포함하고 있는 체액에 적용된다. 감염 가능성이 있는 물질에 노출될 가능성을 줄이기 위해 혈액 또는 체액 주위에 있을 때 장갑, 가운, 마스크와 같이 보호 장비를 항상 착용해야 한다(www.cdc.gov/ncidod/dhqp/bp.html). 교사는 학생의 주변 환경을 청결하게 유지하고 직원과 학생 모두가 세심하게 손을 씻게 함으로써 감염을 관리할 수 있다. 또한 학생과 직원 모두 감염 확산을 방지하기 위해 이용 가능한 백신을 접종할 것을 고려해야 한다(예: 독감 예방 주사).

(3) 경관섭식

일부 장애 학생은 삼키지 못하거나 삼킴 과정의 어려움으로 인해 입을 통한 음식 섭취 이외의 대안적인 영양 공급 수단을 갖고 있다. 섭취 과정의 흔한 대안적 방법은 튜브의 사용이다. 위루관 섭식(Gastronomy feeding tube; G-tube)은 복부의 구성(button)을 통해 위로 직접 연결되는 튜브다. 공장절개관(Jejunostomy tube; J-tube)은 위 바로 아래 소장이 있는 복부에 삽입하는 다른 유형의 튜브를 의미한다. 이것은 영양 보충소가 위를 거치지 않고 장관(intestinal tract)으로 직접 들어갈 수 있도록 한다. 흡인(aspiration) 없이 어느 정도 삼킬 수 있는 일부 학생은 입을 통한 음식 섭취와 함께 G-tube 또는 J-tube를 통해서 섭취할 수 있지만 튜브를 통한 추가적인 영양소나 보충 열량 섭취가 필요할 수 있다(Heller, 2017).

또 다른 유형의 경관섭식에는 코를 통해 삽입되어 식도를 통과하고 위로 연결되는 비위관(Nasogastric tube;(N-G) tube)이 있다. 이 유형의 튜브는 일시적으로 사용되는 경향이 있으며 학생이 입원으로 인하여 혹은 음식 섭취를 제한하는 심각한 질병이 있어 음식을 먹을 수 없을 때 자주 사용된다(Heller, 2017).

경관섭식은 볼루스식(bolus method), 중력낙하식(gravity drip method), 펌프식(pump feeding)을 포함하여 여러 가지 유형이 있다. 볼루스식은 주사기를 섭식 튜브에 부착하여 음식이 주사기에 주입되면, 중력을 이용해 음식물이 튜브를 타고 내려간다. 이것은 경관섭식 방법 중에서 가장 간단하고 빠른 방법이다. 중력낙하식은 중력 섭식 주머니에 음식물 용액을 채우고 튜브를 통해 배관되도록 한다. 종종 조임새가 사용되어 음식물 용액의 흐름을 조절한다. 음식물이 흘러가는 양에 따라 섭식 시간이 짧게 혹은 길게 걸리기도 한다. 마지막 방법은 펌프식으로 외부 전기 펌프 혹은 배터리로 작동되는 펌프에 연결된 주머니를 통해 음식물 용액을 전달하여 의사가 권장하는(설정한) 흐름의 속도에 맞추어 음식물 용액을 전달하는 방식이다(Heller, 2009a).

경관섭식을 하는 학생을 돌볼 때 보호자 혹은 의사의 지시 사항을 따르는 것은 매우 중요하다. 이러한 지시 사항은 음식 전달(섭취) 방법, 식사 중과 이후의 자세, 섭취량, 하루 식사의 빈도, 튜브의 위치 및 장비 관리, 장비의 청결, 시간, 섭식의 속도, 응급 상황, 식사 후 물 세척, 튜브를 통한 약물 섭취가 포함된다.

(4) 기타 특별한 섭식 요구

경관섭식을 필요로 하지 않은 학생은 다른 특별한 섭식 관련 요구가 있을 수 있다. 일반적인 요구는 다음을 포함할 수 있다: (1) 잘게 썰거나 퓨레처럼 음식을 준비하는 특별한 방법; (2) 유당 불내증과 같은 식이 제한; (3) 걸쭉한 액체(액체의 농축) 또는 흡인 방지 식품(예: Thick-It); (4) 반추(rumination); (5) 음식 주머니; (6) 혀 내밀기 문제. 이러한 요구와 문제들은 폐렴으로 이어지는 흡인과 같은 위험으로부터 학생이 안전하도록 작업치료사 혹은 언어치료사와의 계획을 필수적으로 요구한다.

(5) 기관절개술

기관절개술은 목의 기관지 절개를 통해 기도를 열어주는 수술적 처치이다. 기관절개술은 폐에 산소 공급을 더 원활하게 하는 것을 돕기 위해 수행된다. 기관절개술을 한 학생은 모든 교사가 숙지해야 할 특별한 돌봄과 중재를 필요로 한다. 일부 돌봄 절차에는 기관 주변 청소(개구부), 선분홍빛, 피부 자극, 배액, 붓기를 보이는 부위에 대한 점검이 포함된다. 또한 기관절개술은 학생의 가족 혹은 돌봄 제공자가 요구하는 만큼 자주 세척해야 한다(보통 8시간마다 수행된다). 세척하기 전 기도를 흡입하여 분비물을 제거해야 한다.

(6) 회장루와 결장루

일부 학생은 특정 상태 또는 질병으로 인해 배설물이나 소변이 정상적으로 몸에서 빠져나가는 것을 제한하는 장의 기형이 있을 수 있다. 결과적으로, 이 학생 중 많은 수가 장루(ostomy)라고 하는 외과적 개구부를 만들어야 한다. 장루는 복부를 통해 장 또는 비뇨기계의 일부로 연결되는 위치이다. 회장루(ileostomy)는 복부에서 소장으로의 통로를 형성하는 외과적 개구부이다. 이 개구부를 통해 노폐물을 처리하고 이는 주머니에 모아진다. 결장루(colostomy)는 결장에서 복부로 이어지는 개구부이다. 개구부가 위치한 결장의 측면에 따라 노폐물을 수집하기 위한 주머니가 필요하거나 그렇지 않을 수 있다. 회장루나 결장루와 함께 주머니는 학교생활 중 특정 시간에 비워져야 하고 장루를 관리하기 위해서는 적절한 훈련이 필요하다(Heller, Bigge, & Allgood, 2001; Sobsey & Cox, 2000).

(7) 션트

일부 장애 학생은 뇌수종 또는 과도한 체액(뇌척수약)을 보인다. 이로 인해 학생들 중 많은 수가 뇌에 외과적으로 삽입된 션트를 필요로 한다. 이는 체약이 신체의 다른 부분으로 안전하게 배출되게 하여 뇌에 가해지는 압력을 완화하는데, 만약 그렇지 않다면 뇌에 손상을 일으킬 수 있다. 션트가 막히거나 오작동하여 심각한 의학적 문제가 될 수 있으므 교직원은 션트를 사용한 학생에게 특별히 주의해야 한다. 션트 문제의 일부 징후에는 메스꺼움, 구토, 피로, 두통, 흐린 시야, 감정적 폭발, 낮은 학업 성취, 빤히 응시하는 것이 있다(Heller, 2009b). 또한 션트를 삽입한 학생은 라텍스에 갑작스러운 알러지가 생길 위험이 높다는 것을 인지해야 한다. 이를 위해 라텍스가 함유되지 않은 장갑을 사용하는 것은 예방적 조치가 될 수 있다(AbdelAziz, Vassilyadi, & Ventureyra, 2002).

(8) 진행성 신경학적 상태에 있는 학생의 교육

일부 중도장애 학생은 진행성의 신경장애가 있다. 이러한 상태는 빠르거나 느리게 진행되는 기능상의 점진적 악화를 포함한다. 일부 진행적 신경계 장애에는 헌팅턴병, 근이영양증, 레트 증후군을 포함한다. 진행성 신경학적 상태에 있는 학생을 교육할 때, 일부 학생은 상태가 더 느린 속도로 진행된다면 목표를 달성할 수 있음에도 불구하고 교사는 학생의 현재 기술을 유지하는 쪽으로 항상 노력해야 한다. 계획팀은 학생의 기능이 상실되었을 때 필요한 기술도 고려해야 한다(Heller & Forney, 2009). 예를 들어, 말로 의사소통하는 학생은 미래의 의사소통을 위해 간단한 수어와 그림을 통해 소통하는 교육을 통해 효과를 볼 수 있다.

(9) 죽음과 임종

안타깝게도 중도중복장애 학생의 경우, 교사는 학생의 극심한 질병이나 죽음을 경험할 수 있다. 학생의 건강이나 진행 중인 의학적 상태가 악화되는 것을 교사가 인지할 경우, 교사는 학생, 가족, 학교 공동체에게 최선을 다하기 위해 계획이 필요하다. 계획은 다음을 포함한다: (1) 계속해서 목표를 향하거나 기술을 유지하기, (2) 현재의 기능이 상실될 경우 필요한 새 기술 판별하기, (3) 학생, 가족, 학교 공동체가 기술 및 전반적인 건강의 상실을 대비할 수 있도록 도와주는 상담, (4) 이 과정에서 발생할 수 있는 부작용 줄이기(Rues, Graff, Ault, & Holvoet, 2006). 교사 및 교육팀의 구성원은 학생의 상실로 인한 슬픔을 대처하기 위해 상담을 찾을 수 있다. 비탄, 죽음, 임종에 대처하기 위한 자세한 내용은 다음에서 찾을 수 있다: Rutgers 대학 웹사이트(http://rwjms.rutgers.edu/boggscenter/projects/documents/EndofLifeResources3pp.july09.pdf).

(10) 소생금지명령

현재 학교의 주요 문제는 소생금지명령(Do-Not-Resuscitate; DNR)을 준수할지 여부이다. 소생금지명령은 가족의 요청에 따라 학생이 심장마비 상태일 때 학생에게 소생술(또는 CPR)을 제공하지 않는다는 의사의 명령을 의미한다. 이러한 명령은 드물며, 교직원이 이를 이행해야 하는 상황이 왔을 때 문제가 발생한다. 이러한 명령이 이행될 경우 감정적, 법적 반향이 뒤따를 수 있다. 사실 많은 주에서는 학교에서 학생의 소생금지명령에 대한 명확한 지침이나 절차를 제공하고 있지 않다(Sobsey, 2017). 만약 소생금지명령을 따르는 학생이 있는 경우 교사는 학교에서 이러한 상황이 발생했을 때에 대한 계획을 세우는 것뿐만 아니라 이러한 명령을 준수하는 학교의 관련 지침을 찾는 것이 중요하다.

4) 사전계획

첫 등교 전 교사가 신체적, 감각적, 건강상의 손상을 가진 학생에 대해 최대한 많이 아는 것은 중요하다. 이 과정에서 계획은 전환이 가능한 한 원활하게 이루어지기 위해서 필수적이다. 학생의 정보에 대한 중요한 정보 출처는 학생의 담임교사이다. [그림 15.2]는 학생의 전임교사가 정보를 제공할 수 있는 양식이다. 이 정보를 얻기 위한 최상의 옵션은 교사를 직접 만나는 것이다. 이상적으로 학생이 새로운 환경에 전환되기 전 교사는 학생의 현재 환경에서 학생을 관찰하는 것을 계획할 수 있다. 관찰하는 동안 교사는 학생의 현재 일정, 섭식 요구, 자세 요구, 이동 시 요구 등에 대해 기록할 수 있다. 가능하다면 미래의 요구에 관해 학생의 관점에서 학생과 면담을 해야한다. [그림 15.3]은 학생에게서 얻을 수 있는 정보의 예시를 보여준다. 마지막으로 [그림 15.4]는 모든 전입생에 대해 교환해야 할 모든 관찰 체크리스트, 양식, 정보의 예시이다.

5) 돌봄제공과 함께 교수 계획하기

운동, 감각, 건강상의 문제를 가진 학생을 가르치고 돌보는 것은 교육과 돌봄의 균형을 맞추어야 하기 때문에 어려운 일이다. 학생의 기본적인 요구에 주의를 기울이는 것이 가장 중요하지만 이러한 돌봄 과제 또한 일상생활 교육에 통합될 수 있다. 이러한 과제를 일생생활 교수에 통합하는 것은 수업 시간 중 언제, 어떻게 돌봄을 제공하는지에 대한 주의 깊은 계획과 함께 그렇게 하고자 하는 의도를 필요로 한다. 예를 들어, 물리치료의 목표를 과학 시간에 실험을 하는 동안 학생이 스탠더에서 기립하는 것으로 수립할 수 있다. 또는 교사나 간호사가 이 시간 동안 G-tube를 통해 약물을 투여할 수 있다. 어떠한 상황이라도 교육을 멈춰서는 안된다. 일과 동안 특별한 상황을 지원하기 위해 보건교사, 물리치료사, 작업치료사, 방향 및 이동 전문가 등 보조 전문가를 활용하라.

균형 맞추기: 돌봄제공 vs 교육

교사가 치료적 중재 혹은 건강상의 중재를 필요로 하는 학생을 지원할 때, 주의 깊게 계획하지 않은 교육은 간호와 재활에 가까운 일상이 된다. 교육에 집중할 수 있는 전략은 다음과 같다. 첫 번째는 교직원들 간의 돌봄을 공유하는 것이다. 팀의 모든 구성원은 학생의 건강상의 요구를 알고 치료적 중재에 대해 훈련받는다(Heller & Forney, 2009). 두 번째는 돌봄이 제공될 때 교수를 제공하고, 가능한 한 교수하는 동안 돌봄을 제공하는 것이다. 학생은 보조 장비를 이용하면서 수업에 참여한다. 학생은 경관섭식을 하는 동안 이야기를 들을 수 있다. 치료 혹은 건강상의 요구로 인해 교사가 개별화교육목표를 수립할 수 없는 경우 학생이 교직원의 추가적 지원을 필요로 하는지 혹은 새로운 일정을 통해 해결될 수 있는지에 대한 팀의 계획이 필요하다.

학생 이름: ______________________________

날짜: ______________________________

관찰시간: ______________________________

I. 일반적 사항

학생 이름: ______________________________

나이: ______________________________

장애 특성: ______________________________

제한되는 음식/섭식 방법 등: ______________________________

____

____

____

현재 학교에서 복용 중이거나 복용할 약: ______________________________

____

II. 교육적 사항

1. 의사소통

학생의 의사소통 상태를 간략하게 설명하세요.

1) 언어적 의사소통 ___ 2) 비언어적 의사소통 ___ 3) 지원이 제공된 언어적 의사소통 ___

4) 상징 언어 ___ 5) 음성 출력 장치 ___ 6) 그림책 ___

제언: ______________________________

2. 건강상 고려사항

건강상 고려사항을 간략하게 설명하세요.

(흡인 문제, 경련, 섭식 문제, 신체 문제 및 알레르기 등) ______________________________

____

____

3. 자기관리

학생의 자기관리 기술의 독립성 수준을 설명하세요.

1) 옷 입기: ______________________________

2) 먹기: ______________________________

3) 용변하기(필요한 도구): ______________________________

____

4) 그 외 첨언: ______________________________

4. 일정
1) 사물 일정 ________________
2) 사진 일정 ________________
3) 그림 일정 ________________
4) 문자 일정 ________________

5. 기타사항
다음 영역에 필요한 질문들을 간략히 제시하세요.
1) 감각 ________________
2) 이동성(Mobility) ________________ ________________
3) 학급에서의 성공을 가로막는 장벽 ________________
4) 필요한 물리치료 장비(예: 스탠더, 사이드 라이어, 특수 의자) 및 하루 사용 횟수 및 시간
____

III. 사회적/정서적/행동적 특성
이 학생의 발달 수준 및/또는 다음 각 영역에 대한 특별 고려사항을 간략하게 설명하세요
1) 사회적 기술: ________________
____
2) 정서적 욕구/발달 수준: ________________
____
3) 행동적 고려사항/지원사항:
4) 촉발요인: ________________
____

IV. 학생의 흥미

V. 추가적인 관찰 사항

VI. 기타 추가사항

[그림 15.2] 학급 교사의 관찰 양식

출처: Teaching Students with Moderate and Severe Disabilities, Second Edition, by Diane M. Browder, Fred Spooner, Ginevra R. Courtade, and Contributors. Copyright © 2020 The Guilford Press.

나의 이름은 __________이며, 나는 __________세 입니다.

______________________________가 이 양식 작성을 도와주었습니다.

흥미와 취미

1. 내가 세계에서 가장 좋아하는 것은 __________입니다.
2. 나는 __________을 좋아합니다.
3. 내가 가장 좋아하는 음식은 __________이고, 좋아하는 간식은 __________입니다.
4. 내가 가장 좋아하지 않는 것은 __________입니다.
5. 내가 좋아하지 않는 음식은 __________입니다.

의사소통

6. 내가 원하거나 필요하는 것을 남들이 알게 하는 방법은 __________입니다.
   (구어, 수어, 의사소통 기기 사용)
   기타: ______________________________
7. 나는 (개인 활동/단체 활동)에서 잘 배웁니다.
   기타: ______________________________

이동

8. 내가 이동하는 방법은 __________입니다.
   (위의 문장과 함께 작성하기)
   기타: ______________________________

사회적/행동적

9. 나는 다른 사람(아이)들과 함께 있는 것을 (좋아한다./좋아하지 않습니다.)
10. 행복할 때 나는 그것을 __________로 표현합니다.
    나를 행복하게 하는 것들은 다음과 같습니다. ______________________________
11. 슬플 때 나는 그것을 __________로 표현합니다.
    나를 슬프게 하는 것들은 다음과 같습니다. ______________________________
12. 화날 때 나는 그것을 __________로 표현합니다.
    나를 화나게 하는 것들은 다음과 같습니다. ______________________________
13. 무서울 때 나는 그것을 __________로 표현합니다.
    나를 무섭게 하는 것들은 다음과 같습니다. ______________________________
14. 신날 때 나는 그것을 __________로 표현합니다.
    나를 신나게 하는 것들은 다음과 같습니다.

____

15. 실망스러울 때 나는 그것을__________ 로 표현합니다.
    나를 실망하게 하는 것들은 다음과 같습니다.

____

16. 내 기분을 좋아지게 하는 방법은 다음과 같습니다.

____

17. 나는 ______________________할 때 혼자서 할 수 있습니다.
18. 나는 ______________________ 할 때 도움이 필요합니다.
19. 나는 ______________________ 할 때 도움이 필요하지 않습니다.

가족

20. 나는 (누구와, 어디에) 같이 삽니다. ______________________________
21. 나는 (몇 명의) 남자 형제가 있다. 그 또는 그들의 이름은 (   )입니다.

____

22. 나는 (몇 명의) 여자 자매가 있다. 그녀 또는 그들의 이름은 (   )입니다.

____

의료적 사항

23. 나의 보호자에게 다음의 사항을 질문하세요.

____

24. 졸업 이후의 미래 계획은 다음과 같습니다.

____

[그림 15.3] 전환/전이를 위한 학생 프로파일

출처: Teaching Students with Moderate and Severe Disabilities, Second Edition, by Diane M. Browder, Fred Spooner, Ginevra R. Courtade, and Contributors. Copyright © 2020 The Guilford Press.

날짜: ______________________________

학생 이름: ____

아래에서 귀하가 ______________________을 학급으로 전환시키는데 도움이 필요하다고 생각되는 문서 또는 항목을 표시하세요.

1. _______ 학생의 개인 식별 정보(이름, 나이, 장애유형, 환경 등)
2. _______ 학생 프로필/관심 양식
3. _______ 학부모 양식(질문, 고려사항, 조언 등)
4. _______ 섭식/섭식 제한/상태를 포함한 모든 관련 의료 정보
5. _______ 연간 목표 사본
6. _______ 진보 보고서 사본
7. _______ 행동 중재 계획 사본
8. _______ 학생 일일 스케쥴
9. _______ 학생 관찰 사항
10. _______ 이 학생을 위해 특별히 제공되는 보조 장비/기구
11. _______ 이 학생에게는 이러한 선택 사항을 이외의 특별한 요구 사항이 있을 수 있습니다. 나는 이러한 요구에 대해 관리자와 이야기 나누어 볼 필요가 있습니다.

[그림 15.4] 학생 전환 점검표

출처: Teaching Students with Moderate and Severe Disabilities, Second Edition, by Diane M. Browder, Fred Spooner, Ginevra R. Courtade, and Contributors. Copyright © 2020 The Guilford Press.

6) 보조공학 사용의 계획

미국 「장애인교육개선법」(Individuals with Disabilities Education Improvement Acts, IDEA, 2004)에서 정의하는 보조공학(Assistive Technology)은 장애 아동의 기능적인 능력을 증가, 유지, 향상시키는데 사용되는 모든 물건, 장비, 제품 장치의 부품, 상업적으로 특별히 제작되거나 수정되나 규격품으로 나오는 것을 의미한다. 미국 「장애인교육법」 개정에 따르면 개별화교육팀은 학생의 보조공학에 대한 요구를 고려해야 함을 필수사항으로 추가하였다. 학생의 보조공학의 필요성을 계획할 때, 팀은 학생이 필요로 하는 장비에 접근가능한지 여부, 그렇다면 학생과 교직원이 이를 사용하는 방법에 대해 교육받았는지에 대해 고려해야 한다. 예를 들어,

학생은 그림 의사소통 체계와 옆으로 눕기 보조 기기가 필요하지만 교직원이 이를 어떻게 사용하는지 모를 경우 교육적 효과를 볼 수 없다. 또한 학생은 전동 휠체어나 페이지 넘김 스위치와 같은 특수화된 장비의 사용법에 대한 체계적인 교육이 필요하다. [그림 15.5]는 계획팀이 고려할 수 있는 일부 보조공학 유형의 체크리스트이다.

2. 요약

많은 중도장애 학생은 이에 수반되는 다른 장애(예: 감각, 신경, 신체 또는 건강)를 가질 가능성이 있다. 다른 장애와 연관될 가능성이 있기 때문에 교사, 보호자, 부모, 다른 이들은 관련 서비스 제공자들(작업치료사, 물리치료사 및 이외의 의료진)을 이해하고 협력할 수 있도록 지식을 갖추고 있어야 한다.

이 장에서는 신체적 장애(예: 뇌성마비, 이분척추, 근육이영양증)를 다루고, 치료에 유용할 수 있는 치료적 중재(예: 물리치료, 작업치료)를 설명하였으며, 더불어 신체적 손상을 지닌 학생과 함께 일하는 과정에서 초학문적 계획과 팀협력의 역할을 설명하였다. 이 장은 시각, 청각, 농맹을 포함한 감각장애를 다루고 있고, 이러한 상황의 학생과 협력하는데 도움이 될 수 있는 중재에 대해 언급하였다. 건강 관리 요구는 교사와 보호자가 자주 접할 수 있는 관련된 장애(예: 경련, 감염병, 경관섭식, 션트)를 포함한다. 많은 중도장애 학생은 거의 섭식 관련 문제를 보인다. 이러한 수반되는 상태를 바탕으로, 이 학생은 종종 광범위한 돌봄이 필요하며, 그 돌봄은 학생의 교육과 함께 적절하게 보충되어야 한다. 따라서 학생을 위한 교육팀의 모든 구성원들이 치료적 중재에 대해 훈련을 받고 학생의 건강 관리 요구에 대한 세부 사항을 숙지할 것을 제안한다. 많은 경우 보조공학의 사용은 의사소통 체계의 기반을 제공하는 보완적 지원이 될 수 있다.

I. 이동을 위한 기기
1. 수동 휠체어
2. 전동 휠체어
3. 여행용 유모차형 의자
4. 워커
5. 목발
6. 프론 스쿠터(Prone scooters)
7. 보행 보조기

II. 자세 잡기를 위한 기기
1. 옆으로 눕기 자세 보조기구
2. 웻지
3. 좌석 지지대
a. 어깨 스트랩, 다리 분리대, 발 지지대, 몸통 지지대
4. 기립 테이블
5. 프론 보드(Prone board)
6. 수정된 의자 (예: 리프톤)

III. 일상생활을 위한 기기
1. 무릎 트레이
2. 수정된 컵
3. 수정된 숟가락
4. 수정된 그릇 및 접시
5. 미끄럼 방지 식탁 매트
6. 조정된 옷 입기 도구(예: 벨크로 신발, 후크 단추 등)
7. 높낮이 조절 변기
8. 수정된 조리용 도구
9. 원격 제어 기기

IV. 청각장애를 위한 기기
1. 보조 청취 기기(보청기 유무에 상관없이 사용 가능)
2. 전화기와 함께 사용하는 통신 장비
3. 경보 또는 경고 장치(예: 시각적 화재 경보기, 진동 호출기)

V. 시각장애를 위한 기기
1. 전자 또는 광학 확대경
2. 큰 활자책
3. 기존 도서의 인쇄물을 확대하는 폐쇄회로 텔레비전(Closed-Circuit Television, CCTV)
4. 컴퓨터용 화면 확대기

5. 음성지원 손목시계, 계산기, 시계
6. 입체 그림책, 오디오 테이프 책 또는 점자책

VI. 교육을 위한 기기
1. 가전제품, 장난감, 컴퓨터와 연결된 스위치
2. 수정된 붓
3. 사물 안정화를 위한 기기 (예: 테이블에 고정된 사물 받침대 또는 벨크로 부착)
4. 잡기 보조 기기(예: 물건을 집어 올리기 위해 장갑에 부착된 벨크로)
5. 책 고정장치, 페이지 넘기는 장치(예: 페이지에 부착된 손잡이)
6. 작업 표면의 수정(예: 작업대 높이 조정)
7. 시선 응시판(학생의 반응 옵션을 부착한 투명 유리판 이 반응을 표시할 수 있는 옵션을 부착할 수 있는 투명 아크릴판)
8. 수정된 책; 컴퓨터에서 디지털화된 책
9. 컴퓨터 수정(예: 수정된 컴퓨터 키보드, 음석 인식 소프트웨어, 스캐닝 스위치, 마우스 스틱)
10. 음성지원 사전 및 단어 예측 소프트웨어
11. 음성 출력 기기
12. 음성지원 계산기

[그림 15.5] 보조공학기기 사용에 대한 고려사항

마무리 활동

1. 여러분은 퇴행성 장애가 있는 학생을 맞이할 준비를 하고 있습니다. 이 학생을 위해 준비하고자 학생의 부모 및 치료사와 회의를 계획할 것입니다. 이 회의에서 다룰 주제를 작성하세요. 신체적, 지적 능력이 손실될 것으로 예상되는 학생에게 무엇을 가르칠 수 있을까요?

2. 통합환경에 배치된 복합적인 신체적 요구가 있는 학생을 위한 계획을 수립하세요. 경관섭식, 화장실 지원, 약물 복용 시간, 치료 등을 고려하세요.

3. 기본적인 응급처치 및 감염 예방에 대한 추가 정보를 구하세요. 모든 교직원에게 따라야 할 안전 단계를 상기시키는 포스터를 만드세요.

제16장

자기관리 및 일상생활 기술 교수

Joshua Baker

Lizbet은 춤, 음악, 그리고 또래들과 함께 시간을 보내는 것을 즐기는 중학생이다. Lizbet은 중도 지적장애와 경도 뇌성마비를 지니고 있으며 이는 그녀의 균형 및 감각 문제에 영향을 미친다. 그녀는 질감과 압력에 민감한 반면(예: 머리를 하나로 꽉 묶는 것이나 수건 같은 옷감을 좋아하지 않음) 청각 자극과 움직임을 선호한다. Lizbet은 허락(예: 웃기, 꿱꿱 소리내기) 또는 거절(예: "nnnn"라고 소리치기, 울기)을 의미하는 음성을 통해 의사소통 한다. 화장실 이용하기, 손 씻기, 음식 준비하기에 대한 중재를 수년간 받았음에도 Lizbet은 여전히 이러한 작업을 수행하는 데 도움을 필요로 한다. 그녀는 두 가지 선택권이 주어질 때 입고 싶은 옷을 선택할 수 있다. 또한 모자를 쓰고 책가방을 드는 법을 배웠다. Lizbet은 음식에 관심이 과도하게 많고, 음식을 움켜쥐고, 입에 음식을 너무 많이 넣는 행동을 보이기 때문에 식사에 대한 어려움이 크다. Lizbet은 영화를 보러 가고, 친구집에서 파자마 파티를 하고, 방과 후 행사를 계획하는 동아리에 속해 있다. Lizbet은 학교에서는 동아리 모임에 참석하지만, 개인적인 돌봄 일정 때문에 사교 행사에는 참여하지 않는다. 그녀의 교사와 부모는 Lizbet이 이러한 행사에 그녀의 동아리와 함께 참여할 수 있는 방법을 계획하고 싶어한다. 이 장에서는 자기관리와 독립적인 생활을 숙달할 수 있는 학생뿐만 아니라 지속적인 지원을 필요로 하는 Lizbet과 같은 학생들을 위해 가정 및 개인생활 기술을 가르치는 아이디어를 제공한다.

많은 중도장애 학생은 자기관리 기술과 다른 일상생활 기술을 습득하기 위해 체계적 교수를 필요로 한다. 이러한 기술을 배우고 적용할 기회가 주어질 때, 특히 이러한 기술이 자연스러운 환경에서 제공된다면 학생들은 자기관리에 대해 어느 정도의 독립성을 얻을 가능성이 높다. Lynch, Kellow, Willson(1997)의 지역사회 환경으로 이주한 중도 및 최중도 지적장애 성인의 탈시설화에 대한 메타분석 연구에 따르면, 가장 두드러지는 혜택은 자기관리에 있었다. 또한 자기관리 기술을 습득하는 것은 종종 부모의 우선순위이다. 이 장의 도입 부분에 제시한 사례에서 설명된 바와 같이 자기관리 기술의 부족은 지역사회에 참여하는 데 장벽이 될 수 있다. 자기관리에 대한 지속적인 지원을 필요로 하는 개인도 지역사회에서 적극적인 구성원으로 활동하고 일반적인 직업을 가질 수는 있지만, 개인이 독립성을 획득하고 유지할수록 이러한 기회에 접근하기가 쉬워진다.

1970년대 중반 중도장애 학생을 위한 최초의 공교육 서비스가 등장했을 때, 자기관리 및 일상생활 기술을 가르치는 최선의 방법에 대한 전문가의 관심이 높았다. 식사하기, 옷입기, 화장실 사용하기, 양치질하기, 집안일하기, 음식 준비하기, 빨래하기와 같은 기술을 가르치는 방법에 대한 많은 연구가 현재 존재한다(Westling, Fox, & Carter, 2015). 연구들이 이러한 기술에 체계적 교수를 적용하는 방법에 대한 중요한 정보를 지속적으로 제공하고 있지만, 특히 공학의 사용으로 인해 자기관리 및 일상생활 기술을 가르치는 데 있어 몇 가지 중요한 새로운 진전이 있었다(예: Cullen, Simmons-Reed, & Weaver, 2017; Domire & Wolfe, 2014; Mechling, 2011). 소형 개인용 단말기, 휴대용 DVD, MP3 플레이어와 같은 오래된 장비는 여전히 중요한 교육 수단이 될 수 있지만(Bellini, Akullian, & Hopf, 2007; Mechling, Gast, & Fields, 2008), 교수를 더 쉽고 간단하게 만들도록 고안된 새로운 장비와 애플리케이션이 존재한다(Burckley, Tincani, & Fisher, 2015; McMahon, Cihak, Gibbons, Fussell, & Mathison, 2013). 1970년대에 연구가 시작된 이후 최근의 연구를 통해 부분참여를 촉진하는 방법에 대한 더 깊은 이해가 제시되었다(예:

Baumgart et al., 1982; Bosner & Belfiore, 2001). 모든 학생이 그들의 일상생활에서 독립적일 수 있는 것은 아니다; 일부 학생은 평생 보호자의 지원에 의존하게 될 것이다. 평생 돌봄이 필요할 수도 있는 상황에서도 개인의 자율성과 존엄성을 장려할 수 있는 기술을 선택하는 것에 대한 지침이 필요하다. 또한 개인 및 일상생활 기술에 대한 새로운 자원은 자기결정, 자기관리, 문화적 다양성을 촉진한다. 가정 및 자기관리 기술은 실제로 "개인적"이다. 개인의 문화적 배경, 가족 전통, 개인적인 선호는 그들이 일상을 수행하는 방식에 영향을 미친다. 교사는 그들의 전통과 문화적 일상을 존중하기 위해 각 학생의 보호자와 상의할 필요가 있다. 교사는 가정 및 자기관리 기술을 교수할 때 "개인 중심"적이고 "가족 중심"적인 관점을 가질 필요가 있다.

또한 교사는 통합된 학교 환경에서 개인 및 일상생활 기술을 사용하는 방법을 고려할 필요가 있다. 자기관리 기술은 일반적으로 유치원 초기에 습득되기 때문에 학령기 학생에게 자기관리 기술을 가르치는 것은 낙인이 될 수 있다. 일부 자기관리 및 일상생활 기술(예: 화장실 사용, 성교육)은 우리 사회에서 가장 사적인 문제들 중 하나이다. 교사는 개인의 존엄성과 선호도를 존중하면서 필요한 자기관리 기술을 가르치고 관련 지원을 제공할 수 있는 방법을 계획해야 한다.

1. 가족과 함께 자기관리 및 일상생활 기술 교수 계획하기

가족과 함께 계획하는 것은 개별화교육계획(Individualized Education Plan, IEP)의 모든 측면에서 중요하지만(4장 참조), 특히 개인 및 일상생활 기술 교수에 있어서는 필수적이다. 학생은 교수의 실행과 관련하여 알레르기 또는 다른 건강상의 문제를 지니고 있을 수 있다(예: 알레르기를 유발하는 음식물 피하기). 또한 가족의 문화적 가치는 교수적 결정에 영향을 미칠 수 있다. 예를 들면, 어떤 종교는 특정 종류의 음식을 피한다. 어떤 부모는 아이의 식단이나 화장실 사용 일정을 관리하기 위해 선호하는 방식을 가지고 있을 수 있다. 교사는 가족과 함께 계획하지 않는다면 가족의 맥락에서 가르치거나 가르치지 않는 것의 의미를 이해하지 못할 수 있다. 예를 들어, 한 교사는 학생에게 안전벨트를 푸는 방법을 가르쳤고, 그 결과 학생이 반복적으로 안전벨트를 풀었기 때문에 부모는 학생과 함께 할 또 다른 성인 없이는 안전하게 운전할 수 없게 되었다고 보고했다. 교사는 학생에게 안전벨트 푸는 방법을 가르쳤지만, 언제 풀어야 할지(차가 멈춘 후) 가르쳐주지 않았다. 만약 교사가 이 교수 계획을 세우기 전에 부모와 이야기를 나누었다면 교사는 이 기술을 다른 방식으로 가르치거나 학생이 더 많은 차량 탑승 안전 기술을 습득하기 전까지 가르치지 않았을 것이다. 또 다른 실제 사례에서는 어머니가 그녀의 아들 Charlie에게 새롭게 습득한 식료품 구매 기술을 일반화 할 기회를 주지 않았고 교사는 어머니에게 좌절감을 표현했다. 그들은 대화를 나누었고 어머니에게 쇼핑은 육아로부터 휴식을 취하는 활동이기 때문에 자녀와 이 활동에 함께하는 것을 거부했다는 사실이 밝혀졌다. 반대로 학생의 이모는 Charlie가 자신의 집에 왔을 때 쇼핑 기회를 제공하기로 자원했다. 문화적 가치 충돌의 또 다른 예시는 교사가 지역사회중심교수의 일환으로 모든 학생이 일주일에 한 번 햄버거를 먹으러 갈 수 있도록 부모에게 돈을 보내달라고 요청했을 때 발생했다. 한 부모는 그 요청에 응답하지 않았다. 어머니와 통화하면서 교사는 부모가 패스트푸드를 건강에 좋지 않은 음식이라고 생각하여 먹지 않는다는 것을 알게 되었다.

가족과 함께 계획을 세우는 또 다른 이유는 일부 학생은 자기관리에 대한 확장적 지원 요구를 지닐 수 있기 때문이다. 예를 들면, Margaret은 경련을 조절하고 호흡 기능을 향상시키기 위해 여러 가지 약을 복용한다. 이 약들은 그녀의 소변량을 증가시키고 식욕을 감소시켰다. Margaret이 저체중이었기 때문에 교사는 가능하면 매일 점심을 다 먹일 수 있도록 유의할 필요가 있었다. Margaret은 땅콩 알레르기가 있었고 글루텐이 없는 식단을 유지하고 있었기 때문에 그녀는 교실에서의 모든 간식을 조심해야 했다. Margaret은 또한 견과류에 대한 좋지 않은 경험 때문에 딱딱한 음식(예: 셀러리, 콩)도 거부했다. [그림 16.1]은 교사가 Margaret의 어머니와의 만남에서 얻은 정보를 어떻게 요약했는지 보여준다. 교사는 Margaret의 돌봄 요구를 파악한 후 작업치료사와 협력하여 Margaret의 식사 문제를 해결하는 방법을 계획했다(치료사와의 협력에 대해서는 2장 참조).

학생명: Margaret Chu	교사명: Baxter
약 정보:	Diamox(항경련제, 갈증 및 소변 배출량 증가를 유발할 수 있음); Beconase(항염증성 호흡기 약물, 재채기 및 코 자극을 유발할 수 있음); Depakote(구토, 식욕 저하)
알레르기 정보:	견과류 위험; 땅콩은 생명을 위협할 수 있음
식단 제한:	땅콩 또는 땅콩 오일이 포함된 음식 금지; 글루텐 프리 식단 유지 중(밀 제품이 포함된 음식 제한 목록 참고); 유당 불내증(유제품 금지)
기타 의료적 정보:	거의 1년 동안 경련 일어나지 않음; 아침 식사 후에 뇌전증 약을 복용함; 학교 수업 중 투여할 필요 없음; 요로 감염에 취약
가족의 선호도:	부모는 학생의 글루텐 프리 식단에 맞추어 점심을 보낼 것임; 먹을 수 있는 학교 간식 목록을 만들어야 함; 부모는 전통적인 아시아 식단을 먹고 단 것은 많이 먹지 않음; 이전 교사는 사탕을 일일 보상으로 사용하여 걱정을 표함
학생의 선호도:	마가렛은 콩, 샐러리와 같은 딱딱한 질감의 음식을 좋아하지 않음; 당근 퓌레는 그녀가 가장 좋아하는 음식임

[그림 16.1] 확장적 지원 요구를 지닌 학생의 가족과 함께 계획하며 얻은 정보의 요약

2. 일상생활 안에서 학생의 자기결정 및 자기관리 촉진하기

학생과 부모가 삶의 우선순위에 대해 항상 같은 관점을 가지고 있는 것은 아니다. Martin, Woods, Sylvester, Gardner(2005)의 직업 기술에 대한 연구에서는 보호자와 중도장애 학생의 선택을 비교하였다. 저자들은 중도장애 학생의 보호자와 중도장애 학생의 선택이 일치하지 않는 경우가 종종 있다는 것을 발견했다. 이와 유사하게 학생들은 그들이 배우거나 하고 싶은 것에 대해 다른 관점을 가질 수 있다(예: 요리는 하지만 설거지는 하지 않는 것; 또래 집단과 같은 스타일의 옷을 입는 것). 교사는 학생과 부모 간의 관계를 존중하기 위해 유의해야 한다. 부모는 종종 중도장애인을 위한 장기적인 지원의 핵심 자원이다. 한편 교사는 부모가 자녀의 독특한 관심사와 성숙함을 수용하도록 도울 수 있다.

보호자와의 면담 중에 학생이 자기결정 기술을 사용할 수 있는 기회에 대한 질문을 포함하는 것은 중요하다. 때때로 교사와 가족 구성원은 언젠가는 학생이 더욱 독립적이어야 한다는 사실을 깨닫지 못한 채, 도와주는 것이 더 빠르거나 쉽다는 이유로 개인 및 일상생활 기술에 있어 지나치게 많은 지원을 제공한다. 교사는 학생의 자기결정을 촉진하기 위한 전반적인 목표를 고려할 필요가 있다(Wehmeyer, 1992). 예를 들어, 학생은 어떤 종류의 치약을 원하는지, 어떤 셔츠를 입고 학교에 갈 것인지와 같은 일상적인 선택을 할 수 있다. 학생은 점심 식사 후에 쓰레기를 버릴지와 같은 학습 목표를 정할 수도 있다. 많은 일상생활 기술은 식사를 준비하거나 식탁을 차리기 위해 그림 상징을 사용하는 것과 같은 방식의 자기교수를 적용하기에 적절하다.

균형 맞추기: 개인적 선호 vs 사회적 규범

자기결정 기술을 증진시키는 것은 권장되는 일이며, 이러한 기술은 중도 지적장애 학생에게 교수되어야 한다. 때때로 교사는 장애 학생이 사회적 규범에 전형적이지 않은 선택을 할 때 갈림길에 서게 된다. 예를 들어, 만약 고등학생이 만화 캐릭터 맨투맨을 입고 만화 캐릭터 도시락과 장난감을 가는 곳마다 들고 다니겠다고 주장한다면 어떨까? 이 스타일은 나이에 맞지 않으며(일부 만화 캐릭터가 유행하고 있다고 주장할 수도 있지만) 또래들로부터 부정적인 관심을 받을 수 있다. 교사가 보호자와 생활연령에 적절하게 옷 입는 방법에 대해 논의하는 것이 어색할 수는 있지만, 학생은 학교 일과 내내 또래들과 함께 지내야하기 때문에 그렇게 하는 것은 중요하다. Spooner와 Wood(2004)는 보호자에게 그들의 자녀가 성장하고 있음을 알리기 위해 가정통신문을 보낼 수 있다고 제안한다. 이 가정통신문은 같은 학교 학생들의 일반적 스타일을 다루기 위해 학급의 모든 보호자에게 제공될 수 있다. Spooner와 Wood(2004)는 또한 영화와 스포츠와 같은 대화 주제를 제시하고, "성장"을 다루는 대화를 하고 "아기를 대하는 말투"를 줄이도록 지원하는 정기적인 가정통신문을 보낼 수 있다고 제안한다. 교사가 모든 학생의 문화적 배경과 스타일을 이해하고 존중하는 것 또한 매우 중요하다. 교사는 학생이 자신의 문화에 맞게 옷을 입도록 돕기 위해 다른 풍습을 배울 필요가 있을지도 모른다. 교사는 학년 초에 보호자와 문화적 차이에 대해 논의함으로써 이러한 요구를 다루는 방법에 대한 이해를 높일 수 있다.

자기결정을 증진하는 또 다른 방법은 학생이 자신의 일상생활에 대해 더욱 적극적인 참여자가 될 수 있는 방법을 계획하는 것이다. 학생이 완전히 독립적일 수 없는 경우에도 "부분참여"의 목표가 인정되어야 한다(Baumgart et al., 1982). 즉, 학생은 그들의 일상생활 안에서 독립적인 반응을 보이도록 학습할 수 있다. 교사는 구체적이고 측정 가능한 독립적 반응을 목표로 설정하여 결국 학생이 교사의 지도 없이 반응하도록 하는 것이 중요하다. 개별화교육계획의 목표가 교사의 지도에 따른 반응에 초점을 맞춘다면 학생은 일상에서 수동적일 수밖에 없다. 교사는 일과 동안 성실하게 가르치는 반면 학생은 자신이 무엇을 해야 하는지도 배우지 못할 수 있다. 적절한 반응을 교수하기 위해 초기에는 신체적 안내 및 다른 형태의 지원이 사용될 수 있지만, 학생이 교사의 도움 없이 신체적으로 수행할 수 있도록 하는 것을 목표 반응으로 설정하는 것이 중요하다. 이처럼 학생이 신체적으로 수행할 수 있으며 관찰 가능하고 측정 가능한 반응을 능동적 반응이라고 할 수 있다. 능동적 반응을 증가시키기 위해 최신의 연구는 공학을 사용함으로써 새롭고 일상적인 생활 과제를 지원하는 것에 대해 검토하기 시작했다(Ayres, Mechling, & Sansosti, 2013; Bimbrahw, Boger, & Mihailidis, 2012; Mechling & Savidge, 2011). 예를 들어, Bimbrahw 외(2012) 연구에서는 자폐성장애 아동 다섯 명을 대상으로 손 씻기 과제를 촉진하기 위해 인공지능 기능을 갖춘 컴퓨터 기기를 사용했다. 다섯 명의 학생들이 과제를 완수하도록 촉진하기 위해 화장실에는 카메라, 모니터, 스피커가 설치되었다. 비록 학생들이 모든 목표를 달성하지는 못했지만, 그들은 컴퓨터화된 촉진을 통해 이익을 얻었다. 이와 같은 공학 기술은 아직 초기 단계에 있지만 이것은 미래에 학생이 더 독립적일 수 있도록 지원하기 위해 중요하다.

학생은 또한 성인이 되면서 자신의 일상생활을 "책임"질 수 있어야 한다. 성인도 자기관리에 대한 확장적 지원을 필요로 할 수 있지만, 보호자에게 의견을 제시하여 돌봄에 "책임"을 가질 수 있다. 개인적인 일상 안에서의 선택권과 활동의 단계를 시작하거나 종료할 수 있는 기회를 만들어줌으로써 학생이 "책임"질 수 있도록 도울 수 있다. 또한 학생의 사생활을 존중하고 학생의 생활연령과 환경에 적절한 자료를 사용함으로써 학생 개인의 존엄성이 보장될 수 있다. 교사가 학교 도착, 점심시간, 화장실 사용 중에 학생의 적극적인 참여를 계획하는 것은 중요하다.

교수의 목표는 학생이 독립적으로 기술을 습득하고 유지하는 것이다. 중도장애 및 자폐성장애 학생에게 자기관리 기술은 학생이 책임감을 지닐 수 있도록 매일의 일상 안에서 교수되어야 하는 중요한 기술이다. 자기관리 전략은 이 장과 이 교재의 모든 주제와 함께 사용될 수 있고 사용되어야 한다. 예를 들면, 교사가 과제에 대한 시범을 보이면서 동시에 학생에게 자신의 행동을 스스로 관리하는 방법을 가르칠 수 있다. 이 교재에서 논의한 바와 같이 공학은 엄청난 변화를 가져왔다; 공학은 종종 강화제 역할을 하며 교사에게 자신의 자료를 표준화할 수 있는 방법을 제공한다(Broadhead, Al-Dubayan, Mates, Abel, & Bouwers, 2016). 웹 기반 애플리케이션은 개인 및 일상생활 기술에 대한 자기관리를 촉진하는 하나의 방법이다. 웹 기반 애플리케이션의 한 예는 Cognitopia (www.cognitopia.com)이다. Cognitopia(및 기타 웹 기반 애플리케이션)는 개인이 가능한 독립적으로 일상생활을 탐색할 수 있게 하는 자연스러운 수단이지만, 교사, 부모, 기타 전문가가 협력적 지원을 제공하게 할 수도 있다. [그림 16.2]와 [그림 16.3]은 매일의 일과에 대한 웹 기반 애플리케이션의 예시를 보여준다. [그림 16.2]는 다양한 일과를 보여주는 홈 스크린 화면의 예시이다. [그림 16.3]은 선택된 개별화된 일과를 보여준다. 웹 기반 애플리케이션 내 정보는 적극적 계획 참여와 유사하나 휴대용 장치로 접근

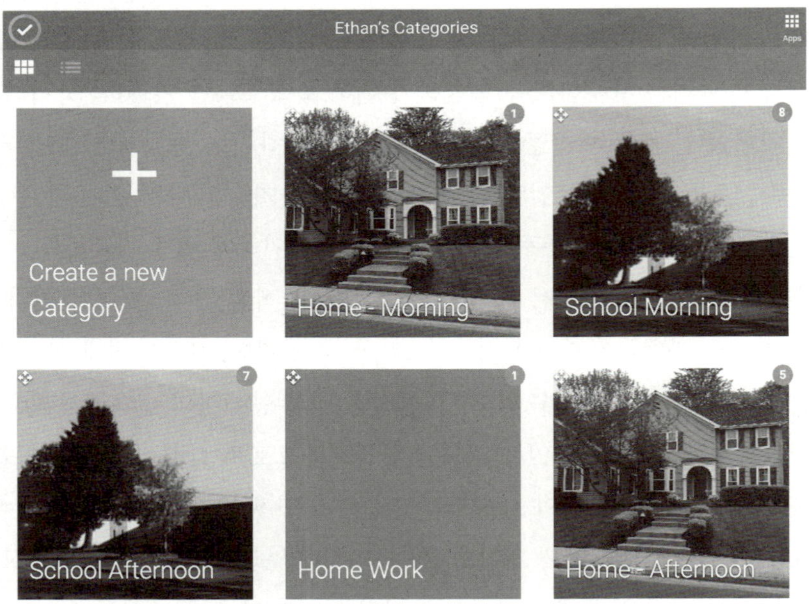

[그림 16.2] 웹 기반으로 일과 목표를 안내하는 Cognitopia

한다는 점에서 다르다. 또한 교사나 서비스 제공자는 학생과 협력하여 학생이 과제를 완료했는지 확인하는 "점검"을 할 수 있다.

[그림 16.3] Cognitopia를 활용한 웹 기반 아침 일과

3. 체계적 교수를 활용하여 개인 및 일상생활 기술 교수하기

본 장에서 앞서 설명한 바와 같이 자기관리 및 일상생활 기술을 효과적으로 가르치기 위해 체계적 교수를 적용하는 연구는 50년 이상 지속적으로 진행되고 있다. 첫 번째 단계 중 하나는 특정 활동을 수행하는 데 필요한 단계를 과제분석하는 것이다. 예를 들어, Spooner, Stem, Test(1989)는 응급처치의 단계를 제시하였다. 마찬가지로 과제분석은 세탁기 이용하여 빨래하기, 식기 세척기 사용하기,

코트 입기, 체취제거제 사용하기, 책가방 챙기기, 푸딩 만들기, 바닥 쓸기와 같은 대부분의 일상생활 활동에 활용될 수 있다. 6장에서 설명하였듯 과제는 전체 단계를 사용하여 가르치거나 과제의 시작 또는 끝 단계를 가르치고 다른 단계를 점진적으로 추가하여 가르칠 수 있다(전진 또는 후진연쇄법). 일반적으로 진전 속도가 느린 경우 다른 연쇄법과 함께 전체과제 교수를 적용해야 한다.

기술을 과제분석하고 나면, 교사는 체계적인 촉진과 소거의 방법을 선택할 필요가 있다. 연구자들은 최소촉진체계(Mechling & Gast, 1997)와 시간지연법(Hall, Schuster, Wolery, Gast, Doyle 1992; Miller & Test, 1989)을 모두 성공적으로 사용했다. 최소촉진체계를 사용할 경우 교사는 과제분석의 각 단계에 대해 촉진의 위계를 따른다. 예를 들어, 교사는 학생이 세탁 세제의 양을 측정할 때까지 기다린다; 반응이 없으면, 교사는 측정 컵을 가리킨다; 여전히 반응을 보이지 않으면, 교사는 반응을 시범 보이고 학생이 그 행동을 따라하게 한다. 시간지연법을 사용할 경우 교사는 과제분석의 전체 단계에 대해 지연 없이 하나의 촉진을 사용하고, 그 후 과제분석을 제시할 때 일정 정도의 지연 간격을 둔다. 첫째 날, 교사는 세탁기를 사용하는 각 단계를 모델링하고, 학생은 각 단계를 따라한다. 셋째 날, 교사는 학생이 각 단계를 수행할 때까지 5초간 기다리고 만약 필요하다면 모델링을 제공한다. 이 두 가지 절차는 모두 6장에 설명되어 있다. 교사는 이러한 체계적 촉진 절차와 함께 정반응에 대한 강화(예: 각 단계에 대해 칭찬)를 제공하며 교수회기가 진행되면서 촉진은 소거된다. 오류는 더 높은 수준의 촉진을 제공함으로써 수정될 수 있다. 때때로 교사는 학생의 반응에 대한 피드백의 일부로 추가적인 정보를 제공한다. 예를 들어, Jones와 Collins(1997)는 안전 기술에 대한 정보를 포함시켰다(예: 연기가 보일 경우 전자레인지 끄기).

일상생활 기술 또한 학생의 자기교수 방법을 적용하기에 적절하다. Pierce와 Schriebman(1994)은 자폐성장애 학생들에게 집안일을 스스로 관리하는 방법을 교수했다. 교수는 사진첩의 한 페이지마다 과제분석의 한 단계씩 담은 형식으로 이루어졌다. 학생들은 그 그림들을 식별하는 것을 배웠다. 그리고 나서 그들은 그림을 가리키고, 단계를 수행하고, 스스로를 강화하도록 학습했다. 학습의 마지막 단계에서 교사는 학생들이 도움 없이 모든 집안일을 수행하도록 내버려 둘 수 있었다. 학생들은 주변에 성인이 없어도 사진첩을 사용하여 식탁을 차리고, 침대를 정리하고, 음료를 만들고, 옷을 입고, 빨래를 할 수 있게 되었다. 그림 요리책은 이러한 유형의 자기교수의 또 다른 선택지이다. 일부 연구자들은 자동 음성 녹음의 유용성을 입증했다(Book, Satsangi, Mull, & Bartlett, 2013; Post & Storey, 2002). Briggs 외(1990)에서 학생은 대본을 미리 녹음한 테이프 플레이어를 착용한 채로 집안일을 수행하도록 학습했다. 벨이 울리면 학생은 플레이어를 끄고 단계를 수행했다. Bouck 외(2013)에서는 학생이 쇼핑하는 동안 식료품을 성공적으로 식별할 수 있도록 음성 녹음기를 사용했다. 상점에 가기 전에 스스로 목록을 녹음하였을 때 가장 성공적이었다.

연구 노트

자기관리 및 일상생활 기술을 교수하는 최근의 연구는 비디오 모델링 및 촉진(Bellini et al., 2007; Domire & Wolfe, 2014; Mechling et al., 2008), 웹 기반 애플리케이션(DiGennaro-Reed, Hyman, & Hirst, 2011; McMahon et al., 2013) 및 사회적 상황이야기(Gray, 2000)와 같은 새로운 전략을 제시하였다. 비디오 모델링과 사회적 상황이야기는 연구 문헌에서 상당한 성취를 보였다. 웹 기반 애플리케이션에 대해서는 더 많은 연구가 이루어질 것으로 예상된다. Bellini 외(2007)는 비디오 모델링을 학생이 비디오를 보고 모델의 행동을 모방하는 것을 포함하는 전략으로 정의했다. 이 연구에서는 비디오 모델링이 자폐성장애 학생들의 사회 참여 기술 향상 및 유지에 도움이 된다는 것을 발견했다. 비디오 모델링을 사용한 유사한 연구에서 Mechling 외(2008)는 세 명의 중등도 지적장애 학생들이 휴대용 DVD 플레이어를 사용하여 세 가지 요리 과제를 숙달할 수 있다는 것을 발견했다.

사회적 상황이야기는 학생들이 일상의 일과와 기대에 대해 더 잘 이해할 수 있도록 교사가 작성하는 짧은 개별화된 이야기이다(Gray, 2000). 사회적 이야기에 대한 연구를 검토한 결과, Ali와 Frederickson(2006)은 사회적 이야기가 방해 행동의 감소(Scattone, Wilczynki, Edwards, & Rabian, 2002), 손 씻기 행동의 증가(Hagiwara & Miles, 1999) 사회적 행동의 증가(Thiemann & Goldstein, 2001) 등 다양한 기술에 사용되고 있음을 발견했다. 사회적 이야기를 사용할 때, 어떤 학생은 다중 매체적 접근을, 다른 학생은 작성된 형태를 필요로 할 수 있고, 또 다른 학생은 그것을 전혀 이해할 수 없을 수도 있다.

때때로 학생은 자극 단서가 사용되면 더욱 독립적인 반응을 보일 수 있다. 예를 들어, Sarber와 Cuvo(1983)는 학생들에게 식품군에 따라 색으로 구분된 보드를 사용하여 균형 잡힌 식사를 계획하는 방법을 교수했다. 이와 비슷하게 학생들은 위치 그림이 그려진 매트를 사용하여 상 차리는 방법을 배웠다. 짝이 맞는 옷을 선택하는 것은 그림 태그가 붙어있는 옷걸이에 옷을 거는 방식으로 학습하였다. 이 교수를 돕고자 상업적 자료를 사용할 수 있다. Attainment Company (attainmentcompany.com)가 출판한 식사 선택하기(Select-a-Meal) 교육과정은 Saber와 Cuvo의 연구와 유사한 전략을 사용한다.

체계적 교수를 계획할 때 학생이 새로 습득한 기술을 어떻게 일반화할 것인지에 대한 계획을 세우는 것 또한 중요하다. 한 가지 중요한 전략은 학생에게 새로운 기술을 사용할 수 있는 기회를 최대한 자주 제공하는 것이다. 만약 그 학생이 모자 쓰는 것 또는 양치질을 배웠다면 가정의 모든 보호자들과 학교에서는 그녀에게 그 기술을 사용할 수 있는 기회를 주어야 한다. 때때로 가족은 가정으로의 일반화를 위한 훈련을 필요로 할 것이다. 교사는 과제분석을 가족과 공유하고 학생이 반응하도록 촉진을 제공하기 전에 독립적인 반응을 기다리는 방법을 보여줄 수 있다. 또 다른 전략은 일반 사례 교수법을 사용하는 것이다. Horner, Williams, Steveley(1987)는 일반 사례 교수법을 적용하여 학생에게 전화기의 종류, 위치, 통화 상대자, 대화 주제 등의 다양성을 가르침으로써 학생들이 여러 가지의 전화를 걸 수 있도록 교수했다. 일반 사례 교수법에 대한 더 많은 정보는 6장에 제시하였다.

때때로 가정에서의 일반화가 아니라 학교 일과 안에서 개인 및 일상생활 기술을 가르치는 것에 어려움이 발생한다. 이 교수를 계획하기 위해 교사는 하루의 일정을 검토하여 자기관리 기술이 요구되는 시간(예: 도착할 때, 점심시간, 떠날 준비를 할 때)을 찾을 수 있다. 이 중 일부는 단순히 자연적인 맥락에서 가르칠 수 있다(예: 모든 학생들이 하루 일과를 위한 짐을 싸는 동안 학생은 책가방을 싸는 것에 대한 체계적 교수를 받는다). 다른 경우에는 약간의 사생활 보호가 필요할 수 있다(예: 학생은 개인 화장실을 사용할 수 있다). 때때로 학생의 일과를 방해하지 않고 추가적인 기회를 만들 수도 있다(예: 학생이 가정 기술을 배울 수 있게 휴식 공간 청소를 돕도록 한다; 부모에게 매일 전자레인지를 사용해야 하는 점심 메뉴를 보내도록 요청한다; 체육 시간 전과 후에 개인 공간에서 옷을 갈아입는다).

4. 필요에 따라 부분참여 및 비간섭 지원 계획하기

학생이 대부분의 자기관리 기술에 미흡하고 일상생활에 수동적일 때 무엇을 우선적인 목표로 삼아야 할지 알기 어려울 수 있다. 모든 일상에서 모든 기술을 가르치는 것은 학교 수업의 시간적 압박을 고려할 때 실현 가능하지 않다. 예를 들어, 교사가 화장실 사용 기술을 수행할 수 없는 7명의 학생들을 지원하려면 이 기술을 가르치면서 오전 시간 전체를 보내게 된다. 대신 교사는 무엇을 먼저 가르칠지 우선순위를 정하고 반응연쇄를 활용할 수 있다(예: 학생에게 휴지 버리는 방법, 그 다음으로 물 잠그는 방법, 손을 헹구는 방법 등을 손 씻기를 후진연쇄로 가르친다). 부모와 학생의 선호도 및 자기결정에 대한 고려사항은 우선순위를 정하는 데 도움이 된다. 현재 우선순위가 아닌 모든 기술은 효율성을 최대화하기 위해 교사가 학생 대신 수행할 수 있다(예: 손을 헹구기 이전 단계까지 교사가 학생의 손을 닦아주고 그 후 마지막 세 단계를 가르친다).

때때로 학생은 일생 동안 개인적 지원을 필요로 하는 신체적인 어려움을 지닌다. 사지를 사용하는 데 어려움이 있는 학생은 옷을 입고 음식을 먹기 위해 도움이 필요할 것이다. 이 경우 구체적인 반응으로 부분참여를 선택할 수 있다. 부분참여는 특히 학생이 일과에 대한 책임을 지니게 함으로써 유의미할 수 있다(자기결정). 학생은 어떤 자료를 사용할지, 누가 도움을 줄 것인지, 언제 활동을 할 것인지, 어디에서 할 것인지를 선택할 수 있다. 예를 들어, 학생의 이를 닦을 때 교사는 "오늘 Hill이 이 닦는 것을 도와줄까, 아니면 내가 도와줄까?, 어떤 향의 치약으로 할까? 브러시 아니면 스펀지? 헹굴 때 주황색 컵과 파란색 컵 중 무엇을 쓸까?"라고 묻는다. 학생이 의미 있게 참여할 수 있는 또 다른 방법은 돌봄 일과를 더 효율적으로 만드는 반응을 수행하게 하는 것이다. 예를 들어, 사지를 통제할 수 있는 학생은 옷을 입을 때 다리나 팔을 들어올림으로써 옷 입히는 것을 수월하고 빠르게 만들 수 있다. 또는 사지마비 학생은 양치질을 돕기 위해 입을 벌리거나 고개를 돌릴 수도 있다(Snell, Lewis & Houghton, 1989). 부분참여를 위한 이러한 목표 외에도 활동을 더 쉽게 만드는 지원의 유형을 고려할 수 있다. 15장에서 설명하였듯 도구를 수정하는 것 또는 자세를 향상시키는 것이 이에 포함된다. Spooner,

Browser, Baker(2011)는 아침 일과에 대한 세 가지 다른 수준의 기대의 예시를 제공한다. 첫째, 학생은 전체 일과를 배운다. 둘째, 학생은 더욱 독립적으로 수행하도록 기술을 연결한다. 셋째, 학생은 자신의 돌봄 일과에 대해 의견을 제시하는 것을 배운다.

5. 가정 및 개인생활 교육과정의 예시

교사는 생태학적 목록을 사용하거나 출판된 교육과정을 검토하여 가정 및 개인생활 교육과정에 대한 아이디어를 수집할 수 있다. 생태학적 목록에서 교사는 학생 삶의 주요 환경, 이러한 환경에서 수행되는 활동, 현재와 미래에 이러한 활동에 참여하기 위해 필요한 기술을 각각 고려한다. 이 예시에서 교사는 Lizbet의 학교와 가정 환경을 모두 고려했다. 이러한 기술을 모두 가르치는 것이 실현 가능하지는 않지만, 이 목록은 이 영역에 대한 개별화교육계획을 세울 때 아이디어를 제공하는 데 도움이 된다.

1) 식사 기술

Perske, Clifton, McLean, Stein(1977)은 이상적인 식사 시간의 특징을 다음과 같이 묘사했다: (1) 동지애와 소속감, (2) 편안하고 덜 방어적인 느낌, (3) 목소리, 눈, 몸, 맛, 냄새, 촉감과 함께 여러 방법으로 의사소통하는 것, (4) 웃고 즐거운 느낌, (5) 있는 그대로 받아들여지며 내가 나라서 기쁜 것, (6) 선택을 하는 것, (7) 필요한 모든 시간을 갖는 것, (8) 모든 감각을 높이는 것, (9) 포만감, 만족감, 편안함을 느끼는 것, (10) 성장과 건강을 위한 영양을 섭취하는 것. 중도장애인은 식사 기술과 사회성 기술 결함으로 인해 이상적인 식사 시간을 갖는 것이 어려울 수 있다. 이 영역의 기술을 배우는 것은 학생이 학교 점심시간과 같은 식사 시간의 사회적 맥락에 집중할 수 있게 한다. 하지만 식사에 대한 장기적인 도움이 필요한 학생도 교실이 아닌 점심시간에 또래와의 사회화 기회를 필요로 한다. 교사는 학교 점심시간 동안 사회화의 목표와 영양 사이의 균형을 추구해야 한다. 이는 우선순위가 가장 높은 기술에 한하여 직접적이고 체계적인 교수를 실행함으로써 수행될 수 있다. 직접교수는 점심시간이 아닌 개별 지도 시간에도 이루어질 수 있다. 점심시간 중 식사 기술의 모델이 되는 또래와 함께 있는 것은 자연적 지원의 한 형태이다. 교사는 학생이 먹기 쉽도록 손잡이가 커진 숟가락, 가장자리가 올라간 접시, 고무 매트를 제공하는 것과 같은 환경적 조정을 할 수 있다. 때때로 교사나 또래들은 간단하게 먹기 위한 음식을 더 준비할 수 있다. 샌드위치는 한입 크기로 잘라줄 수 있다. 또한 학생은 자기교수를 사용할 수도 있다. 예를 들어, 한 입 먹을 때마다 입을 닦는 것은 학생이 한 번에 많은 음식을 입에 넣지 않고 천천히 먹게 하는 하나의 방법이다.

일부 학생은 안전을 위해서 개인적으로 식사를 해야 할 수도 있다(예: 경관급식을 하는 학생 또는 식사 중 쉽게 기도가 막히는 학생). 다른 학생들은 기본적인 식사 기술을 배우기 위해 직접적이고 체계적인 교수가 필요하다. 이 직접교수가 식사 시간 전체를 차지할 필요는 없다. 교사와 학생은 숟가락이 필요한 메뉴(예: 사과 소스)를 먹는 것을 연습하기 위해 일찍 식당으로 갈 수 있다. 그러면 학생은 나머지 점심시간에 친구들과 함께 자유롭게 식사할 수 있다(예: 부리또와 당근 스틱 같은 핑거푸드). 음식을 먹여 줄 필요가 있는 일부 학생은 비장애 또래가 도와주는 것을 좋아할 수 있다. 이러한 지원은 학생의 필요와 선호에 따라 모든 사람이 식당에 들어가기 직전 또는 일반적인 점심시간의 바쁜 활동 중에 제공될 수 있다. 학생이 직접교수를 필요로 한다면 교사는 6장에서 설명한 것처럼 기술에 대한 과제분석과 체계적 촉진을 사용하게 될 것이다. Collins 외(1991)는 스스로 먹는 것을 가르치기 위해 다음과 같은 과제분석을 사용했다: (1) 숟가락을 잡는다, (2) 음식을 담는다, (3) 숟가락을 입술로 올린다, (4) 입을 벌린다, (5) 숟가락을 입에 넣는다, (6) 숟가락을 뺀다, (7) 숟가락을 내린다. Collins 외(1991)는 숟가락을 이용해 먹는 것, 컵으로 마시는 것, 냅킨 사용하는 것을 가르치기 위해 고정 시간지연을 사용했다. 또한 식사 기술의 교수는 학생이 각 운동 반응을 숙달함에 따라 신체적인 지원을 점차 소거하는 점진적 안내를 사용하는 것이 적합하다. 예를 들어, Azrin과 Armstrong(1973)의 연구에서 교사는 학생이 숟가락을 입으로 들어 올리고 내리는 것을 돕기 위해 학생의 손을 자신의 손으로 감싸는 것부터 시작했다. 학생이 숟가락을 움직이는 것을 익히기 시작하자 교사는 이 신체적 압박감을 약하게 접촉하는 것으로 소거하였다. 그리고 나서 교사의 안내는 팔뚝, 팔꿈치, 위쪽 팔, 마지막으로 어깨로 차차 이동하였다. 체계적 교수는 식당 이용하기 또는 가족의 식사 스타일을 교수하기 위해 사용될 수 있다.

(1) 식사 관련 문제

평가를 통해 학생의 식사 문제가 드러날 수 있다. 이러한 문제는 특정 기술 교수의 필요성을 반영한다. 다른 사람의 음식을 움켜쥐는 학생은 Lizbet이 그랬듯 식탁이나 식당의 경계 개념을 배울 필요가 있다(다음 예시 참조).

Lizbet의 교사들은 점심시간에 어려움을 겪었다. Lizbet은 항상 다른 학생들에게 손을 뻗고 그들의 접시에서 음식을 가져갔다. 그녀는 음식을 쏟거나 엉망으로 만들 때가 많았다. 또한, 많은 학생은 그녀가 자신의 음식을 만질까봐 그녀 옆에 앉고 싶지 않았다. 교사가 그녀의 식사 기술을 평가했을 때, 교사는 Lizbet이 자신의 음식에 대한 경계를 인식하지 않는다는 점을 발견했다. 그녀는 의사소통 기술의 제한으로 인해 식당 직원에게 접시에 음식을 올리지 말아달라고 요구하는 기술도 부족했다. Lizbet를 돕기 위해 교사는 그녀에게 밝고 구분되는 매트를 학교와 집에서 사용하게 했다. Lizbet이 식사를 할 때, 교사는 Lizbet의 식사 공간을 수시로 가리키며 "이것 봐, 감자 샐러드가 더 있어." 또는 "여기, 아직 주스가 남아 있어."라고 말했다. 교사는 또한 Lizbet에게 자신이 원하는 음식의 방향으로 손을 뻗도록 가르쳤다. 예를 들어, 그녀는 빵에 바를 마가린을 원할 때 마가린이 주어질 때까지 손으로 마가린 접시를 "휘저었다". 교사는 또한 Lizbet이 숟가락으로 모든 것을 먹으려고 하여 음식이 모두 섞이기 때문에 자신의 그릇에 음식이 남아있다는 것을 알아채지 못할 때가 있다는 것을 발견했다. 교사는 Lizbet의 음식을 별도 접시에 핑거 푸드, 숟가락으로 먹을 음식, 포크로 찔러서 먹을 음식으로 나누어 담아 정리했다. 교사는 Lizbet에게 가장 효과적인 방법을 사용하여 한 번에 한 가지 음식을 먹는 것을 가르쳤다. Lizbet은 각 음식을 먹는 순서를 선택함으로써 여전히 자신의 식사에 책임을 가질 수 있었다. 손을 뻗어 음식을 요구하는 것, 매트의 경계 안에서 음식을 먹는 것, 그리고 음식을 서로 구분해서 두는 것을 배운 후 Lizbet은 음식을 움켜쥐지 않고 식사하기 시작했다.

학생이 너무 빨리 먹거나 음식을 입에 가득 넣으면 질식할 위험이 있다. Luiselli(1988)와 Knapczyk(1983)은 교사가 제공하는 속도 조절 촉진(pacing prompts)은 학생이 식사 속도를 늦추는 데 효과적이라는 것을 발견했다. 이 방법은 교사가 학생에게 다음 음식을 입에 넣어야 할 때 단서를 주는 것이며 이러한 단서는 점진적으로 소거된다. 교사는 또한 학생이 스스로 속도를 조절하도록 도울 수 있다. 예를 들어, 한 입 먹을 때마다 냅킨을 사용함으로써 학생은 식사 속도를 늦출 수 있다. Wayne은 한 입 먹을 때마다 10초의 타이머를 설정함으로써 먹는 속도를 조절하는 법을 배웠다. 타이머가 울리기를 기다리는 동안 Wayne은 음식을 씹었다. 타이머가 울리자 그는 음식을 삼키고 한 입 더 먹었다. 교사는 식사가 끝날 때 Wayne에게 특별한 간식을 제공함으로써 스스로 속도를 조절하며 점심식사를 한 것을 칭찬했다. 몇 주 후, Wayne은 타이머를 사용하지 않고도 안전한 속도로 식사할 수 있었다. 결국, 교사는 강화제를 사용하는 것도 소거할 수 있었다. 때때로 교사들은 극도로 느리게 먹는 학생들의 식사 속도를 높이기 위해 강화제를 사용해야 한다(Luiselli, 1988).

다른 학생들의 식습관 문제는 그들이 먹을 음식의 양이나 종류에 초점을 맞춘다. 프래더 윌리 증후군을 가진 학생은 항상 배가 고파서 계속해서 음식을 갈망한다. 위에서 설명한 학생인 Lizbet은 그녀가 충분히 먹었다는 것을 나타내는 경우가 거의 없었다. 만약 그녀가 계속해서 많은 양의 음식을 먹는다면 체중이 증가하는 결과를 얻게 될 것이다. 부모는 Lizbet에게 저지방, 고섬유질의 식단을 제공한 다음 가족이 식사를 마칠 때까지 먹을 팝콘이나 신선한 야채를 주면, Lizbet이 기꺼이 그만 먹는다는 것을 알게 되었다. 일부 학생은 음식을 거부하거나 제한된 종류의 음식(예: 시리얼)만 먹는다. 때때로 제한된 종류의 음식을 먹는 문제는 선호하지 않는 음식을 한 입 먹은 후 선호도가 높은 음식을 먹게 하거나 둘을 함께 먹게 하면 해결될 수 있다(Peterson & Ibanez, 2018). 시간이 지남에 따라 학생은 선호하는 음식을 먹기 위해 더 많은 양의 선호하지 않는 음식을 먹을 수 있게 된다. [그림 16.4]는 학생의 현재 식음료에 대한 요구를 표로 작성하는 데 사용할 수 있는 예시를 제공한다.

일부 부적절한 행동은 학교 식당에만 국한된 것일 수 있다. 일부 학생에게는 일반적이고 시끄러운 식당 환경으로 전환하는 데는 시간이 걸릴 수 있다. 또한 일부

	숙달함	부분적으로 숙달함	숙달하지 못함
식사 기술			
1. 숟가락으로 음식을 먹고 삼키기			
2. 음식을 씹기			
3. 두 가지 음식 중 선택하기			
4. 배부르거나/다 먹었음을 알리기			
5. 먹고 싶다는 것을 표현하기			
6. 핑거 푸드를 스스로 먹기			
7. 냅킨을 사용하기			
8. 숟가락을 사용하기			
9. 샌드위치를 먹기			
10. 적절한 속도로 먹기(입에 음식을 가득 넣지 않는다)			
11. 포크로 찌르기			
12. 흘리지 않고 먹기			
식음 기술			
1. 다른 사람이 컵을 들고 있으면 삼키기			
2. 두 가지 음료 중 선택하기			
3. 잔을 들고 마시기			
4. 탄산음료 캔으로 마시기			
5. 머그잔으로 마시기			
6. 식수대에서 마시기			
7. 빨대를 이용해 마시기			

[그림 16.4] 식사 및 식음 기술에 대한 점검표

학생은 식당의 구체적인 규칙을 이해하는 것이 어려울 수도 있다. 식당에 들어갈 때 줄을 서서 기다리는 것, 쟁반을 들고 가는 것, 음식을 고르는 것, 자리를 선택하는 것, 그리고 끝날 때까지 앉아있는 것과 같은 많은 활동들을 가르쳐야 한다. 어떤 학생은 자신이 점심을 다 먹었는데도 왜 자리에 앉아 있어야 하는지 이해하지 못할 수도 있다. 학생이 점심 식사 자리에서 일어나기 전에 학생에게 정해진 만큼의 대기시간을 알려줄 수 있다. 예를 들어, 교사는 학생 옆에 1분으로 설정된 타이머를 둘 수 있다. 학생은 휴식 시간에 들어가기 전 점심 식사를 마친 후 1분 동안 앉아 있어야 한다. 학생이 이 개념을 이해한다면, 다른 학생들이 기대하는 시간까지 자신의 자리에 앉아있도록 시간을 천천히 늘릴 수 있다. Ozdemir(2008)는 자폐성장애 학생이 점심 식사 줄에서 기다리는 동안 보이는 방해 행동을 감소시키기 위해 사회적 상황이야기(Gray, 2000)를 사용했다. 사회적 상황이야기는 결국 소거되었고 바람직한 행동은 유지되었다.

2) 음식 준비하기

음식을 준비하는 법을 배우는 것은 음식이 제공하는 영양뿐만 아니라 음식과 관련된 개인적인 즐거움과 사회화 때문에 중요하다. 가족과 친구들은 종종 음식과 함께 중요한 행사를 기념한다. 대부분의 사람은 특정 음식에 대한 호불호를 가지고 있다. 또한 음식 선호도는 개인의 문화적 배경을 반영하기도 한다. 학생의 삶에서 음식이 지니는 많은 기능을 고려하기 위해 교사는 교수를 위한 아이디어에 대해 가족들과 상의하는 것부터 시작해야 한다. 가족은 학생들이 가장 좋아하는 음식을 판별하고 가족의 전형적인 메뉴나 간식에 대한 아이디어를 공유할 수 있다. 또한 학생의 부모는 음식 규제에 대한 정보를 제공할 수 있다. 교사는 학생이 알레르기 반응을 보이는 음식이나 의사가 제안한 특별한 식단(예: 글루텐 프리 식단)에 대해 알아야한다.

구체적인 음식 준비 기술을 평가하고 가르치기 위해 우선 교사는 학생의 자기 지시를 장려하고자 따르기 쉬운 지시사항을 준비할 수 있다. 개인용 컴퓨터 기반 시스템 및 비디오 기반 시스템(예: 휴대용 DVD 플레이어 및 노트북), 전통적인 그림 기반 및 음성 체계를 사용하여 요리를 가르칠 수 있다(Mechling et al., 2008). Mechling 외(2008)는 중등도 지적장애 학생 세 명을 대상으로 휴대용 DVD 플레이어를 사용해 여러 요리 과제를 완료하는 것에 대한 효과를 연구했다. 세 학생 모두 DVD 플레이어를 사용하여 분석된 과제를 독립적으로 수행하는 데 성공했다. 공학의 발전으로 이제 과제를 녹화하고 그 과제를 휴대폰이나 태블릿으로 재생하는 것이 가능해졌다. 학생이 다양한 작업을 저장할 수 있는 여러 애플리케이션

[그림 16.5] Cognitopia: 프렌치 토스트 만들기에 대한 비디오 과제분석 예시

을 사용할 수 있다. 또한 일부 작업은 네트워크를 통해 공유될 수 있다. 예를 들어, [그림 16.5]에는 프렌치토스트를 만드는 방법을 보여주는 삽입된 비디오와 과제분석이 제시되어 있다. 공학이 발전함에 따라 교수를 수정하고 학생 별로 개별화되고 개인화된 요리 교육과정을 만드는 것이 쉬워질 것이다. 실제로 Mechling과 Stephens(2009)는 비디오 카메라를 사용하여 중등도 지적장애 학생을 위해 설계된 과제분석의 각 단계를 기록했다. 비디오에서 성인은 과제분석의 각 단계를 수행하는 올바른 절차를 모델링했다. 그러면 학생은 "재생"과 "일시정지" 버튼을 사용하면서 휴대용 DVD 플레이어에 제시되는 각 요리 기술을 볼 수 있다. 이 연구는 비디오 교수가 전통적인 그림 촉진보다 더 효과적이라는 것을 보여주었다.

또한, 제한된 읽기 기술을 가진 학생을 위해 수정된 요리책을 만들거나 상업적 요리책(예: Home Cooking Cookbook; attainmentcompany.com)을 사용할 수 있다. 음식 준비는 또한 기본적인 식품군, 음식의 영양적 가치, 음식을 다루는 안전한 방법과 같은 추가적인 정보를 가르칠 수 있는 훌륭한 기회가 될 수 있다. Jones와 Collins(1997)는 중등도 지적장애 성인에게 음식 준비를 가르치면서 제공하는 교수적 피드백에 안전한 음식 취급 방법 및 영양에 대한 추가적 정보를 삽입하였다. 예를 들어, 참여자에게 뜨거운 초콜릿 믹스를 만들기 위해 컵에 물을 채우라고 말한 후, "건강을 위해 하루에 최소한 6잔의 물을 마셔야 합니다."와 같은 말을 하였다.

3) 옷입기와 몸단장하기

옷입기와 몸단장은 개인의 스타일을 표현하는 중요한 방법이다. 이러한 개인 스타일은 시간이 지남에 따라 변경될 수 있으며, 중학교 시기는 외모에 민감한 시기이다. 옷차림과 몸단장을 가르칠 때 교사는 양치질, 머리 빗기, 체취제거제 사용하기, 셔츠 입기와 같이 기술적인 측면에 주로 초점을 맞춘다. 비록 이러한 기술도 중요하긴 하지만 학생들은 자신의 외모에 대해 선택하는 기회를 가질 필요가 있다. 자기결정에 초점을 철자으로써 교사는 학생이 자신의 외모에 대한 자부심을 갖도록 격려할 수 있다. 보호자가 옷을 입혀주는 학생도 의복과 악세서리를 선택할 수 있도록 하여 본인의 스타일을 관리하도록 할 수 있다.

개인의 스타일 개발을 돕기 위하여 교사는 체계적인 선호도 평가를 통해 옷입기와 몸단장에 대한 평가를 시작할 수 있다. 그림 구별과 상징 의사소통을 할 수 있는 학생을 위해서 교사가 카탈로그와 잡지를 활용하여 학생의 선호도를 탐색할 수 있다. 학생이 좋아하는 스타일로 스크랩북을 만들 수 있다. 그런 다음 교사는 가족과 협력하여 이러한 스타일을 표현할 수 있는 의복 아이템이나 악세서리 쇼핑을 하는 지역사회중심교수를 실시할 수 있다. 그림을 인식하지 못하고 비상징적인 의사소통을 하는 학생을 위해서 교사는 다양한 선택지를 경험할 기회를 만들어야 한다. 예를 들어, 학생이 부드러운 천을 좋아하는가? 아니면 특별한 질감이 느껴지는 천을 좋아하는가? 스웨트 셔츠를 좋아하는가? 아니면 벨벳을 좋아하는가? 학생이 특정 색상이나 액세서리에 시각적인 주의를 더 오래 기울이는가? Andrea는 반짝이는 것에 매우 관심을 보이는 중도 지체장애와 인지장애를 가진 성인이다. 교사는 Andrea가 팔찌, 헤어 악세서리, 스팽글이 달린 셔츠, 그 밖에 그녀가 좋아하는 물품을 구입하는 것을 돕도록 그녀의 어머니와 협력했다. 교사가 낮에 Andrea의 머리를 빗겨 줄 때 그녀가 손을 뻗어 선택할 수 있도록 두 가지 선택지를 제시하는 방법을 통해 헤어 악세서리 선택권을 주었다. 이러한 방식으로 Andrea를 지원하면서 반짝이는 것들에 대한 그녀의 선호도를 개인 스타일에 반영하도록 도움을 줄 수 있었다.

스타일에 대한 학생의 선호를 우선적으로 고려하고 나면, 학생에게 가르칠 옷입기와 몸단장 기술을 생각해볼 수 있다. 이 계획을 위해 가족과 협력하는 것은 필수적이다. Lizbet의 어머니는 교사가 Lizbet에게 셔츠 벗는 방법을 가르칠 것을 제안했을 때 주저했다. Lizbet의 어머니는 Lizbet이 공개적인 상황에서 옷을 벗을까봐 걱정이 되었다. Lizbet은 12살이었고 그녀의 어머니보다 더 컸기 때문에 어머니가 그녀에게 옷을 입히는 일은 점점 더 어려워졌다. 어머니와 함께 교사는 Lizbet이 신체적으로 더 수월하게 옷을 입을 수 있는 몇 가지 방법을 선정했다(예: 바지를 입을 때 다리를 들어올리기). 또한 그들은 Lizbet이 옷입기에 더 직접적으로 참여하는 데 도움이 되는 방식을 선정했다.

옷입기와 몸단장 기술을 가르치는 거의 모든 연구는 선택이나 스타일보다는 이러한 기술적인 부분에 초점을 맞춰왔다. 다음은 학생에게 가르쳐야 하는 특정 반응을 정의하고 그것을 가르치는 방법에 대한 중요한 단서를 제공한 연구들이다.

Alberto, Jobes, Sizemore, Doran(1980)은 학생에게 전진연쇄를 사용하여 풀오버 스웨터(단추나 지퍼가 없이 비교적 쉽게 입을 수 있는 형태의 옷)와 신축성이 있는 바지를 입는 것을 가르쳤다. 즉, 그들은 학생에게 옷을 입는 한 가지 구체적인 방식을 가르쳤다. 이 방식에 익숙해졌을 때, 학생이 첫 번째 단계를 수행한 후 두 번째 단계를 가르쳤다. 대조적으로 Sisson, Kilwein, VanHasselt(1988)은 학생에게 양말, 신축성이 있는 바지, 풀오버 셔츠를 입는 과제분석의 전단계를 가르쳤는데, 학생이 각 단계를 수행하는 데 도움이 되도록 점진적인 신체적 안내를 사용했다. 이러한 물리적인 촉진은 체계적으로 소거되었다. 그들은 세 가지 종류의 의복 착용 방법을 가르쳤고 학생은 세 가지 유사한 형태의 옷입기로 일반화 할 수 있었다. Reese와 Snell(1991)도 코트와 자켓을 입고 벗는 과제분석의 전단계를 가르쳤는데 학생들이 해낼 수 있도록 점진적인 지도뿐만 아니라 큰 사이즈의 의복을 사용했다. 학생들이 독립적으로 수행할 수 있을 때까지 시간이 지남에 따라 의복 크기를 줄였고 신체적 안내도 소거했다.

일부 학생은 스스로 옷을 입거나 몸단장을 할 수 없는 신체적인 어려움을 가지고 있다. 이러한 학생의 경우에는 옷입기나 몸단장에 대한 적극적인 참여를 지원하기 위해 더 구체적인 방식을 선택할 수 있다. 예를 들어, Snell 등(1989)은 중복장애 학생이 양치질에 부분적으로 참여하도록 가르쳤다. 학생이 (1) 입을 크게 벌리고, (2) 교사가 입의 한 부분을 닦는 동안 입을 계속 벌리고 있다가, (3) 입술을 붙여 입을 다물도록 했다. 교사가 구강의 네 영역을 양치하는 동안 학생은 이것을 네 번 반복했다. 그런 다음 학생은 대야를 향해 고개를 숙여서, 물을 뱉은 뒤, 고개를 들었다. 마지막으로 교사가 수건을 입에 대면 학생은 고개를 한쪽으로 돌린 뒤 나머지 한쪽으로 돌리는 방법으로 얼굴 닦는 것을 도왔다. 이러한 부분참여는 양치할 구강 영역을 요청하거나 치약 맛을 선택하기 위해 올려다보도록 하는 것과 같은 반응도 포함할 수 있다.

학생은 이러한 기술을 스스로 수행하는 또래와 함께 있을 때 더 많은 것을 할 수 있다. Schoen, Lentz, Suppa(1988)는 다운증후군 학생이 또래를 관찰하는 것만을 통해서도 식수대 사용과 세수하는 것에 어느 정도의 진전을 보였음을 입증했다. Alberto 외(1980)는 소집단 교수에서 옷입기 기술이 더 크게 향상된다는 것을 발견했다. 일부 옷입기 기술은 집단 맥락에서 실시되는 것이 더 적합하다. 예를 들어,

청소년기에 비슷한 행동(예: 새로운 헤어스타일이나 메이크업 시도)을 하는 또래와 함께 할 때 몸단장을 더 즐기게 된다. 반면, 일부 옷입기 및 몸단장 기술은 개인적이어서 집단 내에서 실행하면 학생이 반응을 덜 보이거나 학생의 사생활을 침해할 수도 있다. 이러한 기술을 활용하기에 적절한 시간대와 상황에서 평가할 때 학생은 더 많은 기술을 발휘할 수 있다. Freagon과 Rotatori(1982)는 중등도 및 중도 지적장애 성인이 인위적인 맥락보다는 자연스러운 시간대와 환경에서 체취제거제 사용하기, 양치질, 손씻기와 같은 기술을 더 빠르게 습득한다는 것을 발견했다.

4) 화장실 사용하기

문화적으로 차이는 있지만 거의 모든 문화권에서는 아동이 취학 연령이 될 때까지 용변 훈련을 완수할 수 있기를 기대한다. 비록 요실금이 질병, 신체적 또는 정신적 변화로 인해 모든 연령에서 발생할 수 있지만 적절하게 관리되지 않으면 낙인이 될 수도 있고 개인 및 같은 환경 내 타인의 건강에도 매우 해로울 수 있다. 중등도 및 중도장애인의 용변 조절이 지연되거나 불가능해지는 원인은 다양하다. 여기에는 신경학적 손상, 배뇨감 관련 신체적 단서에 대한 느린 인식, 화장실 이용 기술 습득에서의 어려움, 화장실 사용에 필요한 도움을 의사소통하는 것에서의 어려움이 포함될 수 있다(Snell & Farlow, 1993).

용변 훈련을 위한 세 가지 옵션이 있다: (1) 방광이나 장이 꽉 찬 것 같은 신체 내부 신호를 기반으로 해서 화장실 사용법 습득하기, (2) 용변 실수를 예방할 수 있는 시간 일정에 따라 화장실 가기, (3) 화장실 사용을 대신하는 위생용품이나 대안적 방법 사용하기(예: 도뇨관 삽입). 가능하면 학생이 자발적으로 화장실을 사용하도록 가르치는 것이 개인의 존엄성을 존중하는 것이 때문에 이것이 궁극적인 목표가 된다. 다수의 연구에서 중도장애 학생이 용변 훈련을 숙달할 수 있음이 입증되었다(Azrin & Foxx, 1971; Hobbs & Peck, 1985). 모든 학생이 화장실 사용을 숙달할 수 있는 것은 아니며 공개적인 장소에서 용변 실수를 한다는 낙인을 피하기 위해 관련 위생용품(예: 일회용 속옷이나 기저귀)이 필요할 수 있다. 용변 관리를 위해 어떤 선택지를 선택하든지 학생은 [그림 16.6]과 같이 다양한 수준의 지원과 교육을 받을 수 있다. 이 그림을 활용하여 용변 관련 지원을 계획할 때 교사는 우선

지시 사항: 가장 윗줄에 제시된 용변 관리 방법을 확인한 뒤, 필요한 지원의 수준을 계획하기 위해 아래 방향으로 같은 열에 제시된 내용을 읽으시오.

이름: Kane Hartwell 날짜: 11월 4일

방법 →	신체적 단서에 따라 화장실 사용하기	정해진 시간 일정에 따라 화장실 사용하기	화장실은 사용하지 않고, …을 사용하기
↓ **지원 요구**		목표는 Kane이 일정에따르도록 훈련하는 것임	X 위생용품 Kane은 실수를 하지 않을 때까지 일회용 팬티를 착용하기 ___ 도뇨관 삽입 ___ 다른 방법: ______
1. 시작 • 촉진 없이 수행하기 • 스스로 촉진하기 • 도움을 요청하기 • 학생이 도움을 요청하도록 촉진하기 • 돌봄인이 시작하기		화장실에 갈 시간이 되면 그림을 보여주도록 Kane을 촉진함	
2. 변기 사용하기 또는 기저귀 갈기 • 모든 단계를 독립적으로 수행하기 • 독립적으로 수행하게 될 목표를 정하고 학생을 촉진하기 • 상호작용: 촉진 없이 목표 단계를 수행하기 • 상호작용: 다음 단계 수행을 촉진하기 • 돌봄인이 전적으로 지원하기		Kane이 바지 벗기는 것을 돕고 스스로 앉도록 촉진함	Kane은 도움 없이 일회용 속옷을 벗어서 버릴 수 있음; 독립적으로 해낼 수 있도록 촉진함
3. 용변 실수 뒤처리 • 스스로 깨끗이 정리하기 • 독립적으로 수행할 목표에 대해 촉진하기 • 상호작용: 촉진 없이 목표 단계를 수행하기 • 상호작용: 다음 단계 수행을 촉진하기 • 돌봄인이 정리하기		용변 실수 때 보이는 관심이 실수를 더 증가시키는 것으로 보임; 일회용 속옷을 착용함으로써, 화장실 뒤처리를 제한할 수 있음	

[그림 16.6] 용변 관리 계획 예시

용변 관리 방법을 선택한다. Kane의 목표는 일정에 따라 화장실에 가는 것을 배우는 것이다. Kane은 어리고(12세) 용변 실수가 잦기 때문에 훈련 일정을 숙달할 때까지 위생용품(팬티형 일회용 속옷)을 착용할 것이다. 그런 다음 교사는 선택한 방법과 관련된 요구를 지원하는 계획을 세울 것이다. 목표는 화장실 갈 시간이 되었다는 말을 들었을 때 Kane이 화장실에 가기 위해 그림을 사용하여 도움을 요청하는 것이다. 화장실에서 Kane은 바지를 위나 아래로 당겨서 돕는 방법을 배울 것이다(당분간은 교사가 바지를 조이고 지퍼를 올리도록 도와줄 것이다). 그는 또한 일회용 속옷이 더러워지면 버리고 새 속옷을 입는 법을 배울 것이다. 사람들과 함께 있는 상황에서 용변 실수를 할 때 Kane은 주변인으로부터 받는 관심으로 강화가 되는 것처럼 보이는데, 일회용 속옷 사용이 이 문제 또한 해결해줄 것이다.

용변 조절 교육 프로그램의 목표가 신체 내부 신호나 일정에 따른 화장실 사용이라면 교사는 학생을 화장실에 데려갈 시간을 결정해야 한다. 목표가 신체적 단서에 따라 화장실에 가는 것인 경우 일반적으로 아동이 용변 실수를 하기 직전에 가도록 유도하는 것이 가장 좋다. 이 시점이 언제인지 결정하기 위해서 교사는 15분마다 학생이 배뇨를 했는지 그렇지 않은지 확인하여 1주 또는 2주일 동안 일일 데이터를 수집할 수 있다. 이와는 다르게, 일정에 따라 화장실 가는 것을 가르치는 경우 교사는 학생을 데리고 화장실에 자주 가서(예: 매 30분마다) 학생이 소변을 보면 강화하는 것에서부터 시작할 수 있다. 그런 다음 화장실에 데려가는 일정을 15분 단위로 2시간까지 증가시키게 된다. 일부 학생은 2시간 단위 패턴까지 도달하지 못하고 더 자주 소변을 보는 계획이 필요할 것이다. 훈련 일정을 세우는 또 다른 방법은 하루 중 학생이 화장실을 사용할 시간대를 하나 고른 뒤(예: 점심 식사 후), 또 다른 시간대들을 추가하는 것이다(Frederick et al., 1981). 학생들은 또한 지역사회 및 다른 환경에서의 화장실 사용 기술을 일반화하기 위해서 훈련과 지원을 필요로 할 수 있다. 이것은 학생에게 지원을 제공하는 모든 사람들이 용변 관리 훈련 계획을 따르고 있는지를 확인함으로써 이루어질 수 있다.

5) 집안일과 세탁하기

장애의 여부를 떠나 모두에게 집안일 및 세탁 기술을 숙달한다는 것은 특정 작업을 수행하는데 필요한 방법을 배우는 것뿐만 아니라 정기적으로 그 작업을 수행하는 습관을 습득하는 것을 의미한다. 많은 가정에서 집안일과 세탁 작업은 온 가족이 공유한다. 중등도 및 중도장애 학생을 위한 계획을 세울 때 교사는 학생 및 가족과 함께 가정관리에 기여할 학생의 역할을 계획할 수 있다. 또한 진로개발로 이어질 가능성이 있는 기술도 고려해볼 수 있다. 예를 들어, 수건 개기를 배우는 것이 세탁소 일자리를 얻는 것으로 연결될 수도 있다.

집안일과 세탁 기술에 초점을 맞췄던 대부분의 연구자들은 침구정리(McWilliams, Nietupski, & Hamre-Nietupski, 1990), 열쇠 사용(Ivancic & Schepis, 1995), 세탁기 사용(Browder, Hines, McCarthy, & Fees, 1984; Miller & Test, 1989)과 같은 특정 기술군에 대한 과제분석을 활용했다. 교사는 [그림 16.7]에 제시된 점검표와 같이 보다 광범위한 평가를 원할 수도 있다. 이 점검표를 학생 및 가족과 공유하는 것은 학생이 할 수 있는 것과 학생에게 현재 가장 적합한 것이 무엇인지 선정하는 것에 도움이 될 수 있다. 특정 기술이 선정되고 나면, 과제분석을 활용해서 학생의 진보를 지속적으로 점검할 수 있다. 과제의 모든 단계를 완수하기 어려운 학생은 싱크대로 접시 옮기기, 테이블 닦기, 더러워진 옷을 집어서 세탁기에 넣기와 같이 특정 과제를 수행함으로써 적극적인 참여자가 될 수 있다.

교사는 또한 학생들이 주어진 일정에 따라 집안일을 완수할 수 있는지에 대한 평가를 원할 수도 있다. 집안일 수행 일정을 따르는 것은 가정생활뿐만 아니라 직업 훈련을 위한 단계에도 유용할 수 있다. Pierce와 Schriebman(1994)은 자폐성장애 아동에게 사진첩을 활용하여 식탁 차리기, 침대 정리하기, 마실 것 준비하기, 옷입기, 세탁하기 등의 집안일을 가르쳤다. 학생이 각 사진의 의미와 작업 수행방법을 배우고 난 후, 중재자 없이 스스로 사진을 보면서 작업의 각 단계를 완수했다. Anderson, Sherman, Sheldon, McAdam(1997)은 지적장애 성인이 집에 돌아온 후 사진첩의 사진을 순서대로 배열함으로써 퇴근 후 활동 일정을 스스로 계획하도록 가르쳤다.

집안일 및 세탁 기술	숙달됨	부분적으로 숙달됨	숙달되지 않음
주방			
1. 먹은 뒤 식탁이나 쟁반 닦기			
2. 접시를 싱크대로 옮기기(또는 트레이를 정리하는 곳으로)			
3. 접시 씻기			
4. 식기세척기에 넣기			
5. 싱크대 정리하기			
6. 바닥 정리하기			
생활 공간			
1. 선택한 먼지떨이로 먼지를 제거하기(예: 깃털, 천)			
2. 생활 공간을 정리하기			
3. 청소하기 • 방 전체를 진공 청소기로 청소하기; 가구 아래 • 주요 바닥을 진공 청소기로 청소하기 • 진공 청소기를 켰다/껐다 하여 돕기			
4. 침대 커버 벗기기 • 베개를 의자 위에 놓기			
5. 침구정리하기 • 매트리스 커버를 당기기 • 침대 위에 베개를 놓기			
화장실			
1. 욕조 청소하기			
2. 변기 청소하기			
3. 세면대 청소하기			
4. 바닥 청소하기			
세탁			
1. 옷을 빨래 바구니에 담기			
2. 세탁할 옷을 분류하기			
4. 세탁기와 건조기 사용하기 • 옷을 세탁기에 넣기 • 옷을 세탁기에서 꺼내기 • 다이얼 설정을 제외한 모든 단계 수행하기 • 도움 없이 모든 단계 수행하기			
5. 큰 수건과 작은 수건 접기			
6. 옷을 접기			

[그림 16.7] 집안일 및 세탁 기술 점검표

출처: *Teaching Students with Moderate and Severe Disabilities, Second Edition*, by Diane M. Browder, Fred Spooner, Ginevra R. Courtade, and Contributors. Copyright © 2020 The Guilford Press.

6) 성교육

나이가 많은 자녀가 성인이 되는 과정에서 부모의 주요 관심사 중 하나는 성 이슈이다(Wolfe & Blanchett, 1997). 중도장애 학생에게 성교육이 필요한 주요 이유 두 가지는 스스로 성을 관리하고 학대나 괴롭힘을 피하기 위해서이다. 미국 사회의 성에 대한 혼란과 혼합된 메시지를 감안할 때 발달장애 학생은 통합환경에서 허용되는 행동을 배우는 것이 특히 어려울 수 있다. McCabe과 Cummins(1996)는 경도 지적장애 성인이 비장애 대학생에 비해 성에 대한 지식이 부족하고 성관계에 대해서 더 부정적이었지만 이와 동시에 임신과 성병에 대한 경험이 더 많다는 사실을 발견했다. Sinclair, Unruh, Lindstrom, Scanlon(2015)의 최근 연구에서는 지적장애인의 성 관련 지식 부족과 교사 간의 교육 일관성 부족이 발견되었다. Wilson과 Frawley(2016)는 교사가 스스로 성교육을 실시할 준비가 되지 않았다고 느끼고 있으며 주로 본인의 개인적인 의견에 의존하고 있다는 것을 발견했다.

중도장애인에게 성교육을 실시하는 것에서의 어려움은 교육 활동 자체가 학대나 사생활 침해가 되지 않도록 주의를 기울여야 한다는 점이다. 이러한 논의는 개별화교육계획팀과 함께 이루어져야 한다. 개인 중심 계획은 각 학생의 요구를 고려하여 작성되어야 한다. 개인의 소셜 미디어 사용에 대한 고려와 논의도 다루어야 할 수 있다. 학교에서 비장애 학생에게 성교육을 실시하는 교사는 강의와 시청각 자료를 활용한다. 일부 발달장애 학생은 이러한 형식의 자료를 이해하지 못한다. 반대로 일대일 수업을 하거나 더 구체적인 교수자료를 사용하는 경우 학생의 법적 권리를 침해하거나 학부모를 화나게 할 수도 있다. 일부 개별화교육계획팀은 학부모 및 학교 당국과 협력하여 보다 직접적인 성교육을 포함하기로 결정할 수도 있다. 지적장애 여성의 후견인을 대상으로 실시한 설문조사에 따르면, 지적장애 여성의 29%가 자신의 월경에 대해 배우지 못했거나 또는 관리할 기회를 갖지 못했다고 한다(Rodgers & Lipscombe, 2005). 이 연구에서는 이러한 것을 배울 기회가 주어지지 않은 여성의 비율이 높았음에도 중도장애 여성 중 일부는 독립적으로 자신을 관리할 수 있었다는 점에 주목했다. 일례로 Epps, Stern, Horner(1990)는 젊은 지적장애 여성에게 월경 관리를 가르치기 위해 과제분석 및 체계적 촉진을 활용했다. Lumley, Miltenberger, Long, Rapp, Roberts(1998)는 "거절하기, 도망가기, 신고하기" 순서를 활용하여 학대를 방지하는 방법을 가르쳤으며, 인권 위원회의 검토와 승인을 얻어서 자연스러운 환경에서 일어나는 모의 위험상황에 대한 연구 참여자의 반응도 관찰했다.

일부 학생은 사생활 개념을 배우는 것에 도움이 필요하다. 이것은 신체의 사적인 영역과 그렇지 않은 영역을 구별하는 것을 가르침으로써 다루어진다. 그들은 또한 사회적인 행동을 구별해야 하는 것 대해 배워야할 수도 있다. 예를 들어, 가까운 친구나 가족은 포옹할 수 있지만 아는 사람에게는 포옹 대신 손을 흔드는 것이 좋다는 것을 배울 수 있다. CIRCLE 프로그램은 사회적 및 성적 경계를 가르치는 데 유용할 수 있는 색깔 단서 교육과 비디오를 제공한다. 이 프로그램은 노골적인 내용을 가르치고 싶지 않은 부모에게 적절하다. 다른 많은 자료와 마찬가지로, 이 프로그램은 애플리케이션을 통해 접근할 수 있다(www.circlesapp.com). 반면, 관계 및 성교육을 위한 Oak Hill Center(www.oakhillcrse.org)는 중도장애인에게 성 건강에 대한 일련의 명시적 워크북을 제공한다. 이 워크북은 중도 발달장애인을 위한 성교육(Brekke, 1988)과 유사하며 학생들에게 사적인 행동과 공적인 행동을 가르치는 데 도움이 되는 명시적인 자료를 제공한다. [그림 16.8]은 성교육 프로그램의 필요성을 평가할 때 고려할 수 있는 사항들을 제공한다.

7) 운동과 영양

장애인은 비장애인보다 과체중이 될 위험이 더 큰 것으로 나타났으며(Patrick, 2003), 미국의 한 연구(Jones & Lollar, 2008)에서는 지체장애 고등학생이 체중을 위험 수준에 놓이게 하는 행동을 더 많이 보고한 것으로 나타났다. 최근 연구(Maaskant, van Knijff-Raeven, van Schrojenstein Lantman-de Valk, & Veenstra, 2009)는 비만이 될 위험이 있는 지적장애 참여자 집단에 대한 자료를 수집했다. 이 연구는 참여자의 30% 이상이 5년이 지나면 과체중이 될 것이라는 것을 밝혔다. 또한 지적장애 여성이 지적장애 남성보다 과체중이 되기 쉽다는 것을 보여주었다. 또 다른 연구에서도 비슷한 결과가 나타났으며 비장애 성인에 비해서 지적장애 성인에게 과체중과 비만이 더 많이 발생한다는 사실도 발견되었다(Melville et al., 2008).

중도 발달장애를 가진 학생을 포함하여 모든 학생은 운동, 여가 및 영양 계획에

1. 학생에게 지금 왜 성교육이 고려되어야 하는가?
   - 학생 나이: 학생의 나이는? ______________________
   - 특정 행동에 대한 우려: 어떤 행동인가? ______________________
   ____
   - 지역사회에서의 위험: 어떤 위험인가? ______________________
   ____
   - 부모 요구: 부모의 요구는 무엇인가? ______________________
   ____
   - 기타: ______________________

2. 학교가 속한 지역의 성교육 정책은 어떠한가?
   - 이 정책에 대하여 관리자와 이야기를 나누어 본적이 있는가? ______________________
   - 비장애 학생에게 제공되는 성교육은 어떠한가? ______________________
   ____
   - 이 학생이 일반 성교육 프로그램에 참여할 수 있는가? ______________________
   - 할 수 있다면, 어떻게? 할 수 없다면, 그 이유는? ______________________

3. 부모와 학생이 선호하는 것은 무엇인가?
   - 성교육에 관하여 부모가 선호하는 것은 무엇인가?
   ____
   - 성적인 사항에 대하여 학생은 어느 정도의 관심을 보이는가?
   ____

4. 다음중 학생의 성교육 프로그램에 포함되어야하는 것은?
   - 사적인 신체 부위의 명칭과 기능 ______________________
   - 서로 다른 관계에서 적절한 사회적 상호작용(예: 손 흔들기, 껴안지 않기) ______________________
   - 사적인 행동과 공적인 행동의 구분 ______________________
   - 성관계와 임신 ______________________
   - 피임 ______________________
   - 성병 예방 ______________________
   - 기타: ______________________

5. 성교육 프로그램이 어떻게 개발되어야 하는가?
   - 누가, 어디서, 어떤 교수자료로? ______________________
   ____
   - 보호 절차(인권 보호) ______________________
   ____

[그림 16.8] 중도중복장애 학생의 성교육 프로그램 계획 시 고려해야 할 질문

출처: *Teaching Students with Moderate and Severe Disabilities, Second Edition*, by Diane M. Browder, Fred Spooner, Ginevra R. Courtade, and Contributors. Copyright © 2020 The Guilford Press.

참여해야 한다. 개별화교육계획 회의, 전환계획, 기타 개인 및 일상생활 기술에 학생을 참여시키는데 사용하는 것과 비슷한 자기결정 전략을 학생에게 교수하여 미래의 독립성과 자신의 개인생활에 대한 적극적인 참여를 촉진해야 한다. 예를 들어, 미국 농림부는 지적장애 학생들을 위해 활용할 수 있는 식품 피라미드 웹사이트(fns.usda/mypyramid)를 제공한다. Browder, Lee, Mims(2011)은 식품 피라미드를 시각적 자료로 전환하는 방법의 예시를 제공한다. [그림 16.3]의 예시와 유사한 캡션을 만들어 학생이 자신의 식사를 스스로 점검해보도록 할 수 있다. 학생이 음식의 각 하위 범주 내 권장량까지 인식 가능하다면 더 자세한 점검표를 사용하거나(Browdre et al., 2011) [그림 16.3]과 유사한 자기관리 점검표를 만들 수 있다.

대부분의 중도 지적장애 학생은 일반 교육과정의 체육수업에 참여한다. 그러나 많은 활동이 장애 학생의 개별 요구 사항을 충족하도록 고안되지 않았다. 앞선 장에서 논의된 보편적 학습설계(Universal Design for Learning, UDL; CAST, 1998)의 원칙을 동일하게 사용함으로써 일반교사와 특수교사는 활동에 모든 학생을 포함시키는 방법을 함께 계획할 수 있다. [그림 16.9]는 초등학생 대상 "인간 푸스볼" 게임에 대한 보편적 학습설계 수업계획을 보여준다.

영양과 운동은 문해수업에도 도입될 수 있다(7장에서 소개한 것과 유사). 교사는 이 일정에 따라 학생에게 선택권을 제공하거나 학생이 즐길 수 있는 활동에 대한 선호도 평가를 하는 것에서 출발할 수 있다. 학생을 위한 일일 운동 계획에 대한 간단한 시각적 일과표를 만들 수 있다. 보다 구체적인 일정이 필요한 경우 교사는 학생이 따라야 할 활동 점검표를 제공할 수 있다(예: [그림 16.3]과 유사). 다양한 근육을 단련하고 학생의 흥미를 유지시키기 위해 새로운 활동을 도입하는 것은 중요하다.

수업의 목적: 패스 기술과 팀협력에 대한 활동에 학생을 참여시키기

설명: 학생들은 대형 모의 푸스볼 테이블에 두 팀으로 나누어 앉기; 바닥에 표시 테이프가 붙어 있고, 학생들은 자신의 테이프 위에 서 있기; 학생들은 서로 공을 패스하는 연습을 하기

개념	의미	장벽	동등한 접근을 제공하는 방법
제시방법	모든 학생에게 동등한 접근을 제공하는 정보를 제시함; 장애 학생이 더 쉽게 접근할 수 있도록 수업 자료를 수정함	• 작은 축구공 • 넓은 경기장 • 작은 골대	• 더 큰(부드러운) 고무공을 사용함 • 모두 테이프가 붙은 구역 대신 훌라후프 안에 머무름 • 골을 넣는 콘 사이의 간격을 줄임
표현방법	모든 학생의 표현에 대한 동등한 접근을 위해 대안적 의사소통을 제공함	• 비구어	• 모든 학생이 공을 받기 위해 손을 위로만 뻗을 수 있음
참여방법	모든 학생이 동등하게 참여하도록 기회 및 동기를 증진함	• 소근육 기술 • 휠체어 • 일부 학생은 공을 만질 기회를 얻지 못할 수 있음	• 모두에게 더 작은 경기 공간을 제공함 • 2분마다 학생들은 위치를 교대함; 필요한 경우 학생들은 손 사용이 가능함 • 골로 인정되기 위해서 팀의 모든 멤버는 적어도 한 번 공을 터치해야 함

메모:

[그림 16.9] "인간 푸스볼"에 대한 UDL "한눈에 보기"

출처: Lesson plan based on www.pecentral.

6. 사례 연구

Lizbet의 부모는 세 가지를 가장 걱정하고 있었다. 첫 번째로 그들은 쉽게 체중이 느는 Lizbet의 체질을 고려하여 음식 준비 활동을 요청했다. 그녀가 비만이 되면 그녀를 돌보는 것이 체력적으로 불가능해질 수도 있었다. 두 번째로 그들은 그녀가 음식을 손에 마구 움켜쥐고 입에 한가득 집어넣는 것으로 인해서 식사 시간이 얼마나 힘들어졌는지를 걱정했다. 세 번째로 Lizbet이 화장실을 끊임없이 사용하여 "용변 실수가 없게 된" 것을 걱정했다. Lizbet은 화장실에 가고 싶을 때 표현하는 방법을 몰랐기 때문에 어머니는 Lizbet이 2시간 간격으로 소변을 보도록 했고, 대변이 언제 나올지는 "추측"해야만 했기 때문이다. Lizbet의 연령, 모임에 참여하기를 원하는 그녀의 욕구를 고려하여 용변 실수 시 생길 수 있는 낙인을 피하고자 팀은 Lizbet이 지역사회 활동을 하는 동안 일회용 속옷을 사용하도록 결정했다. 이 전략은 또한 외출 일정이 잡혀 있는 날의 월경 관리를 편하게 해준다. 그들은 또한 Lizbet이 화장실이 급할 때 표현하는 방법을 배우는 것을 우선적인 목표로 잡았다. Lizbet은 그림을 이해하지 못했고 수어도 사용하지 않았기 때문에 허리를 두드리는 몸동작을 배웠다. Lizbet의 식사 시간 중 부적절한 행동은 이 장의 앞부분에서 설명한 식탁 매트와 음식 준비 전략을 사용하여 해결하려 했다. 팀은 또한 Lizbet에게 몇 가지 간단한 음식을 준비하는 방법(예: 저지방 핫도그를 전자레인지에 데우기, 팝콘 기계 사용하기)을 가르쳐서 그녀가 주변에 있는 음식을 마구 움켜쥐지 않도록 하는 목표를 세웠다. 성교육에 대해 물었을 때, Lizbet의 부모는 교사가 다루게 될 내용에 대해 걱정했다. 그들은 종교와 관련하여 강한 개인적인 가치관을 가지고 있었다. 교사가 Lizbet의 성교육이 타인과 본인의 개인적인 경계를 존중하는 법을 배우는데 초점을 맞출 수 있다고 제안했을 때, 그녀의 부모는 이러한 교육이 중요하다는 것에 동의했다. 일부 목표 기술에는 다른 사람과 인사하는 새로운 방법(악수 및 하이파이브 vs 꽉 껴안기)과 사생활에 관한 사회적인 관습을 배우는 것이 포함되었다.

Lizbet은 성인기 삶으로 전환함에 따라 일상생활에 적극적이면서도 더 "책임" 있게 지낼 수 있었다. 팀은 Lizbet에게 의복, 점심 메뉴, 세면용품을 선택할 수 있는 기회를 주기로 했다. Lizbet은 또한 스스로에 대한 돌봄을 주도하는 과정을 시작하려고 했다. 예를 들면, 옷을 입을 때 도움을 요청하고, 옷을 입을 준비가 되었을 때 고개를 끄덕이도록 배우는 것이다. 그녀는 식당에서 자신이 앉을 자리를 찾아서 앉고 점심 식사를 마쳤다는 것을 나타내기 위해서 안경을 내려놓기로 했다. 그녀의 선호도 또한 장려될 것이다. 예를 들어, Lizbet이 핫도그를 좋아하기 때문에 핫도그를 준비하는 방법을 배울 기회를 가질 것이다. 그녀가 물을 좋아하기 때문에 팀은 그녀가 설거지 하기를 배우는 것을 좋아할 것이라고 생각했다. 교사는 Lizbet이 이러한 기술을 스스로 배워갈 수 있도록 비디오 모델링을 사용하기로 결정했다.

7. 요약

중도장애의 정의에 따르면, 중도장애인은 대부분의 경우 자기관리 기술에 대한 구체적인 교육을 필요로 한다. 자기관리 기술을 습득하지 못한 것은 지역사회 참여에 있어 잠재적인 장벽이 될 수 있다. 화장실 사용하기, 손씻기, 양치질, 옷입기, 식사하기, 음식 준비하기 등과 같은 자기관리 기술의 성공적인 습득에 관한 문헌은 1960년대로 거슬러 올라가며, 최근에는 중도장애인에게 학업 기술(즉, 읽기, 수학, 과학)을 가르치는 데 초점을 맞추게 되면서 이와 같은 중요한 기술들을 가르치기 위한 체계적인 교육과정에 대한 연구는 과학적 탐구의 대상에서 점점 밀려나게 되었다. 다른 한편으로는 자기관리 기술 영역에서의 공학 활용(예: 개인 장비, 휴대용 DVD, 휴대용 카메라, MP3 플레이어)에 대한 연구가 이루어져 왔다. 또한 이러한 자기관리 기술 교육에 대한 부분참여, 자기결정, 문화적 영향에 대한 확장이 이루어져 왔다.

중도장애 학생과 성인의 자기관리 기술 습득에 대한 다수의 연구는 일반적으로 10년도 더 전에 실시되었음에도 불구하고 자기관리 기술의 중요성을 근거로 하여 이 내용은 본 교재에 포함되었다. 이 장에서는 교수 계획을 위한 지침을 검토하고, 이러한 기술을 가르치기 위해 체계적 교수를 사용하여 자기결정을 촉진하는 방법을 밝히고, 부분참여를 위한 계획을 제공했다. 또한 가정 및 일상생활 교육과정(예: 식사, 음식 준비, 옷입기, 화장실 사용, 집안일, 운동, 영양 섭취)의 예시를 제공했다. 지역사회와 학교에서 지속적으로 독립적인 기능을 강조하고 있기 때문에 중도장애인의 특성과 필요를 고려한다면 이들의 자기관리 기술은 계속해서 필요할 것이다.

마무리 활동

1. 자기관리 또는 일상생활 기술에 대한 과제분석을 연습하세요. 학생의 개별적인 요구를 해결하기 위해 이 과제분석은 어떻게 설계될 수 있을까요? 비디오 모델링과 같은 공학을 통합하여 학생이 기술을 더 잘 이해하고 완수하도록 도울 수 있을까요? 어떤 체계적 교수전략이 더 필요할까요?

2. 가족과 함께 학생의 우선순위에 대하여 이야기 나누어보세요. 이 면담에서 알게 된 개별화교육계획에 포함될 만한 자기관리 및 일상생활 기술의 우선순위는 무엇일까요?

3. "선호하는 음식 준비하기"를 위한 자기교수에 활용할 수 있는 교수학습 자료를 개발하세요. 개발한 과제분석에 미디어를 활용하여 시각자료를 통합할 수 있습니다. 최근에 사용했던 읽기 교재의 내용과 이를 수정하는 방법을 생각해보세요. 이러한 기술 중 일부를 사용하여 요리책을 어떻게 수정할 수 있을까요?

제17장

성인기 삶을 위한 계획과 교수

Valerie L. Mazzotti

Mount Pisgah 고등학교의 특수교사 Sanchez는 중등도 및 중도장애 학생들을 가르친다. Sanchez 씨는 모든 학생이 고등학교에서 성인 생활로 전환할 준비가 되도록 열심히 가르친다. 올해 고등학교를 졸업하는 세 명의 학생이 있고, 그녀는 학생들이 준비가 되었는지 확인하기 위해 성인 생활을 위한 전환 요구에 특히 집중하기를 원한다. Jaquan은 중도 지적장애와 경도 뇌성마비를 가지고 있다. Jaquan의 의사소통은 대부분 비상징적이며, 그는 가족 및 친구들과 상호작용하고 소통하기 위해 보완대체의사소통 기기에 의존한다. Jaquan이 Mount Pisgah 고등학교에 입학한 첫 해이기 때문에 Sanchez 씨는 성인기 전환을 위해 준비해야 할 일이 많다. Sanchez 씨는 전환평가 정보를 기반으로 Jaquan이 "개인 관리" 영역에 대한 요구를 지니고 있다는 것을 파악했다(예: 화장실 사용을 위한 일과 훈련(schedule training), 식사 중 감독). Jaquan의 부모는 그가 고등학교를 졸업한 후 독립적으로 살고 직업을 갖기를 원한다. 올해 첫 전환계획 회의에서 그의 부모는 Jaquan이 학교 졸업 후 독립적으로 살고, 지역 회사에서 일하고, 지역사회 대학에서 교육 기회를 얻을 수 있는 가능성을 가지고 졸업을 하여 지역사회에 통합될 수 있다는 것에 대해 기뻐했다. Jaquan의 학교 졸업 후 목표를 성공적으로 달성하기 위해 전환계획팀은 해야 할 일이 있다. 가장 중요한 것은 팀이 (1) Jaquan의 장점, 선호도 및 관심사에 대한 명확한 그림을 확립하고, (2) 고등학교 이후 성공을 보장하기 위해 적절한 성인 서비스가 연계되도록 노력하고, (3) Sanchez 씨는 직업재활(Vocational Rehabilitation, VR) 상담가가 Jaquan이 성공적 전환을 위해 필요한 지식과 기술을 갖추도록 교실과 지역사회에서 증거기반실제와 교육과정을 사용할 준비가 되어 있는지 확인해야 한다.

Tara도 올해 졸업하는 학생이다. Tara는 중등도 지적장애를 가지고 있고 구어로 대화할 수 있다. 직업 현장의 생태학적 평가를 포함한 전환평가 자료에 따르면 Tara는 지난 2년간 지역 상점에서 근무했다. 고용주는 Tara가 졸업하면 정규직으로 고용하기를 원한다. 지난 몇 년 동안 Tara는 지역사회에서 독립적으로 살고, 일하고, 배우는 데 필요한 기술을 습득했다. 현재 Tara는 어머니와 단둘이 살고 있는데, 어머니는 Tara가 학교 졸업 후 집에 머무르며 자신과 자신의 회사를 도와주기를 희망하고 있다. Sanchez 씨는 어머니가 Tara의 성인 생활로의 전환을 준비하고 있지 않다고 염려한다. Tara는 성인이 되는 것을 기쁘게 생각하기 때문에 Sanchez 씨는 전환계획 과정에 Tara의 어머니를 참여시키고 Tara의 모든 잠재력을 이해하게 할 필요가 있다.

Sanchez 씨의 세 번째 학생인 Neerav는 자폐성장애를 가지고 있으며 자해행동(예: 자신을 때리는 것)을 한다. Neerav는 일반적으로 자신이 좋아하지 않거나 혐오감을 느끼는 장소에서 자해행동을 한다. Neerav는 그림상징과 보완대체의사소통기기를 사용하여 의사소통을 하고 하루 종일 그림 일과표를 따라 작업을 완료한다. 전환평가 자료에 따르면 Neerav는 지역 꽃집에서 일하는 것에 관심이 많고 자연을 사랑하며 야외 활동을 즐긴다. 미혼의 성인이 부모님과 함께 생활하는 Neerav 가족의 문화에 따라 Neerav는 졸업 후 부모님 집에서 살려고 한다. 지난 봄, Neerav는 지역 꽃 가게에서 인턴십을 마쳤다. Sanchez 씨와 전환계획팀은 올해 Neerav가 졸업할 때 일자리를 얻을 수 있도록 지역의 꽃집에 취업할 수 있게 노력할 계획이다. Neerav는 성공적인 직업생활을 위해 지속적인 지원을 필요로 하기 때문에 직업재활 상담가와의 연계 및 자연적 지원 필요성에 대해 고용주와 상의해야 한다. 이 장에서는 중등도 및 중도장애 학생의 성인기 삶을 준비시키는 교사를 돕고자 전환계획 과정에 대한 정보를 제공한다.

1. 전환계획: 미래로 가는 길

대학, 진로, 성인기 삶을 위해 모든 학생을 준비시키는 것은 교육의 궁극적인 목표이다. 이것은 학생이 취업, 교육, 지역사회 생활을 포함하여 성인 생활의 모든 측면에서 적극적이고 참여적인 구성원이 될 수 있도록 고등학교에서 확실히 준비하는 것을 의미한다. 전환계획 과정이 효과적으로 실시된다면 모든 장애 학생의 재학 동안 및 졸업 후 성과는 향상될 수 있다. Jaquan, Tara, Neerav와 마찬가지로 많은 중등도 및 중도장애 학생은 졸업 후의 성공적인 생활을 위해 지속적인 지원이 필요할 수 있다. 연구에 기반한 전환프로그램 및 실제의 구현은 중등도 및 중도장애 학생의 성과를 개선할 수 있는 잠재력이 있다(Mazzotti 외, 2016). 중등교육 단계의 장애 학생을 위한 계획 및 교육에 영향을 미치는 세 가지 연방법이 있다. 이들은 2004년 미국 「장애인교육개선법」(Individuals with Disabilities Education Improvement Act, IDEA, 2004), 미국 「고용혁신및근로기회법」(Workforce Innovation and Opportunity Act, WIOA, 2015) 및 2015년 미국 「모든학생성공법」(Every student Succeeds Act, ESSA, 2015)이다.

첫째, 미국 「장애인교육개선법」에는 장애 학생에게 전환프로그램 및 서비스를 제공하는 것과 관련된 조항이 포함되어 있다. 미국 「장애인교육개선법」의 목적은 "모든 장애 학생이 그들의 고유한 필요를 충족시키고 성인교육, 고용, 독립생활을 준비시키도록 고안된 특수교육과 관련 서비스를 중요시하는 무상의 적절한 공교육을 받을 수 있도록 보장하는 것이다."(Section 300.1[a]). 미국 「장애인교육개선법」 조항에 따라 개별화교육 프로그램(Individualized Education Program, IEP)팀이 서비스를 조기에 시작해야 한다고 결정하지 않는 한 장애 학생의 경우 16세부터 전환계획이 필요하다. 많은 주에서는 장애 학생을 위해 14세부터 전환서비스를 제공하도록 요구한다. 전환서비스는 미국 「장애인교육개선법」에 따라 다음과 같이 정의된다.

> 장애 학생을 위해 조정된 일련의 활동은 다음과 같다: (a) 장애 학생의 학교에서 학교 졸업 후 활동으로의 이동을 도모하고자 그들의 학업적 및 기능적 성취 향상에 중점을 둔 결과 중심 과정 안에서 고안되며, 졸업 후 활동은 중등이후교육, 직업

교육, 통합고용(지원고용 포함), 평생 및 성인교육, 성인 서비스, 독립생활, 지역사회 참여를 포함한다; (b) 학생의 장점, 선호도, 관심사를 고려하여 개별 학생의 필요에 기반을 둔다; (c) 교육, 관련 서비스, 지역사회 경험, 고용 및 기타 졸업 후 성인생활 목표 개발, 적절한 경우 일상생활 기술 습득 및 기능적 직업 평가를 포함한다 (Section 602. 34).

미국 「장애인교육개선법」에 요약된 일련의 조정된 활동에 대한 요구를 추가로 지원하기 위해, 새롭게 재승인된 미국 「고용혁신및근로기회법」은 장애 학생(14세 이상)이 오랜 기간에 걸쳐 경쟁적 통합고용(integrated employment)을 확보하고 유지하도록 취업 전 전환서비스(Preemployment Transition Service; Pre-ETS)를 제공하며 주 및 지역 직업재활과 교육 기관 간의 협력 강화를 요구한다. 미국 「고용혁신및근로기회법」은 장애 학생이 고등학교 졸업 후 의미 있는 취업 성과를 달성하는 데 필요한 교육 및 기타 지원을 받도록 의미 있는 기회를 보장하고 직업탐색 경험을 위한 '초기 시작(early start)'을 제공한다. 미국 「고용혁신및근로기회법」은 또한 직업재활 기금의 15%가 학생에게 취업 전 전환서비스를 제공하는 목적으로 사용되게 한다. 5개의 취업 전 전환서비스 영역은 (1) 직업 탐색 상담, (2) 중등 이후 탐색, (3) 자기옹호 교육, (4) 직장 준비 훈련, (5) 직무기반 학습(work-based learning) 경험이다. 각 취업 전 전환서비스 영역은 미국 「장애인교육개선법」 전환 섹션(Section)의 요구 사항과 밀접한 관련이 있으며 교사가 중등도 및 중도장애 중고등학생에게 교육을 계획하고 제공할 수 있는 영역을 제공한다.

모든 학생에게 교육을 제공하는 것과 관련하여 미국 「모든학생성공법」은 교사가 증거기반실제를 사용하도록 요구한다. 여기에는 연구기반 및 증거기반실제를 사용하여 장애 학생에게 교육을 제공하는 것이 포함된다. 또한 미국 「모든학생성공법」은 미국 「장애인교육개선법」 및 미국 「고용혁신및근로기회법」과 연계하여 장애 학생이 고등학교를 졸업하고 진로를 준비하며 성인 생활을 준비할 수 있도록 보장한다. 미국 「모든학생성공법」은 학교와 교사가 학생을 위한 증거기반 교수실제를 사용하고 서비스 제공자와 가족 간의 협력을 개선할 것을 요구한다. 구체적으로 Section 4106(f)는 모든 학생을 위한 "포괄적인(well-rounded)" 교육을 지원하는 프로그램과 활동을 시행할 수 있도록 학교와 교육청이 자금의 일부를 사용해야 한다고 명시한다. 여기에는 지역사회 기관 및 고등교육 기관과의 협력이 포함된다. 이 세 가지 법률은 장애 학생의 성과를 향상하기 위해 연방 조항을 조정하고 제공한다.

1) 전환교육을 지원하기 위한 연구기반 체계

중등도 및 중도장애 학생을 위한 전환계획을 고려할 때 두 가지 체계(framework)는 전환계획팀이 학업 기술과 전환 관련 기술의 우선순위를 정하고, 전환프로그램 및 실행을 평가하고 개선하도록 도와주어 중등도 및 중도장애 학생이 고등학교 이후의 삶을 준비하고 있음을 보장한다. 두 가지 체계는 전환프로그램을 위한 분류체계(Kohler, Gothberg, Fowler, & Coyle, 2016)와 졸업 후 긍정적인 성과에 대한 학교 내 예측요인(Mazzotti et al., 2016; Test et al., 2009)이다. 교사 및 지역사회 서비스 제공자는 이러한 체계를 사용하여 중등 전환프로그램 및 실제를 개발, 개선, 평가하고 학생의 성인기 삶이 효과적으로 준비되도록 할 수 있다.

(1) 전환프로그램을 위한 분류체계

첫째, 교사와 학교는 중등도 및 중도장애 학생에게 전환중심교육을 제공할 때 전환프로그램을 위한 연구기반 분류체계 사용을 고려해야 한다(Taxonomy 2.0; Kohler et al., 2016). 분류체계 2.0은 (1) 학생 중심 계획, (2) 학생 역량 개발, (3) 가족 참여, (4) 관련 기관의 협력, (5) 프로그램 구조라는 5가지 범주를 포함한다([그림 17.1] 참조). 이는 효과적인 전환프로그램 및 실행과 관련된 연구기반실제를 제공하며, 장애 학생의 졸업 후 긍정적인 성과와 관련된 학교 내 예측요인에 대한 최신의 연구를 포함한다(아래에서 논의; Mazzotti et al., 2016). 또한 분류체계 2.0에는 학생의 대학 및 취업 준비 보장을 위한 전략, 학업 기술 개발 및 문화적 역량에 대한 중점, 이해 관계자 간의 협력 증진이 포함되어 있다(Kohler et al., 2016).

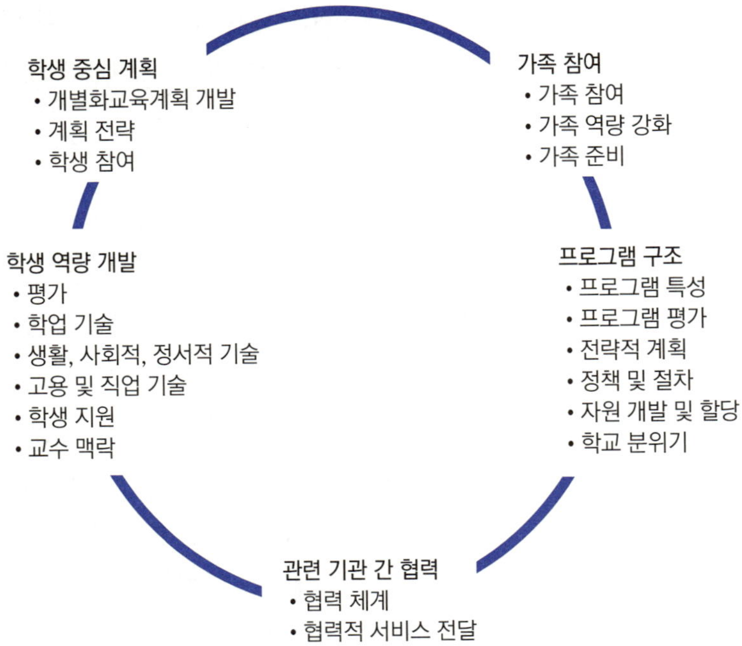

[그림 17.1] 전환프로그램 2.0에 대한 분류체계

출처: Kohler, Gothberg, Fowler, & Koyle(2016)

① 학생 중심 계획

학생 중심 계획은 학생을 전환계획 과정의 중심에 둔다. 전환평가는 분류체계 2.0의 영역에 대한 기초를 제공한다. 이는 개별화교육계획이 학생의 중등이후 목표 달성을 돕고자 개발될 수 있도록 학생의 강점 및 요구 영역을 결정하는 데 사용된다. 학생 중심 계획에는 전체 전환계획 과정(예: IEP 참여, 자기결정 기술 개발, 능력 및 장애 이해, 학교와 지역사회에서 필요한 지원과 조정을 적극적으로 옹호하기)에 대한 참여 및 개입을 지원하는 기술을 배울 기회를 학생에게 제공하는 것이 포함된다. 학생이 전환계획 과정에 참여하는데 필요한 기술을 개발하려면, 학생은 개별화교육계획 회의에 참석해야할 뿐 아니라 전환계획 개발 및 실행을 포함한 그 과정에 능동적으로 참여하도록 준비되어야만 한다.

② 학생 역량 개발

학생 역량 개발은 학생의 학업 및 전환 기술에 초점을 맞추고, 형성 평가 및 총괄 평가(formative and summative assessment) 자료를 수집, 분석, 사용하여 교육과정 및 교육적 결정을 하는 것을 포함한다. 분류체계 2.0의 이 영역은 고등학생이 성인기 생활로 전환될 수 있도록 준비시키기 위한 학업 기술, 생활 및 사회-정서적 기술, 고용 기술을 가르치는 데 중점을 맞추고 있다. 마지막으로, 학생 역량 개발에는 관련 서비스 및 비교과활동(예: 자원봉사, 학교 동아리 참여, 스포츠, 지역사회 인턴십/자원봉사) 제공이 포함된다.

③ 가족 참여

가족 참여는 가족 참여, 역량 강화, 준비를 위한 기회 제공을 포함한다. 가족의 참여와 개입은 장애 학생의 졸업 후 긍정적인 성과의 예측요인으로 확인되었다(Mazzotti et al., 2016). 가족은 개별화교육계획팀에 학생에 대한 귀중한 정보를 제공할 수 있으며 학생이 성공적으로 졸업 후 삶으로 전환할 수 있도록 하는 데 중요한 참여자이다. 교사와 지역사회 서비스 제공자는 가족에게 성인기 삶과 관련된 정보(예: 이용 가능한 성인 서비스, 가족 네트워크)를 제공하는 것을 포함하여 가족의 참여와 개입을 장려하고 촉진해야 한다. 가족을 참여시키는 방법에 대한 아이디어는 2장을 참조하면 된다.

④ 관련 기관 간 협력

관련 기관 간 협력은 "청소년을 위한 가시적인 전환성과로 이어지는 기관 간, 프로그램 간, 학제 간 협력 노력을 촉진하는 명확하고 목적이 있으며 신중하게 설계된 과정"으로 정의된다(Rowe et al., 2016, p. 15). 관련 기관 간의 협력은 장애가 있는 중등 학생의 졸업 후 긍정적인 교육 및 고용 성과에 대한 증거기반 예측요인으로 확인되었다(Mazzotti et al., 2016). 앞에서 언급한 바와 같이 미국「장애인교육개선법」, 미국「고용혁신및근로기회법」, 미국「모든학생성공법」은 장애 학생의 성공적인 전환을 보장하기 위해 학교와 지역사회 서비스 제공자가 협력할 것을 요구한다. 분류체계 2.0의 이 영역은 학교 졸업 후 성인 서비스로의 원활한 전환을 촉진하고자 학생을 학교 서비스와 연결하는 협력 체계 및 서비스 전달 모델을 개발하는 데 중점을 둔다. 학교와 교사는 장애 학생이 이용할 수 있는 서비스를 이해해야 하며 기관 간 협력을 촉진하기 위한 절차를 마련해야 한다.

⑤ 프로그램 구조

프로그램 구조는 정책에 중점을 두고 고등학교 내에서 발생할 수 있는 문제를 포함하여 주 및 지역 수준에서 전환서비스가 제공되는 방식을 나타낸다. 여기에는 학생의 성공을 지원하는데 있어 전환프로그램 및 실제가 효과적으로 시행되고 있는지 평가하는 것이 포함된다. 프로그램 평가, 전략 계획에 대한 고려사항, 정책 및 절차 이해, 자원 개발 및 할당, 학교 환경 평가는 모두 장기적인 중등 전환프로그램이 오래도록 지속될 수 있음을 교사가 확신하도록 도와주는 중요한 고려사항이다(Fixsen, Blase, Naoom, & Duda, 2015).

마지막으로 교사와 학교는 분류체계 2.0을 사용하여 전환프로그램과 실행을 평가하고 누락된 부분, 효과적인 전환계획을 위해 포함해야 할 항목을 결정할 수 있다. 분류체계 2.0은 또한 이해 관계자 집단(예: 교사, 지역사회 서비스 제공자, 가족)이 학교 및 지역 전반에 걸쳐 전환프로그램과 정책을 평가하고 개선하는 데 사용할 수 있는 점검표를 제공한다.

(2) 졸업 후 성과의 예측요인

예측요인은 졸업 후 성과와 관련된 학교 내 프로그램(예: 학교 또는 지역사회에서의 직업교육) 또는 실제(예: 자기결정 기술 교육)이다. 예를 들어, 장애 학생이 고등학교에서 유급 고용/직장 경험에 참여할 기회가 있을 때, 그들은 교육, 고용, 독립생활 분야에서 긍정적인 성과를 경험할 가능성이 더 높다(예: Carter, Austin, & Trainor, 2012; McDonnall, 2011). 현재 연구를 통해 장애 학생의 졸업 후 긍정적인 성과를 예측하는 20개의 연구에 기반한 교내 중등 전환경험을 발견했다(Mazzotti et al., 2016). [그림 17.2]는 이들의 목록을 제공한다.

① 학교/교육청의 예측요인 실행 자체 평가

예측요인을 사용하여 '미국 전환기술지원센터'(National Technical Assistance Center on Transition, NTACT, 2018)는 학교/교육청의 예측요인 실행 자체 평가

성과 영역별 예측요인

예측요인/성과	교육	고용	독립생활
• 진로인식	×	X	
• 지역사회 경험		X	
• 졸업 시험 요건/고등학교 졸업장		X	
• 목표설정	X	X	
• 일반교육 내 통합	X	X	X
• 기관 간 협력	X	X	
• 직업 관련 교육과정	X	X	
• 유급고용/직업경험	X	X	X
• 부모 기대	X	X	X
• 부모 참여		X	
• 학습 프로그램		X	
• 자기옹호/자기결정	X	X	
• 자기관리/독립생활	X	X	X
• 사회성 기술	X	X	
• 학생 지원	X	X	X
• 전환프로그램	X	X	
• 여행 기술		X	
• 직업교육	X	X	
• 근로학습		X	
• 청소년 자율성/의사결정	X	X	

[그림 17.2] 미국 전환기술지원센터의 학교 내 중등 전환 예측요인 목록 –장애 청소년에 대한 긍정적인 졸업 후 성과

(Predictor Implementation School/District Self-Assessment, PISA)를 개발했으며, 이를 통해 학교 및 교육청팀은 중등 전환프로그램 및 실행을 평가하고 개선할 수 있다. 학교/교육청의 예측요인 실행 자체 평가는 중등 전환프로그램이 장애 학생의 졸업 후 긍정적인 성과와 관련된 실행을 구현하는 정도를 결정하는 데 사용할 수 있는 체계를 팀에 제공한다(NTACT, 2018). 학교/교육청의 예측요인 실행 자체 평가

는 위에서 언급한 20개의 예측요인을 기반으로 개발되었으며(Mazzotti et al., 2016) 각 예측요인에 대한 조작적 정의와 필수 프로그램 특성을 포함한다(Rowe et al., 2016). 학교/교육청의 예측요인 실행 자체 평가는 예측 프로그램 특성이 실행되는 정도와 실행을 지원하는 데 사용할 수 있는 증거를 결정하는 데 사용되는 평가도구이다. 이는 중등 전환프로그램 및 실행의 개발 또는 개선과 관련된 자료기반 의사결정 과정에 학교와 교육청이 참여할 기회를 제공한다.*

교사, 학교, 교육청에게 분류체계 2.0 및 학교/교육청의 예측요인 실행 자체 평가는 중등 전환프로그램의 현재 상태를 평가하고 강점 영역과 개선이 필요한 영역을 결정할 수 있는 훌륭한 출발점이다. 그렇게 함으로써 교사, 학교, 교육청은 장애 학생이 긍정적인 성인기 성과를 달성하는 데 영향을 미칠 수 있는 프로그램 및 서비스의 격차와 관련한 계획을 내릴 수 있다. 분류체계 2.0 및 예측요인은 중등 전환프로그램 및 실행을 개발, 평가, 개선하기 위해 거시적 수준(예: 학교, 지역 수준)에서 사용할 수 있는 연구기반 체계이다. 이러한 거시적 수준의 체계 외에도, 중등도 및 중도장애 학생의 중등 전환 기술 개발을 지원할 수 있도록 교사가 학생 수준(즉, 미시적 수준)의 증거기반실제를 실행하는 데 유용한 도구를 이해하는 것은 중요하다.

(3) 중등 전환 증거기반실제

교사가 증거기반실제를 사용할 때 학생들은 학업 및 행동 성과에서 혜택을 얻는다(EBPs; Cook, Tankersley, & Harjusola-Webb, 2008). 현재 중등 전환분야에서는 장애가 있는 중등학생을 위한 100개 이상의 증거기반실제를 확인했다(NTACT, 2018). 특히, 중등도 및 중도장애 학생의 전환 기술 개발을 지원하기 위한 중등 전환 증거기반실제에는 고용 기술을 가르치기 위한 반응촉진 사용, 개별화교육계획에 참여를 가르치기 위한 자기옹호 전략 사용, 요리 기술을 가르치기 위한 고정 시간지연 전략 사용이 포함되지만 이에 국한되지 않는다. 다음 섹션에서는 중등도 및 중도장애 학생을 위한 증거기반실제의 실시 및 졸업 후 고용, 교육, 지역사회 생활에 대한 준비를 지원하는 예측요인에 중점을 둔다. 이 장은 중등도 및 중

---

* www.transitionta.org/sites/default/files/Predictor_Self-Assessment2.0.pdf 참조.

도장애 학생의 자기결정과 자기옹호를 촉진하는 방법에 대한 내용으로 마무리 짓는다.

2. 성인기 삶으로의 전환을 지원하기 위한 계획 및 교육

중등도 및 중도장애 학생이 효과적인 전환프로그램 및 서비스를 받도록 하려면 교사가 증거기반실제를 사용하여 학생이 성인기 삶으로 전환할 수 있도록 준비시켜야 한다. 특히 교사는 고용, 교육/훈련, 지역사회 생활의 세 가지 교육 영역을 목표로 삼아야 한다. 선택지, 학생의 기술 개발을 지원하는 증거기반실제, 세 가지 교육 영역 각각의 평가 방법을 이해함으로써 교사는 성인기 삶의 모든 측면에서 성공하는 데 필요한 기술을 학생에게 제공할 수 있다.

1) 경쟁적 통합고용을 위한 준비

취업을 준비하기 위해 학생은 직장에서 필요한 기술을 구체적으로 목표로 하는 교육과 함께 유급 및 무급 직장 경험의 기회가 필요하다. 고등학교에서의 유급 취업/근무 경험은 장애 학생의 졸업 후 긍정적인 성과를 가장 잘 예측하는 요인 중 하나이다(Mazzotti et al., 2016). 따라서 교사는 학생이 직장에서 성공하는 데 필요할 수 있는 지원을 포함하여 학생의 직장 경험을 촉진하는 선택지를 이해하는 것이 중요하다. 진로 준비는 초등학교 때부터 시작하여 중등 이후의 삶까지 계속해서 종단적으로 접근해야한다. 수년에 걸쳐 전환에 초점을 맞춘 연구를 통해 진로 준비의 4단계를 확인했다. 진로 준비 연속체([그림 17.3])는 연구 및 중등 전환분야(Costa, Soares, & Solis, 2016; Luecking, 2009)로부터의 권장사항을 기반으로 한다. 연속체에는 진로인식, 진로탐색, 진로준비 및 진로교육의 네 단계가 포함된다. 첫 번째 단계인 진로인식은 초등학교에서 시작하여 9학년까지 확장된다. 이 단계에서 학생은 진로를 탐색할 수 있는 기회를 가지며 견학, 직업 체험, 자원봉사를 통해 진로탐색의 기회를 제공받는다.

9학년과 10학년이 되었을 때 학생은 진로탐색을 시작한다. 두 번째 단계인 진로

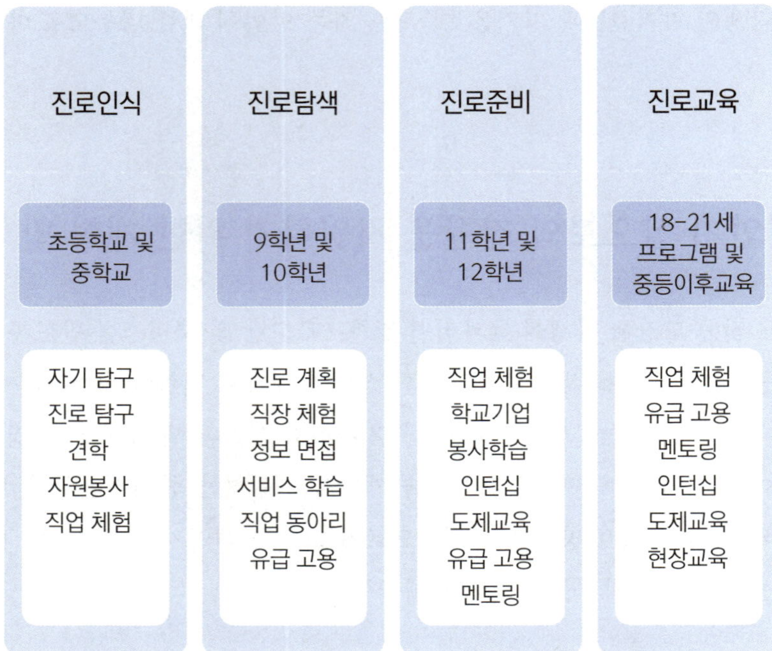

[그림 17.3] 진로 준비를 위한 연속체

출처: Costa, Soares, & Solis(2016), Lueking(2009)

탐색 기간 동안 학생은 "직무경험(job try-outs)"에 참여하고 관심 있는 진로를 계속 탐색할 수 있는 기회를 갖는다. 여기에는 직업 체험, 직장 견학, 정보 제공 면접(informational interviews)이 포함될 수 있다. 또한 이 단계에서 교육 및 고용 영역, 적절한 경우 지역사회 생활 영역에 대한 졸업 후 목표를 확인한 학생은 진로 계획을 시작해야 한다. 10학년이 되면 학생은 유급 및/또는 무급 업무 경험(예: 자원봉사, 인턴십)에 참여하기 시작해야 한다. 학생을 직업 동아리나 직업에 초점을 둔 단체에 참여시키는 것도 이 기간 동안 매우 유익할 수 있다.

11학년에는 진로준비 단계가 시작되어 다음 단계까지 진행된다. 이 단계에서 학생들은 계속 진로를 탐색하지만 진로를 좁히기 시작한다. 11학년 동안(더 이르지 않은 경우) 교사는 학교 및 지역사회 기반 직업 경험 기회의 제공을 고려해야 한다. 여기에는 학생이 직업 기술을 연습하고 사업을 운영하고 관리하는 데 필요한 기술을 개발할 기회를 갖는 캠퍼스 기반 학교기업이 포함될 수 있다.

현장에 적용하기

학년 초에 Sanchez 씨는 특히 Tara, Jaquan, Neerav가 졸업할 때까지 1년 밖에 남지 않았기 때문에 직장 경험에 참여하는 것의 중요성을 알고 있었다. Sanchez 씨는 학생들을 위한 학교기업을 시작할 때가 되었다고 결정했다. 그녀는 중등도 및 중도장애 학생뿐만 아니라 또래지원 역할을 할 수 있는 비장애 학생들도 포함하는 통합된 경험이어야 한다고 결정했다. 카페에서 일하는 것에 대한 Tara의 관심을 고려했을 때, 카페에서 일하는 것은 학생들에게 귀중한 직무 기술, 사업기술, 학업 기술을 배울 수 있는 좋은 기회가 될 것이라고 결정했다.

네 번째 단계는 진로교육으로, 18-21세에 시작하여 중등교육 이후로까지 이어진다. 이는 18세에서 21세까지 중등도 및 중도장애 학생을 위한 전환프로그램 또는 이러한 학생을 위한 중등이후교육 프로그램에서 이루어질 수 있다(이 장의 중등이후교육 섹션 참조). 진로교육 단계에서 학생은 계속해서 경험삼아 직업을 시도해 볼 수도 있지만, 그들은 유급 취업 경험에도 물론 참여할 수 있다. 이 기간 동안 학생은 장기적인 진로 계획을 결정하고 수립하는 데 도움이 되는 현장교육과 멘토링을 계속 받는다. 진로교육 단계에 있는 학생이 성공적인 업무 수행에 필요한 지원을 받도록 지역사회 서비스 제공자들과 연계하는 것은 중요하다. 이러한 필요성은 고등학교를 떠나기 전에 학생을 서비스와 연결하는 것의 중요성을 다시 강조한다.

(1) 고용 경험의 유형

고등학교에서 직무기반 학습 경험을 제공하는 것은 중등도 및 중도장애 학생이 원하는 직업 유형을 준비할 수 있도록 다양한 기회를 제공하는 것을 포함한다. 고등학교에서의 직무기반 학습 경험은 학생이 고등학교에서 경쟁적 통합고용으로 이동할 수 있도록 준비하는 데 필요한 첫 번째 단계이다(Cease-Cook, Fowler, & Test, 2015; Kittelman et al., 2016). 직무기반 학습 경험은 학생의 강점과 관심에 따라 개별화되어야 하며, 졸업 후 취업 목표 달성을 지원하기 위해 개별화된 여러 활동을 포함해야 한다(예: 교내 일자리, 직업 체험, 자원봉사, 유급 고용; Cease-Cook et al., 2015). 진로준비에는 고등학교에서의 학교 및 지역사회 기반 직무 경험이 모두

학교기업을 시작하기 위한 팁

1단계: 정확한 과제분석을 개발하기
2단계: 품질과 속도에 대한 정확한 측정을 개발하기
3단계: 학생이 대부분의 작업을 수행할 수 있게 하기(교수 종결 후)
4단계: 충분한 자원과 인력 확보하기
5단계: 실제 작업 요구 사항을 모방하기
http://project10.info/files/SBE_Manual__4.29.15_DRAFT.pdf 학교기업 계획, 실행 및 평가를 참조하세요.

포함되어야 한다.

첫째, 학교 기반 직무 경험에는 (1) 직업 기술 교육(Career Technical Education, CTE) 과정(예: 배관, 자동차 정비, 미용), (2) 학교기업, (3) 교내 일자리, (4) 취업 동아리 또는 고용 중심 학교 조직(Test, Aspel, & Everson, 2006)을 통해 학생의 고용 기술을 개발하는 것이 포함될 수 있다. 직업 기술 교육과정은 전국 대부분의 고등학교에서 제공되며 "장사(trade) 또는 수공예(craft) 일자리에서 기술, 사업, 전문 직업에 이르기까지 다양한 수준에서 특정 직업 또는 경력을 위해 학생을 준비시키는 일련의 과정"을 의미한다(Rowe et al., 2016, p. 119). 앞서 언급한 바와 같이 학교기업은 학생이 소규모 사업체를 개발, 운영하고 중요한 작업 기술을 배울 수 있도록 하는 모의 직무 경험을 제공한다. 교내 일자리는 중등도 및 중도장애 학생에게 비장애 또래와 학교에서 통합될 수 있는 기회를 제공하는 유급 또는 무급 직업 경험이 될 수 있다. 교내 일자리 경험 중에 학생은 감독을 받으며 학교에서 실제 직업에 참여할 기회를 가지게 되며, 이를 통해 학생은 지역사회에서 직업을 위한 기술을 배울 수 있다(Mazzotti & Test, 2018). 마지막으로 고용 중심의 학교 단체(예: 취업 동아리)은 학생이 비장애 학생들과 함께 직업 기술과 기회를 토론하고 개발할 수 있는 통합 기회를 제공할 수 있다.

다음으로 지역사회 기반의 직무 경험은 학생들이 실제 환경에서 고용 기술을 연습할 수 있는 중요한 기회를 제공한다. 지역사회 기반 직무 경험에는 학생이 개별화된 고용 기술을 개발하는 데 도움이 되는 유급 및 무급 기회가 모두 포함될 수 있다. 이러한 경험에는 단기 또는 장기 취업 기회가 포함될 수 있으며, 유급 경쟁

고용, 인턴십, 직업체험(job shadowing) 또는 시도, 지역사회 내 자원봉사 기회로 구성될 수 있다(Mazzotti & Test, 2018). 즉 고등학교에서 학생에게 이러한 기회를 제공하는 것은 졸업 후 취업, 교육 및 지역사회 생활의 긍정적인 성과에 대한 강력한 예측요인이다(Mazzotti et al., 2016).

직무기반 학습 경험을 제공할 때, 교사는 성인기 생활 동안 학생에게 필요한 지원 유형을 결정해야 한다. 중등도 및 중도장애 학생도 경쟁적인 통합고용(competitive integrated employment)을 얻을 수 있을 것으로 기대해야 하는 한편, 경쟁적인 통합고용에 참여하기 위해 필요한 지원 수준도 고려해야 한다. Tara와 같은 일부 학생은 업무에 대한 제한적이고 자연적인 지원(예: 과제분석, 동료의 안내)으로 성공할 수 있다. 그러나 Neerav는 시간이 지남에 따라 지역 꽃집에서 성공적으로 직업을 유지하려면 직업재활 직무지도원(job coach)의 지속적인 지원이 필요할 수 있다. 장애 학생을 위한 졸업 후 고용 유형에는 지원고용, 자영업, 철자형 고용이 포함될 수 있다. 기억해야 할 중요한 점은 취업이나 직업의 유형에 관계없이 학생은 경쟁이 치열한 통합 환경에서 일해야 한다는 것이다. 이는 중등도 및 중도장애 학생이 발전 기회가 있는 통합환경(즉 장애인과 비장애인) 내 통합적인 작업 환경에서 경쟁력 있는 급여를 받음을 의미한다(U.S. Department of Education, 2017). 지원고용은 개인이 직장에서의 성공을 보장하고 고용을 유지하기 위해 직무지도원의 지원 또는 자연적 지원(즉, 직장 동료의 지원)을 받는 고용 성과이다. 미국 「고용혁신및근로기회법」 조항에 따라 지역사회 서비스 제공자는 개인이 시간이 지나도 고용을 유지할 수 있도록 직장에서 자연적 지원을 제공하고 촉진해야 한다. 경쟁고용 및 지원고용은 모든 근로자가 최저 임금 이상을 받을 수 있도록 보장한다. 직업 지원은 "시간 제한적"이거나 개인의 직업 기술 및 필요에 따라 지속적으로 제공될 수 있다. 시간 제한적이라는 것은 직업 관련 과제가 숙달될 때까지 직무지도원이 개인을 지원하는 것을 의미하며, 그때 직무지도원의 지원은 종료되고 개인이 직장에서 성공할 수 있는 지식과 기술을 유지할 수 있도록 자연적 지원이 제공된다.

자영업은 중등도 및 중도장애인을 위한 또 다른 선택지이다. 자영업은 혼자서 일하고 자신의 사업체를 소유하며 업무와 관련된 개인의 강점과 관심사를 일치시키는 것을 포함한다(미국 고용혁신및근로기회법, 2014). 자영업의 예로는 이동식 서점, 푸드트럭, 보육 사업, 애견 미용 사업이 있다. 자영업은 지원고용과 결합될 수 있다. 예를 들어, 중등도 및 중도장애인은 업무 지원을 위해 급여를 받는 동료의 도움을 받아 지역 푸드트럭을 운영할 수 있다.

마지막으로, 철자형 고용은 장애인이 경쟁적인 통합 직업을 얻을 수 있도록 돕기 위해 고안된 선택지이다. 철자형 고용은 "구직자와 고용주 모두의 요구를 충족하는 방식으로 고용 관계를 개별화하도록 설계된 유연한 과정"이다(U.S. Department of Labor, 2018). 여기에는 직무개발(job carving), 직무분담(job sharing) 및/또는 장애인에게 가장 적합한 직업과제 확인이 포함된다(U.S. Department of Labor, 2018).

(2) 직업 관련 기술 개발을 지원하기 위한 증거기반실제

많은 중등 전환의 증거기반실제는 중등도장애 학생에게 고용 기술을 가르치기 위한 것으로 규명되어 왔다. (1) 의사소통 기술을 가르치는 이중 의사소통판, (2) 고용 기술을 가르치기 위한 반응촉진, (3) 직업 관련 기술을 가르치기 위한 자기관리 교수, (4) 목표 성취를 가르치기 위한 자기결정교수학습 모델, (5) 사회성 기술을 가르치기 위한 모의 상황 등을 포함하나 이에 국한되지는 않는다(NTACT, 2018). 중도장애 학생의 반응촉진 실행 관련 정보는 6장에서 찾을 수 있다. [그림 17.4]는 고용 현장에서의 의사소통 기술을 가르치기 위한 이중 의사소통판 사용에 대해 '미국 전환기술지원센터'의 이론에서 실제로의 교수학습계획 초안을 포함하고 있다. 이 교수학습계획안은 Sanchez 씨가 Jaquan, Neerav와 함께 사용하는 데 도움이 되었던 내용을 포함한다.

고용 환경에서 의사소통 기술 교수를 위해 이중 의사소통판 사용하기

목표: 지역사회 고용 환경에서 이중 의사소통판을 사용하여 직장 동료와의 수용적, 표현적 의사소통 향상시키기

환경과 자료:

환경: 특수학급

- 다음과 같은 다양한 지역사회 고용 환경을 포함할 수 있음
  - 약국
  - 유치원
  - 마트 내 베이커리
  - 마트 내 꽃집
  - 마트 내 공산품 코너
  - 식당
  - 미용실
  - 병원 내 식당
  - 패스트푸드점
  - 관광명소의 동물화석산지

자료:

- 동일한 두 개의 이중 의사소통판
  - 학생용 의사소통판 1개
  - 의사소통 파트너(직장 동료)용 의사소통판 1개
  - 필요한 경우 각 의사소통판은 뚜렷한 차이가 나타나도록 투명한 플라스틱 혹은 노란색 아세테이트로 덮인 5-7개의 카드로 만들기
    - 세 종류의 의사소통 카드는 다음을 포함하여 만들기
      - 사회화(socialization)
      - 핵심 어휘
      - 특정 장소(site-specific)를 위한 어휘
    - 각 카드는 그림에 대한 설명이 적힌 대비가 뚜렷한 선을 포함함
    - 카드크기는 학생의 요구에 기반하기

교수내용

학생은 고용 환경에서 이중 의사소통판을 사용하여 직장 동료와 의사소통하는 방법을 배운다. 의사소통판은 (a) 사회화, (b) 핵심 어휘, (c) 학생의 인지적 능력을 반영한 특정 장소를 위해 작성된 어휘와 연관된 어휘를 포함함으로써 의사소통을 촉진한다.

- 사회화 카드는 주로 다른 사람과의 상호작용(예: 사람을 반기기 위해, 쉬는 시간 중 다른 이와 어울리기 위해)에 유용한 어휘를 포함한다. 예를 들면, 이름이 무엇인가요?, 안녕하세요, 좋아요, 쉬는시간, 원해요 등이 있다.

- 핵심 어휘 카드는 모든 훈련 상황에서 빈번하게 사용되는 어휘를 포함한다. 예를 들면, 보세요, 보여줄게요, 가서 할게요, 이제 무슨 일을 하나요?, 도움이 필요해요, 주세요, 기다려요, 감독님, 다시 할게요, 잘했어요, 괜찮나요?, 이해했어요, 마쳤어요 등이 있다.
- 특정 장소를 위해 작성된 어휘 카드는 작업 과제를 성공적으로 끝내기 위해 필요한 모든 표현 및 수용어휘를 포함한다. 동사(서술어)는 의사소통판의 왼쪽에 위치한다. 명사는 오른쪽에 위치한다. 예를 들면, 펴세요, 맞추세요, 채우세요, 분류하세요, 쌓으세요, 닦으세요, 가격 및 라벨, 손 닦으세요, 식사하세요, 바꿔주세요와 같은 동사와 고기 보냉제, 가격 라벨기, 안내소, 창고, 신발, 난간 등과 같은 명사가 있다.

교수과정

모의상황(예: 특수학급)과 6개의 지역사회 직업 환경 모두에서 훈련을 제공한다.

1. 교수 전에 학생이 작업 과제를 성공적으로 완수하기 위해 필요한 상황에 특정 장소를 위한 어휘를 결정한다.
2. 학생이 읽을 수 있는 (a) 사회화 어휘, (b) 핵심 고용 어휘, (c) 특정 장소를 위한 어휘 포함하여 이중 의사소통판을 제작한다.
3. 직장 동료에게 의사소통판을 보여주고 어떻게 의사소통판이 쓰이는지를 보여준다. 직장동료가 익숙해질 수 있도록 직장에 한 개를 구비해둔다. 직장 동료가 의사소통판에 추가적인 어휘를 제시할 수 있도록 격려한다.
4. 학생이 직장 동료와 함께 이중 의사소통판을 사용할 수 있도록 최소촉진체계를 사용한다. 학생이 직장 동료와 함께 성공적으로 의사소통판을 사용하는 것을 지원하기 위해서 촉진은 다음과 같은 순서로 제공한다.
   a. 독립적 수행(예: 촉진 제공 안 함)
   b. 몸짓
   c. 지시를 제공하는 손짓
   d. 단계를 보여주는 시범
5. 학생이 의사소통판의 모든 어휘에 익숙해졌을 때, 모든 상호작용에서 의사소통판을 사용하도록 지도한다.
6. 의사소통판에 모든 어휘를 포함할 수 없는 상황에서는(예: 식료품 가게의 모든 물건) 특정 물건을 의사소통하기 위해 몸짓을 사용한다.

평가

학생이 독립적으로 수행하고 정반응을 보인 단계의 수에 대한 자료를 수집한다.

교수학습계획안 출처:

Heller, K. W., Allgood, M. H., Ware, S. P., & Castelle, M. D. (1996). Use of dual communication boards at vocational sites by students who are deaf-blind. Re:View, 27(4), 180-191

[그림 17.4] 미국 전환기술지원센터의 고용 환경 내 의사소통 기술 교수학습계획 초안

(3) 고용 기술의 평가

고용 기술의 평가는 성공적인 직상생활을 위해 학생에게 필요한 지식과 기술을 결정할 때 가장 먼저, 가장 중요하게 다루어져야 한다. 많은 도구가 관심 목록, 적성 검사, 기능적 행동 평가를 포함하며 고용 지식과 기술을 평가할 수 있다. 관찰 평가(예: 생태학적, 행동적 관찰)도 중도장애 학생의 직업 기술의 강점과 약점을 결정하는 데 유용하다. 지필평가는 업무와 관련된 개인의 능력을 판별하기 위해서 개발된 것이다. 예를 들어, 학생 전환질문지(Student Transition Questionnaire, STQ)는 전환계획과 관련된 학생의 지식과 관점을 평가하는 데 사용될 수 있다. 학생 전환질문지는 전환 관련 주제(예: 고용, 장애 인식)에 대한 학생의 관점, 요구, 강점에 대한 인식을 이끌어낼 수 있는 40개의 평가 문항으로 구성되어 있다(Collier, Griffin, & Wei, 2016). 〈표 17.1〉은 고용, 지역사회 생활, 자기결정 기술에 대한 자원목록을 보여준다.

〈표 17.1〉 고용, 지역사회 생활, 자기결정 기술 평가를 위한 자료

평가	출처
AAMR 적응행동 척도 2판 (AAMR Adaptive Behavior Scale 2nd Edition)	출판사: AbleData
AIR 자기결정 척도 (AIR Self-Determination Scales)	출판사: Wolman, Campeau, Dubois, Mithaug, & Solarski (1994) 웹사이트: www.ou.edu/education/centers-and-partnerships/zarrow/selfdetermination-assessment-tools
Briagance 전환 기술 목록 (Brigance Transition Skills Inventory)	출판사: Curriculum Associates 웹사이트: www.curriculumassociates.com/products/detail.aspx?title=brigtsi
개인 선호도 목록 (Personal Preference Inventories)	출판사: Center for Learning and Leadership, University of Oklahoma 웹사이트: www.ou.edu/content/dam/Education/zarrow/Significant%20transition%20materials/personal-preference-indicator.pdf
O*NET 직업 흥미 목록 (O*NET Career Interest Inventory)	출판사: O*NET Online 웹사이트: www.onetonline.org

전환평가 및 목표 설정 (Transition Assessment & Goal Generator, TAGG)	출판사: Zarrow Center, University of Oklahoma 웹사이트: https://tagg.ou.edu/tagg
Vineland 적응행동척도 (Vineland Adaptive Behavior Scales)	출판사: Pearson 웹사이트: https://www.pearsonassessments.com/store/usassessments/en/Store/Professional-Assessments/Behavior/Adaptive/Vineland-Adaptive-Behavior-Scales-%7C-Third-Edition/p/100001622.html

① 생태학적 평가

생태학적 평가는 학생의 선호, 강점, 직무기반 학습 환경에서의 지원 요구 영역을 판별하기 위해 교사와 지역사회 서비스 관련인들이 사용할 수 있는 관찰 평가이다(Hagner, 2010). 생태학적 평가는 교사와 지역사회 서비스 제공자들이 학생이 직장에서 어떻게 수행하는지와 그들에게 가르칠 필요가 있는 기술을 결정하는 데 도움이 된다. 생태학적 평가는 교사와 직무지도원에게 학생의 작업 완수, 동료와의 상호작용, 작업 수행의 이해 능력을 면밀히 조사할 수 있는 기회를 제공한다(Kittelman, Mazzotti, & McIntosh, 2018). 생태학적 평가는 유용하지만, 직장에서의 문제행동의 기능을 판별하지 못한다. 따라서 직장에서 학생의 강점 및 지원이 필요한 영역을 판별하기 위해서는 기능적 행동 평가(Functional Behavioral Assessments, FBAs)를 함께 사용하는 것이 권장된다.

② 기능적 행동 평가

직무기반 학습 환경에서 기능적 행동 평가를 사용하는 것은 최근에 떠오르는 실제이다. 기능적 행동 평가는 전형적으로 학교 환경에서 문제 행동의 기능을 판별하기 위해 사용되어왔다. 최근의 연구는 기능적 행동 평가가 작업 환경에서의 문제행동을 규명하는 데 효과적으로 사용될 수 있음을 보여준다(예: Mazzotti, Kittelman, Bromley, & Hirano, 2019; Nittrouer, Shogren, & Pickens, 2016). 직무기반 학습 환경에서의 기능적 행동 평가는 교사와 지역사회 서비스 제공자에게 학생이 직장에서 성공하도록 대체 행동을 교수하고 작업 환경을 재구조화하는 데 유용한 정보를 제공할 수 있다(Kittelman et al., 2016). 기능적 행동 평가 수행에 관한 더 많은 정보는 14장에서 찾을 수 있다.

2) 중등이후교육 및 훈련의 준비

미국 「고등교육기회법」(Higher Education Opportunity Act, HEOA, 2008)이 통과된 이후 중등도 및 중도장애 학생을 위한 기회는 크게 확대되었다. 18세에서 21세를 위한 프로그램, 지적장애 학생을 위한 전환 및 중등이후교육 프로그램(Transition and Postsecondary Programs for Students with Intellectual Disability, TPSID)에 대한 다양한 선택이 존재한다. 미국 교육부는 지적장애 학생이 연방 펠그랜트에의 재정 지원, 연방정부 추가 교육기회 부여 프로그램(Supplementary Education Opportunity Grant programs), 연방정부 근로학습 프로그램(Fowler, Holzberg, MaGee, Lombardi, & Test, 2018)을 포함하여 중등이후교육 및 훈련 프로그램에 참여할 수 있도록 재정적 지원을 제공한다. Glatter(2017)에 따르면 이 학생들을 위해 미국 전역에 걸쳐 263개의 중등이후교육 프로그램이 있다.

(1) 18세에서 21세의 프로그램은 무엇인가?

이 프로그램은 전형적으로 교육청, 지역사회 대학 혹은 전문대학의 협력을 통해 개발된다. 이 프로그램은 지적장애, 자폐성장애, 발달장애 학생에게 가치 있는 일, 일상생활, 자기결정 기술을 습득할 수 있는 기회를 제공한다. 더 많은 정보는 https://thinkcollege.net에서 찾을 수 있다.

현장에 적용하기

중등도 및 중도장애 학생을 위한 방과후교육/훈련의 선택지에 대해 알아보면서 Sanchez 씨는 Tara, Jaquan, Neerav을 위한 선택지를 생각하기 시작했다. 그녀는 지역 특수교육 담당자에게 문의하였고 지역 내 종합대학 및 전문대학 내 파트너쉽이 없다는 것을 알게 되었다. 그러나 그녀는 지역 종합대학에 전환 및 중등이후교육 프로그램 보조금이 있고 12월에 신청을 받을 것이라는 것을 알아냈다. 그녀는 전환 및 중등이후교육 프로그램이 Tara, Jaquan, Neerav에게 실행 가능한 기회가 될 수 있는지 여부를 결정하기 위해 그녀의 전환계획팀과 함께 일하기로 계획하였다.

(2) 중등이후교육 및 훈련을 준비하기 위한 증거기반실제

많은 중등 전환의 증거기반실제는 중등도 및 중도장애 학생의 중등이후교육 참여를 준비시키기 위한 기술 개발을 지원하고자 판별되었다. 이는 (1) 과학교수를 위한 시간지연법의 사용, (2) 학업 내용으로의 접근을 지원하기 위한 전략 교수법의 사용, (3) 학교에서 머물고 지속할 수 있도록 Check and Connect의 적용을 포함한다(NTACT, 2018). 중등도 및 중도장애 학생에게 시간지연법을 적용하는 것에 관한 정보는 6장에서 찾을 수 있다. 각 증거기반실제에 대한 설명, 교수학습계획 초안은 https://transitionta.org/effectivepractices에서 찾을 수 있다.

(3) 중등이후교육을 지원하기 위한 평가

중등이후교육에 대한 평가는 학업적 강점 및 약점의 영역, 사회성 기술, 지역사회 생활 지식과 기술을 결정하는 것을 포함한다. 교사는 중등도 및 중도장애 학생이 고등학교와 대학에서 요구되는 기대를 맞추도록 준비시키기 위하여 Think College(2017)의 기준, 질적 지표와 통합적인 고등 교육의 기준을 검토해야 한다(Grigal, Hart, & Weir, 2012; https: //thinkcollege.net). 또한 중등도 및 중도장애 학생이 그들이 고등학교 졸업 뒤 무엇을 하고 싶은지에 대해 현명한 결정을 할 수 있도록 중등이후교육 및 훈련에 대해 평가하고 교수하는 것은 매우 중요하다. 〈표 17.1〉은 평가, 고용, 지역사회 생활, 자기결정 기술을 위한 자원목록을 보여준다.

3) 지역사회 생활을 위한 준비

중등도 및 중도장애 학생의 지역사회 생활은 학생이 독립적으로 살고(필요 시 지원과 함께), 지역사회에 참여하며 사회적 삶을 갖는 기회를 포함한다. 졸업 이후 성과 자료는 장애 학생이 일반적으로 독립적으로 살지 못하며 고등학교 졸업 이후 결국 부모와 사는 경우가 종종 있다는 점을 보여준다. 중등도 및 중도장애인은 성인기 삶에서 가능한 한 독립적으로 살기 위해 다양한 수준의 지원을 필요로 할 수 있다. 지역사회 생활은 개인의 거주 형태뿐만 아니라 봉사, 여가 기회, 또래와의 사회화 등을 통해 공동체에 참여할 수 있게 하는 기회에 초점을 맞추어야 한다(Friedman, 2018). 중등도 및 중도장애 학생의 지역사회 생활에 관한 선택을 결정

함에 있어서 협력은 가장 중요하게 작용한다. 교사는 지역 공동체 내에서 어떠한 자원이 이용 가능한지 알아야 하며, 학생의 고등학교 졸업 전에 그들을 자원과 연결하여야 한다. 이것은 지역사회 맵핑(community mapping) 및 정보를 위한 공동체 서비스 제공자들과의 협력을 통해 이루어질 수 있다.

현장에 적용하기

Shachez 씨는 고등학교 졸업 후 지역사회 생활과 관련하여 학생들에게 유용한 기회를 찾는 것에 관심이 있었다. 그녀는 지역사회를 탐색(map)하기로 하였다. 첫째, 그녀는 인터넷으로 봉사활동을 찾았고 학생들이 지역 YMCA에서 봉사할 수 있는 기회를 찾았다. 또한 학생들이 지역 내 공원에서 봉사할 수 있는 기회를 찾았다. 다음으로, 그녀는 학생들의 거주 형태에 대해 생각하기 시작했다. 그녀는 어디서부터 시작해야 하는지 자신이 없었기에 지역 내 직업재활 사무소에 있는 동료에게 연락하였고 그는 그녀를 지역 주거 담당자(책임자)와 연결해주었다.

(1) 지역사회 생활을 지원하기 위한 증거기반실제

많은 중등 전환의 증거기반실제는 중등도 및 중도장애 학생의 지역사회 생활을 준비하기 위한 기술 개발을 지원하는 것으로 규명된다. 이것은 (1) 음식 준비기술을 가르치기 위한 지속적인 시간지연법, (2) 집안일하기를 위한 반응촉진, (3) 식재료 구매를 가르치기 위한 컴퓨터기반교수, (4) 안전과 응급처치를 가르치기 위한 후진연쇄법, (5) 구매 기술을 가르치기 위한 '하나 더(one more than strategy)' 전략

현장에 적용하기

Sanchez 씨는 고용 및 지역사회 생활과 연관된 졸업 이후의 목표에 대해 생각하기 시작하였다. 다양한 교육과정을 탐색한 뒤, 그녀는 모든 학생을 위해 매일 일과 내 수업을 포함하기로 결정하였다. 그녀는 응급처치에 대한 교수가 지역사회 생활뿐만 아니라 직업 환경에서도 도움이 되기 때문에 그녀의 학생들이 혜택을 받을 것이라고 생각하였다. [그림 17.5]는 연쇄법을 사용하여 응급처치 기술을 교수하는 '미국 전환기술지원센터'의 연구에서 실제로의 교수학습계획안을 보여준다.

(NTACT, 2018)을 포함하지만 이에 제한되지는 않는다. 중등도 및 중도장애 학생의 고정 시간지연 및 반응촉진 실행에 관한 정보는 6장에서 찾을 수 있다.

후진연쇄법을 사용한 응급처치 안전 기술 교수

목표: 작은 상처를 치료하기 위한 응급처치 기술 교수

환경과 자료

환경: 교실, 집, 지역사회

자료:

1. (a) 테이프, (b) 거즈 패드, (c) 용액 혹은 크림 소독제, (d) 일회용 수건, (e) 휴지, (f) 깨끗한 천, (g) 면봉이 포함된 응급처치키트
2. 각 학생에 대한 자료 기록지
3. 빨간색 분장(인공 피)

교수내용

작은 상처(베임)

변별 자극	학생 반응
1. 학생에게 모의로 만들어진 상처를 올려두고 교사는 상황문을 제공함	학생은 응급처치키트에서 깨끗한 천을 꺼내 상처 난 곳에 단단하게 올려둠
2. 학생의 상처 위에 단단하게 올려진 천	학생은 교사에게 상처를 보여줌
3. 교사는 상처의 심각성을 평가하고 학생에게 응급처치를 적용할 것을 말함	학생은 응급처치키트를 열고 소독제, 테이프, 거즈를 꺼냄
4. 응급처치키트에서 나온 응급처치 자료(준비물)	학생은 비누와 물 또는 타월로 손을 씻고 손을 말림
5. 깨끗하고 마른(건조한) 손	사용 방법에 따라 소독제를 바름
6. 상처 부위에 소독제를 바름	학생은 거즈 포장을 열고 포장지를 벗김; 거즈 패드의 피부가 닿는 면을 만지지 않고 포장지 쪽에 놓아둠
7. 포장지에 쌓인 거즈 패드	학생은 테이프를 2.5에서 3인치 당기고 손가락을 사용하여 커터기로 자름; 테이프는 거즈의 한쪽 면에 놓아지고 거즈에 테이프만을 붙여 상처 위에 올려둠

8. 거즈는 테이프로 고정되어 상처 위에 올려짐	학생은 테이프를 2.5에서 3인치 당기고 손가락을 사용하여 커터기로 자름; 학생의 손은 테이블 위에 있고 테이프가 붙여져 있지 않은 거즈 옆면을 반대쪽 테이프와 평행하게 테이프로 붙임
9. 상처 부위는 두 개의 테이프로 붙여진 거즈로 덮임	쓰레기를 버리고 사용한 재료를 치움

교수과정

1. 학생의 응급처치키트의 각 물건을 보여주고 학생이 설명된 대로 물건을 자세히 살펴볼 수 있도록 한다.
2. 응급처치 기술을 배워야 하는 이유와 방법(예: 상처를 잘못 치료했을 경우의 부작용)을 간단하게 설명한다.
3. 응급처치 해야하는 부상의 부위를 모의상황으로 연출하기 위해 학생의 팔이나 손에 표시한다.
4. 학생에게 응급처치의 필요성을 알려주기 위한 주의집중 단서 및 상황문을 제공한다.
5. 목표 단계에 이를 때까지 학생에게 과제분석 매 단계에 거쳐 촉진하고 첫 번째 시도 동안 통제 촉진을 즉각적으로 제공한다. 각 학생에게 세 번의 시도가 주어진다.
6. 두 번째와 세 번째 시도 동안 통제 촉진을 제공하기 전 목표 단계를 시작하고 수행할 수 있도록 5초 동안 기다린다.
7. 과제분석 각 단계의 지원 수준을 기록하고 각 정반응에 대해 언어적으로 묘사하는 칭찬과 지속적인 강화 계획에 따라 강화물을 제공한다.
8. 학생이 오류를 보였을 경우, 기다리라는 신호를 주고, 강화를 보류하며 정반응을 시범보임으로써 학생이 과제분석에 따라 과제를 지속할 수 있도록 한다.

평가

1. 촉진되지 않은 정반응 및 촉진되지 않은 오반응에 따른 과제분석의 수를 기록한다. 정반응은 다음에 기반한다: (a) 반응 정의에 대한 적합성(형태) (b) 올바른 순서에 따른 단계 수행(순서), (c) 60초 내의 단계의 완성(지속시간)
2. 모든 학생이 2일간의 연속된 시도 동안 촉진 없이 모든 단계를 100%로 정반응을 보일때까지 응급처치 기술의 교수를 지속한다.

교수학습계획안 출처:

Gast, D. L., Winterling, V., Wolery, M., & Farmer, J. A. (1992). Teaching first-aid skills to students with moderate handicaps in small group instruction. *Education and Treatment of Children, 15*, 101-124.

[그림 17.5] 미국 전환기술지원센터의 응급처치 안전 기술 교수학습계획 초안

(2) 지역사회 생활 기술을 지원하기 위한 평가

지역사회 생활 기술의 평가와 관련하여 많은 비공식적 평가, 공식적 평가가 있다. 지역사회 생활 활동(예: 요리, 화장실 청소, 식재료 구매, 대중교통 타기)을 하는 동안 학생의 기술을 평가하기 위하여 관찰이 사용될 수 있다. 학생의 기술 제한이 확인되면, 교사는 이러한 기술들을 어디서 가르칠지 우선순위화할 수 있다. 학생에게 특정 기술을 가르치기 위하여 과제분석이 개발될 수 있다. 교사는 교실(모의 환경)과 지역사회(실제 생활 환경)에서 가르칠 기술을 우선순위화해야 한다. [그림 17.6]은 식재료 구매에 대한 과제분석의 예시를 보여준다. 다른 종류의 평가로는

표시: **+** = 독립적/정반응; **-** = 오반응; **V** = 언어적 촉진; **G** = 몸짓 촉진; **M** =시범 촉진;
P = 신체적 촉진

과제 단계	날짜				
	8/5	8/6	8/11	8/12	8/13
1. 가게에 들어간다					
2. 식료품 카트를 찾는다					
3. 카트 앞자리에 식료품 아이템의 사진 목록을 올려둔다					
4. 첫 번째 물건이 있기에 적합한 진열대를 찾는다					
5. 첫 번째 물건을 찾는다					
6. 두 번째 물건이 있기에 적합한 진열대를 찾는다					
7. 두 번째 물건을 찾는다					
8. 세 번째 물건이 있기에 적합한 진열대를 찾는다					
9. 세 번째 물건을 찾는다					
10. 식료품 목록에서 각 물건을 지운다					
11. 계산대를 찾는다					
12. 계산대 컨베이어 벨트에 물건을 올려둔다					
13. 물건을 계산한다					
14. 포장된 물건을 확인한다					
15. 가게를 떠난다					

[그림 17.6] 지역 식료품 가게에서 물건사기 과제분석의 예시

적성 평가, 적응행동 척도, 선호도 평가, 관심 목록이 있다. 〈표 17.1〉은 학생의 지식과 기술 평가의 자원 목록을 보여준다.

4) 자기결정 기술 가르치기

자기결정/자기옹호는 "선택지를 고르고, 문제를 해결하고, 목표를 설정하고 선택지를 평가하며, 목표 성취를 위해 시작하고, 개인의 행동의 결과를 받아들이는 능력"으로 정의된다(Rowe et al., 2016, p. 121). 연구에 따르면, 고등학교에서 직업 목표 설정에 참여하는 기회를 가진 학생과 높은 수준의 자기결정을 가지고 고등학교를 졸업한 학생이 중등이후교육 및 훈련 영역에서 긍정적인 결과를 성취할 가능성이 더 높은 것으로 나타났다(Carter et al., 2012; Petcu, Van Horn, & Shogren, 2017). 개별화교육계획에의 참여를 가르치는 것은 학생의 자기결정/자기옹호 기술을 개발하는 한 방법이 될 수 있다. 중등도 및 중도장애 학생이 성인이 된 삶에서 강한 자기 옹호자가 될 수 있도록 준비하는 것은 매우 중요하다. 이것은 자신의 장애를 이해하고, 요구와 조정을 옹호하며, 문제를 해결할 수 있음을 의미한다. 교사는 학생이 성공적인 성인기 삶에 필수적인 자기결정, 지식, 기술을 갖출 수 있도록 교사는 적극적인 역할을 할 필요가 있다. 이것은 장애 인식, 옹호, 문제해결, 선택하기, 의사결정 내리기, 목표 설정에 대한 교수를 필요로 한다.

(1) 자기결정 기술 개발을 지원하기 위한 증거기반실제

많은 중등 전환의 증거기반실제는 중등도 및 중도장애 학생이 그들의 성인기 삶을 위해 자기결정/자기옹호 기술을 성취할 수 있도록 지원하기 위해 판별되어 왔다. 이것은 (1) 목표 도달을 가르치기 위한 자기결정학습 모델의 교수, (2) 자기결정 기술을 가르치기 위한 Whose Future Is It Anyway?, (3) 개별화교육계획 참여를 가르치기 위한 자기옹호 전략을 포함한다(NTACT, 2018). [그림 17.7]은 Whose Future Is It Anyway?의 실제적 설명을 포함한다.

자기결정 기술을 증진하기 위해 'Whose Future Is It Anyway?' 사용하기

증거기반은 무엇인가?

- 이것은 457명의 참여자들을 무작위 할당하여 방법론적으로 타당한 집단연구를 토대로 입증된 장애 학생을 위한 증거기반실제이다.
- 이것은 296명의 학습장애를 지닌 참여자들을 무작위 할당하여 방법론적으로 타당한 집단연구를 토대로 입증된 학습장애 학생을 위한 증거기반실제이다.
- 이것은 126명의 지적장애를 지닌 참여자들을 무작위 할당하여 방법론적으로 타당한 집단연구를 토대로 입증된 지적장애 학생을 위한 증거기반실제이다.

이 실제를 실행하는 방법에 대해 어디에서 알아볼 수 있는가?

'Whose Future Is It Anyway?'를 실행하는 법을 찾을 수 있는 최적의 장소는 다음과 같다:

<u>자기결정력 향상을 위해 Whose Future is it Anyway?를 실행하는 방법:</u>
http://www.ou.edu/educaon/centers-and-partnerships/zarrow/transion-educaon-materials/whos-future-is-it-anyway

누구와 함께 실행되었는가?

- 학생
  - 학습장애(2개의 연구, n=296)
  - 지적장애(2개의 연구, n=126)
  - 주의력결핍 과잉행동장애(1개의 연구, n=9)
  - 자폐성장애(1개의 연구, n=3)
  - 정서 · 행동장애(1개의 연구, n=12)
  - 건강장애(1개의 연구, n=5)
  - 언어장애(1개의 연구, n=6)

- 12세-16세
- 남성(n=277), 여성(n=180)
- 인종
  - 아프리카계 미국인(n=85)
  - 미국계 인디안(n=3)
  - 히스패닉계(n=104)
  - 백인(n=245)
  - 기타(n=11)

실제는 무엇인가?

'Whose Future Is It Anyway?'는 학생이 개별화교육계획 과정에 더 참여할 수 있도록 배우는 것을 도와주는 학생주도 전환계획 교육과정이다. 이 과정은 6개의 섹션과 36회기로 다음과 같다:

- 자기 인식 및 장애 인식의 확립
- 전환 관련 결과에 대한 의사결정
- 전환서비스를 지원하기 위한 지역사회 자원의 판별 및 유지
- 목적과 목표의 서술 및 평가
- 소집단 내에서의 효과적인 의사소통
- 효과적인 팀원, 지도자, 자기 옹호자가 되기 위한 기술의 개발

'Whose Future Is It Anyway?'는 다음과 같이 교수된다:
- 인지적으로 접근 가능한 오디오 리더기인 Rocket Reader가 자기결정 증진을 위해 사용되었다(Lee et al., 2011).
- 자기결정 기술을 증진하기 위해서 사용되었다(Wehmeyer, Palmer, Shogren, Williams-Diehm, & Soukup, 2013).

어디서 실행되었는가?
- 일반학급(2개의 연구)
- 학습도움실(1개의 연구)
- 특수학급(1개의 연구)

실제가 공통 핵심 성취기준(Common Core Standards)과 어떻게 연관되었는가?
- 지식과 개념의 설명(언어를 위한 앵커 성취기준(Anchor Standards), 9-12)
  - 공식적 언어의 필요성이 적절하거나 지시된 상황에서 다양한 상황과 의사소통 과제에 맞게 말을 조정한다.
- 지식과 개념의 설명(말하기와 듣기를 위한 앵커 성취기준, 9-12)
  - 다른 사람의 생각을 확립하고 그들의 의견을 명확하고 설득력 있게 표현하며 다양한 파트너와의 협력과 대화의 범위 내에서 효과적으로 참여하고 준비한다.

이러한 실제가 미국의 직업군 시범사업(Career Cluster Initiative)과 어떻게 연관되는가?: 필수적 지식과 기술

- 특정한 직업 분야에서의 취업을 준비하기 위해 훈련, 교육, 인증을 완료한다(학문적 기초).
  - 직업 선택을 위한 훈련, 교육, 인증 필수요소를 확인한다.
- 모든 범위의 중등이후교육과 직업의 기회를 추구하는데 요구되는 국어 지식과 기술을 설명한다.

- ㅇ경청 행동을 시범보인다.
- ㅇ다음과 같은 구두 혹은 서면 정보의 주요 요소를 이해한다: 원인과 결과, 비교와 대조, 결말, 문맥, 목적, 차트/표/그래프, 평가와 비평, 분위기, 설득하는 글, 순서, 요약, 기술적 주제

- 기술적 개념과 실제에서의 어휘를 사용하고 배우기 위한 적절한 읽기 및 의사소통 전략을 선택하고 적용한다(의사소통).
  - ㅇ읽기 전략 혹은 쓰여진 글의 내용 요소를 완벽히 이해하기 위한 전략을 선택한다(예: 훑어보기, 자세히 읽기, 의미를 생각하며 읽기, 비판적 분석을 위한 읽기).
- 직장에서 의사소통을 향상하기 위해 필요한 아이디어 및 정보를 획득하고 전달하는 체계, 개념, 전략을 사용하여 직장에서의 의사소통을 향상시킨다(의사소통).
  - ㅇ정보를 획득하거나 전달할 때의 구어 기술을 적용한다.

증거기반실제를 확립하기 위한 참고문헌:

Lee, Y., Wehmeyer, M., Palmer, S., Williams-Diehm, K., Davies, D. K., & Stock, S. E. (2011). Effect of student-directed transition planning with a computer-based reading support program on the self-determination of students with disabilities. *The Journal of Special Education*, *45*, 104-117.

Wehmeyer, M. L., Palmer, S. B., Shogren, K., Williams-Diehm, K., & Soukup, J. H. (2013). Establishing a causal relationship between intervention to promote self-determination and enhanced student self-determination. *Journal of Special Education, 46*, 195-210.

추가 참고문헌:

Wehmeyer, M., Lawrence, M., Garner, N., Soukup, N., & Palmer, S. (2004). Whose Future is it Anyway? A student-directed transition planning process.http: //www.ou.edu/education/centers-and-partnerships/zarrow/transition-educationmaterials/whos-future-is-it-anyway.

[그림 17.7] 'Whose Future Is It Anyway?'에 대한 NTACT의 실제적 설명

마무리 활동

1. 미국 전환기술지원센터의 자기 평가 실행 예측요인을 사용하여, 지역 고등학교의 특수교사 또는/및 전환전문가를 면담하세요. 면담 결과에 따라 전환프로그램을 평가하고 프로그램에 대한 3-4개의 강점 및 향상이 필요한 영역을 확인하세요.

2. 지역 내 직업재활 상담가를 만나세요. 직무기반 학습 경험의 유형을 포함한 중등도 및 중도장애 학생에게 제공되는 취업 전 전환서비스(WIOA, 2014)에 대해 논하세요. 어떤 취업 전 전환서비스가 학생들에게 제공되었으며 직업재활 상담가는 취업 전 전환서비스를 제공하기 위해 교육청 인력과 협력하였나요?

3. 장애 학생이 고등학교를 졸업할 때 지역사회 경험과 관련된 기회를 결정할 수 있도록 지역사회 맵핑 활동을 완성하세요. 자원봉사를 위해 어떠한 기회들이 있을까요? 어떠한 여가 활동이 이용 가능한가요? 지원주거(supported living)가 가능한가요?

4. 지역 대학 혹은 지역사회 전문대학의 장애 서비스 담당 부서에 연락해보세요. 중등도 및 중도장애 학생이 전환 및 중등이후교육 프로그램과 18세에서 21세 사이의 학생을 위한 프로그램을 이용할 수 있을까요? 이러한 프로그램에서 학생이 어떠한 교육과 훈련의 기회를 받나요? 이러한 기회들이 장애 학생이 비장애 또래와 함께 통합수업 및 통합환경에 참여하게 하나요?

참고문헌

AAIDD Ad Hoc Committee on Terminology and Classification. (2010). *Intellectual disability: Definition, classification, and systems of supports* (11th ed.). Washington, DC: American Association on Intellectual and Developmental Disabilities.

AbdelAziz, H., Vassilyadi, M., & Ventureyra, E. C. G. (2002). Late-onset erythema along a sterile functioning ventriculoperitoneal shunt: Case report and review of the literature. *Child's Nervous System, 18,* 235-237.

Adams, K. S., & Christenson, S. L. (2000). Trust and the family-school relationship examination of parent-teacher differences in elementary and secondary grades. *Journal of School Psychology, 38,* 477-497.

Agarwal, A., & Verma, I. (2012). Cerebral palsy in children: An overview. *Journal of Clinical Orthopedics and Trauma, 3,* 77-81.

Agran, M., Blanchard, C., Wehmeyer, M., & Hughes, C. (2001). Teaching students to self-regulate their behavior: The differential effects of student- vs. teacher-delivered reinforcement. *Research in Developmental Disabilities, 22,* 319-332.

Agran, M., Cavin, M., Wehmeyer, M. W., & Palmer, S. (2006). Participation of students with moderate to severe disabilities in the general curriculum: The effects of the self-determined learning model of instruction. *Research and Practice for Persons with Severe Disabilities, 31,* 230-241.

Agran, M., & Hughes, C. (2014). Promoting self-determination and self-directed learning. In M. Agran, F. Brown, C. Hughes, C. Quirk, & D. L. Ryndak (Eds.), *Equity and full participation for individuals with severe disabilities: A vision for the future* (pp. 75-97). Baltimore: Brookes.

Ahearn, E. (2006). Standards-based IEPs: Implementation in selected states. Retrieved from *www.projectforum.org/index.cfm.*

Ahlgrim-Delzell, L., Browder, D., Stanger, C., Wood, L., Kemp-Inman, A., & Preston,

A. (2016). Systematic instruction of phonics skills using an iPad for students with developmental disabilities who are AAC users. *Journal of Special Education, 50,* 86-97.

Ahlgrim-Delzell, L., Browder, D., & Wood, L. (2014). Effects of systematic instruction and an augmentative communication device on phonics skills acquisition for students with moderate intellectual disability who are nonverbal. *Education and Training in Autism and Developmental Disabilities, 49,* 517-532.

Ahlgrim-Delzell, L., & Rivera, C. (2015). A content comparison of literacy lessons from 2004 and 2010 for students with moderate and severe intellectual disability. *Exceptionality, 23,* 258-269.

Akmanoglu, N., Yanardag, M., & Batu, E. S. (2014). Comparing video modeling and graduated guidance together and video modeling alone for teaching role playing skills to children with autism. *Education and Training in Autism and Developmental Disabilities, 49,* 17-31.

Akpan, J. P., & Beard, L. A. (2014). Assistive technology and mathematics education. *Universal Journal of Educational Research, 2,* 219-222.

Alberto, P., Jobes, N., Sizemore, A., & Doran, D. (1980). A comparison of individual and group instruction across response tasks. *Journal of the Association for Persons with Severe Handicaps, 5,* 285-293.

Alberto, P. A., Waugh, R. E., & Fredrick, L. D. (2010). Teaching the reading of connected text through sight-word instruction to students with moderate intellectual disabilities. *Research in Developmental Disabilities, 31,* 1467-1474.

Algozzine, B., Browder, D. M., Karvonen, M., Test, D. W., & Wood, W. M. (2001). Effects of interventions to promote self-determination for individuals with disabilities. *Review of Educational Research, 71,* 219-277.

Ali, S., & Frederickson, N. (2006). Investigating the evidence base of social stories. *Educational Psychology in Practice, 22,* 355-377.

Allen, S. K., Smith, A. C., Test, D. W., Flowers, C., & Wood, W. M. (2001). The effects of "self-directed IEP" on student participation in IEP meetings. *Career Development for Exceptional Individuals, 4,* 107-120.

Allor, J. H., Al Otaiba, S., Ortiz, M., & Folsom, J. (2014). Comprehensive beginning reading. In M. Browder & F. Spooner (Eds.), *More language arts, math, and science for students with severe disabilities* (pp. 109–126). Baltimore: Brookes.

Allor, J. H., Gifford, D. B., Jones, F. G., Al Otaiba, S., Yovanoff, P., Ortiz, M. B., et al. (2018). The effects of a text-centered literacy curriculum for students with intellectual disability. *American Journal on Intellectual and Developmental*

Disabilities, 123, 474–494.

Allor, J. H., & Mathes, P. G. (2012). *Early interventions in reading: Level K.* Columbus, OH: SRA/McGraw-Hill.

Allor, J. H., Mathes, P. G., Roberts, J. K., Jones, F. G., & Champlin, T. M. (2010). Teaching students with moderate intellectual disabilities to read: An experimental examination of a comprehensive reading intervention. *Education and Training in Autism and Developmental Disabilities, 45,* 3–22.

Alper, S. (2003). Students with moderate and severe disabilities: Definitions and descriptive characteristics. In D. Ryndak & S. Alper (Eds.), *Curriculum and instruction for students with significant disabilities in inclusive settings* (pp. 1–12). Boston: Allyn & Bacon.

American Association for the Advancement of Science. (1989). *Project 2061: Science for all Americans.* Washington, DC: Author.

American Psychiatric Association. (2000). *Diagnostic and statistical manual of mental disorders* (4th ed., text rev.). Washington, DC: Author.

American Psychiatric Association. (2013). *Diagnostic and statistical manual of mental disorders* (5th ed.). Arlington, VA: Author.

American Speech-Language-Hearing Association. (2002). Augmentative and alternative communication: Knowledge and skills for service delivery. Retrieved from *www.asha.org/docs/html/KS2002200067.html#sec1.1.*

Anderson, L. W., Krathwohl, D. R., Airasian, P. W., Cruikshank, K. A., Mayer, R. E., Pintrich, P. R., et al. (Eds.). (2001). *A taxonomy for learning, teaching, and assessing: A revision of Bloom's taxonomy of educational objectives.* New York: Longman.

Anderson, M. D., Sherman, J. A., Sheldon, J. B., & McAdam, D. (1997). Picture activity schedules and engagement of adults with mental retardation in a group home. *Research in Developmental Disabilities, 18,* 231–250.

Anderson, R. C., Spiro, R. J., & Anderson, M. C. (1978). Schemata as scaffolding for the representation of information in connected discourse. *American Educational Research Journal, 15,* 433–440.

Armbruster, B., & Howe, C. E. (1985). Educators team up to help students learn. *NASSP Bulletin, 69,* 82–86.

Armbruster, B. B., Lehr, F., & Osborn, J. (2003). *Put reading first: The research building blocks for teaching children to read.* Washington, DC: Center for the Improvement of Early Reading Achievement and National Institute for Literacy.

Armstrong, T. (2017). Neurodiversity: The future of special education. *Educational*

Leadership, 74(7), 10-16.

Arndt, S. A., Konrad, M., & Test, D. W. (2006). Effects of self-directed IEP on student participation in planning meetings. *Remedial and Special Education, 27,* 194-207.

Artiles, A. J., & Trent, S. C. (1994). Overrepresentation of minority students in special education: A continuing debate. *Journal of Special Education, 27,* 410-437.

Attainment. (2015). GoBook App (1.1) [Mobile application software]. Retrieved from *https://itunes.apple.com/us/app/gobook-teacher/id957508289?ls=1&mt=8.*

Ault, M. J., & Bausch, M. E. (2012). *Apps for all students: A teacher's desktop guide.* Arlington, VA: Council for Exceptional Children, Technology and Media Division.

Ault, M. J., Wolery, M., Doyle, P. M., & Gast, D. L. (1989). Review of comparative studies in instruction of students with moderate and severe handicaps. *Exceptional Children, 55,* 346-356.

Ayres, K. M., Langone, J., Boon, R. T., & Norman, A. (2006). Computer-based instruction for purchasing skills. *Education and Training in Developmental Disabilities, 41,* 253-263.

Ayres, K. M., Mechling, L., & Sansosti, F. J. (2013). The use of mobile technologies to assist with life skills/independence of students with moderate/severe intellectual disability and/or autism spectrum disorders: Considerations for the future of school psychology. *Psychology in the Schools, 50,* 259-271.

Azrin, N. H., & Armstrong, P. M. (1973). The "mini-meal": A method for teaching eating skills to the profoundly retarded. *Mental Retardation, 11*(1), 9-11.

Azrin, N. H., & Foxx, R. M. (1971). A rapid method of toilet training the institutionalized retarded. *Journal of Applied Behavior Analysis, 4,* 89-99.

Azrin, N. H., Schaeffer, R. M., & Wesolowski, M. D. (1976). A rapid method of teaching profoundly retarded persons to dress by a reinforcement guidance method. *Mental Retardation, 14,* 29-33.

Baddeley, A. D. (2000). The episodic buffer: A new component of working memory? *Trends in Cognitive Science, 4,* 417-423.

Baddeley, A. D., & Hitch, G. (1974). Working memory. In G. H. Bower (Ed.), *The psychology of learning and motivation: Advances in research and theory* (Vol. 8, pp. 47-90). New York: Academic Press.

Baddeley, A., & Jarrold, C. (2007). Working memory and Down syndrome. *Journal of Intellectual Disability Research, 51,* 925-931.

Baer, D. M., Wolf, M. M., & Risley, T. R. (1968). Some current dimensions of applied behavior analysis. *Journal of Applied Behavior Analysis, 1,* 91-97.

Baer, D. M., Wolf, M. M., & Risley, T. R. (1987). Some still-current dimensions of applied behavior analysis. *Journal of Applied Behavior Analysis, 20,* 313-327.

Baer, R. M., McMahan, R. K., & Flexer, R. W. (2004). Transition models and promising practices. In R. W. Flexer, T. J. Simmons, P. Luft, & R. M. Baer (Eds.), *Transition planning for secondary students with disabilities* (2nd ed., pp. 53-82). Upper Saddle River, NJ: Merrill/Prentice Hall.

Baio, J., Wiggins, L., Christensen, D. L., Maenner, M. J., Daniels, J., Warren, Z., et al. (2018). Prevalence of autism spectrum disorder among children aged 8 years-Autism and Developmental Disabilities Monitoring Network, 11 sites, United States, 2014. *MMWR Surveillance Summaries, 67*(6), 1-23.

Bambara, L. M., & Kern, L. (2005). *Individualized supports for students with problem behaviors: Designing positive behavior plans.* New York: Guilford Press.

Bambara, L. M., Koger, F., Burns, R., & Singley, D. (2016). Building skills for home and community. In F. Brown, J. McDonnell, & M. E. Snell (Eds.), *Instruction of students with severe disabilities* (8th ed., pp. 474-507). Boston: Pearson.

Bambara, L. M., & Lohrmann, S. (2006). Introduction to special issue on severe disabilities and school-wide positive behavior support. *Research and Practice for Persons with Severe Disabilities, 31,* 1-3.

Banks, J. A., & Banks, C. A. M. (2010). *Multicultural education: Issues and perspectives* (7th ed.). Hoboken, NJ: Wiley.

Bartlett, L. (2000). Medical services: The disputed related service. *Journal of Special Education, 33,* 215.

Bastian, L., Trela, K., Jimenez, B., & Browder, D. M. (2018). *Teaching to standards-math: Extension activity books.* Verona, WI: Attainment.

Bates, E. (1979). *The emergence of symbols: Cognition and communication in infancy.* New York: Academic Press.

Baumgart, D., Brown, L., Pumpian, I., Nisbet, J., Ford, A., Sweet, M., et al. (1982). Principle of partial participation and individualized adaptations in educational programs for severely handicapped students. *Journal of the Association of Persons with Severe Handicaps, 7,* 17-27.

Belfiore, P. J., & Browder, D. M. (1992). The effects of self-monitoring on teachers' data-based decisions and on the progress of adults with severe mental retardation. *Education and Training in Mental Retardation, 27,* 60-67.

Bellini, S., Akullian, J., & Hopf, A. (2007). Increasing social engagement in young children with autism spectrum disorders using video self-modeling. *School Psychology Review, 36,* 80-90.

Benner, G. J., Rogers-Adkinson, D., Mooney, P., & Abbott, D. A. (2007). An investigation of the relationship between receptive language and social adjustment in a general sample of elementary school children. *Journal of At-Risk Issues, 13,* 13-21.

Berlinghoff, W. P., Sloyer, C., & Hayden, R. W. (1998). *Math connections: A secondary mathematics core curriculum*. Armonk, NY: It's About Time.

Best, S. J. (2001). Physical disabilities. In J. L. Bigge, S. J. Best, & K. W. Heller (Eds.), *Teaching individuals with physical, health, or multiple disabilities* (4th ed., pp. 34-64). Upper Saddle River, NJ: Pearson.

Best, S. J., & Bigge, J. L. (2005). Cerebral palsy. In S. J. Best, K. W. Heller, & J. L. Bigge (Eds.), *Teaching individuals with physical or multiple disabilities* (5th ed., pp. 87-109). Upper Saddle River, NJ: Pearson.

Betz, A. M., Higbee, T. S., Kelley, K. N., Sellers, T. P., & Pollard, J. S. (2011). Increasing response variability of mand frames with script training and extinction. *Journal of Applied Behavior Analysis, 44,* 357-362.

Beukelman, D., & Mirenda, P. (2013). *Augmentative and alternative communication: Supporting children and adults with complex communication needs* (4th ed.) Baltimore: Brookes.

Bimbrahw, J., Boger, J., & Mihailidis, A. (2012). Investigating the efficacy of a computerized prompting device to assist children with autism spectrum disorder with activities of daily living. *Assistive Technology, 24,* 286-298.

Blanche, E. I. (1996). Alma: Coping with culture, poverty, and disability. *American Journal of Occupational Therapy, 50,* 265-276.

Bloom, B. S., Engelhart, M. D., Furst, E. J., Hill, W. H., & Krathwohl, D. R. (Eds.). (1956). *Taxonomy of educational objectives: The classification of educational goals. Handbook 1: Cognitive domain*. New York: David McKay.

Board of Education of the Hendrick Hudson Central School District, Westchester County, et al. v. Rowley, 458 U.S. 176 (1982).

Bondy, A. S., & Frost, L. A. (1994). The picture exchange communication system. *Focus on Autistic Behavior, 9,* 1-19.

Bosner, S. M., & Belfiore, P. J. (2001). Strategies and considerations for teaching an adolescent with Down syndrome and type 1 diabetes to self-administer insulin. *Education and Training in Mental Retardation and Developmental Disabilities, 36,* 94-102.

Bouck, E., Satsangi, R., Muhl, A., & Bartlett, W. (2013). Using audio recorders to promote independence in grocery shopping for students with intellectual disability.

Journal of Special Education, 28, 15-26.

Bourbeau, P. E., Sowers, J. A., & Close, D. W. (1986). An experimental analysis of generalization of banking skills from classroom to bank settings in the community. *Education and Training in Mental Retardation, 21,* 98-107.

Brady, B. C., Bruce, S., Goldman, A., Erickson, K., Mineo, B., Ogletree, B. T., et al. (2016). Communication services and supports for individuals with severe disabilities: Guidance for assessment and intervention. *American Journal of Intellectual and Developmental Disabilities, 12,* 121-138.

Brady, N., Fleming K., Thiemann-Bourque, K., Olswang, L., Dowden, P., Saunders, M., et al. (2012). Development of the Communication Complexity Scale. *American Journal of Speech–Language Pathology, 21*(1), 16-28.

Brekke, B. (1988). *Sexuality education for persons with severe developmental disabilities.* Santa Monica, CA: James Stanfield.

Briggs, A., Alberto, P., Sharpton, W., Berlin, K., McKinley, C., & Ritts, C. (1990). Generalized use of a self-operated audio prompt system. *Education and Training in Mental Retardation, 25,* 381-389.

Brodhead, M. T., Al-Dubayan, M. N., Mates, M., Abel, A. E., & Bouwers, L. (2016). An evaluation of a brief video-based multiple-stimulus without replacement preference assessment. *Behavior Analysis Practice, 9,* 160-164.

Browder, D. M. (2001). *Curriculum and assessment for students with moderate and severe disabilities.* New York: Guilford Press.

Browder, D. M. (2015, October). *Standards-based individualized education programs (IEPs) for students who participate in AA-AAS* (NCSC Brief #5). Minneapolis: University of Minnesota, National Center and State Collaborative.

Browder, D. M., Ahlgrim-Delzell, L., Courtade, G., Gibbs, S. L., & Flowers, C. (2008). Evaluation of the effectiveness of an early literacy program for students with significant developmental disabilities. *Exceptional Children, 75,* 33-52.

Browder, D. M., Ahlgrim-Delzell, L., Spooner, F., Mims, P. J., & Baker, J. N. (2009). Using time delay to teach literacy to students with severe developmental disabilities. *Exceptional Children, 75,* 343-364.

Browder, D. M., Ahlgrim-Delzell, L., & Wood, L. (2015). *Early reading skills builder.* Verona, WI: Attainment.

Browder, D. M., Cooper, K., & Lim, L. (1998). Teaching adults with severe disabilities to express their choice of settings for leisure activities. *Education and Training in Mental Retardation, 33,* 228-238.

Browder, D. M., Flowers, C., Ahlgrim-Delzell, L., Karvonen, M., Spooner, F., &

Algozzine, R. (2004). The alignment of alternate assessment performance indicators to academic and functional curricula. *Journal of Special Education, 37,* 211–223.

Browder, D. M., Gibbs, S., Ahlgrim-Delzell, L., Courtade, G., & Lee, A. (2007). *Early literacy skills builder.* Verona, WI: Attainment.

Browder, D. M., Gibbs, S. L., Ahlgrim-Delzell, L., Courtade, G., & Lee, A. (2017). *Early literacy skills builder: For older students.* Verona, WI: Attainment.

Browder, D. M., Gibbs, S. L., Ahlgrim-Delzell, L., Courtade, G., Mraz, M., & Flowers, C. (2009). Literacy for students with significant cognitive disabilities: What should we teach and what should we hope to achieve? *Remedial and Special Education, 30,* 269–282.

Browder, D. M., Hudson, M. E., & Wood, A. L. (2013). Teaching students with moderate intellectual disability who are emergent readers to comprehend passages of text. *Exceptionality, 21,* 191–206.

Browder, D. M., Jimenez, B. A., Spooner, F., Saunders, A., Hudson, M., & Bethune, K. S. (2012). Early numeracy instruction for students with moderate and severe developmental disabilities. *Research and Practice for Persons with Severe Disabilities, 37,* 308–320.

Browder, D. M., Jimenez, B. A., & Trela, K. (2012). Grade-aligned math instruction for secondary students with moderate intellectual disability. *Education and Training in Autism and Development Disabilities, 47,* 373–388.

Browder, D. M., Lee, A., & Mims, P. J. (2011). Using shared stories and individual response modes to promote comprehension and engagement in literacy for students with multiple severe disabilities. *Education and Training in Developmental Disabilities, 46,* 339–351.

Browder, D. M., Liberty, K., Heller, M., & D'Huyvetters, K. K. (1986). Self-management by teachers: Improving instructional decision making. *Professional School Psychology, 1,* 165–175.

Browder, D. M., & Lim, L. H. F. (2001). Family-centered planning: A multicultural perspective. In D. Browder, *Curriculum and assessment for students with moderate and severe disabilities* (pp. 116–147). New York: Guilford Press.

Browder, D. M., & Martin, D. K. (1986). A new curriculum for Tommy. *TEACHING Exceptional Children, 18*(4), 261–265.

Browder, D. M., Mims, P., Spooner, F., Ahlgrim-Delzell, L., & Lee, A. (2008). Teaching elementary students with profound disabilities to participate in shared stories. *Research and Practice in Severe Disabilities, 33,* 3–12.

Browder, D. M., & Spooner, F. (2006). *Teaching language arts, math, and science to students with significant cognitive disabilities*. Baltimore: Brookes.

Browder, D. M., Spooner, F., Ahlgrim-Delzell, L., Flowers, C., Algozzine, B., & Karvonen, M. (2003). A content analysis of the curricular philosophies reflected in states' alternate assessments. *Research and Practice for Persons with Severe Disabilities, 28,* 165-181.

Browder, D. M., Spooner, F., Ahlgrim-Delzell, L., Harris, A., & Wakeman, S. (2008). A metaanalysis on teaching mathematics to students with significant cognitive disabilities. *Exceptional Children, 74,* 407-432.

Browder, D. M., Spooner, F., Lo, Y.-y., Saunders, A., Root, J., Ley Davis, L., et al. (2018). Teaching students with moderate intellectual disability to solve word problems. *Journal of Special Education, 51,* 222-235.

Browder, D. M., Spooner, F., Wakeman, S., Trela, K., & Baker, J. N. (2006). Aligning instruction with academic content standards: Finding the link. *Research and Practice for Persons with Severe Disabilities, 31,* 309-321.

Browder, D. M., Spooner, F., & Zakas, T. L. (2011). Social studies. In D. M. Browder & F. Spooner, *Teaching students with moderate and severe disabilities* (pp. 222-237). New York: Guilford Press.

Browder, D. M., Trela, K., Courtade, G. R., Jimenez, B. A., Knight, V., & Flowers, C. (2012). Teaching mathematics and science standards to students with moderate and severe developmental disabilities. *Journal of Special Education, 46,* 26-35.

Browder, D. M., Trela, K., & Jimenez, B. (2007). Training teachers to follow a task analysis to engage middle school students with moderate and severe developmental disabilities in grade-appropriate literature. *Focus on Autism and Other Developmental Disabilities, 22,* 206-219.

Browder, D. M., Wakeman, S. Y., Spooner, F., Ahlgrim-Delzell, L., & Algozzine, B. (2006). Research on reading instruction for individuals with significant cognitive disabilities. *Exceptional Children, 72,* 392-408.

Browder, D. M., Wood, L., Thompson, J., & Ribuffo, C. (2014). Evidence-based practices for students with severe disabilities (Document No. IC-3). Retrieved from *http://ceedar.education.ufl.edu/tools/innovation-configurations*.

Brown, F., Belz, P., Corsi, L., & Wenig, B. (1993). Choice diversity for people with severe disabilities. *Education and Training in Mental Retardation, 28,* 318-326.

Brown, F., McDonnell, J., & Snell, M. E. (2016). *Instruction of students with severe disabilities* (8th ed.). Boston: Pearson.

Brown, L., Nietupski, J., & Hamre-Nietupski, S. (1976). The criterion of ultimate functioning and public school services for severely handicapped children. In M. A.

Thomas (Ed.), *Hey, don't forget about me!* (pp. 2-15). Reston, VA: Council for Exceptional Children.

Bulgren, J. A., Sampson Graner, P., & Deshler, D. (2013). Literacy challenges and opportunities for students with learning disabilities in social studies and history. *Learning Disabilities Research and Practice, 28,* 17-27.

Burckley, E., Tincani, M., & Fisher, A. (2015). An iPad-based picture and video activity schedule increases community shopping skills of a young adult with autism spectrum disorder and intellectual disability. *Developmental Neurorehabilitation, 18,* 131-136.

Bursuck, W. D., & Damer, M. (2007). *Reading instruction for students who are at risk or have disabilities.* Boston: Pearson.

Calculator, S. N. (1994). Introduction. In N. W. Nelson (Series Ed.) & S. T. Calculator & C. M. Jorgensen (Vol. Eds.), *Including students with severe disabilities in schools: Fostering communication, interaction, and participation* (p. xxi). San Diego, CA: Singular.

Campbell, P. C., Campbell, C. R., & Brady, M. P. (1998). Team Environmental Assessment Mapping System: A method for selecting curriculum goals for students with disabilities. *Education and Training in Mental Retardation and Developmental Disabilities, 33,* 264-272.

Cannella-Malone, H. I., Sabielny, L. M., Jimenez, E. D., & Miller, M. M. (2013). Pick one!: Conducting preference assessments with students with significant disabilities. *TEACHING Exceptional Children, 45*(6), 16-23.

Capin, P., & Vaughn, S. (2017). Improving reading and social studies learning for secondary students with reading disabilities. *TEACHING Exceptional Children, 49,* 249-261.

Carr, E. G., Dunlap, G., Horner, R. H., Koegel, R. H., Turnbull, A. P., Sailor, W., et al. (2002). Positive behavior support: Evolution of an applied science. *Journal of Positive Behavior Interventions, 4,* 4-16.

Carr, E. G., Horner, R. H., Turnbull, A. P., Marquis, J. G., Magito-McLaughlin, D., McAtee, M. L., et al. (1999). *Positive behavior support for people with developmental disabilities: A research synthesis.* Washington, DC: American Association on Mental Retardation.

Carr, E. G., Langdon, N. A., & Yarbrough, S. C. (1999). Hypothesis-based intervention for severe problem behavior. In A. C. Repp & R. Horner (Eds.), *Functional assessment of problem behavior: From effective assessment to effective support* (pp. 9-31). Belmont, CA: Wadsworth.

Carrow-Woolfolk, E. (1999). *Comprehensive Assessment of Spoken Language*. Torrance, CA: Western Psychological Services.

Carter, E. W., Austin, D., & Trainor, A. A. (2012). Predictors of postschool employment outcomes for young adults with severe disabilities. *Journal of Disability Policy Studies, 23,* 50-63.

Carter, E. W., & Brock, M. E. (2016). Promoting social competence and peer relationships. In F. Brown, J. McDonnell, & M. E. Snell (Eds.), *Instruction of students with severe disabilities* (8th ed., pp. 371-403). Boston: Pearson.

Carter, E. W., Cushing, L. S., Clark, N. M., & Kennedy, C. H. (2005). Effects of peer support interventions on students' access to the general curriculum and social interactions. *Research and Practice for Persons with Severe Disabilities, 30,* 15-25.

Carter, E. W., Hughes, C., Guth, C. B., & Copeland, S. R. (2005). Factors influencing social interaction among high school students with intellectual disabilities and their general education peers. *American Journal on Mental Retardation, 110,* 366-377.

Carter, E. W., & Kennedy, C. H. (2006). Promoting access to the general curriculum using peer support strategies. *Research and Practice for Persons with Severe Disabilities, 31,* 284-292.

Carter, E. W., Sisco, L. G., Chung, Y. L., & Stanton-Chapman, T. L. (2010). Peer interactions of students with intellectual disabilities and/or autism: A map of the intervention literature. *Research and Practice for Persons with Severe Disabilities, 35,* 63-79.

Cartledge, G., & Kourea, L. (2008). Culturally responsive classrooms for culturally diverse students with and at risk for disabilities. *Exceptional Children, 74,* 351-371.

Cass, M., Cates, D., Jackson, C. W., & Smith, M. (2002, March). Facilitating adolescents with disabilities' understanding of area and perimeter concepts via manipulative instruction. In *No Child Left Behind: The Vital Role of Rural Schools,* Proceedings of the 22nd Annual Conference of the American Council on Rural Special Education (ACRES), Reno, NV.

Catania, A. C. (1998). *Learning*. Englewood Cliffs, NJ: Prentice Hall.

Cease-Cook, J., Fowler, C. H., & Test, D. W. (2015). Strategies for creating work-based learning experiences in schools for secondary students with disabilities. *TEACHING Exceptional Children, 47,* 352-358.

Center for Applied Special Technology. (1998). *What is universal design for learning?* Wakefield, MA: Author. Retrieved from *www.cast.org/research/udl/index.html.*

Center for Applied Special Technology. (2011). *Universal Design for Learning Guidelines Version 2.0*. Wakefield, MA: Author.

Chai, Z., Vail, C. O., & Ayres, K. M. (2015). Using an iPad application to promote early literacy development in young children with disabilities. *Journal of Special Education, 48,* 268-278.

Chall, J. S. (1996). *Stages of reading development* (2nd ed.). Fort Worth, TX: Harcourt Brace.

Chan, S. (1986). Parents of exceptional Asian children. In M. K. Kitano & P. C. Chinn (Eds.), *Exceptional Asian children and youth* (pp. 36-53). Reston, VA: Council for Exceptional Children.

Chambers, C. R., & Childre, A. L. (2005). Fostering family-professional collaboration through person-centered IEP meetings: The "true directions" model. *Young Exceptional Children, 8,* 20-28.

Charlop-Christy, M. H., Le, L., & Freeman, K. (2000). A comparison of video modeling with in vivo modeling for teaching children with autism. *Journal of Autism and Developmental Disorders, 30,* 537-552.

Chazin, K. T., & Ledford, J. R. (2016). Preference assessments. In *Evidence-based instructional practices for young children with autism and other disabilities.* Retrieved from *http://vkc.mc.vanderbilt.edu/ebip/preference-assessments*.

Chen, D., & Miles, C. (2004). Working with families. In F. P. Orelove, D. Sobsey, & R. K. Silberman (Eds.), *Educating children with multiple disabilities* (4th ed., pp. 31-65). Baltimore: Brookes.

Childre, A. L. (2004). Families. In C. H. Kennedy & E. M. Horn (Eds.), *Including students with severe disabilities* (pp. 78-99). Boston: Pearson.

Chung, Y.-C., & Carter, E. W. (2013). Promoting peer interactions in inclusive classrooms for students who use speech-generating devices. *Research and Practice for Persons with Severe Disabilities, 38,* 94-109.

CIRCLES Program (n.d.). Santa Barbara, CA: James Stanfield.

Ciullo, S., & Dimino, J. A. (2017). The strategic use of scaffolded instruction in social studies interventions for students with learning disabilities. *Learning Disabilities Research and Practice, 32,* 155-165.

Ciullo, S., Falcomata, T., & Vaughn, S. (2015). Teaching social studies to upper elementary students with learning disabilities: Graphic organizers and explicit instruction. *Learning Disability Quarterly, 38,* 15-26.

Ciullo, S., & Reutebuch, C. (2013). Computer-based graphic organizers for students with LD: A systematic review of literature. *Learning Disabilities Research and*

Practice, 28, 196–210.

Claes, C., Van Hove, G., Vandevelde, S., van Loon, J., & Schalock, R. (2010). Person-centered planning: Analysis of research and effectiveness. *Intellectual and Developmental Disabilities, 48,* 432–453.

Clarke, L. S., Haydon, T., Bauer, A., & Epperly, A. C. (2016). Inclusion of students with an intellectual disability in the general education classroom with the use of response cards. *Preventing School Failure, 60,* 35–42.

Clements, D. H., & Battista, M. T. (1992). Geometry and spatial reasoning. In D. A. Grouws (Ed.), *Handbook of research on mathematics teaching and learning* (pp. 420–464). New York: Macmillan.

Clements, D., Sarama, J., & DiBiase, A. (2004). *Engaging young children in mathematics: Standards for early childhood mathematics education.* Mahwah, NJ: Erlbaum.

Cline, Z., & Necochea, J. (2003). Specially Designed Academic Instruction in English (SDAIE): More than just good instruction. *Multicultural Perspectives, 5*(1), 18–24.

Cloninger, C. J. (2017). Designing collaborative educational services. In F. P. Orelove, D. Sobsey, & D. L. Gilles (Eds.), *Educating students with severe and multiple disabilities: A collaborative approach* (5th ed., pp. 1–26). Baltimore: Brookes.

Cognition and Technology Group at Vanderbilt. (1990). Anchored instruction and its relationship to situated cognition. *Educational Researcher, 19,* 2–10.

Collier, M., Griffin, M. M., & Wei, Y. (2016). Facilitating student involvement in transition assessment: A pilot study of the Student Transition Questionnaire. *Career Development and Transition for Exceptional Individuals, 39,* 175–184.

Collins, B. (2007). *Moderate and severe disabilities: A foundational approach.* Upper Saddle River, NJ: Prentice Hall.

Collins, B. C. (2012). *Systematic instruction for students with moderate and severe disabilities.* Baltimore: Brookes.

Collins, B. C., Branson, T. A., Hall, M., & Rankin, S. W. (2001). Teaching secondary students with moderate disabilities in an inclusive academic classroom setting. *Journal of Developmental and Physical Disabilities, 13,* 41–59.

Collins, B. C., Gast, D. L., Wolery, M., Holcombe, A., & Leatherby, J. G. (1991). Using constant time delay to teach self-feeding to young students with severe/profound handicaps: Evidence of limited effectiveness. *Journal of Developmental and Physical Disabilities, 3,* 157–179.

Colyer, S. P., & Collins, B. C. (1996). Using natural cues within prompt levels to teach the next dollar strategy to students with disabilities. *Journal of Special Education,*

30, 305-318.

Cook, B. G., & Schirmer, B. R. (Eds.). (2003). What is special about special education [Special issue]. *Journal of Special Education, 37*(3).

Cook, B. G., Tankersley, M., & Harjusola-Webb, S. (2008). Evidence-based special education and professional wisdom: Putting it all together. *Intervention in School and Clinic, 44,* 105-111.

Cook, B. G., Tankersley, M., & Landurm, T. J. (2009). Determining evidence-based practices in special education. *Exceptional Children, 75,* 365-383.

Cooke, N. L., Mackiewicz, S. M., Wood, C. L., & Helf, S. (2009). The use of audio prompting to assist mothers with limited English proficiency in tutoring their pre-kindergarten children on English vocabulary. *Education and Treatment of Children, 32,* 213-229.

Cooper, J. O., Heron, T. E., & Heward, W. L. (2007). *Applied behavior analysis* (2nd ed.). Upper Saddle River, NJ: Pearson Prentice Hall.

Cooper-Duffy, K., & Perlmutter, D. G. (2006). Developing math and science skills in general education contexts. In D. M. Browder & F. Spooner (Eds.), *Teaching language arts, math, and science to students with significant cognitive disabilities* (pp. 245-265). Baltimore: Brookes.

Copeland, S. R., McCord, J. A., & Kruger, A. (2016). Literacy instruction for adults with extensive needs for supports: A review of the intervention literature. *Journal of Adolescent and Adult Literacy, 60*(2), 173-184.

Cosby, E., McLaughlin, T. F., & Derby, K. M. (2009). Using tracing and modeling with a *Handwriting without Tears®* worksheet to increase handwriting legibility for a preschool student with autism. *Open Social Science Journal, 2,* 1.

Costa, K., Soares, J., & Solis, G. (2016). Designing an effective and exciting college and career continuum (Tulare-Kings College and Career Collaborative). Retrieved from *https://sites.google.com/a/ersconnect.org/college-and-career-collaborative.*

Council for Exceptional Children. (2014). Standards for evidence-based practices in special education. *TEACHING Exceptional Children, 46,* 206-212.

Courtade, G., & Browder, D. (2016). *Aligning IEPs to state standards for students with moderate to severe disabilities.* Verona, WI: Attainment.

Courtade, G., Browder, D. M., Spooner, F., & DiBiase, W. (2010). Training teachers to use an inquiry-based task analysis to teach science to students with moderate and severe disabilities. *Education and Training in Developmental Disabilities, 45,* 378-399.

Courtade, G. R., Gurney, B. N., & Carden, R. (2017). Using read-alouds of grade-level social studies text and systematic prompting to promote comprehension of students with severe disabilities. *Journal of Social Studies Research, 41,* 291-301.

Courtade, G., Jimenez, B., Trela, K., & Browder, D. M. (2008). *Teaching to science standards: An inquiry-based approach for middle and high school students with moderate and severe disabilities.* Verona, WI: Attainment.

Courtade, G., Spooner, F., & Browder, D. M. (2007). Review of studies with students with significant cognitive disabilities which link to science standards. *Research and Practice for Persons with Severe Disabilities, 32,* 43-49.

Courtade, G. R., Spooner, F., Browder, D., & Jimenez, B. (2012). Seven reasons to promote standards-based instruction for students with severe disabilities: A reply to Ayres, Lowrey, Douglas, & Sievers (2011). *Education and Training in Autism and Developmental Disabilities, 47,* 3-13.

Creech-Galloway, C., Collins, B. C., Knight, V., & Bausch, M. (2013). Using a simultaneous prompting procedure with an iPad to teach the Pythagorean Theorem to adolescents with moderate intellectual disabilities. *Research and Practice for Persons with Severe Disabilities, 38,* 222-232.

Criteria for Evidence-Based Practice in Special Education. (2005). *Exceptional Children, 71*(2) [Special issue].

Cullen, J., Simmons-Reed, E., & Weaver, L. (2017). Using 21st-century video prompting technology to facilitate the independence of individuals with intellectual and developmental disabilities. *Psychology in the Schools, 54,* 965-978.

Cummins, J. (1996). *Negotiating identities: Education for empowerment in a diverse society.* Los Angeles: Association for Bilingual Education.

Curtis, C. P. (1995). *The Watsons go to Birmingham-1963.* New York: Bantam Doubleday Dell.

Cuvo, A. J., Ashley, K. M., Marso, K. J., Zhang, B. L., & Fry, T. A. (1995). Effect of response practice variables on learning spelling and sight vocabulary. *Journal of Applied Behavior Analysis, 28,* 155-173.

Cuvo, A. J., Jacobi, E., & Sipko, R. (1981). Teaching laundry skills to mentally retarded adults. *Education and Training of the Mentally Retarded, 16,* 54-64.

Cuvo, A. J., Leaf, R. B., & Borakove, L. S. (1978). Teaching janitorial skills to the mentally retarded: Acquisition, generalization, and maintenance. *Journal of Applied Behavior Analysis, 11,* 345-355.

Cuvo, A. J., Veitch, V. D., Trace, M. W., & Konke, J. L. (1978). Teaching change computation to the mentally retarded. *Behavior Modification, 2,* 531-548.

Daley, T. C., Edwards, J., Flore, T. A., & Johnson, L. (2018). *National evaluation of the state deaf–blind projects*. Washington, DC: U.S. Department of Education, National Center for Education Evaluation and Regional Assistance.

Dammann, J. E., & Vaughn, S. (2001). Science and sanity in special education. *Behavioral Disorders, 27,* 21–29.

Delegato, C., McLaughlin, T. F., Derby, K. M., & Schuster, L. (2013). The effects of using *Handwriting without Tears* and a handwriting racetrack to teach five preschool students with disabilities pre–handwriting and handwriting. *Journal of Occupational Therapy, Schools, and Early Intervention, 6,* 255–268.

DeLeon, I. G., & Iwata, B. A. (1996). Evaluation of a multiple–stimulus presentation format for assessing reinforcer preferences. *Journal of Applied Behavior Analysis, 29,* 519–533.

Demchak, M. A. (1990). Response prompting and fading methods: A review. *American Journal on Mental Retardation, 94,* 603–615.

DeMitchell, T. A., & Kerns, G. M. (1997). Where to educate Rachel Holland?: Does least restrictive environment mean no restrictions? *Clearing House, 70,* 161–166.

Denny, M., Marchand–Martella, N., Martella, R., Reilly, J. R., Reilly, J. F., & Cleanhous, C. C. (2000). Using parent–delivered graduated guidance to teach functional living skills to a child with Cri du Chat syndrome. *Education and Treatment of Children, 23,* 441–454.

DiCamillo, K. (2000). *Because of Winn Dixie*. Somerville, MA: Candlewick Press.

DiGennaro–Reed, F., Hyman, S., & Hirst, J. (2011). Applications of technology to teach social skills to children with autism. *Research in Autism Spectrum Disorders, 5,* 1003–1010.

Diliberto, J. A., & Brewer, D. (2012). Six tips for successful IEP Meetings. *TEACHING Exceptional Children, 44,* 30–37.

Domire, S., & Wolfe, P. (2014). Effects of video prompting techniques on teaching daily living skills to children with autism spectrum disorders: A review. *Research and Practice for Persons with Severe Disabilities, 39,* 211–226.

Donnellan, A. (1984). The criterion of the least dangerous assumption. *Behavioral Disorders, 9,* 141–150.

Donnellan, A., & Neel, R. S. (1986). New directions in educating students with autism. In R. H. Horner, L. H. Meyer, & H. D. B. Fredericks (Eds.), *Education of learners with severe handicaps: Exemplary service strategies* (pp. 99–126). Baltimore: Brookes.

Dorry, G. W., & Zeaman, D. (1975). Teaching a simple reading vocabulary to retarded children: Effectiveness of fading and nonfading procedures. *American Journal of*

Mental Deficiency, 79, 711–716.

Doss, S., & Reichle, J. (1991). Replacing excess behavior with an initial communicative repertoire. In J. Reichle, J. York, & J. Sigafoos (Eds.), *Implementing augmentative and alternative communication* (pp. 215–237). Baltimore: Brookes.

Dowden, P., Cook, A. M., Johnston, S., Reichle, J., Feeley, K., & Jones, J. (2012). Improving communicative competence through alternative selection methods. In S. Johnston, J. Reichle, K. Feeley, & J. Jones (Eds.), *Augmentative and alternative communication strategies for individuals with severe disabilities* (pp. 81–117). Baltimore: Brookes.

Downing, J. E. (2001). Meeting the communication needs of students with severe and multiple disabilities in general education classrooms. *Exceptionality, 9,* 147–156.

Downing, J. E., Hanreddy, A., & Peckham-Hardin, K. D. (2015). Assessing communication skills. In J. Downing, A. Hanreedy, & K. D. Peckham-Hardin (Eds.), *Teaching communication skills to students with severe disabilities* (3rd ed., pp. 51–84). Baltimore: Brookes.

Doyle, P. M., Wolery, M., Ault, M. J., & Gast, D. L. (1988). System of least prompts: A review of procedural parameters. *Journal of the Association for Persons with Severe Handicaps, 13,* 28–40.

Drasgow, E., Yell, M. L., & Robinson, T. R. (2001). Developing legally correct and educationally appropriate IEPs. *Remedial and Special Education, 22,* 359–373.

Dreher, S. (2003). A novel idea: Reading aloud in a high school English classroom. *English Journal, 93,* 50–53.

Dunlap, G., Harrower, J., & Fox, L. (2005). Understanding the environmental determinants of problem behaviors. In L. Bambara & L. Kern (Eds.), *Individualized supports for students with problem behaviors* (pp. 25–46). New York: Guilford Press.

Durand, V. M., & Carr, E. G. (1992). An analysis of maintenance following functional communication training. *Journal of Applied Behavior Analysis, 25,* 777–794.

Durando, J. A., Chen, C. D., & Petroff, J. G. (2017). Educating students with sensory disabilities. In F. P. Orelove, D. Sobsey, & D. L. Gilles (Eds.), *Educating students with severe and multiple disabilities: A collaborative approach* (5th ed., pp. 99–139). Baltimore: Brookes.

Dyer, K., & Luce, S. C. (1996). Teaching practical communication skills. In D. Browder (Ed.), *Innovations* (pp. 345–358). Washington, DC: American Association on Mental Retardation.

Dymond, S. K., Renzaglia, A., Rosenstein, A., Chun, E. J., Banks, R. A., Niswander, V., et al. (2006). Using a participatory action research approach to create a universally designed inclusive high school course: A case study. *Research and Practice for Persons with Severe Disabilities, 31,* 293–308.

Eckert, T. A., & Browder, D. M. (1997). Stimulus manipulations: Enhancing materials for self-directed learning. In D. M. Baer & E. M. Pinkston (Eds.), *Environment and behavior* (pp. 279–288). Boulder, CO: Westview Press.

Education for All Handicapped Children Act of 1975. Public Law No. 94-145, 20 USC 1401 et seq. Endrew F. v. Douglas County School District (2017), 798 F. 3d 1329.

Engelmann, S., & Bruner, E. C. (1995). *Reading mastery classic I.* Columbus, OH: SRA/McGraw-Hill.

Engelmann, S., & Carnine, D. (1991). *Theory of instruction: Principles and applications.* Eugene, OR: ADI Press.

Epps, S., Stern, R. J., & Horner, R. H. (1990). Comparison of simulation training on self and using a doll for teaching generalized menstrual care to women with severe mental retardation. *Research in Developmental Disabilities, 11,* 37–66.

Erbas, D., Turan, Y., Ozen, A., & Halle, J. W. (2006). Effect of an adapted "cover write" method to word-naming and spelling to students with developmental disabilities in Turkey. *Education and Training in Developmental Disabilities, 41,* 357–364.

Erickson, K. (2004). *Meville to Weville.* Roseville, MN: Ablenet.

Erickson, K. (n.d.) *Literacy lab.* Pittsburgh, PA: Mayer-Johnson. Retrieved from *www.dynavoxtech.com.*

Erickson, K. A., & Koppenhaver, D. A. (1997). Integrated communication and literacy instruction for a child with multiple disabilities. *Focus on Autism and Other Developmental Disabilities, 12,* 142–151.

Etscheidt, S. (2003). An analysis of legal hearings and cases related to individualized education programs for children with autism. *Research and Practice for Persons with Severe Disabilities, 28,* 51–69.

Etzel, B. C., & LeBlanc, J. M. (1979). The simplest treatment alternative: The law of parsimony applied to choosing appropriate instructional control and errorless-learning procedures for the difficult-to-teach child. *Journal of Autism and Developmental Disorders, 9,* 361–382.

Every Student Succeeds Act of 2015. (2015, December 10). Retrieved from *www.ed.gov/ESSA.*

Evidence-Based Practices for Reading, Math, Writing, and Behavior. (2009). *Exceptional Children, 75*(2) [Special issue].

Ferguson, D., Meyer, G., Jeanchild, L., Juniper, L., & Zingo, J. (1992). Figuring out what to do with the grownups: How teachers make inclusion "work" for students with disabilities. *Journal of the Association for Persons with Severe Handicaps, 17,* 218-228.

Ferraro, J. (2000). Reflective practice and professional development (ERIC Document Reproduction Service No. ED 449 120). Retrieved from *http://files.eric.ed.gov/fulltext/ED449120.pdf.*

Ferster, C. B., & Skinner, B. F. (1957). *Schedules of reinforcement.* Englewood Cliffs, NJ: Prentice Hall.

Field, S., & Hoffman, A. (1994). Development of a model of self-determination. *Career Development for Exceptional Individuals, 17,* 159-169.

Field, S., Martin, J., Miller, R., Ward, M., & Wehmeyer, M. (1998). *A practical guide for teaching self-determination.* Reston, VA: Council for Exceptional Children.

Fiscus, R. S., Schuster, J. W., Morse, T. E., & Collins, B. C. (2002). Teaching elementary students with cognitive disabilities food preparation skills while embedding instructive feedback in the prompt and consequent event. *Education and Training in Mental Retardation and Developmental Disabilities, 37,* 55-69.

Fisher, D., Flood, J., Lapp, D., & Frey, N. (2006). Interactive read-alouds: Is there a common set of implementation practices? *Reading Teacher, 58,* 8-17.

Fitchett, P. G., Heafner, T. L., & Lambert, R. G. (2014). Examining elementary social studies marginalization: A multilevel model. *Educational Policy, 28*(1), 40-68.

Fitchett, P. G., Heafner, T. L., & VanFossen, P. (2014). An analysis of time prioritization for social studies in elementary school classrooms. *Journal of Curriculum and Instruction, 8*(2), 7-35.

Fixsen, D. L., Blase, K. A., Naoom, S. F., & Duda, M. (2015). *Implementation drivers: Assessing best practices.* Chapel Hill: National Implementation Science Network, FPG Child Development Center, University of North Carolina at Chapel Hill.

Ford, A., & Mirenda, P. (1984). Community instruction: A natural cues and corrections decision model. *Journal of the Association for Persons with Severe Handicaps, 9,* 79-87.

Fowler, C. H., Holzberg, D., MaGee, C., Lombardi, A., & Test, D. W. (2018). Postsecondary education and training preparation toolkit. Retrieved from *https://transitionta.org.*

Fowler, C. H., Konrad, M., Walker, A. R., Test, D. W., & Wood, W. M. (2007). Self-determination interventions' effects on the academic performance of students with developmental disabilities. *Education and Training in Developmental Disabilities, 42,* 270-285.

Fowler, L. (1998). Native American communities: A more inclusive society? *TASH Newsletter, 24,* 21–22.

Foxx, R. M., & Azrin, N. H. (1973). The elimination of autistic self-stimulatory behavior by over-correction. *Journal of Applied Behavior Analysis, 6,* 1–14.

Foxx, R. M., Faw, G. D., Taylor, S., Davis, P. K., & Fulia, R. (1993). "Would I be able to ... ?": Teaching clients to assess the availability of their community lifestyle preferences. *American Journal of Mental Retardation, 98,* 235–248.

Frank, A. R., & Wacker, D. P. (1986). Analysis of a visual prompting procedure on acquisition and generalization of coin skills by mentally retarded children. *American Journal of Mental Deficiency, 90,* 468–472.

Freagon, S., & Rotatori, A. F. (1982). Comparing natural and artificial environments in training self-care skills to group home residents. *Journal of the Association for the Severely Handicapped, 7,* 73–86.

Frederick-Dugan, A., Test, D. W., & Varn, L. (1991). Acquisition and generalization of purchasing skills using a calculator by students who are mentally retarded. *Education and Training in Mental Retardation, 26,* 381–387.

Fredericks, H. D. B., Grover, D. N., Baldwin, V. L., Moore, W. G., Toews, J., Aschbacher, V., et al. (1981). *Toilet training the handicapped child* (4th ed.). Monmouth, OR: Instructional Development Corporation.

Freeman, D., & Freeman, Y. (2000). Meeting the needs of English language learners. *National Council for Teachers of English: Maintaining Languages, 12*(1), 1–7.

Friedman, C. (2018). Direct support professionals and quality of life of people with intellectual and developmental disabilities. *Intellectual and Developmental Disabilities, 56,* 234–256.

Frost, L., & Bondy, A. (2002). *The Picture Exchange Communication System training manual.* Newark, DE: Pyramid Educational Products.

Fuller, P. R. (1949). Operant conditioning of a vegetative human organism. *American Journal of Psychology, 62,* 587–590.

Gagnon, J. C., & Maccini, P. (2001). Preparing students with disabilities for algebra. *TEACHING Exceptional Children, 34*(1), 8–15.

Gardill, C. M., & Browder, D. M. (1995). Teaching stimulus classes to encourage independent purchasing by students with severe behavior disorders. *Education and Training in Mental Retardation, 30,* 254–264.

Gartner, A., Lipsky, D., & Turnbull, A. (1991). *Supporting families with a disability: An international outlook.* Baltimore: Brookes.

Gersten, R., Fuchs, L. S., Williams, J. P., & Baker, S. (2001). Teaching reading comprehension strategies to students with learning disabilities: A review of research. *Review of Educational Research, 71,* 279-320.

Giangreco, M. F., Dennis, R., Cloninger, C., Edelman, S., & Schattman, R. (1993). "I've counted Jon": Transformational experiences of teachers educating students with disabilities. *Exceptional Children, 59,* 359-372.

Giangreco, M. F., Dymond, S. K., & Shogren, K. A. (2016). Educating students with severe disabilities: Foundational concepts and practices. In F. Brown, J. McDonnell, & M. E. Snell (Eds.), *Instruction of students with severe disabilities* (8th ed., pp. 1-26). Boston: Pearson.

Glatter, H. (2017). The path to higher education with an intellectual disability. Retrieved from *www.theatlantic.com/education/archive/2017/05/the-path-to-higher-education-with-an-intellectual-disability/524748.*

Goetz, L., & Hunt, P. (1994). Augmentative and alternative communication. In E. C. Cipani & F. Spooner (Eds.), *Curricular and instructional approaches for persons with severe disabilities* (pp. 263-288). Boston: Allyn & Bacon.

González, N., Moll, L. C., & Amanti, C. (Eds.). (2005). *Funds of knowledge: Theorizing practices in households, communities, and classrooms.* New York: Routledge.

Gonzalez, R. J., Pagan, M., Wendell, L., & Love, C. (2011). *Supporting ELL/culturally and linguistically diverse students for academic achievement.* Rexford, NY: International Center for Leadership in Education.

Graetz, J. E., Mastropieri, M. A., & Scruggs, T. E. (2006). Show time: Using video self-modeling to decrease inappropriate behavior. *TEACHING Exceptional Children, 38*(5), 43-48.

Graham, S., & Harris, K. (2016). A path to better writing. *The Reading Teacher, 69,* 359-365.

Gray, C. A. (1995). *The new social story book: Illustrated edition.* Arlington, TX: Future Horizons.

Gray, C. A., & Garand, J. D. (1993). Social stories: Improving responses of students with autism with accurate social information. *Focus on Autistic Behavior, 8*(1), 3-10.

Grayson, G. (2003). *Talking with your hands, listening with your eyes: A complete photographic guide to American Sign Language.* Garden City Park, NY: Square One.

Green, C. W., Reid, D. H., Canipe, V. S., & Gardner, S. M. (1991). A comprehensive evaluation of reinforcer identification process for persons with profound multiple handicaps. *Journal of Applied Behavior Analysis, 24,* 537-552.

Green, C. W., Reid, D. H., White, L. K., Halforn, R. C., Brittain, D. P., & Gardner, S.

M. (1988). Identifying reinforcers for persons with profound handicaps: Staff opinion versus systematic assessment of preferences. *Journal of Applied Behavior Analysis, 2,* 31–43.

Grigal, M., Hart, D., & Weir, C. (2012). *Think College standard quality indicators, and benchmarks for inclusive higher education.* Boston: University of Massachusetts Institute for Community Inclusion.

Gunn, B., Simmons, D., & Kame'enui, E. (1995). Emergent literacy: Synthesis of the research (Technical Report No. 19). Retrieved May 8, 2007, from *http://idea.uoregon.edu/~ncite/documents/techrep/tech19.html.*

Hagiwara, T., & Myles, B. S. (1999). A multimedia social story intervention: Teaching skills to children with autism. *Focus on Autism and Other Developmental Disabilities, 14,* 82–95.

Hagner, D. (2010). The role of naturalistic assessment in vocational rehabilitation. *Journal of Rehabilitation, 76,* 28–34.

Hall, E. T. (1976). *Beyond culture.* New York: Anchor Books.

Hall, M. G., Schuster, J. W., Wolery, M., Gast, D. L., & Doyle, P. M. (1992). Teaching chained skills in a non-school setting using a divided half instructional format. *Journal of Behavioral Education, 2,* 257–279.

Hammill, D. D., & Larsen, S. C. (2009). *Test of Written Language-4.* Austin, TX: PRO-ED.

Hammond, D., & Nessel, D. (2011). *The comprehension experience: Engaging readers through effective inquiry and instruction.* Portsmouth, NH: Heinemann.

Hancock, T. B., & Kaiser, A. P. (2002). The effects of trainer-implemented enhanced milieu teaching on the social communication of children with autism. *Topics in Early Childhood Special Education, 22,* 39–54.

Haneda, M., & Wells, G. (2012). Some key pedagogic principles for helping ELLs to succeed in school. *Theory into Practice, 51,* 297–304.

Hanson, M. J., Lynch, E. W., & Wayman, K. I. (1990). Honoring the cultural diversity of families when gathering data. *Topics in Early Childhood Special Education, 10*(1), 112–131.

Haring, N. G., Liberty, K. A., & White, O. R. (1980). Rules for data-based strategy decisions in instructional programs: Current research and instructional implications. In W. Sailor, B. Wilcox, & L. Brown (Eds.), *Methods of instruction for severely handicapped students* (pp. 159–192). Baltimore: Brookes.

Harry, B. (1992). *Cultural diversity, families, and the special education system: Communication and empowerment.* New York: Teachers College Press.

Harry, B. (2008). Collaboration with culturally and linguistically diverse families: Ideal versus reality. *Exceptional Children, 74,* 372–388.

Haughney, K., & Browder, D. (2017). Social studies for students with autism spectrum disorders. In H. Chiang (Ed.), *Curricula for teaching students with autism spectrum disorder* (pp. 137–160). Cham, Switzerland: Springer International.

Hazelkorn, M., Packard, A. L., & Douvanis, G. (2008). Alternative dispute resolution in special education: A view from the field. *Journal of Special Education Leadership, 21,* 32–38.

Heller, K. W. (2009a). Monitoring students' disabilities and individualized health care plans. In K. W. Heller, P. E. Forney, P. A. Alberto, S. J. Best, & M. N. Schwartzman (Eds.), *Understanding physical, health, and multiple disabilities* (2nd ed., pp. 349–366). Upper Saddle River, NJ: Pearson.

Heller, K. W. (2009b). Traumatic spinal cord injury and spina bifida. In K. W. Heller, P. E. Forney, P. A. Alberto, S. J. Best, & M. N. Schwartzman (Eds.), *Understanding physical, health, and multiple disabilities* (2nd ed., pp. 95–117). Upper Saddle River, NJ: Pearson.

Heller, K. W. (2017). Integrating health care in education programs. In F. P. Orelove, D. Sobsey, & D. L. Gilles (Eds.), *Educating students with severe and multiple disabilities: A collaborative approach* (5th ed., pp. 201–244). Baltimore: Brookes.

Heller, K. W., Bigge, J., & Allgood, P. (2001). Adaptations for personal independence. In J. L. Bigge, S. J. Best, & K. W. Heller (Eds.), *Teaching individuals with physical, health, or multiple disabilities* (4th ed., pp. 34–64). Upper Saddle River, NJ: Pearson.

Heller, K. W., Easterbrooks, S., McJannet, D., & Swinehart-Jones, D. (2009). Vision loss, hearing loss, and deaf-blindness. In K. W. Heller, P. E. Forney, P. A. Alberto, S. J. Best, & M. N. Schwartzman (Eds.), *Understanding physical, health, and multiple disabilities* (2nd ed., pp. 191–218). Upper Saddle River, NJ: Pearson.

Heller, K. W., & Forney, P. (2009). Understanding disabilities and effective teaming. In K. W. Heller, P. E. Forney, P. A. Alberto, S. J. Best, & M. N. Schwartzman (Eds.), *Understanding physical, health, and multiple disabilities* (2nd ed., pp. 3–17). Upper Saddle River, NJ: Pearson.

Heller, P. (Producer), & Sheridan, J. (Director). (1989). *My left foot* [Motion picture]. United Kingdom: Ferndale Films.

Hernandez, E., Hanley, G. P., Ingvarsson, E. T., & Tiger, J. H. (2007). A preliminary evaluation of the emergence of novel mand forms. *Journal of Applied Behavior*

Analysis, 40, 137-156.

Heuer, C. M. (2005). Comparison of performance on the Connecticut academic performance test by students enrolled in a standards-based mathematics program with students enrolled in a traditional mathematics program. Unpublished master's thesis, University of Connecticut. Retrieved from *http://eprints.ccsu.edu/archive/00000226/01/FullText.htm.*

Higher Education Opportunity Act of 2008. (HEOA). (2008, August 14). Retrieved from *https://www.govtrack.us/congress/bills/110/hr4137.*

Hitchcock, C. H., Dowrick, P. W., & Prater, M. A. (2003). Video self-modeling intervention in school-based settings: A review. *Remedial and Special Education, 24,* 36-46.

Hobbs, T., & Peck, C. A. (1985). Toilet training people with profound mental retardation: A cost effective procedure for large residential settings. *Behavioral Engineering, 9,* 50-57.

Hodgdon, L. (1999). *Solving behavior problems in autism.* Troy, MI: Quirk Roberts.

Holbrook, M. D. (2007). A seven-step process to creating standards-based IEPs. Retrieved from *www.projectforum.org/index.cfm.*

Horner, R. D., & Keilitz, I. (1975). Training mentally retarded adolescents to brush their teeth. *Journal of Applied Behavior Analysis, 8,* 301-309.

Horner, R. H., Albin, R. W., Todd, A. W., & Sprague, J. (2006). Positive behavior support for individuals with severe disabilities. In M. E. Snell & F. Brown (Eds.), *Instruction of students with severe disabilities* (6th ed.). Upper Saddle River, NJ: Merrill Prentice Hall.

Horner, R. H., Carr, E. G., Halle, J., McGee, G., Odom, S., & Wolery, M. (2005). The use of single-subject research to identify evidence-based practice in special education. *Exceptional Children, 71,* 165-180.

Horner, R. H., Carr, E. G., Strain, P. S., Todd, A. W., & Reed, H. K. (2002). Problem behavior interventions for young children with autism: A research synthesis. *Journal of Autism and Developmental Disorders, 32,* 423-446.

Horner, R. H., Dunlap, G., Koegel, R. L., Carr, E. G., Sailor, W., Anderson, J., et al. (1990). Toward a technology of "nonaversive" behavioral support. *Journal of the Association for Persons with Severe Handicaps, 15,* 125-132.

Horner, R. H., Sugai, G., Todd, A. W., & Lewis-Palmer, T. (1999-2000). Elements of behavior support plans: A technical brief. *Exceptionality, 8,* 205-216.

Horner, R. H., Williams, J. A., & Steveley, J. D. (1987). Acquisition of generalized telephone use by students with moderate and severe mental retardation. *Research in Developmental Disabilities, 8,* 229-247.

Hosp, M. K., Hosp, J. L., & Howell, K. W. (2007). *The ABCs of CBM.* New York: Guilford Press.

Howle, J. M. (2002). *Neuro-developmental treatment approach: Theoretical foundations and principles of clinical practice.* Laguna Beach, CA: Neuro-Developmental Treatment Association.

Hudson, M. E., & Browder, D. M. (2014). Improving listening comprehension responses for students with moderate intellectual disability during literacy class. *Research and Practice for Persons with Severe Disabilities, 39,* 11-29.

Hudson, M. E., Browder, D. M., & Jimenez, B. A. (2014). Effects of a peer-delivered system of least prompts intervention and adapted science read-alouds on listening comprehension for participants with moderate intellectual disability. *Education and Training in Autism and Developmental Disabilities, 49,* 60-77.

Hudson, M. E., Browder, D. M., & Wood, L. (2013). Review of experimental research on academic learning by students with moderate and severe intellectual disability in general education. *Research and Practice for Persons with Severe Disabilities, 38,* 17-29.

Hudson, M. E., Rivera, C. J., & Grady, M. M. (2018). Research on mathematics instruction with students with significant cognitive disabilities: Has anything changed? *Research and Practice for Persons with Severe Disabilities, 43,* 38-53.

Hughes, C., Hugo, K., & Blatt, J. (1996). Self-instructional intervention for teaching generalized problem-solving within a functional task sequence. *American Journal on Mental Retardation, 100,* 565-579.

Hunt, P., McDonnell, J., & Crockett, M. A. (2012). Reconciling an ecological curriculum framework focusing on quality of life outcomes with the development and instruction of standards-based academic goals. *Research and Practice for Persons with Severe Disabilities, 37,* 139-152.

Hunt, P., Soto, G., Maier, J., & Dowering, K. (2003). Collaborative teaming to support students at risk and students with severe disabilities in general education classrooms. *Exceptional Children, 69,* 315-332.

Individuals with Disabilities Education Act Amendments of 1997, Public Law 105-17, 20 U.S.C. §1400 *et seq.* (1997).

Individuals with Disabilities Education Improvement Act of 2004, Public Law 108-466, 20 U.S.C. §1400, H. R. (2004).

Indrisano, R., & Chall, J. S. (1995). Literacy development. *Journal of Education, 177*(1), 63-83.

Iruka, I. U., Winn, D. M. C., Kingsley, S. J., & Orthodoxou, Y. J. (2011). Links between parent-teacher relationships and kindergartners' social skills: Do child ethnicity and family income matter? *Elementary School Journal, 111,* 387-408.

Irving Independent School District v. Tatro, 104 S. Ct. 3371 (U.S. Sup. Ct. 1984).

Ivancic, M. T., & Schepis, M. M. (1995). Teaching key use to persons with severe disabilities in congregate living settings. *Research in Developmental Disabilities, 16,* 415-423.

Jimenez, B. A. (2017). *Engineering for all.* New South Wales, Australia: Association of Independent Schools of New South Wales Limited.

Jimenez, B. A., Browder, D. M., & Courtade, G. R. (2008). Teaching an algebraic equation to high school students with moderate developmental disabilities. *Education and Training in Developmental Disabilities, 43,* 266-274.

Jimenez, B. A., Browder, D. M., & Courtade, G. R. (2009). An exploratory study of self-directed science concept learning by students with moderate intellectual disabilities. *Research and Practice for Persons with Severe Disabilities, 34,* 33-46.

Jimenez, B. A., Browder, D. M., & Saunders, A. (2013). *Early numeracy: A skill building math program for students with moderate and severe disabilities.* Verona, WI: Attainment.

Jimenez, B. A., Browder, D. M., Spooner, F., & DiBiase, W. (2012). Inclusive inquiry science using peer-mediated embedded instruction for students with moderate intellectual disability. *Exceptional Children, 78,* 301-317.

Jimenez, B., Spooner, F., Browder, D. M., DiBiase, W., & Knight, V. (2008). A conceptual model for science for students with significant cognitive disabilities [Brochure]. Retrieved from *education.uncc.edu/access.*

Jitendra, A. K., Griffin, C. C., Deatline-Buchman, A., & Sczesniak, E. (2007). Mathematical word-problem solving in third-grade classrooms. *Journal of Educational Research, 100,* 283-302.

Jitendra, A. K., Peterson-Brown, S., Lein, A. E., Zaslofsky, A. F., Kunkel, A. K., Jung, P.-G., et al. (2015). Teaching mathematical word-problem solving: The quality of evidence for strategy instruction priming the problem structure. *Journal of Learning Disabilities, 48,* 51-72.

Johnson, M. J., & McDonnell, J. (2004). An exploratory study of the implementation of embedded instruction by general educators with students with developmental disabilities. *Education and Treatment of Children, 27,* 46-63.

Johnston, J. M., & Pennypacker, H. S. (2009). *Strategies and tactics for human behavioral research* (3rd ed.). New York: Routledge.

Jones, G. Y., & Collins, B. C. (1997). Teaching microwave skills to adults with disabilities: Acquisition of nutrition and safety facts presented as nontargeted information. *Journal of Developmental and Physical Disabilities, 9,* 59-78.

Jones, S., & Lollar, D. J. (2008). Relationship between physical disabilities or long-term health problems and health risk behaviors or conditions among US high school students. *Journal of School Health, 78,* 252-257.

Jorgensen, C. M. (1998). *Restructuring high schools for all students: Taking inclusion to the next level.* Baltimore: Brookes.

Jorgensen, C. M., Schuh, M. C., & Nisbet, J. (2006). *The inclusion facilitator's guide.* Baltimore: Brookes.

Jung, A. W. (2011). Individualized education programs (IEPs) and barriers for parents from culturally and linguistically diverse backgrounds. *Diversity and Special Education, 18*(3), 21-25.

Kagohara, D. M., Sigafoos, J., Achmadi, D., O'Reilly, M., & Lancioni, G. (2012). Teaching children with autism spectrum disorders to check the spelling of words. *Research in Autism Spectrum Disorders, 6,* 304-310.

Kagohara, D. M., van der Meer, L., Ramdoss, S., O'Reilly, M. F., Lancioni, G. E., Davis, T. N., et al. (2013). Using iPods® and iPads® in teaching programs for individuals with developmental disabilities: A systematic review. *Research in Developmental Disabilities, 34*(1), 147-156.

Kaiser, A. P. (1993). Parent-implemented language intervention: An environmental perspective. In A. P. Kaiser & D. B. Gray (Eds.), *Enhancing children's communication: Research foundations for intervention* (pp. 63-84). Baltimore: Brookes.

Kame'enui, E. J., & Simmons, D. C. (1990). *Designing instructional strategies.* Englewood Cliffs, NJ: Merrill.

Kang, E. Y., McKenna, J. W., Arden, S., & Ciullo, S. (2015). Integrated reading and writing interventions for students with learning disabilities: A review of literature. *Learning Disabilities Research and Practice, 31,* 22-33.

Karvonen, M., Wakeman, S., Browder, D. M., Rogers, M. A. S., & Flowers, C. (2011). *Academic curriculum for students with significant cognitive disabilities: A decade after IDEA 1997.* Retrieved from ERIC Document Reproduction Service No. ED521407.

Karvonen, M., Wakeman, S. Y., Flowers, C., & Browder, D. M. (2007). Measuring the enacted curriculum for students with significant cognitive disabilities. *Assessment for Effective Intervention, 33,* 29-38.

Kearns, J., Towles-Reeves, E., Kleinert, H., Kleinert, J., & Thomas, M. (2011). Characteristics of and implications for students participating in alternate assessment based on alternate academic achievement standards. *Journal of Special Education, 45,* 3-14.

Kemp-Inman, A. (2016). *The effects of systematic and explicit instruction with shared stories on comprehension and generalization of responding during book club for student with severe disabilities* (Doctoral dissertation). Retrieved from ProQuest Dissertations and Theses data-base (Accession No. ED572109).

Kennedy, C. H. (2004). Social relationships. In C. Kennedy & E. Horn (Eds.), *Including students with severe disabilities* (pp. 100-118). Boston: Pearson.

Kennedy, C. H., & Horn, E. M. (2004). *Including students with severe disabilities.* Boston: Allyn & Bacon.

Kim, K. H., & Morningstar, M. E. (2005). Transition planning involving culturally and linguistically diverse families. *Career Development for Exceptional Individuals, 28,* 92-103.

Kittelman, A., Bromley, K. W., & Mazzotti, V. L. (2016). Functional behavioral assessments and behavior support plans for work-based learning. *Career Development and Transition for Exceptional Individuals, 39,* 121-127.

Kittelman, A., Mazzotti, V. L., & McIntosh, K. (2018). Toward a model for collaborative function-based planning in work-based learning environments. *Journal of Vocational Rehabilitation, 49,* 227-239.

Kleinert, H., & Kearns, J. (Eds.). (2010). *Alternate assessment for students with significant cognitive disabilities: An educator's guide.* Baltimore: Brookes.

Kleinert, H., Kleinert, J., & Kearns, J. (2016). *NCSC GSEG Policy Paper: Communicative competence for students with the most significant disabilities: A three-tiered model of intervention.* Minneapolis: University of Minnesota, National Center and State Collaborative.

Kleinert, H., Towles-Reeves, E., Quenemoen, R., Thurlow, M., Fluegge, L., Weseman, L., et al. (2015). Where students with most significant cognitive disabilities are taught: Implications for general curriculum access. *Exceptional Children, 83,* 312-328.

Kliewer, C., & Biklen, D. (2001). "School's not really a place for reading": A research synthesis of the literate lives of students with severe disabilities. *Journal of the Association for Persons with Severe Handicaps, 26,* 1-12.

Kliewer, C., Biklen, D., & Kasa-Hendrickson, C. (2006). Who may be literate?: Disability and resistance to the cultural denial of competence. *American Educational Research Journal, 43*(2), 163-192.

Klingner, J. K., Boardman, A. G., Eppolito, A. M., & Schonewise, E. A. (2012). Supporting adolescent English language learners' reading in the content areas. *Learning Disabilities: A Contemporary Journal, 10*(1), 35-64.

Klingner, J. K., Vaughn, S., Dimino, J., Schumm, J. S., & Bryant, D. (2001). *Collaborative strategic reading: Strategies for improving comprehension.* Longmont, CO: Sopris West.

Knapczyk, D. R. (1983). Use of teacher-paced instruction in developing and maintaining independent self-feeding. *Journal of the Association for Persons with Severe Handicaps, 8,* 10-16.

Knight, V. F., & Sartini, E. (2015). A comprehensive literature review of comprehension strategies in core content areas for students with autism spectrum disorder. *Journal on Autism and Developmental Disorders, 45,* 1213-1229.

Knight, V. F., Smith, B. R., Spooner, F., & Browder, D. M. (2012). Using explicit instruction to teach science descriptors to students with autism spectrum disorders. *Journal of Autism and Developmental Disorders, 42,* 378-389.

Knopf, H. T., & Swick, K. J. (2007). How parents feel about their child's teacher/school: Implications for early childhood professionals. *Early Childhood Education Journal, 34,* 291-296.

Kohler, P. D., Gothberg, J. E., Fowler, C., & Coyle, J. (2016). Taxonomy for Transition Programming 2.0: A model for planning, organizing, and evaluating transition education, services, and programs. Retrieved from *www.transitionta.org.*

Koppenhaver, D. A., & Yoder, D. E. (1993). Classroom literacy instruction for children with severe speech and physical impairments (SSPI): What is and what might be. *Topics in Language Disorders, 13*(2), 1-15.

Kratochwill, T. R., Hitchcock, J., Horner, R. H., Levin, J. R., Odom, S. L., Rindskopf, D. M., & Shadish, W. R. (2013). Single-case intervention research design standards. *Remedial and Special Education, 34,* 26-38.

Kuder, S. J. (2017). Vocabulary instruction for secondary students with reading disabilities: An updated research review. *Learning Disability Quarterly, 40,* 155-164.

Kurth, J. A., Morningstar, M. E., & Kozleski, E. B. (2014). The persistence of highly restrictive special education placements for students with low-incidence disabilities. *Research and Practice for Persons with Severe Disabilities 39,* 227-239.

Lake, J. F., & Billingsley, B. S. (2000). An analysis of factors that contribute to parent-school conflict in special education. *Remedial and Special Education, 21,* 240-

251.

Landers, E., Courtade, G., & Ryndak, D. (2012). Including students with severe disabilities in school-wide positive behavior interventions and supports: Perceptions of state coordinators. *Research and Practice for Persons with Severe Disabilities, 37,* 1-8.

LaVigna, G. W. (1977). Communication training in mute autistic adolescents using the written word. *Journal of Autism and Childhood Schizophrenia, 7,* 135-149.

Ledford, J. R., & Gast, D. L. (2018). *Single case research methodology: Applications in special education and behavioral sciences* (3rd ed.). New York: Routledge.

Lee, A., Browder, D., Hawley, K., Flowers, C., & Wakeman, S. (2016). Teaching writing in response to text to students with developmental disabilities who participate in alternate assessments. *Education and Training in Autism and Developmental Disabilities, 51,* 238-251.

Leinhardt, G., Zaslavsky, O., & Stein, M. K. (1990). Functions, graphs, and graphing: Tasks, learning, and teaching. *Review of Educational Research, 60,* 1-64.

Lemons, C. J., Allor, J. H., Al Otaiba, S., & LeJeune, L. M. (2016). 10 research-based tips for enhancing literacy instruction for students with intellectual disability. *Teaching Exceptional Children, 49,* 18-30.

Lemons, C. J., King, S. A., Davidson, K. A., Puranik, C. S., Fulmer, D. Mrachko, A. A., et al. (2015). Adapting phonological awareness interventions for children with Down syndrome based on the behavioral phenotype: A promising approach? *Intellectual and Developmental Disabilities, 53,* 271-288.

Lemons, C. J., Mrachko, A. A., Kostewicz, D. E., & Paterra, M. F. (2012). Effectiveness of decoding and phonological awareness interventions for children with Down syndrome. *Exceptional Children, 79,* 67-90.

L'Engle, M. (1962). *A wrinkle in time.* New York: Square Fish.

Lenhart, A. (2015). Teens, social media, and technology: Overview 2015. Retrieved from *www.pewinternet.org/2015/04/09/teens-social-media-technology-2015.*

Light, J., & Smith, A. K. (1993). Home literacy experiences of preschoolers who use AAC systems and of their nondisabled peers. *Augmentative and Alternative Communications, 9,* 10-25.

Lim, L., & Browder, D. M. (2001). Family-centered planning: A multicultural perspective. In D. M. Browder, *Curriculum and assessment for students with moderate and severe disabilities* (pp. 116-147). New York: Guilford Press.

Lipsky, D. K., & Gartner, A. (1989). The current situation. In D. K. Lipsky & A. Gartner (Eds.), *Beyond a separate education: Quality education for all* (pp. 3-24).

Baltimore: Brookes.

Locke, P. A. (2000). *Literacy: Everyone can benefit (regardless of the severity of the disability)*. Washington, DC: International Society for Augmentative and Alternative Communication.

Lohrmann-O'Rourke, S., & Browder, D. M. (1998). Empirically based methods of preference assessments for individuals with severe disabilities. *American Journal on Mental Retardation, 103,* 146-161.

Lopes-Murphy, S. (2012). Universal design for learning: Preparing secondary education teachers in training to increase academic accessibility of high school English learners. *Clearing House, 85,* 226-230.

Lowe, M. L., & Cuvo, A. J. (1976). Teaching coin summation to the mentally retarded. *Journal of Applied Behavior Analysis, 9,* 483-489.

Lubin, J., & Polloway, E. A. (2016). Mnemonic instruction in science and social studies for students with learning problems: A review. *Learning Disabilities, 14,* 207-224.

Luecking, R. G. (Ed.). (2009). *The way to work: How to facilitate work experiences for youth in transition*. Baltimore: Brookes.

Luiselli, J. K. (1988). Improvement of feeding skills in multihandicapped students through paced-prompting interventions. *Journal of the Multihandicapped Person, 1,* 17-30.

Lumley, V. A., Miltenberger, R. G., Long, E. S., Rapp, J. T., & Roberts, J. A. (1998). Evaluation of a sexual abuse prevention program for adults with mental retardation. *Journal of Applied Behavior Analysis, 31,* 91-101.

Lynch, P. S., Kellow, J. T., & Willson, V. L. (1997). The impact of deinstitutionalization on the adaptive behavior of adults with mental retardation: A meta-analysis. *Education and Training in Mental Retardation and Developmental Disabilities, 32,* 255-261.

Maaskant, M. A., van Knijff-Raeven, A. G. M., van Schrojenstein Lantman-de Valk, H. M. J., & Veenstra, M. Y. (2009). Weight status of persons with intellectual disabilities. *Journal of Applied Research in Intellectual Disabilities, 22,* 426-432.

Maccini, P., & Hughes, C. A. (2000). Effects of problem-solving strategy on the introductory algebra performance of secondary students with learning disabilities. *Learning Disabilities Quarterly, 15,* 10-21.

Mancil, G. R., Conroy, M. A., & Haydon, T. (2009). Effects of a modified milieu therapy intervention on the social communicative behaviors of young children with autism spectrum disorder. *Journal of Autism and Developmental Disorders, 39,* 149-

163.

Marion, R. L. (1980). Communicating with parents of culturally diverse exceptional children. *Exceptional Children, 46,* 616-623.

Marquis, J. G., Horner, R. H., Carr, E. G., Turnbull, A. P., Thompson, M., Behrens, G. A., et al. (2000). A meta-analysis of positive behavior support. In R. Gersten, E. P. Schiller, & S. Vaughn (Eds.), *Contemporary special education research: Syntheses of the knowledge base on critical instructional issues* (pp. 137-178). Mahwah, NJ: Erlbaum.

Marrone, J., Hoff, D., & Helm, D. T. (1997). Person-centered planning for the millennium: We're old enough to remember when PCP was just a drug. *Journal of Vocational Rehabilitation, 8,* 285-297.

Martin, J. E., Van Dycke, J. L., Christensen, W. R., Greene, B. A., Gardner, J. E., & Lovett, D. L. (2006). Increasing student participation in their transition IEP meetings: Establishing the self-directed IEP as an evidenced-based practice. *Exceptional Children, 72,* 299-316.

Martin, J. E., Van Dycke, J. L., Greene, B. A., Gardner, J. E., Christensen, W. R., Woods, L. L., et al. (2006). Direct observation of teacher-directed IEP meetings: Establishing the need for student IEP meeting instruction. *Exceptional Children, 72,* 187-200.

Martin, J. E., Woods, L. L., Sylvester, L., & Gardner, J. E. (2005). A challenge to self-determination: Disagreement between the vocational choices made by individuals with severe disabilities and their caregivers. *Research and Practice for Persons with Severe Disabilities, 30,* 147-153.

Martins, I. F. (2008). Learning to live together: The contribution of intercultural education. *European Journal of Education, 43*(2), 197-206.

Mary, N. L. (1990). Reactions of black, Hispanic, and white mothers to having a child with handicaps. *Mental Retardation, 28*(1), 1-5.

Mastropieri, M. A., & Scruggs, T. E. (2007). *The inclusive classroom: Strategies for effective instruction* (3rd ed.). Upper Saddle River, NJ: Merrill.

Mastropieri, M. A., Scruggs, T. E., Norland, J. J., Berkeley, S., McDuffie, K., Tornquist, E. H., et al. (2006). Differentiated curriculum enhancement in inclusive middle school science: Effects on classroom and high-stakes tests. *Journal of Special Education, 40,* 130-137.

Mathes, P., & Torgesen, J. (2005). *Early interventions in reading.* New York: McGraw Hill/SRA.

Mazzotti, V. L., Kittelman, A., Bromley, K. W., & Hirano, K. (2019). *Function-based self-determined employment support for secondary youth with disabilities.*

Manuscript under review.

Mazzotti, V. L., Rowe, D. A., Sinclair, J., Poppen, M., Woods, W. E., & Shearer, M. (2016). Predictors of post-school success: A systematic review of NLTS2 secondary analyses. *Career Development and Transition for Exceptional Individuals, 39,* 196-215.

Mazzotti, V. L., & Test, D. W. (2016). Transition from school to work. In F. Brown, J. McDonnell, & M. E. Snell (Eds.), *Instruction of students with severe disabilities* (8th ed., pp. 508-551). Boston: Pearson.

Mazzotti, V. L., & Test, D. W. (2018). Transitioning from school to employment. In F. Brown, J. McDonnell, & M. E. Snell (Eds.), *Instruction of students with severe disabilities* (8th ed., pp. 508-553). Boston: Pearson.

McBride, M., Pelto, M., McLaughlin, T. F., Barretto, A., Robison, M., & Mortenson, S. (2009). The effects of using *Handwriting without Tears®* procedures and worksheets to teach two preschool students with severe disabilities to write their first names. *Open Education Journal, 2,* 21-24.

McCabe, M. P., & Cummins, R. A. (1996). The sexual knowledge, experience, feelings, and needs of people with mild intellectual disability. *Education and Training in Mental Retardation and Developmental Disabilities, 31,* 13-21.

McCoy, K., & Hermansen, E. (2007). Video-modeling for individuals with autism: A review of model types and effects. *Education and Treatment of Children, 30,* 183-213.

McDonnall, M. C. (2011). Predictors of employment for youth with visual impairments: Findings from the second National Longitudinal Transition Study. *Journal of Visual Impairment and Blindness, 105,* 453-466.

McDonnell, J. J., & Ferguson, B. (1988). A comparison of general case in vivo and general case simulation plus in vivo training. *Journal of the Association for Persons with Severe Handicaps, 13,* 116-124.

McDonnell, J. J., Johnson, J. W., Polychronis, S., Riesen, T., Jameson, M., & Kercher, K. (2006). Comparison of one-to-one embedded instruction in general education classes with small group instruction in special education classes. *Education and Training in Developmental Disabilities, 41,* 125-138.

McDonnell, J. J., & Laughlin, B. (1989). A comparison of backward and concurrent chaining strategies in teaching community skills. *Education and Training in Mental Retardation, 24,* 230-238.

McDonnell, J. J., Mathot-Buckner, C., Thornson, N., & Fister, S. (2001). Supporting the inclusion of students with moderate and severe disabilities in junior high school general education classes: The effects of classwide peer tutoring, multi-element curriculum, and accommodations. *Education and Treatment of Children, 24,* 141-160.

McDonnell, J. J., & McFarland, S. (1988). A comparison of forward and concurrent chaining strategies in teaching laundromat skills to students with severe handicaps. *Research in Developmental Disabilities, 9,* 177-194.

McDonnell, J. J., Thorson, N., Disher, S., Methot-Buckner, C., Mendel, J., & Ray, L. (2003). The achievement of students with developmental disabilities and their peers without disabilities in inclusive settings: An exploratory study. *Education and Treatment of Children, 26,* 224-236.

McGlashing-Johnson, J., Agran, M., Sitlington, P., Cavin, M., & Wehmeyer, M. (2003). Enhancing the job performance of youth with moderate to severe cognitive disabilities using the self-determined learning model of instruction. *Research and Practice for Persons with Severe Disabilities, 28,* 194-204.

McHatton, P. A., & Correa, V. (2005). Stigma and discrimination: Perspectives from Mexican and Puerto Rican mothers of children with special needs. *Topics in Early Childhood Special Education, 25,* 131-142.

McLaughlin, M. (2009). Keys to creating standards-based IEPs. *Special Edge, 23*(1), 1, 4-6.

McLaughlin, M., Nolet, V., Rhim, L., & Henderson, K. (1999). Integrating standards: Including all students. *TEACHING Exceptional Children, 31*(3), 66-71.

McLaughlin, T. F., Derby, K. M., & Higgins, S. (2012). Implementing and evaluating cover, copy, and compare spelling for a primary student with autism: A case report. *Academic Research International, 2,* 271-276.

McLean, J., & Snyder-McLean, L. (1988). Application of pragmatics to severely mentally retarded children and youth. In R. Schiefelbusch & L. Lloyd (Eds.), *Language perspectives: Acquisition retardation and intervention* (pp. 255-288). Austin, TX: PRO-ED.

McMahon, D., Cihak, D., Gibbons, M., Fussel, L., & Mathison, S. (2013). Using a mobile app to teach individuals with intellectual disabilities to identify potential food allergens. *Journal of Special Education, 28,* 21-32.

McWilliams, R., Nietupski, J., & Hamre-Nietupski, S. (1990). Teaching complex activities to students with moderate handicaps through the forward chaining of shorter total cycle response sequences. *Education and Training in Mental Retardation, 25,* 292-298.

Meadan, H., Halle, J. W., & Kelly, S. (2012). Intentional communication of young children with autism spectrum disorder: Judgments of different communication partners. *Journal of Developmental and Physical Disabilities, 24,* 437-450.

Mechling, L. (2011). Review of twenty-first-century portable electronic devices for persons with moderate intellectual disabilities and autism spectrum disorders. *Education and Training in Autism and Developmental Disabilities, 46*, 479-498.

Mechling, L. C., & Gast, D. L. (1997). Combination audio/visual self-prompting system for teaching chained tasks to students with intellectual disabilities. *Education and Training in Mental Retardation and Developmental Disabilities, 32*, 138-153.

Mechling, L. C., Gast, D. L., & Fields, E. A. (2008). Evaluation of a portable DVD player and system of least prompts to self-prompt cooking task completion by young adults with moderate intellectual disabilities. *Journal of Special Education, 42,* 179-190.

Mechling, L., & Langone, J. (2000). The effects of a computer-based instructional program with video anchors on the use of photographs for prompting augmentative communication. *Education and Training in Mental Retardation and Developmental Disabilities, 35*, 90-105.

Mechling, L. C., & Savidge, E. J. (2011). Using a personal digital assistant to increase completion of novel tasks and independent transitioning by students with autism spectrum disorder. *Journal of Autism and Developmental Disorders, 41*, 687-704.

Mechling, L. C., & Stephens, E. (2009). Comparison of self-prompting of cooking skills via picture-based cookbooks and video recipes. *Education and Training in Developmental Disabilities, 44*, 218-236.

Melville, C. A., Cooper, S. A., Morrison, J., Smiley, E., Allan, L., Jackson, A., et al. (2008). The prevalence and incidence of mental ill-health in adults with autism and intellectual disabilities. *Journal of Autism and Developmental Disorders, 38*, 1676-1688.

Metsala, J., & Walley, A. (1998). Spoken vocabulary growth and segmental restructuring of lexical representations: Precursors to phonemic awareness and early reading ability. In J. Metsala & L. Ehri (Eds.), *Word recognition in beginning reading* (pp. 89-120). Mahwah, NJ: Erlbaum.

Meyer, L. H., Eichinger, J., & Park-Lee, S. (1987). A validation of program quality indicators in educational services for students with severe disabilities. *Journal of the Association for Persons with Severe Handicaps, 12*, 251-263.

Miller, U. C., & Test, D. W. (1989). A comparison of constant time delay and most-to-least prompts in teaching laundry skills to students with moderate retardation. *Education and Training of the Mentally Retarded, 24*, 363–370.

Mims, P. J., Browder, D. M., Baker, J. N., Lee, A., & Spooner, F. (2009). Increasing comprehension of students with significant intellectual disabilities and visual impairments during shared stories. *Education and Training in Developmental Disabilities, 44*, 409–420.

Mims, P. J., Hudson, M. E., & Browder, D. M. (2012). Using read-alouds of grade-level biographies and systematic prompting to promote comprehension for students with moderate and severe developmental disabilities. *Focus on Autism and Other Developmental Disabilities, 27*, 65–78.

Mims, P. J., Lee, A., Zakas, T., & Browder, D. (2013). *Teaching to standards: English language arts*. Verona, WI: Attainment.

Mims, P. J., Stanger, C., Pennington, R., White, W., Sears, J., & Strickler, N. (2017). Opinion paragraph writing intervention for students with significant disability. *Assistive Technology Outcomes and Benefits, 11*, 29–46.

Miner, C. A., & Bates, P. E. (1997). The effect of person centered planning activities on the IEP/transition planning process. *Education and Training in Mental Retardation and Developmental Disabilities, 32*, 105–112.

Mirenda, P. (2015). Considerations in developing and acquiring communication aids. In J. Downing, A. Hanreddy, & K. Peckham-Hardin (Eds.), *Teaching communication skills to students with severe disabilities* (3rd ed., pp. 137–162). Baltimore, MD: Brookes.

Miretzky, D. (2004). The communication requirements of democratic schools: Parent-teacher perspectives on their relationships. *Teachers College Record, 106*, 814–851.

Montgomery, W. (2001). Creating culturally responsive, inclusive classrooms. *TEACHING Exceptional Children, 33*(4), 4–9.

Morningstar, M. E., Allock, H. C., White, J. M., Taub, D., Kurth, J. A., Gonsier-Gerdin, J., et al. (2016). Inclusive education national research advocacy agenda: A call to action. *Research and Practice for Persons with Severe Disabilities, 41,* 209–215.

Mueller, T. G., Milian, M., & Lopez, M. I. (2009). Latina mothers' views of a parent-to-parent support group in the special education system. *Research and Practice for Persons with Severe Disabilities, 34*(3–4), 113–122.

Mueller, T. G., Singer, G. H., & Carranza, F. D. (2006). A national survey of the educational planning and language instruction practices for students with moderate to severe disabilities who are English language learners. *Research and Practice for Persons with Severe Disabilities, 31,* 242–254.

National Autism Center. (2009). *National Standards Project: Addressing the need for evidence-based practice guidelines for autism spectrum disorders.* Randolph, MA: Author.

National Center for Education Statistics. (2011). *The nation's report card: U.S. history 2010* (NCES 2011–468). Washington, DC: U.S. Department of Education, Institute of Education Sciences.

National Commission on Excellence in Education. (1983). *A nation at risk: The imperative for educational reform.* Washington, DC: U.S. Government Printing Office.

National Council for the Preparation of Social Studies Teachers (2017). *National curriculum standards for social studies: A framework for teaching, learning, and assessment.* Silver Springs, MD: Author.

National Council for the Social Studies. (2013a). Revitalizing civic learning in our schools: A position statement of National Council for the Social Studies. Retrieved from *www.socialstudies.org/positions/revitalizing_civic_learning.*

National Council for the Social Studies. (2013b). *College, career, and civic life (C3) framework for social studies standards.* Silver Springs, MD: Author.

National Council of Teachers of Mathematics. (2000). *Principles and standards for school mathematics.* Reston, VA: Author.

National Council of Teachers of Mathematics. (2006). Curriculum focal points for prekindergarten through grade 8 mathematics: A quest for coherence. Retrieved from *www.nctmmedia.org/cfp/focal_points_by_grade.pdf.*

National Education Association. (2017). Why cultural competence? Retrieved from *www.nea.org/home/39783.htm.*

National Governors Association Center for Best Practices & Council of Chief State School Officers. (2010). *Common Core Standards for English language arts and literacy in history/social studies, science, and technical subjects.* Washington, DC: Authors.

National Institute of Child Health and Human Development, National Reading Panel. (2000). *Teaching children to read: An evidence-based assessment of the scientific research literature on reading and its implications for reading instruction: Reports of the subgroups* (NIH Publication No. 00–4754). Washington, DC: U.S. Government Printing Office.

National Research Council. (1996). *National science education standards.* Washington, DC: National Academy Press.

National Research Council. (2012). *Discipline-based education research: Understanding and improving learning in undergraduate science and education*. Washington, DC: National Academies Press.

National Secondary Transition Technical Assistance Center. (2009). Research to practice lesson plan starter library. Retrieved October 20, 2009, from *www.nsttac.org/LessonPlanLibrary/Main.aspx*.

National Technical Assistance Center on Transition. (2018). Effective practices and predictors. Retrieved from *https://transitionta.org/effectivepractices*.

Neal, J., Bigby, L., & Nicholson, R. (2004). Occupational therapy, physical therapy, and orientation and mobility services in public schools. *Intervention in School and Clinic, 39,* 218-222.

Neef, N. A., Iwata, B. A., & Page, T. J. (1978). Public transportation training: In vivo versus classroom instruction. *Journal of Applied Behavior Analysis, 11,* 331-344.

Nelson, G. L., Cone, J. D., & Hanson, C. R. (1975). Training correct utensil use in retarded children: Modeling vs. physical guidance. *American Journal of Mental Deficiency, 80,* 114-122.

Nelson, J. R., Benner, G. J., Lane, K., & Smith, B. W. (2004). Academic achievement of K-12 students with emotional and behavioral disorders. *Exceptional Children, 71,* 59-73.

Newman, L., Wagner, M., Cameto, R., & Knokey, A. M. (2009). The post-high school outcomes of youth with disabilities up to 4 years after high school: A report of findings from the National Longitudinal Transition Study-2 (NLTS2) (NCSER 2009-3017). Retrieved from *www.nlts2.org/reports/2009_04/nlts2_report_2009_04_complete.pdf*.

Newman, L., Wagner, M., Knokey, A.-M., Marder, C., Nagle, K., Shaver, D., et al. (2011). The post-high school outcomes of young adults with disabilities up to 8 years after high school: A report from the National Longitudinal Transition Study-2 (NLTS2) (NCSER 2011-3005). Retrieved from *https://nlts2.sri.com/reports/2011_09_02/index.html*.

NGSS Lead States. (2013). *Next Generation Science Standards: For states, By states*. Washington, DC: National Academies Press.

Nisbet, J. (1992). *Natural supports in school, at work, and in the community for people with severe disabilities*. Baltimore: Brookes.

Nittrouer, C. L., Shogren, K. A., & Pickens, J. L. (2016). Using a collaborative process to develop goals and self-management interventions to support young adults with disabilities at work. *Rehabilitation Research, Policy, and Education, 30,* 110-

128.

No Child Left Behind Act 2001, Public Law No. 107-110, 115 Stat. 1425 (2002).

Norlin, J. W. (2007). *What do I do when: The answer book on special education law.* Horsham, PA: LRP.

Nutter, D., & Reid, D. H. (1978). Teaching retarded women a clothing selection skill using community norms. *Journal of Applied Behavior Analysis, 11,* 475-487.

Oberti v. Board of Education of the Borough of Clementon School District, 995 F.2d 1204 (3rd Cir. 1993).

Odom, S. L., Brantlinger, E., Gersten, R., Horner, R. H., Thompson, B., & Harris, K. R. (2005). Research in special education: Scientific methods and evidence-based practices. *Exceptional Children, 71,* 137-149.

Okilwa, N. S. A., & Shelby, L. (2010). The effects of peer tutoring on academic performance of students with disabilities in grades 6 through 12: A synthesis of the literature. *Remedial and Special Education, 31,* 450-463.

Olsen, J. Z. (1998). *Handwriting without Tears®.* Brookfield, IL: Fred Sammons.

O'Neill, R. E. (2004). Positive behavior supports. In C. Kennedy & E. Horn (Eds.), *Including students with severe disabilities* (pp. 141-158). Boston: Pearson Education.

O'Neill, R. E., Horner, R. H., Albin, R. W., Sprague, J. R., Storey, K., & Newton, J. S. (1997). *Functional assessment for problem behavior: A practical handbook* (2nd ed.). Pacific Grove, CA: Brooks/Cole.

O'Neill, R. E., & Jameson, J. M. (2016). Designing and implementing individualized positive behavior support. In F. Brown, J. McDonnell, & M. E. Snell (Eds.), *Instruction of students with severe disabilities* (8th ed., pp. 223-263). Boston: Pearson.

Organization for Economic Cooperation and Development. (1997). *Employment outlook.* Paris: Author.

Orkwis, R. (2003). *Universally designed instruction.* Arlington, VA: Council for Exceptional Children.

Othman, L. B., Robinson, R., & Molfenter, N. F. (2017). Emerging issues with consequential use of the edTPA: Overall and through a special education lens. *Teacher Education and Special Education, 40*(4), 269-277.

Ozdemir, S. (2008). The effectiveness of social stories on decreasing disruptive behaviors of children with autism: Three case studies. *Journal of Autism and Developmental Disorders, 38,* 1689-1696.

Palmer, S. B. (2010). Self-determination: A life-span perspective. *Focus on Exceptional*

Children, 42(6), 1–16.

Park, S., Magee, J., Martinez, M. I., Willner, L., & Paul, J. (2016). English language learners with disabilities: A call for additional research and policy guidelines. Retrieved from *www.oregon.gov/ode/students-and-family/SpecialEducation/RegPrograms_BestPractice/Documents/ccssoelswdwhitepaper.pdf.*

Parrott, K. A., Schuster, J. W., Collins, B. C., & Gassaway, L. J. (2000). Simultaneous prompting and instructive feedback when teaching chained tasks. *Journal of Behavioral Education, 10,* 3–19.

Parsons, M. B., & Reid, D. H. (1990). Assessing food preferences among persons with profound mental retardation: Providing opportunities to make choices. *Journal of Applied Behavior Analysis, 23,* 183–195.

Partington, J. W. (2008). *The Assessment of Basic Language and Learning Skills-Revised: Scoring instructions and IEP development guide.* Pleasant Hill, CA: Behavior Analysts.

Partington, J. W., & Mueller, M. M. (2012). *The Assessment of Functional Living Skills guide: Essential skills for independence at home, school, and in the community.* Pleasant Hill, CA: Behavior Analysts.

Patrick, D. L. (2003, November). Overweight and obesity among people with disabilities in Washington state. In *Proceedings of the 131st Annual Meeting of APHA,* Seattle, WA.

Pearson, P. D., & Johnson, D. D. (1978). *Teaching reading comprehension.* Austin, TX: Holt, Rinehart & Winston.

Pennington, R. C., Ault, M. J., Schuster, J. W., & Sanders, A. (2011). Using response prompting and assistive technology to teach story writing to students with autism. *Assistive Technology Outcomes and Benefits, 7,* 24–38.

Pennington, R. C., Collins, B. C., Stenhoff, D. M., Turner, K., & Gunselman, K. (2014). Using simultaneous prompting to teach generative writing to students with autism. *Education and Training in Autism and Developmental Disabilities, 49,* 396–414.

Pennington, R., Courtade, G., Ault, M. J., & Delano, M. (2016). Five essential features of quality educational programs for students with moderate and severe intellectual disability: A guide for administrators. *Education and Training in Autism and Developmental Disabilities, 51,* 294–306.

Pennington, R. C., & Delano, M. E. (2012). Writing instruction for students with autism spectrum disorders: A review of literature. *Focus on Autism and Other Developmental Disabilities, 27,* 158–167.

Pennington, R. C., Delano, M. E., & Scott, R. (2014). Improving cover-letter writing skills of individuals with intellectual disabilities. *Journal of Applied Behavior Analysis, 47,* 1-5.

Pennington, R. C., Flick, A., & Smith-Wehr, K. (2018). The use of response prompting and frames for teaching sentence writing to students with moderate intellectual disability. *Focus on Autism and Other Developmental Disabilities, 33,* 142-149.

Pennington, R. C., Foreman, L. H., & Gurney, B. N. (2018). An evaluation of procedures for teaching students with moderate to severe disabilities to write sentences. *Remedial and Special Education, 39,* 27-38.

Pennington, R. C., & Koehler, M. (2017). The effects of modeling, story templates, and self-graphing in the use of story elements by students with moderate intellectual disability. *Education and Training in Autism and Developmental Disabilities, 52,* 280-290.

Pennington, R. C., & Rockhold, J. (2018). A brief report: An evaluation of an instructional package for teaching sentence writing to students with autism spectrum disorder. *Journal of Autism and Developmental Disorders, 48,* 301-306.

Pennington, R. C., Saadatzi, M., Welch, K. C., & Scott, R. (2014). An investigation of robot-delivered instruction to teach texting to students with intellectual disabilities. *Journal of Special Education Technology, 29,* 49-58.

Pennington, R. C., Stenhoff, D. M., Gibson, J., & Ballou, K. (2012). Using simultaneous prompting to teach story writing to a student with autism. *Education and Treatment of Children, 35,* 389-406.

Perie, M., Baker, D. P., & Bobbit, S. (1997). *Time spent teaching core academic subjects in elementary schools: Comparisons across community, school, teacher, and students characteristics*. Washington, DC: U.S. Department of Education, National Center for Education Statistics.

Perske, R., Clifton, A., McLean, B. M., & Stein, J. I. (Eds.). (1977). *Mealtimes for severely and profoundly handicapped persons: New concepts and attitudes*. Baltimore: Brookes.

Petcu, S. D., Van Horn, M. L., & Shogren, K. A. (2017). Self-determination and the enrollment in and completion of postsecondary education for students with disabilities. *Career Development and Transition for Exceptional Individuals, 40,* 225-234.

Peterson, K., & Ibanez, V. (2018). Food selectivity and autism spectrum disorder: Guidelines for assessment and treatment. *TEACHING Exceptional Children, 50,* 322-332.

Pierce, K. L., & Schriebman, L. (1994). Teaching daily living skills to children with autism in unsupervised settings through pictorial self-management. *Journal of Applied Behavior Analysis, 27,* 471-481.

Post, M., & Storey, K. (2002). Review of using auditory prompting systems with persons who have moderate to severe disabilities. *Education and Training in Mental Retardation and Developmental Disabilities, 37,* 317-327.

Powell, D. S., Batsche, C. J., Ferro, J., Fox, L., & Dunlap, G. (1997). A strength-based approach in support of multi-risk families: Principles and issues. *Topics in Early Childhood Special Education, 17,* 1-26.

Powell, S. R., & Fuchs, L. S. (2018). Effective word-problem instruction: Using schemas to facilitate mathematical reasoning. *TEACHING Exceptional Children, 51,* 31-42.

Prince, A. M. T., Yell, M. L., & Katsiyannis, A. (2017). Endrew F. v. Douglas County School District (2017): The U.S. Supreme Court and special education. *Intervention in School and Clinic, 53,* 321-324.

Public Schools of North Carolina. (2002). Career and technical education: Curriculum. Retrieved from *www.dpi.state.nc.us/cte/curriculum.*

Pugalee, D. K. (2007). *Developing students' mathematical and scientific literacy through text: Effective content related reading practices.* Norwood, MA: Christopher Gordon.

Purrazzella, K., & Mechling, L. C. (2013). Use of an iPhone 4 with video features to assist location of students with moderate intellectual disability when lost in community settings. *Education and Training in Autism and Developmental Disabilities, 48,* 179-189.

Quill, K. A. (2000). *Do–watch–listen–say: Social and communication intervention for children with autism.* Baltimore: Brookes.

Reese, G. M., & Snell, M. E. (1991). Putting on and removing coats and jackets: The acquisition and maintenance of skills by children with severe multiple disabilities. *Education and Training in Mental Retardation, 26,* 398-410.

Reichle, J., & Sigafoos, J. (1994). Communication intervention for persons with developmental disabilities. In E. Cipani & F. Spooner (Eds.), *Curricular and instructional approaches for persons with severe disabilities* (pp. 241-262). Boston: Allyn & Bacon.

Richardson, J. S. (2000). *Read it aloud!: Using literature in the secondary content classroom.* Newark, DE: International Reading Association.

Richmond, G. (1983). Shaping bladder and bowel continence in developmentally retarded preschool children. *Journal of Autism and Developmental Disorders,*

13, 197–205.

Rivera, C. J. (2013). Multimedia shared stories: Teaching literacy skills to diverse learners. *TEACHING Exceptional Children, 45*(6), 38–45.

Rivera, C. J., Jabeen, I., & Mason, L. L. (2016). The effects of a computer-based video intervention to teach literacy skills to a student with a moderate intellectual disability. *Interaction Design and Architecture, 28,* 85–102.

Rivera, C. J., Jimenez, B. A., Baker, J. N., Spies, T., Mims, P. J., & Courtade, G. (2016). A culturally and linguistically responsive framework for improving academic and postsecondary outcomes of students with moderate or severe intellectual disability. *Physical Disabilities: Education and Related Services, 35*(2), 23–48.

Rivera, C. J., Mason, L., Moser, J., & Ahlgrim-Delzell, L. (2014). The effects of an iPad® multimedia shared story intervention on vocabulary acquisition for an English language learner. *Journal of Special Education Technology, 29*(4), 31–48.

Rivera, C. J., Spooner, F., Wood, C. L., & Hicks, S. C. (2013). Multimedia shared stories for diverse learners with moderate intellectual disability. *Journal of Special Education Technology, 28*(4), 53–68.

Rivera, C. J., Wood, C. L., & Spooner, F. (2012). Comparative effects of Spanish and English vocabulary instruction for English language learners with moderate intellectual disability. *Multiple Voices for Ethnically Diverse Exceptional Learners, 13*(1), 42–55.

Rockwell, S. B., Griffin, C. C., & Jones, H. A. (2011). Schema-based strategy instruction in mathematics and the word problem solving performance of a student with autism. *Focus on Autism and Other Developmental Disabilities, 26,* 87–95.

Rodgers, J., & Lipscombe, J. (2005). The nature and extent of help given to women with intellectual disabilities to manage menstruation. *Journal of Intellectual and Developmental Disability, 30,* 45–52.

Rohena, E. I., Jitendra, A. K., & Browder, D. M. (2002). Comparison of the effects of Spanish and English constant time delay instruction on sight word reading by Hispanic learners with mental retardation. *Journal of Special Education, 36,* 171–186.

Root, J. R., Saunders, A., Spooner, F., & Brosh, C. (2017). Teaching personal finance mathematical problem solving to individuals with moderate intellectual disability. *Career Development and Transition for Exceptional Individuals, 40,* 5–14.

Rousseau, M. K., Krantz, P. J., Poulson, C. L., Kitson, M. E., & McClannahan, L. E. (1994). Sentence combining as a technique for increasing adjective use in writing by students with autism. *Research in Developmental Disabilities, 15,* 19–37.

Rowe, D. A., Alverson, C. Y., Unruh, D., Fowler, C., Kellems, R., & Test, D. W. (2016). A Delphi study to operationalize evidence-based predictors in secondary transition. *Career Development and Transition for Exceptional Individuals, 38,* 113-136.

Rowe, D. A., & Test, D. W. (2012). Effects of simulation to teach students with disabilities basic finance skills. *Remedial and Special Education, 34,* 237-248.

Rowland, C., & Schweigert, P. (1990). *Tangible symbol systems: Symbolic communication for individuals with multisensory impairments.* Tucson, AZ: Communication Skill Builders.

Rues, J. P., Graff, J. C., Ault, M. M., & Holvoet, J. (2006). Special health care procedures. In M. E. Snell & F. Brown (Eds.), *Instruction of students with severe disabilities* (6th ed., pp. 251-290). Upper Saddle River, NJ: Pearson.

Ryan, P. M. (2000). *Esperanza rising.* New York: Scholastic.

Ryndak, D. (1996). Education teams and collaborative teamwork in inclusive settings. In D. L. Ryndak & S. Alper (Eds.), *Curriculum content for students with moderate and severe disabilities in inclusive settings* (pp. 77-96). Boston: Allyn & Bacon.

Ryndak, D. L., & Alper, S. (Eds.). (2003). *Curriculum and instruction for students with significant disabilities in inclusive settings.* Boston: Allyn & Bacon.

Ryndak, D. L., Downing, J. E., Morrison, A. P., & Williams, L. J. (1996). Parents' perceptions of educational settings and services for children with moderate or severe disabilities. *Remedial and Special Education, 17*(2), 106-118.

Ryndak, D. L., & Pullen, P. C. (2003). Education teams and collaborative teamwork in inclusive settings. In D. L. Ryndak & S. Alper (Eds.), *Curriculum and instruction for students with significant disabilities in inclusive settings* (pp. 131-150). Boston: Allyn & Bacon.

Ryndak, D. L., & Ward, T. (2003). Adapting environments, materials, and instruction to facilitate inclusion. In D. L. Ryndak & S. Alper (Eds.), *Curriculum and instruction for students with significant disabilities in inclusive settings.* (pp. 382-410). Boston: Allyn & Bacon.

Sachar, L. (1998). *Holes.* New York: Macmillan.

Sacramento City Unified School District v. Rachel H., 14 F.3d 1398 (9th Cir. 1994).

Saddler, B. (2012). *Teacher's guide to effective sentence writing.* New York: Guilford Press.

Sailor, W., & McCart, A. (2014). Stars in alignment. *Research and Practice for Persons with Severe Disabilities, 39,* 55-64.

Sailor, W., & Roger, B. (2005). Rethinking inclusion: School wide applications. *Phi Delta*

Kappan, 86, 503–509.

Salls, J., Benson, J. D., Hansen, M. A., Cole, K., & Pielielek, A. (2013). A comparison of the Handwriting without Tears program and Peterson Directed Handwriting program on handwriting performance in typically developing first grade students. *Journal of Occupational Therapy, Schools, and Early Intervention, 6,* 131–142.

Sanford, A. K., Brown, J. E., & Turner, M. (2012). Enhancing instruction for English learners in response to intervention systems: The PLUSS model. *Multiple Voices for Ethnically Diverse Exceptional Learners, 13*(1), 56–70.

Sarama, J., & Clements, D. H. (2009). *Early childhood mathematics education research: Learning trajectories for young children.* New York: Routledge.

Sarama, J., Clements, D. H., Swaminathan, S., McMillen, S., & González Gómez, R. M. (2003). Development of mathematical concepts of two-dimensional space in grid-environments: An exploratory story. *Cognition and Instruction, 21,* 285–324.

Sarber, R. E., & Cuvo, A. J. (1983). Teaching nutritional meal planning to developmentally disabled clients. *Behavior Modification, 7,* 503–530.

Saunders, A. F. (2014). *Effects of schema-based instruction delivered through computer-based video instruction on mathematical word problem solving of students with autism spectrum disorder and moderate intellectual disability.* Unpublished doctoral dissertation, University of North Carolina at Charlotte, Charlotte, NC.

Saunders, A., Root, J., & Browder, D. (2017). *Math skills builder.* Verona, WI: Attainment.

Saunders, A. F., Spooner, F., & Ley Davis, L. (2018). Using video prompting to teach problem solving of real-world mathematical video simulation problems. *Remedial and Special Education, 39,* 53–64.

Scattone, D., Wilczynki, S. M., Edwards, R., & Rabian, B. (2002). Decreasing disruptive behaviours of children with autism using social stories. *Journal of Autism and Developmental Disorders, 32,* 535–543.

Schenning, H., Knight, V., & Spooner, F. (2013). Effects of structured inquiry and graphic organizers on social studies comprehension by students with autism spectrum disorders. *Research in Autism Spectrum Disorders, 7,* 526–540.

Schlosser, R. W., & Blischak, D. M. (2004). Effects of speech and print feedback on spelling by children with autism. *Journal of Speech, Language, and Hearing Research, 47,* 848–862.

Schoen, S. F., Lentz, F. E., & Suppa, R. J. (1988). An examination of two prompt fading procedures and opportunities to observe in teaching handicapped preschoolers self-help skills. *Journal of the Division for Early Childhood, 12,* 349-358.

Schoen, S. F., & Ogden, S. (1995). Impact of time delay, observational learning, and attentional cuing upon word recognition during integrated small-group instruction. *Journal of Autism and Developmental Disorders, 25,* 503-519.

Schopler, E., Mesibov, G. B., & Hearsey, K. (1995). Structured teaching in the TEACCH system. In E. Schopler & G. B. Mesibov (Eds.), *Learning and cognition in autism* (pp. 243-268). New York: Plenum Press.

Scott, R., Collins, B., Knight, V., & Kleinert, H. (2013). Teaching adults with moderate intellectual disability ATM use via the iPod. *Education and Training in Autism and Developmental Disabilities, 48,* 190-199.

Scruggs, T. E., Mastropieri, M. A., & Okolo, C. M. (2008). Science and social studies for students with disabilities. *Focus on Exceptional Children, 41,* 1-24.

Sewall, A. M., & Balkman, K. (2002). DNR orders and school responsibility: New legal concerns and questions. *Remedial and Special Education, 23,* 7-14.

Sewell, A. (1911). *Black beauty.* New York: Barse & Hopkins.

Shakespeare, W., & Durband, A. (1985). *Romeo and Juliet.* Woodbury, NY: Barron's.

Shepley, C., Lane, J. D., & Ault, M. J. (2018). A review and critical examination of the system of least prompts. *Remedial and Special Education, 40*(5), 313-327.

Shogren, K. A., Wehmeyer, M. L., Burke, K. M., & Palmer, S. B. (2017). *The self-determination learning model of instruction: Teacher's guide.* Lawrence: Kansas University Center on Developmental Disabilities.

Shogren, K. A., Wehmeyer, M. L., Palmer, S. B., Rifenbark, G. G., & Little, T. D. (2015). Relationships between self-determination and postschool outcomes for youth with disabilities. *Journal of Special Education, 48,* 256-267.

Shu-Minutoli, K. (1995). Family support: Diversity, disability, and delivery. *Yearbook in Early Childhood Education, 6,* 125-140.

Siegel, E., & Wetherby, A. (2006). Nonsymbolic communication. In M. E. Snell & F. Brown (Eds.), *Instruction of students with severe disabilities* (6th ed., pp. 489-525). Upper Saddle River, NJ: Pearson.

Sigafoos, J., & Iacono, T. (1993). Selecting augmentative communication devices for persons with severe disabilities: Some factors for educational teams to consider. *Australia and New Zealand Journal of Developmental Disabilities, 18,* 133-146.

Sigafoos, J., Woodyatt, G., Keen, D., Tait, K., Tucker, M., & Roberts-Pennell, D. (2000). Identifying potential communicative acts in children with developmental and physical disabilities. *Communication Disorders Quarterly, 21,* 77-86.

Simonsen, B., Sugai, G., & Negron, M. (2008). School-wide positive behavior supports: Primary systems and practices. *TEACHING Exceptional Children, 40*(6), 32-40.

Sinclair, J., Unruh, D., Lindstrom, L., & Scanlon, D. (2015). Barriers to sexuality for individuals with intellectual and developmental disabilities: A literature review. *Education and Training in Autism and Developmental Disabilities, 50,* 3-16.

Singer, G. H. S., Agran, M., & Spooner, F. (2017). Evidence based practices and values based practices for people with severe disabilities. *Research and Practice for Persons with Severe Disabilities, 42,* 62-72.

Singleton, D. K., Schuster, J. W., Morse, T. E., & Collins, B. C. (1999). A comparison of antecedent prompt and test and simultaneous prompting procedures in teaching grocery words to adolescents with mental retardation. *Education and Training in Mental Retardation and Developmental Disabilities, 34,* 182-199.

Sisson, L. A., Kilwein, M. L., & Van Hasselt, V. B. (1988). A graduated guidance procedure for teaching self-dressing skills to multihandicapped children. *Research in Developmental Disabilities, 9,* 419-432.

Skiba, R. J., Simmons, A. B., Ritter, S., Gibb, A. C., Rausch, M. K., Cuadrado, J., et al. (2008). Achieving equity in special education: History, status, and current challenges. *Exceptional Children, 74,* 264-288.

Skibo, H., Mims, P. J., & Spooner, F. (2011). Teaching number identification to students with severe disabilities using response cards. *Education and Training in Autism and Developmental Disabilities, 46,* 124-133.

Skinner, A., & Thompson, A. (2008, July). Aquatics therapy and the Halliwick concept. *Exceptional Parent,* pp. 76-77.

Skinner, B. F. (1957). *Verbal behavior.* Acton, MA: Copley.

Skinner, B. F. (1974). *About behaviorism*. New York: Knopf.

Skotko, B. G., Koppenhaver, D. A., & Erickson, K. A. (2004). Parent reading behaviors and communication outcomes in girls with Rett syndrome. *Exceptional Children, 70,* 145-166.

Smith, B. R., Spooner, F., Jimenez, B. A., & Browder, D. M. (2013). Using an early science curriculum to teach science vocabulary and concepts to students with severe developmental disabilities. *Education and Treatment of Children, 36,* 1-31.

Smith, K. S., & Geller, C. (2004). Essential principles of effective mathematics instruction: Methods to reach all students. *Preventing School Failure, 48,* 22-29.

Smith, P. (2007). Have we made any progress?: Including students with intellectual disabilities in regular education classrooms. *Intellectual and Developmental*

Disabilities, 45, 297-309.

Smith, P. D., Gast, D. L., Logan, K. R., & Jacobs, H. A. (2001). Customizing instruction to maximize functional outcomes for students with profound multiple disabilities. *Exceptionality, 9,* 135-145.

Snell, M. E. (2005). Fifteen years later: Has positive programming become the expected technology for addressing problem behavior?: A commentary on Horner et al. (1990). *Research and Practice for Persons with Severe Disabilities, 30,* 11-14.

Snell, M. E., Chen, L., & Hoover, K. (2006). Teaching augmentative and alternative communication to students with severe disabilities: A review of intervention research 1997-2003. *Research and Practices for Persons with Severe Disabilities, 31,* 203-214.

Snell, M. E., Delano, M. E., & Walker, V. L. (2016). Teaching self-care skills. In F. Brown, J. McDonnell, & M. E. Snell (Eds.), *Instruction of students with severe disabilities* (8th ed., pp. 327-369). Boston: Pearson.

Snell, M. E., & Farlow, L. J. (1993). Self-care skills. In M. E. Snell (Ed.), *Instruction of individuals with severe disabilities* (4th ed., pp. 380-441). New York: Macmillan.

Snell, M. E., Lewis, A. P., & Houghton, A. (1989). Acquisition and maintenance of toothbrushing skills by students with cerebral palsy and mental retardation. *Journal of the Association for Persons with Severe Handicaps, 14,* 216-226.

Sobsey, D. (2017). Educating children with special health care needs. In F. P. Orelove, D. Sobsey, & D. L. Gilles (Eds.), *Educating students with severe and multiple disabilities: A collaborative approach* (5th ed., pp. 141-199). Baltimore: Brookes.

Sobsey, D., & Cox, A. W. (2000). Integrating health care and educational programs. In F. P. Orelove & D. Sobsey (Eds.), *Educating children with multiple disabilities: A transdisciplinary approach* (3rd ed., pp. 217-251). Baltimore: Brookes.

Sobul, D. (1995). Specially designed academic instruction in English (ERIC Document Reproduction Service No. ED 391 357). Retrieved from *http://files.eric.ed.gov/fulltext/ED391357.pdf.*

Speight, S. L., Myers, L. J., Cox, C. I., & Highlen, P. S. (1991). A redefinition of multicultural counseling. *Journal of Counseling and Development, 70*(1), 29-36.

Spencer, E. J., Goldstein, H., & Kaminski, R. (2012). Teaching vocabulary in storybooks: Embedding explicit vocabulary instruction for young children. *Young Exceptional Children, 15,* 18-32.

Spooner, F. (1984). Comparisons of backward chaining and total task presentation in training severely handicapped persons. *Education and Training in Mental*

Retardation, 19, 15–22.

Spooner, F. (Ed.). (2003). Perspective on defining scientifically based research [Special issue]. *Research and Practice for Persons with Severe Disabilities, 28*(3).

Spooner, F., Baker, J., Ahlgrim-Delzell, L., Harris, A., & Browder, D. M. (2007). Effects of training in universal design for learning (UDL) on lesson plan development. *Remedial and Special Education, 28,* 108–116.

Spooner, F., Browder, D. M., & Baker, J. (2011). Personal and daily living skills. In D. M. Browder & F. Spooner (Eds.), *Teaching students with moderate and severe disabilities* (pp. 308–341). New York: Guilford Press.

Spooner, F., & Brown, F. (2017). Educating students with significant cognitive disabilities: Historical overview and future projections. In J. M. Kauffman, D. P. Hallahan, & P. C. Pullen (Eds.), *Handbook of special education* (2nd ed., pp. 617–631). New York: Routledge.

Spooner, F., DiBiase, W., & Courtade-Little, G. (2006). Science standards and functional skills: Finding the links. In D. M. Browder & F. Spooner (Eds.), *Teaching language arts, math, and science to students with significant cognitive disabilities* (pp. 229–243). Baltimore: Brookes.

Spooner, F., Dymond, S. K., & Kennedy, C. H. (Eds.). (2006). Accessing the general curriculum [Special issue]. *Research and Practice for Persons with Severe Disabilities, 31*(4).

Spooner, F., Dymond, S. K., Smith, A., & Kennedy, C. H. (2006). What we know about accessing the general curriculum for students with significant cognitive disabilities. *Research and Practice for Persons with Severe Disabilities, 31,* 277–283.

Spooner, F., Kemp-Inman, A., Ahlgrim-Delzell, L., Wood, L., & Ley Davis, L. (2015). Generalization of literacy skills through portable technology for students with severe disabilities. *Research and Practice for Persons with Severe Disabilities, 40,* 52–70.

Spooner, F., Knight, V., Browder, D., Jimenez, B., & DiBiase, W. (2011). Evaluating evidence-based practice in teaching science content to students with severe developmental disabilities. *Research and Practice for Persons with Severe Disabilities, 36,* 62–75.

Spooner, F., Knight, V. F., Browder, D. M., & Smith, B. R. (2012). Evidence-based practice for teaching academics to students with severe developmental disabilities. *Remedial and Special Education, 33,* 374–387.

Spooner, F., Rivera, C. J., Browder, D. M., Baker, J. N., & Salas, S. (2009). Teaching emergent literacy skills using cultural contextual story-based lessons. *Research and Practice for Persons with Severe Disabilities, 34*(3-4), 102-112.

Spooner, F., Root, J. R., Saunders, A. F., & Browder, D. M. (2019). An updated evidence-based practice review on teaching mathematics to students with moderate and severe disabilities. *Remedial and Special Education, 40*(3), 150-165.

Spooner, F., Saunders, A., Root, J., & Brosh, C. (2017). Promoting access to Common Core mathematics for students with severe disabilities through mathematical problem solving. *Research and Practice for Persons with Severe Disabilities, 42,* 171-186.

Spooner, F., Stem, B., & Test, D. W. (1989). Teaching first aid skills to adolescents who are moderately mentally handicapped. *Education and Training in Mental Retardation, 24,* 341-351.

Spooner, F., & Wood, W. M. (2004). Teaching personal care and hygiene skills. In P. Wehman & J. Kregel (Eds.), *Functional curriculum for elementary, middle, and secondary age students with special needs* (2nd ed., pp. 317-356). Austin, TX: PRO-ED.

Spriggs, A. D., Lane, J. D., & Gast, D. L. (2014). Visual representation of data. In D. Gast & J. Ledford (Eds.), *Single case research methodology: Applications in special education and behavioral sciences* (pp. 154-175). New York: Routledge.

SRA reading mastery classic. (2003). New York: McGraw-Hill.

Steinbeck, J. (1937). *Of mice and men.* New York: Penguin Books.

Stoddard, L. T., Brown, J., Hurlbert, B., Manoli, C., & McIlvane, W. J. (1989). Teaching money skills through stimulus class formation, exclusion, and component matching methods: Three case studies. *Research in Developmental Disabilities, 10,* 413-439.

Stokes, T. F., & Baer, D. M. (1977). An implicit technology of generalization. *Journal of Applied Behavior Analysis, 10,* 349-367.

Sugai, G., Simonsen, B., & Horner, R. H. (2008). Schoolwide positive behavior supports: A continuum of positive behavior supports for all students. *TEACHING Exceptional Children, 40*(6), 5-10.

Sulzby, E., & Teale, W. H. (2003). The development of the young child and the emergence of literacy. In J. Flood, D. Lapp, J. Squire, & J. Jensen (Eds.), *Handbook of research on teaching the English language arts* (2nd ed., pp. 300-313). Mahwah, NJ: Erlbaum.

Sundberg, M. L. (2008). *Verbal Behavior Milestones Assessment and Placement Program* (VBMAPP). Concord, CA: AVB Press.

Sutherland, K. S., & Wehby, J. H. (2001). Exploring the relationship between increased opportunities to respond to academic requests and the academic and behavioral outcomes of students with EBD: A review. *Remedial and Special Education, 22,* 113-121.

Swanson, E., Hairrell, A., Kent, S., Ciullo, S., Wanzek, J. A., & Vaughn, S. (2014). A synthesis and meta-analysis of reading interventions using social studies content for students with learning disabilities. *Journal of Learning Disabilities, 47,* 178-195.

Taylor-Greene, S., & Kartub, D. (2000). Durable implementation of school-wide behavior support: The high five program. *Journal of Positive Behavior Interventions, 2,* 233-235.

TERC, The Investigations Curriculum. (2006). *Geo-Logo* [Computer software]. Glenview, IL: Pearson Scott Foresman.

Test, D. W., Aspel, N. P., & Everson, J. M. (2006). *Transition methods for youth with disabilities*. Upper Saddle River, NJ: Pearson.

Test, D. W., Mazzotti, V. L., Mustian, A. L., Fowler, C. H., Kortering, L. J., & Kohler, P. H. (2009). Evidence-based secondary transition predictors for improving post-school outcomes for students with disabilities. *Career Development for Exceptional Individuals, 32,* 160-181.

Test, D. W., Richter, S., Knight, V., & Spooner, F. (2011). A comprehensive review and meta-analysis of the social stories literature. *Focus on Autism and Other Developmental Disabilities, 26,* 49-62.

Test, D. W., Spooner, F., Keul, P. K., & Grossi, T. (1990). Teaching adolescents with severe disabilities to use the public telephone. *Behavior Modification, 14,* 157-171.

Thiemann, K. S., & Goldstein, H. (2001). Social stories, written text cues and video feedback: Effect on social communication of children with autism. *Journal of Applied Behavior Analysis, 34,* 425-446.

Think College. (2017). College search. Retrieved from *https://thinkcollege.net/college-search*.

Thomas, S. B., & Rapport, M. J. K. (1998). Least restrictive environment: Understanding the direction of the courts. *Journal of Special Education, 32,* 66-78.

Thompson, S. J., Thurlow, M. L., Quenemoen, R. F., Esler, A., & Whetstone, P. (2001). *Addressing standards and assessments on state IEP forms* (Synthesis Report No. 38). Minneapolis: University of Minnesota, National Center on Educational Outcomes.

Thousand, J. S., & Villa, R. A. (2000). Collaborative teaming: A powerful tool in restructuring. In R. A. Villa & J. S. Thousand (Eds.), *Restructuring for caring and effective education: Piecing the puzzle together* (2nd ed., pp. 254-292). Baltimore: Brookes.

Thurlow, M. L., Albus, D. A., & Lazarus, S. S. (2017). *2014–15 publicly reported assessment results for students with disabilities and ELs with disabilities* (NCEO Report 405). Minneapolis: University of Minnesota, National Center on Educational Outcomes.

Thurlow, M. L., Lazarus, S. S., Larson, E. D., Albus, D. A., Liu, K. K., & Kwong, E. (2017). *Alternate assessments for students with significant cognitive disabilities: Participation guidelines and definitions* (NCEO Report 406). Minneapolis: University of Minnesota, National Center on Educational Outcomes.

Thurlow, M. L., & Turnure, J. E. (1977). Children's knowledge of time and money: Effective instruction for the mentally retarded. *Education and Training of the Mentally Retarded, 12,* 203-212.

Touchette, P. E. (1971). Transfer of stimulus control: Measuring the moment of transfer. *Journal of the Experimental Analysis of Behavior, 15,* 347-354.

Towles-Reeves, E., Kearns, J., Flowers, C., Hart, L., Kerbel, A., Kleinert, H., et al. (2012). *Learner characteristics inventory project report.* Minneapolis: University of Minnesota, National Center and State Collaborative.

Trela, K., Gladstone-Brown, W., Merritt, N., & Raftis, L. (2018). Increasing use of research-based practices: Action research report on a college-school partnership to support instruction aligned to middle school Common Core math standards for students with significant disabilities. *Journal of the American Academy of Special Education Professionals, 13*(2), 84-106.

Trela, K., & Jimenez, B. (2013). From functional to personally relevant curriculum: A reflection on the shift from "different" to "differentiated" curriculum for students with significant intellectual disabilities. *Research and Practice for Persons with Severe Disabilities, 38,* 117-119.

Trela, K., Jimenez, B., & Browder, D. M. (2008). *Teaching to the standards in mathematics: A literacy-based approach for students with moderate and severe disabilities.* Verona, WI: Attainment.

Trela, K., Jimenez, B., Saunders, A., & Schreiber, L. (2018). *Access algebra.* Verona, WI: Attainment.

Troia, G. (2006). Meaningful assessment of content-area literacy for youth with and without disabilities. *Assessment for Effective Intervention, 31*(2), 69-80.

Turnbull, A. A., Turnbull, H. R., Erwin, E. J., Soodak, L. C., & Shogren, K. A. (2015). *Families, professionals, and exceptionality: Positive outcomes through partnerships and trust*. Upper Saddle River, NJ: Pearson.

Tyler, E. J., Hughes, J. C., Wilson, M. M., Beverley, M., Hastings, R. P., & Williams, B. M. (2015). Teaching early reading skills to children with intellectual and developmental disabilities using computer-delivered instruction: A pilot study. *Journal of International Special Needs Education, 18,* 1-11.

U.S. Department of Education. (2003, December 9). *Title I-Improving the academic achievement of the disadvantaged; Final rule,* 68 Fed. Reg. 236.

U.S. Department of Education. (2017). RSA: Integrated location criteria of the definition of "competitive integrated employment" FAQs. Retrieved from *www2.ed.gov/about/offices/list/osers/rsa/wioa/competitive-integrated-employment-faq.html.*

U.S. Department of Labor. (2019). Customized employment. Retrieved from *www.dol.gov/odep/topics/CustomizedEmployment.htm.*

U.S. Government Accountability Office. (2009). Report to the Chairman, Subcommittee, and Labor, on higher education, lifelong learning, and competitiveness, Committee on Education, House of Representatives. Retrieved from *www.gao.gov.*

Vakil, S., Welton, E. N., & Ford, B. A. (2010). Citizenship and self-determination for individuals with cognitive disabilities: The independence of social studies and special education. *Action in Teacher Education, 32,* 4-11.

Van de Walle, J. A., Karp, K. S., & Bay-Williams, J. M. (2010). *Elementary and middle school mathematics* (7th ed.). New York: Pearson.

Van Reusen, A. K., & Bos, C. S. (1990). IPLAN: Helping students communicate in planning conferences. *TEACHING Exceptional Children, 22*(4), 30-32.

Vargas, J. S. (2013). *Behavior analysis for effective teaching*. New York: Routledge.

Vaughn, S., Swanson, E. A., Roberts, G., Wanzek, J., Stillman-Spisak, S. J., Solis, M., et al. (2013). Improving reading comprehension and social studies knowledge in middle school. *Reading Research Quarterly, 48,* 77-93.

Vergason, G. A., & Anderegg, M. L. (1997). *Dictionary of special education and rehabilitation* (4th ed.). Denver, CO: Love.

Villa, R. A., & Thousand, J. S. (Eds.). (1995). *Creating an inclusive school.* Alexandria, VA: Association for Supervision and Curriculum Development.

Viorst, J. (1972). *Alexander and the terrible, horrible, no good, very bad day.* New York: Atheneum.

Vogelsberg, T., & Rusch, F. R. (1979). Training three severely handicapped young adults to walk, look, and cross uncontrolled intersection. *AAESPH Review, 4,* 264-273.

Vosler-Hunter, R. W. (1989). Changing roles, changing relationships: Parent-professional collaboration on behalf of children with emotional disabilities (ERIC Document Reproduction Service No. 332 414). Retrieved from *https://files.eric.ed.gov/fulltext/ED332414.pdf.*

Wagner, M., Cadwallader, T., & Marder, C. (with Cameto, R., Cardoso, D., Garza, N., et al. (2003). Life outside the classroom for youth with disabilities: A report from the National Longitudinal Transition Study-2 (NLTS2). Menlo Park, CA: SRI International. Retrieved from *www.nlts2.org/reports/2003_04-2/nlts2_report_2003_04-2_complete.pdf.*

Wagner, M., Marder, C., Blackorby, J., Cameto, R., Newman, L., Levine, P., et al. (2003). The achievements of youth with disabilities during secondary school: A report from the National Longitudinal Transition Study-2 (NLTS2). Menlo Park, CA: SRI International. Retrieved from *www.nlts2.org/reports/2003_11/nlts2_report_2003_11_complete.pdf.*

Watts, K., & Everly, J. S. (2009). Helping children with disabilities through animal-assisted therapy. *Exceptional Parent, 39,* 34-35.

Waugh, R. E., Alberto, P. A., & Fredrick, L. D. (2011). Simultaneous prompting: An instructional strategy for skill acquisition. *Education and Training in Autism and Developmental Disabilities, 46,* 528-543.

Webber, J., & Scheuermann, B. (2009). Using naturalistic teaching strategies to build communication skills in students with severe disabilities. In W. L. Heward (Ed.), *Exceptional children: An introduction to special education* (9th ed., pp. 476-477). Upper Saddle River, NJ: Pearson.

Wehman, P., Hill, J. W., Wood, W., & Parent, W. (1987). A report on competitive employment histories of persons labeled severely retarded. *Journal of the Association for Persons with Severe Handicaps, 12,* 11-17.

Wehman, P., Kregel, J., & Seyfarth, J. (1985). Transition from school to work for individuals with severe handicaps: A follow-up study. *Journal of the Association for Persons with Severe Handicaps, 10,* 132-136.

Wehman, P., Moon, M., Everson, J., Wood, W., & Barcus, J. (1988). *Transition from school to work: New challenges for youth with severe disabilities.* Baltimore: Brookes.

Wehmeyer, M. (1992). Self-determination and the education of students with mental retardation. *Education and Training in Mental Retardation, 27,* 302-314.

Wehmeyer, M. L. (2003). A functional theory of self-determination: Definition and categorization. In M. L. Wehmeyer, B. J. Abery, D. E. Mithaug, & R. J. Stancliffe

(Eds.), *Theory in self-determination: Foundations for educational practice* (pp. 174-181). Springfield, IL: Charles C Thomas.

Wehmeyer, M. L. (2005). Self-determination and individuals with severe disabilities: Re-examining meanings and misinterpretations. *Research and Practice for Persons with Severe Disabilities, 30,* 113-120.

Wehmeyer, M. L., Agran, M., & Hughes, C. (1998). *Teaching self-determination to youth with disabilities: Basic skills for successful transition*. Baltimore: Brookes.

Wehmeyer, M. L., & Palmer, S. B. (2003). Adult outcomes for students with cognitive disabilities three years after high school: The impact of self-determination. *Education and Training in Developmental Disabilities, 38,* 131-144.

Wehmeyer, M. L., Palmer, S. B., Agran, M., Mithaug, D. E., & Martin, J. E. (2000). Promoting causal agency: The self-determined learning model of instruction. *Exceptional Children, 66,* 439-453.

Wehmeyer, M. L., & Schwartz, M. (1998). The self-determination focus of transition goals for students with mental retardation. *Career Development for Exceptional Individuals, 21,* 75-86.

Wehmeyer, M. L., Shogren, K. A., Palmer, S. B., Williams-Deihm, K. L., Little, T. D., & Boulton, A. (2012). The impact of self-determined learning model of instruction on student self-determination. *Exceptional Children, 78,* 135-153.

Weng, P., & Bouck, E. C. (2016). A toolbox for teaching price comparison to students with disabilities. *TEACHING Exceptional Children, 49,* 347-354.

Werts, M. G., Caldwell, N. K., & Wolery, M. (1996). Peer modeling of response chains: Observational learning by students with disabilities. *Journal of Applied Behavior Analysis, 29,* 53-66.

Werts, M. G., Wolery, M., Holcombe, A., & Gast, D. L. (1995). Instructive feedback: Review of parameters and effects. *Journal of Behavioral Education, 5,* 55-75.

Westling, D., Fox, L., & Carter, E. (2015). *Teaching students with severe disabilities* (5th ed.). Boston: Pearson.

What Works Clearinghouse. (2017). Procedures and standards handbook (Version 4.0). Retrieved from *https://ies.ed.gov/ncee/wwc/pdf/reference_resources/wwc_procedures_v4_0_standards_handbook.pdf.*

White, J., & Weiner, J. S. (2004). Influence of least restrictive environment and community based training on integrated employment outcomes for transitioning students with severe disabilities. *Journal of Vocational Rehabilitation, 21,* 149-156.

Whitehurst, G. J., & Lonigan, C. J. (1998). Child development and emergent literacy.

Child Development, 69, 848–872.

Wilson, N., & Frawley, P. (2016). Transition staff discuss sex education and support for young men and women with intellectual and developmental disability. *Journal of Intellectual and Developmental Disability, 41,* 209–221.

Witzel, B., Smith, S. W., & Brownell, M. T. (2001). How can I help students with learning disabilities in algebra? *Intervention in School and Clinic, 37,* 101–104.

Wolery, M., Ault, M. J., & Doyle, P. M. (1992). *Teaching students with moderate to severe disabilities: Use of response prompting strategies*. New York: Longman.

Wolery, M., & Gast, D. L. (1984). Effective and efficient procedures for the transfer of stimulus control. *Topics in Early Childhood Special Education, 4,* 52–77.

Wolfe, P. S., & Blanchett, W. J. (1997). Infusion of sex education curricula into transition planning: Obstacles and solutions. *Journal of Vocational Rehabilitation, 8,* 143–154.

Wong, C., Odom, S. L., Hume, K., Cox, A. W., Fettig, A., Kucharczyk, S., et al.(2014). *Evidence-based practices for children, youth, and young adults with autism spectrum disorder*. Chapel Hill: University of North Carolina, Frank Porter Graham Child Development Institute, Autism Evidence-Based Practice Review Group.

Wood, L., Browder, D. M., & Flynn, L. (2015). Teaching students with intellectual disability to use a self-questioning strategy to comprehend social studies text for an inclusive setting. *Research and Practice for Persons with Severe Disabilities, 40,* 275–293.

Wood, W. M., Fowler, C. H., Uphold, N., & Test, D. W. (2005). A review of self-determination interventions with individuals with severe disabilities. *Research and Practice for Persons with Severe Disabilities, 30,* 121–146.

Workforce Innovation and Opportunity Act of 2014, Public Law 113-128, 29 U.S.C. Sec. 3101, et. seq.

Yell, M. L. (1995). Least restrictive environment, inclusion, and students with disabilities: A legal analysis. *Journal of Special Education, 28,* 389–404.

Yell, M. L. (2006). *The law and special education* (2nd ed.). Upper Saddle River, NJ: Merrill/Prentice Hall.

Yell, M. L., & Drasgow, E. (1999). A legal analysis of inclusion. *Preventing School Failure, 43*(3), 118–126.

Yell, M. L., & Drasgow, E. (2000). Litigating a free appropriate public education: The Lovaas hearings and cases. *Journal of Special Education, 33,* 205–214.

Zakas, T., Browder, D. M., Ahlgrim-Delzell, L., & Heafner, T. (2013). Teaching social studies content to students with autism using a graphic organizer intervention.

Research in Autism Spectrum Disorders, 7, 1075-1086.

Zambo, R. (2005). The power of two: Linking math and literature. *Mathematics Teaching in the Middle School, 10,* 394-400.

Zhang, C., & Bennett, T. (2003). Facilitating the meaningful participation of culturally and linguistically diverse families in the IFSP and IEP process. *Focus on Autism and Other Developmental Disabilities, 18*(1), 51-59.

Ziegler, J. C., & Goswami, U. (2005). Reading acquisition, developmental dyslexia, and skilled reading across languages: A psycholinguistic grain size theory. *Psychological Bulletin, 131,* 3-29.

Zionts, L. T., Zionts, P., Harrison, S., & Bellinger, O. (2003). Urban African American families' perceptions of cultural sensitivity within the special education system. *Focus on Autism and Other Developmental Disabilities, 18*(1), 41-50.

Zong, J., & Batalova, J. (2017). Frequently requested statistics on immigrants and immigration in the United States. Retrieved from *www.migrationpolicy.org/article/frequently-requested-statistics-immigrants-and-immigration-united-states.*

찾아보기

저자 소개

Diane M. Browder 박사는 Charlotte에 위치한 North Carolina 대학교(이하 UNC Charlotte) 특수교육과 명예교수이다. Browder 박사는 장애 학생을 위한 평가와 교육에 대해 연구하고 1980년대부터 중도 발달장애 학생을 위한 평가 및 교육을 연구하였다. 또한 Charlotte-Mecklenburg 학교와 긴밀히 협력하여 자폐성장애 및 지적장애 학생을 위한 읽기, 과학, 수학에 중점을 둔 중재를 개발하며 지역 학교 체계에 자문을 제공하고 UNC Charlotte 예비 특수교사 양성 과정에서 가르치고 있다. Browder 박사는 특수교육 연구상, 자폐성장애 및 발달장애에 관한 Burton Blatt Humanitariran Award, 미국 교육 연구협회 특수교육 부문에서 수상하였다.

Fred Spooner 박사는 UNC Charlotte의 특수교육학과 교수이다. Spooner 박사는 1980년대부터 중도장애 학생을 위한 교육 전략에 대해 연구하였다. 최근에는 대안평가 및 평가와 일반교육과정과의 연계에 대해 주로 연구를 수행하고 있다. 또한 *Journal of Special Education*의 공동 편집자이자 *Research and Practice for Persons with Severe Disabilities*의 부편집장으로 역임하고 있다. Spooner 박사는 심각한 인지장애를 가진 학생들을 위한 초기 문해력, 수학, 과학 분야의 연방 지원 연구 프로젝트의 개발 및 실제에 있어 Diane M. Browder 박사와 긴밀히 협력하여 연구원이자 공동 연구 책임자로 역임하고 있다.

Ginevra R. Courtade 박사는 Louisville 대학교의 특수교육학과 부교수이다. 그녀는 1990년대 후반부터 중증 및 중도장애 분야를 연구했으며 특히 중도장애 학생 교수에서의 증거기반실제와 일반교육과정의 교육에 관하여 연구하였다. Courtade 박사의 수많은 출판물로는 다양한 학술지 논문, 단행본, 교육과정 등이 포함되며 최근 소속 대학으로부터 직업에 대한 공로를 인정받았다.

역자 소개

김유리

(현) 이화여대 특수교육과 교수

이화여대 특수교육과 학사

이화여대 특수교육과 석사

University of Alberta 교육심리학과 특수교육전공 철학박사

서민경

(현) 백석대 유아특수교육과 조교수

서울대 국악과 학사

University of Missouri-Kansas City 음악치료학과 석사

University of Washington 특수교육과 석사

이화여대 특수교육과 자폐성장애전공 철학박사

이정은

(현) 성신여대 교육학과 교수

이화여대 특수교육과 학사

University of Texas at Austin 특수교육과 석사

University of Illinois at Urbana-Champaign 특수교육과 철학박사

강선영

(현) 이화여대 특수교육과 박사과정생

이화여대 특수교육과 학사

이화여대 교육대학원 특수교육 전공 석사

이종민

(현) 이화여대 특수교육과 박사과정생

이화여대 특수교육과 학사

이화여대 교육대학원 특수교육 전공 석사

최아름

(현) 이화여대 특수교육과 박사과정생

고신대학교 기독교교육과 학사

이화여대 교육대학원 특수교육 전공 석사

황미정

(현) 이화여대 특수교육과 박사과정생

우석대학교 특수교육과 학사

이화여대 교육대학원 특수교육 전공 석사

중도장애 학생의 이해와 교육
Teaching Students with Moderate and Severe Disabilities

2024년 5월 25일 1판 1쇄 인쇄
2024년 5월 30일 1판 1쇄 발행

저 자 • Diane M. Browder, Fred Spooner, Ginevra R. Courtade
옮긴이 • 김유리, 서민경, 이정은, 강선영, 이종민, 최아름, 황미정
발행자 • 한정주
발행처 • 교육과학사

경기도 파주시 광인사길 71
전화 • 031)955-6956~8 / 팩스 031)955-6037
Home-page • http://www.kyoyookbook.co.kr
E-mail • kyoyookbook@daum.net, kyoyook@chol.com
등록 • 1970년 5월 18일 제2-73호

정가 35,000원

ISBN 978-89-254-1884-1

낙장 · 파본은 교환해 드립니다.
Printed in Korea.

역자와의 협의하에 인지를 생략합니다.